莒南一中志

（1952~2014）

《山东省莒南第一中学志》编纂委员会 编

中国文史出版社

图书在版编目（CIP）数据

山东省莒南第一中学志 /《山东省莒南第一中学志》编纂委员会编. — 北京：中国文史出版社, 2016.5

ISBN 978-7-5034-7806-2

Ⅰ. ①山… Ⅱ. ①山… Ⅲ. ①山东省莒南第一中学 - 校史 Ⅳ. ①G639.285.24

中国版本图书馆CIP数据核字（2016）第128629号

责任编辑：梁 洁

出版发行：中国文史出版社
社　　址：北京市西城区太平桥大街23号 邮编：100811
电　　话：010-66173572 66168268 66192736（发行部）
传　　真：010-66192703
印　　装：山东新华印务有限责任公司
电　　话：0531-82079209
经　　销：全国新华书店
开　　本：889mm × 1194mm 1/16
字　　数：1150千
印　　张：49.875
版　　次：2016年6月北京第1版
印　　次：2016年6月第1次印刷
定　　价：398.00 元

《山东省莒南第一中学志》编纂委员会

（1952~2014）

办学理念：为学生的终身发展奠基

办学思想：德育为首，科研兴校，突出特色，全面育人

办学目标：让学生成才、让家长放心、让社会满意

校　　训：严谨勤奋，博学创新

校　　风：崇德尚文，求真务实

教　　风：敬业垂范，精思善教

学　　风：励志笃学，自律向上

山东省规范化学校

山东省教学示范学校

山东省职业道德建设先进单位

山东省体育传统项目学校

山东省电化教育示范学校

山东省依法治校示范学校

山东省绿色学校

山东省档案工作科学化管理示范单位

全国青少年普法教育先进单位

全国校园安全教育工作先进单位

全国文化艺术教育示范学校

全国学校体育工作示范学校

全国教育科研先进单位

全国中学生生物学奥林匹克竞赛金牌学校

全国中学生物理学奥林匹克竞赛金牌学校

全国中学生作文大赛作文教学先进单位

全国中学生数学联赛先进单位

山东大学优秀人才输送基地

中国海洋大学优秀生源基地

北京师范大学教育教学实践基地

山东省红十字模范学校

临沂市普通高中教学工作先进学校

临沂市普通高中教学工作卓越人才培养先进学校

临沂市普通高中教学工作名优生培养先进学校

临沂市普通高中教学工作优秀人才培养先进学校

临沂市教育信息化工作先进集体

序

莒南一中校长、党总支副书记　尤洪平

为客观展示莒南一中60多年的发展历程，校委会决定对学校发展的脉络进行梳理编录，编修首部《山东省莒南第一中学志》，积累和保存学校历史文化，以期承上启下，继往开来。学校领导与编辑人员几经酝酿，几番易稿，现终于付梓面世，实为值得学校历届师生庆贺的一件大事。

编史修志自古被视为善举，素有“存史、资治、教化”之功，以其客观、系统、真实的史实记载，服务当时，传承未来。《山东省莒南第一中学志》吸纳和借鉴了部分档案资料，经学校各部门和新老教干、教师的通力配合，走访座谈，集思广益，遂使本志具有较高的史料价值。

本志以《概述》《大事记》等10多个纲目记载了莒南一中跨越半个多世纪的建设和发展历程，较全面、系统地记述了学校的历史、现状和主要成就。详略搭配，文字简洁，力求准确。对研究教育现状和学校管理，制定未来长远规划，提供了较为科学、详实的参考依据；对继承前贤，以史为鉴，兴教育人，促进三个文明建设，有着极为重要的现实意义。

回望60多年的发展历程，莒南一中身沐风雨，脚履坎坷，历尽沧桑，傲然前行。学校从1952年10月建校之初的几间陋室，发展到今天高楼耸立、配套齐全、占地143亩的绿色校园；由当初的4个班发展至现在72个班；教学管理规范化、现代化水平和教育质量全市领先。学校历经60余载，历任领导拼搏领航，悉心任事，各有建树，成就辉煌；各科教师呕心沥血，忠谨勤勉，培育桃李，芬芳华夏；莘莘学子苦读修进，文才武将遍及域内海外。

十一届三中全会之后，学校发生了翻天覆地的变化。学校坚持走“依法治校、科研兴校、质量立校、人才强校”之路，融合全国各地先进的教育教学思想，全面实施素质教育，全面推进精细化管理，学校教育教学质量与软硬件设施实现跨越式迈进，成为硬件优、质量高、环境美、特色强的山东省重点高中名校。

莒南一中党总支书记　张振群

这些令人瞩目的成绩，当宜整理存世，传诸后人，以为借鉴。

作为学校 60 多年发展变迁的一个缩影，本志从不同侧面折射出一批又一批“春蚕到死丝方尽，烛炬成灰泪始干”般的园丁，为培育一代又一代新苗躬耕春秋、呕心沥血的敬业情怀，客观反映了学校教育发展的时代轨迹。后来者必将在此基础上，承前启后，继往开来，用辛勤的汗水与卓越的智慧描绘学校更加美好的蓝图。

《山东省莒南第一中学志》的编写，得到上级领导的高度重视与全体教干、教师的倾力合作。在此，衷心感谢对校志编写给予帮助与付出辛勤劳动的同志们！由于 60 多年的春秋更迭、人事变迁，很多史料已被时间消磨、遗失，无从查考，加之时间紧迫，体例、文字等纰漏不妥之处在所难免。对资料的取舍，无论是无意割爱或无心遗珠，都会给人以焚琴煮鹤之憾。恳祈历任前辈、方家勘疑斧正，以使其充实完善，为以后续写补遗提供依据。

莒南一中校长、党总支副书记：

莒南一中党总支书记：

2015 年 12 月

凡例

一、本志以辩证唯物主义和历史唯物主义为指导，遵循实事求是的原则，力求客观、真实地反映山东省莒南第一中学各个历史时期的发展状况。

二、本志上限为1952年，下限为2014年，为保持资料的完整性、系统性，对部分内容的记述做了适当上溯或下延。

三、本志按内容分为十章，章内设节、目，以历史发展为经，以内容结构为纬，横排竖写，详近略远。本志所记内容多有交叉，以各章节的主题选择不同视角与侧重点记述。

四、本志采用述、记、志、传、图、表、录等体裁，以志为主。

五、本志采用公元纪年。志中数量使用阿拉伯数字和国际通用公制单位。

六、志中人物直书姓名，不加褒贬，必要时冠以职务。过长的词组或使用全称，或使用公认的简称。

七、本志所收资料主要来源于档案与口碑，经反复考证核对，力求准确、翔实。

八、本志为记述文体，遵循汉语语法规范，并使用规范的简化汉字。

九、本志涉及"文化大革命"特殊时期的史实，按宜粗不宜细的原则，作简要记述。

十、制度、计划、总结等以附录的形式附后。

团结奋进、求真务实的领导班子（2014 年）
校长、党总支副书记尤洪平（左四）　党总支书记张振群（右四）
副校长、党总支委员尚庆海（左三）　副校长、党总支委员阚京锡（右三）
副校长、党总支委员许春恒（左二）　副校长、党总支委员孙钦法（右二）
工会主席、党总支委员李明玉（左一）总务处主任、党总支委员郭洪登（右一）

《山东省莒南第一中学志》编纂委员会合影
前排左起：许春恒、王洛伟、尚庆海、杨永早、尤洪平、张振群、李玉亮、咸世文、阚京锡
二排左起：杨　颖、林学珍、刘厚伟、卢希军、孙钦法、李明玉、郭洪登、曹佃江、刁景云、赵维欣
三排左起：孙冰一、林德联、孙成田、韩希勇、王广运、廉桂锋、刘树宇、宋维连、王颖峰、林　申
四排左起：秦向芹、王洛顺、左兴高、程　潜、孙钦亮、唐坤田、韦庆兵、鲁统群

领导关怀

2012 年 9 月 6 日，莒南县委书记、县人大常委会主任陈一兵（右三）到学校检查指导工作

莒南县委副书记、县长赵西平（左一）到学校检查指导工作

2006 年 5 月，临沂市副市长于中华（中）、市政协副主席包祖善（右一）到学校检查指导工作

2004 年 10 月 21 日，临沂市委常委、政法委书记李洪海（左一）、莒南县委书记陈相珍（左三）、县委常委、县政法委书记孙忠德（右一）到学校检查指导工作

2007 年 6 月，莒南县委书记、县人大常委会主任丁善余（右）到学校检查指导工作

2011 年 9 月 7 日，莒南县委书记、县人大常委会主任张凯（右二），县长高永胜（右一），县委常委、宣传部长张俊春（左二），县政府副县长郭秀章（左一）到学校检查指导工作

2009 年 4 月 27 日，中国出版集团董事长聂震宁（左一）、中国编辑学会会长桂晓风（左二）、山东省委宣传部副巡视员王世农(中)、县长庄光海（右二）等到学校检查指导工作

2004 年 5 月 24 日，临沂市政府副市长王晓嫚（前排右一）到学校检查指导工作

2010 年 8 月 5 日，临沂市公安局局长张春义（中）、县长庄光海（左一）到学校检查指导工作

2004年5月24日，山东省教育厅副巡视员张海泉（右二）在市教育局局长孙家振（左一）陪同下到学校检查指导工作

2012年6月8日，山东省教育厅副厅长郭建磊（左二）、临沂市教育局局长卢立海（中）、莒南县副县长郑佩芹（右二）、县教育局局长张振群（左一）到学校检查指导工作

2011年7月7日，山东省红十字会副会长王志民（前排右三）等领导到学校检查指导工作

2004 年 5 月 24 日，山东省教育厅基教处处长杜希福（右三）到学校检查指导工作

2004 年 6 月，山东省教育厅基教处副处长郁建成（左一）到学校检查指导工作

2004 年 5 月 24 日，临沂市教育局局长孙家振（右一）到学校检查指导工作

2012 年 6 月 8 日，临沂市教育局局长卢立海（右二）到学校检查指导工作

2009 年 3 月 4 日，莒南县政协主席李学谦（中）到学校检查指导工作

莒南县人大常委会副主任、党组书记聂相仕（中）到学校检查指导工作

2014 年 9 月 29 日，莒南县委常委、县委宣传部部长张俊春（右二），县人大常委会副主任徐广军（左一）等领导到学校检查指导工作

2012 年 8 月 10 日，莒南县委常委、政法委书记赵树敏（右）到学校检查指导工作

莒南县委常委、县委办公室主任李洪刚（中）到学校检查指导工作

2012 年 8 月 21 日，莒南县委常委、县纪委书记李培用（右二）到学校检查指导工作

2012 年 7 月 31 日，莒南县政府副县长张作品（中）到学校检查指导工作

2014 年 12 月，莒南县政府副县长朱建峰（左二）到学校检查指导工作

2007 年 5 月 27 日，临沂市教育局副局长杜以坚（右三）到学校检查指导工作

剪纸　1967年毛济民老师与县文化馆王斌合作

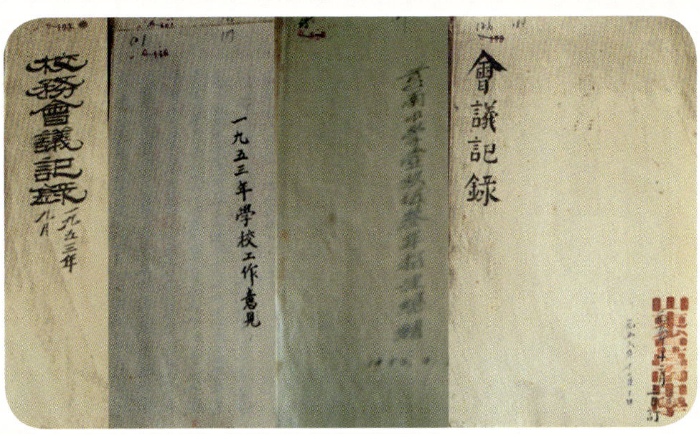

建校初期的会议记录

1992 年 10 月，学校举行建校 40 周年庆典

2002 年 10 月，学校举行建校 50 周年庆典

2002 年 12 月 29 日，在莒南县电力公司礼堂举行莒南一中首届艺术节暨庆元旦文艺晚会

2004 年 6 月 28 日，山东大学党委副书记赵明顺（右三）来学校主持“山东大学优秀人才输送基地”挂牌仪式

2004 年 8 月，学校优秀学生国防教育活动北海舰队之行

2004 年 11 月 16 日，加纳喀麦隆外教到学校进行文化交流

2005 年 10 月 19 日，学校举行体育馆启用庆典仪式

2005 年 5 月 24 日，学校举行“华鲁奖助学基金”颁发仪式

2006 年 3 月 22 日，学校举行班级管理工作研讨会

2006 年 5 月 18 日，学校举行“十八岁成人宣誓”仪式

2007 年 9 月 26 日，学校举行“庆国庆颂祖国”演讲比赛

2008 年 5 月 19 日，学校师生为汶川地震灾区捐款

2008 年 7 月，学校教师参加山东省高中教师新课程远程培训

2009 年 3 月 28 日，学校在山东省政府暨八路军 115 师司令部旧址举行爱国主义教育基地挂牌仪式

2009 年 4 月 27 日，中国出版集团、山东出版集团向学校捐赠图书仪式

中国出版集团公司向学校捐赠图书价值 150000 元

山东出版集团公司向学校捐赠图书价值 100000 元

2009 年，学校开展学习实践科学发展观活动

2011 年 5 月 6 日，学校开展红运项目进校园活动

2011 年 5 月 14 日，学校举行庆祝建党 90 周年暨“红歌传唱·魅力校园”合唱比赛

2012 年 10 月，学校建校 60 周年庆典剪影

2013 年 3 月 26 日，“上海华杰仁爱助学金”发放仪式在学校举行

2013 年 5 月 18 日，学校与临沂大学外国语学院举行中外文化交流活动

2013 年 6 月 18 日，中国海洋大学纪委书记刘贵聚等领导来学校主持“中国海洋大学优秀生源基地”揭牌仪式

2013 年 12 月 30 日，学校举行第六届校园文化艺术节暨庆元旦迎新春文艺晚会

2014 年党的群众路线教育实践活动剪影

2014 年 8 月 17 日，学校举行“学纯助学基金”颁发仪式

2014 年高一新生军训剪影

2014 年 9 月 12 日，学校举行“相约孝道、感念师恩”书画笔会

2014 年 9 月 29 日，学校举行“相约孝道、感念师恩”书画展开幕式暨《孝道文化》首发式

2014 年 10 月 25 ~ 26 日，学校秋季田径运动会剪影

2014 年 12 月 27 日，学校召开第六届教职工代表大会暨工会第六届会员代表大会

2000年后学校获得的部分荣誉

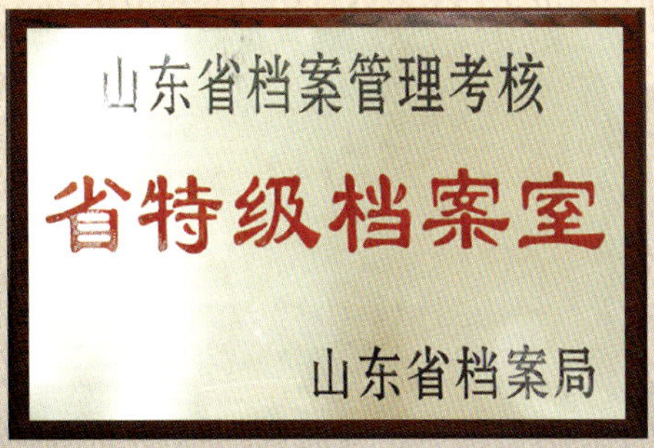

全国校园安全教育工作
先进单位
中国校园安全教育研究会
二〇一五年一月

山东省莒南第一中学
全国文化艺术教育示范学校

荣誉证书
山东省莒南县第一中学：
在全国教育科研先进集体评选中，经教育部中国教师发展基金会组织专家委员会审核，你单位荣获“全国教育科研先进单位”称号。
教育部中国教师发展基金会
国家教师科研基金管理办公室

荣誉证书
2014年全国中学生生物学奥林匹克竞赛
金牌学校
全国中学生生物学竞赛山东赛区委员会
二〇一四年六月

第23届全国中学生物理竞赛
金牌学校
山东物理学会　山东赛区委员会
二00六年九月

第十六届“语文报杯”全国中学生作文大赛
作文教学先进单位
二〇一四年五月

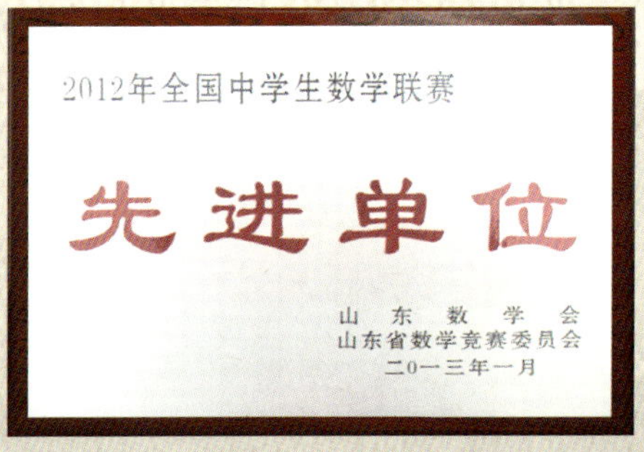
2012年全国中学生数学联赛
先进单位
山东数学会
山东省数学竞赛委员会
二〇一三年一月

山东大学
优秀人才输送基地

优秀生源基地

教育教学实践基地

山东省红十字模范校
山东省红十字会 山东省教育厅
二〇一一年七月

2014年普通高中教学工作
先进学校
临沂市教育局
二〇一四年十二月

2014年普通高中教学工作卓越人才培养
先进学校
临沂市教育局
二〇一四年十二月

2014年普通高中教学工作名优生培养
先进学校
临沂市教育局
二〇一四年十二月

2014年普通高中教学工作优秀人才培养
先进学校
临沂市教育局
二〇一四年十二月

临沂市教育科学研究
示范学校
临沂市教育局
二〇一一年二月

荣誉证书
HONORARY CREDENTIAL
授予莒南县第一中学：
教育信息化工作
先进集体
临沂市教育局
二〇一三年四月

山东省体育传统项目学校
（篮球 田径）
山东省体育局 山东省教育厅
二〇一一年七月

二〇一三年度心理健康教育
先进集体

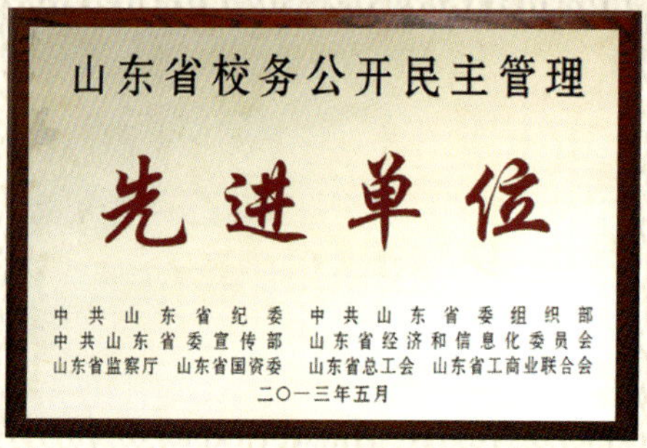
山东省校务公开民主管理
先进单位
中共山东省纪委 中共山东省委组织部
中共山东省委宣传部 山东省经济和信息化委员会
山东省监察厅 山东省国资委 山东省总工会 山东省工商业联合会
二〇一三年五月

第十一届"叶圣陶杯"全国中学生新作文大赛
全国中学示范文学社
2013年7月 北京

全国青少年冰心文学大赛
山东省莒南第一中学
全国写作教学示范学校

中国中学生体育协会田径分会
会员学校
中国中学生体育协会
中国中学生体育协会田径分会

中国特色社会主义理论体系
宣教基地
中共山东省委讲师团
二〇〇九年七月

教育部中国教师发展基金会校本建设项目
全国重点实验学校
No.CFTD-QGXBSYX-698

3D创新工作室
山东省教育学会教育信息化专业委员会
二〇一五年六月

临沂市师德建设
先进集体
临沂市教育局
二〇一二年九月

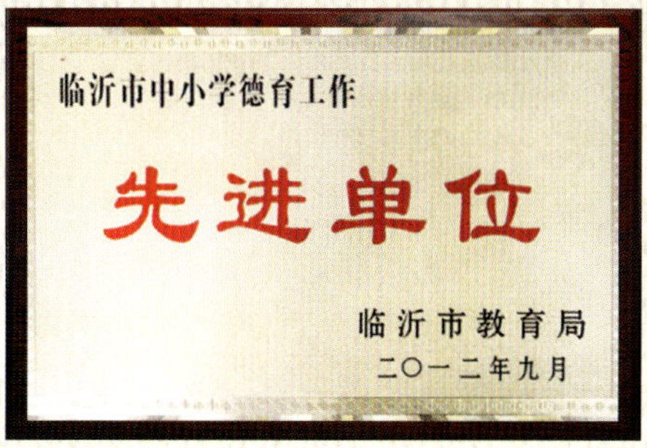
临沂市中小学德育工作
先进单位
临沂市教育局
二〇一二年九月

临沂市五四红旗团委
共青团临沂市委
二〇一一年四月

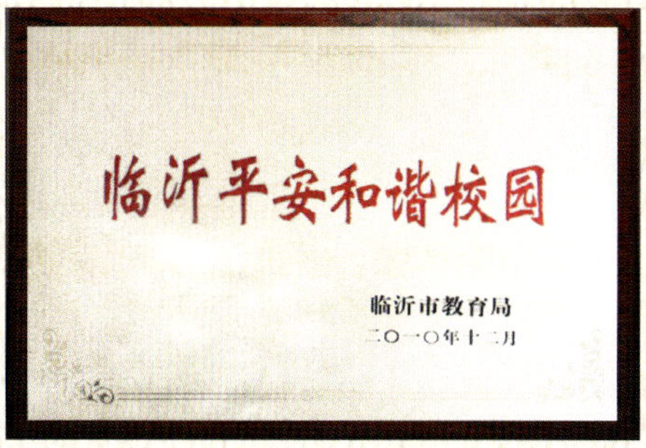
临沂平安和谐校园
临沂市教育局

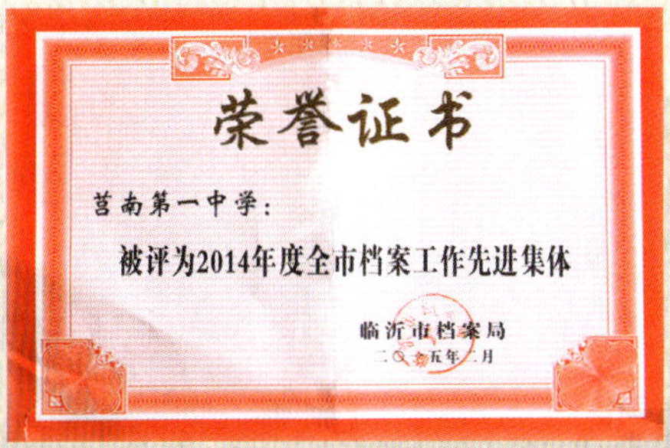
荣誉证书
莒南第一中学：
被评为2014年度全市档案工作先进集体
临沂市档案局

文明单位
中共临沂市委
临沂市人民政府
二〇一〇年二月

荣誉证书
2013 年度
县直先进单位
二〇一四年二月

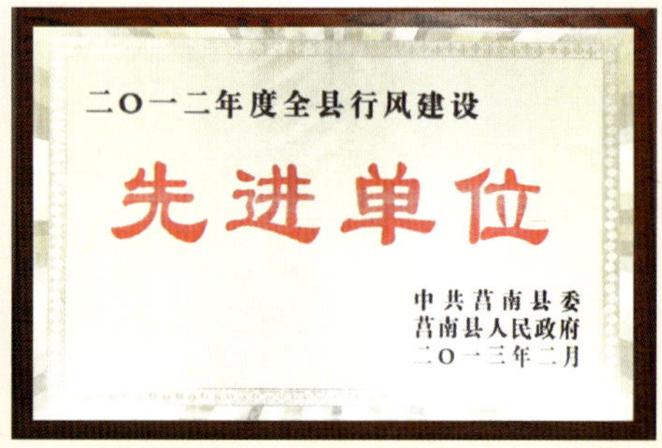
二〇一二年度全县行风建设
先进单位
中共莒南县委
莒南县人民政府
二〇一三年二月

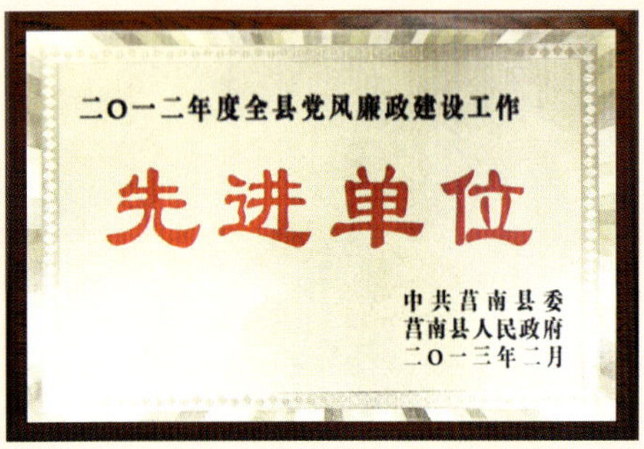
二〇一二年度全县党风廉政建设工作
先进单位
中共莒南县委
莒南县人民政府
二〇一三年二月

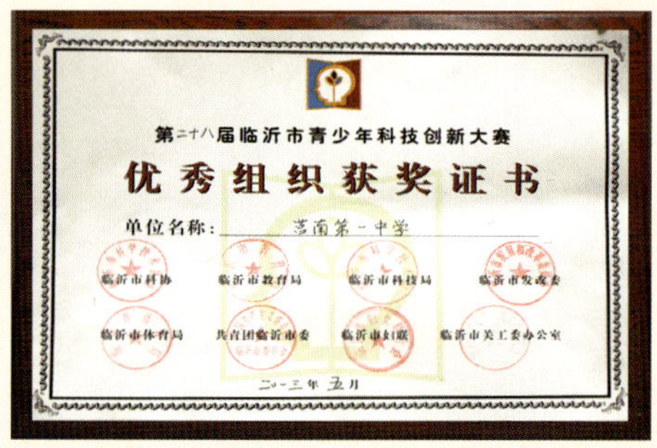
第二十八届临沂市青少年科技创新大赛
优秀组织获奖证书
单位名称：莒南第一中学

山东省心理健康教育研究会
会员单位

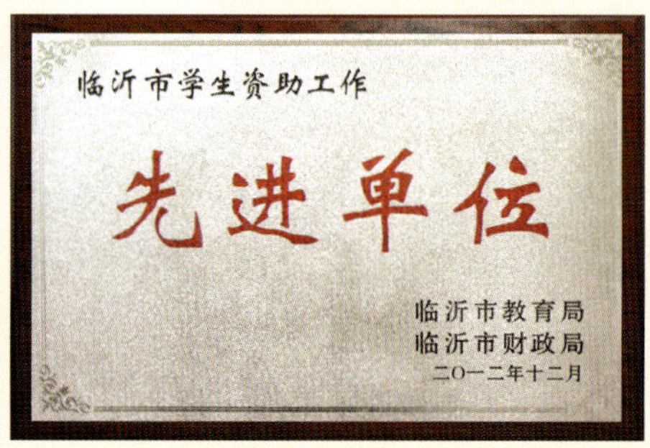
临沂市学生资助工作
先进单位
临沂市教育局
临沂市财政局
二〇一二年十二月

CBE 中国基础教育
网络实验学校
北京师范大学
2005年5月

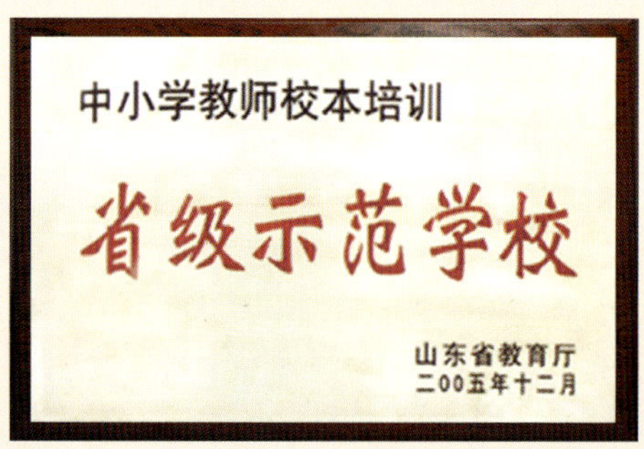
中小学教师校本培训
省级示范学校
山东省教育厅
二00五年十二月

莒南一中60年校庆贺信（部分）

清華大學

贺　信

山东省莒南第一中学：

值此贵校建校六十周年之际，谨向贵校全体师生员工和校友致以热烈的祝贺！

贵校在六十多年的实践与探索中，始终秉承“为学生的终身发展奠基”的教育理念，坚持以“让学生成才，让家长放心，让社会满意”的办学目标，为国家和社会培养了大批优秀人才，为国家基础教育事业做出了卓越的贡献！

承往昔之业绩，创未来之辉煌。展望未来，我们坚信贵校定能以六十年校庆为新的起点，满怀豪情，励精图治，在建设基础雄厚、特色鲜明、海内外知名中学的道路上取得新的更大的成绩！愿贵我两校间的友谊天长地久！

祝贵校校庆庆典圆满成功！

祝贵校各项事业蒸蒸日上！

清华大学

二〇一二年九月十五日

北京大学 PEKING UNIVERSITY

贺　信

山东省莒南第一中学

欣闻贵校建校60周年庆典，谨向贵校全体师生员工致以热烈的祝贺！

长期以来，贵校以悠久的历史，深厚的内涵，鲜明的特色和显著的业绩赢得社会各界的广泛赞誉，为祖国建设与社会进步培养了大量的人才。

多年来，贵校给我校输送了不少的优秀学子，藉此机会，表示由衷的感谢！

严谨勤奋，博学创新。躬逢贵校宏图更展之际，衷心祝愿你们在新的历史时期与时俱进，再创辉煌，再谱华章！

北京大学

2012年9月13日

山东省教育厅

贺　信

山东省莒南第一中学：

值此你校建校六十周年之际，谨向全校师生员工和广大校友致以热烈的祝贺和诚挚的问候！

建校六十年来，你校认真贯彻党的教育方针，秉承“严谨勤奋、博学创新”的校训，坚持“为学生的终身发展奠基”的教育理念，积极推进教育教学改革，求真务实，严谨治学，为社会培养了一大批优秀人才，赢得了社会各界的广泛赞誉。

希望你校以建校六十周年为契机，全面落实国家、省中长期教育改革和发展规划纲要，坚持育人为本，大力实施素质教育，创新人才培养模式，全面提高办学水平和教育质量，培养更多更好的人才，为促进地区经济社会发展培养更多优秀人才而做出新的更大的贡献！

二〇一二年九月二十日

山东大学招生办公室

贺　信

山东省莒南第一中学：

欣闻贵校60周年校庆，我们谨向贵校全体师生及员工表示最诚挚的问候和最热烈的祝贺！

建校60年来，贵校秉承优良的办学传统，始终坚持“为学生的终身发展奠基”的教育理念，走文理并重、艺体并举的发展之路，取得了令人瞩目的成绩，为国家培养了无数栋梁之才，也向我校输送了许多优秀生源。在此，我们向贵校辛勤工作的广大教职员工表示崇高的敬意！向刻苦学习、奋发成才的同学们致以亲切的问候！

山东大学是一所历史悠久、学科齐全、学术实力雄厚、办学特色鲜明，在国内外具有重要影响的教育部直属重点综合性大学，国家“211工程”和“985工程”重点建设的高水平大学之一。我校历来重视与国内优秀中学的合作，将其作为实现“建设世界一流大学”这一办学目标的有力保证。衷心希望贵我两校进一步加强合作，携手共进，共同担负培养国家优秀人才的使命，为我国的教育事业做出更大贡献。

祝贵校60周年校庆庆典圆满成功！

山东大学本科生招生办公室

二〇一二年

上海交通大学
SHANGHAI JIAO TONG UNIVERSITY

贺 信

山东省莒南第一中学：

值此贵校建校60周年庆典之际，我校向你们致以最热烈的祝贺！六十年来，学校始终坚持“为学生的终身发展奠基”的教育理念，走文理并重、艺体并举的发展之路，取得了令人瞩目的成绩，形成了鲜明的办学特色和良好的学风、校风，在人才培养、教学教研、校园文化建设等方面取得了显著的成绩，为经济建设、社会发展和国民文化素质提高做出了重要贡献。

中国的未来发展，中华民族的伟大复兴，归根结底靠人才，人才培养的基础在教育，教育在科教兴国、人才强国战略中发挥着至关重要的作用。深化教育教学改革，大力提高教育质量，全面推进素质教育，培养创新型人才，是时代提出的新任务和新要求，贵校在实施素质教育，培养优秀人才方面取得了可喜成绩，应以继续发扬光大。

我们衷心祝愿两校进一步增进友谊，携手合作，为振兴中华和培养德、智、体、美全面发展的社会主义事业的建设者和接班人而共同努力！

上海交通大学
2012年9月

南京大學
NANJING UNIVERSITY

誠樸雄偉
勵學敦行

贺 信

山东省莒南第一中学：

欣闻贵校喜迎建校六十周年，谨向贵校全体师生员工暨各界校友致以热烈的祝贺！

六十年风雨办学，贵校始终坚持社会主义办学方向，全面贯彻党的教育方针，从严治校，锐意进取，不断提升教育教学质量，努力营造良好育人环境，各项办学事业取得了长足发展。多年来为国家培养了大批合格建设者，也为全国高校包括南京大学输送了许多优秀毕业生，赢得了良好社会声誉。可喜可贺！

十年树木，百年树人！教育事业任重而道远，祝愿贵校以校庆为新的起点，坚定信念，进一步深化教育教学改革，全面推进素质教育，再创佳绩，为祖国多育良才！

祝校庆活动圆满成功！

南京大学本科招生办公室
二〇一二年九月二十六日

学校地址：江苏省南京市汉口路22号　　邮政编码：210093
学校网址：www.nju.edu.cn　　电子邮箱：aonju@nju.edu.cn

中山大學
SUN YAT-SEN UNIVERSITY

贺 信

山东省莒南第一中学：

欣闻贵校迎来六十年华诞，我们谨向贵校致以崇高的敬意和美好的祝愿！

六十年艰辛砥砺，六十载涵英育华。多年来，贵校严谨治学，求真务实，在教育科研等方面取得了令人瞩目的成绩。莒南一中，作为山东省省级校本培训示范学校，学校秉承着“严谨勤奋、博学创新”的校训，走文理并重、艺体并举的发展之路，全体师生团结拼搏、锐意进取、争创一流，为国家和社会输送了上万名优秀人才。

多年来，莒南一中与中山大学在培养人才的过程中，真挚合作、相互支持，结下了深厚的友谊，贵校更是为我校输送了一大批优秀的学生，借此机会，谨向贵校表示衷心的感谢。希望贵我两校在今后的岁月中，进一步加强交流与合作！

祝贵校建校六十周年庆典活动圆满成功！愿贵校事业蒸蒸日上！

中山大学招生办公室
二〇一二年九月

浙 江 大 学

贺 信

山东省莒南第一中学：

欣闻贵校喜迎60周年华诞，谨向全校师生员工以及广大校友致以热烈的祝贺。

在长期的办学历程中，贵校秉承优良的办学传统，坚持先进的办学理念，以育才为己任，与时俱进，不断创新，桃李芬芳，英才辈出。在此，十分感谢贵校长期以来对我校办学的大力支持，并期待着与你们更紧密的合作。

衷心祝愿贵校在未来的发展历程中再谱华章，教育创新，为祖国的经济建设和社会发展培养出更多特色鲜明、素质优秀的学生。

浙江大学
2012年9月24日

武　汉　大　学

贺　信

山东省莒南第一中学：

适逢贵校建校60周年，武汉大学谨向贵校全体师生员工及广大校友致以最热烈的祝贺和最诚挚的问候！

六十载风雨兼程，六十年育才兴邦，莒南一中秉承“为学生的终身发展奠基”的教育理念，坚持“夯实基础、突显个性、分层要求、因材施教、特色教学、发展智力、培养能力”的教学原则，以一流的环境、一流的设施、一流的师资、一流的管理、一流的业绩，发展成为一所人文底蕴深厚、师资力量雄厚、环境幽雅优美、教学设施完善、社会声誉良好的名校，为祖国培养了大量优秀人才！我们为贵校引人注目的成就感到由衷的钦佩和喜悦！

回顾过去是为了创造更加美好的未来，六十年辉煌将是我们未来事业的崭新起点！我们深信，面对新的发展机遇，莒南一中一定能够继往开来，再创辉煌！莒南一中的明天一定会更强、更美、更好！

祝贵校六十年校庆活动圆满成功！祝贵校事业兴旺发达！

武汉大学

二〇一二年九月二十四日

中国科学技术大学

贺　信

山东莒南第一中学：

欣闻贵校迎来六十周年华诞，谨向全校师生员工表示热烈的祝贺！祝大家工作顺利，事业辉煌！祝全体同学学业进步，全面发展！

建校以来，学校严谨治学、锐意进取，取得了一系列令人瞩目的突出成绩，为国家培养了众多优秀人才，向全国高等学校输送了大批优秀学生。在此，谨对贵校已取得的成绩致以诚挚的祝贺，并对贵校长期以来对我校招生工作给予的大力支持表示衷心的感谢！我们真诚的期待贵校的学子来中国科大深造，这里将是你们成功的起点。

十年树木，百年树人，教育事业是一项伟大的光荣的事业，是民族振兴的希望所在，衷心祝愿贵校青春常在，蓬勃向上，谱写新的篇章，创造新的辉煌！

中国科学技术大学

二〇一二年九月二十五日

長安大學

贺信

山东省莒南第一中学：

欣悉贵校喜迎60年华诞，长安大学谨向莒南一中全体师生员工及广大校友表示最诚挚的问候和最热烈的祝贺！

历经60年风雨历程，莒南一中秉承“严谨勤奋，博学创新”的校训，注重学生综合素质培养，为祖国的建设事业培养了许许多多栋梁之才，也为长安大学输送了很多优秀生源。长安大学也期待莒南一中推荐更多的优秀考生报考长安大学！

长安大学是教育部直属“211工程”重点大学，“985工程”平台高校，教育部、交通运输部、国土资源部、陕西省共建，为公认公路交通领域人才培养与科学研究综合实力最强高校。长安大学历来重视与国内外优秀中学的合作，长安大学愿与莒南一中进一步加强合作，携手并进，为我国的教育事业的发展共同谱写新的篇章！

衷心祝愿贵校通过60周年校庆活动，进一步凝聚力量、激励师生、加快发展，早日实现更高的发展目标，创造新的辉煌！

愿两校友谊地久天长！愿莒南一中60年校庆庆典圆满成功！

长安大学

二〇一二年九月

北　京　师　范　大　学

贺　信

山东省莒南第一中学：

值此繁花似锦、硕果飘香的金秋时节，欣闻贵校迎来了建校六十周年华诞，谨向贵校全体师生和广大校友致以最热烈的祝贺和最美好的祝愿！

六十载砥砺耕耘、弦歌不辍，六十载滋兰树蕙、桃李芬芳。六十年来，贵校积淀了丰厚的文化底蕴和优良的办学传统，取得了卓著的教育教学成果，为国家的经济建设和社会发展培养了一代又一代合格毕业生，也为我校输送了不少优秀人才！藉此机会，特向贵校表示崇高的敬意和由衷的感谢！

六十周年校庆是贵校建设与发展的重要里程碑，也必将成为继往开来、再创辉煌的新起点。衷心希望贵校能够以此为契机，全面总结成绩，科学谋划未来，凝心聚力，抢抓机遇，乘势而上，早日将莒南一中建设成为基础雄厚、特色鲜明、海内外知名的齐鲁名校！

诚望贵我两校在今后的发展中加强交流、谋求合作、携手共进，共同为我国教育事业的繁荣发展作出更大的贡献！

祝愿贵校六十周年庆典活动圆满成功！

北京师范大学

二〇一二年九月八日

山东省莒南第一中学：

值此贵校迎来60周年校庆之际，北京理工大学招生就业工作处全体员工谨向贵校致以最热烈的祝贺！

山东省莒南第一中学从创办至今，走过了60年的风雨历程，逐步发展成为全国知名的中学。贵校全校师生员工自强不息、艰苦奋斗、开拓进取，走出了一条独具特色的办学道路，形成了优良的传统校风。

北京理工大学是理工为主、工理文协调发展的全国著名重点大学，是国家首批“211工程”、“985”工程建设的学校。多年来，我校与贵校有着良好的合作关系，非常感谢贵校为我校输送了大批优秀学子。我们真诚的祝山东省莒南第一中学，将60年校庆作为学校发展史上一个新的重要的里程碑，不断开拓创新，勇于探索，为我国的教育事业作出更大的贡献。

祝愿山东省莒南第一中学蒸蒸日上，越办越好！

祝愿山东省莒南第一中学60周年校庆庆典活动圆满成功！

北京理工大学招生就业工作处

2012年9月24日

贺　信

山东省莒南第一中学：

值此贵校喜迎六十周年华诞之际，谨表示热烈的祝贺，向贵校全体师生致以诚挚的问候！

在过去的六十年里，山东省莒南第一中学坚持党的教育方针，秉承优良办学传统，开拓创新，锐意进取，为包括大连理工大学在内的高等学校输送了众多优秀学生，为所在地区培养了一大批优秀人才，为我国的基础教育做出了重要贡献。

六十年桃李芬芳，传未来鸿图大展。在崭新的时代，国家全面实施科教兴国战略，教育事业迎来了蓬勃发展的新时期。衷心祝愿山东省莒南第一中学坚持科学的发展观，以人为本，不断追求教育创新，为民族教育事业做出新的贡献，获得更大的成功。

祝事业蒸蒸日上！

大连理工大学

二〇一二年九月二十四日

贺　信

莒南一中及尤洪平校长：

欣闻贵校60周年华诞，我谨代表山东省临沂第一中学向贵校致以最诚挚的祝福和崇高的敬意！

60年风雨兼程，60年奋斗求索，60年春风化雨。贵校始终以教书育人为己任，全面贯彻党的教育方针，团结奋进，开拓创新，为国家培养了大批优秀人才，在基础教育战线上做出了突出贡献，在省内外树立了良好形象。在此，特向贵校表示热烈的祝贺！

衷心祝愿贵校在新的发展时期，与时俱进，继往开来，再创辉煌！预祝庆典活动圆满成功！

山东省临沂第一中学校长　李世良

2012年9月10日

贺　信

山东省莒南县第一中学：

值此贵校建校60周年校庆之际，我谨代表日照一中全体师生向贵校致以热烈的祝贺，向贵校全体师生员工致以节日的问候和崇高的敬意！

多年来，贵校坚持“为学生终身发展奠基”的教育理念，贯彻“夯实基础，突显个性，分层要求，因材施教，特色教学，发展智力，培养能力”的教学原则，大力实施素质教育，促进学校和谐发展，办学特色鲜明，办学成绩优异，为我国教育事业的发展和人才培养作出了突出贡献。

贵校与我校有着多年的真挚合作关系，彼此信任、相互支持，建立了兄弟般的情谊。相信在未来的日子里，我们两校会进一步加强合作，优势互补，携手并肩，共同为祖国教育事业的发展做出新的更大贡献。

祝两校友谊地久天长！祝贵校庆典活动圆满成功！

山东省日照第一中学

校长、党委书记　许崇文

二〇一二年九月二十二日

瞰　　图

山东省莒南环境非常优越，有着绝佳的办学区位优势。
北校区占地
该校区设计
该项目由同

目 录

第三章 教职工

第四章 学 生

第五章 教 学

第六章 体育与艺术教育

第七章 教学设施配备

第八章 教研科研

第九章 校园文化建设

第十章 人 物

附 录

毕业照

概 述

概　述

莒南县地处山东省东南部，具有悠久的历史和文化渊源。

莒南一中位于莒南县城十泉东路 55 号，始建于 1952 年。1956 年设立高中部，开始招收高中班。1998 年，学校初中部并入莒南县实验中学（后更名为莒南县第六中学），学校遂成为独立的高中学校。

2014 年，学校占地面积 143 亩，有 72 个高中班，学生 4299 人，教职工 386 人。学校建有教学楼、办公楼、实验楼、科技楼、图书馆、保健楼、餐厅、公寓楼、美术楼、音乐楼、体育馆等中、西式建筑 20 多座，既古朴典雅，又具现代气息。

学校师资力量雄厚，结构合理，业务精湛。在专任教师中，有研究生学历 12 人，特级教师 1 人，高级教师 120 人，中级教师 144 人，国家级、省级骨干教师 6 人，市、县级骨干教师、教学能手 116 人。

学校以“严谨勤奋，博学创新”为校训，以“崇德尚文，求真务实”为校风，始终坚持“为学生的终身发展奠基”的教育理念，走文理并重、艺体并举的发展之路，取得了令人瞩目的成绩。

经过历代一中人 60 多年的艰苦创业，学校基本实现了教育思想的现代化、办学条件的标准化、管理体系的科学化和学生素质的优良化的“四化”标准，各项工作迈入了全省先进行列。学校先后为各行各业培养了数万名优秀毕业生，从这里走出了数百名硕士、博士，有数百名学生考取北大、清华、南开、复旦、上海交大、中国人大、浙大等名牌大学。学校被评为“山东省规范化学校”“山东省教学示范学校”“全国教育科研先进单位”“中国基础教育网络实验学校”“山东省多媒体网络实验研究基地”“山东省英语特色教育重点实验学校”“山东省高级中学会员学校”“山东省心理健康教育会员单位”“临沂市高中教学示范学校”“临沂市普通高中教学工作先进学校”“临沂市普通高中教学工作卓越人才培养先进学校”“临沂市普通高中教学工作名优生培养先进学校”“临沂市普通高中教学工作优秀人才培养先进学校”“山东省电化教育示范学校”“山东省体育运动传统项目学校”“全国群众体育工作先进单位”“全国中学生奥林匹克竞赛优胜学校”等。

（一）

1949 年新中国成立后，莒南县的各项事业百废待兴。有着光荣革命传统的莒南县业余教育、小学教育迅速兴起，中学教育开始萌芽。1952 年 10 月，中共莒南县委、县人委决定在十字路镇东湖划地 50 亩筹建“山东省莒南中学”，

孙筱亭　　刘契秋　　郑维民　　王文实

由时任县文教科科长郑维民负责筹建。11月，学校开始招生。12月下旬，因校舍尚未建成，暂借速成师范的4口教室正式上课，时招4个初中班，学制3年，学生200人。时任莒南速成师范校长王文实给予大力支持。学校隶属沂水专署领导，为正县级单位。时有教职工27人，由刘契秋临时负责，主持工作。

1953年8月，因行政区划变动，沂水专署撤销，学校划归临沂专署文教科领导。是年秋，莒南速成师范撤销，莒南中学接收了该校的校舍校产，占地面积扩大到75亩。孙筱亭被任命为校长。学校设置校长室、教导处和总务处，负责处理日常和教学事务。是年，招收4个初中班，时有教职工近40人。是时，由于物资紧张，建筑设备简陋，全体师生团结一心，以“下定决心，不怕牺牲，排除万难，去争取胜利”的精神与勇气，克服重重困难，积极参加建校劳动。老师带领学生利用课余时间与节假日，往返扁山、相邸等地，用手推车运沙土、石料、砖瓦，垫平校院，修筑道路，自己动手，白手起家，建起200多间教室、宿舍等。

1954年，学校教导处开始为学生建立完整的档案，保存学生的文化学习、思想表现等材料。是年，学校建成面积约27亩的运动场，设有5个篮球场、4个排球场，配备各种体育器材与简易设施。为贯彻国家《准备劳动与卫国体育制度》，组织各班开展各种形式的体育锻炼。是年，学生的体育测验合格率达71%。

1956年，因临沭县撤销，原临沭中学划入莒南。是年，县政府在坪上镇建立一所中学，县内学校开始按序命名，学校遂改名为“山东省莒南第一中学”。是年，学校招收2个初中班。同时，开始成立高中部，招收4个高中班，共200人。学生来自莒南、莒县、日照、赣榆、新浦、临沂等地。是年，学校有高、初中学生750人，教职工55人，已成为一所初具规模的完全中学。

1958年，赵明远就任学校副校长，与孙筱亭一起主持学校工作。为贯彻“教育为无产阶级政治服务，教育与生产劳动相结合”的方针，大力开展“勤工俭学”活动。学校先后成立理发、木工、磨面、饲养、种植等48个勤工俭学小组，并开辟了种植养殖生产基地。8月，在“山东省勤工俭学展览会”上，时任山东省委书记的舒同接见了莒南一中勤工俭学代表队领队刘学忠并亲笔题词：“乘风破浪”。

1960年，学校在初中部始设《道德品质教育》和《社会发展简史》，在高中部始设《中国革命和建设常识》和《辩证唯物主义常识》课程，每周均为2课时。

1961年，根据中央“调整、巩固、充实、提高”的方针，先后贯彻山东省教育厅召开的“烟台会议”精神和《山东省全日制中学暂行工作条例》，学校开始走上以教学为主的发展轨道。此后，学校领导深入教学第一线，听课、兼课，使教研活动不断深入，教师集中精力搞好教学，教学质量得到不断提高。

1962年，学校有高、初中共23个班，学生1032人，教职工92人，房屋354间(其中教室92间，学生宿舍126间，教职工宿舍和办公室共108间，其他用房28间)。至是年，有207人升入高等院校。

1963年，学校文体卫生工作开始得到重视，先后成立了男女篮球、排球、乒乓球、体操、田径等运动队，并坚持经常训练。

1964年，学校男子篮球队在临沂专区少年篮球赛中获得冠军；男子乒乓球队在临沂专区少年乒乓球比赛中获得冠军，女队获得第三名。

1965年10月，学校着力推行“少讲精讲”与“启发式”教学方法，既重视教学效果，又重视学生思维的发展。是年，学校有高、初中共24个教学班，学生1152人，教职工100人。有各类图书27800册，仪器2310多件。在全国高校招生统考中，成绩位居全区第二名。

（二）

1966年6月，“文化大革命”开始，学校开始停课搞“四大”（大鸣、大放、大字报、大辩论）。此后，军宣队、工宣队（工人阶级毛泽东思想宣传队）进驻学校，在思想战线与教师队伍中进行斗、批、改，先后有50多名干部职工受到冲击，正常教学秩序被打乱，招生工作被迫停止，应届毕业生延期毕业。

1969年，学校各年级开始陆续复课，并实行学制改革。高、初中均由三年制改为二年制。同时，废除学业考试制度，改为逐级推荐制。

1970年，李旭亭担任学校党支部副书记兼副校长，主持学校工作。是年，开始实行贫下中农、工人阶级管理学校。由于“白卷事件”的冲击，“读书无用”之风甚盛。

1972年，学校改名为“山东省莒南县十字路中学”。

（三）

1976年10月，“四人帮”被粉碎，学校开始拨乱反正，重新建立有关规章制度。是年，工宣队撤离学校，撤销了学校“革命委员会”，改为校长负责制，王希昌担任校长。是年，学校有20个教学班，学生1102人，教职工76人。

1977年，全国恢复高考制度，山东省举行首届高考。是年秋季，初一和高一新生开始使用全国统编教材。

1978年，甄洪祥任副校长兼党支部副书记，主持学校工作。是年，党的十一届三中全会召开，开始了中国历史上新的一页。学校教学质量得到进一步重视，学校管理等各项工作有序开展。是年，初中恢复三年制。

1979年，有高、初中共8个毕业班，秋季招收高一6个班、初一4个班。学校开始创办校刊《读书专刊》，每月出1期。

1980年9月，学校恢复校名“山东省莒南第一中学”。

1981年，贯彻中央对教育体制“调整、改革、整顿、提高”的方针，学校的管理水平与办学效益得到进一步发展与提高，被列为临沂地区重点中学。

1983年，高中恢复三年制。是年，学校有26个教学班，1500余名学生，120余名教职工，成为规模较大的完全中学。是年，学校开始进行校舍改造，建起第一座教学楼——“育英楼”。

1984年，甄洪祥任学校党支部书记、魏本芳任校长。学校被命名为“山东省体育传统项目（田径）学校”。

1986年，学校制定《莒南一中关于实行“考勤奖”的暂行规定》，开始推行考勤奖励政策。同时，制定了《文明班级评比条例》，每学期对各班德、智、体等几个方面的情况进行量化分析评比，促进了班级工作的开展。是年，学校被评为“山东省体育传统项目学校先进集体”。

1987年，学校招生规模进一步扩大，有12个初中班、19个高中班，学生2082人，教职工158人。是年，学校开始推行以班主任为核心的“班级目标管理责任制”和以备课组长为核心的“学科目标管理责任制”，各科教学成绩与高考竞争力得到普遍提高。

1990年，张玉爱考入清华大学，毛利华考入北京大学。

1991年，为进一步改善办学条件，投资125万元的实验楼开始动工。同时筹资90万元，建起第二座教学楼——“育才楼”。

随后，根据莒南县制定的教育发展总体规划，对校舍进行全面改造，学校基础建设与配套设施得到跨越式发展。学校先后建起2座教学楼，1座实验楼，2座教职工宿舍楼，1座学生宿舍楼。校园设施布局更趋合理，育人环境得到进一步优化。

1992 年，学校举行建校 40 周年校庆，提出了“严谨勤奋，博学创新”的校训。

1995 年 8 月，教师进修学校（原莒南师范）的职能移交成人中专，全部校产和大部分师资合并到莒南一中，学校的办学规模得到进一步扩大。合并后学校占地面积达到 143 亩，教职工 287 人。是年，招收高一 14 个班 947 人。初一招收 4 个班 260 人。是年，李广振任学校党支部书记、邓兰芳任校长。

1998 年，学校初中部与城关二中合并成立莒南县实验中学（后更名为莒南县第六中学）。学校初中部师生全部转入实验中学，学校遂成为独立的高中学校。是年，学校招收高一 20 个班 1511 人，教职工总数为 280 人。

1999 年，王雨田、赵倩同时被清华大学录取。是年，学校建成图书馆、保健楼、艺体楼、部分沿街楼和人工湖。

2000 年，学校撤销复读班，部分教师被抽调至莒南县高考补习学校。

（四）

进入 21 世纪，随着信息时代的到来，陈旧落后的教学手段与授课方式开始逐步淡出各科课堂教学，师生互动、自主探究、追根溯源等新的教与学的策略日益受到重视和推广。为使各科教师尽快融入飞速发展的信息时代，将现代教育技术运用于课堂教学与教学改革，学校建起校园网和电子备课室，成立“山东省莒南第一中学网站”，分期分批为一线教师和行政管理人员配备笔记本电脑，并进行微机操作、课件制作等系列培训，多媒体教学手段普遍应用于各科教学之中，教学方式得到根本转变，教学效果得到极大提高。同时，首先在高一、高二开设信息技术课。

2001 年，尤洪平任学校副校长、党总支副书记主持工作，徐广军兼任党总支书记。明确了“内强素质，外树形象，真抓实干，争创一流”的工作思路。

2002 年，学校在教职工中广泛开展“学、讲、树”活动，积极参与“行风万人评”，确定了“一年规划打基础，两年拼搏上台阶，三年规范加特色”的奋斗目标。同时，提出了培养青年教师的“五子登科”计划，即“铺路子、搭台子、架梯子、压担子、创牌子”。是年，基本完成校园基础设施的升级改造，拆除校内 40 多间危房，对学校大门进行扩建改容。

是年，学校确定：以“崇德尚文，求真务实”为校风，以“敬业垂范，精思善教”为教风，以“励志笃学，自律向上”为学风。

10 月 3 日，学校举行建校 50 周年庆祝大会。临沂市教育局局长孙家振，中共莒南县委书记于中华等县六大班子领导以及各乡镇党委、政府负责人，县直各企事业单位和中央、省、市属驻莒南有关单位的主要负责人，各县区一中校长，各乡镇教委主任、中学校长，莒南一中新老教师及历届校友共 2000 多人参加了庆祝大会。期间，与会人员参观了校史展览和校友书画展览。

是年，学校举办首届艺术节（后改名为校园文化艺术节），每两年举行一届。

2003 年，为满足全县初中毕业生就读高中与升学的需要，经县政府、市教育局批准，学校租赁位于县城南环路东段的清华园学校教学楼东段与楼前广场两侧平房等场所作为“莒南一中分校”，开始招收第一届学生，初招 4 个班 301 名学生。

2004 年，尤洪平开始担任学校校长、学校党总支副书记。学校围绕“以学生健康发展为本，以教师专业成长为本，以提高教育质量为本”

进行一系列改革，提出“德育为首，科研兴校，突出特色，全面育人”的办学思想，确立“让学生成才，让家长放心，让社会满意”为办学目标，推动学校发展跨入科学有序、高效规范的管理进程。

是年，学校通过了“山东省规范化学校”和“山东省电化教育示范学校”验收。

是年，唐新猛以699分的成绩夺得全县理科状元，临沂市第三名，考入北京大学。季建邦以652分的成绩夺得全县文科状元，考入南开大学。

2005年，学校5200平方米的大型体育馆竣工启用，体育训练的设施和条件得到进一步改善。是年，学校档案室通过“山东省特级档案室”复检，后一直保持这一称号。

2006年，学校开始实行“教干值班制”。根据《教职工评先树优考核办法》，对教师的德、能、勤、绩进行量化考核，实行“末位留级制”管理。在是年的高考中，王宁和彭刘洋的成绩分别名列全市理科第二和第五。学校有9人位列全县理科前10名，2人位列全县文科前10名。王宁和刘欣被北京大学录取。

2007年，完成塑胶操场铺设及配套工程，学校运动设施的现代化水平得到进一步提高，成为学校整体形象新的亮点。

是年，在高考中普通文科、普通理科、重点本科、艺术文科、艺术理科均获全县第一名。有9人入围全县理科前10名，8人入围全县文科前10名；2人入围全市理科前5名。其中，张传虎以总分686分的成绩，获得临沂市理科状元，并以数学满分150分的成绩，取得单科全省第一名；邱文静以642分的成绩，获得莒南县文科状元。张传虎、李政被清华大学录取。

是年，学校高14级校友、阜丰集团董事长李学纯在学校设立“学纯助学基金”。该项基金共200万元，用以资助品学兼优家庭贫困的学生。其中，对当年考入北大、清华的学生给予最高助学奖项，每人奖励1万元。

2008年，在全县迎“五一”老年人运动会及教育系统“劲松杯”老年门球赛中，学校代表队获一等奖第一名。是年高考，不论名生还是重点本科进线数在全县仍保持领先地位。其中，刘新华被清华大学录取，另有20多人被复旦大学、中国人民大学、上海交通大学、吉林大学、中山大学等全国十大名校录取。高中学生学业水平测试合格率在全市位居前列，较全市平均值高出30多个百分点。在全市教育教学工作会议上，学校作了典型经验介绍。

2009年，学校投资30万元对校园网进行升级改造，设立办公内网与教学资源库。投资70多万元，在高一、高二教室建立多媒体教学系统，为多媒体教学手段的运用提供了网络设备与技术保障。

是年，王栋以686分的高考成绩获得全市第一名，考入清华大学。

2010年，社会力量助学蓬勃兴起，共发放学纯助学基金、鑫海科技助学基金、华杰仁爱助学基金等近40万元。

是年，在高考中学校有9人入围理科全县前10名，其中宋楠溪同学以683分获得莒南县理科状元，被清华大学录取，有8人入围文科全县前10名，其中季唐娜同学以653分获得莒南县文科状元。学校重点本科进线246人，位居全市前列。

是年，学校通过省级规范化学校复评验收和山东省新课程实施水平评估验收，在临沂市高中学生学业水平测试、新课程实施水平评估和高考等综合考评中，学校位居全市第三位。是年，学校被评为“全国青少年普法教育先进单位”“全国中学生生物学奥林匹克竞赛金牌学校”“山东省依法治校示范校”“临沂市普通高中教学工作先进学校”“临沂市双型示范学校”“临沂市教科研示范学校”等。

2011年，中央电视台、山东电视台等新闻媒体来学校对红运项目进校园活动开展情况进行专访。此间，山东省体育骨干教师现场观摩研讨会在学校召开，专题调研“红运项目进校园”活动可行性及操作要领。

是年，学校高考重点本科进线数和名优学生数等均在全市位居前列。理科考生有74人成绩超过600分。其中，全县理科状元、名列全市第五的葛琳以683分的成绩被清华大学录取，孙骜以678分的成绩考入复旦大学，臧晨迪以668分的成绩考入北京航空航天大学。全县文科状元解丰宁以626分的成绩考入北京语言大学。另有10多位学生进入南开大学、上海交大、哈尔滨工业大学等全国著名高校，有20多位学生考入山东大学。

2012年10月，学校为举行建校60周年大型庆典，组建了学校60年成就展览馆，展示了学校60年的发展历程，尤其是进入21世纪后取得的成就。

10月2日上午，学校在体育场举行“建校60周年庆祝大会”。市县领导、国内外校友、学校老领导老教师、部分新闻媒体记者和全体师生等数千人参加了庆祝大会。下午，学校历届校友“情系母校，奉献爱心”助学活动在学校实验楼阶梯教室举行。晚上，学校在体育场举行了60年校庆文艺晚会——“光辉历程”。60年校庆的举办，扩大了学校的影响力，成为学校发展的又一里程碑。

是年，学校高考中重点本科进线270人，有100多人考入211、985等名校。其中，徐金凤被北京大学录取。

2013年，学校深入推进“四德工程”建设，严格执行中央“八项规定”和莒南县委“十项规定”，积极开展“厉行勤俭节约，反对铺张浪费”活动，并与资源节约型、环境友好型“两型学校”创建活动相结合，深入学习贯彻十八大、十八届三中全会和习近平总书记系列讲话精神，被评为“莒南县党风廉政建设先进单位”。

是年，莒南县委、县政府召开莒南一中新校区规划建设专题会议，通过了同济大学的规划设计。

在高考中，学校有10人入围理科全县前10名，其中靳文同学以679分获得莒南县理科状元，9人入围文科全县前10名，其中王一宁同学以651分获得莒南县文科状元。学校重点本科进线308人，重点本科进线率、本科进线率均居全市第一位。学校共有173名同学被985、211院校录取，其中33人被山东大学录取。

2014年，学校扎实开展党的群众路线教育实践活动，按照“照镜子、正衣冠、洗洗澡、治治病”的总要求，深入剖析、整改“四风”方面存在的突出问题，先后组织教干教师到大店省政府旧址、群众路线教育基地接受先进典型教育，赴莒南县检察院警示基地、县看守所接受廉政警示教育，开展了“学英烈、忆传统、强党性、正党风”等活动。继续举办“道德讲堂”活动，通过“身边人讲身边事，身边人讲自己事，身边事教身边人”，激发了学生的学习兴趣，培养了学生健康快乐的道德品行。

是年，高考制度改革，取消自2007年开考的科目基本能力。在新的高考形势下，学校再创佳绩，高校自主招生过线人数居全市第二位，文理科重点本科进线人数303人，其中庄力同学取得理科702分的好成绩，位居全县第一、全市第二名，被清华大学录取；周飞宇同学取得文科637分，居全县文科第一名。学校举行第八届“学纯助学基金”颁发仪式，此次受奖、助学生总计194人，教师6人，总金额28.9万元。

至2014年，学校占地143亩，有72个教学班，在校学生4299人，教职工386人，其中，高级教师120人，中级教师144人。学校教师的学科结构、年龄结构更趋合理，并配备了实验教师、心理健康教育教师及其他教辅人员，能够满足新课程开设和走班教学的需要。学校内设机构日趋完善，校委会设校长办公室（下设行政办公室、计生办、文印室、档案室）、教导处（下设图书室、实验室、年级组）、政教处、总务处（包括安全办）、工会、团委、督导室、电教室、教科室、保卫科。建有办公、教学、实验、公寓、科技、美术、音乐、餐厅、卫生保健、体育馆等楼房29座，建筑面积9万平方米，固定资产过亿元。其中，教师办公室1487平方米，行政办公室1180平方米，会议接待室771平方米，社团办公室46平方米，社团活动室71平方米。学校积极争取政府支持，多方筹集资金，通过政府公开招标，改善办公条件，更新办公桌椅共270余套，学生课桌椅3100余套。

学校配备6个物理实验室、6个化学实验室、5个生物通用实验室，并配备1个物理探究实验室、1个化学探究实验室、1个生物探究实验室、1个通用技术设计室、2个通用技术实验室、5个微机室、1个历史教室、1个地理教室、1个史地资料室、5个电子阅览室。根据新课程要求开齐、开足了所有演示、分组实验课程，实验开出率达到100%。学校有2个图书室，全部实现数字化管理。其中藏书室占地面积342平方米，拥有藏书14万册，电子图书10万册。有5个学生阅览室，使用面积703平方米，可同时容纳500人阅览；有2个教职工阅览室，使用面积247.8平方米，有120个座位。学校订阅各类报刊杂志232种。学校有3个美术器材室、6个美术室、4个音乐室、1个舞蹈室、7个钢琴室及排练室。建有1块塑胶田径场、8个篮球场、3个排球场、4个羽毛球场、21张室外乒乓球台。在体育馆内，有看台座位960个，内设1个篮球场和1个网/排球场。学校设有1个健身房，配备各种先进健身设备。设1个卫生室，面积60.32平方米。设1个心理咨询室，面积30.6平方米，能够满足师生心理咨询和辅导的需求。学校建有能容纳600人的高标准学术报告厅，能够满足学校演出、学术报告及其他大型会议的需要。学生公寓面积9771平方米，宿舍内部按标准化配备，实行冬季供暖和公寓化管理，宿管人员24小时值班监护。学生餐厅面积4052平方米，宽敞明亮，整洁有序。厅内配置不锈钢餐具。另有2处百货超市，按照国家食品卫生与物价标准配货供应，保障师生日常生活与学习用品的供给。校内传达室、库房、配电室、锅炉房、自行车棚、停车场等一应俱全。学校教室全部安装了电子监控和多媒体教学双向控制系统。校园网开通千兆网，并加盟多个教学资源网，建立了教学资源库。一流的设施，幽雅的环境，为教师的创业、学生的成才提供了优越的条件和良好的发展环境。

随着基础设施与教师队伍、办学规模与办学理念、教育环境与教育技术等一系列软硬件的发展，学校秉承“为学生的终身发展奠基”的教育理念，认真贯彻实施《山东省普通中小学管理基本规范》，全面推进课程改革，全面实施素质教育，沿着健康和可持续发展的轨道向前迈进。

大 事 记

1952 年

10 月　学校成立，称“山东省莒南中学”。校址位于莒南县城十泉路东段，占地 50 亩。学校隶属于山东省教育厅、沂水专署文教科领导，为正县级单位。学校由时任县文教科科长郑维民负责筹建。

11 月　学校招收 4 个三年制初中班，学生 200 人。时有教职工 27 人，由刘契秋临时负责，主持工作。

12 月　学校正式开学，因校舍尚在建，暂借莒南速成师范 4 口教室上课。

1953 年

8 月　沂水专署撤销，学校划归临沂专署文教科领导。学校建立党支部，孙筱亭任党支部书记兼校长。

是月　莒南速成师范停办，校产归并莒南中学。由此，学校占地扩至 75 亩，校舍 75 间，教职工近 40 人。

9 月　学校教职工开始实行公费医疗。

是月　根据上级指示，为部分工资偏低、工作成绩显著的教师提高工资。

是年　教师普遍学习苏联凯洛夫的《教育学》和《普希金教学演讲录》。

是年　毛泽东主席向青年学生明确发出了“身体好、学习好、工作好”的号召。从此，学校开始评选年度“三好”学生。

是年　学校制定了《莒南中学学生守则》。

是年　王春庭任教导处主任。

1954 年

4 月　山东省教育厅下发《关于认真传达布署全国中学教育会议各项决定的通知》，并转发团中央《关于目前小学和中等技术学校学生学习负担过重情况的报告》，学校组织教职工认真学习，转变了教师的育人观念，改进了教师的教学方法。

6 月　中小学教职工实行新的工资标准，由工资记分制改为货币工资制。

10 月　学校开始贯彻中央公布的《准备劳动与卫国制度》，师生积极投入“劳卫制”锻炼。是时，学校体育场地约 1.8 万平方米，器械 80 余件（副）。有 5 人达国家二级运动员标准，7 人达到国家三级运动员水平。

是月　教育部公布《关于修订全国中等学校教职工工资标准及有关事项的通知》，学校开始酝酿评定工资。是年，教职工开始享受工资之外的福利待遇。

是年　学校建成 10 间大礼堂。

是年　王洛宪任工会主席。

是年　刘契秋当选莒南县第一届人民代表大会代表。

1955 年

5 月　山东省人民委员会发布《山东省普通中学和中等师范学校编制草案》，学校开始执行定额编制。

7 月　首届 4 个初中班毕业，其中有 20 人升入中专，16 人升入高中。

12 月　山东省教育厅转发教育部《关于在各级学校推行简化汉字的通知》，教师在教学中开始取消繁体字，使用简化字。

是年　教师王洛宪等自制教具 100 余件（套）。

是年　王洛宪被评为“莒南县优秀教师”，出席山东省优秀教师代表会。

1956 年

暑假期间　学校有 4 名语文教师参加山东省在潍坊组织的中学教师语言训练班，推广普通话教学。

9 月　滕略韬任副校长。

10 月　黄海任总务处主任。

是年　临沭县撤销，原临沭中学划入莒南中学。同时莒南县政府在坪上建 1 处中学，县内中学始按序号排列，学校更名为“山东省莒南第一中学”。

是年　学校设立高中部，始招 4 个高中班。另有 2 个初一班、4 个初二班、5 个初三班，共 15 个班 750 人，教职工 55 人。学校遂成为一所完全中学。

1957 年

2 月　毛泽东主席在最高国务会议上作了《关于正确处理人民内部矛盾的问题》的报告，在全党开展了大规模“反对官僚主义、宗派主义及主观主义”的整风运动。学校党支部和全国各地一样开始运用“大鸣、大放、大字报”整肃党风。

是年　刘契秋任教导处主任。

是年　毛泽东主席提出“我们的教育方针，应该使受教育者，在德育、智育、体育几方面都得到发展，成为有社会主义觉悟的有文化的劳动者。”学校开始学习与贯彻这一方针。

是年　学校开设《社会主义教育》课。

1958 年

1 月 20 日　《人民日报》发表社论《两个好榜样》，推荐河南省长葛第三初级中学和贵州省群力农场业余初级中学勤工俭学的经验。此后，共青团中央发布《关于在学生中提倡勤工俭学的决定》。春季开学后，在“破除迷信，解放思想”“敢想、敢说、敢干”的口号下，学校开始开办小工场、小农场、小饲养场（简称“三场”）。

5 月　刘契秋参加莒南县第二届人民代表大会第五次会议。

5 月　党的八届二中全会后，全国掀起大炼钢铁的高潮。学校响应县钢铁指挥部的号召成立了专门领导小组，全校师生七、八百人投入大炼钢铁运动。学校被安排承担制造县炼铁炉所用坩埚的任务，建立坩埚炉 67 个。

8 月 22 日　山东省委书记舒同接见了学校出席勤工俭学展览会领队刘学忠，为莒南一中勤工俭学工作题词“乘风破浪”，以示鼓励。

是月　山东省大、中学勤工俭学展览会会刊刊文“敢想敢做的人——记莒南一中张金三同学”，并刊登了莒南一中女生结蓑衣的照片。

10 月　秋收期间，全校师生同全县各级各类学校一样投入秋收秋种。到 11 月下旬，全县各中小学师生陆续回校上课。

是月　教职工停发工资，每月发生活费 8 元、津贴费 3 至 6 元。教职工家属及子女在学校食堂免费吃饭。该法实行 3 个月后终止，教职工工资如数补发。

是年　赵明远任副校长，朱继善任总务处主任，刘学忠任团总支书记，王洛宪任教导处副主任。

是年　在全校开展反右倾运动，迫于极“左”势力的压力，有 3 名教员被错划为“右派”，受到批斗。

是年　在学生中开展“大辩论”“反地富反坏右”“整团”等运动，错误开除了 4 名学生。

是年　学校初二女生郇有菊被选入山东省女子排球队，后入选国家女排青年队。

1959 年

1 月 25 日　莒南县第二届中学生田径运动会在学校运动场举行。

2 月 11 日　全县中小学民办教师在十字路镇集中学习，历时 7 天，主要内容为开展“肃反运动”和研究教学业务。

是月　莒南县文教局在温水泉召开全县中小学校长、教导主任会议，传达贯彻“教育为无产阶级政治服务，教育与生产劳动相结合”的方针，要求各学校加强“总路线”教育。要继续办好“三场”，以巩固“大跃进”成果；同时要求不能随意停课，要认真完成教学任务。

11 月　经学校党支部书记孙筱亭同意，由刘学忠组织安排，举办了一次阶级教育展览会。

是年　马广喜兼任学校团总支书记。

是年　《山东教育》刊登一组学校开展勤工俭学的照片。

是年　山东省烟台教育工作会议召开，学校工作开始转向以教学为主，全面贯彻毛泽东主席在《关于正确处理人民内部矛盾的问题》中提出的教育方针。

1960 年

1 月 27 日　山东省教育厅颁发《农（职）业初中学制课程、教学计划（试行草案）》，春季开学后学校开始贯彻执行。

2 月 20 日　根据教育部、卫生部发布的《关于保护学生视力的通知》，学校开始拟定保护学生眼睛卫生的措施。

8 月　经临沂专署文教局批准，学校面向全县招收初中一年级 4 个班，共 200 人，进行“缩短学制，提高教育质量”的大改试点。莒南县教研室中学教研员王锦亭在学校蹲点，具体负责这一教改试验。大改试点于 1962 年停止。

是月　全县中小学或半日上课，或下午只上 1 节课，由教师带领学生到生产队参加灭草荒活动。

9 月　全县中小学教职工进行工资调整，学校教师工资提升 23.3%，人均 41.2 元。

10 月　莒南县体委在学校体育场举行一至七中和师范学校 8 个单位的少年男女篮球、少年足球运动会，历时 2 天。学校女篮进入决赛，以 20 ：4 的成绩完胜三中女队，获得冠军。

11 月　莒南县教研室在学校举行语文、数学观摩教学，语文由刘新传执教，代数由尚归文执教，几何由李清箴执教。

是年　王洛宪任学校副校长，李旭亭任教导处副主任，吴月斌任学校团总支书记。孙筱亭出席莒南县第三次党代会。

是年　国家遭遇重大自然灾害，学校响应党的号召，按照“低标准，瓜菜代”的要求，开始自力更生，开辟 34 亩农场，努力实现自给自足。校办工厂发明了 2 台切菜机、1 台压水机、1 台切馒头机，同时生产人造肉精、叶蛋白等。

是年　学校成立业余体校，李旭亭任业余体校校长，王立鹤任主任。体校设篮球班、田径班、乒乓球班。业余教练由靳荣丰、伍生民、赵勤、郑宿担任。

是年　刘允真当选为“山东省文教群英会代表”。

1961 年

2 月　莒南县文教局传达临沂专署文教局《关于保证学生、教师身体健康的通知》，要求各学校把保证师生身体健康当作一项政治任务。学校开始调整作息时间，适当减少课时和工作量，停开体育课，增加睡眠时间；根据学校实际研究“低标准、瓜菜代、吃粗吃饱”的办法，努力减少病患的发生。

是年春　学校师生员工积极开荒种菜种粮、养猪养兔，自己动手，改善生活。

4月20～23日　莒南县第四届人民代表大会第一次会议在十字路镇召开，刘契秋参加会议。

8月16日　山东省教育厅转发《中华人民共和国教育部关于国家主办的各级学校人员编制标准暂行规定的通知》，学校教师开始逐级下放。是年，全县精简教师290人。

是年　中央提出对国民经济实行“调整、巩固、充实、提高”八字方针，学校开始全面贯彻山东省烟台教育工作会议精神和教育部制定的《全日制中学暂行工作条例》，教学秩序逐步恢复正常。

1962年

2月19～23日　莒南县文教局召开全县中小学教职工会议，号召全体教职工在社会主义改造和建设中要遵循“弄清思想，团结同志，惩前毖后，治病救人”的方针，学校根据会议精神认真贯彻落实。

3月13日　山东省教育厅、山东省体委、共青团山东省委联合下发《对当前中小学体育工作的几点意见》，学校开始参照《意见》组织学生开展课外体育锻炼。

10月　甄洪祥任学校团委书记。

12月27日　举行建校十周年庆祝活动。

是年　学习发扬延安作风，借鉴抗日军政大学校训，确定学校校训为“团结、紧张、严肃、活泼”。

1963年

3月5日　毛泽东主席题词发出“向雷锋同志学习”的号召。自此，学校组织师生广泛开展“学雷锋、创三好”等活动。

5月28～31日　莒南县第五届人民代表大会第一次会议在十字路镇召开，刘契秋出席会议。

9月　对学生会进行改选。

10月17日　莒南县教研室在学校召开中学语文、数学教学研究会，历时6天。

10月　全县中小学教职工进行工资调整，学校教师工资提升40%。

国庆节期间　学校男女篮球队在全县初中篮球赛中均获得冠军。

12月28日　临沂专署体委、文教局在学校球场举办“临沂专区完中及师范学生篮球分区预赛”，历时5天。学校女子代表队获得冠军。

是年　莒南县第四次党代会召开，孙筱亭等出席会议。

是年　陈泮芝任学校副校长。

是年　全校师生利用劳动课和课余时间，在校园内开挖86道排水沟计7793米，垫修路面14122平方米，整修操场地面14亩。

是年　学校组织教师到路镇四村走访调查，编写了《路镇四村史》。

是年　莒南县文教局组织全县初中篮球赛，学校男女队双双获得冠军。

1964年

2月18日　莒南县召开中小学教育干部会议，大会领导小组由汲曰宣、孙筱亭、滕略韬、刘从矩组成，会上汲曰宣、滕略韬率先对自己的思想和工作进行“洗手洗澡”自我检讨，带动与会人员展开自我批评。

3月　学校开始广泛开展学习毛主席著作活动。暑假后，根据教育部的指示，以《毛泽东著作》（乙种本）作为高中政治课代用课本。

5 月　学校派出 2 个乒乓球队参加莒南县直机关乒乓球团体赛，分获冠、亚军。在莒南县甲级篮球赛中，学校教工队获亚军。

6 月　在临沂专区少年篮球赛中，学校男子篮球队获冠军。

7 月　在临沂专区少年乒乓球比赛中，学校代表队获团体男子冠军、女子第三名。

10 月 16 日　莒南县召开中小学教师大会。会上学习了《关于社会主义教育运动的报告》《关于克服中小学学生负担过重现象和提高教育质量的报告》《加强领导贯彻党的教育方针的报告》。

是年　学校通过大讲革命故事对学生加强思想政治教育，增强了学生的理想道德信念。是年，《山东教育》上发表了学校的经验做法。

是年　学校教师开始投入“四清”运动。

是年　学校在阅览室设立阶级教育展览室，通过新旧社会对比向学生进行思想教育。

是年　学校男女篮球队均获莒南县第二届初中学生篮球赛冠军。学校派出 13 人参加专区田径选拔赛，有 10 人进入前 6 名。其中，有 2 人被选派参加山东省田径运动会。孙立才获全省男子五项全能冠军。

1965 年

2 月 9 日　莒南县召开文教卫生工作大会。参加会议的有 2599 人，其中全县中小学教师 2250 人。会议期间自上而下进行“洗手洗澡”，开展自我检查与自我批评，会后，学校组织全体教师广泛开展批评与自我批评，进一步提高教师的思想觉悟。

4 月 2 日　山东省教育厅发出《关于教育系统学习毛主席著作的意见》。要求学习毛主席著作坚持活学活用的原则，学习毛主席著作的活动开始在学校广泛开展。

5 月　学校举行春季运动会，有 621 人参加。其中 12 人打破 8 项学校纪录，7 人 9 次打破全县中小学运动会初中组记录。

7 月 30 日　山东省教育厅发出《关于高中一、三年级和初三政治课〈毛泽东著作选读（乙种本）〉讲稿意见》。学校开始执行这一规定。

8 月 31 日　中共山东省教育厅党组发出《关于贯彻毛主席“七三”批示的请示报告（草案）》。报告要求学校一切工作和活动，都必须从培养又红又专又健康的革命接班人出发。学校开始贯彻落实。

9 月 15 日　莒南县文教局、莒南县人武部联合发出《在中等学校建立民兵组织的通知》，要求学校建立民兵组织，学校随即成立民兵团。

10 月 17 日　学校选派队员参加在十字路镇举行的莒南县中学生排球选拔赛。

11 月 16 日　教育部发出《关于学习王杰同志的通知》。学校组织师生认真学习王杰同志的事迹，校风、班风、学风得到进一步好转。

是年　高七级学生升学率再创新高，升学人数约占毕业生数的 70%。

是年　学校购置图书 27800 册、仪器 2310 件，基本满足了师生阅读与实验教学的需要。

是年　王培复任学校团委书记。

是年　毕业班开设珠算、会计常识、农业知识专业班。

是年　高七级学生孙立才被选入济南军区篮球队。

1966 年

2 月　学校开展学习焦裕禄活动。

是月　莒南县文教局召开中小学政治工作会议，历时 11 天。全县中小学党支部书记、校长、教导主任、总务主任共 205 人参加了会议。会议的中心议题是学校工作要突出政治，要时刻牢记“政治挂帅，思想领先”。会后，学校开始了“突出政治”的运动，对一切问题“上纲上线”，业务骨干受到冲击。

4月1日　莒南县体委在学校体育场举行初中学生运动会，历时2天。

5月7日　毛泽东主席发出指示：“学生也是这样，以学为主，兼学别样，即不但学文，也学工、学农、学军，也要批判资产阶级。学制要缩短，教育要革命，资产阶级知识分子统治我们学校的现象再也不能继续下去了。”学校组织教师认真学习，积极转变教育思想与工作作风。

22日　山东省教育厅发出《关于做好推荐报考工作和保送一批优秀高中毕业生入高校文科学习的通知》。从此，高校招生考试制度被以“又红又专”为标准的推荐和保送所取代。

6月　根据上级指示，中共莒南县委成立由县委书记等9人组成的“文化大革命领导小组”，开始向学校派驻工作组。18日，临沂地委下达在初级中学对“反党反社会主义分子”进行批斗的指示，学校出现莒南县第一张大字报。23日，开始在教职工中揪斗批斗对象。从此，学校开始全面停课搞“文化大革命”。

8月15～23日　在学校操场分批召开由县直机关及十字路镇干部职工15000余人和各区代表7000余人参加的庆祝大会，宣读党的八届十一中全会公报和《中国共产党中央委员会关于无产阶级文化大革命的决定》（简称“十六条”）。

9月　莒南一中、莒南师范等学校在莒南率先进行大辩论，批判所谓“资产阶级反对学术权威”“修正主义分子”以及“牛鬼蛇神”等，并组织串联队伍，教育教学陷入混乱状态。

是年　李旭亭任学校副校长。

1967年

由于历史原因，学校停止招生。

3月　《人民日报》发表了“中小学复课闹革命”的社论后，学校复课。无教材无课本，主要学习《毛主席语录》《毛主席诗词》，参加批判会，学校秩序仍处于混乱状态。

10月25日　《人民日报》发表《大、中、小学校都要复课闹革命》的社论，但由于学校教育教学秩序陷入停滞、混乱状态，仍以“闹革命”为主，无法实现正常“复课”。

是年　1966年、1967年两届毕业生同时离校。高中开始以推荐与选拔相结合的办法恢复招生。同时，开始进行学制改革，中学改为二、二分段制（即：初中2年，高中2年），并且一律实施春季始业。

1968年

3月　学校建立革命委员会。

5月6日　高一新生报到，必带《毛泽东选集》一套、《毛主席语录》一本，参加“复课闹革命”。

8月　中共中央、国务院、中央军委、中央文革小组下达《关于派工人宣传队进驻学校的通知》，省革委下达向全省中小学校派驻“工宣队”“打破知识分子独霸的一统天下”的指示。29日，莒南县革委派出“工宣队”进驻学校，领导学校的斗、批、改。此后，“军宣队”曾一度进驻学校。

1969年

2月　李旭亭、段秀森、赵维新任学校革委会副主任。

4月　中共“九大”召开，学校革委组织全校师生大学习、大宣传、大落实“九大”会议精神。

1970 年

3 月　毛泽东思想宣传队进驻学校，学生开始复课闹革命。

7 月　初中十五级回校复课闹革命。

11 月　学校招收初中 6 个班，新生 336 人，学制二年。招收范围为路镇公社、温水泉大队和县直机关。

1971 年

是年　莒南县第五次党代会召开，李旭亭出席会议。

3 月 13 日起　学校先后建起电镀厂、拔丝厂、塑料包线厂、雕刻厂、红炉厂、磷肥厂、修配厂等，并成立木工组和缝纫组。

4 月 28 日　学校开办会计培训班和赤脚医生训练班，各 50 人。

是年　学校文艺宣传队正式成立，后逐步发展到由军乐队、器乐队、演出队组成的 60 人左右的宣传队伍。

1972 年

4 月 20 日　学校开始对教职工工资进行调整。全县时有公办教职工 1942 人，月平均工资 35.7 元。此次工资升靠级 990 人，平均每人增资 7 元。调整后全县教职工月平均工资 38.8 元。

是年　学校初中招生 280 人，高中招生 366 人。

是年　学校制定《学籍管理办法》《学生成绩考核办法》《三好学生评比条件》《教职工学习工作制度》《学生革命纪律》《教职工、学生请假制度》《财务管理制度》等规章制度，后由莒南县革命委员会政治部教育组向各公社革命委员会教育组、各学校党支部印发，要求其他学校在制定规章制度时参考借鉴。

是年　全县中学统一以驻地命名，学校遂由“山东省莒南第一中学”更名为“山东省莒南县十字路中学”。

1973 年

4 月　全县中小学分三大片举行启发式教学观摩课，学校执教教师为卢安身（语文）、燕爱民（化学）、朱瑞岭（物理）、李其源（数学）。

是年　在莒南县中小学先进教师代表大会上，汪志成老师作了《深入开展启发式教学，上好社会主义文化课》的专题发言。

是年　段秀森任学校副校长，孙芳友、卢安身、李其源任教导处副主任，吴月斌任总务处主任，王玉聪任团委书记。

是年　媒体发表了《一个小学生的日记》，通报了“河南马振扶事件”，在学校引起很大反响。随即，学校开始反“复辟”，开始批判“师道尊严”。

是年　学校生产磷酸钙 20 多万斤，供应全县 19 个公社或生产队，镀锌 149.5 公斤。

是年　学校建起门卫传达室。

1974 年

2 月 27 日　学校参加由莒南县革委教育组在高家柳沟村召开的“批林批孔骨干会议”。全县各中学、学区校长，贫管会长，部分教师、学生代表参加，历时 6 天。

3 月　“贫下中农宣传队”进驻学校。

4 月 16 ~ 20 日　莒南县革命委员会教育组、共青团莒南县委、莒南县革委上山下乡办公室在高家柳沟村召开“中学应届毕业生下乡回乡思想教育和恢复整顿红卫兵组织工作座谈会”。参加会议的有各中学党支部书记、团总支书记、应届毕业生与在校学生代表，共75人。会上传达了中共中央关于“批林批孔”的指示。学生开始上山下乡。

7月　按照山东省革委《关于中小学改为秋季始业的通知》要求，学校从是年起，开始改为秋季始业。

是年　刘玉臻任学校总务处主任。

1975年

1月中旬　全国各地开始开展“反击右倾翻案风”的斗争，教育界随即卷入。

3月7～14日　莒南县革委政治部教育组在高家柳沟村召开“全县中小学党支部书记会议”，与会人员35人。会议要求各学校开展“革命大批判”运动。学校开始贯彻执行。

是年　高中毕业班举办了农机、赤脚医生、农业会计、文艺、美术5个专业班。

是年　孙成祥任学校团委书记。

1976年

1月8日　周恩来总理逝世，全校师生沉痛哀悼。

是月　学校开学后，组织全体师生学习中央23号、26号文件，重点批判文化大革命前17年的修正主义教育路线和刮起右倾翻案风、否定教育革命的奇谈怪论。

2月　王希昌任学校党支部书记、校长。

9月9日　毛泽东主席逝世。18日，中共莒南县委组织全县各机关、学校、厂矿、企事业单位干部职工数千人在学校操场举行追悼大会，收听中共中央在天安门广场举行的毛泽东主席追悼大会实况转播。

10月22日　莒南县直机关、路镇公社干部群众3万余人在学校集会，拥护华国锋任中共中央主席、中央军委主席，庆祝粉碎王洪文、张春桥、江青、姚文元反党集团的胜利，并举行游行。26日，县直和路镇公社2万余人在学校操场集会，并通过有线广播，声讨“四人帮”反党集团篡党夺权的罪行。

1977年

5月4日～7日　学校组队参加莒南县革委教育局召开的全县中小学文艺汇演。

是月　学校举行“学雷锋，创三好”积极分子代表大会，参加会议的代表有192人。通报表扬各班累计出现的好人好事3121件。

7月16～21日　莒南县革委教育局在粉碎“四人帮”后召开第一次“全县中小学先进单位、先进个人表彰大会”。

9月　学校举行文艺汇演，推动了学校文化艺术活动的开展。

10月　大中专招生开始由推荐选拔改为考试录取制度。学校开始积极备考。

12月　国家恢复高考制度后开始举行首届招生考试，全国统一时间，各省自主命题，学校设立考场组织参加高考。

是月　莒南县革委教育局批复为全县1258名正式教职员工和32名临时职工调整工资。

是年　学校西邻拓宽街道，拆除学校9排房屋，占去校园4亩土地。

1978年

2月　学校参加莒南县革委教育局举办的中小学教师学习班，历时10天，学习内容为“清查”、“两打”和教学业务与理论培训。

3月21日　经临沂地区教育局检查验收，学校被确定为临沂地区重点中学。

是月　莒南县革委教育局在学校举办英语教师短训班。

5月13日　山东省革委教育局、共青团山东省委发出《关于在全省青少年学生中广泛开展“学雷锋，争三好”活动的决定》。学校遂开展相关活动。

是月　学校召开春季田径运动会，有9人次打破8项学校运动会记录。

7月20~22日　学校设立考场，组织参加全国统一高考。

8月　学校开始执行教育部颁发的《全日制十年制中小学教学计划（试行草案）》，并开始使用全国统编教材。

是月　甄洪祥任学校副校长、副书记，全面主持日常工作。

10月　王玉聪任教导处副主任。

11月　莒南县教育局在高家柳沟召开中小学教学工作会议，莒南一中教师张伟做经验介绍。

12月　党的十一届三中全会召开，开始了中国历史上新的一页。学校教学质量得到进一步重视，学校管理等各项工作有序开展。

是年　初中恢复三年制。

12月25日　莒南县首次举行全县中学生数理化知识竞赛。学校和其他16处公社中学按规定每科各选3人参加竞赛。学校获数学、物理学科2个第二名。

是年　中共莒南县委召开全县有线广播大会，对所谓“莒南县国民党大案”的受害人员进行平反，为全县非正常死亡的王乃家、郑世乐等25名教职工召开了追悼会，恢复了他们的名誉。学校去周维胜、张建池老师的家乡开了追悼会。

1979年

3月27日　学校召开全校学生家长座谈会。

5月　学校举行春季运动会，有3人打破学校运动会纪录。此后派20人组队参加全县运动会，有11人打破县运动会纪录，获得总分第一名。

7月7～9日　学校设立考场，组织参加全国统一高考。

8月　吴月斌任副校长兼工会主席。

9月　鲁守华任总务处副主任。

11月　开始实行班主任津贴制度。根据班额大小，中学班主任每人每月津贴5～7元。

是月　学校在北面购置路镇五村11.9亩土地，扩建校园。

是年　学校开始从全县考生中招收200名尖子生后，再与其他六处高中划片招生。

是年　学校创办《读书专刊》，每月一期。

1980年

5月4日　学校举行青年节音乐会。

6月1日　学校选派代表队参加县里举行的歌咏比赛。

7月7～9日　学校设立考场，组织参加全国统一高考。

9月29日　中共莒南县委、莒南县革委报上级批准，学校恢复“山东省莒南第一中学”名称。

是年　恢复校学生会。

是年　学校举行长跑月活动，并评出优秀班级为高20级1班、6班，21级4班，文科1班。

是年　王玉聪任副校长，王杰生任教导处副主任，张树梅任总务处副主任。

是年　学校组织数学、物理、化学、语文、政治等学科教研组长到莒县一中和沂水城关中学听课学习。学校举行了数学、物理、化学、英语竞赛。

是年　新建图书室10间共202平方米，其中藏书室3间，阅览室5间，借书室2间，藏书31200册。建起教室、宿舍12间231平方米，12间防震棚144平方米。

是年　学校教师骆振铎举办两期珠算讲习班。

是年　学校教师纵兆基编写的《政治辅导资料》在全县大部分中学使用。

是年　学校在学生中开展“在80年代大好形势下，怎样做一个合格中学生”专题大讨论。

是年　学校选派由10人组成的代表队参加地区田径运动会，有15人次取得单项成绩前6名。

是年　莒南县第六次党代会召开，甄洪祥出席会议。

1981年

1月　莒南县委召开会议，对从事教育工作25年以上、为教育事业做出贡献的441名老教师进行颁证表彰。学校有多名教师被表彰。

2月25日　全校师生积极响应全国总工会、共青团中央等9个单位联合向全国人民发出的倡议，开展以“五讲四美”为主要内容的文明礼貌教育活动。

3月　学校领导和主要学科教研组长赴潍坊二中学习。

4月　卢安身任教导处主任。

7月7～9日　学校设立考场，组织参加全国统一高考。

8月　莒南县第一届政协委员会召开会议，王杰生、卢安身、燕爱民、骆振铎等出席会议。

9月7～10日　莒南县第八届人代会第一次会议在十字路镇召开，王玉聪等出席会议。

9月　丁明良任学校团委书记。

11月　甄洪祥任学校校长。

是年　因教育教学成绩突出，学校受到莒南县政府通报表彰。

1982年

2月　魏本芳任学校教导处副主任。

是月　中央书记处决定每年3月为“全民文明礼貌月”，学校师生积极响应开展文明礼貌教育活动。

4月　学校因勤工俭学成绩突出，受到临沂地区教育局、财政局表彰。

5月5日　教育部、共青团中央印发《关于在中学生中评选三好学生的试行办法》。

5月21日　共青团莒南县委研究决定：同意学校共青团第五次代表大会选举产生的第五届委员会由丁明良、王兴友、邓兰芳、刘玉艳、孙翠琴、尚伟、张西华、陈淑君、聂其亮9名成员组成。

6月10日　根据临沂行署教育局、共青团临沂地委《关于表彰三好学生、优秀学生干部的决定》，在县电影院举行“三好学生、优秀学生干部表彰大会”。

7月7～9日　学校设立考场，组织参加全国统一高考。

是年　为方便学生建档拍照、毕业合影与活动影像存档的需要，学校成立照相馆。同时，建成伙房与茶水房。

是年　为使全体教干教师进一步明确各自的岗位职责，学校调整与完善了目标责任制。

是年　学校因综合成绩突出，被莒南县教育局授予“教育教学工作先进单位”称号。

是年　学校党支部被中共莒南县委表彰为“优秀党支部”。

是年　陈之太被评为“山东省优秀体育教师”，李英被评为“莒南县模范教师”，尤惠云被授予“山东省劳动模范”荣誉称号。

1983年

2月19日　莒南县教育局在学校召开全县中小学干部会议，会期5天。会上首次对不认真负责与工作不力的校长点名批评。

3月　学校开展第2个“文明礼貌月”活动，

推广礼貌用语，杜绝不文明行为。

4月　学校开展学习张海迪的活动，在学生中大力弘扬张海迪身残志坚、乐观向上的精神品质。

7月7～9日　学校设立考场，组织参加全国统一高考。

是年　高中学制由2年改为3年。

是年　学校开始对校舍进行改造。学校设置保卫办公室，林凡新任保卫干事。

是年　魏本芳被评为“山东省优秀教师”，邓兰芳被评为“山东省优秀班主任”，翁来法被评为“临沂地区优秀教师”。

是年　甄洪祥在临沂地区高中教学会议上介绍“教学4个为主”做法。

1984年

4月　学校在第3个文明礼貌月活动中，成绩显著，受到莒南县委、县政府表彰。

5月　邓兰芳任学校副校长兼工会主席，徐恒高任学校副校长。

7月7～9日　学校设立考场，组织参加全国统一高考。

是月　刘树东任学校团委副书记。

9月　翁来法获山东省政府颁发的“园丁奖”。

10月　学校因发展体育传统项目成绩突出，受到山东省教育厅、山东省体委表彰，被授予“山东省体育传统项目（田径）学校”称号。

11月　甄洪祥任学校党支部书记。

是月　李其源任学校教导处主任，王洛顺任学校团委副书记。

12月　魏本芳任学校校长。

是月　学校党支部被中共莒南县委表彰为“先进党支部”。

是年　甄洪祥当选山东省党代会代表，李英当选莒南县第七次党代会代表。王朋国被授予“山东省劳动模范”荣誉称号。

是年　李英在临沂举行地级公开课。

1985年

2月　学校计划生育工作受到中共莒南县委、县政府表彰。

是月　学校招飞工作受到中共莒南县委、县政府和县人武部联合表彰。

4月　中共莒南县委、县政府召开校舍改造专题会议，提出“三改造、六配套”的标准。学校开始大规模进行校舍改造。

7月7～9日　学校设立考场，组织参加全国统一高考。

8月　教育系统进行工资改革，教师工资开始实行工龄工资和教龄津贴制。

9月　学校召开表彰大会和座谈会，庆祝第1个教师节。

12月　王朋富任学校总务处副主任。

是月　临沂地区体育教学研究会举行第一届年会，学校体育教师陈之太当选为理事。

是年　学校开展以“两操一课”和《国家体育锻炼标准》为中心内容的课外体育活动，被莒南县教育局授予“体育达标”优秀奖。

是年　李西修任学校人事秘书，陈之太任教导处副主任。王朋国被评为“山东省优秀教师”。

1986年

1月　学校选送的节目在莒南县直机关文艺汇演中获二等奖。

6月　刘玉臻任学校副校长。

7月7～9日　学校设立考场，组织参加全国统一高考。

9月　宋考金任学校教导处副主任。

是年　学校制定《文明班级评比办法》《教职工德、能、勤、绩考核办法》《先进教研组、年级组评比办法》和《班主任工作考核办法》等。

是年　陈之太被评为“全国优秀教师”。

是年　学校被表彰为“山东省体育传统项目学校先进集体”，学校团委被团县委评为“先进团委”。

是年　甄洪祥在地区高中教学会议上介绍“教学目标责任制”做法：规矩与方圆的关系。

1987 年

2月　学校被莒南县委、县政府授予“教育教学工作先进单位”称号。学校团委被团县委评为“先进团委”。

4月　学校被县教育局评为“勤工俭学先进单位”。

7月7～9日　学校设立考场，组织参加全国统一高考。

是月　学校团委被团省委授予“‘奋飞之鹰’最佳主题教育活动奖”。

9月　教师节期间，学校被莒南县委、县政府表彰为“教书育人先进单位”，被临沂地区授予“两个文明先进单位”。

是年　为贯彻《中共中央关于教育体制改革的决议》和教育部、财政部《关于农村基础教育管理体制改革若干问题的意见》，学校教育经费开始实行包干制。

是年冬　学校首次对教师进行职称评审。

是年　朱崇美任学校工会主席。

是年　宋考金参加临沂地区讲课比赛获一等奖。

是年　翁来法被授予“莒南县首批专业技术拔尖人才”，李西修被评为“山东省优秀教师”，杜士密被评为“山东省学校优秀卫生保健人员”，柳文珏被评为“山东省优秀体育教师”。

是年起　学校在全县范围内扩招一个约40人的艺体班。

1988 年

3月　学校被莒南团县委、莒南县教育局评为“‘奋飞之鹰’竞赛活动红旗单位”。

6月　为尽快改善县城中小学办学条件，莒南县委、县政府发出《给驻县城各机关、厂矿、企事业单位干部职工的一封信》，指出：“县委、县政府决定在驻县城的所有机关、厂矿、企事业单位干部职工中广泛开展捐资助学活动，并按在校学生向学生家长和家长所在单位收取义务教育资助费，依靠社会力量尽快改善县城中小学的办学条件”。

7月7～9日　学校设立考场，组织参加全国统一高考。

是月　魏本芳任学校党支部书记，甄洪祥任学校校长。报经临沂地区行署批准，学校被确定为“副县级单位”。

9月　学校获莒南县“鸣金杯”青春环城火炬接力赛第一名。

11月　在创建平安校园工作中，学校被莒南县委、县政府授予“治安保卫工作先进单位”称号。

是年　王长法获“临沂市劳动模范奖章”“振兴沂蒙劳动奖章”“山东省富民兴鲁劳动奖章”，被评为“山东省优秀教育工作者”。

1989 年

7月7～9日　学校设立考场，组织参加全国统一高考。

8月　宋维山任学校团委书记。

9月10日　学校召开“庆祝第5个教师节暨表彰大会”，对在教育教学工作中表现突出的优秀教师、优秀教育工作者予以表彰，并为被国家教委、国家人事部、中国教育工会授予“全国优秀教师”称号的甄洪祥等代发了荣誉证书、奖章和奖金，《大众日报》《临沂日报》等媒体对其事迹做过报道。

是月　学校获“莒南县中学生歌咏比赛”二等奖。

12月　学校在“创新与自制教具评比活动”中，被莒南县教育局评为“自制教具先进单位”。

是年　学校被授予“山东省教学仪器管理先进单位”。

是年　燕爱民获“莒南县专业技术拔尖人才”称号，王洛伟被评为“临沂市优秀教师”。

1990年

3月　莒南县教育局下发《关于修订莒南县中学教职工代表大会和教职工大会试行条例的通知》，学校工会工作开始执行修订后的《条例》。

4月　学校被莒南县教育局表彰为“勤工俭学先进单位”。

5月　学校团委被团县委表彰为“学团史建丰碑活动先进单位”。

7月7～9日　学校设立考场，组织参加全国统一高考。

10月　莒南县教育局下发《关于学校升降国旗制度的通知》。学校开始实行周一升国旗制度。

12月　学校被临沂地区行政公署授予“治安保卫先进单位”称号。

是年　翁来法、谷增发被评为“全国特级教师”。

是年　王洛伟被评为“莒南县首届十佳教师”，在全县教师培训有线广播大会上作《勤勤恳恳教书，踏踏实实育人》的典型经验介绍。

1991年

1月　学校设立政教处，全面负责学生的德育工作，宋考金任政教处主任。

是月　董玉发任学校工会主席（副科级），李西修任办公室主任，陈之太任教导处主任，纪凡开任教导处副主任，张树梅任总务处主任。

是月　学校保卫办公室受到莒南县公安局通令嘉奖。

2月　学校被莒南县委宣传部、体改委、经委、财委联合授予“深化改革先进单位”称号。

7月7～9日　学校设立考场，组织参加全国统一高考。

8月　学校被临沂地区教育局表彰为“勤工俭学先进集体”。

是年起　学校执行高中会考制度。

是年　宋考金被评为“全国优秀教师”，纪凡开被评为“山东省优秀班主任”，王崇好被评为“临沂市骨干教师”，曹现祥被评为“临沂地区优秀教师”，徐恒高被评为“全县普法先进个人”，林学珍被评为“莒南县十佳教师”，彭学聪、宋维山、张光耀、谭中伟被评为“莒南县优秀教师”。

1992年

2月　学校被莒南县教育局、团县委评为“共青团工作先进单位”。

5月　薛惠清任学校总务处副主任。

6月23日　莒南县精神文明建设委员会下发（1992）5号文件，表彰一批思想政治工作先进集体和先进个人，学校被授予精神文明建设“十佳学校”称号。

7月7～9日　学校设立考场，组织参加全国统一高考。

10月2日　学校举行建校40周年庆祝活动，莒南县六大班子负责人及来自全国各地的校友3000多人参加庆祝活动。校庆之际由原坪上玻璃厂厂长李洪梅等校友出资5万余元设立校友基金会，对优秀学生、贫困学生进行奖励资助，学校副校长徐恒高、刘玉臻负责管理发放工作。

是月　学校党支部被中共莒南县委表彰为“先进基层党组织”。

是月　学校开始实行以“校长负责制、教师定编聘任制和岗位目标责任制”为核心的“三制”改革。

是年　宋考金被评为“临沂市优秀知识分子”。

1993 年

1 月　莒南县教育局召开全县教育工作会议，就教育工作重心由外部管理转向内部深层次管理，提高教育质量，实现教育工作转轨定向作全面部署。

2 月　中共中央、国务院颁布《中国教育改革和发展纲要》。

7 月 7 ~ 9 日　学校设立考场，组织参加全国统一高考。

8 月　宋考金、李西修任学校副校长，陈之太任学校工会主席。

10 月　学校生物组被临沂地区教委授予“临沂地区先进教研组”称号。

1994 年

3 月　学校语文组被评为“莒南县先进教研组”。

是月　学校被中共莒南县委、县政府授予“两个文明建设先进单位”称号。

7 月 7 ~ 9 日　学校设立考场，组织参加全国统一高考。

是月　学校利用暑假组织教师学习《教师法》，并将《中小学教师职业道德规范》等材料印发给全体教师。

1995 年

3 月　学校被莒南县教委表彰为“勤工俭学先进单位”。

6 月　姜少亭任学校副校长。

7 月 7 ~ 9 日　学校设立考场，组织参加全国统一高考。

30 日　莒南县对高中学校布局进行调整。教师进修学校（原莒南师范）职能移交成人中专，全部校产和大部分师资合并到莒南一中。合并后，学校占地面积扩大到 143 亩。

8 月　学校领导班子调整。莒南县教育局局长李广振任学校党支部书记，杨宗祥任副书记，邓兰芳任校长，杨家宝任副校长，张志君任总务处副主任，刘长欣任勤俭办主任，季玉献、刘树宇任教导处副主任。

10 月　学校被临沂市委组织部表彰为“党外知识分子工作先进集体”。

是年　邓兰芳被评为“全国特级教师”，王朋国被评为“山东省优秀教师”，杨成田被评为“临沂市优秀共产党员”，王明聚、王洛伟、林学珍被评为“莒南县优秀教师”，殷文广被评为“莒南县优秀班主任”。

1996 年

1 月　学校中层教干调整。纪凡开任教导处主任，王朋国任办公室主任，宋维山任办公室副主任，王长法、王明聚、季玉献、刘树宇任教导处副主任，张志君任总务处主任，文臻章任总务处副主任，殷文广任团委书记，孙运江任勤俭办副主任，张明亮任保卫科长。

2 月　学校被莒南县政府表彰为“创建省级卫生城先进单位”。

4 月　学生东公寓楼动工建设。

7月7～9日 学校设立考场，组织参加全国统一高考。

9月 经中共莒南县委批准，学校党支部升为党总支。莒南县教育局局长李广振任党总支书记，邓兰芳、杨宗祥任副书记，杨家宝、宋考金、李西修、姜少亭、陈之太任总支委员。王朋富任工会副主席。

10月 学校办公室、教导处、总务处、政教处、团委被确定为副科级单位。

是月 宋维山任办公室主任，文臻章任总务处主任，王朋国任政教处主任。

是年 学校被表彰为“山东省教育系统财会工作先进集体”。

1997年

1月 学校被莒南县总工会表彰为“工会工作先进单位”。

2月 张西华、王崇好任教导处副主任，孙运江、陈子良任总务处副主任，尚庆海、王洛伟任政教处副主任。

3月 莒南县政府授予莒南一中“县城卫生工作二等奖”。学校计生协会被莒南县委、县政府授予“优秀计生协会”称号。

是月 学生餐厅楼开工建设。此楼分为上下两层餐厅，可容纳3000余名学生就餐。

4月 学校篮球队在“莒南县第二届教职工篮球赛”中获第一名。

5月 学校被临沂市教委表彰为“卫生安全保险工作先进单位”。

7月7～9日 学校设立考场，组织参加全国统一高考。

9月 全市普通高中教育工作会议在莒南召开，学校的教学管理与教学成绩得到临沂市教委的充分肯定。

10月 在“临沂市第五届门球比赛”中，学校代表队获“精神文明奖”。

是年 学校新建一座教工宿舍楼（后称一中小区1号）。先后组建语音室、电教室、音乐美术专用教室和理化生实验室，同时配备了一大批先进教学设备。

是年 学校配备第一批台式电脑，建立电子备课室。

是年 宋考金、殷文广、林学珍、王广运被评为“临沂市骨干教师”。宋维山被评为“临沂市优秀教师”。王明聚、尚庆海、殷文广、卢其来被评为“莒南县优秀教师”。姜少亭被评为“莒南县先进教育工作者”。张西华被评为“莒南县优秀班主任”。

1998年

2月 中共莒南县第十一次党代会召开，邓兰芳出席会议。

5月 学校举行春季运动会。

7月7～9日 全国统一高考，学校设有54个考场。

8月 学校初中部撤并到莒南县实验中学。

11月 在临沂市首届“双星”杯中学生足球比赛中，学校获第5名。

12月 学校对新区一号住宅楼进行分配。

是年 学校被临沂市建委表彰为“市级花园式单位”。

是年 付廷宽、李明玉、王广运、汪兆欣被评为“莒南县十佳教师”。韦友成、孙运芹、刘树乾、唐龙廷、王文金、张传奎、许春恒被评为“莒南县优秀班主任”。

1999年

1月10日 学校勤工俭学办公室在阶梯教室对学校前沿街二层楼出租房进行公开竞标。

大门东13户（其中单间6户，双间7户）、大门西单间8户实行一次性出租，共收入26.31万元。此次招标工作由文臻章、孙运江、王洛顺、徐彬、王洛波、宋强具体负责。

29日　学校教职工51人到莒南县人民医院义务献血。

2月24日　校长邓兰芳参加临沂市人民代表大会。

是月　徐彬任保卫科副科长。

3月7日　学校领导及高三教师参加在莒南县城天然居召开的全县高中教学工作会议。

12日　副校长宋考金参加山东、江苏两省在徐州联合举行的高中教学工作会议。

22日　临沭一中语文、数学、外语、物理、化学各科教师共12人来学校进行课堂教学观摩交流。

4月6～7日　副校长宋考金参加山东省教委在济南召开的高中教学工作会议。

9日　沂水一中15位数学、物理、化学教师来学校听课交流，并就课堂教学的见解进行座谈讨论。

26～27日　学校组织老干部40余人赴菏泽、曲阜等地参观学习。

5月　学校召开春季运动会。

7月7～9日　全国统一高考，学校设有60个考场。

11月　学校被莒南县教委评为“高中教学先进单位”。

是月　李玉亮任学校副校长、党总支委员。

12月　学校被山东省招生委员会授予“全国普通高校统一招生考试优秀考点”称号。

是年　许春恒、刘树宇、尚庆海、胡顺香、王崇好、韦友成被评为“莒南县优秀教师”。姜少亭、王洛顺被评为“莒南县优秀教育工作者”。

2000年

1月　学校有王杰生等8位教师离（退）休，李广振、李西修、陈之太等代表莒南县教育局和学校为他们举行欢送会，对他们为全县和学校教育事业做出的突出贡献表示感谢。

2月　学校以校政字（2000）3号文公布学校学生会人员名单。

3月　学校成立创建省级规范化学校领导小组，筹备创建省级规范化学校事宜。期间，副校长李玉亮带领王洛顺、王延高等去平邑一中学习创建省级规范化学校经验。

4月　学校党总支对各党支部成员进行调整，王洛顺、尚庆海任行政一支部委员；殷文广任教学一支部书记，张西华、王长法任委员；文臻章、孙运江任行政二支部委员。

7月7～9日　学校设立考场，组织参加全国统一高考。

是月　莒南县高考补习学校成立并筹备招生。根据莒南县政府与莒南县教委统一安排，学校高考补习班连同19名任课教师一并移交给高考补习学校。

9月　学校门球代表队获莒南县“计生杯”老年人门球赛一等奖。

是月　高一新生集中报到并开始军训。

10月　学校被莒南县政府授予“高中教学工作先进单位”称号。

11月　殷文广任学校副校长、党总支委员，王洛顺任办公室主任，尚庆海任教导处主任，王洛伟任政教处主任。

是年　按照《中小学计算机课程指导纲要》的要求，学校在实验楼建成第1个微机室并开设微机课。

是年　上海建桥集团在学校设立“周星增奖、助学金”。集团每年出资6万元人民币，用于奖励和资助学校高考文科前5名、理科前5名及因家庭经济困难影响学业的20名品学兼优的学生，每人奖励2000元。

是年　殷文广被评为“临沂市优秀教学能手”“莒南县十佳杰出青年”。

2001年

2月　学校成立“三个代表”重要思想学教活动领导小组，召开教职工动员大会，推动“三个代表”学教活动的开展。

是月　李广振、陈之太、王洛顺开始负责筹备建校50周年校庆事宜。

是月　党总支召开党员大会，王延高等8位教师转为正式中共党员。

5月　学校对校园网建设进行公开招标，拓普公司中标。

6月　学校代表队参加全国中学生生物学奥林匹克竞赛（山东赛区），获4个一等奖，3个二等奖，2个三等奖。学校被授予“全国中学生生物学奥林匹克竞赛优胜学校”称号。

7月7～9日　全国统一高考，山东省实行3+2模式。莒南县教委在学校设70个考场和莒南考区办公室。高考期间，临沂市副市长包祖善、临沂市教委主任孙家振、莒南县副县长李学谦等来学校视察。

8月9日　莒南县委组织部任命原莒南县教委副主任尤洪平任学校副校长、党总支副书记。临沂市委组织部决定，李广振不再担任学校党总支书记职务。

28日　学校团委书记王崇好调出，孙钦法任团委副书记并主持团委工作。

9月2日　莒南县人装部主要领导和县六大班子成员参加在学校举行的《国防教育法》万人签字仪式。高一新生为期7天的军训结束，在操场举行了军训汇报表演。

18日　中共莒南县委常委、组织部长王常胜，组织部副部长魏延义代表县委来学校宣布对学校领导班子调整的决定：莒南县教委主任徐广军兼任学校党总支书记，副校长、副书记尤洪平主持全面工作，邓兰芳不再担任学校校长、党总支副书记职务。副校长殷文广经莒南县委组织部安排参加市中青年干部学习班，时间4个月。

10月6日　尚庆海赴广东参加全国骨干教师培训，时间4个月。张西华主持教导处工作；田栋文任高二年级主任，宋维连任高二年级副主任。

7日　在阶梯教室举行集中学习教育整顿活动动员大会，提出以“内强素质，外树形象，真抓实干，争创一流”为主题的工作思路。

15日　学校恢复周一升国旗制度。

26日　学校团委副书记孙钦法、音乐教师徐辉、高秀玲带队到青岛参加“光大银行杯”第二届全国中华校园歌曲电视大赛获铜奖，是临沂市唯一获奖的中学代表队。

10月31日～11月2日　“临沂市高中语文讲课比赛”在学校阶梯教室举行。刘树乾、王文庆获一等奖。

11月　经学校研究决定，安排高三教师分3批赴北京、江苏启东等地考查学习。

8日　全县高中数学讲课比赛在学校阶梯教室举行，闫英慧、郭永伟、徐有普均获一等奖，赵燕获二等奖，张守信获三等奖。

16日　莒南县第四届教职工篮球赛在学校操场举行，学校代表队获第三名。

是日　学校行政一支部、行政二支部、教学一支部、教学二支部、教学三支部分别召开党员大会进行换届选举。

18日　高三物理教师刘树宇、化学教师王新金、生物教师徐定欣赴潍坊参加“山东省‘3+X’高考研讨会”。

19 日　张西华、郭洪登赴杭州参加“全国语文教学研讨会”。

28 日　山东省计生委有关人员在市、县计生部门负责人陪同下来学校检查计划生育和人口教育工作。

12 月 13 日　学校对校内 2 个小卖部进行公开招标，承包期为 2002 年 1 月 1 日 ~ 12 月 31 日。

27 日　高二（22）班一名学生身患骨癌需截肢放化疗，因家庭经济困难，无力承担巨额医疗费。经校长办公会研究，由学校团委向全校师生发出为该同学募捐的倡议，在全校组织发起募捐活动。

28 日　学校团委为 200 余名新团员举行入团宣誓仪式。

30 日　为营造良好的教学秩序，学校教学区与生活区正式分离。

是年　学校开始建设校园网，并建成以“www.junan.net”为域名的山东省莒南第一中学网站。

是年　张西华被评为“全国优秀教师”。孙钦法被授予“山东省新世纪优秀中学生团校优秀指导者”。王广运被评为“临沂市教学能手”。曹佃蕾被评为“莒南县十佳教师”。孙成田被评为“莒南县十佳班主任”。李明玉、田栋文、王忠贵、燕平、徐修起、孙国、徐恒涛、刘洁被评为“莒南县优秀教师”。李玉亮、王洛顺被评为“莒南县优秀教育工作者”。赵凡明、克西国被评为“莒南县高考十佳教师”。韦友成、李永世、郭洪登被评为“莒南县优秀班主任”。

2002 年

1 月 1 日　原团林镇副镇长卢绪娟调入学校任副科级干部。

3 日　学校张榜公布高级教师住宅楼分配方案。

3 月 20 日　在办公楼会议室召开 50 周年校庆筹备会，研究确定 50 周年校庆基本程序。计划召开庆祝大会，制作纪念册，办校庆展室，制作校友通讯录，举行庆典焰火晚会。

23 日　“临沂市高三地理二轮研讨会”在学校阶梯教室召开，参加会议的有各县区教研员和高三地理教师。

27 日　学校召开校庆筹委会第一次会议，邀请学校老领导甄洪祥、魏本芳、邓兰芳、李广振参加，会议由党总支书记徐广军主持，校长尤洪平详细汇报了校庆的筹备工作情况，各位老领导提出了建设性意见。

4 月 6 日　莒南县中小学春季田径运动会在十字路镇一中举行，学校代表队取得 9 个单项第一，并以 179 分的成绩获团体总分第二名。

25 日　学校第三届教职工代表大会在多媒体教室召开。

是日　学校将高级教师住宅楼分配后腾出的 36 套住房进行分配，初步缓解了教职工的住房压力。

29 ~ 30 日　学校举行春季田径运动会。

5 月 22 ~ 23 日　为推动“学、讲、树”活动的进一步开展，学校团委、学生会组织“校庆 50 周年，我为一中添光彩”演讲比赛。

24 日　在学校操场举行大型“法制教育专题报告会”。4 位临沂监狱服刑人员进行现身说法，全校师生受到深刻的警示教育。

29 日　全国著名教育心理专家、全国政协委员、民进山东省主委、济南大学副校长张承芬教授来学校为高三学生作心理辅导报告。

6 月 12 日　学校专门聘请美国友人 Dave、John 和 Donnie 等 3 人来校讲学。

16 日　学校特邀山东省高考阅卷组部分专家举行“高三备考迎考专题报告会”。

22 ~ 24 日　学校设 53 个考场进行高中招生统一考试。

7月7～8日　全国统一高考，学校设有70个考场。

28日　学校对学生食堂进行公开招标承包。

是月　王广运参加“山东省骨干教师”培训。

8月10～11日　山东大学物理与微电子学院物理学教授、山东省物理学会秘书长李桂昌应邀来校作“中学生物理奥林匹克竞赛辅导报告”。

23～31日　高一新生军训，并在学校体育场举行汇报表演。

9月5～6日　“临沂市高三生物教学研讨会”在学校实验楼阶梯教室举行。

9日　学校完成大门扩建改造，举行开门仪式。

11日　县委组织部对学校领导班子进行调整，尚庆海任副校长，王洛伟任副校长兼工会主席，王延高任办公室主任，刘树宇任教导主任，王洛顺任总务主任，许春恒任政教处主任，孙钦法任团委书记，唐坤田任工会副主席。

15日　全县高中历史讲课比赛在学校多媒体教室举行，共有9名高中历史教师参赛，优胜者将参加全市高中历史讲课比赛。

25日　莒南县委、县政府领导在学校召开50周年校庆联席会议。

10月3日　学校举行建校50周年庆祝大会。临沂市教育局局长孙家振，县委书记于中华等县六大班子领导以及各乡镇党委、政府领导，县直各企事业单位和中央、省、市属驻莒南有关单位的主要负责人，各县区一中校长，各乡镇教委主任、中学校长，莒南一中老领导、老教师及历届校友代表共2000多人参加了庆祝大会。期间，与会人员参观了校史展览和校友书画展览。下午，校友们分别举行了座谈，拜师会友，忆旧话新。晚上，学校举行了盛大的焰火晚会。

15日　学校老年门球队在莒南县老年门球比赛中获一等奖。

12月2日　学校在莒南县电影院举行“祖国在我心中”大型歌咏比赛。

14日　学校副科级以上领导干部参加了在县电力公司文化中心召开的“全县学习党的十六大文件辅导报告会”。

17日　高一、高二全体学生在学校操场举行“告别网吧，立志成才”宣誓签字仪式。

20日　学校举行冬季越野赛。

29日　学校在县电力公司文化中心举行了“莒南一中首届艺术节暨庆元旦文艺晚会”。县委书记于中华等领导、县直各企事业单位嘉宾、离退休老教师和在校师生千余人观看了演出。此后，校园文化艺术节每两年举办一次。

30日　学校通过了临沂市电教示范学校验收。

是月　学校在育英楼建成第一口多媒体教室。

2003年

1月4日　学校在办公楼二楼会议室召开李奎武、吴亮成、卢继美、刘振国等退休老教师座谈会。

18日　召开《莒南一中》报编辑调度会，第一期《莒南一中》报印刷发行。

2月8～10日　校长尤洪平参加县第十四届人代会，当选县人大常委会委员。

18～19日　学校党总支书记徐广军参加县党代会，当选第十二届县委委员。

20～26日　学校党总支书记徐广军参加市人代会。市政协委员、副校长王洛伟参加市政协会议。

23日　学校被临沂市教育局授予“临沂市教学工作先进学校”和“临沂市信息技术示范学校”称号，高二物理组被评为市级先进教研组，孙成田老师被评为市级先进教研组长。

3月2日　在全县经济工作会议上，学校被授予“两个文明建设先进集体”称号，学校党总支书记徐广军、校长尤洪平分别被记个人“三等功”。

4日　学校举行“华鲁助学基金”颁发仪式。县委副书记、县纪委书记王常胜等县领导，华鲁集团董事长刘志良，学校领导徐广军、尤洪平、尚庆海等，以及受助的20名学生、部分家长、教师代表参加了助学基金颁发仪式。

13日　学校高九级校友、天津警备区参谋长崔立学少将携夫人（学校高十一级校友）来学校参观“50年校庆”展览室。

19～20日　“临沂市高三历史二轮复习研讨会”在学校阶梯教室召开。

22日　学校教职工住宅小区4号楼举行开工典礼。

4月5日　学校团委组织高一、高二200多名优秀团干部、优秀团员代表赴鲁东南革命烈士陵园举行主题团队活动，缅怀革命先烈，坚定理想信念。

11～14日　在“全国‘红杉树’杯中学语文课堂教学大赛暨全国中学语文课堂教学研究会第19届年会”上，学校的《莒南一中》报被评为“优秀校刊校报”，并获一等奖。

12～13日　山东省教育学会、山东省教研室、山东省教科所等单位联合在泰安市召开“山东教育科学‘十五’规划重点课题《教师课堂教学行为转变的研究与实践》课题开题论证会议”。莒南一中代表全市高中参与该课题研究。

24日　县委书记、县人大主任陈相珍，县长丁善余等来学校检查指导“非典”防治工作。

25日　临沂市卫生局防治“非典”领导小组来学校检查指导“防非”工作。学校随即召开防治“非典”专题会议。

6月1日　学校召开“2003年高考暨防控‘非典’工作大会”，举行“山东省普通高考莒南考区一中考点预防‘非典’实战演习”。

6日　临沂市副市长王晓媛、市政府副秘书长朱景华、市教育局局长孙家振、市教育局纪委书记马自杰等来学校视察高考准备工作。

6月7～8日　全国统一高考，学校设有73个考场。

10日　学校按照县委、县政府要求，召开“解放思想谋发展、与时俱进建小康”大讨论动员会，并开始推行中层教干竞争上岗制度。

12～14日　全县进行中考。学校承担实验中学、洙边、演马、刘庄、筵宾、石莲子、相沟、相邸等考点的部分监考任务，共派出巡视及监考工作人员180多人。

30日　校长尤洪平、副校长尚庆海等到共建单位——青岛北海舰队慰问官兵。

是月　在全国生物学奥林匹克竞赛（山东赛区）中，唐新猛获国家级二等奖和省级一等奖，徐淑泽、王其东获省级二等奖，鲁志鹏、李爱敏、王良晶、曹鹏飞、赵玉德获省级三等奖。

7月　经莒南县政府批准，学校租赁位于县城南环路东段的清华园学校等场所作为分校，开始招收第一届学生，共4个班301名。

8月11～12日　“临沂市高中教学工作会议”在莒南县政府招待所召开，校长尤洪平在会上作经验介绍，学校被临沂市教育局表彰为“高中教学工作先进学校”。

11～15日　“临沂市高三一轮复习语文教学研讨会”在学校召开。

9月15日　学校开始进行高级、中级职称评审工作。

17日　学校举行科技楼开工奠基仪式。

19日　物理老师李树祥、刘文新带领16名高三学生参加全国物理奥林匹克竞赛，9人获省级一等奖、7人获省级二等奖。

28日　学校职工乒乓球队参加“莒南县第

五届教职工乒乓球比赛”获团体总分第三名，徐延建获男子单打第五名，化立美获女子单打冠军。

30日　“全县高中教学工作会议”在莒南县政府招待所召开，学校被表彰为“莒南县高中教学工作先进单位”。

是月　孙钦法被评为首届“临沂市教学能手”。

10月7日　学校举行“特困生救助基金捐助仪式”，学校领导带领全校师生进行捐款，共募集款额1万多元。

25～26日　校长尤洪平等参加山东教育社在青州举行的《高考指导》特约编委座谈会。尤洪平被聘为《高考指导》特约编委，卢希军被聘为重点作者。

30日　学校第八次团代会在阶梯教室开幕。参加会议的代表共231人。

30～31日　校长尤洪平、办公室主任王延高赴济南参加在山东大学召开的“重点高中校长论坛”。

11月9日　在临沂市“桃源杯”中学生英语技能大赛中，高二学生孟凡琳获一等奖第1名，王钐杉获三等奖。

11日　学校法制副校长、县法院副院长张怀宗为师生作题为《增强法律观念，减少青少年犯罪》的法制教育专题报告。

是月　在“临沂市首届职工文化艺术节”中，学校职工演出队分获“演出银奖”“创作铜奖”和“节目制作三等奖”。

12月16日　山东省体育局综合业务处处长胡怀玉率省、市验收组，来学校进行“山东省体育传统项目学校”复验。

是年　学校成立电教室，电化教学等业务工作从教导处分离出来，王广运任电教室主任。同时建立电子备课室，培训教师采用微机备课，教育教学资源得到更有效的整合与利用。

是年　学校成立宿管科，进一步加强对学生的管理。

2004年

1月6日　学校为160户教职工统一办理房产证。

3月9～10日　“临沂市高三英语二轮教学研讨会”在学校召开。

4月9日　滕州市委副书记李健、副市长郭磊、教育局长孙金存带领教育考察团一行12人，来学校考察制度建设与经验做法。

17日　学校体育馆举行奠基仪式。

20日　学校被山东省课题组命名为“山东省中学英语特色教育实验学校”。

22日　山东省招生办公室主任张海泉等省招办负责人来学校检查督导高考准备工作。

28日　山东省新华书店在诞生地--莒南县举行“建店60周年优秀图书百日大联展启动仪式”，学校接受山东省新华书店和临沂书店捐赠的价值2万元图书。

6月7～8日　全国高考，学校设有85个考场。

15日　学校通过山东省教育厅组织的省级规范化学校验收，成为莒南县首所高中省级规范化学校。

27日　山东大学在学校举行“‘山东大学招生工作新闻发布会’暨‘山东大学优秀生源基地’挂牌仪式”。

8月24日　“周星增奖助学金颁奖大会”在学校会议室举行。上海建桥集团董事长周星增，县委书记陈相珍等县领导参加了会议。

是月　学校成立艺体部，下设音乐、体育、美术三个教研室。

10月25日　学校召开法制教育大会。此次法制教育大会主要是由临沂监狱的4位服刑人员进行现身说法。

是月　学校合唱团参加“全国校园歌手大赛”，女声合唱《我是山里小歌手》获三等奖。

11 月 16 日　加纳、喀麦隆外教到学校进行文化交流。

是月　在临沂市首届“桃源广场杯”中学生计算机知识竞赛中，学校派出的 3 名队员获一等奖。

12 月 10 日　学校举行“第二届校园文化艺术节开幕式暨高一年级‘我与祖国同行’歌咏比赛”。艺术节内容包括各项体育竞技比赛、歌咏比赛、书法绘画展示、文娱表演等。

12 月 29 日　举行“第二届校园文化艺术节暨庆元旦文艺晚会”。莒南县委副书记、副县长张永刚等领导以及县直各部门各企业负责人、县教育局领导、县直和乡镇有关学校负责人、部分学生家长代表近 600 人观看文艺演出。

是年　山东华鲁集团出资 2 万元用于奖励和救助学校部分品学兼优的学生。首届有 40 名学生分别获得 500 元的资助。

是年　尤洪平、王洛伟、郭洪登、李树祥、严加生被授予“临沂市高考先进个人”称号。郭洪登被评为“临沂市教学工作先进个人”，张广科被评为“临沂市优秀教师”。王洛伟、郭洪登、韦有成、韩希勇、孙成田、彭春雨、刘丽、赵燕、王娜、李明玉、陈庆秋、胡哲被评为“莒南县高考先进个人”。严加生、殷洪伟、王娜、闫英慧、陈青、韩炜、庄乾海、李树祥、李永世、马宗霞、赵燕、王言芳、崔凤玲、韩希勇、潘月雷、陈常民、孙宝章、刘丽、聂成娟、彭春雨、克西国、林学珍、侯维芳、王玉英、臧家波、胡哲等 26 人获得市级教学成绩奖。

2005 年

1 月 17 日　省教育厅委托市教育局领导来学校进行省级电化教育示范学校检查验收。

2 月 28 日　学校聘请加纳（国）籍 JeyJosephs. k 为任课教师。

3 月　学校保卫科被临沂市公安局通令嘉奖。

16 日　学校举行为庆祝山东省政府成立 60 周年县城环境整治募捐活动，全校共捐款 33500 元。

19 日　北京快乐阳光文化传播公司研究员王成玉，带领“快乐阳光状元成长报告团”——2004 年山东省高考文科状元、北京大学元培计划实验班学生宿洁，2001 年新疆高考理科状元、清华大学基础科学班大四学生张磊，2003 年山东省聊城市文科状元、北京大学法学院学生贺舒婷等，为高三学生作高考指导报告。

26 日　临沂市档案局副局长刘思通、业务科长杨富斌、管理科长赵驹先等来学校检查档案管理工作，学校档案室被授予“省特级档案室”。

29 日　临沂市教育局创建省级规范化学校现场会在学校召开。

4 月 28 日　学校正式成为临沂市学联第二届委员会会员单位。

5 月 24 日　学校在科技楼多功能报告厅举行“华鲁奖助学基金颁发仪式”。此次有 40 名学生分别获得 500 元的奖助学金。

是月　学校被教育部基础教育课程教材发展中心、北京师范大学、中国基础教育网联合命名为“中国基础教育网络实验学校”。学校被山东省教育厅确定为“山东省多媒体教学实验研究基地”。

6 月 7 ~ 8 日　全国统一高考，学校设 85 个考场。

7 月 1 日　临沂市委副书记朱绍阳，市人大常委会副主任李荣强、奚霞、王友忠、郭元臣来学校视察平安建设工作。

10 日　莒南一中校友、北京师范大学硕士生导师王洛忠带领北京师范大学研究生讲师团来学校为学生作专场报告。

13 日　学校召开保持共产党员先进性教育活动动员大会。

8 月 16 日　临沂师范学院院长韩延明率“临沂师范学院博士教授沂蒙行报告团”来学校作专场报告。

25 日　“周星增奖助学金年度发放仪式”在科技楼多功能报告厅举行。

9 月 2 日　临沂市环保局、教育局、文明委等领导来学校对“市级绿色环保学校”检查验收。

27 日　山东省教育厅督导室原主任高文浩、省教育厅老干处处长乔鹤鸣带领省教育厅老干部一行 49 人来学校视察教育教学工作。

是月　学校设置安全办，王洛顺兼任主任。

是月　孙钦法、李树祥、刘丽被评为首届“沂蒙名师”。

10 月 19 ~ 21 日　莒南县“新华新杯”中学生篮球赛在学校体育馆举行。莒南一中代表队获第一名。

23 日　学校派代表队参加山东省“鲁龙杯”高水平田径运动员邀请赛，有 7 人次获得个人前 5 名。

11 月 18 ~ 19 日　巨野一中 70 多位教师来学校参观交流。黄冈中学教师来学校作教学经验交流报告。

22 日　受山东省教育厅委托，山东师范大学课程中心主任张茂聪，山东师范大学教科院副院长、博士生导师徐继存一行 4 人，来学校进行新课改调研。

24 日　学校被山东省教育厅命名为“山东省首批中小学教师校本培训省级示范学校”。

12 月 24 日　学校举行第四届教职工代表大会第一次会议。出席大会的正式代表 103 人，特邀代表 7 人。

是年　李玉亮被评为“山东省优秀教师”。

2006 年

2 月 5 ~ 12 日　学校举办第 6 期多媒体辅助教学技能培训班，有 81 名教职工参加。

21 日　莒南县高中教育教学工作会议在学校科技楼多功能报告厅召开，学校被表彰为“高中教学工作先进学校”。

2 月 25 日　临沂市教育综合督导评估团到学校进行教育综合评估。

3 月 25 日　高三学生刘欣在北京大学特长生招生测试中，取得女子组 5000 米 16'22" 的健将级成绩，获得第一名。

4 月 1 ~ 3 日　在莒南县中学生春季田径运动会上，学校代表队以 239 分的成绩取得高中组团体总分第一名。有 13 人获得单项第一，其中有 3 人打破县运动会纪录。

17 日　经山东省档案馆年度考核验收，学校档案室再次被授予“山东省档案管理特级档案室”。

21 ~ 22 日　学校派出业余机器人兴趣小组参加临沂市“七喜电脑杯”机器人大赛，经过激烈角逐，取得全市第三名，并获优秀组织奖。

21 ~ 24 日　学校派出 13 名运动员参加临沂市中学生田径运动会，获得甲组团体总分第三名。

5 月 18 日　学校在体育场举行 18 岁成人宣誓仪式。

26 日　临沂市平安建设现场会在莒南县举行。临沂市委副书记朱绍阳带领各县区政法委书记、教育局长及全市 12 大行业的领导共 150 多人，在县委书记陈相珍等领导的陪同下，来学校参观平安建设现场。

6 月 7 ~ 8 日　全国统一高考，学校设 85 个考场。

27 日　临沂市康泰鹿业有限公司董事长张庆增、山东新港集团董事长魏效新、临沂市电缆电器厂董事长彭树伟、《沂蒙晚报》乡村采风栏目组主任厉建良等来学校为 10 名品学兼优的贫困生进行捐助，每生 1000 元。

7 月 15 日　“‘华鲁杯’山东省传统项目学校中学生篮球赛”在学校体育馆举行。学校代表队获山东省乙组第一名。

29 日　在“全国青少年普法教育竞赛”中，学校获得“全国青少年普法教育竞赛优秀组织奖”和“全国青少年普法教育示范学校”称号。

是月　刘树宇任办公室主任，许春恒任教导处主任，孙钦法任政教处主任，李明玉任团委书记。

8 月 8 日　经县委研究决定，莒南二中（后更名为临港一中）副校长阚京锡调学校任副校长、党总支委员，学校副校长殷文广调莒南二中任校长、党总支书记。

26 日　学校成立莒南一中爱国卫生运动委员会，下设办公室，办公室设在政教处，由王国利兼任办公室主任。

29 日　学校在体育馆举行高一新生军训汇报表演。莒南县委副书记李学谦，县委常委、宣传部长张红光，县委常委、县人武部政委梁继修，县人大副主任杜秋生，副县长郭秀章等出席大会。

31 日　根据《莒南一中中层教干竞争上岗实施方案》和上级关于干部工作任命条例的有关规定，经校委会研究并报请莒南县教育局同意，莒南县纪委、监察局、人事局和教育局进行监督，学校中层教干竞争上岗考评工作领导小组按照公开、公平、公正的原则，经过自愿报名、民主评议和演讲答辩等程序，对通过审查符合条件的 25 位参与中层教干岗位竞争人员进行全面考核。

是月　学校为 121 位一线教师配备第一批笔记本电脑。

9 月 21 日　临沂市档案局领导小组来学校对“山东省特级档案室”进行复检。

是月　学校设立教科室和督导室，分别负责学校各学科教育科研课题的申报立项、过程指导和对学校教育教学行为的监督检查。

12 月 5 日　由临沂市公安局督察长姜新国、市教育局欧建新、市消防支队崔永合、市卫生局赵西梅等组成的临沂市平安建设检查小组来学校检查平安建设工作。

30 日　学校“第三届校园文化艺术节暨庆元旦文艺晚会”在科技楼多功能报告厅举行。

是年　韩希勇被评为“临沂市十佳班主任”，林学珍被评为“临沂市十佳建功立业标兵”。尤洪平、殷文广、韩希勇被评为“临沂市高考先进个人”。杜新江、胡尊玉、刘树乾、王子黎、郝玉强、李振义被评为“莒南县高考优秀班主任”。秦夫良、李贤伟、时佰英、汪兆欣、李蕤、刘丽被评为“莒南县高考优秀教师”。程纪军、朱海英、秦夫良、徐修启、孙宝章、李贤伟、赵燕、克西国、翟文波、杜新江、魏绪高、时佰英、张宗凤、刘栋、李蕤、刘文新、马立芳、高秀礼、宋维连、刘丽、史佩玺、李振义、郝玉强、聂成娟、赵良卜、秦茂增、陈庆秋、陈丽清、李舒、张广科、李永伟、赵家英等 32 人获得“临沂市优秀教学成绩奖”。

是年　韩炜、王统霞、李树祥、聂林宝、程潜被评为“临沂市第三批教学能手”。刘栋、朱淑娟、时少飞、孙运源、徐燕华被评为“临沂市第四批教学新秀”。

2007 年

1 月 2 日　学校被批准加入山东省高级中学协会，成为“山东省高级中学协会”会员单位。

16 日　学校一中小区 3 号教职工宿舍楼竣

工并交付使用，78户教职工乔迁新居。

3月7日　学校召开“庆‘三·八’教师座谈会暨巾帼岗位标兵表彰大会”，授予38位女教师“巾帼岗位标兵”称号。

4月12～14日　由莒南县卫生局、县防疫站、县教育局联合组成的卫生小组来学校对高三年级学生进行高考体检。

是月　在临沂市“海尔电脑杯”第三届中小学电脑机器人竞赛中，学校派出的参赛选手获一等奖。

5月12日　学校在阶梯教室举行“第四届华鲁奖助学基金颁发仪式”，为受助学生发放了4万元奖助学基金。

16日　学校顺利通过了“山东省绿色学校”评估验收。

21日　学校举行“居民委员会、老年体育协会揭牌暨老年活动室启用仪式”。

6月7～9日　全国统一高考，学校设有98个考场。

8月18日　阜丰集团董事长、莒南一中校友李学纯为学校提供200万元资金，创立“学纯助学基金”，专门用于资助与奖励学校品学兼优、家庭贫困及在高考中取得优异成绩的学生。对在高考名列全县文科前10名、理科前20名的学生进行奖励，每生2000元。对考取北大、清华的学生，每生奖励10000元。其他100名学生是学习成绩优异但家庭贫困的在校生，每生获得助学金1600元。是日，“‘学纯助学基金’设立暨颁发仪式”在学校体育馆举行，共有110名学生受到奖助。

是月　上海华杰仁爱基金为学校高一年级10名贫困学生提供人民币20000元的救助金。

10月1日　借鉴外地管理经验，结合学校实际，学校开始实施“校园值班管理”制度。

12日　临沂市“‘园丁杯’老教育工作者门球比赛颁奖仪式”在学校体育馆举行，学校老年门球队获第一名。

11月19日　“法制教育报告会”在学校体育馆举行。莒南县法院副院长、学校法制副校长王永秀为全校师生作法制教育专题报告。

30日　校长尤洪平参加在济南召开的“京鲁基础教育发展论坛”。尤洪平被评为“第二届山东省百名优秀校长”。

12月20日　校长尤洪平参加在临沂市召开的“临沂市第11届职业道德建设‘双十佳’暨第三届‘创建学习型组织、争做知识型职工’活动表彰报告会”。

是月　学校召开第四届教职工代表大会第三次会议。

是年　团委组织开展为患白血病的一名高三学生捐款活动，师生共捐款34000多元。

是年　李树祥被评为“山东省优秀教师”。王洛伟、王国利被评为“莒南县优秀教育工作者”。杨云旭、王玉远、范玉峰、李京凤、刘树乾、张守信、李树祥、徐定欣、郭洪全、孙国、贾润昌、任高峰被评为“莒南县优秀教师”。

同年　韩炜、徐燕华、孙运源、徐兰荣、王广运、朱孔章、葛成平、张守信、卢进秋、杨佃军、聂成娟、孙运雪、刁景云、林学珍、孙国、孙成田、徐定欣、宋连璇、孙崇华、王开一、杨震、程纪军、陈晓燕、李贤伟、赵燕、刘文新、马立芳、潘月雷、王言芳、侯维芳、王乐信被授予“莒南县教育教学先进个人”称号。徐定欣、孙国、张传奎、王洪江、林学珍、刘春竹、孙运源、王娜、陈西涛、陈丽清、王新金、杨其艳、杨颖、贾润昌、王相娜、韩希勇、王子黎、张军峰、徐恒武、魏茂标、李永世、马宗霞、孙淑荣、郭洪全、孙成香、许长磊、庄欠海、宋连璇、李善云、徐桂苗、孙成田等31人获“临沂市高考优秀教学成绩奖”。

是年　莒南县人民政府、莒南县教育局召开高中教学会议，王洛伟、郭洪登、孙成田、李明玉被授予“高考先进个人”称号。徐定欣、郭洪全、孙国、韩希勇、贾润昌、徐恒武、陈青被授予“高考模范班主任”称号。王娜、宋连璇、李善云、赵维欣、韩炜、孙运源被授予“高考优秀教师”称号。

2008年

1月10日　学校在实验楼多媒体会议室召开青年教师教学经验交流会。

2月28日　根据中共莒南县委、县政府深入开展“优化服务年”活动的要求，学校制定了《莒南一中关于深入开展“优化服务年”活动的实施意见》及活动配档表，明确了“落实规范、全面育人、优化服务、争先发展”的目标。在莒南县“优化服务年”和行风建设评议活动中，学校被县委、县政府授予“优化服务年活动先进单位”“莒南县行风建设先进单位”称号。

4月7日　学校举行“‘知荣辱，讲文明，树新风’活动月启动仪式”。

9日　北京大学山东招生组组长、北京大学工学院于年才教授来学校联系招生事宜。

是月　学校被临沂市教育局表彰为“临沂市平安和谐校园创建工作先进单位”。

5月11日　全国著名心理学专家、潜能激发大师、演讲大师赵一博先生来学校举行《与成功有约》激情演讲会。

是月　学校举行“情系灾区，奉献爱心”——为汶川地震灾区捐助活动，广大师生踊跃捐款，党员干部积极缴纳特殊党费，其中，有7位党员交纳的特殊党费均超过1000元。截至19日共筹得善款9.5万余元。

6月7～9日　全国统一高考。学校共设97个理科考场，为全县考场最多的考点。

7月6日　学校第二批教师微机基础操作与技能考试在科技楼四楼微机室举行。

13～25日　学校组织教师参加“山东省暑期高中新课程全员培训”。

26～27日　学校组织40周岁以下教师参加在县职教中心举办的“莒南县第一期高中班主任任职资格培训”。

27日　第二届“学纯助学基金”颁发仪式在学校体育馆举行。181名学生受到资助，最高金额为10000元，其余分别为2000元和1000元。此次发放助学基金总计24万元。

是日　2007年考入清华大学的张传虎来学校举行“感恩母校报告会”。

9月8～9日　为迎接第24个教师节，学校组织教职员工到莒南县人民医院进行全面健康查体。

10月　学校被中国教育报、中国高等教育学会命名为“中国西部教育顾问单位”。

11月6日　“莒南一中援建卞家涝坡村农家书屋赠书仪式”在板泉镇卞家涝坡村文明大院举行。学校为“农家书屋”捐赠图书1400册，价值2万余元。

13～15日　校长尤洪平赴聊城参加由山东大学主办的“第七届全国重点中学校长论坛”。

12月20日　学校第五届教职工代表大会在实验楼会议室召开。

23日　举行“华杰仁爱助学金发放仪式”，有10位同学受到资助，每人分别为2000元。

29日　学校“第四届校园文化艺术节暨庆元旦文艺晚会”在科技楼多功能报告厅举行。

是年　学校对微机室设备进行维修、升级和更新，为163位教师配备第二批笔记本电脑。

是年　孙钦法被评为“莒南县第六届十大杰出青年”。王广运被授予“莒南县教育创新十大新闻人物”称号，并获得莒南县青年科技奖。李善云、侯维芳、李兆艳被评为莒南县教育系统百名“巾帼岗位标兵”。

是年　学校顺利通过了“山东省教学示范学校”验收。

2009 年

1 月 5 ~ 7 日　学校举行青年教师技能大赛。

10 日　“全县普通高中素质教育工作会议”在学校科技楼多功能报告厅举行。学校再次被表彰为“莒南县高中教学工作先进单位”。

2 月 17 日　山东农业大学植物保护学院党委副书记、副院长彭云龙，副院长刘玉升来学校进行调研。

23 ~ 24 日　“莒南县高中历史学科公开课”“莒南县高中地理学科公开课”在实验楼会议室举行。

3 月 6 日　“感恩母亲形象大使”刘熙宏演唱会在学校科技楼多媒体报告厅举行。

18 日　学校“深入开展学习实践科学发展观活动动员大会”在学校实验楼会议室召开。

25 日　学校在实验楼会议室举行“研究性学习专题讲座”，罗庄一中教师杨尚峰来校作主题报告并结合相关理论作示范讲课。

27 ~ 28 日　学校组织部分学生到山东省政府暨八路军 115 师司令部旧址和莒南县博物馆举行“莒南一中爱国主义教育基地”挂牌仪式，随后参观了沂蒙抗日战争纪念馆和博物馆文物展览。

4 月 3 日　山东省文化局原局长宋英、山东画院副院长潘文斌捐书仪式在学校办公室二楼会议室举行。

27 日　中国出版集团公司、山东出版集团公司向学校捐赠图书仪式在科技楼多功能报告厅举行，分别向学校捐赠了价值 15 万元和 10 万元的图书。

5 月 24 ~ 26 日　校长尤洪平参加在青岛举行的“山东省教学示范学校命名表彰会”，学校被山东省教育厅授予“山东省教学示范学校”。

是月　学校开始启动“慈善一日捐”活动，全校教职员工主动捐款 27550 元。

6 月 7 ~ 9 日　全国统一高考，学校设有 96 个考场。

8 月 24 日　第三届“‘学纯助学基金’颁发仪式”在科技楼会议室举行，191 名学生受到资助，此次发放助学基金总计 26 万元。

是月　第二届上海华杰仁爱助学金发放，有 10 位同学受到资助，每人分别为 2000 元。另外发放政府助学金 17.4 万元，资助学生 316 名。

9 月 8 日　教师节前夕，莒南县委书记、县人大常委会主任张凯，县委常委、县委办公室主任武传成，副县长郭秀章一行到学校看望慰问教职员工。

9 日　“莒南县庆祝第 25 个教师节大会”在学校召开。校长尤洪平，副校长李玉亮、尚庆海、王洛伟、阚京锡，工会主席王延高等出席会议。会上，对学校“十佳集体”和“先进个人”进行了表彰。

11 日　临沂市政府甲型 H1N1 流感防控工作督导组郝建光、张立克，在莒南县委常委、常务副县长赵西平，莒南县教育局局长徐广军等陪同下来学校检查指导甲型 H1N1 流感防控工作。

17 ~ 21 日　学校组织门球队参加“莒南县首届全民运动会‘莒南一中杯’门球比赛”。

10 月 30 日　学校在科技楼五楼多功能报告厅举行“法制教育报告会”。临沂监狱教育科科长葛兴玉、主任杨思列，莒南县人民法院副院长王永秀、李姝贞，副校长李玉亮、阚京锡出席会议。

是月　学校被山东省中小学教师远程研修项目办公室表彰为“中小学教师远程研修组织工作先进单位”。

11 月 8 日　心理学专家、潜能激发大师吴冠志来学校作“提升素质开发潜力”励志报告。

12 月 10 日　教育部高中教育课题组负责人、北京师范大学教育学部硕士生导师徐志勇，教育部高中教育课题组成员、北京师范大学教育学部硕士研究生张海宁、刘睿，在临沂市教科研中心高中科教研员崔广进、傅石灵等陪同下，来学校进行新课程调研。

是日　学校在实验楼会议室举行以“新形势下班级管理的变化、思考及对策”为主题的班级管理论坛，12位班主任分别做了经验介绍。

是年　宋维连被评为“山东省优秀教师”。

2010年

1月13日　山东省教学研究室副主任高洪德、省教学研究室小学科科长方明等来学校调研。

3月4日　临沂市红十字会领导来学校检查指导红十字会工作。

25～26日　学校分别组织高一、高二年级学生进行春季应急疏散演练。

29日　“临沂市高三地理二轮复习研讨会”在学校科技楼多功能报告厅举行。

4月16～18日　在第25届山东省青少年科技创新大赛中，高二学生诸葛文章、葛琳在大赛中获得一等奖。

19日　学校举行“为青海玉树地震灾区献爱心募捐仪式”，师生向地震灾区捐款总计26636元。

5月21日　组织高一年级112名青年志愿者参加莒南县残联在人民文化广场举行的捐赠助残活动。

6月7～9日　全国统一高考，学校设有94个考场。

是月　在“第十届临沂市青少年信息学奥林匹克竞赛”中，学校有7名学生分别获得一等奖。学校被授予“第十届临沂市青少年信息学奥林匹克竞赛优秀组织奖”。

8月　在科技楼多功能报告厅颁发“学纯助学基金”28.3万元，“鑫海科技助学基金”6万元，“华杰仁爱基金”2万元，政府助学基金51.9万元。

27～28日　“中国（临沂·莒南）首届红色体育运动会”在天马岛举行，学校60余名学生参与红运会志愿服务。

9月9日　学校在科技楼五楼会议室召开“庆祝第26个教师节暨表彰大会”。

13日　为加强学校安全工作，学校在篮球场举行消防灭火演练。

11月2～4日　“莒南县‘莒南一中杯’高中学生男子篮球比赛”在学校体育馆举行，学校代表队再次获得全县第一名。

12日　临沂市“关爱明天、普法先行”青少年普法教育工作调研组一行12人在市关工委副主任、原市人大副主任刘锡祥，市关工委副主任张伟祥带领下来学校检查指导普法宣传工作。

12月29日　学校“第五届校园文化艺术节暨庆元旦文艺晚会”在科技楼多功能报告厅举行，充分展示了全校师生积极向上的精神风貌和全面推行素质教育、促进学生个性发展的优秀成果。

2011年

1月13日　“山东省规划课题开题报告会”在学校办公楼会议室举行。学校承担的省级重点课题《主体参与型课堂教学模式研究》，通过临沂市教科研中心专家组论证。

3月14日　学校成立机器人兴趣小组，选拔60余名学生进行培训，后由2名学生代表学校参加全县中小学机器人公演。

是月　学校被临沂市红十字会表彰为“支援救灾募捐工作先进单位”；被临沂市教育局表彰为“教育普法工作先进单位”。

4月23～24日　莒南县举行“教体系统

第13届‘劲松杯’老年门球赛”，学校门球队获第一名。

28日　学校副科级以上领导干部参加在山东省政府暨八路军115师司令部旧址管理处召开的马克思主义群众观教育活动。

5月30日　“全国红色运动基地揭牌仪式暨‘红运项目进校园’年度总决赛”在天马岛首届红色运动会主赛场举行，学校代表队获团体总分第二名。

30～31日　中央电视台、山东省电视台等多家媒体来学校专题采访“红运项目进校园”活动开展情况，校长尤洪平、书记徐广军接受了各大媒体的专访。

6月2日　山东省教育厅、山东省体育局、临沂市体育局、临沂市教育局领导一行，来学校进行“山东省体育传统项目学校（篮球 田径）”检查评估。

7～9日　全国统一高考，学校设有72个考场。

22日　山东大学文化艺术培训中心副主任、历史文化学院继续教育招生办主任牛晓军，山东大学文化艺术培训中心教师颜培等，来学校进行文化艺术培训交流。

24日　山东大学工程训练中心创新部主任陈言俊，山东大学安全工程（网络）教学部、工程训练中心培训部主任雄伟来学校联系招生事宜。

是日　清华大学唐庆玉教授和清华大学在读博士、莒南一中2007级毕业生张传虎来学校联系高校招生事宜。同日，西北工业大学生命学院叶雅静副教授来学校联系招生事宜。

是月　孙成田被授予“临沂市优秀共产党员”称号。

7月7日　山东省红十字会来学校检查验收“山东省红十字模范校”创建工作。

是日　学校在实验楼会议室召开“青年教师教学经验交流会”。

15日　山东省红十字会、山东省教育厅联合下发《关于表彰全省红十字模范校的通报》（鲁红字〔2011〕75号），表彰为红十字做出积极贡献的先进集体和典型，学校被山东省红十字会和山东省教育厅授予“山东省红十字模范校”称号。

是月　郭洪登任总务处主任。

8月11日　“学纯助学基金”年度颁发仪式在科技楼多功能报告厅举行。此次受资助学生191人，资助总额27万元。

15日　“鑫海科技奖助学金颁发仪式”在县教育体育局五楼会议室举行。学校有16名学生获得该项奖助学金。其中，7名学生获得奖学金，每人奖金10000元；9名学生获得助学金，每人获助5000元。

9月3日　学校红十字会联合莒南县红十字会在塑胶操场开展应急救护培训，向全体高一新生传授应急救护知识和操作技能。

7日　教师节前，莒南县委书记、县人大常委会主任张凯，县委副书记、县长高永胜等县六大班子领导一行，来学校走访慰问教职员工。

17日　学校为援疆教师张玉祥举行欢送会。翌日，张玉祥老师将赴新疆喀什，开始为期1年的对口支教工作。

是月　王广运被评为“第二届沂蒙名师”。

10月15～16日　学校举行秋季田径运动会。

22日　全县普通高中教学工作会议在学校多功能报告厅召开。学校再次被表彰为“莒南县高中教学工作先进单位”。

11月2日　全省高中体育骨干教师培训班学员在临沂大学工会主席李彤光、临沂大学体育学院院长奚凤兰教授、北京师范大学素质拓展中心陈飞星博士带领下来学校观摩体育创新项目与课堂教学。

28～29日　“‘百脉泉杯’莒南县中学生男子篮球比赛”在学校体育馆举行。学校代表队获得冠军。

12月6日　莒南县委副书记赵西平、县委组织部副部长王玉志来学校宣读《临沂市委组织部干部任命令》，宣布任命莒南县教育局长张振群为学校党总支书记。原书记徐广军调任莒南县人大常委会副主任。

24日　学校第五届教职工代表大会第二次会议在实验楼会议室召开。

是月　学校被临沂市教育局表彰为“全市国家教育考试工作优秀考点”。学校网站网页在“全市教育系统信息化成果展网页制作评选活动”中获一等奖。

2012年

1月18日　校长尤洪平、学校党总支书记张振群带领学校领导班子全体成员及各处科室、各年级组负责人走访慰问学校离退休老领导、老教师，为离退休老领导、老教师送去春节慰问品。

2月9日　学校召开“‘下基层转作风促发展’专题民主生活会”。

4月11日　莒南县委书记陈一兵等县六大班子领导来学校视察工作。

22日　学校“学生联合会第十三次代表大会”在科技楼五楼会议室召开。选举产生以宋小轩为主席的学校第十三届学生会及年级学生会。

23～24日　“临沂市高一历史教学研讨会”在学校召开，全市各县区高中历史教师参加了此次研讨会。

5月4日　学校在科技楼会议室举行“庆祝共产主义青年团成立90周年暨‘音乐点亮青春、歌声唱响未来’首届校园歌手大赛”。

7日　学校召开“‘讲文明、树新风，文明与我同行’活动月表彰大会”。

14日　学校邀请北京师范大学心理学博士李一教授来学校为高三学生作“高考心理调适”专题报告。

29日　山东省教育招生考试院副院长张志刚、临沂市教育局副局长陈景山一行来学校检查指导高考考务准备工作。

6月7～9日　全国统一高考，学校设有72个考场。

7月16日　校长尤洪平、副校长尚庆海参加在北京举行的“全国教育科研先进集体和先进个人表彰大会”，学校被授予“全国教育科研先进单位”称号。

8月14日　“学纯助学基金”年度颁发仪式在科技楼多功能报告厅举行。获得资助的学生计191人，总额为27万元。

26日　“莒南县迎十八大‘尧王醇杯’篮球邀请赛”在学校体育馆篮球场举行，学校代表队获第一名。

9月2日　学校在运动场举行“高一新生军训动员大会”。并于8日在学校体育场举行“高一新生军训汇报表演”。

6日　山东省国画院副院长、一级美术师刘朝波先生以老校友身份来学校捐赠书画，庆祝学校60华诞。

是日　莒南县委书记、县人大常委会主任陈一兵等六大班子领导一行，在莒南县教体局局长张振群等陪同下来学校视察工作，走访慰问全校教职员工。

9日　学校在科技楼五楼会议室召开“庆祝第28个教师节暨表彰大会”。学校领导为获奖的先进集体和先进个人颁发了荣誉证书。

21日　济南大学招生办主任杨丽颖一行8人来学校举行“济南大学优秀生源基地”揭牌仪式。

10月2日上午　学校在体育场举行“建校60周年庆祝大会”。省、市、县领导、海内外校友、学校老领导老教师、部分新闻媒体记者和全体师生等数千人参加了庆祝大会。下午，学校历届校友“情系母校，奉献爱心”助学活动在学校实验楼阶梯教室举行。晚上，学校60年校庆文艺晚会“光辉历程”在学校体育场举行。

10月31日～11月2日　“山东省普通高中体育与健康优质课评选活动”在学校举行，庄敏英老师获一等奖。

是月　学校通过临沂市数字化校园验收。

12月2日　“莒南县师德建设典型事迹巡回报告会莒南一中站”在学校科技楼会议室召开。学校徐恒武、左兴高两位教师作为报告团成员，分别作了报告。

15～16日　“莒南县庆十八大·迎元旦第五届‘开元杯’篮球邀请赛”在学校体育馆举行，学校代表队获得第一名。

16日　学校在科技楼会议室召开“法制教育报告会”。莒南县人民法院副院长、莒南一中法制副校长殷方昭为学生做了法制教育报告。

是年　学校电教室利用暑假和周末时间对全体教职工分三批举办了微机培训。

是年　杜新江被评为“莒南县十佳班主任”，徐恒武被评为“莒南县十佳师德标兵”，孙超、朱建丽、王言芳、王义涛被评为“莒南县优秀教师”。朱萍、徐海燕、杜新江、崔玉晓、朱建丽、李奎民、杨云旭、林申、孙超、赵燕、陈丽清、潘继奎、李兴娟、庄会江、郁秀燕获得“临沂市教学成绩奖”。

是年　王娜、徐恒武、李贤伟、宋连璇、杜新江、郑成胜、鲁统群、郁秀燕被评为“临沂市第五批教学能手”。闫凡英、张玉祥、庄敏英、秦向芹、纪凡建被评为“临沂市第六批教学新秀”。

2013年

1月21日　在育英楼前广场举行社团成立大会。晨帆文学社、笑缘相声社、播音主持社、篮球俱乐部等15个社团举行了集体揭牌仪式。

28～30日　校长尤洪平带领班子成员到学校部分职工家中及板泉镇、洙边镇等地走访慰问16户困难群众。

2月5日　学校继续开展走访慰问活动。校长尤洪平带领部分学校领导走访慰问107位离退休老教师、老干部。

3月23日　学校在科技楼会议室召开“首届家长委员会成立大会”。大会选举产生学校首届家长委员会委员76人。代表大会结束后，召开首届家长委员会第一次会议，选举产生首届家长委员会组织机构，选举徐立明为学校首届家长委员会主任委员，选举产生副主任委员8人，秘书长1人，副秘书长2人，常委12人，委员76人。

26日　学校举行“上海华杰仁爱助学金”颁发仪式。有10位同学受到资助，每人分别为2000元。

是月　在莒南县妇联召开的表彰会上，高三英语教研组被授予“巾帼文明岗”称号，纪盈盈被授予“巾帼建功标兵”称号，陈国玲被授予“巾帼建功先进个人”称号。

4月3日　学校部分教职工、学生代表参加在鲁东南烈士陵园召开的“全县悼念革命烈士大会”。

19日　全国高考专家陈庆军先生来学校作“高考专题报告”。

5月15～17日　为贯彻莒南县委、县政府《关于加快农家书柜建设的实施意见》，学校教职工3天时间为帮扶社区捐赠图书6000余册。

19日　学校邀请北京师范大学心理学博士、中国青少年健康教育专业委员会副秘书长、北京世纪蓝梦心理学研究中心李一教授来学校为高三学生作“高考心理调适专题讲座”。

是月　学校被授予“临沂市教育信息化工作先进集体”称号，荣获“山东省中小学电脑制作活动最佳组织奖”。

6月7～9日　全国统一高考，学校设有72个考场。

18日　“中国海洋大学优秀生源基地”揭牌仪式在科技楼会议室举行。中国海洋大学纪委书记刘贵聚、教务处处长曾名湧、招生办公室主任刘贺，莒南县政府、县教体局分管领导及学校领导出席揭牌仪式。

7月　临沂市中小学体育教师教学技能展评活动在学校举行，学校体育教师时少飞获个人一等奖。

8月20日　“学纯助学基金”年度颁发仪式在科技楼多功能报告厅举行。获得资助的学生计192人，总额为26.2万元。

30日　教育专家郭建民来学校作“班级管理优化策略”专题报告。

9月　范玉峰被评为“莒南县十佳师德标兵”，张鹏被评为“莒南县十佳教育工作者”，克西国、贾润昌被评为“莒南县优秀教师”。

10月　学校电教室组织举办“莒南一中2013年教学课件制作比赛”。

11月　学校成立校志编纂委员会。

12月　学校举行“第六届校园文化艺术节师生书画展”和“第六届校园文化艺术节暨庆元旦迎新春文艺晚会”。

是年　王广运被授予“全国青少年电脑制作活动优秀辅导员”，并被教育部等八部委联合表彰为“全国青少年科技创新大赛优秀辅导员”。

2014年

1月27日　校长尤洪平、党总支书记张振群等学校领导走访慰问离退休老教师。

2月　在莒南县2013年度工作总结表彰大会上，学校被授予“2013年度县直先进单位”和“平安莒南建设先进单位”。

3月3日　校长尤洪平参加在桃源会议中心召开的全县党的群众路线教育实践活动动员大会。

7日　学校在实验楼会议室举行庆祝“三八”国际劳动妇女节暨巾帼岗位标兵表彰大会。

12日　学校召开党的群众路线教育实践活动动员大会。莒南县委常委、县人武部政委、督导八组组长王志伟，莒南县教体局党委书记、局长莒南一中党总支书记张振群，校长尤洪平，莒南县人社局副局长、县技工学校校长、督导八组副组长庄建军，县纪委审理室主任赵英花等领导出席会议。会议由张振群主持，尤洪平代表学校党总支作动员讲话。

13日　学校在运动场举行消防灭火演练。

17日　根据中共莒南县委统一安排，学校科级以上领导干部到大店省政府和八路军115师司令部旧址参观学习，接受党性教育。

是日　临沂市高三英语二轮复习教学研讨会在学校召开。

是月　莒南县委决定对学校领导班子进行调整，许春恒、孙钦法任学校党总支委员、副校长，李明玉任党总支委员、工会主席，郭洪登任党总支委员。另外，张驰任办公室主任，孙成田任教导处主任，林学珍任政教处主任，韦庆兵任团委书记。

4月10日　学校举行春季应急疏散演练。

13日　在全县中小学生运动会上，学校代表队获得高中组团体总分第一名，并打破女子

4×100 米接力县运动会记录。

5 月 3 日　学校邀请教育专家欧阳泽军为学校高三学生作“考前心理辅导暨科学备考”专题报告会。

10 日　学校选派 8 名队员代表临沂市参加山东省第四届全民健身运动会 -- 马拉松比赛，获得团体总分第一名。

12 日　县委“党的群众路线教育实践活动”第八督导组副组长庄建军一行 5 人，来学校进行个别谈话，听取意见。

16 日　学校组织副科级以上领导干部赴莒南县检察院警示基地、莒南县公安局看守所接受廉政警示教育。

22 日　学校团委开始举办道德讲堂。

26 日　市教育局副局长张爱花一行 4 人，在副县长朱建峰的陪同下来学校检查指导高考工作。

27 日　学校在阶梯教室召开第 15 届学生会成立大会。校长尤洪平、副校长许春恒、团委书记韦庆兵出席会议，新老学生会成员参加了会议。

6 月 7 ~ 8 日　全国统一高考，学校设有 72 个考场。

22 日　学校举行 2012 级“走进高三，拼搏进取，争创佳绩”誓师大会。

26 日　山东省高中学业水平考试莒南一中考点考务工作会议在实验楼阶梯教室召开。

是月　学校篮球队获“中国体育彩票杯”临沂市中学生篮球比赛第二名，并获得参加山东省中小学联赛篮球比赛资格。

8 月 17 日　“学纯助学基金”颁发仪式在科技楼多功能报告厅举行。此次获得资助的学生共计 194 人，总额 37.5 万元。

27 日　在办公楼会议室举行临沂市温州商会捐资助学捐赠仪式。临沂市关工委主任朱绍阳，温州商会会长李晓东，莒南县委常委、组织部长吴广江，县关工委主任杨文明，校长尤洪平等出席会议。与会领导向受助的 5 名学生每人颁发助学金 4000 元。

31 日　在学校操场举行高一新生军训动员大会。

9 月 4 日　学校红十字会联合莒南县红十字会在学校操场开展应急救护培训。

6 日　学校在体育场举行“2014 ~ 2015 学年度开学典礼暨上学年总结表彰大会”以及高一新生军训汇报表演。

9 日　学校在科技楼会议室召开庆祝第 30 个教师节暨表彰大会。学校领导为受表彰的先进集体和先进个人颁发了证书。

19 日　学校在篮球场进行消防灭火演练。

是月　学校举行“相约孝道、感念师恩”活动月。12 日在学校体育馆举办书画笔会。29 日，举行“相约孝道、感念师恩”书画展览开幕式暨《孝道文化》首发式。

10 月 7 日　教育名家、演讲艺术家郑子岳在学校体育场为高三学生作“高考总动员暨科学备考学法指导”专题报告。

20 日　学校出版《杏坛之歌》——莒南一中教师诗词作品集。

24 日　学校召开党的群众路线教育实践活动总结大会。校长尤洪平，莒南县委第八督导组赵英花分别在总结会上讲话，督导组成员王兆聪，学校领导班子全体成员出席会议。中层以上教干、备课组长、科室负责人及全体党员参加会议。

25 ~ 26 日　学校举行 2014 年秋季田径运动会。

11 月 20 日　学校篮球队代表莒南县中学生参加临沂市中学生篮球比赛，获得第三名。

22 日　学校在科技楼会议室召开法制教育报告会。莒南县检察院政治处主任、学校法制副校长刘京升，来学校作法制教育报告。

30日　在科技楼会议室召开高一新生家长委员会成立大会。

12月1日　学校第三届校园歌手大赛总决赛在科技楼多功能报告厅举行。16名选手分获“校园十大歌手”“最佳人气奖”“最佳台风奖”“最佳音色奖”和“最佳形象奖”。

2日　学校在科技楼多功能报告厅举行首届教职工才艺大赛。

6日　在莒南县中小学生冬季长跑比赛中，学校获得团体总分第一名，并囊括所有单项第一名。学校连续11年蝉联此项比赛第一名。

23日　学校被授予“全国学校体育工作示范学校”。

25日　在莒南县第二届全民运动会上，学校教职工代表队获得团体总分第一名。

26日　在临沂市普通高中教学工作会议上，学校被表彰为“临沂市普通高中教学工作先进学校”“卓越人才培养先进学校”“名优生培养先进学校”“优秀人才培养先进学校”。

27日　学校第六届教职工暨工会会员代表大会在实验楼会议室召开。会议代表共109人，特邀代表10人。

是年　学校顺利通过了“临沂市数字化校园”复评。

是年　鲁统群被评为“临沂市优秀教师”，韦庆兵被评为“临沂市优秀教育工作者”，尚庆海被评为“莒南县十佳校长”，王甲峰被评为“莒南县十佳师德标兵”，李华被评为“莒南县十佳教坛新秀”，范玉峰、左兴高、张旭华、赵进菊、杨佃军被评为“莒南县优秀教师”，孙成田被评为“莒南县优秀教育工作者”。

第一章

组织机构

第一节 党组织

一、组织概述

学校建于1952年10月，12月正式开学，始称“山东省莒南中学”。

1953年8月，莒南速师停办，校产归并莒南中学。学校开始成立党支部，孙筱亭为首任党支部书记。学校党支部成立后，依据《中国共产党章程》培养入党积极分子和发展党员。为发挥党员在教师队伍中的模范带头作用，学校党支部非常重视党员的思想建设和理想信念教育，在不同历史时期，根据社会与学校发展的形势与要求，制定了相应的党员评议及党员学习制度。根据上级党委的指示和党员的思想动态，定期召开民主生活会，组织党员学习党的路线、方针、政策。

学校党支部带领全体教职员工积极贯彻党的路线、方针、政策和上级决定，坚持正确的办学方向；自觉执行《关于党内政治生活的若干准则》，坚持民主集中制，搞好班子建设和团结；全面贯彻执行党的干部政策和知识分子政策，坚持党要管党，党管干部的原则；搞好党的思想建设和组织建设；学校党支部在以教学为中心的基础上，注意做好全校师生员工的思想政治工作；适时召开党支部会议，检查决议的贯彻执行情况；组织协调党、政、群之间的关系，深入群众搞好调查研究，抓好典型，总结推广先进经验，完成上级党委交办的其他工作。在学校各项工作中，号召党员起先锋模范作用。

1976年2月，王希昌任学校党支部书记。

1984年11月，学校进行机构改革，甄洪祥任学校党支部书记。

1988年7月，魏本芳担任学校党支部书记。

1995年8月，莒南教师进修学校部分职能移交莒南县成人中专，校产、校舍及部分人员并入莒南一中，学校党组织进一步扩大，李广振担任党支部书记。

1996年，随着学校党员人数增加，经中共莒南县委批准，学校党支部升为党总支，李广振任党总支书记。

2001年8月，莒南县教委主任徐广军兼任学校党总支书记。

2011年12月，莒南县教体局局长张振群兼任学校党总支书记。

二、组织活动

学校成立之初，党支部非常重视教职工和学生的社会主义思想教育，根据上级党组织的要求，通过会议、班会、板报等形式，宣传唯物主义思想，反对封建主义，破除封建迷信。

1958年，学校党支部以“总路线”为旗帜，组织党员开展生产“大跃进”，带领师生大炼钢铁，许多党员成为“三面红旗”积极分子。

1960年后，为战胜三年自然灾害，广泛开展艰苦奋斗、自力更生、勤俭节约的教育。同时，开展反资防修宣传教育，通过理论学习，讲道理、摆事实，提高党员和教职工的阶级觉悟。

1964年，根据上级指示开展“四清”运动，动员党员带头检查自身“四不清”的问题。

1966年，组织党员开展“破四旧，立四新”运动，破除旧思想、旧文化、旧风俗、旧习惯，树立新思想、新文化、新风俗、新习惯。“文化大革命”运动开始后，阶级斗争成为党组织的工作重心。

1978年十一届三中全会后，在思想等领域实行拨乱反正，党的工作中心开始转移，学校党支部积极组织党员和教职工学习贯彻“一个中心两个基本点”，广泛参与“实践是检验真理的唯一标准”的大讨论。改革开放后，学习贯彻社会主义初级阶段理论，带领全体教职工进一步解放思想，树立求真务实、开拓创新的工作作风。

1984年，学校进行机构改革，党支部班子成员实行责任分工，对各部门的工作实行包干责任制，对所包科室进行思想政治教育。

1986年，为加强社会主义精神文明建设，推进学校各项工作的开展，全面提高教育教学质量，党支部与党员签订并严格落实“党员年度目标责任书”，组织党员和教职工开展“一对一”帮带活动。每年两次的党员民主生活会开始走向制度化，并请上级党委派员参加。

1989年，积极开展反对资产阶级自由化倾向，在改革开放的新形势下，要求党员在思想和行动上保持反腐防变的本色。

1990年，开展以“学党章、正党风”为内容的思想整顿，组织党员重温“入党誓词”，增强党性观念，牢记党的宗旨。

1994年，进行整顿思想、整顿组织、整顿作风“三整顿”，着力规范办学行为，纠正行业不正之风。

1995年，新领导班子上任，有目的有针对性地在教职工中开展政治理论和法律法规的学习活动。

1998年，组织开展以“讲学习、讲政治、讲正气”为主要内容的党性党风教育活动，进一步增强党性观念，在各自的岗位上尽职尽责、甘于奉献，为学校的发展解放思想、凝心聚力。

2000年，组织党员学习与实践“三个代表”重要思想，使全体党员进一步明确“三个代表”重要思想是毛泽东思想的继承与发展，中国共产党始终“代表中国先进生产力的发展要求，代表中国先进文化的前进方向，代表中国最广大人民的根本利益”。

2001年，学校新的领导班子十分重视师德师风建设。10月，全校开展为期一个月的集中学习教育整顿活动，提出以“内强素质，外树形象，真抓实干，争创一流”为主题的工作思路。

2005年，组织开展保持党员先进性教育活动，提高全体党员反腐倡廉与一心为公的自觉性，推进学校“三个文明”建设健康发展。

2006年，学校党总支开始实行“三会一课”制度。“三会一课”是健全党内生活，严格党员管理，加强党员教育的重要措施，对于加强党建工作，提高党的先进性与纯洁性具有重要作用。学校党总支原则上每学期召开一次党员大会、一次支部委员会议或支部扩大会议、一次党小组会议。为弘扬正气、率先垂范，学校党总支组织全体党员收看山东电视台《齐鲁正气歌》，要求党员干部紧密联系教育工作实际与自己的思想行为，按照“四大纪律八项要求”和“五个不许”进行对照检查，着力解决党员在政治思想、职业道德、宗旨观念、工作作风、服务水平等方面存在的问题，以良好的形象和教育教学行为，使学校成为“让学生成才，让家长放心，让社会满意”的齐鲁名校。

2007年，学校党总支组织全体教职工开展“优化服务年”活动，通过自查自纠和整改提高，进一步转变工作作风，优化服务措施，提高工作效能。

2008年，十七届三中全会后，学校党总支组织教职工学习贯彻胡锦涛总书记“科学发展观”理论；从发展的角度，进一步规范以人为本的办学行为。为提高教职工公仆意识组织开展“看《公仆》、学公仆、做公仆”教育活动，要求党员干部带头以《公仆》中的模范典型为标杆，努力提高自己的思想觉悟，用实际行动做甘于奉献的表率。

2009年，继续深入学习、实践科学发展观，学校党总支组织党员干部集中收看《大国崛起》专题片，进一步明确了科学发展观作为毛泽东思想的继承和发展，是指导学校发展、全面优化教育教学策略、提高素质教育水平的理论基础。

2010年，学校党总支认真贯彻落实县委、县政府《关于在全县开展廉政风险防范管理工作的意见》（莒南发〔2010〕18号）和县纪委《关于在全县开展廉政风险防范管理工作的实施方案》（莒南纪发〔2010〕11号）文件精神，积极开展廉政风险防范工作，并制定了详细的实施方案，进一步落实责任分工与行为规范，严格执行责任追究制。

2011年，学校党总支开展“学党史、颂党恩、跟党走”主题教育和“学党史、增党性、当先锋”主题实践活动，以此纪念中国共产党建党90周年。在创先争优工作中，对各党支部和全体党员进行民主评议，进一步明确了各自的目标责任，提高了党员的宗旨意识与工作水平。

2012年，为贯彻落实十八大精神，积极响应县委、县政府的部署，学校党总支开展“下基层转作风促发展”活动，根据“实际、实用”的原则，与洙边镇界首二村结成文明共建单位，通过党员志愿服务活动，携手推进城乡文明建设。

2013年，十八届三中全会后，学校党总支组织党员深入开展党的群众路线教育实践活动，切实加强全体党员马克思主义群众观点教育。同时，严格执行中央八项规定，进一步改进工作作风，坚决反对形式主义、官僚主义、享乐主义和奢靡之风，进一步树立了共产党员在教职工队伍中的良好形象。

在开展“为民务实清廉，建设阳光莒南”教育实践活动中，学校围绕“改进工作作风、密切联系群众”的主题，组织党员深入开展批评和自我批评，自觉查找存在的问题和不足，深刻剖析问题产生的原因，并研究制定整改措施。学校领导多次到坊前镇大派庄村走访联系群众。

学校党总支成立办公室，专项整治“庸懒散”问题，对发现的问题与现象及时通报，对相关人员进行诫勉谈话，学校的工作纪律得到进一步加强，教职工的自律意识和工作积极性得到有效改善。

2014年，根据上级党委安排，按照“照镜子、正衣冠、洗洗澡、治治病”的总要求，学校党总支作出部署，着力解决“四风”问题，组织部分党员干部赴县检察院警示基地和看守所接受廉政警示教育，并适时召开民主生活会，进一步增强党员干部拒腐防变的意识，牢固树立“立党为公，执政为民”的观念，廉洁从教、廉洁从政，拒腐蚀永不沾，永远保持共产党员的纯洁性。

三、组织建设

1952年建校之初，由于知识分子政策等原因，学校教职工队伍中的党员人数很少，党组织活动由上级党委统一安排。1953年，学校党员人数有所增加，开始建立党支部，县委任命校长孙筱亭兼任党支部书记。1958年，学校有党员15人。1968年，学校成立革命委员会，负责管理学校的全面工作。1976年，王希昌任学校党支部书记。1978年，十一届三中全会召开，党的知识分子政策得到全面落实，学校教师入党难的问题得到逐步解决。按照《党章》规定，学校积极做好入党积极分子的培养工作，将思想进步、品德优良、工作积极的中青年教师吸收到党组织。1982年，学校党员人数增加到21人。

1984年11月，甄洪祥任学校党支部书记。1988年，魏本芳任学校党支部书记。1995年，李广振任学校党支部书记。在学校党支部的正确领导下，学校党员队伍不断壮大，至1996年党员人数发展到98人。

1996年9月，经中共莒南县委批准，学校党支部升为党总支，李广振任党总支书记，邓兰芳、杨宗祥任副书记，杨家宝、宋考金、李西修、姜少亭、陈之太任总支委员。学校党总支设行政一支部、行政二支部、教学一支部、教学二支部、教学三支部和老干支部6个基层党支部。

1999年9月，姜少亭任行政二支部书记，文臻章、孙运江任支部委员。11月，李玉亮任学校副校长、党总支委员。

2000年4月，学校党总支对各党支部成员进行调整，王洛顺、尚庆海任行政一支部委员；殷文广任教学二支部书记，张西华、王长法任委员；11月，殷文广任学校副校长、党总支委员。

2001年9月18日，中共莒南县委决定县教委主任徐广军兼任学校党总支书记，尤洪平任副校长副书记并全面主持工作。

11月16日，学校行政一支部、行政二支部、教学一支部、教学二支部、教学三支部召开党员大会进行换届选举。通过民主投票，并报县直机关工委批准，王洛顺任行政一支部书记，尚庆海、徐彬任支部委员。李玉亮任行政二支部书记，孙运江、王毅祥任支部委员。郭洪登任教学一支部书记，林学珍、孙成田任支部委员。田栋文任教学二支部书记，宋维连、张广科任支部委员。刘树宇任教学三支部书记，许春恒、燕平任支部委员。陈之太任老干支部书记，王立珠、刘玉臻任支部委员。

2002年9月，尚庆海任学校副校长、党总支委员；许春恒任教学三支部书记，燕平、王广运任支部委员。

2004年5月，王洛顺任行政二支部书记，王毅祥、徐斌任支部委员。

2006年7月，阚京锡任学校副校长、党总支委员。

2006年9月，刘树宇任行政一支部书记，王延高、卢希军任支部委员；王洛顺任行政二支部书记，孙运江、王毅祥、徐彬任支部委员；陈之太任老干支部书记，王立珠、王长法任支部委员；郭洪登任教学一支部书记，林学珍、孙成田任支部委员；孙钦法任教学二支部书记，宋维连、张广科任支部委员。

2007年，吴月斌任老干支部委员。

2008年，王延高任党总支委员；许春恒任行政一支部委员。王长法任老干支部委员；孙成田任教学三支部书记，徐定欣、王广运任支部委员。

2010年，郭洪登任行政二支部书记，唐坤田、廉桂锋任支部委员；韦庆兵任教学一支部书记，史佩玺任支部委员；姜少亭任老干支部委员。

2011年，徐广军不再兼任学校党总支书记，县教体局局长张振群兼任党总支书记。刘树宇任党总支委员兼行政一支部书记。

2014年3月，经县委组织部考察并批准许春恒、孙钦法、李明玉、郭洪登为党总支成员。

2014年，学校党员人数发展到236人。学校党总支召开党员大会，对各党支部进行换届选举。张驰任行政一支部书记，林学珍、左兴高任支部委员。唐坤田任行政二支部书记，廉桂锋、张鹏、王国利任支部委员。韦庆兵任教学一支部书记，郑吉、刘栋任支部委员。宋维连任教学二支部书记，史佩玺、杨云旭任支部委员。孙成田任教学三支部书记，徐定欣、杨佃军任支部委员。陈之太任老干支部书记，王长法、姜少亭任支部委员。

历任党（总）支书记、副书记情况表

姓名	性别	学历	职务	任职时间	籍贯
孙筱亭	男	初中	书记	1953.8 ~ 1976	山东省沂水县
王希昌	男	大专	书记	1976.2 ~ 1980.1	山东省临沭县
甄洪祥	男	大专	副书记	1978.8 ~ 1984.11	莒南县洙边镇
			书记	1984.11 ~ 1988.7	
魏本芳	男	大学	书记	1988.7 ~ 1995.8	山东省日照市
李广振	男	大学	书记	1995.8 ~ 2001.8	山东省郓城县
段秀森	男	大学	副书记	1971 ~ 1973	山东省莒县
李旭亭	男	大专	副书记	1971 ~ 1973	山东省平度市
邓兰芳	男	大学	副书记	1995.8 ~ 2001.8	莒南县板泉镇
杨宗祥	男	大学	副书记	1995.8 ~ 1999.9	山东省青岛市
徐广军	男	大学	书记	2001.8 ~ 2011.12	莒南县壮岗镇
尤洪平	男	大学	副书记	2001.8 ~	莒南县板泉镇
张振群	男	大学	书记	2011.12 ~	山东省沂南县

1958 ~ 2014 年学校党员人数统计表

年份	人数	年份	人数	年份	人数	年份	人数
1958	15	1991	65	1999	138	2007	212
1966	16	1992	67	2000	155	2008	223
1976	20	1993	74	2001	159	2009	226
1982	21	1994	80	2002	163	2010	228
1985	30	1995	89	2003	167	2011	228
1987	43	1996	98	2004	170	2012	245
1989	61	1997	125	2005	184	2013	245
1990	63	1998	132	2006	199	2014	236

第二节 行政机构

一、机构概况

1952 年建校始，学校设校长室、教导处、总务处，分别负责学校的行政、教学和后勤工作。同年，成立校务委员会，学校重大事务开始由校务委员会集体讨论决定。1983 年，学校设立保卫办公室。1991 年 1 月，为加强学校德育教育，设立政教处，会同各科室和班主任负责学校德育管理。同年，学校设立办公室，办公室和教导处的职能开始有了明确的分工。1995年8月，莒南县教师进修学校部分职能移交莒南县成人中专，校产、校舍及部分人员并入莒南一中，学校规模得到进一步扩大。1996年1月，学校成立保卫科，负责学校的安全保卫和对突发事件的处置。2003年，随着科学技术的发展，电化教学设施不断更新，学校遂成立电教室，专门负责学校电化教学的管理与研究。2005年9月，学校设立安全办公室，专门负责学校安全工作。2006年9月，学校设立教科室和督导室，分别负责学校各学科教育科研课题的申报立项、过程指导和对学校教育教学行为的监督检查。至此，学校机构设置基本齐全。

二、体制沿革

1952年，学校成立党支部。孙筱亭为首任党支部书记，学校的各项工作在党支部的领导下进行。同年，学校成立校务委员会，学校一切重大决策，开始由校务委员会集体研究决定。1953年8月，莒南速师停办，校产归并到莒南中学。1956年，开始招收高中班，学校更名为“山东省莒南第一中学”，成为一所完全中学。1966年7月，“文化大革命”开始之初，县委派工作组进驻学校，负责协助管理学校的教学与行政事务。1968年，学校成立革命委员会，成员由党员干部、教师代表和学生代表组成。1966～1976年，“文化大革命”期间，军宣队和工宣队进驻学校，全权负责学校的管理和思想改造。1970年，开始实行贫下中农和工人阶级管理学校。1972年，学校更名为“山东省莒南县十字路中学”。1976年，王希昌任校长兼党支部书记。1978年，甄洪祥担任副校长并主持工作；1981年11月，开始担任校长。1980年，学校复称“山东省莒南第一中学”。1984年，学校进行机构改革，对领导班子进行大幅度调整，开始推行在党支部领导下的校长分工负责制，甄洪祥任党支部书记，魏本芳任校长。是时，学校建立并严格执行校务会议制度，每周召开例会一次，研究处理学校重大事务。1988年7月，上级对学校领导班子成员作出调整，任命甄洪祥为校长，魏本芳为党支部书记，学校开始实行校长负责制。1995年8月，莒南县教师进修学校部分职能移交莒南县成人中专，校产、校舍及部分人员并入莒南一中，学校教师和党员队伍进一步扩大。同年，学校进行机构改革，邓兰芳任校长、李广振任党支部书记。1996年，莒南一中党支部升为党总支，李广振任党总支书记，学校办公室、教导处、总务处、政教处、团委升格为副科级单位。1998年，初中部分离，大部分人员并入莒南县实验中学（后称莒南县第六中学）。2000年，学校停办复习班，部分复习班教师并入莒南高考补习学校。2001年8月，徐广军开始兼任学校党总支书记。2001年8月，尤洪平任学校副校长、党总支副书记并主持工作。2004年5月，经临沂市委组织部考核任命尤洪平担任学校校长。2011年12月，张振群开始兼任学校党总支书记。

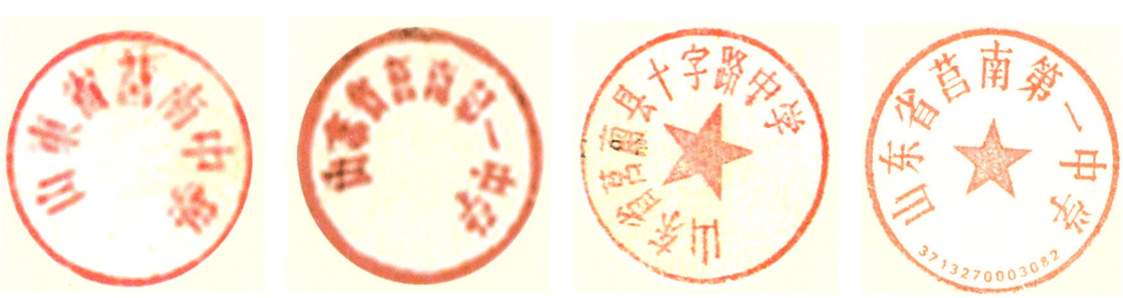

各个历史阶段的学校公章

20 世纪 60 年代初学校领导班子
左起：吴月斌、朱继善、孙筱亭、王洛宪、刘契秋、李旭亭

20 世纪 80 年代学校领导班子
左起：徐恒高、魏本芳、甄洪祥、邓兰芳、刘玉臻

20 世纪 90 年代学校领导班子
左起：姜少亭、宋考金、杨宗祥、李广振、邓兰芳、杨家宝、李西修、陈之太

2005 年学校领导班子
左起：尚庆海、李玉亮、尤洪平、徐广军、殷文广、王洛伟

2008 年学校领导班子
左起：王延高、王洛伟、李玉亮、尤洪平、徐广军、尚庆海、阚京锡

2012 年学校领导班子
左起：阚京锡、尚庆海、张振群、尤洪平、李玉亮、王洛伟、刘树宇

三、校长职责

校长是学校的负责人，也是学校的法定代表人，负责主持学校的全面工作，承担管理学校的责任，对学校负有全面领导责任。学校历任校长带领全体教职工坚持社会主义办学方向，全面贯彻党和国家教育方针、政策，认真执行上级党委和教育行政部门的指示、决定，培养德、智、体、美、劳全面发展的社会主义建设者和接班人。根据不同时期的办学方针和政策，制定学校总体规划和学校阶段工作计划，并根据学校发展的要求，调整和改进实施方案，努力提高学校的办学条件和教育教学质量。严格执行人事制度，负责学校人员调配、聘用、任免和管理校内机构设置。坚持以教学为中心，鼓励、支持教师的教学教研，深入课堂用最新的教育教学理论指导与规范教师的教学行为，不断总结学校教育教学工作成功的经验做法，促进教师的专业成长，推进学校素质教育与特色项目的纵深发展。与学校党总支书记密切配合，做好教职工的政治思想教育工作。

坚持依法治校、依法治教，根据学校发展的需要，不断修订与完善各项规章制度，以管理要质量，以管理促发展，以管理创品牌，努力实现学校管理民主化、规范化，并接受社会监督。创新培养模式，加强教师队伍建设，支持教师参加各类业务培训提高专业水平，注重骨干教师和青年教师的培养，为学校的可持续发展提供坚实的后劲储备和有生力量。

严格执行财经纪律，严格审定学校年度经费预算，严格审查学校年度经费开支，科学管理与使用学校经费，杜绝一切违规使用教育经费的行为。支持工会、共青团、学生会等群众性组织的工作，尊重教代会在职权范围做出的决议，维护教职工的合法权益。

学校历任校长情况表

姓　名	性　别	学　历	政治面貌	任职时间	籍　贯
孙筱亭	男	初中	党员	1953.8 ～ 1975	山东省沂水县
王希昌	男	大专	党员	1975 ～ 1979.12	山东省临沭县
甄洪祥	男	大专	党员	1981.4 ～ 1984.12	莒南县洙边镇
魏本芳	男	大学	党员	1984.12 ～ 1988.7	山东省日照市
甄洪祥	男	大专	党员	1988.7 ～ 1995.8	莒南县洙边镇
邓兰芳	男	大学	党员	1995.8 ～ 2001.9	莒南县板泉镇
尤洪平	男	大学	党员	2004.5 ～	莒南县板泉镇

学校历任副校长情况表

姓　名	性　别	学　历	政治面貌	任职时间	籍　贯	备　注
滕略韬	男	初中	党员	1957.1 ～ 1958.7	莒南县筵宾镇	
赵明远	男	中师	党员	1958 ～ 1959	山东省招远市	
王洛宪	男	中师	党员	1960 ～ 1966	莒南县板泉镇	
陈泮芝	男	大专	党员	1963 ～ 1972	山东省沂南县	
李旭亭	男	大专	党员	1966 ～ 1976	山东省平度市	1969.2 ～ 1971 任革委会副主任

续表

姓　名	性　别	学　历	政治面貌	任职时间	籍　贯	备　注
段秀森	男	大学	党员	1973 ～ 1974	山东省莒县	1969.2 ～ 1971 任革委会副主任
甄洪祥	男	大专	党员	1978.8 ～ 1981.4	莒南县洙边镇	主持工作
吴月斌	男	初师	党员	1979.8 ～ 1984.12	莒南县十字路镇	兼总务处主任
王玉聪	男	大学	党员	1980.8 ～ 1984.6	山东省即墨市	
邓兰芳	男	大学	党员	1984.5 ～ 1995.8	莒南县板泉镇	
徐恒高	男	大专	党员	1984.5 ～ 1996.7	莒南县筵宾镇	
刘玉臻	男	大专	党员	1986.6 ～ 1993.6	莒南县洙边镇	
宋考金	男	大学	党员	1993.8 ～ 2002.9	莒南县岭泉镇	
李西修	男	大学	党员	1993.8 ～ 2001.3	莒南县板泉镇	
杨家宝	男	大学	党员	1995.8 ～ 1999.1	山东省滕州市	
姜少亭	男	大专	党员	1995.8 ～ 2002.3	莒南县朱芦镇	
李玉亮	男	大学	党员	1999.11 ～ 2014.1	莒南县板泉镇	
尤洪平	男	大学	党员	2001.8 ～ 2004.5	莒南县板泉镇	主持工作
殷文广	男	大学	党员	2001.11 ～ 2006.7	莒南县相沟镇	
尚庆海	男	大学	党员	2002.9 ～	莒南县相沟镇	
王洛伟	男	大学		2002.9 ～ 2014.1	莒南县涝坡镇	
阚京锡	男	大学	党员	2006.7 ～	莒南县坪上镇	
许春恒	男	大学	党员	2014.3 ～	莒南县十字路镇	
孙钦法	男	大学	党员	2014.3 ～	莒南县涝坡镇	

四、科室

（一）办公室

1952年建校伊始，设立校长室，负责学校的行政工作。1991年，学校设立办公室，负责处理学校日常工作，协助学校领导处理学校日常事务。办公室设主任1名、副主任2～3名。办公室主任主持日常工作，根据不同阶段学校的中心任务与发展目标，对办公室工作做出全面安排。负责了解各方面情况，为领导决策提供参考依据；协助学校领导平衡各部门的工作，组织协调各处、室、科、年级关系，安排学校的各项活动；协调了解、督促检查学校决定、决议的执行情况；负责党建工作、职称评聘及其他人事安排，组织办理学校教职工的调入、调出、政审、转正、定级、离退休的手续等；根据学校领导意见和有关会议的决定，负责组织起草学校综合性文件或报告，制定学校的工作计划、总结和学校领导讲话等文字工作；做好学校各种会议的准备工作；处理好上级各种文件、信函、通知；做好接待室、档案室、会议室及党员活动室的整理和卫生工作；做好来宾来访的接待安排和学校信访工作，负责学校公务车辆的管理和调度安排；管理保存学校公章及介绍信；做好网络舆情信息、网络评论等对内对外的宣传工作。

学校办公室历任主任副主任情况表

姓　名	性　别	学　历	政治面貌	职　务	任职时间	籍　贯
李西修	男	大学	党员	主　任	1991.1 ～ 1993.8	莒南县板泉镇
王朋国	男	大专	党员	主　任	1996.1 ～ 1996.10	莒南县洙边镇
宋维山	男	大学	党员	主　任	1996.10 ～ 1997	莒南县十字路镇
王洛顺	男	大专	党员	主　任	2000.11 ～ 2002.9	莒南县板泉镇
王延高	男	大学	党员	主　任	2002.9 ～ 2006.7	莒南县涝坡镇
刘树宇	男	大学	党员	主　任	2006.7 ～ 2013.9	莒南县十字路镇
张　驰	男	大学	党员	主　任	2014.3 ～	莒南县相沟镇
宋维山	男	大学	党员	副主任	1996.1 ～ 1996.10	莒南县十字路镇
王延高	男	大学	党员	副主任	2001.9 ～ 2002.9	莒南县涝坡镇
卢希军	男	大学	党员	副主任	2006.9 ～ 2012.11	莒南县涝坡镇
张　驰	男	大学	党员	副主任	2012.11 ～ 2014.3	莒南县相沟镇
林　申	男	大学	党员	副主任	2012.11 ～	莒南县板泉镇

（二）教导处

1952年建校伊始，设立教导处，负责学校的教学工作。教导处主要任务职责是在校长、分管副校长的领导下，全面负责学校的教学工作，全面贯彻党的教育方针，大力推进素质教育。随着学校规模的发展和扩大，其职责也在不断增加。负责学生学籍建档和管理；负责实验室、图书室、阅览室、心理咨询室等各功能室的管理；负责教学活动的调度安排；负责对年级组、学科组的教学常规检查指导及考试安排；负责每年的高考、中考、学业水平考试等的考务安排；负责理顺为迎接上级部门对学校教育教学工作的各种检查评估所必需的档案材料；负责教职工的业务档案管理；完成学校领导交办的其他临时性工作。

学校教导处历任主任副主任情况表

姓　名	性　别	学　历	政治面貌	职　务	任职时间	籍　贯
姚建民	男	中专		主　任	1952.10 ～ 1956	山东省莒南县
刘契秋	男	高中		主　任	1957 ～ 1966	莒南县道口镇
卢安身	男	大学	党员	主　任	1981 ～ 1984.11	山东省即墨市
李其源	男	大学	党员	主　任	1984.11 ～ 1991.1	山东省日照市
陈之太	男	大学	党员	主　任	1991.1 ～ 1995.8	莒南县十字路镇
纪凡开	男	大专	党员	主　任	1996.1 ～ 2000.11	莒南县板泉镇
尚庆海	男	大学	党员	主　任	2000.11 ～ 2002.9	莒南县相沟镇
刘树宇	男	大学	党员	主　任	2002.9 ～ 2006.7	莒南县十字路镇
许春恒	男	大学	党员	主　任	2006.7 ～ 2014.3	莒南县十字路镇

续表

姓 名	性 别	学 历	政治面貌	职 务	任职时间	籍 贯
孙成田	男	大学	党员	主 任	2014.3 ~	莒南县文疃镇
王春庭	男	中师		副主任	1953 ~ 1956.10	山东省沂南县
王洛宪	男	中师	党员	副主任	1958 ~ 1960	莒南县板泉镇
李旭亭	男	大专	党员	副主任	1960 ~ 1966	山东省平度市
孙芳友	男	大学	党员	副主任	1973 ~ 1975	山东省日照市
卢安身	男	大学	党员	副主任	1973 ~ 1980.12	山东省即墨市
李其源	男	大学	党员	副主任	1973 ~ 1984.11	山东省日照市
王玉聪	男	大学	党员	副主任	1978 ~ 1980	山东省即墨市
王杰生	男	大学	党员	副主任	1980 ~ 1995	山东省诸城市
魏本芳	男	大学	党员	副主任	1982 ~ 1984	山东省日照市
宋考金	男	大学	党员	副主任	1986.9 ~ 1991.1	莒南县岭泉镇
纪凡开	男	大专	党员	副主任	1991.1 ~ 1996.1	莒南县板泉镇
王长法	男	大专	党员	副主任	1996.1 ~ 2002.9	莒南县十字路镇
王明聚	男	大学	党员	副主任	1996.1 ~ 2002.9	莒南县汀水镇
季玉献	男	大专	党员	副主任	1996.1 ~ 2002.9	莒南县筵宾镇
刘树宇	男	大学	党员	副主任	1996.1 ~ 2002.9	莒南县十字路镇
张西华	男	大学	党员	副主任	1997.2 ~ 2002.9	莒南县汀水镇
王崇好	男	大学	党员	副主任	1997.2 ~ 2000.9	莒南县石莲子镇
许春恒	男	大学	党员	副主任	2001.9 ~ 2002.8	莒南县十字路镇
郭洪登	男	大学	党员	副主任	2003.8 ~ 2006.9	莒南县板泉镇
王广运	男	大学	党员	副主任	2003.8 ~ 2006.9	莒南县十字路镇
张广科	男	大学	党员	副主任	2006.9 ~ 2014.2	莒南县相沟镇
孙成田	男	大学	党员	副主任	2006.9 ~ 2014.3	莒南县文疃镇
徐定欣	男	大学	党员	副主任	2006.9 ~	莒南县大店镇
杨佃军	男	大学	党员	副主任	2012.11 ~	莒南县大店镇

（三）政教处

1991 年 1 月，学校设立政教处，全面负责学校的德育工作。根据学生的年龄特点、思想动态和社会发展趋势，制定和落实学校德育管理目标，配合上级行政部门和学校党组织做好精神文明建设，完成学校的各项德育工作任务，促进学生品德素养的提高。具体负责学生入学教育、法制教育，根据学生思想教育工作的重点，组织开展各项德育实践活动，构建“学校、家庭、社会”三位一体的德育教育体系；负责班主任培训和班主任日常管理，协助与指导班主任解决班级出现的突出问题，构建良好的班风、学风和校风；负责班级量化管理和绩效考核；负责指导教师对学生的操行评定和对优秀学生、优秀学生干部等的评选和申报等。

为规范学生的日常行为，制定并落实学生管理制度，通过校规校纪以保证良好的教学秩序和校园风气。对学生纪律进行检查评比，负责维护校园秩序，指导学生的社会实践活动，及时查处学生违规事件；负责主题班会活动的规划、指导、督促与检查；提出对学生表彰和处分的初步意见；负责学生宿舍管理及学生课间操检查评比；负责“三好学生”“优秀学生干部”和“文明班集体”的评选和审定工作；制定德育工作计划，统计、保管班级考核资料并做好资料的整理归档工作；负责校园“三全式”管理的统筹安排、检查落实。督促政教处工作人员落实岗位责任，完成学校交办的其他临时性工作。

学校政教处历任主任副主任情况表

姓　名	性　别	学　历	政治面貌	职　务	任职时间	籍　贯
宋考金	男	大学	党员	主　任	1991.1 ~ 1996.10	莒南县岭泉镇
王朋国	男	大专	党员	主　任	1996.10 ~ 2000.11	莒南县洙边镇
王洛伟	男	大学		主　任	2000.11 ~ 2002.9	莒南县涝坡镇
许春恒	男	大学	党员	主　任	2002.9 ~ 2006.7	莒南县十字路镇
孙钦法	男	大学	党员	主　任	2006.7 ~ 2014.3	莒南县涝坡镇
林学珍	女	大学	党员	主　任	2014.3 ~	莒南县板泉镇
王朋国	男	大专	党员	副主任	1991.1 ~ 1996	莒南县洙边镇
尚庆海	男	大学	党员	副主任	1997.2 ~ 2000.11	莒南县相沟镇
王洛伟	男	大学		副主任	1997.2 ~ 2000.11	莒南县涝坡镇
王传民	男	大学	党员	副主任	2003.9 ~ 2006.9	山东省临沭县
王国利	男	中专	党员	副主任	2006.10 ~ 2014.8	江苏省沛县
张　驰	男	大学	党员	副主任	2007.10 ~ 2012.11	莒南县相沟镇
张守胜	男	大学	党员	副主任	2010.11 ~	莒南县涝坡镇
任高峰	男	大学	党员	副主任	2012.11 ~	莒南县涝坡镇
左兴高	男	大学	党员	副主任	2014.3 ~	莒南县文疃镇

（四）总务处

1952年建校伊始，设总务处，负责学校后勤工作。学校总务处在校长和分管副校长的领导下，负责学校后勤服务工作。1981年，开始大力提倡勤工俭学，学校总务处下设勤工俭学办公室，负责学校校产和预算外资金管理。2005年9月，学校总务处下设安全办，全面督促、落实学校的各项安全工作。

总务处主要任务职责是负责制定总务处工作计划和管理制度。坚持为教育教学科研服务、为广大师生服务的原则，不断提高服务意识和服务质量；根据校务会议决议，负责校园规划建设和基建维修工作，对预决算、原材料质量及价格、施工质量等实行审查、核定，保证各项基建维修工程质量及师生住宿、办公、学习场所安全；负责校园的绿化美化，教学设施的筹建等；负责校产管理和物品供应的审查把关及学校财产的登记造册，保证做到账物相符；

对办公用品、教学设备的供应要及时、有保证；对学校公物每年清查一次，并负责处理办公用品的分配和回收事宜；协助学校领导管好学校财务，严格财务制度，按照财务制度和会计制度记账、结算；为学校领导决策做好参谋、提供一手资料和建设性意见；对学校资产力争做到开源节流、增收节支；认真贯彻勤俭办学的原则，深入学校各处、室、科、年级了解实情，对所购物品做到心中有数，充分做到物尽其用；对学生进行爱护公物教育，对损坏的公物及时修复并负责检查赔偿事宜；负责学校水、电、暖、排污等的正常运行和维修，积极创造条件不断改善办公、生活、学习环境；积极完成学校交办的其他临时性工作。

学校总务处历任主任情况表

姓　名	任职时间	籍　贯	姓　名	任职时间	籍　贯
刘契秋	1952.10 ~ 1956.10	莒南县道口镇	张志君	1996.1 ~ 1996.10	山东省定陶县
黄　海	1956.10 ~ 1957	山东省莒南县	文臻章	1996.10 ~ 2002.9	莒南县筵宾镇
朱继善	1958 ~ 1972	莒南县十字路镇	王洛顺	2002.9 ~ 2009.8	莒南县板泉镇
吴月斌	1972 ~ 1984.12	莒南县十字路镇	郭洪登	2011.7 ~	莒南县板泉镇
张树梅	1991.1 ~ 1996.1	莒南县壮岗镇			

学校总务处历任副主任情况表

姓　名	任职时间	籍　贯	备　注
刘玉臻	1974 ~ 1978.12	莒南县洙边镇	
鲁守华	1979 ~ 1981	莒南县壮岗镇	
张树梅	1980 ~ 1991	莒南县壮岗镇	
王朋富	1985.12 ~ 1996.9	莒南县洙边镇	1991.1 ~ 1996.1 兼勤俭办主任
刘长欣	1995.8 ~ 1996.1	莒南县十字路镇	
薛会清	1992.5 ~ 1996.1	莒南县大店镇	
张志君	1995.8 ~ 1996.1	山东省定陶县	
文臻章	1996.1 ~ 1996.10	莒南县筵宾镇	兼勤俭办主任
王洛顺	1996.1-2002.9	莒南县板泉镇	兼勤俭办主任
孙运江	1998.1 ~ 2009.9	莒南县涝坡镇	兼勤俭办主任
陈子良	1998.1 ~ 2003.8	莒南县大店镇	
徐恒涛	2003.8 ~ 2006.9	莒南县壮岗镇	
庄　坤	2006.9 ~ 2008.8	莒南县大店镇	
张力国	2006.9 ~ 2009.9	莒南县十字路镇	兼校产办主任
郭洪登	2009.9 ~ 2011.7	莒南县板泉镇	副主任主持工作

续表

姓　名	任职时间	籍　贯	备　注
唐坤田	2009.9 ~	莒南县团林镇	兼勤俭办主任
廉桂锋	2009.9 ~	莒南县坪上镇	兼安全办主任
史佩玺	2012.11 ~	莒南县板泉镇	
王国利	2014.8 ~	江苏省沛县	兼校产办主任

（五）电教室

2003年，学校成立电教室。电教室在校长和分管副校长的领导下，负责学校的电化教学和电教设备的管理维护工作。

电教室主要职责是全面负责学校电教设备安全运行；负责学校网络教室及设备的安全管理工作；加强校园网络安全的管理；专人负责互联网使用和安全管理；认真做好网络及各种电教设备的维护；定期对设备进行检查、维修，及时整改安全隐患。此后，成立了电化教学领导小组，并制定了相应的学校微机室、多媒体教室、电子阅览室以及校园网络管理中心管理制度。

为提高教师课件制作水平，掌握电教设备的操作技能，学校电教室经常利用课余时间，在全校教师范围内进行多媒体辅助教学技能培训活动；为督促和指导各科教学电教手段的运用并将现代教育技术引入课堂教学，学校电教室经常在全校教师范围内进行多媒体课件比赛。理念先行、加大投入，长远规划、协调发展，各种电教活动全面展开，电教工作日新月异。

学校电教室历任主任副主任情况表

姓　名	性　别	职　务	任职时间	籍　贯
王广运	男	主　任	2003 ~ 2014.2	莒南县十字路镇
鲁统群	男	副主任	2012.11 ~	莒南县壮岗镇
唐龙廷	男	副主任	2014.9 ~	莒南县团林镇

（六）教科室

2006年9月，根据临沂市教育局、莒南县教育局关于加强学校教育科研工作、提高教师教育科研水平的要求，为促进学校特色发展和教师专业成长，实现“科研兴教，科研兴校”的发展目标，学校成立教科室。

教科室是学校教育科研管理和指导的机构，承担全校教育科研的组织管理工作。制定教育科研的管理与考核、奖励制度，制定并实施学校科研、教改工作计划，对教师的科研和教改工作业绩进行考核和评估；组织教师学习现代教育理论和科研基本知识、方法、步骤等，促使教师增强科研意识，提高教育理论水平，规范教研科研行为，管理教师从事的教研科研工作；管理学校的教研、科研课题，负责对各级课题进行立项审查、管理、跟踪、指导、结题鉴定及归档工作；总结推广教学经验，组织校内研讨会，开展优秀论文评选，推广先进的教学研究、教育科研实验成果；配合学校组织管理教师各级各类培训及继续教育；搜集整理编印教学研究、教育科研、教改信息资料，为教学服务；编写具有学校特色和地方特色的校本课程，总结学校办学特色；搞好各级各类竞赛、体育比赛、优质课比赛、论文、论著、课题等各级各类荣誉的收集归档；负责学校各科科普知识的普及和课外知识的拓展工作，开阔学生知识面和视野，促进学生整体素质的提高。

学校教科室历任主任副主任情况表

姓　名	性　别	学　历	职　务	任职时间	籍　贯
郭洪登	男	大学	主　任	2006.9 ~ 2011.7	莒南县板泉镇
宋维连	男	大学	主　任	2012.11 ~	莒南县岭泉镇
李树祥	男	大学	副主任	2006.9 ~ 2007.10	莒南县石莲子镇
宋维连	男	大学	副主任	2007.12 ~ 2012.11	莒南县岭泉镇
杨云旭	男	大学	副主任	2012.11 ~	莒南县相邸镇
左兴高	男	大学	副主任	2012.11 ~	莒南县文疃镇

（七）督导室

2006年8月，为进一步深化教学改革，提高人才培养质量和教学管理水平，突出教学工作的中心地位，完善教学督导制度，根据省、市、县教育主管部门的安排，经校委会研究决定，并报上级主管部门批准，成立学校教育督导室，并接受上级教育督导机构的指导。督导室是县政府督导室领导下的督政、督教、督学的教育机构，该科室归校委会直接领导，由分管副校长具体负责，与教导处、政教处等科室密切配合，对学校的教学行为进行督导，保证教学秩序，提升教学质量与办学水平。

教育督导室设专职和兼职人员，由教学与管理经验丰富的骨干教师和部分督学组成。

学校督导室主任副主任情况表

姓　名	性　别	学　历	职　务	任职时间	籍　贯
林学珍	女	大学	主　任	2006.9 ~ 2012.11	莒南县板泉镇
韩希勇	男	大学	主　任	2012.11 ~ 2014.1	莒南县十字路镇
燕　平	男	大学	副主任	2008.9 ~ 2012.11	江苏省沛县
韩希勇	男	大学	副主任	2008.9 ~ 2012.11	莒南县十字路镇
范玉峰	男	大学	副主任	2012.11 ~	莒南县筵宾镇
郭洪全	男	大学	副主任	2012.11 ~	莒南县板泉镇

注：经莒南县教体局任命由乡镇学校调入学校任督学人员有许仕博、董宝森、王林业、徐立彬、邢仕章。

（八）保卫科

1983年，学校设立保卫办公室，1996年1月，学校成立保卫科，负责学校的安全保卫和对突发事件的处置。学校保卫科在校长和分管副校长的领导下，具体负责学校日常安全管理工作，并根据学校安全工作计划，制定部门实施细则，定期向分管安全工作副校长汇报学校安全工作情况。

保卫科日常职责有：按时参加上级有关部门召开的安全会议并按相关要求，上报学校安全工作计划、总结、报表、材料、信息等；坚持每天对校园及重点部位进行巡查，发现安全隐患，立即责成有关部门进行整改并启动责任追究制度，规定完成整改的时间，问题严重的要及时向分管副校长汇报，制定详尽的整改方案；建立健全安全隐患排查整改台账，相关负责人及时在记录表上签字；结合学校安全工作实际，开展治安、消防、交通等校园安全宣传教育；履行校园日常安全管理和活动安全管理职责，检查督促各部门落实各种活动安全预案及安全措施；负责校园“三防”（人防、物防、技防）建设，管理安保人员，维护安防设施；负责学校门卫管理，夜间、节假日值班和巡逻安排，加强对值班人员的管理和检查；负责全校消防栓、灭火器、报警器、疏散通道等消防设备的日常检查和维护，保证校内消防器材的完好、有效，确保正常使用；配合学校安全工作领导小组主动与相关部门联系协调，建立密切的工作关系，搞好校园周边环境综合治理；校内发生安全事故或突发事件，要在第一时间赶到现场，及时向学校安全工作领导小组汇报，并根据应急预案配合指挥组落实报警、抢救、疏散、保护现场、调查取证、信息上报等工作，妥善处理突发事件；根据有关规定妥善保管视频监控录像资料，并建立资料档案；完成领导小组交办的其他安全工作。

学校保卫科历任科长副科长（干事）情况表

姓　名	性　别	学　历	政治面貌	职　务	任职时间	籍　贯
林凡新	男	中专	党员	保卫干事	1983.1 ~ 1985.9	莒南县板泉镇
王洛顺	男	大专	党员	保卫干事	1987.9 ~ 1990.9	莒南县板泉镇
张明亮	男	大专	党员	科　长	1996.9 ~ 1999.2	莒南县岭泉镇
徐　彬	男	大学	党员	科　长	1999.2 ~ 2003.9	莒南县筵宾镇
廉桂锋	男	大专	党员	科　长	2003.9 ~ 2009.9	莒南县坪上镇
张　鹏	男	大学	党员	科　长	2009.9 ~	莒南县筵宾镇
李　军	男	大学	党员	副科长	2012.11 ~	莒南县板泉镇
孙钦亮	男	大学	党员	副科长（兼安全办副主任）	2009.9 ~	莒南县洙边镇
刘常伟	男	大学		副科长	2009.9 ~	莒南县十字路镇

第三节　群团组织

一、工会

学校建校伊始，成立基层工会委员会。工会委员会在学校党组织、校委会和上级工会的领导下，认真贯彻、落实《中华人民共和国工会法》《工会章程》《教育法》和《山东省中小学教职工代表大会暂行条例》等法律法规，以维护教职工合法权益为重点，强化学校的民主管理与监督，认真履行工会四项社会职能（维护、建设、参与、教育），充分发挥工会组织是党组织联系群众“桥梁、纽带”的作用，协助党组织、校委会发动教职工积极参与学校的民主管理、民主监督；不断加强工会组织的建设，积极参与校务公开、师德建设和职工维权等方面的工作；参与学校民主管理工作，建立和完善职工代表大会制度；组织、协调女职工委员会工作，提高广大女职工的整体素质，依法维护女职工的合法权益和特殊利益，组织开展适合女职工特点的活动，发挥女职工的作用。学校工会为学校的教育教学工作、教育发展做出了贡献。

1984年，学校根据《莒南县中小学教职工代表大会试行条例》（1983）的规定要求，建起了“教工之家”。

1995年11月14日，学校召开第一届教职工代表大会（注：1984年，根据《莒南县中小学教职工代表大会试行条例〈1983〉》的规定要求，学校召开过一次教代会，因1995年原莒南师范归并学校，故称此次教代会为第一届，实为第二届，后依次顺延），出席会议的代表有64人，特邀代表11人。会议审议并通过了《学校工作报告》《财务工作报告》《量化条例》《班级管理评估办法及检评细则》《班主任职责》《班主任工作规范》《学生违纪处分条例》《财务工作制度》《食堂工作制度》《楼管公约》等。选举产生了新的工会委员会委员、主席和女工委员会委员、主任、副主任。

2001年以来，学校工会以党的路线方针政策为指导，在学校党组织和上级工会的领导下，按照市、县教育工会的要求，紧紧围绕学校中心工作，切实行使工会建设、参与、教育和维护四大职能，不断加强自身建设，维护教职工的合法权益，增强校务公开，推进学校的民主建设和监督，通过教职工代表大会，团结动员全体教职工与时俱进，加强了学校行政和广大教职工之间联系，为学校教育教学工作贡献了力量，全面提升了工会工作能力和水平，为构建和谐校园作出了工会应有的努力。

2002年4月25日，学校召开第三届教职工代表大会，大会审议并通过了《学校工作报告》《学校财务工作报告》《关于争创省级规范化学校的决定》《关于举办建校50周年庆典活动的决定》《关于实施近几年学校发展规划的决定》的议案。选举产生了莒南一中第三届工会委员会委员、主席和女工委员会委员、主任以及学校评议监督小组、财务审查小组。

2003年12月26日，学校召开第三届教职工代表大会第二次会议。大会审议通过了《学校工作报告》《学校财务工作报告》《学校工会工作报告》《教职工教科研成果奖励条例》《贫困生救助条例》《对违纪学生的处理规定》和《筹建体育馆融资的决定》。

2005年12月24日，学校召开第四届教职工代表大会。大会审议通过了《学校工作报告》《学校财务工作报告》《创建省级教学示范学校》《莒南一中德育纲要》《莒南一中教职工全员聘任制暂行条例的决定》《莒南一中校园管理条例的决定》。选举产生了第四届工会委员会委员、主席、副主席和女工委员会委员和主任。

2007年12月29日，学校召开第四届教职工代表大会第三次会议，审议通过了《学校工作报告》《学校财务工作报告》《学校工会工作报告》《莒南一中教学能手、教学新秀管理条例》《莒南一中备课组（长）考核办法（试行）》《莒南一中教师专业技术职务聘任实施规定》和《关于进一步强化校园管理的规定》。

2008年12月20日，学校召开第五届教职工代表大会，讨论通过了《学校工作报告》《学校财务工作报告》《学校工会工作报告》《莒南一中教职工绩效量化考核办法》《莒南一中关于评选校级教学能手的有关规定》《莒南一中关于评选校级教学新秀的有关规定》《莒南一中关于进一步加强文明和谐校园建设的实施方案》，选举产生了学校第五届教职工代表大会基层委员会委员、主席、副主席和女工委员会委员、主任、副主任。

2011年12月24日，学校召开第五届教职工代表大会第二次会议，审议通过了《学校工作报告》《学校财务工作报告》《学校工会工作报告》《莒南一中班主任管理细则》《莒南一中关于举行60周年校庆的议案》和《莒南一中“十二五”规划（讨论稿）》，选举产生了工会副主席。

2014年12月27日，学校召开第六届教职工暨工会会员代表大会，大会审议并通过了《学校工作报告》《学校财务工作报告》《学校工会工作报告》《山东省莒南第一中学教职工考核条例》《山东省莒南第一中学家长委员会章程》《山东省莒南第一中学关于校志编纂的议案》，选举产生了莒南一中第六届教职工暨工会会员代表大会基层委员会委员、主席和女工委员会委员、主任、副主任以及工会经费审查委员会委员。

学校工会在党组织和上级工会的领导下，紧密结合学校工作实际，扎实开展工作，取得了优异成绩，获得了山东省校务公开民主管理先进单位、临沂市优秀职工书屋示范点、临沂市女职工建功立业标兵岗、临沂市厂务公开民主管理先进单位、莒南县工会工作先进单位、莒南县工会工作十佳单位、莒南县巾帼文明示范岗。

学校历任工会主席副主席情况表

姓　名	职　务	任职时间	籍　贯
刘契秋	工会主席	1952 ~ 1953	莒南县道口镇
王洛宪	工会主席	1954 ~ 1966	莒南县板泉镇
吴月斌	工会主席	1979 ~ 1983	莒南县十字路镇
邓兰芳	工会主席	1984 ~ 1986	莒南县板泉镇
朱崇美	工会主席	1987 ~ 1991	莒南县涝坡镇
董玉发	工会主席	1991.1 ~ 1993.8	莒南县筵宾镇
陈之太	工会主席	1993.8 ~ 2002.9	莒南县十字路镇
王洛伟	工会主席	2002.9 ~ 2006.8	莒南县涝坡镇
王延高	工会主席	2006.8 ~ 2011.8	莒南县涝坡镇
李明玉	工会主席	2014.3 ~	莒南县板泉镇
王朋富	工会副主席	1995 ~ 2000.11	莒南县洙边镇
唐坤田	工会副主席	2002.9 ~ 2012.11	莒南县团林镇
林学珍	工会副主席	2012.11 ~ 2014.12	莒南县板泉镇

二、团委

1952年，莒南中学建立，在教师中设立团支部。1956年，根据团中央召开的第四次学校工作会议精神，莒南县在中学每个班设立团支部，学校设立团总支。同年，按照教育部、团中央《关于配备中学和师范学校团干部的通知》，开始配备学校专职或兼职青年团总支书记，具体领导学校团的工作。1962年，学校设团委，配专职书记1人；1986年10月，学校团委响应共青团莒南县委和莒南县教育局联合号召，积极开展“奋飞之鹰”活动，把对青年学生的共产主义教育、为振兴中华而学习的教育、法制教育和社会实践教育有机结合起来，使中学生的思想教育开展的丰富多彩。1996年，团委升格为副科级。学校团委根据形势的发展结合上级团委的要求及学校的实际工作有序开展各项活动，推动了学校团的工作的健康和谐发展。

学校团委历任书记副书记情况表

姓 名	职 务	任职时间	籍 贯
刘学忠	团总支书记	1958 ~ 1959	山东省临沂市
马广喜	团委书记	1959 ~ 1960.6（兼职）	江苏省沛县
吴月斌	团委书记	1960.6 ~ 1962	莒南县十字路镇
甄洪祥	团委书记	1962.10 ~ 1965	莒南县洙边镇
王培复	团委书记	1965 ~ 1973.8	山东省日照市
王玉聪	团委书记	1973.8 ~ 1975.5	山东省即墨市
孙成祥	团委书记	1975.5 ~ 1981.9	莒南县坪上镇
丁明良	团委书记	1981.9 ~ 1984.9	莒南县板泉镇
刘树东	团委书记	1984.9 ~ 1988.3	莒南县洙边镇
宋维山	团委书记	1989.8 ~ 1996.1	莒南县十字路镇
殷文广	团委书记	1996.1 ~ 2000.11	莒南县相沟镇
王崇好	团委书记	2000.11 ~ 2002.9	莒南县石莲子镇
孙钦法	团委书记	2002.9 ~ 2006.7	莒南县涝坡镇
李明玉	团委书记	2006.7 ~ 2014.3	莒南县板泉镇
韦庆兵	团委书记	2014.3 ~	莒南县文疃镇
王洛顺	团委副书记	1984.9 ~ 1987.5	莒南县板泉镇
孙钦法	团委副书记	2001.7 ~ 2002.9（主持工作）	莒南县涝坡镇
李明玉	团委副书记	2003.8 ~ 2006.7	莒南县板泉镇
韦庆兵	团委副书记	2006.9 ~ 2014.3	莒南县文疃镇

第四节 初中部与一中分校

一、初中部

建校之初，只招收初中班。1956 年，学校成立高中部，开始招收高中班，学校成为一所完全中学。初中部的教务活动，如教学、教研、文体卫生、班会、校会、社会活动等，都由学校领导统一部署，和高中部同步进行。

1952 年 12 月，学校开始招收初中生，学制 3 年。初一级始招 4 个班，后编为 3 个班，共 200 人。吴广智、燕爱民、郁明九为 1 至 3 班班主任。

1953 年 7 月，初二级招收 4 个班，共 200 人。李清箴、吴晋生、杜广谋、崔克宸为 1 至 4 班班主任。

1954 年 7 月，初三级招收 5 个班，共 250 人。王洛宪、陈子云、尚归文、马广喜、燕爱民为 1 至 5 班班主任。

1955年7月，初四级招收4个班，共200人。李旭亭、薛衍初、武瑞田、崔克宸任各班班主任。

是时，各学科科任老师有薛衍初、崔克宸、李永举、田振生、郁明九、黄百源、萧太良、刘广忠、李清箴、李旭亭、王朴、朱恭思、孙培福、殷吉古、尚归文、曹德润、陈子云、燕爱民、童义山、张建池、孔芳洲、叶德培、丁淑茹、杨茂鼎、伍生民、马广喜、王春庭、李永明、吴广智、武瑞田、化文戈、王言石、黄海、张雪尘、朱瑞、董月宝、王希敏、杜广谋、张慕喆、赵勤、刘兆贤等。

1956年7月，初五级始招4个班，后缩编为3个班，共200人。3个班的班主任分别是田振生、李清箴、萧太良。其他任课教师有张建池、燕爱民、董月宝、张恩娜、薛衍初、刘广忠、赵勤等。

1957年7月，初六级招收4个班，共200多人。尚归文、李旭亭、马广喜、武瑞田分别为各班班主任。其他任课教师有孙培福、李清箴、刘允真、萧太良、陈子云、田振生、刘广忠、丁淑茹、董月宝、沈怡静等。

1958年7月，初七级招收4个班，共200多人。李清箴、燕爱民、武瑞田、刘允真分别为1至4班班主任。其他任课教师为赵勤、尚归文、李旭亭、孙培福、张延熙、赵世兴、陈淑兰、沈怡静、董月宝等。

1959年7月，初八级招收4个班，共200多人。1至4班班主任依次是徐敏鸿、刘新传、崔克宸、刘学忠。其他任课教师有武瑞田、尚归文、燕爱民、陈淑兰、伍生民、李旭亭、董月宝等。

1960年7月，初九级招收5个班，共250多人。1至5班班主任分别是王长根、赵世兴、刘允真、王培复、武瑞田。其他任课教师有尚归文、王世俊、朱瑞岭、张建池、殷吉古、燕爱民、汤国梁、谢仁荣、刘学忠、赵维新、郑宿、李旭亭、张恩娜、丁淑茹、刘广忠等。

1961年7月，初十级始招收4个班，后缩为3个班，共200多人。武瑞田、张建池、尚归文任各班班主任。其他任课教师有朱瑞岭、刘广忠、汤国梁、汤广溥、殷吉古、王长根、于基礼、纵兆基、张恩娜、丁淑茹、李旭亭、陈子云、赵世兴等。

1962年7月，初十一级招收4个班，共200多人。蒋允栋、王培复、孙伟、单清政分别为1至4班班主任。其他任课教师有郑宿、张延熙、翟所训、刘颖、李清箴、朱家章、武瑞田、朱瑞岭、殷吉古、汤国梁、吴月斌、谭中伟、李旭亭、李永举等。

1963年7月，初十二级招收4个班，共200多人。1至4班班主任分别是赵维新、孙伟、徐敏鸿、袁兆德。其他任课教师有殷吉古、武瑞田、翁来法、谢仁荣、丁淑茹、吴宗晶、董月宝、时金根、张恩娜、张延勋、王培复、刘允真、翟所训、刘广忠、马广喜、李清箴、刘颖、纪静怡等。

1964年7月，初十三级招收4个班，共200多人。尚归文、武瑞田、徐学高、赵维新分别担任4个班的班主任。其他任课教师有孙慈田、刘广忠、李建峨、汤广溥、孙伟、时金根、谢仁荣、周维胜、董月宝、丁淑茹等。

1965年7月，初十四级招收4个班，共200多人。汤国梁、李建峨、张延勋、蒋允栋分别为4个班的班主任。其他任课教师有李清箴、孙芳友、周维胜、殷吉古、李永明、丁淑茹、杜瑞祚、武瑞田、董月宝、赵维新、伍生民、单清政、张恩娜等。

1966年至1969年，受政治运动影响，学校中止招生。

由于正处“文革”时期，初十二、十三级在1968年初十四级学生毕业时一同离校。

1970年，学校开始恢复招生并执行春季始业，学制由3年改为2年。2月，初十五级招收3个班，共160多人。该级学生的课任教师有赵维新、李建峨、杨新英、李翠英、蒋允栋、段秀森等。

1971年2月，初十六级招收6个班，共360多人。袁兆德、王长法、卢继美、杨新英、李翠英、丁勇分别为6个班的班主任。其他任课教师有赵维新、张立堂、孙成祥、孙慈田、高述平、翁来法、徐敏鸿、刘广忠、孙芳友、张恩娜、李建峨、汤广溥、毛济民、于基礼、张孝英、温中和、朱瑞岭、杜瑞祚、殷吉古等。

1972年2月，初十七级招收6个班，共360多人。1至6班的班主任分别是付会仁、武瑞田、翁来法、徐宝一、高述平、赵明东。其他各科教师为王文彦、于乃英、郑宿、于基礼、刘广忠、高秀云、董月宝、刘化敏等。

1973年2月，初十八级始招6个班，后缩为5个班，共350人。5个班的班主任分别是吴亮成、王长法、孙成祥、魏本芳、卢继美。其他任课教师有李翠英、陈之太、杨新英、韩顺香、潘金枝、刘化敏、高治道、翁来法、孙慈田、高秀云等。

1974年，学校重新执行秋季始业。7月，初十九级招收2个班，共130人。班主任分别是朱健、张伟。其他任课教师有翁来法、燕爱民、时金根、戴婉莹、白志良、高秀云、董月宝、高治道、孙成祥等。

1975年未招生。

1976年7月，初二十级招收6个班。各班班主任分别是吴亮成、许清凤、王长法、付会仁、杨新英、李翠英。其他任课教师为孙成祥、张孝英、白志良、高治道、孙伟、董月宝、刘长站、李凤玉、刘化敏等。

1977年7月，初二十一级招收2个班，共130人。徐琪、吴亮成担任班主任。其他任课教师有孙成祥、王长法、柳文珏、陈迪其、李佃红、李洪、李清箴、尹德彬、董月宝等。

1978年7月，初二十二级招收4个班，共240人。从是年起，初中学制由2年制改回3年制。该届学生的班主任分别是徐宝一、彭学聪、庄会勇、卢安身。其他任课教师有孙成祥、徐琪、孙翠芹、陈之太、纪庆卓、李佃红、董月宝等。

1979年7月，初二十三级招收4个班，共240人。各班班主任分别是吴亮成、王长法、卢继美、李世营。各学科任课教师有孙翠芹、纪庆卓、徐琪、韩顺香、甄子升、汲传杰、卢安身、王杰生、柳文珏、徐宝一、高治道、姜少亭、侯家凤、张柯清、石宝忠、徐希亮等。

1980年7月，初二十四级招收3个班，共160人。陈清海、吴亮成、李世营分别担任3个班的班主任。其他任课教师有陈子良、朱礼泉、朱礼宝、谷增法、陈之太、卢安身、侯家凤、赵统宣、徐宝一、董月宝等。

1981年7月，初二十五级招收4个班，共240人。李会吉、石宝忠、徐　琪、徐宝一分别担任4个班的班主任。其他任课老师有谷增法、韩特、白志良、卢安身、侯家凤、赵统宣、李蕤、孙翠芹、王杰生等。

1982年7月，初二十六级原计划招收2个班，后扩招至5个班，共300人。各班班主任分别是刘景文、陈子良、王长法、徐琪、刘树栋。各学科任课教师有陈庆交、徐广伟、王其良、卢继美、宋春秀、赵建秀、郭秀萍、匡玲、滕华勇、刘丽、张柯清、尉蔚、柳文珏等。

1983年7月，初二十七级招收4个班，共240人。1至4班班主任分别是吴亮成、李会吉、李世营、庄欠杰。其他任课教师有韩庆坤、宋维山、匡玲、滕华勇、侯家凤、卢继美、陈之太、徐恒高、魏本芳、陈庆交、张柯清等。

1984年7月，初二十八级招收4个班，共240人。是年，学校始设年级组，推选刘景文任年级组组长。4个班的班主任分别是陈兆祐、刘景文、王林江、袁丕海。各学科任课教师有张连文、张道德、陈之太、孙翠芹、张柯清、李蕤、陈丽、宋维山等。

1985年7月，初二十九级招收4个班，共240人。年级组长为徐宝一。各班班主任分别是徐宝一、陈子良、王长法、徐琪。各学科任课教师有孙翠芹、陈之太、宋春秀、林栋、赵建秀、侯家凤、张柯清、徐广伟、尉蔚、史守忠等。

1986年7月，初三十级招收4个班，共240人。年级组长为吴亮成。各班班主任分别是吴亮成、李会吉、宋维山、袁丕海。其他任课教师有滕华勇、张道德、陈之太、林栋、卢其来、卢继美、杨芝玲、陈常民、宋春秀、徐广伟等。

1987年7月，初三十一级招收4个班，共240人。年级组长为刘景文。各班班主任分别是陈兆祐、刘景文、翟文波、吴继兵。各学科任课教师有卢继美、张柯清、侯家凤、陈之太、张道德、柳文珏、陈庆交、赵统宣、徐广伟、何玉梅、郭秀萍等。

1988年7月，初三十二级招收4个班，共260人。年级组长为徐宝一。各班班主任依次是徐宝一、陈子良、王长法、王林江。各学科任课教师有郭秀萍、孙翠芹、陈之太、赵建秀、李蕤、滕华勇、赵统宣、史守忠、李世营、徐琪等。

1989年7月，初三十三级招收4个班，共260人。年级组长为吴亮成。各班班主任依次是吴亮成、陈子良、朱坤达、袁丕海。各学科任课教师有杨芝玲、郭洪全、燕平、陈之太、陈常民、卢其来、徐广伟、沈爱臻、李蕤等。

1990年7月，初三十四级招收4个班，共260人。年级组长为刘景文。陈兆祐、刘景文、翟文波、吕文堂分别是1至4班班主任。各学科任课教师有郭洪全、张柯清、何玉梅、侯家凤、陈之太、燕平、李世营、卢继美等。

1991年7月，初三十五级招收4个班，共260人。年级组长为王长法。班主任分别是徐宝一（后徐广伟）、刘学柱、王长法、王林江。其他任课教师有滕华勇、程潜、宋维山、王善英、卢继美、庄会凤、郭秀萍等。是年秋季开学后，陈之太任初中部主任，具体负责初中部的教学与管理工作。

1992年7月，初三十六级招收4个班，共240人。张继文任年级组长。各班班主任分别是张继文、陈子良、赵西龙、朱坤达。其他任课教师有李玉德、赵统宣、王洛信、杨芝玲、丁其艳、陈常民、李蕤、沈爱臻、卢其来等。

1993年7月，初三十七级招收4个班，共240人。杜新元任年级组长。各班班主任依次是杜新元、梁乾培、翟文波、徐连清。各学科任课教师有徐广伟、陈常民、宋维民、刘蔚玲、庄会凤、张继文、陈庆交、赵统宣、李蕤、王军、吕文堂、郭洪全等。

1994年7月，初三十八级招收4个班，共300多人。年级组长为王林江。班主任分别是王长法、陈林、王林江、刘学柱。其他任课教师有李世营、庄会江、卢继美、王善英、庄会凤、丁其艳、徐广伟、郭秀萍、刘辉、孙楠、韩继庆、郭洪全等。

1995年7月，初三十九级招收400多人。张继文任年级组长。各班班主任分别是张继文、王祥善、孙绪坤、赵西龙、李玉德、朱坤达。其他任课教师有王伟、杨建飞、赵统宣、张玉菊、杨芝玲、宋春丽、李舒、李淑华、咸兰涛、朱建丽、李蕤、庄会凤、化立美、李庆玲、孙楠、刘辉、葛成海、孟庆彬、宋考治等。是年秋季开学后，初中部的教学与管理工作由杨家宝和王长法协同负责。

1996年7月和1997年7月，初四十级和初四十一级均招收6个班，各400多人。

1996级班主任：杜新元、郭洪全、鲍善国、杨守卫、孟庆彬、陈庆交。

1997级班主任：张继文、王祥善、赵西龙、孙绪坤、李玉德、朱坤达。

1998年夏，莒南一中初中部撤消，与城关第二中学组建莒南县实验中学（后更名为莒南县第六中学）。初中部大部分教师随之调入实验中学。至此，学校发展成为一所纯普通高级中学。

学校初中部历经46年，共招收41届1万多名学生。

此外，在初中部任课的教师还有丁仕杰、林令军、王乐助、李静、李萍、李兆霞、董加诗、诸葛松昌、申延助、郭彦选、刘岩、于乃英等等。

二、一中分校

2003年，为满足部分学生及家长对优质高中教育的需求，缓解莒南高中教育资源不足的问题，学校向县人民政府提出设立分校的申请。经县政府、市教育局批准，学校租赁位于县城南环路东段的清华园学校教学楼东段与楼前广场两侧平房等场所作为“莒南一中分校”，开始招收第一届学生，4个班，共计301名学生。学校委派唐坤田与张驰负责分校的教育管理与教学工作。2009年7月，唐坤田调回本部，之后分校的教学与管理工作由张驰、史佩玺负责。根据协议，清华园学校为分校提供水、电、餐饮等保障，分校每年支付给清华园学校16万元租赁费（含水、电费支出）。分校办学方式为公办民助，招收当年中考线下生。分校学生在分校就读高一，至高二年级回学校本部就读。分校教干教师由学校本部选派，属学校正式职工，除享受学校本部一切同等福利待遇外，享受分校的交通补贴、生活补贴、夜班补贴。分校财务由本部统一管理。分校负有校园管理、德育教育、教学管理和安全管理的职责。分校在教学上与本部统一进度、统一教辅、统一考试，采用低重心、多讲多练的教学模式。在管理上采用24小时全天候无缝隙管理。对分校的日常管理学校本部实行定期不定期督导检查。2009年，经莒南县教体局党委研究并报请临沂市教育局审核批准，分校招收最后一届学生。2010年，分校教师、学生、财务资产等整体合并到本部。分校共招收7届学生，缓解了全县高中招生的压力，并有数百人考取全国普通高校。

分校印章

第二章

学校管理

学校是一个由不同家庭背景、不同智力水平、不同个性特点、不同思想境界的教育者与受教育者构成的综合体，学校管理是为了提高学校发展水平、促进教师专业成长、教育学生成人成才，适应并服务于社会发展的需要，从而推动社会的发展与进步。建校初期，学校的行政工作、人员调配等由县委文教股负责，学校日常工作在校长带领下由教导处、总务处具体组织实施。1966年6月，"文化大革命"开始，学校开始停课搞"四大"（大鸣、大放、大字报、大辩论）。此后，军宣队、工宣队（工人阶级毛泽东思想宣传队）进驻学校。1968年3月，学校建立革命委员会并负责管理工作。1970年，开始实行贫下中农、工人阶级管理学校。1978年，党的十一届三中全会召开，开始了中国历史上新的一页，学校管理等各项工作有序开展。1993年始，全面推行校长负责制和教师工作目标责任制，设立年级组和备课组，负责教师和学生的日常行为管理。2001年始，学校进一步加大管理力度，"三全式"（全员、全程、全方位）管理贯穿学校管理的各个层面，有力地保障了学校的教育教学。

第一节　教育行政管理

一、制度建设

建校之初，鉴于教师的知识水平与教学经验不足，从各个村队招收的学生组织纪律观念和知识基础普遍薄弱，学校开始探索通过建章立制加强学校管理。为做好师生思想教育与日常管理，规范师生的行为，提高办学质量，学校学习借鉴各地的办学经验，开始建立并逐步完善促进学校发展与师生成长的规章制度。

1953年，为培养学生成为德才兼备、体魄强健的新中国建设人才，学校制定了《莒南中学学生守则》，从学生课上课下的纪律、礼貌、衣着、卫生、团结、安全等方面作出了规范要求，有效改善了学生的行为习惯与学校的学风校纪。

1955年，教育部颁布了《中学生守则》18条，学校开始贯彻这一守则，将这些守则抄录张贴在各教室内，利用班会、校会向学生宣传贯彻，并随时进行检查。

为从各个方面规范教师与学生的行为，教导处会同总务处逐步制定《学生寝室规则》《卫生规则》《伙食管理规则》《教职工办公规则》等。

1956年，学校遵照国家发布的《中学校历》规定，对学年和学期起止断限、上课时长和考试次数及假期安排作了调整。

1957年，学校制定了《教室规则》《学生宿舍规则》《评选开展爱国卫生运动模范暂行办法及评模条例》。

1960年，学校组织全体教职工学习贯彻八届八中全会精神和党的教育方针，以教学为中心统筹安排学校的工作，制定了《课堂规则》《课外规则》《餐厅规则》《请假规则》等一系列规章制度。

1961年，学校积极贯彻"调整、巩固、充实、提高"的八字方针和山东省烟台教育工作会议精神，进一步以教学为中心调整学校工作思路，切实提高教学质量。学校领导深入课堂听课，校长、教导主任分工负责各教研组开展教学研究活动，定期召开教研组长会议，指导教师备课，改进课堂教学。同时，重视课外辅导和作业批改，提高教学效率。

1966年6月，文化大革命开始。6月18日，学校出现第一张大字报。随后，各种名目的"战斗队"相继成立，各种传单到处散发，学校处于极度的无政府状态。此后，工作组、观察员进校，开始搞"红卫兵造反"和"革命大串联"，学校领导与教职工靠边站、被批斗，各种规章制度和教学秩序遭到严重破坏。

期间，初、高中学制均由三年改为二年；

招生制度由考试择优录取改为推荐选拔；对教材大删大砍，内容减少，教学质量与学生的学业水平难以保证。

1972年，学校根据思想政治、学习成绩、文体卫生三个方面的标准，制定《莒南县十字路中学三好学生评比条件》《学生成绩考核办法》和《学生纪律》。遵照毛泽东主席“要认真看书学习，弄通马克思主义”的教导，为保证教职工的学习时间与学习质量，在行动上发扬理论联系实际的学风，从思想上提高教职工阶级斗争、路线斗争和继续革命的觉悟，学习马克思、列宁、斯大林、毛泽东分析问题和解决问题的立场、观点和方法，努力改造世界观，忠诚党的教育事业，全心全意做好本职工作，制定了《教职工学习工作制度》。根据省、地教育行政部门的要求，制定《高、初中学籍管理办法》。为进一步规范教职工考核管理办法，加强财务监管，制定《教职工、学生请假制度》和《财务管理制度》。

1976年，学校再一次掀起学习马列著作和毛主席著作的热潮，揭发批判“王张江姚”反党集团。为贯彻执行毛主席提出的无产阶级教育方针，使学生真正成为有社会主义觉悟的有文化的劳动者，修订完善《莒南县十字路中学学生革命纪律》。

1977年恢复高考，学校开始恢复与健全各种规章制度。将语文数学教研组分为高中、初中语文数学教研组，并成立生物教研组。同时，恢复了学生会和工会组织。学校各项工作开始走向正轨。

1979年，根据山东省中小学规章制度试行草案，学校制定了具体细则，通过全校师生大会进行动员与贯彻执行，并制定“尊师八条”，作为校会和班会的重要内容，经常检查执行情况。为构建良好的学习风气与行为规范，各班都建立了好人好事记录簿，由班干部具体负责。总务处建立了相应的财务管理和伙食管理制度，制定存领物品登记簿，伙房设有考勤记录表，总务处有人轮流值班，及时供应教学用品，满足教学需要。

1980年8月，根据教育部颁发的《普通中小学校管理规程》的规定，学校开始实行校长负责制，全面负责学校的教育教学与管理工作。1981年，学校被列为地区重点中学。1982年，学校开始推行岗位责任制，校长、主任、教研组长和各处室的岗位责任得到了进一步明确。为加强教职工队伍管理，严格执行八小时工作制和请销假制度。学校党支部坚持“三会一课”制度，加强党的思想建设和组织建设。同时，制定并完善了《班主任工作条例》《教研组工作要求》《保卫工作制度》《仪器室工作制度》《图书室工作制度》《阅览室工作制度》《卫生室工作制度》《木工室工作制度》《伙房工作制度》《三好学生条例》《优秀学生干部条例及评选奖励办法》《尊师八条》等系列规章制度。是年，学校被评为“山东省达标先进单位”。

1983年，学校已有26个班，1500多名学生，120余名教职工，成为规模较大的完全中学。学校设置保卫办公室，各项安全管理制度得到进一步完善，制定了各类安全预警机制和重特大安全事故应急救援预案，有效地保证全校师生的人身财产安全和良好的教学秩序。

1984年，学校先后修订《中学生守则》《班主任工作条例》《学校卫生检查标准》《关于教职工安排住房的若干标准和说明》《自行车进校规定》《个人卫生检查标准》和《宿舍、教室卫生管理规定》。

1985年，为改进和加强学校的管理工作，明确教职工的岗位责任目标，增强教职工的工作责任心，提高教职工队伍整体素质，全面提高教育教学质量，开始建立教职工工作业绩档案，制定了《莒南一中教职工学期考试试行方案》，对教职工实行考核管理。为加强学生学籍管理，维护教学秩序稳定，根据教育部关于中学生学籍管理的若干规定，制定了《莒南一中关于转学、插班、留级等问题的规定》，对转学、插班、留级等行为实行从严控制。依据莒南教政字（1985）第16号文件《关于教师工作量及对外兼课等问题的几点意见》的规定，根据学校专任教师人数众多、实力公认的现实，制定《莒南一中关于教师工作量及对外兼课问题的几点意见》。为全面贯彻党的教育方针和全教会精神，引导教师不断更新自己的知识结构，提高理论业务水平，学校制定了《莒南一中教职工学习制度》。

1987年，为调动教职工的积极性，鼓励教职工爱岗敬业，规范教职工遵章守纪的行为，制定《莒南一中关于实行"考勤奖"的暂行规定》，开始推行考勤奖励政策。为配合团省委在中学生中开展的"奋飞之鹰"活动，学校制定《文明班级评比条件和办法》，在全校开展文明班级竞赛。对文明班级学校每学期评比一次，对获奖的班级给予挂牌表彰，对获奖班级班主任授予"文明班主任"称号，对获奖班级学生干部授予"校优秀学生干部"称号。为加强学校资金管理，严格财务收支审批与审核制度，制定《莒南一中关于财务管理的暂行规定》，对财务收支状况公开公示，接受师生和社会监督。学校制定《莒南一中关于加强卫生工作的意见》，学校爱委会具体负责指导学校的卫生工作，将环境卫生、宿舍卫生、教室卫生和个人卫生全部纳入检查范畴，并实行责任分工，学校卫生状况得到有效改善。

1988年，为客观公正地评价教职工的工作成绩，鼓励与保护教职工的工作积极性，学校制定并开始执行《教职工德、勤、绩考核评分细则与奖励条件》，对教职工全面实行德、勤、绩考核。为加强班级管理，创造良好的班风学风与育人环境，制定《莒南一中文明班级评比条例》。

1989年，学校开始将班主任工作考核从《教职工考核条例》中分离出来，实行单独量化。为便于考核，根据《文明班级评比条例》的有关规定，将具有可操作性的班级工作考核内容纳入《班主任工作考核奖励办法》，增加了该项工作的透明度。为培养学生良好的生活、学习习惯，加强纪律性，增强时间观念，根据《中学生守则》及《中学生日常行为规范》，制定《莒南一中学生出勤、考勤及缺勤处罚条例》。为管好用好、合理分配与使用学校的已有房产，根据1985年县政府文件精神，经全面清查登记、摸清各类教职工的需求状况，制定《莒南一中关于房屋管理与宿舍分配的暂行办法》。

1990年，为提高教研组、年级组的管理水平，充分发挥各组成员的主观能动性，以有效开展教研活动，全面提高教育教学质量，制定并执行《莒南一中先进教研组、年级组评比条例》。为加强班级管理，培养有理想、有道德、有文化、有纪律的"四有"人才，学校对《文明班级评比条例》进行修订与完善。

1991年，根据《中学生守则》与《中学生日常行为规范》，学校对《学生考勤及缺勤处罚条例》作出修订与完善。同年，对《班主任工作考核奖励办法》作了修订。为强化年级管理，协调各科教学，学校对管理目标进行细化分解与落实，制定《莒南一中年级组职责考核评比条例》，以进一步规范管理，发挥学校各项资源的整体优势。是年秋季开学始，试行年级组岗位目标责任制。

1992年，为管好用好学校的资金，规范教育经费的审批与使用程序，严肃财经纪律，开始执行《莒南一中关于财务管理的暂行规定》。为保证教师学习、备课、教学研究的时间，提高工作效率，学校制定《莒南一中教职工考勤及发放全勤奖的暂行规定》，开始实行教职工坐班制，并将其列入考勤量化。

1993年，根据《莒南一中教师教学工作考核评估办法》的规定，开始对各科教学实行全程管理，对教师的教学常规、业务水平与教学成绩全面实行量化考核。是年，根据中共中央、国务院《中国教育改革和发展纲要》提出的“中等及以下学校实行校长负责制”的规定和地区组织部、人事局、经济体制改革委员会、教育局联合下发《关于全区中小学“三制”改革的意见》，学校开始落实“校长负责制”。学校设校长1人，副校长3至4人。校长室以下设政教处、教导处、总务处。各处设主任1人，副主任2至3人，协助校长处理思想教育、教学管理、日常事务等事宜。同时成立年级组，设年级主任1人，负责协调本年级师生的思想动态、教学进度和集体活动安排等。

1994年，《中华人民共和国教师法》颁布实施。国家教委发布了《中学生日常行为规范》，学校内部管理日趋法制化和规范化。

1995年，学校第一次教职工代表大会审议通过了《莒南一中教职工量化管理条例》《班级管理评估办法及检评细则》《班主任职责》《班主任工作常规》和《学生违纪处分条例》等，要求全体师生认真学习有关条例规定，严格遵守各项规章制度，促进自身工作与专业能力的发展。为优化育人环境，维护良好的教学秩序，进一步加强校内文化建设与学生思想教育工作，根据《中学生守则》和《中学生日常行为规范》的要求，学校制定了《莒南一中从严治校若干规定》。是年，由于全县普通高中布局调整，原莒南县教师进修学校与莒南一中合并，学校办学规模得到进一步扩大。为进一步加强内部管理，以适应飞速发展的信息时代与教育形势，学校开始推行以年级组长为核心的年级目标责任制、以教研组（备课组）长为核心的学科目标责任制和以班主任为核心的班级目标责任制。同时，对相应的考核奖惩制度进行修订与完善，将考核结果作为评先树优、职称评聘的重要指标，并与奖励工资挂钩。

1997年，为促进学校社会主义精神文明建设，创建平安校园，杜绝一切安全事故的发生，学校制定了《关于安全管理的几项规定》和《莒南一中门卫管理制度》。是年，临沂市教委在全市开展“应语忌语、应事忌事”活动。为加强教师职业道德建设，学校作出“十要求、十不准”规定，以规范教师的教学行为与日常言行。随着学校内部年级之间、学科之间、班级之间、教师之间竞争意识的不断增强，学校以贯彻《教学常规》为核心，开始探索覆盖各学科所有教学环节的管理办法，建立过程性监督制约机制，严格执行课程计划，严禁高一提前分科和高二冲线。要求各年级上好会考学科，提高会考合格率，学校教育教学工作更趋规范化、制度化。是年，学校从建立和谐的师生关系入手，强化学校管理的人情味，努力营造领导与教师、教师与学生、学生与学生之间相互关心、相互爱护的良好氛围。学校在创建科学管理体系的过程中，进一步完善学校领导为教师服务、教师为全体学生服务、后勤工作为教学服务、群团组织为师生服务和学校工作以教学为中心的“四个服务一个中心”的管理模式，学校综合管理水平与办学效益得到进一步提高。

2000年，山东省教委下发了《普通高中教育教学管理八项规定》，对普通高中的办学方向、教育教学的时间安排、课程开设、作息时间、学籍管理、教辅教材及收费管理等方面作出了具体的规定和要求，指出：“规范普通高中教育教学管理，是普通高中实施素质教育的基础和前提。”为此，学校严格落实《八项规定》，推进依法治教，深化教育改革，办学行为更趋规范。为加强学校工作的民主管理和社会监督，增强学校政务、财务、事务与过程管理的透明度，遵照莒南县教委制定的《关于在全县推行校务公开的实施意见》，建立“校务公开公示栏”，对师生和社会关心的热点问题及时公布，全方位接受社会各界监督。

2001年，根据莒南综治委〔1997〕7号文件的精神，学校制定安全文明创建实施方案，进一步调动教职工参与社会治安综合治理的积极性，依靠党群合力和行之有效的管理机制，落实综合治理各项任务措施，学校的治安秩序与学校周边的治安环境得到有效改善。为优化高效有序的教学与育人环境，努力把学校办成“让学生成才、让家长放心、让社会满意”的花园、乐园、学园“三园式”学校，为社会培养出更优秀人才，经过多方面征求意见，制定了《莒南一中教育管理条例》。根据学校制定的《集中学习教育整顿活动实施意见》，集中半月时间对全校教职工进行集中学习教育整顿，深入贯彻落实全国基础教育工作会议精神和江泽民总书记关于“三个代表”的重要思想，加强全校教职员工的思想作风建设，推进“教研创新年”活动扎实开展，全面提高教师队伍的整体素质。是年，学校印制了《莒南一中规章制度汇编》。《汇编》分为行政管理、教育教学管理、后勤与综合治理三部分。为深化学校内部管理体制改革，根据《中共中央、国务院关于深化教育改革，全面推进素质教育的决定》，学校开始实施 “校长负责制、教职工定编聘任制、教师工作岗位责任制和教职工结构工资制”四制改革。

2002年，为贯彻《公民道德建设实施纲要》，提高全校师生的思想道德素质，促进学校教育教学质量的进一步提高，争创齐鲁名校，按照市委、县委的统一部署，学校利用两个月时间，集中开展“学《纲要》、讲道德、树形象”宣传教育活动，并制定了《“学〈纲要〉、讲道德、树形象”集中宣传教育活动实施方案》。为进一步加强行业作风建设，实施优质教育工程，创造良好的育人环境，根据县委、县政府的部署和要求，在全校教职工中开展“服务经济转变作风万人评”活动。学校积极响应县教育局发出的在全县教育系统开展“教育改革发展年”活动倡议，开始实行从高一分配高考任务，并根据高一入学成绩进行全程质量跟踪，变一年迎考为三年迎考，使学生在学习过程中打牢知识基础与应变能力，以赢得高考的主动权。

2003年，学校第三届教职工代表大会第二次会议通过了《莒南一中教科研成果奖励办法》《莒南一中特困生救助条例》和《对违纪学生的处理规定》。是年，为抗击“非典”，学校广泛开展爱国卫生运动、全民健身和科普宣传教育活动，群策群力切断“非典”输入渠道和传染源，增强了全体师生抗击“非典”的意识与能力，得到了县委、县政府及有关部门的充分肯定。学校根据县委《关于在全县开展“解放思想谋发展、与时俱进建小康”大讨论活动实施意见》（莒南发〔2003〕30号），集中三个月时间深入贯彻党的十六大精神，进一步解放思想、更新观念，改进行业作风，进一步提高教育教学质量与服务水平。为此，学校开始实施《莒南一中德育纲要》《莒南一中教职工全员聘任暂行条例》和《莒南一中校园管理条例》。在全县开展的“教育管理创新年”活动中，注重加强学校建设由规范化走向特色构建、校园环境由文化型走向文明型、学校管理由纯制度化走向人文化、教学教研由常规化走向课题化“四个创新”和内部配套标准化、基础设施规范化、校园环境育人化的“三化”要求，进一步完善了年级、班级、学科管理目标责任制，有效调动了全体教干教师的工作积极性，学校内部综合效能得到有效发挥，加快了由传统学校向创办优质高效高中教育转型的步伐。

是年，学校全面进行中层干部竞争上岗和教职工双向选择的学校内部人事制度、分配制度和后勤管理制度的改革，学校管理体制得到进一步加强和完善。

2004年，为促进学校社会治安综合治理工作再上新台阶，根据中央、省、市五部委《关于实行社会治安综合治理领导责任制的若干规定》和县委、县政府关于建设“平安莒南”活动的实施意见，制定了《社会治安综合治理责任书》。为深入学习贯彻党的十六届四中全会精神，统一全校党员干部的思想，全面落实加强党的执政能力建设的各项任务，带领教职员工进一步深化教育改革、提高教育质量，根据省委、市委和县委《通知》精神，学校制定并落实《学习贯彻党的十六届四中全会精神的实施方案》。

是年，根据县教育局《关于加强行业行风建设，开展民主评议行业行风活动的实施意见》（莒南教政字〔2004〕11号），从群众反映强烈的问题入手，广泛开展民主评议，增强了教干教师的廉洁自律意识，促进了学校行业作风的进一步好转，进一步树立了学校在全县各界的良好形象。

2005年，为进一步规范教职工的言行和道德修养，杜绝参与邪教组织等不法行为，强化师德建设，承担起教书育人、为人师表的职责，树立教育新形象，深入推进“平安莒南”“平安校园”建设，营造安定和谐的校园环境，学校与全体教职工签订《“讲文明，树新风，为人师表，不参与邪教组织活动”责任书》。根据县委关于开展保持共产党员先进性教育活动的部署，学校作为全县第二批单位积极开展保持共产党员先进性教育活动。为确保教育活动开展得扎实深入、富有成效，学校党总支组织全体党员认真学习中央和省市县关于开展保持共产党员先进性教育活动的有关文件，在思想上明确开展党员先进性教育活动的目标责任，使全体党员以饱满的热情和积极的态度投身先进性教育活动。为贯彻落实胡锦涛总书记视察山东时的重要讲话精神，使党的先进性教育活动真正成为群众满意工程，根据省、市、县委先进性教育活动领导小组的部署要求，在党员先进性教育活动中开展“岗位当先锋、真情暖百姓、永葆先进性”主题实践活动。

是年，学校管理以校园文化建设和创建平安校园为重点，结合党员先进性教育活动，不断增强校园文化的先进性、学校领导层与全体师生的宗旨意识和共同参与学校建设的积极性。同年，为加强教师考绩档案管理，对教师专业成长与业务考核实行跟踪入档。

2006年，为提高学校应对突发事件应急反应能力，建立和完善突发事件救助机制，最大限度地减轻突发事件造成的损失，提高应急救助工作整体水平，充分调动各级责任人对突发事件应急工作的主动性、灵活性，增强责任感和使命感，与各科室负责人签订《莒南一中突发事件应急责任书》。根据县委办、县政府办下发的《公务活动接待用餐有关规定》，学校制定莒南一中《关于公务活动接待用餐的规定》。

是年，学校开展“道德文明建设年”活动，将胡锦涛总书记提出的以“八荣八耻”为主要内容的社会主义荣辱观教育纳入学校管理工作的范畴，进一步优化了学校管理的内外部环境。结合学校实行级部管理的经验，对学校管理开始探索“全员、全程、全方位”三全式管理模式。

2007年，根据《莒南县委二○○七年党风廉政建设和反腐败工作实施意见》的要求，为全面落实科学发展观，牢固树立“做学生爱戴的老师，办人民满意的教育”的理念，以制度建设为核心，以责任制为抓手，以解决损害群众利益的突出问题为工作重点，标本兼治、综合治理、惩防并举、注重预防，建立健全教育、制度、监督并重的惩治和预防腐败体系，学校全体教干教师的法制观念进一步增强，廉洁自律成为一种自觉的行为。是年，根据县委、县政府的统一部署，将工作思路和目标确定为“优化服务年”。为使各科室和教职员工进一步明确责任分工与行为规范，开始实施《莒南一中备课组（组长）考核细则》和《莒南一中教学常规检查细则》。学校第四届教代会第三次会议通过了《莒南一中关于各级“教学能手、教学新秀、名师”的奖励规定》《莒南一中备课组长考核办法》《莒南一中教师专业技术职务聘任实施规定》和《莒南一中校园管理值班检查制度》。

是年，突出抓好“工作落实年”，严格按照省、市、县教育主管部门的要求，把全面落实有关学校教育发展的法令法规作为学校管理工作的刚性指标，取消一切不符合政策规定与有碍学校发展的既定规章。

2008年，根据县委、县政府深入开展“优化服务年”活动的要求，学校制定了《莒南一中关于深入开展“优化服务年”活动的实施意见》及活动配档表，明确了“落实规范、全面育人、优化服务、争先发展”的目标。学校第五届教代会通过了《莒南一中教职工绩效量化考核办法》《莒南一中关于进一步加强文明和谐校园建设的实施方案》《莒南一中关于评选校级“教学能手”的有关规定》《莒南一中关于评选校级“教学新秀”的有关规定》。

是年，为适应素质教育发展的需要，贯彻《山东省普通中小学管理基本规范（试行）》和省、市有关素质教育工作会议精神，加强新形势下的学校规范管理，切实提高学校管理水平和课堂教学效益，根据市、县教育局统一部署安排，学校将该年度确定为“管理规范落实年”，学校的办学行为得到进一步规范。学校严格执行“双休制”，双休日和法定节假日一律不再上课。学生一日在校时间严格按规定控制在早上7点至晚上10点。严格执行国家公布的课程计划，开足上好规定课程。高一不再分文、理班。同时，进一步加强对教风考纪的监督、检查，通过制度约束扭转片面追求升学率的局面。

2009年，根据中央、省市委部署和《中共莒南县委关于深入开展学习实践科学发展观活动的实施意见》（莒南发〔2009〕10号）精神，结合学校工作实际，制定了《关于开展深入学习实践科学发展观活动的实施方案》。为全面做好学校新型流感防控工作，建立顺畅的应急协调机制，积极应对可能发生的新型流感疫情，根据《莒南县教育局新型流感防控工作方案》要求，结合学校生源分布广泛、入校人员繁杂的实际，制定并实施《莒南一中新型流感防控工作方案》，新型流感疫情得到有效控制。根据莒南县委《关于全县第一批深入学习实践科学发展观活动的实施意见》及《关于全县第一批深入学习实践科学发展观活动整改落实阶段工作安排》的统一部署和要求，学校制定并实施《莒南一中深入学习实践科学发展观活动整改方案》。为深入贯彻落实党的十七大和十七届三中全会精神，根据县纪委、县委组织部、县委宣传部《关于在全县党员领导干部中开展“反腐倡廉教育月”活动的实施意见（莒南纪发〔2009〕18号）》的要求，学校利用一个月的时间在全校党员干部中开展“反腐倡廉教育月”集中教育活动，全面落实《关于在党员干部中开展“反腐倡廉教育月”活动的实施方案》。

2010年，根据县委、县政府、县纪委关于党风廉政建设的相关要求，结合学校实际，校委会研究制定了《莒南一中2010年党风廉政建设和反腐败工作实施意见》。根据县委组织部关于认真学习宣传《党政领导干部选拔任用工作责任追究办法（试行）》等四项监督制度的通知精神，学校研究制定了《莒南一中学习宣传〈党政领导干部选拔任用工作责任追究办法（试行）〉等四项监督制度实施方案》。根据中央和省、市、县委关于在党的基层组织和党员中深入开展创建先进基层党组织、争当优秀共产党员活动的意见精神，校委会研究制定并实施《莒南一中关于深入开展“创先争优”活动实施意见》。学校认真贯彻落实全国教育工作会议精神，组织学习《国家中长期教育改革和发展规划纲要（2010～2020年）》，进一步完善《教育教学评价制度》《例会制度》等，严格教职工考勤，强化坐班管理，并以年级组、备课组为单位实行捆绑式评价和奖惩，落实责任追究制。学校把过程管理与结果管理结合起来，实行入学成绩、期中成绩、期末成绩教学质量三级追踪制，并与中考成绩进行横向、纵向比较，对因主观因素造成教学质量下滑的有关人员进行诫勉谈话，并妥善予以分流。为进一步完善岗位责任制和教学效果问责制，逐步探索绩效工资改革机制，对教师日常工作尝试实行月考核，并把考核结果与教师绩效工资挂钩，激励教师提高教学工作质量与工作效率。

是年，学校继续加大“三全式”管理力度，认真实施“六个一”工程，对师生的日常行为规范实行无缝隙管理，对检查结果即时量化、通报，学校推行的“日公布、周分析、月总结”制度得到进一步完善。同时，建立学生管理跟踪制度，以加强学生养成教育，培养学生的基础素养，并以《学生综合素质报告》的方式予以呈现。为满足学生个性化修课需求，促进学生综合素质的全面提高，学校根据学科特点和学生的专业需求制定了《学生选课指导手册》，指导学生合理选择选修课程，学校的教学资源得到有效发挥。

2011年，学校第五届教职工代表大会第二次会议在实验楼会议室召开。大会审议并通过了关于《学校工作报告》《学校财务工作报告》《学校工会工作报告》和《提案解答报告》的决议以及关于《莒南一中“十二五”发展规划纲要》《莒南一中关于举行60周年校庆的议案》《莒南一中班主任工作量化考核实施办法》和《莒南一中关于加快数字化校园建设的实施意见》的决议。

2012年，根据山东省教育厅《关于大力开展师德教育禁止中小学教师从事有偿家教的通知》（鲁教师字〔2008〕9号）精神，全面落实《山东省普通中小学管理基本规范》和《中小学教师职业道德规范》，学校召开专题会议，与全体教职工签订《莒南一中关于禁止教师假期举办各类补习班、向学生推销教辅资料责任书》。《责任书》规定，所有教干教师不得以任何理由在假期组织学生集体到校上课、补课和统一组织学习，不得收费上课和有偿补课，不得参与、组织、动员学生参加社会上举办的各类复习班和培训班。禁止在假期将学校校舍或课桌凳等公用设施租借给社会力量办学机构用于开办补习班、培训班。不得在假期以领取考试成绩单或检查作业为名通知学生到校补课。禁止教师进行有偿家教、禁止教师举办各类辅导班、补习班。严禁教师向学生推销任何教辅资料。违者将按照《莒南县教体局关于规范学校办学行为、加强教师职业道德建设的暂行规定》（莒南教体政字〔2012〕4号）处理。

2013年，学校积极配合在全县开展的“为民务实清廉，建设阳光莒南”教育实践活动，研究制定并严格执行《莒南一中关于改进工作作风，密切联系群众的八项规定》，与党员干部和教职工层层签订党风廉政建设责任书，切实加强党风廉政建设，厉行勤俭节约、反对铺张浪费，努力创建资源节约型、环境友好型“两型学校”。是年，学校被评为“莒南县党风廉政建设先进单位”。

2014年，按照中央、省委、市委部署和《中共莒南县委关于深入开展党的群众路线教育实践活动的实施意见》（莒南发〔2014〕2号），学校积极开展党的群众路线教育实践活动。通过学习动员，明确了教育实践活动的思路与要求。在听取各方面意见之后，积极查摆问题、开展批评与自我批评，学校党员干部和全体教职工自觉剖析自己的思想与工作，“照镜子、正衣冠、洗洗脸、治治病”，增强了廉洁自律与密切联系群众的自觉性，教师的教学行为更趋规范，教学质量得到进一步提高。

二、宣传工作

学校自建校始，围绕中心工作，不同时期开展了一系列教育教学宣传工作，各级电视台、报刊等新闻媒体对学校的重大活动做了相关报道。

建校初期，包括教育在内的新中国各项事业百废待兴。在中国共产党的领导下，教育事业完成了由新民主主义教育向社会主义教育的过渡。

1962年12月27日，学校举行了建校十周年校庆庆典。孙筱亭校长向与会嘉宾介绍了学校十年的发展概况，加深了外界对学校的了解。

1963年3月5日，《人民日报》《解放军报》《光明日报》《中国青年报》同时刊登了毛泽东主席“向雷锋同志学习”的题词，号召全国人民学习雷锋的共产主义精神品质。从此，“向雷锋同志学习”逐渐成为树立社会主义新风尚的动员口号。学校随即通过阅报栏、黑板报、班会等形式广泛宣传雷锋事迹，组织学习《雷锋日记》，号召学生做“雷锋式的好少年”。一时间，拾金不昧、爱护公物、助人为乐等好人好事层出不穷，学校及时在校内醒目位置设立表扬栏进行宣传褒扬。

1964年，学校文体活动丰富多彩，师生大唱革命歌曲，自编自演各种文艺节目，朗诵会、文艺晚会经常举行。学校加强政治思想教育，开展大讲革命故事的活动，组织政治、语文、历史等学科的教师，每周一次，利用星期四的自由活动时间，以年级为单位进行，效果较好，对这一活动的开展，曾总结经验，发表在《山东教育》上。

1957年至1966年，政治思想教育工作在学校党支部的领导下，主要通过政治课、团的活动、校会班会进行，号召向英雄模范人物学习。还通过参观访问、请老红军作报告、毕业生回校介绍先进事迹、组织“讲座”、节日纪念活动、学习报纸主要文章、传达上级重要文件等形式，向学生进行阶级教育、爱国主义教育、共产主义道德品质教育、艰苦奋斗的革命传统教育、毕业生两种准备教育、纪律教育等。校长、教导主任、班主任、教师人人做思想教育工作。通过教育，收效显著，好人好事层出不穷。

1970年5月，为响应毛主席支持世界人民反对美帝斗争的庄严声明，学校文艺宣传队编演节目到集市、街头进行广泛宣传。

1971年，学校文艺宣传队正式成立。之后，宣传队发展到由军乐队、器乐队、演出队组成的共60人左右的宣传队伍，并为社会输送了一批批文艺骨干。宣传队每次下乡，都有一名学校领导成员带队，和宣传队一起征求贫下中农的意见，听取群众的反映，及时发现问题，改进工作。

1972年，开展“批林整风”运动，学校宣传队编演了《五七道路第一步》《五七指示放光芒》《班内新风》等节目。每逢公社召开党代会、县里欢送新兵入伍等，宣传队都会编排节目进行宣传。

1977年5月，学校举行了“学雷锋，创三好”积极分子代表大会，有192人出席，各班好人好事共3121件，全校写读书笔记（心得体会）18060篇，日记13882篇。

1979年上学期，学生写入团申请书的有240人，有41人成为共青团员。1980年，组织学生开展“在八十年代大好形势下，怎样做一个合格中学生”专题讨论，在各班级开展“先进班级竞赛活动”。评出4个先进班级，有100人被批准加入共青团组织。

1981年2月25日，全国总工会、共青团中央等九个单位联合向全国人民发出倡议，开展以“五讲四美”为主要内容的文明礼貌活动。1982年2月，中央书记处规定，每年三月为“全民文明礼貌月”，学校师生积极响应，结合学习雷锋活动召开大会动员，进行广泛宣传发动。学校团委、学生会多次召开会议，号召共青团员带头做到“五讲四美”，全校师生的精神面貌、行为规范、校园风气与校园环境得到极大改善。为此，学校团委编发了关于文明礼貌月的活动简报。

据不完全统计，是年在师生中涌现的好人好事达1000余人次。初中部分三次组织1500多人次打扫了县城10多公里的主要街道；初三（4）班被地区团委评为“先进班级”。学校团支部组织团员利用星期天到学校及周边公共场所打扫卫生；到街上设茶水站，免费为群众提供茶水；到电影院、汽车站打扫卫生。到县城老红军家打扫卫生，挑水等等。学校评出8个“文明班级”、7个“文明团支部”、2个“文明团小组”和120名“文明青年”，并召开全校师生大会进行表彰。

1982年，党的十二大召开。学校组织全体师生认真贯彻党的十二大会议精神，从世界观、人生观、价值观教育入手，增强师生的理想信念。学校团委先后开展了争当“先进团支部”“优秀共青团员”等活动。国庆、元旦期间，学校团委和艺体组组织举行游艺活动，既丰富了学生的校园生活，又锻炼了身体，陶冶了情操。

1983年，学校根据县委提出的开展“三优”活动的倡议，在师生中广泛开展优化心灵、优化环境、优化服务竞赛，从教育教学的各个环节增强师生“五讲四美三热爱”的思想与观念，引导师生形成“比纪律、赛品德、讲卫生、爱清洁”的良好风气。

植树节期间，学校师生积极参与植树栽种花草行动，各班教室前建起小花园，学校环境开始注重美化与绿化。

1985年，学校进一步加强学生的集体主义、爱国主义教育，从爱班组、爱学校、爱家等入手，将教育内容更贴近学生的生活实际，培养学生树立正确的人生观、世界观与价值观，努力使自己成为有理想、有道德、有文化、守纪律的社会主义事业的建设者和接班人。同时，加强学生的法制教育，引导学生自觉抵制腐朽思想的引诱和侵蚀，不看带有宣扬色情、江湖义气和自由化倾向的书刊、电影、录像等，把握正确的人生方向与目标健康成长。

1986年，全国六届人大四次会议通过《中华人民共和国义务教育法》，学校教职工依法治校、依法治教的观念进一步增强，学校的教学秩序和教师的教学行为开始走向依法管理的轨道。

1987年，学校党支部带领教职工认真学习十三大会议精神，积极贯彻十三大制定的路线方针政策，进一步端正办学思想，全面贯彻党的教育方针，为推进学校教育教学改革不断提高政治觉悟和理论业务水平。是年，学校把竞争机制引入学校管理和教育监督，全面贯彻《文明班级评比条例》和《先进教研组、年级组评比条例》，对班级、教研组、年级组的工作全部实行量化管理，并将有关项目记入教师业务档案。

八十年代末，学校认真贯彻党的十三届四中、五中全会精神，进一步落实《中共中央关于改革和加强中小学德育工作的通知》，根据“五育并举，德育先行”的原则，把德育放在首位，扎实进行日常行为规范训练，强化爱国主义与理想信念教育。重视师德教育，增强教师的事业心和使命感，在教育教学行为中牢固树立教育兴邦、甘于奉献、为人师表的师德规范。

1991年，学校进一步完善岗位责任制，学校管理更加规范。依照《德育大纲》的要求，培养学生良好的行为习惯和健康科学的生活方式。为确保德育教育取得实效，认真执行省教委制定的《中学生思想品德评定方案》，并不断创新德育工作的形式与内容，对学生进行道德教育的途径日趋广泛。是年，开始建立并实施升国旗唱国歌制度，建立劳动和社会实践基地，并开始对高一新生集中进行军事训练，多渠道对学生进行爱国主义、道德法制、行为规范等系列教育。

1992年，举行四十年校庆，学校在师生中广泛开展“我为学校添光彩”活动，激发了师生工作与学习的热情。各科教师积极学习新的教育理论，探索新的教学方法，同时加强教学研究，努力提高自身的业务素质与教学质量。各年级学生在学科成绩、体育竞技、艺术才能等方面开展各种竞赛，学生的学业水平与综合素质得到长足发展。

1993年，学校为加强爱国主义、社会主义教育，举行毛泽东诞辰100周年纪念系列活动。通过近现代史的发展历程，使全体师生员工进一步明确了“没有共产党就没有新中国”“只有共产党才能救中国”和“社会主义好”的真理，激发了师生为建设中国特色社会主义积极工作、勤奋学习的积极性。

1994年，组织教职工学习贯彻《中华人民共和国教师法》，全面提高教师的职业道德，规范教师的教学行为，增强了教师教书育人的使命感。

1995年，为发挥山东省传统体育项目学校和艺体师资力量的优势，学校招收首届高中艺体特长班，为创建特色学校与齐鲁名校提供了有益的基础保障。

1998年，学校初中部归并实验中学，普通高中扩招，办学规模得到进一步扩大。

2001年，学校新一届领导班子提出了“内强素质，外树形象，真抓实干，争创一流”的总体思路。整顿了教职工的思想作风，建立健全了各项规章制度，强化了师德教育，加强了规范化管理，加快了学校教育教学向科学化、现代化发展的进程，将学校发展的定位提上了一个新的高度。

为加强党的组织建设和思想建设，学校党总支优化调整了5个党支部的领导成员，选拔了一批年富力强的同志担任党的基层组织领导工作，增强了党组织的凝聚力和先锋模范作用。各支部组织教干教师认真学习贯彻“三个代表”重要思想，同时开展了集中学习教育整顿活动，提高了教师的思想政治觉悟，增强了各项工作的自觉性、主动性。

政教处、团委结合青年学生的特点，开展了系列丰富多彩的校园文化活动，加强对学生的思想教育。组织学生观看《七七事变》《凤凰琴》《敌后武工队》等系列爱国主义教育影片，对学生进行革命传统和爱国主义教育。举办“党团在我心中”等专题演讲比赛以及新世纪青年读书活动，拓宽了学生视野，陶冶了学生的情操，为学生综合素质的培养提供了有效的途径。

在青岛“光大银行杯”第二届全国校园歌

曲电视大赛中，学校代表队获得铜奖，是临沂市唯一获奖的中学生代表队。在“临沂市校园歌曲大奖赛”中，学校代表队获一等奖。学校团校被评为“山东省新世纪优秀中学生团校”；学校被授予“全国体育工作先进集体”称号。

2002年，学校开展“十佳教师”“十佳班主任”和“党员示范标兵”评选，涌现出许多先进典型人物，莒南报社和莒南电视台对此分别予以报道宣传。

5月，为推动“学、讲、树”活动的深入开展，学校团委、学生会组织了“迎建校50周年，我为一中添光彩”演讲比赛，参赛学生回顾了学校50年的发展历程，表示为学校的荣誉、为中华民族伟大复兴积极进取、勤奋学习，对学校的未来发展表达了美好的愿望。

是月，全国著名教育心理专家、全国政协委员、民进山东省主委、济南大学副校长张承芬教授为高三师生作心理辅导报告。张教授针对高三学生临考前的心理状态进行了全面分析，对如何克服心理障碍、减少心理压力，以良好的心理状态迎接高考提出了具体的矫正意见。

6月，学校团委、政教处组织第七届“校园十佳青年”评选活动。“十佳青年”蓬勃向上的精神面貌和良好的道德品质，为全体学生在学习、生活、思想、行为等方面树立了榜样。

同月，学校邀请Dave、John和Donnie三位美国友人与学生进行英语对话交流。通过与学生面对面交谈，回答学生提出的各种问题，解决了学生在发音、语法、句式、语境等方面的困惑。此次活动对于改革外语教学形式，加快开放式办学步伐，提供了一个很好的范例。

8月，为全面提高中学生物理学科实验与操作的技能，切实感受“物理即生活”的观念，增强参加物理高考与奥赛的应变能力，学校邀请山东大学物理学教授李桂昌对学生作辅导讲座。

10月3日，学校举行建校50周年庆祝大会。大会由莒南县教育局局长、学校党总支书记徐广军主持。中共临沂市委、临沂市人民政府发来贺电，海内外校友发来贺信。校长尤洪平对学校的发展变迁和工作成就向大会作了详细汇报。县委副书记、县长陈相珍，临沂市教育局副局长郑西溪分别代表县委、县政府和临沂市教育局发表贺词。历届校友代表、教师代表、学生代表分别发言。会后，与会人员参观了校史展览和校友书画展览。省、市、县电视台、沂蒙晚报等新闻媒体对此次大会做了宣传报道。

11月，在山东大学留学的2位英国留学生来学校与高一至高三年级的学生进行会话交流。

12月，学校举行“告别网吧，立志成才”宣誓大会。4千多名学生纷纷郑重签名，决心告别网吧，立志成才。

学校举行“莒南一中首届校园文化艺术节—祖国在我心中”大型歌咏比赛，旨在学习宣传党的十六大精神，增强民族自豪感，激发学生为实现中华民族伟大复兴而勤奋读书的热情与决心。同时，以此丰富校园文化生活，展示师生风采，体现艺术创新，推动校园文体活动的开展。期间，学校举行“莒南一中首届校园文化艺术节暨庆元旦文艺晚会”。莒南县委书记于中华，县人大主任王玉聪等六大班子领导以及县教育局和各有关单位的领导，学校离退休老领导、老教师及在校的部分师生观看了文艺演出。

2003年1月18日，学校召开《莒南一中》报编辑调度会，第一期《莒南一中》报正式出版。

3月4日，学校举行“华鲁助学基金”颁发仪式。4月5日，学校团委组织高一、高二年级200多名团员代表赴鲁东南革命烈士陵园缅怀先烈，举行主题团队活动。莒南县电视台、莒南报宣传报道了以上活动。

10月30日，学校共青团第八次代表大会在学校阶梯教室开幕。参加会议的代表共有253人，全部由各基层团支部选举产生。其中，团干部64人，教职工代表35人，学生代表132人，女代表104人，平均年龄16岁。

11月11日，学校法制副校长、县法院副院长张怀宗为师生作法制教育专题报告。张院长结合自己在法院工作中的切身经历，作了题为《增强法律观念，减少青少年犯罪》的法制教育报告。张院长通过对有关案例的剖析，具体阐明了青少年犯罪原因、犯罪心理及犯罪危害等，给师生上了一堂生动的法制教育课。

2004年11月，作为“山东省中小学英语特色教育重点实验学校”，为全面培养中学生的英语交际能力，给学生一个面对面的交流机会，学校专门邀请加纳、喀麦隆的客人来校进行文化交流。学校分别召开高一、高二和分校学生家长会，希望继续加强“学校、社会、家庭”三沟通，进一步完善德育教育网络体系，为学生的成才成长提供良好的内外部环境。

12月，学校举行“第二届校园文化艺术节开幕式暨高一年级‘我与祖国同行’歌咏比赛”。艺术节内容包括各项体育竞技比赛、歌咏比赛、书法绘画展示、文娱表演等，对培养中学生的综合素质，提高中学生的文化品位和欣赏水平，为高校发现、培养和输送更多合格的后备人才具有积极的推动作用。举行“第二届校园文化艺术节暨庆元旦文艺晚会”。莒南县委副书记、副县长张永刚，县委副书记王可田等县领导和县直各部门、各企业负责人，县教育局领导、县直和乡镇有关学校负责人以及部分学生家长代表近600人观看了文艺演出。

2005年1月，学校工会、团委、政教处在学校组织开展为贫困生募捐活动。学校领导尤洪平、李玉亮、殷文广、王洛伟等出席了募捐仪式。尤校长代表学校对师生的捐助义举给予高度评价和赞扬。广大师生员工积极响应，发扬扶危济困的传统美德，纷纷献出一份爱心，送上一份温暖。此次活动共募集捐款1万余元，为部分贫困生解决了经济困难，鼓励他们安心读书、发奋图强、顺利完成学业。

3月，“快乐阳光状元成长报告团”来学校为高三学生作高考指导报告。报告团成员以自己成长的经历，结合高中学习和高考成功的经验，为即将参加高考的高三学生提供了可供借鉴的心理辅导与启示，高三学生普遍产生共鸣。

5月，在科技楼多功能报告厅举行“华鲁奖助学基金”颁发仪式。县委副书记陈一兵，县人大副主任杜秋生，县政协副主席卢景春，县教体局党委书记、局长徐广军，华鲁集团董事长刘志良及学校领导出席了基金颁发仪式，并为40名学生分别颁发500元资助。11月，学校法制副校长、县人民法院副院长王永秀来学校作法制教育专题报告，通过对具体案例的剖析，教育全体师生要时刻注意学法、懂法、守法、用法，用法律规章规范自己的言行，做一个合法的公民。

2006年5月18日，学校在体育场举行18岁成人宣誓仪式。此举旨在加强青少年素质教育，树立成人意识，明确社会责任，培养爱国热情，成就一代新人。全校高一、高二3000余名学生在校学生会主席朱义超带领下，面对国旗宣誓。学生代表李姗姗作了题为“十八岁宣言”的演讲；高一（19）班学生陈昊的家长作了题为《责任与义务》的发言，以家长独特的视角，寄托了对青年一代的关怀与期待。共青团莒南县委书记张立强发表讲话，希望青年学生要不断学习现代科学知识，积极投身社会实践和各类创新活动。

12月，学校在体育馆举行“第三届校园文化艺术节开幕式暨高一年级歌咏比赛”。学校领导尤洪平、阚京锡、王延高等出席开幕式。开幕式由工会主席兼艺体部主任王延高主持，校长尤洪平致开幕词。高一年级举行以“青春校园，激情无限”为主题的歌咏比赛。参加歌咏比赛的共有22个班级，1400多位学生参与了《歌唱祖国》大合唱。

12月30日，在科技楼多功能报告厅举行“第三届校园文化艺术节暨庆元旦文艺晚会”。莒南县委副书记、县纪委书记林树果等县六大班子领导，县直各单位，乡镇中学校长等600多人出席晚会并观看节目。

2007年5月12日，“第四届华鲁奖助学基金颁发仪式”在学校阶梯教室举行。8月18日，山东阜丰集团董事长李学纯提供总金额200万元，在学校设立“学纯助学基金”，并于当日在学校体育馆举行“学纯助学基金”设立暨颁发仪式。

2008年，学校创立的“三全式”管理模式取得成功，得到市教科研中心与县教研室的充分肯定。9月12日，《莒南教育》以《实施“三全式”管理，发挥最大化效能》为题，对“三全式”管理的背景依据、实施细则、经验成果等在全县教育系统作了推介，对创新学校管理模式起到了示范与引领作用。

11月20日，临沂市教育局副调研员陈景山、市消防支队高级工程师崔永合、市安全监督局孙庆彬科长等一行，在副县长郭秀章、县教育局局长徐广军、副局长张玉杰、县教育督导室主任张义杰及县安监局、县消防大队领导陪同下，到学校进行消防安全工作大检查。

2009年4月，中国出版集团公司、山东出版集团公司向学校捐赠图书仪式在科技楼多功能报告厅举行。中国出版集团公司总裁聂震宁，中国编辑学会会长桂晓风，市委常委、宣传部长丁凤云，省委宣传部副部长王世农，中国出版集团公司副总裁刘伯根，中国出版集团公司出版业务部主任刘贤明，山东出版集团公司副总经理王春阳，山东出版集团公司党委副书记、纪委书记张成新，县委副书记、县长庄光海，市文化市场管理执法局局长房丽娜，县委副书记赵志德，市新华书店党委书记、经理张民仆，中国出版集团公司办公室副主任何骏，市文明办副主任郇恒赛，中国出版集团公司出版业务部副处长乔先彪、何奎，中国出版集团公司新华书目报主编赖雪梅，临沂市文化出版局副局长王兰峰，县委常委、宣传部长张俊春，副县长郭秀章，县教育局长徐广军，校长尤洪平出席捐赠仪式。县直文化教育事业单位的干部职工代表和学校部分师生参加了捐赠仪式。捐赠仪式由时任县委副书记赵志德主持。

中国出版集团公司向学校捐赠价值15万元的图书，山东出版集团公司向学校捐赠价值10万元的图书。同时，中国出版集团公司、读者大会组委会向学校捐赠“读者之家”牌匾。

2010年1月，山东省教育厅教学研究室副主任高洪德、省教育厅教学研究室小学科科长方明等一行三人来学校进行调研，县教育局副局长王世明，校长尤洪平等陪同座谈调研。

4月13日，学校在实验楼会议室举行青年教师教学经验交流会。校长尤洪平，副校长尚庆海、王洛伟、阚京锡等领导出席交流会。全校200多名40岁以下的青年教师参加了教学经验交流会，8名青年教师就课堂教学的经验做法作了介绍。

2011年7月，为落实学校“一年入门，三年成熟，六年成骨干”的青年教师培养目标，更好地推动青年教师专业成长与业务发展，学校在实验楼会议室召开“青年教师教学经验交流会”。校长尤洪平、副校长王洛伟、教导处主任许春恒、政教处主任孙钦法、各年级主任及近三年参加工作的全体青年教师参加了会议。

10月22日，全县普通高中教学工作会议在科技楼多功能报告厅召开。县政府和教体局领导以及全县各高中校长、高三教师参加了会议。

11月2日，全省高中体育骨干教师培训班学员在临沂大学工会主席李彤光、临沂大学体育学院院长奚风兰教授、北京师范大学素质拓展中心陈飞星博士的带领下来学校观摩学习“红运项目进校园”活动课。

12月27日，临沂市教科研中心一行7人，来学校进行高中教学工作评估。副校长王洛伟作了题为《多措并举抓管理，全面育人提质量》的教学工作汇报。汇报从“教学管理总体思路和措施”“明确工作目标，开拓创新发展”“创新管理机制，加强教师队伍建设”“立足课堂，加强研究，着力提高教育质量”“以人为本，关注教师专业发展”“创设和谐环境，促进学生全面发展”“积极筹措资金，改善办学条件”等七个方面介绍了学校发展的基本情况。

2012年10月26日，临沂市电教馆馆长刘广林、副馆长季长瑞一行7人来学校进行数字化校园验收。校长尤洪平作了《莒南一中数字化校园建设情况》汇报。

2013年6月，“中国海洋大学优秀生源基地”挂牌仪式在科技楼会议室举行。中国海洋大学副书记、纪委书记刘贵聚，教务处处长曾名湧，招生办公室主任刘贺和副县长郑佩芹，县教体局局长张振群，学校校长尤洪平出席挂牌仪式。此次挂牌仪式的举行，为双方进一步加强交流合作，实现教育资源共享，促进中学教育与高等教育接轨，培养更多的优秀人才搭建了有利平台。

2014年3月12日，学校召开党的群众路线教育实践活动动员大会。县委常委、县人武部政委、督导八组组长王志伟，县教体局局长、党委书记、学校党总支书记张振群，学校校长、党总支副书记尤洪平，县人社局副局长、县技工学校校长、督导八组副组长庄建军，县纪委审理室主任赵英花等领导出席会议，学校全体党员参加了会议。

9月12日，在学校体育馆举办“相约孝道、感念师恩”书画笔会，校长尤洪平，莒南县孝文化研究会会长许长恩，莒南县孝道书院院长李广振，莒南县孝文化研究会常务会长、秘书长孙运臣以及20余位书画家出席活动。

书画笔会开幕仪式由莒南县孝道书院院长李广振主持。校长尤洪平致辞，对书画家们的莅临指导表示欢迎，表示将以此次活动的开展为契机，继续加强教师职业道德建设，树立良好的教师形象，努力做到教书育人、管理育人、服务育人、环境育人。强化学生行为品德教育，让他们学会感恩父母、感恩师长、感恩社会。力争把学校办成“让学生成才、让家长放心、让社会满意”的齐鲁名校。学校举办此次活动是庆祝第30个教师节的一项重要内容，是贯彻孝文化进校园的有效实践，目的在于弘扬孝道、尊师孝亲，把“四德”工程建设落到实处，对加强校园文化建设，丰富师生生活具有积极的带动作用，也是繁荣全县文化艺术事业的又一崭新形式。

11月22日，为认真贯彻落实中共中央国务院《关于进一步加强和改进未成年人思想道德建设的实施意见》和《未成年人保护法》，提高学生思想道德水平和法律素质，让法制走进校园，进一步增强学生的法制意识，学校在科技楼会议室召开法制教育报告会。校长尤洪平，莒南县检察院政治处主任、莒南一中法制副校长刘京升，副校长尚庆海，县检察院政治处宣教科科长刘常道出席会议。高一年级部分班级参加现场会议，其他年级学生在教室通过视频直播收听收看了报告会。

由于在学校的各个历史发展阶段，学校领导都重视了对师生的宣传教育，正确引导广大师生坚信中国共产党的正确领导，坚持正确的舆论导向，广大教职工都能以大局为重，认真贯彻落实党的教育方针、政策，积极投身于学校的教育教学，学校的各项事业保持了持续的发展，为莒南的教育事业做出了应有的贡献。同时，非常注重对外及时宣传学校的教育教学理念、思想、目标和成果，得到了上级领导和社会各界的广泛好评，树立了学校的良好形象。

三、档案管理

学校历届领导都十分重视学校的档案管理工作，为学校的教育教学奠定了良好的基础。

学校档案管理是一项内容庞杂而要求又十分严谨的工作。2001年，为进一步加强学校管理，建立健全档案管理制度，使学校的各项工作达到规范化管理的要求，根据上级有关部门指示精神，学校开始设立学校综合档案室，同时成立档案管理委员会。委员会主任为尤洪平，副主任为李玉亮、殷文广、尚庆海、王洛伟，委员有王延高、王洛顺、刘树宇、许春恒、孙钦法、廉桂锋、唐坤田。档案室的工作归学校办公室具体负责，并设立档案工作人员办公室，滕略锋为专职档案管理员，另有16人为兼职档案管理员。从此，学校档案业务开始实行规范管理，教职工的档案意识不断增强。

2002年12月，经省档案局验收，学校综合档案室以98.5分的成绩通过省一级档案室评估验收。

2004年12月，经由省、市档案局评估验收，学校综合档案室被评定为“省特级档案室”。

至2009年，学校综合档案室连续5年复检合格。

2010年，学校档案工作根据市、县档案局要求和学校规范化管理的需要，重点加强档案资源建设和档案信息化建设，完善档案工作管理体制，坚持由校长主管、副校长分管、学校办公室具体负责，各科室组、专兼职人员密切配合的档案工作管理体制。按照省特级档案室的管理标准，对软硬件设施进行充实、改造和完善，不断提高管理档次与水平。学校综合档案室配置4间专用房，面积102平方米，实行办公、阅档、库房分开。配备档案橱、目录橱、档案箱15个，配齐档案密集架六联十列1组、防磁柜1台、空调1台、联网电脑2台、激光打印机1台、复印机1台、录像机1台、灭菌机1台、照相机1台、灭火器2台、温湿度表1只、去湿机1台、图像扫描仪1台。严格落实档案室的防潮、防霉等措施，实行技防与人防互补，并根据季节与气候的变化进行严格监控与检查。为确保档案室设备与资料安全，安装红外线遥感双线防控设施，实行与保卫科、门卫监控室连线监控，档案室从无安全事故发生。

2011年，为进一步加强档案室的规范管理，发挥档案资料在教育教学与学校发展中的作用，对此前制定的《莒南一中档案管理办法》《分管领导目标责任制》《档案工作人员岗位责任制》《兼职档案员工作职责》《档案保管制度》《立卷归档制度》《档案利用制度》《档案工作保密制度》《档案材料归档制度》等，进行修订、充实与完善，使档案管理每个环节的要求更加明确，责任目标更为清晰，方法措施更为得力。为切实提高档案借阅制度的执行力度，设立专门的管理人员办公室和阅档室，严格档案资料的借阅程序，借阅人员必须在阅档室阅档，不准将档案资料带离档案室。

至2014年，学校档案室共整理归存党政管理类档案2419卷，其中永久卷642卷，长期卷1121卷，短期卷656卷；教育教学类档案1724卷，其中永久卷148卷，长期卷999卷，短期卷577卷；科研类档案31卷；基建工程类档案121卷；仪器设备类档案132卷；财会类档案622卷；声像类档案1610卷，其中，照片57册，录音、录像类档案465件。

同时，为做好档案资料这一特殊信息资源的开发和利用，根据学校档案资料的特点与档案管理的要求，对归档的档案资料编写了全宗介绍，理清了学校组织机构沿革，编撰了学校大事记等参考资料，收集了《莒南一中》报、《四十年校庆通讯录》及教师作品专著等，编辑了《50年校庆纪念册》《托起明天的太阳》《60年校庆纪念册》等专题材料，使有价值的材料能够得到有效保存，至此，为申报“山东省档案科学化管理示范单位”奠定了坚实的基础。

四、规范化学校建设

（一）山东省规范化学校创建

2004年，为进一步提高学校的办学水平，创建更为有效的人才培养环境与模式，校委会决定争创山东省规范化学校。全校师生齐心合力，学校基础设施、办学理念、教学行为、校园环境、信息技术等方面得到全面提升。

4月，省教育厅评估小组对学校规范化建设进行考核。经专家组评估量化，学校以98分的成绩通过了山东省规范化学校的评估。

6月21日，山东省教育厅以鲁教基处函（2004）66号文正式公布学校为山东省第十一批规范化学校，为临沂市该批5所规范化学校之一，是莒南县普通高中学校第一所省级规范化学校。

（二）山东省规范化学校复验

2010年，根据山东省教育厅的规定，获得“省规范化学校”称号的学校，每5年必须复验一次。学校按照《评估细则》规定的指标，从课程设置、办学条件、办学理念、办学规模诸方面进行对照，自查自纠，逐项落实。在硬件设施方面实行达标配备，物理、化学实验室分别由4个增至7个，生物实验室由2个增至6个，并且各含一个探究实验室。同时，对图书室、师生阅览室、心理咨询室、卫生室等进行了全面升级，高标准扩充图书存量和各类仪器，能够充分满足学校素质教育与现代教育发展的需要。是年12月，学校顺利通过山东省规范化学校复验。

（三）山东省教学示范学校创建与复验

2009年，为实现学校“名师名校”品牌战略，创新高效课堂教学模式，发展教师课堂教学的个性化与示范性，全面推进课程改革与素质教育的发展，学校在创建“山东省规范化学校”之后，开始争创“山东省教学示范学校”，促进教育教学水平与质量的全面提高。在临沂市教育局、莒南县教体局初步审核后，学校严格对照标准，开始全面推进省级教学示范学校的创建。为学习、借鉴外地示范学校的先进经验，学校选派业务骨干先后赴莒县、沂南、兰山、临沭等地考察，逐项查漏补缺，在教学常规、课堂构建、现代教学技术与配套设施等软硬件方面获得突破，同时加大了课堂教学改革与档案材料整合的力度。年初，学校以抽检的方式通过了山东省第二批高中教学示范学校检查验收，省教育厅以鲁教基函（2009）9号文予以公布。此次验收全省共32所高中获得通过，学校为临沂市通过验收的3所学校之一。

2011年3月，以山东省教研室副主任高洪德为组长的专家组一行七人莅临学校进行山东省教学示范学校的复验。检查组不仅查看材料、听取汇报，还逐项检查办学条件、办学理念、办学行为，召开师生座谈会，广泛听取各方意见，学校以高分通过了山东省教育厅的复验。

（四）山东省、临沂市新课程实施水平评估

2008年，山东省开始在全省高中学校强力推行素质教育，每年秋季，依据《山东省普通高中课程设置指导意见》《山东省普通中小学管理基本规范》《山东省普通中小学考试管理规定》等，省、市教研部门均赴普通高中对学校新课程的实施情况进行综合评估。其中，重点检查学校对新课程的开设是否开齐开足、检查学生走班教学情况、检查办学行为是否有违规现象、学分认定是否公开透明等。学校严格按照省市教育部门的相关要求，开齐课程、开足课时，在历次评估中，均受到上级主管部门的一致认可，保证了素质教育在学校的顺利实施，学校教育教学质量不断提高。

（五）创建山东省电教示范学校、临沂市首批数字化校园

为顺应飞速发展的信息时代，学校领导始终把运用现代教育技术，全面提高教育教学质量放在学校工作的重要位置，制定了较为完善的电教管理制度，并成立了电化教育领导小组。经多方筹措资金，不断加大投入，推进教学资源现代化建设，为提高教师的信息化与现代教育技术水平搭建平台，学校决定创建临沂市电教示范学校。

2002年12月30日，学校通过临沂市首批电教示范学校验收。

2005年1月17日，学校通过了省级电教示范学校的检查验收。

2012年10月，为争创临沂市首批数字化校园，学校对校园网进行升级，进一步完善了数字化校园网络系统。

2014年，学校通过了临沂市数字化校园验收，成为临沂市首批数字化校园。随着网络技术的飞速发展，学校将在数字化校园建设方面迈向新的高度。

（六）创建临沂市、山东省绿色学校

学校在2004年创建山东省规范化学校的基础上，为更好地开展环境教育、环境保护工作，创设更加优美的育人环境，学校于2005年决定继续打造绿色学校品牌。根据上级有关文件精神，学校领导精心研究，利用现有的条件，积极开展环保教育，经过广大师生的共同努力，学校于2005年被临沂市环境保护局、临沂市教育局（临环发〔2005〕249号）表彰为2005年度“临沂市绿色学校”。之后，学校根据上级要求，认真贯彻落实了《全国环境宣传教育行为刚要》，高度重视创建“绿色学校”工作，绿化美化了校园环境，增强了师生的环保意识，通过全校师生的共同努力，于2007年5月顺利通过了“省级绿色学校”的评估验收，有力地推动了学校整体工作的开展。

第二节　教职工管理

一、师德师风建设

学校始终注重加强教师的师德师风建设，严格落实《教师职业道德规范》，引领教师“爱岗敬业、教书育人、为人师表、廉洁自律”。同时，注重加强政治理论学习，不断更新教师的思想观念，提高教师的理论素养与创新能力，培养“讲师德、尽职责、创一流”的团队精神。建立和完善教师职业道德考核、奖励机制，把职业道德作为考核教师工作的重要内容和职务聘任的重要依据。

1953年底，学校党支部带领全体教职工认真学习贯彻党的路线、方针、政策，使教师在各自的岗位上为培养社会主义事业的劳动者和接班人而勤奋工作。面对经济落后和物资匮乏带来的百废待兴的局面，全体教职工不灰心、不气馁，有教工积极动员家庭成员卖粮捐款，自觉为教学工作与学校发展助一臂之力。这一时期的政治思想工作是以社会主义建设为中心的爱国主义教育，学校注意发挥党支部的组织与导向作用，带领党员和青年团员，自觉改造自己的世界观，忠诚党的教育事业，模范履行教师职责，调动了全体教职工的责任心和工作热情。

1957年，学校工作以全面提高教育教学质量为中心，开始注意培养业务型干部，让内行管理和指导教学工作。同时，通过各种形式的培训提高教师的理论水平和专业技能。在办学思想与行动上，重点克服主观主义、官僚主义，注重调查研究，贯彻落实厉行节约、勤俭办学

的精神。同时，为减少疾病、培养良好的卫生习惯，在教职工中评选爱国卫生运动模范。

1959年，开展“读书、劳动、思想”三丰收运动，转变党员和教职工的思想观念，提高为社会主义建设培养人才的自觉性和使命感。是年下半年，为增强教师的阶级觉悟，学校举办“今昔对比实物展览会”。

1960年，学习贯彻八届八中全会精神，在教职工队伍中开展社会主义和共产主义理想教育。在办学方向与培养目标上，开展“教育是为什么人服务的”思想大辩论。为从根本上改变一些教师错误的指导思想和意识形态，贯彻“教育为无产阶级政治服务，教育与生产劳动相结合”的方针，学校认真组织全体教职工学习毛主席著作和毛主席关于教育的论述，用毛泽东思想指导自己的教学工作和日常行为。

1963年，学校组织教师到路镇四村访问，编写了《路镇四村史》，举办了《红岩》讲座和“向雷锋同志学习”的主题朗诵会。

1964年，学校号召全体教职工学习张建池老师带病坚持工作、关心学生的事迹，调动了教职工的工作热情与职业情怀。

1965年，为在学校工作中深入贯彻党的教育方针，办好无产阶级学校、培养无产阶级革命事业接班人，学校党支部带领全体教职工响应“农业学大寨，工业学大庆，全国人民学习解放军”的号召，以“人定胜天”“艰苦创业”“不畏艰难”革命气概，改造自己的主观世界，改进工作与教学方法，努力提高工作成绩。是年，学校组织全体师生参观莒南县阶级教育展览馆。通过新旧社会的对比，增强了全体师生员工的思想觉悟和阶级感情，真切感受到“没有共产党就没有新中国”“只有社会主义才能救中国”的真理，极大地激发了全体师生工作和学习的积极性与使命感。

文革期间，由于受“以阶级斗争为纲”政治风暴的影响，“读书无用论”“知识越多越反动”“知识分子是臭老九”的思想甚盛，学校工作陷入迷途。因“派”系与划“界”使然，学校被迫卷入揪斗“黑五类”、在教师队伍中肃清资产阶级和修正主义“流毒”的漩涡。

1976年，“四人帮”反党集团被粉碎，学校工作开始进入拨乱反正时期。

1977年，全国高考制度恢复，尊重知识、尊师重教、尊重人才、知识就是力量、科教兴邦、科技创造未来的社会风气和认识得以形成，学校各方面的工作开始步入正轨。

1978年，党的十一届三中全会召开。学校党支部带领全校师生认真学习三中全会公报，学校工作的中心开始正式转入教育与教学。在政治思想教育方面，坚持“灭资兴无”的方针，坚决贯彻执行党的教育方针，引导形成勤奋读书、遵守纪律、热爱劳动、助人为乐、艰苦奋斗的良好风尚，使学生在“德、智、体”各方面都得到发展，成为热爱社会主义祖国、有远大理想的一代新人。

1983年10月1日，邓小平为北京景山学校题词：“教育要面向现代化，面向世界，面向未来”，为新时期我国教育体制的改革和发展指明了正确的方向。学校组织教职工认真学习与领会题词的含义，进一步明确教育思想、教育制度、课程设置、教学方法、教学手段要适应现代化建设的需要，要进行改革、更新、充实和发展，为社会主义现代化建设服务。教师要了解和学习世界各国的先进科学技术和教育经验，培养学生具备面向世界所需的素质，要努力使我国的教育达到世界先进水平，自立于世界教育之林。教育应与世界范围内科学技术发展的未来趋势相适应，教育要考虑培养适应未来社会需要的人才。

1986年，根据《中共中央关于改革学校思想品德和政治理论教学的通知》，学校组织全体教职工联系自己的工作实际，自觉加强自身师德修养，在工作、学习和日常行为等方面成为学生的表率。学校采取座谈会、报告会等形式，在教职工中开展职业道德教育，增强全体教职工的师德修养。学校特别重视和关心青年教师的成长，根据青年人朝气蓬勃、积极进取的特点，鼓励和引导他们以主人翁的姿态，投身党的教育事业，努力学习政治业务理论，尽快成为学校各项工作的骨干力量。

1987年，临沂地区教研室编发了《现代教学论漫谈》《教与学理论简介》，学校组织教师认真学习以适应现代教育发展的要求，引导教师不断更新教育观、教学观与人才观，充分了解传统教育和现代教育的区别，运用新的教育教学理论指导课堂教学改革。

1992年，组织教职工学习与实践《教师职业道德概论》，充分发挥教师教育教学行为中为人师表的作用，要求教师既要“学高为师”，又要“身正为范”。

1994年，学校组织教职工学习贯彻《中华人民共和国教师法》和邓小平关于教育的论述，深刻领会“教育优先发展”的战略意义，进一步明确教育改革发展的重点目标，切实担负起教书育人的使命。

1995年，学校重点加强教职工的政治理论和法律法规的学习，用教育系统先进的典范，要求全体教职工在五光十色的经济大潮中“守得住清贫、耐得住寂寞、挡得住诱惑、经得起考验、稳得住心神、负得起责任、挑得起使命”，敬业乐业，安心干好本职工作，踏踏实实教书育人，努力提高自身政治思想水平和业务素质，不负“人民教师”光荣称号。

2001年，学校新一届领导班子切实加强教职工的思想作风建设，提出以“内强素质，外树形象，真抓实干，争创一流”为主题的发展目标。对广大教师进行集中学习整顿活动，把“职为人师、人之所敬、虚心向学、安身立命”作为每位教师的座右铭，使“创名校，做名师，当表率”成为全体教职工的实际行动，重温《莒南一中教师“十准”“十不准”》，通过集中学习教育整顿活动，统一思想，统一认识，从根本上转变思想与工作作风，进一步增强教职工的事业心、责任感。

2005年，开展“岗位当先锋、真情暖百姓、永葆先进性”教育实践活动，要求全体党员“教好一门课，带好一个班，竖起一面旗”，做教师的模范标杆。为加强教师的师德修养，规范教师的教学行为，建立学校、教师、家长、学生四位一体的师德建设监督网络，鼓励与督促教师在思想上讲师德、在工作中尽职责、在业绩上争一流，并使之成为每一位教师的自觉行为。是年“七一”期间，8人被评为“优秀共产党员”。教师节期间，1人被县教育局评为“师德建设标兵”，1人被评为“莒南县优秀教师”，2人被评为“莒南县优秀班主任”，14人被评为“莒南名师”，3人被评为“沂蒙名师”。

同年，开展“十佳科室”“优秀教师”“优秀班主任”“优秀教育工作者”评选活动。有40人被评为“校级优秀教师”，20人被评为“校级优秀班主任”，21人被评为“校级优秀教育工作者”。

2006年，根据市、县统一部署，学校集中一个月时间开展“站在新起点、实现新跨越”解放思想大讨论，重点解决影响和制约学校发展的思想观念、工作方式和工作作风等方面存在的“满、窄、庸、虚、浮”的问题。

2007年，根据县教育局对教师提出的《日常行为十项要求》和《教学行为十要做到》，制定了《莒南一中教学常规检查细则》，以此规范教职工队伍管理，提高教师队伍的整体素质。通过竞争上岗和全员聘任制，增强教师的责任感、压力感。是年，有2人被县教育局评为“优秀教育工作者”，12人被评为“优秀教师”；4人被县政府授予“高中教育教学工作先进个人”称号，7人被评为“模范班主任”，6人被评为“优秀教师”。另有2人获省级以上荣誉称号。

2008年，学校根据县委、县政府提出的“优化服务年”、创建“五个好领导班子”和“讲党性、重品行、作表率”等活动部署，加强教师队伍的作风和党风廉政建设，增强教职工解放思想、干事创业的积极性。在县政府组织的优化服务年活动检查评比中，学校以满分100分的成绩通过了“动员部署和集中教育阶段”检查考核。在全县上半年行风评议中，学校获得公共服务类第二名、全县综合评比第九名的成绩；在下半年行风评议中，学校取得综合考核第三名的成绩，得到县委、县政府和社会各界的一致肯定。是年学校被表彰为“莒南县优化服务年活动先进单位”和“莒南县行风建设先进单位”。

学校党总支努力加强党建工作，提高党员干部的公仆意识。是年，组织党员干部观看电影《公仆》，号召全体党员开展“看《公仆》、学公仆、做公仆”教育活动。同时，组织入党积极分子参加培训学习、参与教育活动，有10位预备党员转为正式党员。在教育活动中，学校有2个支部被县委评为“先进基层党组织”，7人被评“模范党员”，另有1人获得“振兴沂蒙劳动奖章”，1人获第六届“莒南县十大杰出青年”称号，3人被团县委评为“文明示范岗标兵”。

在汶川地震发生后，全校党员干部积极缴纳特殊党费，帮助灾区人民抗震救灾、重建家园。全体党员共交纳特殊党费30490元。其中，有7位党员每人捐款超过1000元。

2009年，学校组织全体教职工学习实践“科学发展观”，积极开展“效能建设年”和“师德建设教育月”活动，指导教师运用科学发展观理论创新工作方法、转变工作作风、构建高效课堂、提高工作效率。为发挥女教职工在教育教学中的优势，在女教职工中开展“争创巾帼岗位标兵”活动，以增强女教职工自尊、自强、自立、自信的意识。“三八”节期间，学校对38位优秀女教职工进行了表彰。教师节期间，通过考核量化与民主测评，评选出“十佳集体”“十佳班主任”“十佳教师”等先进集体和先进个人。是年，学校有1人被评为“山东省优秀教师”，1人获得“山东省富民兴鲁劳动奖章”和“山东省知识型职工标兵”，3人被评为“临沂市教学工作先进个人”，21人被评为“莒南县优秀教师”和“莒南县先进教育工作者”。在全县教育工作会议上，学校高一化学备课组、高二英语备课组、高三数学备课组、高三生物备课组、篮球专项训练组、物理奥赛辅导组、艺术专业辅导组、艺术节指导组等，分别被县人事局、教育局联合授予“普通高中教育教学工作先进集体”称号，并有22人被评为“莒南县普通高中教育教学先进个人”。

2010年，根据中共莒南县委《关于在全县基层党组织和党员中深入开展创先争优活动的实施意见》(莒南发〔2010〕17号)，制定了《莒南一中深入开展创先争优活动实施方案》，全体党员结合自己的工作实际，对照党员“五带头”的标准，向师生作出服务承诺，接受师生监督。各党支部和党员干部围绕做好教职工思想政治工作、促进学校发展，开展争创“党员先锋岗”“师德标兵”等竞赛，在学习与工作中相互促进，推动了学校各项工作的有效开展。

4月，学校举行为青海玉树地震灾区募捐仪式，校长尤洪平，副校长李玉亮、尚庆海、王洛伟、阚京锡，工会主席王延高等领导出席仪式并带头捐款，全校师生共为灾区捐款26636.80元。

2011年，继续推进“创先争优”活动的开展，实现县教育局统一部署的“优化服务年”任务目标，从整体上树立学校在社会和群众心目中的良好形象。学校向社会公布《莒南一中优质服务公开承诺书》，严格执行工作制度和工作日禁酒制度，充分发挥党员在教师队伍中的先锋模范作用，不断增强推动学校发展的内部活力。是年，学校有1个党支部被县委评为“先进基层党组织”，1人被临沂市委评为“临沂市优秀共产党员”，1人被县直机关工委评为“学习型党员十佳个人”，1人被评为“莒南县十佳女园丁”。在全县高中教学工作会议上，学校有24名教师被评为“莒南县普通高中教学工作先进个人”，3人被评为“莒南县普通高中先进教育工作者”。

7月，为庆祝中国共产党成立90周年，在科技楼五楼会议室举行“庆祝建党90周年重温入党誓词”仪式，进一步坚定了全体党员的共产主义信念和拥护党的领导的信心与干事创业的决心，为学校进一步加快推进素质教育筑牢了坚实的思想基础。

是年，在开展“师德建设教育月”活动中，配合县委提出的“下基层、转作风、促发展”工作要求，组织教职工学习杨善洲、殷克臣等先进模范人物的事迹，引导教师认真反思自己的思想与行为，自觉践行师德规范，努力使自己成为“敬业奉献、团结协作、精思善教、博学创新”的教师。

2012年10月，县教体局发出《关于进一步加强师德建设，举行典型事迹巡回报告会的通知》（莒南教体通字〔2012〕17号）。为做好师德建设集中教育活动，学校成立了“师德建设集中教育”活动领导小组，制定了《莒南一中开展“师德建设集中教育”活动实施方案》。

12月，“莒南县师德建设典型事迹巡回报告会莒南一中站”在学校科技楼会议室举行。来自全县中小学的10位报告团成员从不同角度向大家讲述了淡泊名利、爱生如子、勇于创新的经验做法。报告团成员看似平淡、实则感人至深的述说，令人敬佩、催人奋进。学校的徐恒武、左兴高两位老师作为报告团成员，结合自身的生活、学习、工作经历，用自己与学生相处时的点点滴滴诠释自己的职业良心与道德追求。他们崇高的人生目标、高尚的师德情操、无私的奉献精神，全面展示了莒南县教体工作者坚定的理想信念和务实的职业追求，为与会人员树立了在平凡的岗位上“以德立身”践行职业道德规范的标杆。

2013年6月，为响应中央提出的“反四风”和“八项规定”，学校根据县委的要求，开展“为民务实清廉，建设阳光莒南”活动，通过“四德工程”建设，在思想与行动上坚决杜绝“四风”和“慵懒散”的工作作风，在学校工作的各个环节坚决执行中央的“八项规定”，学校依章办事、崇尚清廉的风气得到进一步优化。同时，倡导“厉行勤俭节约，反对铺张浪费”，积极创建“两型学校”。是年，学校获得“莒南县党风廉政建设先进单位”称号。“三八”节期间，学校作出《关于表彰“十佳女园丁”和“巾帼岗位标兵”的决定》，对师德优良、成绩突出、勇于创新、以校为家的“十佳女园丁”和“巾帼岗位标兵”进行表彰奖励。

2014年，学校以党的十八大和十八届三中全会以及习近平总书记系列重要讲话精神为指导，深入开展党的群众路线教育实践活动，“以校园精致化管理，教学精致化管理”为抓手，加强教师队伍建设。严格落实中央八项规定和省市县相关规定，反“四风”，扬正气，树立以德为重，以干为荣，以和为贵，以廉为要的思想观念，深入开展“四德建设”，全校评出“四德”标兵教师，在宣传窗公示表彰，全体教职工模范地遵守职业道德规范，提高思想政治素质，增强职业的光荣感、使命感和社会责任感，做到教书育人、管理育人、服务育人、环境育人。以县教体局《十项要求》和《十要做到》规范

第一次教职工代表大会

11 人组成的工会委员会和 5 人组成的女工委员会。学校党支部副书记杨宗祥致闭幕词。

2002 年 4 月 25 日，学校第三届教职工代表大会在阶梯教室召开。出席大会代表 80 人，特邀代表 7 人。副校长宋考金作《代表资格审查报告》，党总支书记徐广军致开幕词，校长尤洪平作《学校工作报告》，副校长李玉亮作《学校财务工作报告》，工会主席王洛伟作《学校工会工作报告》。大会表决通过了《学校工作报告》《学校财务工作报告》《学校工会工作报告》和关于《教科研成果奖励条例》《贫困生救助条例》《对违纪学生处理规定》等决定。会议选举产生了新一届工会基层委员会和女工委员会。选举陈之太为工会主席，王洛顺、王子黎、王汉群、王洛波、韦有成、卢其来、张广科为工会委员会委员。选举林学珍为女工委主任，卢绪娟、张宗凤、胡顺香、徐辉为女工委员会委员。会议选举产生了评议监督小组、财务审查小组、生活福利小组和文体活动小组。

2005 年 12 月 24 日，学校第四届教职工代表大会在科技楼五楼多功能报告厅召开。出席大会的正式代表 103 人，特邀代表 7 人。副校

管理教职工队伍，进一步凝心聚力，形成主动工作、主动服务的良好环境。

二、教职工代表大会

1995 年 11 月 14 日，学校第一次教职工代表大会在学校阶梯教室召开（注：1984 年，根据《莒南县中小学教职工代表大会试行条例〔1983〕》的规定要求，学校召开过一次教代会，因 1995 年原莒南师范归并学校，故称此次教代会为第一届，实为第二届，后依此顺延）。出席大会代表 64 人，特邀代表 11 人，县总工会、县教委、驻城学校负责人韩升存、李相进、李梦毅等 13 人应邀出席了会议。学校党支部副书记杨宗祥作《代表资格审查报告》，学校党支部书记李广振致开幕词，校长邓兰芳作《学校工作报告》，副校长姜少亭作《学校财务工作报告》。会议征集代表提案 100 余条。会议审议并通过了《学校工作报告》《财务工作报告》《量化管理条例》《班级管理评估办法及检评细则》《班主任职责》《班主任工作规范》《学生违纪处分条例》《财务工作制度》《食堂工作制度》《楼管条约》，审议并通过了“学校建设计划”及“教书育人领导小组”“生活福利领导小组”“规章制度领导小组”人员名单，选举产生了

第三届教职工代表大会

第四届教职工代表大会第三次会议

长殷文广作《代表资格审查报告》，党总支书记徐广军致开幕词，校长尤洪平作《学校工作报告》，副校长李玉亮作《学校财务工作报告》。与会代表共提交议案106件，归纳为98条，校长尤洪平对提案作了详细解答。大会表决通过了《学校工作报告》《提案解答报告》《学校财务工作报告》和《关于创建省级教学示范化学校的决定》《莒南一中德育实施纲要（草案）》《莒南一中教职工全员聘任制暂行条例》《莒南一中校园管理条例》。大会选举产生了第四届工会委员会，设基层委员9人。选举王洛伟为工会主席，唐坤田为副主席，王洛顺、林学珍、张广科、王子黎、王汉群、卢其来、王国利为工会委员会委员。选举产生新一届女工委员会，设女工委员7人。选举林学珍为女工委主任，卢绪娟、张宗凤、徐辉、陈国玲、尉蔚、宋强为女工委员会委员。会议选举产生了评议监督小组和财务审查小组。

2007年12月29日，为保障教职工的主人翁地位和民主权利，充分调动广大教职工的工作积极性和创造性，努力建设和谐校园，开创学校教育教学的新局面，根据《中国工会章程》《工会法》和《山东省中小学校教职工代表大会暂行条例》等有关规定，经学校党总支和校委会研究，并经县教育工会批准，召开了学校第四届教职工代表大会第三次会议。

此次教职工代表大会部分代表因为工作调动等原因已经发生变动，原代表聂林宝、翟文波、李树祥、徐恒涛、崔凤玲、陈庆秋、殷文广调离，增补范玉峰、杜新江、韩希勇、庄坤、聂成娟、杨颖、阚京锡等为第四届教职工代表大会代表。参加会议正式代表104人，特邀代表7人。

大会听取、审议并通过了《学校工作报告》《学校财务工作报告》《学校工会工作报告》《莒南一中教学能手、教学新秀管理条例》《莒南一中备课组（长）考核办法（试行）》《莒南一中教师专业技术职务聘任实施规定》和《莒南一中关于进一步强化校园管理的规定》。

2008年12月20日，学校第五届教职工代表大会第一次会议在实验楼会议室召开，县教育局长徐广军，县总工会副主席孙秀玲，县教育局工会主席姜西国、副主席刘梅应邀出席会议。学校领导尤洪平、李玉亮、尚庆海、王洛伟、阚京锡、王延高等参加会议。

大会应到代表106人，实到104人，因事请

第五届教职工代表大会

假2人。列席代表8人。大会选举产生了新一届基层委员会成员以及女工委成员。县教育局党委书记、局长，莒南一中党总支书记徐广军宣读了《莒南一中教职工代表大会基层委员会选举办法》，副校长阚京锡宣读了《莒南一中第五届教职工代表大会基层委员会、女工委员会候选人名单》。

校长尤洪平向大会作了题为《落实规范，大力推行素质教育；发展内涵，全面深化课程改革》的学校工作报告。报告从“构建科学规范管理新机制，铸就可持续发展新动力”“加强教师队伍建设，打造一流教师团队”“突出教学中心，深化教研科研，全面提升教育教学质量”“不断创新和改进德育机制，突出德育的首要地位”“全面落实课程方案，稳步推进新课程改革”“彰显学校特色，促进学生全面发展”“平安和谐校园建设和计划生育工作长抓不懈”“努力改善办学条件，创设优质育人环境”等八个方面回顾总结了学校三年的工作成绩，并提出了未来几年学校工作的努力方向。副校长李玉亮作了《学校财务工作报告》，通报了学校资金运作情况。工会主席王延高作了《学校工会工作报告》。副校长尚庆海宣读了《莒南一中教职工绩效量化考核办法》。

在分组讨论中，与会代表对《学校工作报告》《学校财务工作报告》《学校工会工作报告》《莒南一中教职工绩效量化考核办法》等一系列报告和规章制度进行了讨论和审议。同时，校长尤洪平对提案进行逐一解答。

大会审议并通过了《学校工作报告》《学校财务工作报告》《学校工会工作报告》《提案解答报告》和《莒南一中教职工绩效量化考核办法》《莒南一中关于评选校级“教学能手”的有关规定》《莒南一中关于评选校级“教学新秀”的有关规定》《莒南一中关于进一步加强文明和谐校园建设的实施方案》等决议。选举王延高为本届工会主席，唐坤田为副主席。林学珍、张广科、王子黎、程潜、王国利、廉桂锋、张驰为工会委员会委员。选举林学珍为女职工委员会主任，聂成娟为副主任，陈国玲、尉蔚、宋连璇、赵彦娟、杨颖为委员。选举唐坤田为经费审查委员会主任，王国利、王子黎为经费审查委员会委员。

2011年12月24日，学校第五届教职工代表大会第二次会议在实验楼会议室召开。校长尤洪平，县教体局局长张振群、副局长王世明，学校副校长李玉亮、尚庆海、王洛伟、阚京锡，校党总支委员、办公室主任刘树宇等出席了会议。

参加此次会议的代表共112人（因工作原因空缺6人），特邀代表8人。大会审议并通过了《学校工作报告》《学校财务工作报告》《学校工会工作报告》《提案解答报告》和《莒南一中“十二五”发展规划纲要》《莒南一中关于举行60周年校庆的议案》《莒南一中班主任工作量化考核实施办法》《莒南一中关于加快数字化校园建设的实施意见》。

2014年12月27日，学校第六届教职工暨工会会员代表大会在实验楼会议室召开。校长

第六届教职工代表大会暨工会第六届会员代表大会

尤洪平，县教体局局长、学校党总支书记张振群，县总工会副主席毛希清，学校副校长尚庆海、阚京锡、许春恒、孙钦法，工会主席李明玉，党总支委员、总务处主任郭洪登等领导出席会议。

参加此次代表大会的代表共109人，特邀代表10人。与会代表来自学校的各个层面，是学校教育教学中的骨干力量，既具有广泛的代表性、先进性，又充分体现了学校以教育教学为中心的办学宗旨。

会议分两个阶段进行。首先召开了预备会议，李明玉作关于大会筹备工作的报告；尚庆海作关于代表资格审查的报告。预备会议通过了大会主席团及秘书长名单，举行了主席团第一次会议，通过了大会议题、议程。

正式会议在庄严的国歌声中开幕。张振群致开幕词，指出，教代会是全校教职工政治生活中的一件大事，是学校领导和教职工进行民主协商、沟通信息的主要渠道，也是广大教职工参与学校民主管理，共谋学校发展大计的交流平台。本次大会的召开，是学校教育改革与发展的需要，体现了“以人为本、民主管理”的人文精神，反映了学校领导班子励精图治、群策群力、艰苦创业、再谱新篇的热切期望和坚定决心。它将对学校继续深化教育教学改革、强化教学管理、提高教育质量，产生有力的推动作用。

会上，尤洪平作学校工作报告。报告从“提高认识,转变作风,强化素质增效能”“讲求实效，强化措施，注重师德强队伍”“加强管理，突出核心，狠抓教学提质量”“夯实基础，培养能力，创新思路增特色”“协调推进，优化环境，平安和谐促发展”五个方面总结回顾了三年来学校工作取得的各项成绩，并指出在管理科学化规范化，构建严谨有序的校园秩序、文明和谐的校园环境，教师的职业道德，学校德育工作，教学管理的科学评价机制，教师教学理念、教学方法，现代教育技术的开发、运用和研究，服务意识、服务质量和服务水平，办学条件等方面存在的困难与不足，提出了下一步工作的思路方向与任务目标。

此后，郭洪登作了《学校财务工作报告》，李明玉作了《学校工会工作报告》，孙钦法宣读了《山东省莒南第一中学教职工考核条例》和《山东省莒南第一中学家长委员会章程》，阚京锡宣读了《山东省莒南第一中学关于校志编纂的议案》，尚庆海宣读了第六届教职工代表大会基层委员会、女工委员会、工会经费审查委员会候选人名单。尤洪平对代表们的提案逐一进行了解答。

大会选举产生了学校第六届工会会员代表大会基层委员会委员、主席，女工委员会委员、主任、副主任，工会经费审查委员会委员、主任。选举李明玉同志为工会主席，廉桂锋为经费审查委员会主任，聂成娟为女工委主任，杨颖为副主任。唐坤田、王国利 、程潜、廉桂锋、李明玉、宋维连、张鹏、聂成娟、鲁统群、徐定欣 、左兴高为基层委员会成员；宋连璇、陈国玲、赵彦娟、聂成娟、侯维芳、陈丽清、杨颖为女工委员会委员；林学珍、杨佃军、鲁统群、杨云旭 、廉桂锋为经费审查委员会委员。审议并通过了《学校工作报告》《学校财务工作报告》《学校工会工作报告》《提案解答报告》和《山东省莒南第一中学教职工考核条例》《山东省莒南第一中学家长委员会章程》《山东省莒南第一中学关于校志编纂的议案》。

三、考核

建校初期，学校认真做好师生的考勤工作，实行点名制度，规定将考勤情况两周或四周一总结，在校会或班主任会上公布，并张榜公示，将每个学期每个学生的考勤记录记入学生家庭通知书，告知家长。由于考勤工作的细致，学生缺勤少，保证了他们的学习时间。

1972 年，为了全面贯彻伟大领袖毛主席提出的无产阶级教育路线，加强中小学工作人员的劳动纪律，努力提高革命的责任心，莒南县革委政治部教育组制定了《莒南县中、小学教职员工暂行请假制度》，对病假、事假、婚假、丧葬假、生育假等做出了详细规定，学校予以认真执行。

1978 年，为调动广大中小学教师的积极性，促进教师政治、业务水平的提高，建设一支又红又专的教师队伍，办好学校，莒南县革命委员会教育局转发了《山东省中小学教师考核暂行办法》《山东省中小学教师奖惩暂行办法》（讨论稿）。学校组织教师对考核和奖惩的意义、内容、条件、办法，开展了认真的讨论，并提出修改补充意见，以及如何贯彻执行的建议。

1979 年，莒南县革委教育局对《山东省中小学教师考核暂行办法》给出了具体的执行意见，对考核的对象、考核标准做出了具体要求。

1984 年机构改革后，学校领导更加重视对教职工的考核工作，保障了日常各项工作的顺利开展。

1986 年 3 月，为更好地落实学校各项规章制度，调动广大教职工的积极性，提高教学质量，学校制定了《莒南一中关于实行“考勤奖”的暂行规定》，开始实行考勤奖。

1988 年 9 月，学校根据上级要求和学校发展的需要，制定《莒南一中教职工德勤绩考核评分细则与奖励条件》，实行德、勤、绩考核制度，及时客观地评价每个教职工的工作成绩，以加强学校各项工作的过程性管理，鼓励先进、带动后进，引领教职工在工作中比品德修养、比忠于职守、比业绩贡献，形成推动学校发展的合力。

1989 年 4 月，为加强班主任工作管理，增强班主任的责任心，切实提高班级管理水平，学校决定将班主任工作的考核从《教职工考核条例》中分离出来，对班主任工作单独设奖。

1992 年 10 月，学校对教职工开始实行坐班制。为保证教职工学习、备课、教学研究的时间，大面积提高教学质量，学校对教职工的考勤实行定时定点考核、周清月结，将其纳入教职工的年度考评量化，并发放全勤奖。

同年，制定《莒南一中关于教职工德勤绩考核的补充规定》，进一步细化了教职工考核量化的要求，使德、勤、绩三个层面的考核目标与标准更具体，更便于操作。

1993 年 3 月，为进一步加强教学过程管理，对各科教学进行科学准确的评价，开始实行《莒南一中教师教学工作考核评估办法》，用以指导与规范教学工作中的备课、上课、作业、检测、讲评、反思等各个环节，教师的业务水平与工作质量得到普遍提高。

1995 年，新的领导班子根据学校实际，制定了《莒南一中教职工考勤制度》，并由政教处具体组织实施。

1997 年 9 月，为进一步加强师德师风建设，树立教师良好形象，提升教师职业素养，制定《莒南一中教师“十要求、十不准”》，对教师的教学行为提出规范性与约束性要求，增强为人师表、身正为范的自觉性。

2001 年，学校新的领导班子为加强学校的精细化管理，实施“严格管理，从严治校，内强素质，外树形象，真抓实干，争创一流”的办学思路，制定了一系列学校规章制度，成立了考核办公室，对全校师生实行严格的考勤和管理，制定了《教育管理条例》《学生考勤管理制度》《考试管理条例》《学生餐厅管理制度》《学生宿舍规则》《莒南一中文明宿舍评比条件》等制度，为学校教育教学提供了有力保障。

2009 年 10 月，为严肃校风校纪，为师生创造良好的工作学习秩序，根据“四制”改革的有关规定，开始推行《莒南一中教职工考勤细则》，考勤对象为全体教职工。《细则》设立全勤奖，对教职工考勤方法与请销假手续做出严格规定。教职工必须在规定的签到签退时间上下班，每周汇总，并记入部门和个人量化考核；任何人不论何种理由外出，必须在门卫处如实填写《外出人员记录表》；请假时间在1天以内的，由分管副校长审批；1天以上3天以内的，由校长审批；3天及以上的，需先由个人写出申请，经校长审批同意后，上报县教体局申请办理请假手续；长假手续办完后需将假条交学校办公室，待假期结束需及时到办公室销假；婚假时间为10天，子女结婚准假3天；为父母治丧准假5天，为其他直系亲属治丧准假1天；女职工产假5个月（含假期），妻子生孩子男职工准假3天；婴儿周岁内为哺乳期，按国家规定执行。所有请假者都必须按有关规定例行请假手续，年级组负责调好课，确保正常的教学秩序。

2010年3月，根据山东省教育厅《关于加强师德建设规范普通中小学教师教育教学行为的若干意见》和市县政府及教育行政部门的有关规定，为进一步强化学校的内部管理，规范教师的教学行为，全面提高学校教育教学质量，开始实行《莒南一中教职工量化管理考核细则》，对学校教干、班主任、任课教师、非教学人员等进行全方位赋分量化管理，使教职工的工作业绩考核公开、公正与透明，有效调动了全体教职工的工作积极性和创造性。

2012年，学校明确新形势下的目标和要求，把思想和行动统一到中央省市县的决策部署上来，进一步加强管理，提高工作效能，实行教学精致化管理，进一步建立健全教干教师考评机制，量化指标，细化责任，强化措施，充分释放干事热情，充分挖掘工作潜能。

2014年，实行校园精致化管理，严格落实《中学生守则》《中学生日常行为规范》和《莒南一中校园管理条例》，增强学生对校园管理的认同感，逐步实现养成教育。加大“三全式”管理力度，认真践行“六个一”活动，严格执行定员、定岗、定责的管理办法，进一步完善“日公布、周分析、月总结”制度，增强管理的时效性，组织好“优胜管理班级”“卫生优胜班级”“文明宿舍”等评选工作，发挥优秀班级的引领作用。严格执行县教体局“五项纪律”，禁止办公时间做与教学无关的事情，并以科室为单位实行捆绑式评价与奖惩。进一步优化育人环境，严格考勤制度，全体教职工每天签到签退和校园不定期抽查相结合，每周一公布。搞好教职工的绩效工作考核，考核结果与教职工的职称评定、评先树优挂钩。

四、老干部工作

学校领导十分重视老干部工作，围绕“老有所养、老有所医、老有所教、老有所为”的老龄工作目标，把老干部工作纳入学校整体工作计划，1992年成立学校老教育工作者协会，1996年成立老干党支部，2005年成立老年人体育协会。

学校先后建起门球场、教工之家和老干部活动室，设置棋牌室、台球室、乒乓球室、报刊室等，为老干部免费订阅《老干部之家》等报刊，

2007年5月22日，学校成立老干部活动室

达到了临沂市老教育工作者协会规定的中级要求。学校组建老年人门球队，定期参加县教育系统“劲松杯”老年人门球赛，经常参加莒南县组织的各种比赛，多次代表莒南教体系统及莒南县老年协会参加上级组织的比赛。

2010 年 6 月，学校老干党支部被表彰为临沂市“‘五个好’离退休干部党支部”

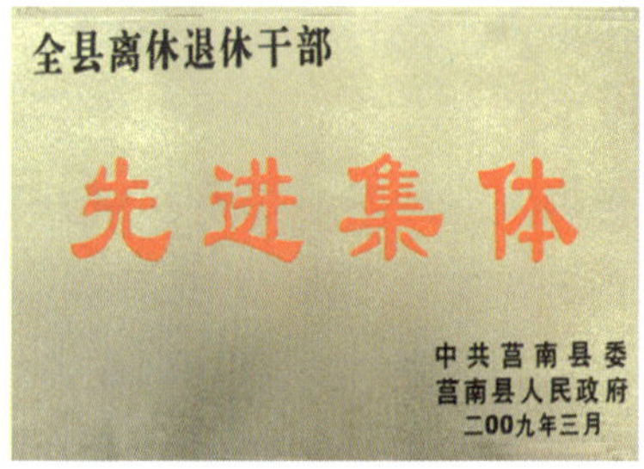

2009 年 3 月，学校被评为“全县离退休干部先进集体”

学校组织老干部赴大店省政府旧址、菏泽、曲阜等地参观学习；重视老干部对学校教育、教学管理工作的意见和建议；关心老干部的身体健康，每两年组织一次健康查体；坚持重大节日走访慰问离退休教师制度；坚持对遗属走访慰问制度。

1996 年 9 月学校被评为“莒南县老干部工作先进单位”；2000 年 6 月被评为“莒南县老干部工作先进单位”；2009 年 3 月被评为“全县离退休干部先进集体”；2010 年 6 月学校老干党支部被市委组织部市老干局表彰为临沂市“‘五个好’离退休干部党支部”。

2009 年 1 月，学校领导走访慰问老干部甄洪祥校长

莒南一中老年人门球队获奖情况：

1997 年 10 月获临沂市门球比赛文明奖。

1999 年获临沂市教育系统老年人门球比赛金奖、莒南县“电力杯”老年人门球赛第五名。

2000 年 3 月获莒南县老年人门球赛一等奖，5 月获临沂市第二届“园丁杯”老年人门球赛第五名，9 月获莒南县“计生杯”老年人门球比赛一等奖。

2002 年 9 月获莒南县第十六届老年人体育运动会暨“水利杯”老年人门球赛一等奖，12 月获莒南县教育系统第四届“劲松杯”老年人门球赛一等奖。

2003 年获莒南县第十七届老年人体育运动会暨“房管杯”门球赛一等奖、教育系统“劲松杯”老人门球赛一等奖。

2004 年 4 月获县庆“五一”驻城老年人门

2014 年 1 月，学校领导走访慰问老干部王立珠校长

2009 年 1 月，学校领导走访慰问老干部邓兰芳校长

球赛一等奖，6月获县教育系统第六届“劲松杯”老年人门球赛一等奖，9月获县“计生杯”驻城老年人门球赛一等奖，10月获莒南县第十八届老年人体育运动会门球赛季军。

2005年5月获庆“五一”暨“民政杯”老年人门球赛冠军，11月获莒南县教育系统第七届“劲松杯”老年人门球赛第一名、满分奖。

2006年4月获临沂市第二十一届“长寿杯”老年人门球赛第一名，5月获莒南县“国土资源杯”驻城老年人门球赛第一名、莒南县教育系统第八届“劲松杯”老年人门球赛第一名，10月获莒南县第二十届老年人运动会“国土杯”门球赛冠军（莒南一中代表队代表莒南县老年人门球队参加临沂市老年人门球赛获第一名）。

2007年5月获莒南县教育系统第九届“劲松杯”老年人门球赛第一名，10月获临沂市“园丁杯”老教育工作者门球赛第一名、莒南县第二十一届老年人体育运动会门球赛冠军。

2008年4月获莒南县劳动保障杯驻城老年人门球赛一等奖，5月获莒南县教育系统第十届“劲松杯”老年人门球赛第一名，9月获莒南县第二十二届老年人体育运动会门球赛一等奖、临沂市第四届运动会门球赛普通组团体第一名。

2009年4月获莒南县庆“五一”驻城老年人门球赛第一名。

1999年5月，学校老年人门球队获临沂市教育系统老年人门球赛第一名

山东省教育厅离退休老干部来学校调研

2010年4月获莒南县教育系统第十二届“劲松杯”老年人门球赛第一名、莒南县庆“五一”第二届“计生杯”驻城老年人门球赛一等奖，9月获莒南县第二十四届老年人运动会门球赛冠军。

2011年4月获莒南县教育系统第十三届“劲松杯”老年人门球比赛第一名，5月获莒南县第三届“计生杯”驻城老年人门球赛第一名。

2012年4月获莒南县第十四届教育系统“劲松杯”老年人门球赛一等奖、莒南县第四届“计生杯”老年人门球赛一等奖，9月获莒南县第26届老年人运动会门球赛第二名。

2013年4月获莒南县第五届“计生杯”老年人门球赛一等奖、“中国人寿杯”全县教体系统老年人门球赛一等奖，9月获莒南县第二十七届老年人运动会门球赛一等奖。

2014年4月获莒南县庆“五一”驻城老年人门球赛一等奖、“中国人寿杯”莒南县教体系统老年人门球赛一等奖。

第三节 学生管理

一、学生政治思想教育与养成教育

1952年建校伊始，学校即根据1949年9月12日《中国人民政治协商会议共同纲领》提出的“中华人民共和国的文化教育为新民主主义的，即民族的、科学的、大众的文化教育。人民政府的文化教育工作，应以提高人民的文化水平，培养国家建设人才，肃清封建的、买办的、法西斯主义的思想，发展为人民服务的思想为主要任务”的方针，向学生进行以“爱国家、爱人民、爱劳动、爱科学、爱护公共财物”（简称“五爱”）为主要内容的思想教育，培养学生立志为国勤奋学习和为人民服务的志向。

是时，学校虽有专职政治教师，但没有德育专设机构。学校德育工作由教导处、团委、班主任组织实施，在任务与职能上并没有明确的责任分工。学校的思想政治教育主要通过课内与课外两条途径进行。一是通过校长传达上级有关精神，由班主任和课任教师在课内具体负责组织实施；二是通过学校党团组织在课外利用黑板报、宣传栏、报告会、谈话交流、检查评比等形式进行的各种教育活动。随着社会的发展与进步，依照党的中心工作的转移与调整，学校思想政治工作的内容与形式、方法与途径不断发生新的变化。

朝鲜战争爆发后，学校根据上级指示精神对学生进行“抗美援朝，保家卫国”的爱国主义和国际共产主义教育。学校通过集会、游行、演唱、演讲、办壁报、画漫画等形式，广泛开展支援抗美援朝战争、反对灭绝人性的细菌战、揭露美帝国主义侵略罪行的宣传活动，使全体师生充分认识到“一切反动派都是纸老虎”。期间，学校积极响应“捐款捐物，支援抗美援朝”的号召，全体教师普遍捐出小米等粮食30 ~ 50斤。同时，开展向抗美援朝战斗英雄黄继光、邱少云、罗盛教、杨根思等人学习的活动，对全体师生进行爱国主义和革命英雄主义教育。

此间，国内上下各个系统广泛开展“三反”“五反”整风运动和反“右倾”斗争。学校通过组织报告会、读报会，向师生进行艰苦奋斗、勤俭建国和反对贪污浪费、反对资产阶级腐朽风气的教育，提醒所有师生提高阶级觉悟，警惕资产阶级“糖弹”的攻击。

1954年，学校的思想政治教育主要是组织学习与贯彻党的总路线、总任务，并以此为指针，全面贯彻党的的教育方针，对学生加强爱国主义教育、劳动教育、集体主义教育及纪律教育，引导学生进一步树立为建设国家而勤奋学习的观点和正确的学习态度，并将课内外教育结合起来，从学生实际出发，克服教条主义的偏向。同时，注意加强学生会的组织管理，增强学生参与学习与劳动的积极性和自觉性。通过徐建春、邢燕子等回乡知识青年在农村广阔天地和农民打成一片，发愤改变家乡面貌的先进事迹，号召全体学生向他们学习，抵制与批判“万般皆下品，惟有读书高”等资产阶级思想，提高对“劳动最光荣”“劳动者创造世界”的观念的认识。

同年，新的兵役法开始实施。学校结合一年一度的征兵工作，向高年级学生进行“一人当兵全家光荣”“保卫祖国是每一个适龄青年应尽的义务”的教育，增强学生的国防意识与奋发图强、立志报国的信念。

1955年5月，教育部公布《中学生守则》。学校开始重点向学生进行遵章守则教育，学生的行为规范与学校风气大为改观。

是年，县文教科组织召开中小学校长会议，传达贯彻教育部颁布的各级各类学校全面实施“德智体美全面发展”的教育方针。

1956年，为进一步巩固人民民主专政，完成社会主义改造，学校开始配合“肃反”运动，在师生中开展提高革命警惕性教育，号召与动员师生检举揭发暗藏在身边的“反革命分子”，以确保学校教育保持正确的政治方向。

1957年，政治思想教育的主要内容是社会主义教育、劳动教育和纪律教育，培养学生的爱国主义和国际主义思想，用阶级分析的观点与方法，明辨是非，认识国内外重大问题。

是时，学校开展“整风反右”运动，在师生中进行“要不要党的领导，要不要社会主义”

的讨论。通过大鸣、大放、大字报、大辩论，使教师和学生充分认识党的领导是我们事业成功的根本保证，社会主义道路是我国建设与发展的必由之路。全校各年级统一学唱歌曲《社会主义好》，并利用清明节、青年节等，组织学生祭扫烈士墓，缅怀革命先烈的英雄事迹。

1958 年，学校开始贯彻“教育为无产阶级政治服务，教育与生产劳动相结合”的方针，在师生中广泛开展“总路线”“大跃进”“人民公社”三面红旗优越性的教育。同时，组织师生积极参加“大炼钢铁”和“支援农业”的运动。

是年，学校参照上级有关“三好”“五好”评选标准，教育学生走“又红又专”的道路。

1959 年，在学生中进一步贯彻“没有共产党就没有新中国”的教育，提高学生对资本主义社会剥削本质的认识。

在三年经济困难时期，主要对学生进行艰苦奋斗和“人定胜天”的教育，邀请老红军杨云来学校向学生讲述红军战士在长征途中爬雪山过草地、艰苦卓绝、屡次突破敌人围剿，誓死保卫党中央的英雄故事，激发了学生的爱党爱国热情和敢于战胜困难的勇气。

1961 年，政治思想教育以“调整、巩固、充实、提高”八字方针，引导师生提高社会主义觉悟，提升教学质量。同时，借助政治课教学、团队活动、校会、班会、阅读报纸及黑板报等形式，使学生在认清形势提高觉悟的基础上，勤奋读书、热爱劳动，努力成为又红又专、全面发展的社会主义新人。

1962 年，学校开始贯彻山东省烟台教育工作会议精神，要求学生“以学为主，兼学别样”，既要思想好，也要学习成绩好，努力使自己成为“德才兼备”的社会主义建设者和接班人。

是年，为突出“政治挂帅，思想领先”在社会一切领域、一切工作中的地位与作用，中共八届十中全会提出“千万不要忘记阶级斗争”和阶级斗争要“年年讲，月月讲，天天讲”“阶级斗争是纲，纲举目张”“阶级斗争一抓就灵”的纲领性口号。此后，阶级与阶级斗争教育成为学校思想政治教育的一项重要内容。

1963 年 3 月，毛泽东主席向全国人民发出“向雷锋同志学习”的号召。学校遂掀起了“学雷锋，见行动”“向雷锋学习，做毛主席的好学生”的热潮。学校各班纷纷成立学雷锋小组，利用课余时间到大街、车站、电影院或烈军属、五保户家中打扫卫生、维持秩序、抬水洗衣、生火做饭，在校内校外帮助别人做好事。是年 6 月，县文教局组织召开中小学思想政治教育座谈会，总结交流开展学雷锋活动的经验做法，提出学雷锋要以学习他的无产阶级立场和对新中国的感情为重点，不能仅流于形式。随后，学校组织学生开展“我和雷锋比童年”活动，并分批组织学生参观县里举办的阶级教育展览，引导学生不忘阶级苦，拥护共产党，热爱新中国。

1964 年，学校同全国各地一样广泛开展学习毛主席著作的活动，要求教师和学生在学习过程中理论联系实际，用毛泽东思想指导自己的工作和学习。初、高中毕业班的学生，不论是升学还是务工务农，都要“一颗红心两种准备”，时刻注意端正自己的思想和行为。同时，要求全体师生背诵《为人民服务》《纪念白求恩》和《愚公移山》（简称“老三篇”）。是年，学校将《毛泽东著作》（乙种本）作为政治课代用课本，并将访贫问苦、忆苦思甜、访“三老”（老贫农、老党员、老干部）、写“三史”（村史、家史、厂史）等社会主义教育活动逐一落实，使师生真切感受社会主义的优越性。

1965 年，学校请老红军吴志明等作事迹报告，组织学生到烈士陵园和赤嵋山烈士塔前宣誓，对全体师生进行革命传统教育。

至 1966 年，对学生的思想政治教育以学雷锋为中心，先后开展向王杰、刘英俊、焦裕禄等英雄模范学习的活动，学生在校内外互助友爱、乐善好施、扶危济困、拾金不昧已蔚成风气，好人好事层出不穷。

“文革”期间，因“停课闹革命”，德育工作趋于停滞；后期学校复课后，班主任和任课教师开始从班级管理、学习态度和学习目标等方面进行引导，但尚未形成较为系统的德育网络。期间，受极“左”路线影响，学校思想政治工作为“红卫兵”组织所取代。“读书无用论”曾一度左右着学生的思想，拉帮派、搞串联被很多学生认为就是与资产阶级划清界限、对党忠诚的表现。由于“地富反坏右”是主要打击对象，其子女被喻为“黑五类”，他们大多被拒之校门之外，无缘修学与深造。

1972 年，学校制定《三好学生评比条件》《学生纪律》和《学生请假制度》，对违纪学生给予警告、严重警告、记大过、留校察看一年、开除学籍等处分，撤销处分须经班主任、团支部和班委会提出意见，学校党支部研究决定。

1976 年，“四人帮”反革命集团被粉碎，历时 10 年的“无产阶级文化大革命”宣告结束，学校的各项工作开始拨乱反正，并着力进行教育思想的厘清与转变，努力消除极“左”思想的影响，尽快形成尊重知识、尊重教师、重视教育的社会风尚。

1978 年始，学校思想政治教育开始由党团组织、教导处、班主任、学生会协作开展。班主任主要负责本班学生的德育管理与思想品德评定；思想政治课教师主要根据课程要求，进行系统的知识传授与理论指导；共青团、学生会根据学校的安排，组织学生开展一些课外德育活动。

1979 年，学校开始着重向学生进行坚持社会主义道路、坚持共产党的领导、坚持无产阶级专政、坚持马列主义毛泽东思想“四项基本原则”的教育。同时深入开展“学雷锋、学赖宁，树新风、创三好”和文明礼貌教育活动，开始在学生的日常行为中普遍推广“请、您、谢谢、对不起、请原谅、没关系、不要紧、别客气”等礼貌用语。

1980 年，学校在向学生重点进行“四项基本原则”教育的同时，加强辩证唯物主义观点的教育，爱国主义和国际主义精神的教育，培养学生的共产主义道德品质和革命理想，逐步树立工人阶级的世界观。通过“怎样做一个合格的中学生”专题讨论，引导学生立志为祖国、为人民发奋读书，无愧八十年代的新一辈。全校评出高 19 级 6 班、高 20 级 6 班、初 22 级 1 班、初 23 级 4 班 4 个先进班级，并授予流动红旗。

1981 年，广泛开展“学雷锋、树新风、创三好”活动，贯彻党的教育方针，促进学生德智体全面发展，注重抓文明礼貌教育、人生观教育、前途理想教育和共产主义道德风尚教育。学校结合新时期学生的思想状况，把“五讲四美”教育内容同加强校风学风建设、贯彻落实教育部重新颁布的《中学生守则》结合起来，加强精神文明教育、集体主义教育和纪律教育，激发学生树立远大的革命理想。

1982 年，为加强爱国主义教育，将爱国主义教育具体融入学生的日常行为，省教育厅发出通知，要求在青少年学生中普遍进行爱国旗、爱国徽、唱国歌教育。学校通过校会、班会、黑板报、阅报栏，使学生充分了解国旗、国徽、国歌产生的历史和庄严的国家象征意义，进一步激发学生的爱国主义情感。是年，开始执行每周一升国旗唱国歌制度，并通过国旗下的讲话，对学生进行形势教育、四项基本原则教育、爱国主义教育、法制教育、革命理想教育、劳动教育及“五讲四美”文明礼貌教育等。

1983 年，根据上级指示，学校通过多种形式开展向张海迪学习的活动，带领学生学习张海迪身残志坚、无私奉献、自强不息的精神品质，引导学生勇于面对学习与生活中的挫折，以顽强果敢的意志品质，奋发图强、勇攀高峰。

1984年，开始以培养学生争做“有理想、有道德、有文化、有纪律”的四有新人为重点，努力加强学校精神文明建设，抵制和消除危害学生健康成长的精神污染。

1985年，为适应现代化建设的需要，中共中央发出《关于改革学校思想品德和政治理论课程教学的通知》，从宏观的角度提出学校思想品德与各科教育要“面向现代化，面向世界，面向未来”。从是年起，学校开始注重对初中段学生进行道德、民主、法制和纪律教育，进行社会生活和社会发展规律以及社会主义建设常识的教育，使学生逐步养成爱国主义和社会主义人道主义的道德品质和高尚的审美情趣，了解和遵守社会主义民主、社会主义法制和民主集中制的原则，树立遵守法律和纪律的观念，对我国社会主义社会的实际情况和发展方向有一个初步的认识，树立对社会的责任感。对高中学生进行初步的经济学和其他社会科学的教育，使学生正确认识人生的意义以及个人和社会、权利和义务、主观和客观、自由和必然、幸福和牺牲、革新和传统、成功和失败、感情和理智、环境和毅力、精神和物质、先进性和群众性、理想和现实、现象和本质、中国和世界等一系列相互关系，初步学习运用马克思主义的观点、方法分析和观察社会现象，逐步树立为建立高度民主、高度文明的社会主义现代化国家和实现共产主义事业而奋斗的远大理想。在语文课、历史课、艺术课教学和课外活动中，要按照学科特点有机渗透思想品德教育的内容，实现思品教育在各科教学中的连续性与互补性。

1986年，学校根据县教育局制定的《莒南县中小学思想政治工作条例》等文件规定，开始举办法律知识讲座，以进一步增强学生的法制观念。

1987年，开始侧重对学生进行理想、道德、民主、法制、纪律教育。是年，学校被莒南县文明委命名为“文明单位”。

1988年，国家教委颁布《中学德育大纲》和《中学生日常行为规范》，学校的思想政治教育开始以此为轴，教育内容更趋系统与科学，减少了过往的盲目性与随意性。是年，学校被临沂地委、行署授予“两个文明建设先进集体”称号。

是年，学校关于《认真探索新时期学校思想政治工作规律，不断改进和加强思想教育工作》的经验材料，被《莒南县教育志》全文收录。

1989年，对初中生着重进行以培养社会主义道德为主的思想教育，对高中生着重进行辩证唯物主义政治观点和追求进步与服务社会的人生观、世界观的教育。

是年夏，北京发生政治风波，影响波及全国各地。学校遵照县委的指示对学生进行细致入微的分析判断及疏导，抵制了资产阶级自由化思潮的冲击，维护了正常的教学秩序。8月，莒南县委书记邵长福、副书记杨家美、宣传部长华泓和宣传部、教育局有关领导来学校就加强学生思想教育工作进行座谈，就正面引导为主、在事关大是大非问题上如何培养学生辨别是非的能力等方面进行探讨交流。

1990年，以进一步端正办学思想、明确办学方向为重点，在师生中开展理想信念、法制观念、行为习惯等方面的教育，澄清了资产阶级自由化思想对学生成长与教育发展的危害，师生的思想政治觉悟得到全面净化与提高。

1991年，根据国家教委《关于在中小学进一步开展爱国主义教育活动的意见》和山东省教委《关于在中小学加强中国近代现代史及国情教育的具体意见》，学校在加强政治学科与历史学科教育教学研究的基础上，要求教师将有关教育内容有机渗透到文理各科教学之中。同时，结合中国共产党建党70周年、辛亥革命80周年、庚子赔款90周年、“九一八”事变

60周年等纪念活动，以史为鉴，增强师生的历史使命感，充分认识到在改革开放和推进社会主义现代化建设的进程中，只有坚持共产党的领导、坚持社会主义方向，才能真正实现中华民族的伟大复兴，才能真正走上国际舞台。

是年，学校成立政教处，成为负责学校德育管理的专门机构。政教处与学校团委、班主任构成学校内部德育工作网络，与校外政教部门从空间到时间形成立体的德育工作体系。

同年，为加强学校思想教育管理，推进德育工作的人文化与规范化，学校成立了德育工作委员会，实现了德育工作与政治课教学从内容到形式的相互渗透与拓展。

1992年，国家教委发出《关于贯彻〈教育系统开展法制宣传教育的第二个五年规划〉的通知》，将法制教育列为教育工作的一项重要内容。学校参照上级教育行政部门提供的书目，组织教职工认真学习与领会，结合周边与身边发生的案例，增强教职工的法制观念，提高依法治教、依法治校的自觉性。同时，积极贯彻国家禁毒委员会、国家教委《关于将〈禁毒教育读本〉列为中学生课外读物的通知》，利用历史课、政治课、生理卫生课，使学生了解毒品的危害，自觉远离毒品、珍爱生命。

1993年，以开展学习建设有中国特色社会主义理论为中心，加强教师的职业道德建设，进一步明确教育在推进改革开放和社会各项事业发展中的地位和作用，增强了教职工在教育教学工作中的事业心和紧迫感。

1994年，根据国家教委拟定的《爱国主义教育实施纲要》，学校组织师生认真学习江泽民、邓小平关于爱国主义教育的一系列重要论述，结合国内国际形势的发展，引导师生积极弘扬中华民族的优秀文化与传统美德，拥护社会主义制度和改革开放取得的伟大成果，进一步激发了全体师生的爱国热情，立志为中华民族的伟大复兴勤奋工作、发奋读书。

1995年，将升国旗、唱国歌、缅怀英烈、瞻仰革命遗址、参观改革开放建设成就等教育活动纳入学校工作计划，使爱国主义教育更具制度化、序列化与具体化。

1996年，以学习中共中央关于教育工作的“三法一纲”和邓小平关于教育工作的一系列论述为主要内容，培养教职工爱岗敬业、甘于清贫、乐于奉献的精神品质。

1997年，香港回归。学校以此为契机开展历史与国情教育，极大地激发了全体师生的民族自豪感。

1998年，南方发生百年不遇特大洪涝灾害，在抗洪救险战斗中涌现出一大批冲锋陷阵、舍身为民的英雄模范。学校按照县委、县政府和县教委的统一部署，开展“心系灾区献爱心”活动，仅学生就为灾区捐献衣物700余件、捐款3980元。

是年，开始注重校园文化建设，加强校风、班风、教风、学风的宣传，营造有益于学生身心发展的“软环境”。

1999年，我国驻南斯拉夫大使馆遭到以美国为首的北约联盟的轰炸，学校通过组织师生观看电视报道、学习《人民日报》社论，激起了全体师生对所谓“国际警察”“民主教父”的无比义愤和强烈的“发愤图强、振兴中华”的爱国热情。

是年，学校建立了德育工作“学校、家庭、社会”三结合网络，成立了家长委员会，通过校园网络和家长委员会，把学校德育教育管理的情况及时反馈给家长，让学生家长参入学校德育工作的监督，共同探讨促进学生健康成长的方法与途径。

是年，学校开始启动一年一度的“校园十佳青少年”评选活动。

2000年，山东省委、山东省人民政府发出《关于加强学校思想政治工作的意见》，对进一步加强和改进学校思想政治工作在内容、方法、措施和评价监督机制等方面提出了新的目标和要求。根据《意见》规定，学校将意志教育作为高中段德育工作的内容之一。

2001年，学校开始重视加强学生人生价值观念的培养，帮助学生树立正确的世界观、人生观和价值观，在自信、自立、自强、自律的基础上形成健全的人格。引导学生明确，在学生时代不仅要学会求知，更要学会做人、学会审美、学会创造，以适应高速发展与竞争激烈的信息时代。

2002年，根据县教育局提出的“以德治校”的要求，在全校广泛开展“文明班级”“文明教师”“文明学生”评选活动。结合高中学生的年龄和心理特点，开始举办“18岁成人宣誓仪式”“青年志愿者服务承诺仪式”“告别网吧立志成才签名仪式”等。是年，学校通过举办“‘党团在我心中’演讲比赛”“新世纪青少年读书成长会”“庆七一、迎国庆文艺表演”“迎建校50周年，我为一中添光彩”演讲比赛等活动，在丰富学生学习生活的同时，为学生的个性发展提供了广阔的空间。是年，学校参加青岛“光大银行杯”第二届全国电视歌曲大赛，获得铜奖。

2003年，学校成立学生宿管科，由1名政教处副主任兼任学生宿管科科长。同时，为进一步加强德育工作的监管与领导，学校成立了以党总支书记为组长，由校长、分管德育副校长、政教处主任、班主任、思想政治课教师组成的德育工作领导小组，制定了常态化德育工作计划、措施和制度，开辟了“山东省人民政府暨八路军115师司令部旧址”等德育教育基地，建立了业余团校、学校荣誉展室、党团活动室等德育教育场所。至此，学校已形成比较完整的德育管理体系。根据德育工作计划和德育工作的需要，学校定期、不定期召开德育工作研讨会，研究不同阶段、不同时期德育工作的内容、方法和途径，学校的德育管理与学生的品德素质得到长足的发展与进步。

是年初，“非典”突如其来，破坏了人们生活的安宁。面对肆虐的疫情，全国上下众志成城，奋力抗击。面对如此险峻的情势，学校全力服从卫生部门的统一调度，通过浅显易懂的科普宣传与严格的“零报告”制度，消除了全校师生的恐慌心理，稳定了正常的教学秩序。

2004年，中共中央、国务院颁发《关于进一步加强和改进未成年人思想道德建设的若干意见》，要求对在校学生强化爱国主义教育和革命传统教育。为此，学校本着就近易行的原则，与“鲁东南革命烈士陵园”“山东省政府暨八路军115师司令部旧址”等取得联系，将其确定为“爱国主义和革命传统教育基地”。是年，为加强学生的法制教育，学校开始聘任政法系统的有关人员为法制副校长。同年，开始实施高中3年的思想品德系列教育工程。包括“孝敬父母”“关心集体”“讲究卫生”“安全第一”“诚实守信”“提高修养”“学会学习”“遵纪守法”“尊师敬师”“学会感恩”“锤炼意志”“珍视荣誉”等12个主题，使每一个学生通过3年的高中学习，都能得到良好思想品德的熏陶，为后继学习与成长打下坚实的思想基础。

2005年，以“校园文化建设年”为主题，利用校园网、校园广播系统、校报等载体，开展“四个一百”（唱100首好歌、听100支名曲、举办100日读书节、诵记100篇经典诗文）和“五个一”（观摩1场艺术演出、参观1次爱国主义教育基地、游览1次家乡名胜古迹、参加1次社会实践）活动，为学生的成长营造和谐有益的外部与心理环境。

2006年，启动“道德文明建设年”活动，在全体师生中广泛开展社会主义荣辱观教育、爱国主义教育、青少年思想道德教育、心理健康教育、科普知识教育和法制宣传教育。借助红军长征胜利70周年纪念活动，向师生广泛宣传与学习“红军长征精神”，教育师生“远离网吧、远离毒品、远离邪教、远离管制刀具、远离不文明行为”，引导全体师生知荣明耻、奋发进取。是年8月29日，学校参加由共青团中央权益部、教育部普法办公室、司法部法制宣传司、中国青少年通讯社联合主办的“全国青少年普法教育知识竞赛”，被授予“全国青少年普法教育示范学校”称号，并被评为“全国普法教育先进单位”。同年，学校被确定为“山东省心理健康教育研究会会员单位”。

2007年，继续实施青少年思想道德系列教育，学校面向学生编辑印发《学生指南》并相继开展“世界环保日”宣传、追寻革命先烈足迹之“红色之旅”“文明与我同行、文明从我做起”等活动，学生的环保意识、行为修养、爱心义德等得到长足进步。是年，高三有一名学生患白血病，学校团委为此发出捐助倡议，各年级学生为其捐款34913.90元。

2008年，第29届奥运会在北京举行。为进一步增强师生的民族自豪感和爱国热情，学校开展“我为奥运添光彩”系列活动。中国运动员顽强拼搏、为国争光的精神与勇气，极大地激发了全校师生开拓进取、奋勇争先的积极性。

同年，四川汶川发生重特大地震灾害，牵动着全校师生的心。为此，学校党团组织及时做出宣传动员，广泛开展为地震灾区捐款捐物奉献爱心的活动。全校师生踊跃参与、慷慨解囊，体现了师生“乐善好施、扶危济困”的思想品格和“一方有难，八方支援”的博大情怀。

2010年3月，为贯彻落实山东省教育厅等部门《关于加强全省中小学应急疏散演练工作的意见》，使中学生了解各种突发事件与自然灾害发生时的应急知识，掌握遇到各种突发事件与自然灾害发生时最大限度减轻损害的方法，提高中学生紧急避险、自救自护和应变能力，学校组织学生进行应急疏散演练。

4月19日，为支援青海玉树人民抗震救灾和灾后重建，学校举行为青海玉树地震灾区募捐仪式，仅学生即向灾区捐款26636.80元。

5月21日，为进一步培养学生的爱心意识，在全国助残日前夕，学校高一年级112名青年志愿者赴莒南县人民文化广场，参加莒南县残联组织的捐赠助残活动，深切体验了全社会爱心人士和团体对残疾人这一弱势群体的关爱。

9月，学校在“做一个有道德的人”活动之后，开展“讲文明、树新风、促和谐”主题活动，以“八荣八耻”社会主义荣辱观为主要内容，引导学生自觉弘扬社会主义道德风尚，形成良好的行为习惯和文明素质。

2011年3月，学校举行“倡导文明行为、争做文明学生”活动月启动仪式，号召学生自觉遵守与践行《莒南一中文明礼仪规范》，努力养成良好的卫生习惯、生活习惯、学习习惯和做人习惯，让文明之风遍布校园的每一个角落。

是年4月至9月，为纪念中国共产党建党90周年，回顾党的光辉历史，宣传党的丰功伟绩，继承和发扬党的光荣传统和优良作风，坚定青少年学生的理想信念，根据县教体局《关于在全县中小学开展“学党史、颂党恩、跟党走”主题教育活动的实施方案》（莒南教体党字〔2011〕4号）的要求，在全校开展了“学党史、颂党恩、跟党走”主题教育活动。

2012年3月，为进一步推进校园文明建设，学校对学生的日常行为规范提出四点要求：第一、说文明话，自觉使用文明用语；第二、行文明事，自觉执行校园行为十不准；第三、做文明人，自觉规范自己的言行；第四、崇尚科学，自觉抵制邪教组织。

2013年4月1日，为大力推行节约之风，反对铺张浪费，学校在操场集会，向学生发出“厉行勤俭节约，反对铺张浪费”的倡议。全体学生在国旗下庄严宣誓：厉行节约，反对浪费；节约每一张纸，节约每一度电，节约每一粒粮，节约每一分钟，节约每一分钱；从一点一滴做起，从我做起，从现在做起。“节约光荣、浪费可耻”的思想观念在学生的日常行为中逐步形成。对学生加强主题教育，开展“感恩教育”“励志教育”“禁毒教育”“反邪教教育”“文明礼貌教育”等，提高学生的文明意识和文明水平。利用周一升国旗以及节假日、纪念日等，开展国旗下的演讲征文比赛等系列活动，增强学生道德意识，广泛开展了创城“奉献日”志愿者活动，分工明确到人，责任落实到位，为我县文明城市创建做出了积极的贡献。

11 月 16 日，学校在科技楼会议室召开法制教育报告会。在学校法制副校长刘京升的带领下，莒南县检察院未成年人检察科副科长徐淑涛来校为学生作了法制教育专题报告。此次报告会是学校进行法制教育的措施之一，在学生中引起强烈反响，对学校普法工作产生了积极的推动作用。

2014 年，学校成立以尤洪平、张振群为组长的新一届德育教育领导小组。为进一步贯彻落实《未成年人保护法》和《中共中央国务院关于进一步加强和改进未成年人思想道德建设的若干意见》，使青年学生远离网吧、拒绝网瘾，学校举行“拒绝网瘾，从我做起”主题教育活动，采用“疏”与“堵”结合的方式引导未成年人健康上网。

是年，学校在体育馆举办“相约孝道、感念师恩”书画笔会，将孝文化引进校园，引导学生弘扬孝道、尊师孝亲、勤奋学习、服务社会。学校通过“告别网吧，做文明中学生”“校园拒绝邪教”“珍爱生命，远离毒品”“拒绝网瘾，从我做起”等主题活动的开展，依法治校、依法治教的观念得到进一步强化，形成了严谨儒雅、乐教厚生和修身自律、博学强能的校园风气。

至是年，学校在校外设立的德育教育基地有莒南县人民法院、莒南县检察院、莒南县公安局、鲁东南革命烈士陵园、莒南县军队干部休养所、莒南县人民医院、莒南县人民武装部、山东省人民政府暨八路军 115 师司令部旧址（大店镇）、山东省第一个团支部旧址（筵宾镇金钩官庄村）、毛泽东主席批示的 3 个单位（高家柳沟、王家坊前、厉家寨）、莒南县供电公司、莒南县大铁牛庙村（孙镗纪念堂）、中华抗日第一村（板泉镇渊子崖村）。

附：

莒南一中德育工作网络示意图

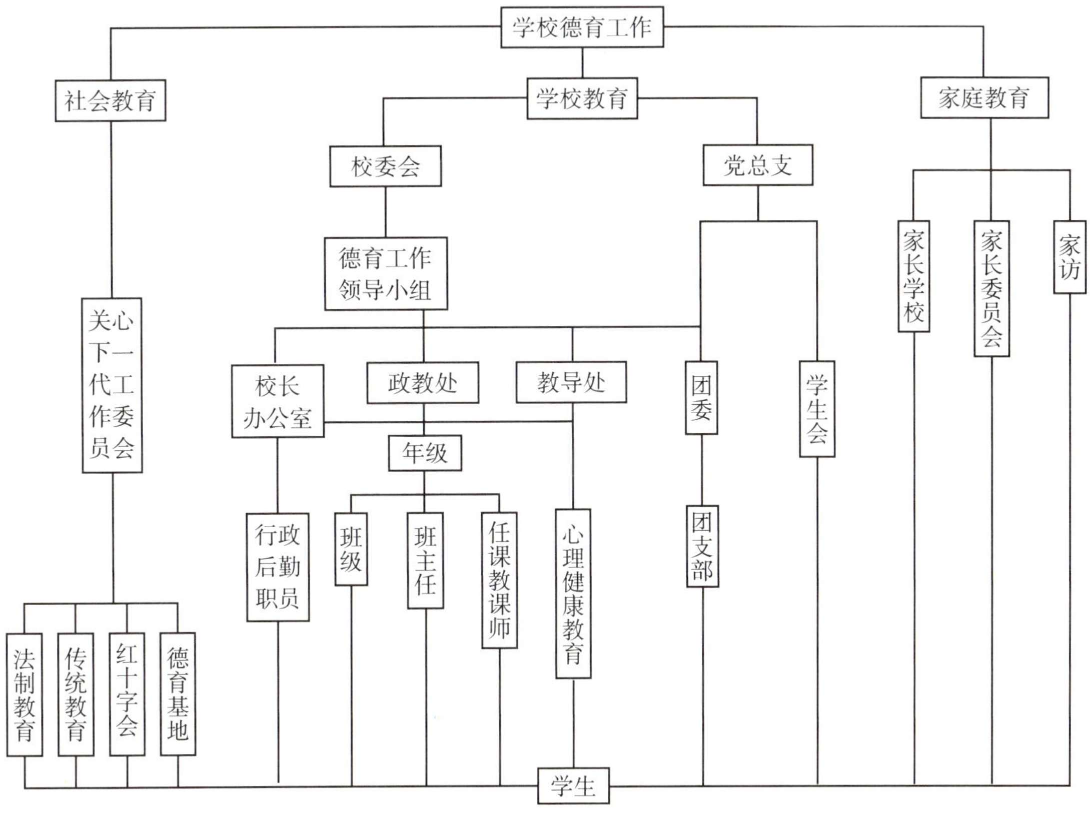

二、学籍管理

学籍管理是学校工作的重要组成部分，是学校行政管理的重要内容，也是全面贯彻国家教育方针的重要措施，是切实实现教育目标的重要保证，是学校领导、教师全面了解学生的学习与思想状况，掌握学生的家庭及社会背景信息的重要途径，为学校的发展与决策提供了重要的校情资料。

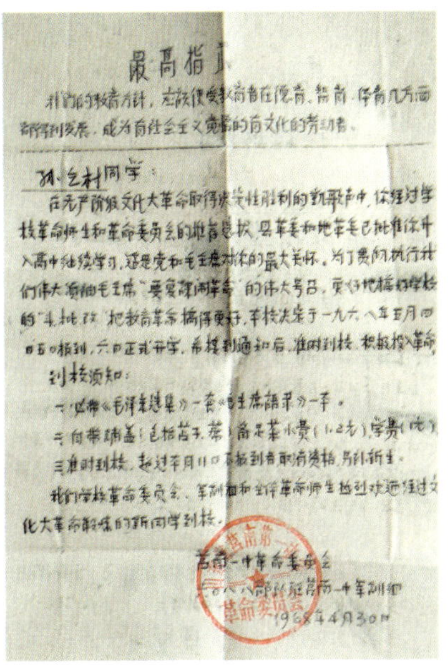

最高指示

我们的教育方针，应该使受教育者在德育、智育、体育几方面都得到发展，成为有社会主义觉悟的有文化的劳动者。

孙乡村同学：

在无产阶级文化大革命取得决定性胜利的凯歌声中，你经过学校革命师生和革命委员会的推荐选拔，县革委和地革委已批准你升入高中继续学习，这是党和毛主席对你的最大关怀。为了贯彻执行我们伟大领袖毛主席"要复课闹革命"的伟大号召，更好地搞好学校的"斗批改"，把教育革命搞得更好，本校决定于一九六八年五月四日五日报到，六日正式开学。希接到通知后，准时到校，积极投入革命。

到校须知：

一、必带《毛泽东选集》一套《毛主席语录》一本。

二、自带铺盖、包括苫子、席、菜水费（1.2元）、学费（[illegible]）。

三、准时到校，超过本月10日不报到者取消资格，另补新生。

我们学校革命委员会、军训团和全体革命师生热烈欢迎经过文化大革命锻炼的新同学到校。

莒南一中革命委员会

六八八部队驻莒南一中军训团

1968年4月30日

1968 年学校高中入学通知书

1952 ~ 1956 年，学校初中生学籍由教导处统一建档，报地区文教局统一管理。

1956 年，学校开始增设高中班，学生学籍由省教育厅备档，实行全省统一管理。

1972 年，学校印发《高初中学籍管理办法（试行）》，规定学生入学后第二周，建立学生入学登记册（学籍薄），由学生本人填写基本情况，统一编号，即取得初、高中学籍，教改组存放。对学生的转学、休学、退学、开除学籍等作了明确规定。

1979 年，学籍档案依照《山东省中小学学籍管理条例（试行草案）》的规定进行管理。

1980 年，莒南县教育局下发了《全县中小学建立学籍管理制度》，规定高、初中建立学籍管理册和学生卡片。"四册"一式二份，一份交学区，一份学校自存。并对学校进行了相应的工作培训。

1982年，莒南县教育局下发通知，对擅自离校、转出、转入学生的学籍做了明确的规定和处理办法。

1985年，按省教育厅规定，加强学生的学籍管理，本学年高中初中学生的学籍分别管理，除招收新生外，凡学生入学（包括转学、插班、复学）必须经教导处考试，合格后发给入学通知书，然后持总务处收费证据，到教导处注册，由教导处编班学习，严禁任何人私自接收、介绍学生入班学习。凡未经领导研究批准的学生一律不承认其学籍，不发给毕业、肄业、休学、转学证明书，同时严格“四证”手续。教导处对自费生的学籍管理（办法由教导处制定另发）必须单独造册登记，学生由自费生转为非自费生时，教导处给予办理学籍和转移手续。

1987年，莒南县教育局印发《关于贯彻〈山东省中小学学籍管理条例〉中有关问题的实施意见（试行稿）》。根据条例规定，一般中学学生不得转入省、地重点中学，县城驻地基本上实行划片招生，原则上不办理转学手续，学生在受处分期间，一般不予办理转学手续。

1991年，莒南县教育局下发《关于中小学学籍管理的暂行规定》，初中学生新生录取后，各中心初中、县直初中带新生录取登记表到普教股审批，领取新生学号、档案表、登记表、学生证。新生入学后两周内，各初中将新生编排分班，然后按全县统编学号，以班为单位造具名册，建立档案，统一签发学生证，统一验印。高中学生，仍依照地区教育局有关文件执行。

1992年4月11日，山东省教育委员会对原省教育厅于1986年颁发的《山东省中小学学籍管理条例》〔（86）鲁教普字12号〕作出修订，颁布新的《山东省普通中小学学籍管理条例》。学生学籍实行全省统一编号，各项管理按照《条例》执行。其中，高中学籍由临沂市教育局统一管理，但仍实行全省统一编号。

2000年，学校制定了《莒南一中关于加强学籍管理的若干规定》，对学生的注册、交费、建档、插班、流失生、会考报名、学籍变更、会考证的管理、会考补考、惩戒十个方面进行了规范。

2007年12月，山东省教育厅对《山东省普通中小学学籍管理条例》进行再次修订，颁发《山东省普通中小学学籍管理规定（试行）》（鲁教基字〔2007〕26号），进一步规范中小学学籍管理工作，实现学籍管理信息化、科学化、制度化。

是年，根据《条例》规定和临沂市教育局有关学籍管理的要求，学校制定了具体的学籍管理措施，要求年级主任、班主任协助教导处做好学籍管理工作。

新生入校后，由班主任按要求对新生进行登记，完成学籍注册相关资料的收集、校对后交教导处。注册学籍工作在每学期开学后一周内完成。注册学籍时学生姓名必须与户口姓名一致，其他各项信息要如实填写，注册学籍后不准更改学籍姓名。

新生凭录取通知书入学并注册学籍。转学生、借读生经学校有关部门调查研究、教导处组织考试后，由分管副校长、校长签字同意方可到财务室缴齐相关费用，凭缴费单据到教导处办理进班手续。转学生凭转学证明由教导处办理注册学籍手续。

教导处建立学生学籍档案，每学期末由班主任填写学习成绩、操行评语等，由教导处保存。学生受到的各种奖励或处分，各有关部门要及时向教导处抄送，及时入档。学生毕业后学籍档案转学校档案室保存。

因病休学的学生必须呈交有家长签字的休学申请及县级以上医院诊断证明、缴费单据，班主任、年级主任在休学申请上签字后，报教导主任、分管副校长审核，经校长批准后，由教导处办理休学手续。休学期限一般为一年，不能提前复学。到期需复学的学生，需本人持复学申请和医院诊断证明，到教导处提出申请，经教导主任、分管副校长、校长签字后，由教导处安排到下一年级学习，重新注册学籍，建立学籍档案。

学生因特殊原因转出，须持书面申请和相关证明材料（家长调令、单位证明等）由家长、班主任、年级主任签字后报教导处审核，要求学生缴齐相关费用、归还有关物品，经分管副校长、校长签字后由教导处办理转学手续。

学生转入或到校借读，需经学生和家长申请，教导处组织考试，将学生考试成绩报分管校长，经分管副校长、校长签字后，确定所进班级类型，到教导处签订入学协议书，编入相应班级学习。学生所进班级按应进班级类型由教导处和年级协调安排。转学生、借读生须按规定每年交纳择校费，入校时需一次性缴齐。

学校一般不允许学生外出借读，确因特殊情况需外出借读者，经学校同意后，需一次性缴齐自外出借读到高三毕业所需学费，学校为其保留学籍并办理有关考试手续，否则按自动退学处理。

按上级有关要求，同一县市区学校之间不允许转学、借读。

学生申请退学须持家长签字的书面申请由家长到学校办理，经学校研究同意后方可办理退学手续，并立即取消学籍。中途退学的学生，班主任要及时查明情况报年级主任，并到教导处登记，及时取消学籍。学籍管理员要在学期初、期中考试前、学期末对各班学生进行一次清查摸底，确保摸清底数。严禁任何人不经学校同意安排学生进班学习。

学生转班需由个人提出申请，经班主任、年级主任签字后报教导处，经分管副校长、校长签字同意后，方可办理转班手续，任何人不得随意给学生调班。

凡有下列情况之一者，取消学籍：

1. 有违法行为或严重违纪违规行为者。

2. 新生无正当理由逾期一周未入学，或入学后一个月内因病停学者。

3. 在籍学生一学期内累计旷课达 30 节（三次迟到或早退按一节旷课计算）者。

4. 一学期内累计请事假达 30 天以上者。

5. 在籍学生开学时逾期一周不报到而又没有办理请假手续者。

6. 休学期间逾期不办理复学手续者。

不同时期初中毕业证

7. 没有按时缴费注册学籍者。

毕业证丢失，学校不再补发。如需开具学历证明，须有两位以上任课教师签字证明，经查实无误后，方由学校办公室开具证明并盖章。

对违反规定，造成学籍混乱的，追究当事人的责任。

2007 年，学生修业期满，会考成绩全部及格，考查科目全部合格，操行在及格以上，体育合格者，准予毕业，经教育主管部门验印后由学校发给全省统一的毕业文凭。

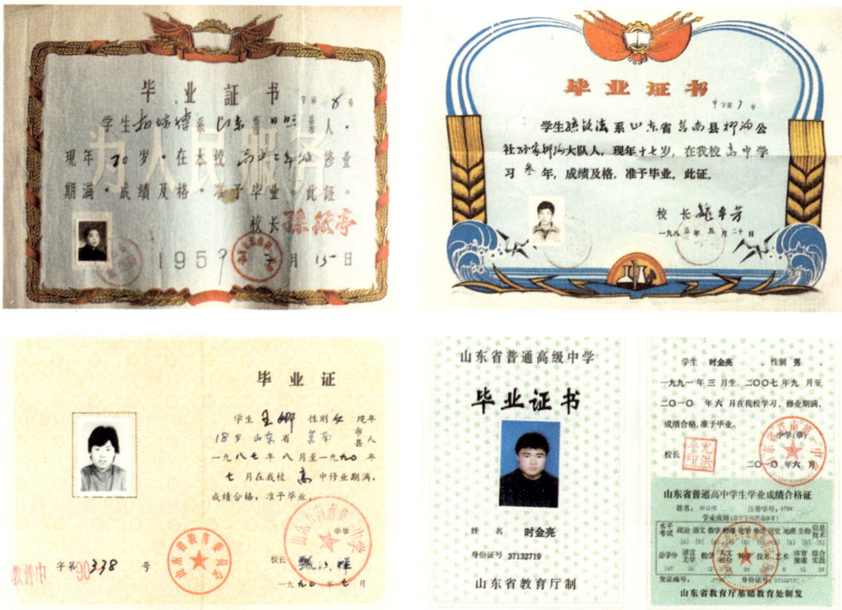

不同时期高中毕业证

学生会考成绩有不及格者，准予补考。参加会考的补考或学校组织的补考后有下列情况之一者，不予毕业，由学校发给全省统一的修业证书。语文、数学、外语有一门不及格者；其他学科有两门不及格者；考查科目有两门不合格者；操行不合格者；体育不合格者。

学生在校学习一年以上的退学者，可发给全省统一的肄业证书。

2008 年 1 月 7 日，山东省出台《山东省普通中小学学籍管理规定（试行）》，原《山东省普通中小学学籍管理条例》（鲁教基字〔1992〕12 号）同时废止。《规定》明确要求，任何学校不得以任何名义分重点班和非重点班。

学生因病需长期治疗，可由学生父母或者其他法定监护人或成年学生本人持相关证明到学校提出申请，学校审查同意并报上级学籍主管部门核准后准予休学。高中学生第三学年第二学期一般不准休学。

高中学生修业期满，获得毕业要求学分、学业水平考试合格、基础素养评价合格、按照《国家学生体质健康标准》测试成绩合格的，准予毕业并发给高中毕业证书。

给学生处分须听证。在校学生违反国家法律法规、中小学生守则、日常行为规范或学校的有关规章制度的，学校要与家庭、社会配合进行教育，情节较重的可给予适当处分。

高中学生可给予警告、严重警告、记过、留校察看、开除学籍处分。

给予学生处分，由学校批准。给予高中学生开除学籍处分，学校应及时通知学生父母或其他法定监护人，并报上级教育行政部门备案。

学校要建立处分学生的相关听证、申诉等工作制度，处分学生做到程序正当，证据充分，依据明确，定性准确，处分适当。

毕业年级学生不准转学。

学生不得随意转学，且转学后不得变更就读年级。毕业年级学生一般不准转学。高中学生在本县（市、区）内不准转学。

此后，学籍管理仍按此规定执行。

三、家长委员会

2009 年 12 月，为深入贯彻落实《中共中央国务院关于进一步深化教育改革大力推进素质教育的决定》《中共中央国务院关于进一步加强和改进未成年人思想道德建设的若干意见》，山东省教育厅制定并公布了《山东省普通中小学家长委员会设置与管理办法（试行）》，要求全省各中小学均应设置学校家长委员会。家长委员会由学校学生家长代表组成，代表全体家长参与学校民主管理，支持和监督学校做好教育工作的群众性自治组织，是学校联系广大学生家长的桥梁和纽带。家长委员会要坚持家校沟通与合作，让家长充分参与学校管理，有效体现家长对学校教育教学工作的知情权、评议权、参与权和监督权；完善学校、家庭、社会三位一体的教育体系，营造良好的教育环境；深入推进素质教育，促进学生的全面发展。

2010年，根据省教育厅的规定，学校开始研究筹建家长委员会，以进一步加强学校、家庭、社会的联系，构建学校、家庭、社会三者结合的教育网络，为学生的学习与成长提供积极的心理与家庭环境，全面提高学校的教育教学水平。

2012年12月，成立高三、高二和高一各班家长委员会和年级家长委员会。

高三家长委员会主任委员孙运伟，副主任委员王建伟、王兴周，秘书长徐连清，副秘书长赵磊、张传超。常务委员会委员孙运伟、王建伟、王兴周、徐连清、赵磊、蒋太强、张传超、咸世文、徐淑波、鲁守良。家长委员会委员孙运伟、王建伟、王兴周、赵磊、徐连清、张传超、张玉成、靳如平、蒋太强、朱博、林兵、鲁守良、薄桂玲、聂林刚、孙运全、王永耀、刘新农、咸世文、郭爱民、牛希民、徐淑波、张健、刘芳、李学广、王兴红。

高二家长委员会主任委员徐立明，副主任委员李子松、朱明磊，秘书长徐名印，副秘书长闫俊范、王言峰。常务委员会委员徐立明、徐名印、王言峰、闫俊范、李子松、朱明磊、孙运亮、彭志敏、王翠霞、徐传宝、张景阁、臧波。家长委员会委员夏维贞、杨欠凤、王军、徐立明、徐名印、庄会花、张新军、聂爱玲、王言峰、闫俊范、徐志勇、李子松、张文明、朱明磊、宋玉涛、滕厚生、孙运亮、彭志敏、王翠霞、徐传宝、张景阁、臧波、高庆国、李玉刚、孙贵刚。

高一级家长委员会主任委员孙成果，副主任委员张传超、姜涛，秘书长张伟，副秘书长邱国、彭建华。常务委员会委员丁艳、杜子杨、孙成果、张伟、张传超、邱国、姜涛、彭建华、孙成志、刘华琦、陈亚军、朱礼昌。家长委员会委员刘玉萍、解济民、徐淑森、徐立师、张思锋、丁艳、杜子杨、张从芳、朱礼昌、孙成果、丰金光、薛庆记、张伟、张传超、邱国、姜涛、彭建华、张华、贾中伟、孙成志、刘华琦、刘德玲、刘乐喜、文秀军、王晓军、陈亚军。

2013年，结合学校实际，经校委会研究决定成立莒南一中家长委员会，组建了以团委牵头的筹备委员会，在班级、年级家长委员会的基础上，确定了学校家长委员会与会代表，3月23日，在科技楼会议室召开莒南一中家长委员会第一次代表大会，校长尤洪平等校领导列席了大会，大会选举产生了莒南一中家长委员会委员76人。大会结束后，召开莒南一中家长委员会第一次会议，选举产生莒南一中家长委员会的组织机构，选举徐立明为莒南一中第一届家长委员会常务委员会主任委员，同时选举产生副主任委员8人，秘书长1人，副秘书长2人，常委12人，委员76人。家长委员会的成立促进了学校、家庭、社会的联系，强化了学校、家庭、社会三者结合的教育组织形式，是学校教育教学工作的重要组成部分。设立家长委员会，对于建立学校、家

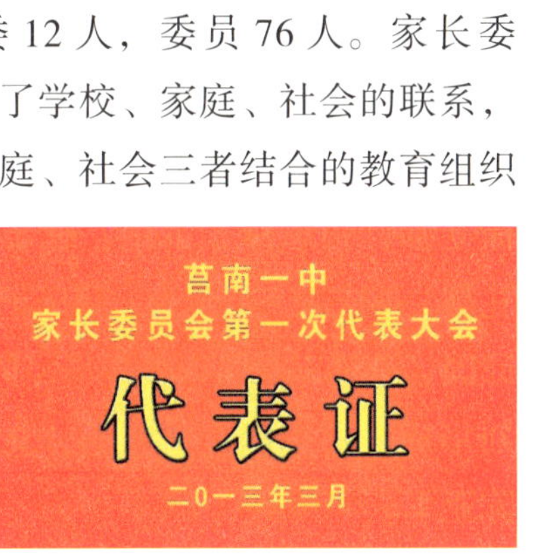

代表证

学校家长委员会成立大会

庭与社会教育协同机制，提高家长的教育素养和家庭教育水平，协调各方面力量为学生的健康成长具有重要意义。会议选举徐立明为学校家长委员会主任委员，孙运伟、孙成果、王建伟、李子松、张传超、王兴周、朱明磊、姜涛为副主任委员。家长委员会秘书长徐名印，副秘书长徐连清、张伟。常务委员会委员徐立明、孙运伟、孙成果、王建伟、李子松、张传超、王兴周、朱明磊、姜涛、徐名印、徐连清、张伟。委员会委员孙运伟、王建伟、王兴周、赵磊、徐连清、张传超、张玉成、靳如平、蒋太强、朱博、林兵、鲁守良、薄桂玲、聂林刚、孙运全、王永耀、刘新农、咸世文、郭爱民、牛希民、徐淑波、张健、刘芳、李学广、王兴红、夏维贞、杨欠凤、王军、徐立明、徐名印、庄会花、张新军、聂爱玲、王言峰、闫俊范、徐志勇、李子松、张文明、朱明磊、宋玉涛、滕厚生、孙运亮、彭志敏、王翠霞、徐传宝、张景阁、臧波、高庆国、李玉刚、孙贵刚、刘玉萍、解济民、徐淑森、徐立师、张思锋、丁艳、杜子杨、张从芳、朱礼昌、孙成果、丰金光、薛庆记、张伟、张传超、邱国、姜涛、彭建华、张华、贾中伟、孙成志、刘华琦、刘德玲、刘乐喜、文秀军、王晓军、陈亚军。

11 月 17 日，成立高一年级（2013 级）家长委员会。主任委员陈涛，副主任委员徐田涛、赵志远，秘书长刘京升，副秘书长李德才、陈波。常委陈涛、徐田涛、崔磊、张帆、刘思项、陈杰、李德才、陈波、赵修福、王淑刚、赵志远、刘京升、曹德岭、张同国、葛文涛、梁强、徐淑秋。委员崔磊、张帆、刘思项、郭思德、刘纯杰、卢江、陈杰、沈文富、张晓忠、王乐峰、化树利、张树有、李德才、吴学清、陈波、张健、李国峰、田雷、韩庆章、卞东国、李嘉峰、张孝伟、孙钦树、李洪亮、林庆森、赵修福、徐田涛、刘京升、陈涛、代兰云、郑杜强、王淑刚、陈国淑、田国民、赵志远、曹德岭、董衍浩、张济刚、李秀娟、张林、汲长良、张同国、王通帅、唐守坤、刘树禄、葛文涛、梁强、刘华、王世清、徐淑秋。

2014 年 11 月 30 日，为进一步加强家校联系，推动社会、学校、家庭三位一体工作的开展，促使学校工作更上一个新台阶，学校成立了 2014 级（高一）年级家长委员会。主任委员董磊，副主任委员田峰、薄世全。秘书长王光涛，副秘书长于雷、崔永强。常委董磊、田峰、薄世全、王光涛、于雷、崔永强、李新建、陈代军、张传峰、沈林庭、王谦、王冬梅、高善青、曹玉华、孙运刚、王维新、刘景宽、杨县苓、李克太、战祥来、曹秀云。委员董磊、田峰、薄世全、王光涛、于雷、崔永强、李新建、陈代军、张传峰、沈林庭、王谦、王冬梅、高善青、曹玉华、孙运刚、王维新、刘景宽、杨县苓、李克太、战祥来、曹秀云、赵平、王厚民、王文艳、万军、王兴伟、田淑艳、刘华金、吴敬娟、潘兴盛、张洪广、刘霞、宋玉波、赵风余、鲁海燕、聂德岭、杜庆伟、李昆继、魏玉升、张梅荣、庞维芳、胡顺广、赵德华、王军、梁佐宇、韦有树、曹际秋、王希平。

四、红十字会

2007年，学校成立红十字会，接受上级党委、政府和红十字会的领导，按照红十字会“人道、博爱、奉献”的宗旨，结合学校工作实际，以生为本，持道律己，坚持以“扶危济困”为目的，实行人道主义原则与思想品德教育相结合、卫生救护训练与卫生保健相结合、社会服务和劳动教育相结合、红十字活动与学校素质教育相结合，学校红十字活动逐步形成制度化、规范化，活动内容广泛，教育效果显著。

一、组织机构健全，制度保障有力

1. 建立组织机构。学校成立了红十字会领导机构，由校长尤洪平担任会长，分管卫生工作副校长担任副会长，政教处主任任秘书长，各年级、科室负责人、各班班主任任理事。机构设立秘书处，由秘书长负责学校红十字会的日常工作，学校相继成立了莒南一中救护队及莒南一中志愿服务队，并以年级为单位下设3个红十字志愿服务中队，以班级为单位设立72个红十字志愿服务小组，红十字志愿服务小组在秘书处的组织下开展工作。学校红十字青少年领导组织每学期召开两次例会，结合学校红十字任务目标，讨论安排红十字会学期工作计划。学校领导高度重视红十字青少年工作，把红十字工作纳入学校工作议程和年度工作计划，做到统筹安排、统一布置、检查督促三个环节环环抓实，时间上给予保证，活动经费上给予支持，并把红十字工作纳入年终绩效考核之中。学校红十字会有教师会员401人，学生会员4206人，入会率为100%。

2007年学校红十字会成立大会

2. 健全规章制度。学校建立健全红会各项工作制度，做到依法建会、依法治会、依法兴会，确保红会工作制度化、法制化、规范化。根据《中国红十字会法》《中国红十字会章程》，制定了各项规章制度（如组织、宣传、会议、活动、社会服务、会费管理、评比、奖励制度等），形成一系列的管理措施。为提高管理水平和组织功效，便于经验交流，学校还十分注重对组织发展过程的总结，做好各种计划、总结、图片、照片等资料的归档工作。

二、丰富宣传渠道，提高宣传效率

1. 建立宣传阵地。由学校具有一定社会阅历、经验丰富的中老年教师组成“心理健康辅导站”，重点宣传会务知识、卫生保健知识和青少年心理健康等红十字方面的相关知识，为同学、老师认识红十字意义创造条件。

黑板报宣传红十字知识

2. 建立校园网站。有关红十字知识的宣传工作、活动的情况，以文字、图片等形式在学校网站上发布，及时上传红十字会大事记、校内外的相关活动、交通安全规定、疾病预防的方法措施等，增强会员提高交通安全意识和自我保护意识。

3. 进行卫生救护知识培训。学校红十字会对全校师生进行“红十字知识知多少”等专题培训。会员在入会前都进行红会知识（《会法》《章程》《会员手册》）的学习。定期组织学生进行红会知识竞赛，对成绩优秀的同学进行表彰奖励。

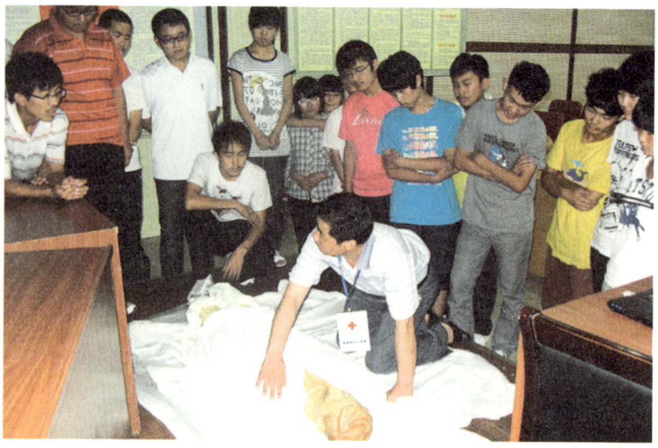

学校红十字会进行卫生救护知识培训

三、丰富活动载体，大力弘扬红会精神

1. 学校红十字会积极配合学校德育教育和素质教育，大力开展社会实践活动，体现红十字会思想内涵，采取切实可行的措施整合资源，积极与学校共青团组织、学生会密切合作，形成合力，使广大红十字青少年树立正确的人生观、价值观和世界观。学校红十字会先后开展了多种形式的自救互救培训、保护生态环境、募捐爱心善款、敬老助残爱幼、远离网吧、远离毒品等红十字活动，成为培养学生高尚道德情操的“第二课堂”。2008 年四川汶川发生地震之后，学校红十字会发动了捐款活动，共募得捐助资金 10 万元。在青海玉树地震灾害发生之后，学校领导、全校师生积极参与，慷慨解

各类社会奖助学金颁发仪式

各类社会奖助学金颁发仪式

囊，踊跃捐款，向地震灾区捐款总计67248.1元。同时组织教师进行“慈心一日捐”活动。学校是“全市支持抗震救灾募捐工作先进单位”；师生积极参与无偿献血活动，奉献爱心；积极开展帮困救助活动。学校红十字积极向社会各界筹集资金，帮助贫困学生克服困难完成学业，先后有华鲁助学基金（每年2万元）、学纯助学基金（200万元）、绿润助学基金（每年2万元）、鑫海助学基金（每年5万元）、上海华杰仁爱基金（每年2万元）、周星增奖助学基金（每年6万元）、临沂市温州商会助学基金等，分别多次捐助资助学生，每年救助基金达60万元，有数百名学生受益。学校先后获得“临沂市学生资助工作先进单位”和“山东省心理健康教育会员单位”的荣誉称号。

2. 学校红十字会志愿者坚持以“人道、博爱、奉献”的红十字会精神为服务宗旨，以“撒播爱心、传承文明、奉献社会、完善自我”为行动口号，认真组织、精心策划，就近就便深入周边街道、社区开展卫生、咨询、宣传等各具特色、富有实效的志愿服务活动，并侧重对孤寡老人、残疾人、农民工子女等急需帮助的困难群体开展了家政服务、亲情陪伴、义务辅导等，进一步推进了校园精神文明建设，传承了红十字“扶危济困”“人道、博爱、奉献”的优良传统。

3. 举行现场救护技能培训。为了使会员们掌握救助救护的基本技能，适应社会日益发展的需要，学校特聘请县红十字会、县人民医院专家为会员们授课，培训中讲授了止血、包扎、固定、搬运、心肺复苏等救助救护的基本知识。同时，专家还认真细致地讲解了心肺复苏的三

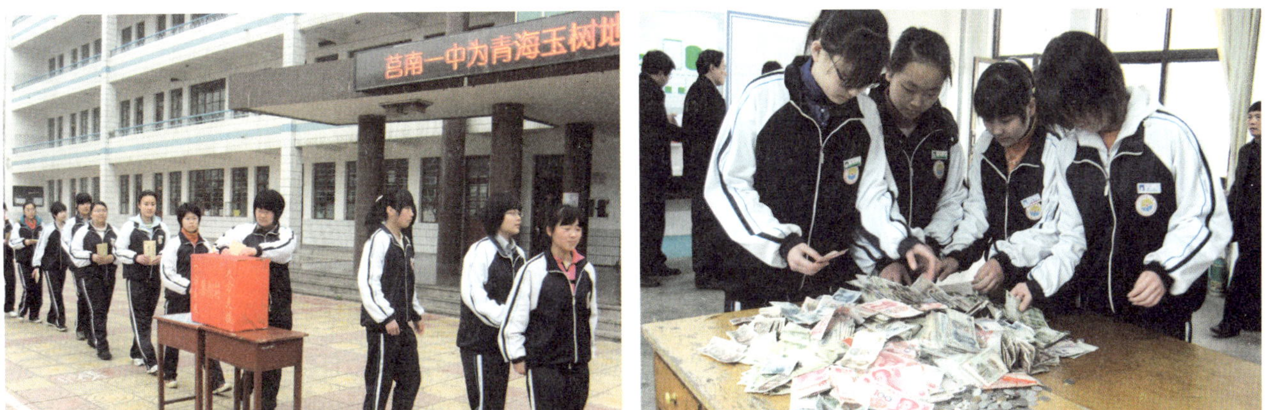

学校师生为青海玉树地震灾区捐款

学校红十字会志愿者服务活动

各类助学活动

个操作步骤，并亲自为会员们进行现场操作，对他们的操作进行逐个指导。

4.开设传染病防治知识讲座。邀请县人民医院的专家开设讲座，重点从疾病的传染源、传播途径、易感人群三个方面详细介绍了学生普遍关注的甲肝、乙肝、流行性感冒、禽流感、艾滋病等传染病的一些医学知识，并用大量的统计数字和真实案例教育学生如何养成健康的生活方式，同时就同学们在平时的学习生活中，如何提高自身免疫力，增加机体抵抗力，增强自我防范意识，预防各种传染病的发生，更好地保护自己提出了良好的建议和意见。

学校红十字会举行现场救护技能培训

除此之外，学校还通过图片展、讲座、宣传栏、印发资料等方式对会员们进行培训。

四、红十字工作与素质教育全面结合，争创红十字模范校

2011年7月1日，临沂市红十字会专职副会长孙寿彩，临沂市红十字会办公室主任高兴国，临沂市红十字会业务科科长张成刚一行在县人大副主任、红十字会名誉副会长杜秋生，县政协副主席郑佩芹、县卫生局局长魏延义，县红十字会办公室主任刘昌成等领导的陪同下来校检查指导学校红十字会工作，各位领导对学校红十字会开展的工作给予了

学生活动剪影

学生活动剪影

充分的肯定，同时也提出了殷切的希望。孙会长讲话强调，作为全市教育的一面旗帜，莒南一中在教育、教学、管理等各个方面都为全市乃至全省创出了许多先进的经验，学校对红十字工作高度重视，认识到位，制度到位，落实到位，以责任和务实的态度开展了卓有成效的工作，特别是与素质教育、德育工作、新课程改革达到了有机融合，促进了学校整体工作的全面提升。

是年7月7日，山东省红十字会副会长王志民，山东省红十字会业务部部长王书华，青岛市教育局体卫艺处副处长李翠莲，山东省红十字会主任科员汪洋，临沂市红十字会副会长孙寿彩，临沂市红十字会办公室主任高兴国、科员徐立新，临沂市教育局基础教育科副科长马玉松等省、市红十字模范校检查组一行，在县长助理王宁，县卫生局局长魏延义，县教体局副局长张玉杰等领导陪同下，来校验收“山东省红十字模范校”创建工作。是年7月，学校被山东省红十字会、山东省教育厅授予“山东省红十字模范校”荣誉称号。

上级领导来校验收“山东省红十字模范校”创建工作

第四节　后勤管理

一、学校基建

1952年学校成立后，即设总务处，刘契秋为首任总务处主任。总务处在校委会的统一部署和分管副校长的具体指导下，积极为教学服务，为师生服务，为学校的各项工作提供保障。其主要职责是：1.学校基本建设规划落实及检查维护；2.水电暖设施的日常检修维护；3.教育教学管理常规用品的供应保障；4.大型办公用品的采购；5.校园绿化、美化、亮化工作；6.校产的登记清点及数据上报工作；7.学校餐厅、超市安全卫生监管工作；8.学生桌凳、门窗等设施的日常检修维护工作；9.执行财经纪律，落实好收支政策，做好学校预算工作；10.做好学生学杂费收缴及教职工工资发放工作等。

1952年12月，学校借用原莒南速成师范的4口教室开学，当年招收4个初中班。1953年秋原莒南速成师范撤销，校址、校舍归并莒南一中，是年又招收4个初中班。1954年建设大礼堂10间，至1956年，学校占地75亩，建有房舍近200间，礼堂10间，班级增加到15个。

至1961年，学校共有双人床198张，单人床85张，课桌590张，条桌95张，课凳和椅子1180个，办公桌65张，办公椅82张。

至1965年，学校有高初中24个教学班，在校学生1152人，教职工100人，建有相应的教学、办公、宿舍、图书室、医务室等生活服务设施316间，学校礼堂兼餐厅一座，运动场1800平方米。

20世纪70年代国家恢复高考制度后，特别是实行改革开放以后，各级政府和社会各界开始重视教育工作，逐步形成了尊师重教的社会风气，教师社会地位、工资待遇、住房条件得到逐步改善，学校办学规模不断扩大。

1983年，学校多方筹集资金78万元，对50年代的砖瓦平房进行改造，筹建第一座教学楼——育英楼。该楼由莒南县建筑设计院设计、山东省莒南县建筑公司承建，共4层，建筑面积3200平方米，有12个教学班及部分办公用房。后扩建为24个教学班 。

1986年，由临沂市教育局投资60余万元，在原莒南师范学校校园内建教学楼一座，该楼由莒南建筑设计院设计、莒南县建筑公司负责施工，有12口教室和部分办公用房，1995年8月并入莒南一中后，命名为育贤楼，扩建为24口教室。

1991年，为加强实验教学，提高学校发展的软实力，学校投资132万元，由莒南县建筑设计院设计、莒南县建筑公司施工，兴建了实验楼。该楼占地面积3643平方米，建筑面积4119平方米，共4层，设计14个标准实验室及附属用房。

同年，学校筹资90万元，由莒南建筑设计院设计、莒南建筑公司施工，建起又一座教学楼——育才楼，共4层，建筑面积3031平方米，有24口教室及附属用房。

1992年，随着办学规模的逐步扩大，住校学生日益增多，原有的学生宿舍无法满足学生的住校需求。学校在校园北部临人民路投资110万元兴建了女生公寓楼。公寓楼由莒南县建筑设计院设计、莒南县建筑公司施工，共5层，有180个房间，可容纳1400余人住宿。

1995年，学校筹资100万元，建起行政办公楼，共4层，基本满足了学校行政、后勤及各年级备课组办公之需。后经扩建，添加了图书馆、阅览室、电子备课室等，学校的办公条件得到极大改善。

1996年，学校投资200余万元，在女生公寓楼东侧兴建了男生公寓。公寓占地面积3974平方米，建筑面积5160平米，规划房间180个，可容纳1440人住宿，极大地缓解了住宿生床位紧张的压力。

1997年，学校投资241万元，在原食堂地址上兴建了高规格、高标准现代化学生餐厅，共二层，建筑面积3200平方米，可容纳1800余人同时就餐。

1999年，为进一步加快学校艺术教育发展的步伐，增强学生的艺术修养和学校的文化内涵，学校投资56万元建起音乐楼。该楼共三层，占地面积554平方米，建筑面积873平方米，设6个琴房、2个舞蹈厅、3个音乐教室、1个音乐器材室，基本满足了各类艺术教育的需要，为学校艺术教学水平的提高提供了基础保证。

1999年，在学生餐厅西侧兴建学生保健楼。其中，一楼为学生卫生室，二、三楼为单身青年教师住房。

2001年8月，莒南县委、县政府对学校领导班子进行调整，组成新一届领导集体。校委会注重科学规划、统筹安排，多方筹集资金，在原有基础上积极改善办学条件，努力实现学校建设的规范化与跨越式发展。

2004年，为进一步扩大办学规模、改善办学条件，创建山东省规范化学校，学校筹资500余万元，兴建科技楼。该楼由莒南县建筑设计院设计、山东华鲁集团施工，占地面积6134平方米，建筑面积6870平方米，是集学术报告、信息技术教学与科研于一体的现代化综合楼。

2005年，学校投资400余万元建起体育馆。该馆占地4608平方米，建筑面积5120平方米，建成标准篮球场和排球场，拥有看台座位1000个，基本满足了学校体育教学、训练、比赛的需要。

2007年，在学校东部建成现代化塑胶田径场、篮球场、羽毛球场等，为师生提供了训练、健身的高标准场地。

始建于1954年后经改造的学校大礼堂

2010年，为迎接山东省规范化学校复评工作，学校投资近百万元，购置了14个实验室的实验器材与药品等实验材料，重新组建了5个物理仪器室、5个物理准备室、5个化学仪器室、5个化学准备室、3个生物仪器室、3个生物准备室、1个化学药品室、1个生物培养室、1个物理探究室、1个化学探究室、一个生物探究室等，达到山东省规范化学校收验要求，为提高实验教学水平提供了保障。

期间，学校还相继配套建设了学校大门东、西门卫室，东、西厕所，小卖部、供暖锅炉房、配电室、仓库、校内单职工周转房等附属用房。分批建成6座教师公寓楼（1989年建设的原9号教师住宅楼于2003年改建为小区4号教师住宅楼楼，1983年建设的原8号教师住宅楼于2006年改建为小区3号教师住宅楼），为370户教职工解决了住房问题，实现了教学区、办公区、运动区、生活区分离，学校布局更趋合理。

附

学校部分建筑情况表

建筑名称	建设时间 / 年	建筑面积 / 平方米	投资金额 / 万元
育英楼	1983	3200	78
育贤楼	1986	3253	60
育才楼	1991	3031	90
实验楼	1991	4119	132
食　堂	1992	895	25
女生公寓	1992	4509	110
办公楼	1995	2400	100
男生公寓	1996	5160	200
餐　厅	1997	3200	241
保健楼	1999	600	27
音乐楼	1999	873	56
图书馆	1999	1800	70
科技楼	2004	6870	500
体育馆	2005	5120	400
田径场	2007	24000	260

教师公寓楼建筑情况表

楼　名	建筑时间	投资金额 / 万元	建筑面积 / 平方米	住户数 / 户
小区 1 号楼	1996.6	166	3558	40
小区 2 号楼	1994.7	90	3000	48
小区 3 号楼	2006.11	926	8580	78
小区 4 号楼	2003.3	532	7626	60
新区 1 号楼	1998.3	460	6765	84
新区 2 号楼	2000.9	450	6360	60

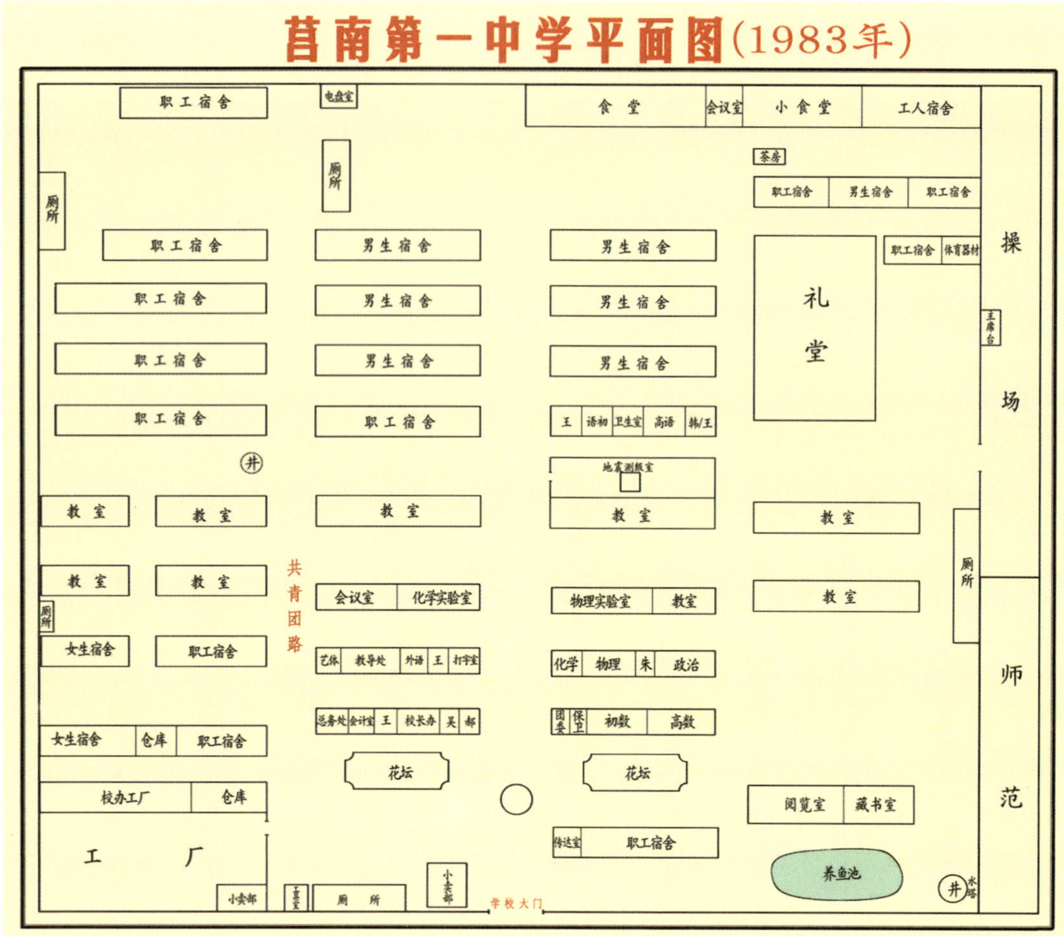

1983 年学校平面图

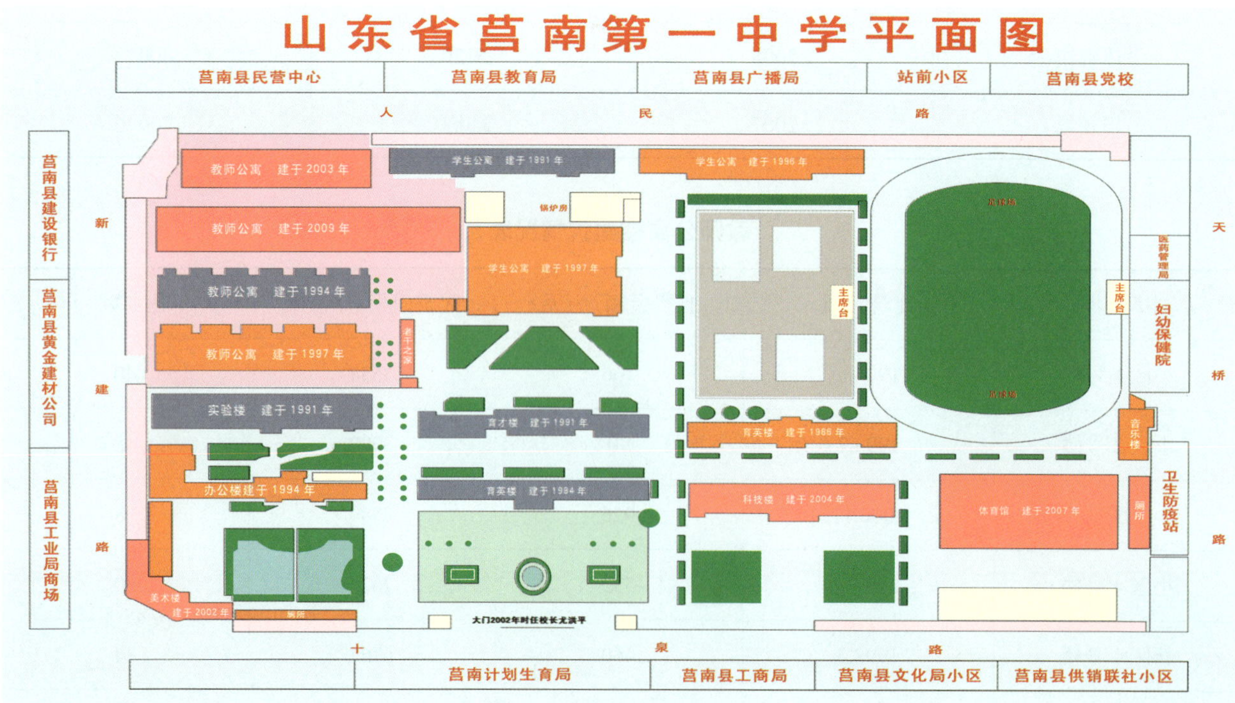

2001 年学校平面图

不同时期的学校大门

育英楼

育才楼

育贤楼

音乐楼

办公楼

美术楼

实验楼

科技楼

图书馆

体育馆

塑胶操场

学生餐厅

学生公寓

卫生保健楼

二、校产管理

建校初期，学校借用原莒南速成师范的4口教室开学，完全在一穷二白的基础上办学，学校师生自力更生、拓荒创业，仅有少量的教室、宿舍、课桌凳、办公桌等校产，由总务处统一配备、管理、维修。1958年，学校南面道路拓宽占去学校5亩地。随着办学规模的扩大，校舍校产逐年增加，至1965年，全校共有24口教室，高初中学生1152人，教职工100人及相应的课桌凳、办公桌椅共1300余套，图书27800册，仪器2310余件及部分餐饮用具。

十年动乱期间，红卫兵造反，学校停课，学校财产受到严重破坏，图书资料被洗劫一空，教学仪器损坏、丢失严重，所剩无几。期间校产虽有积累，但远远不能和损失相比。1976年，粉碎“四人帮”后，学校开始拨乱反正。1977年，全国恢复高考招生制度，学校教学秩序、校舍建设逐步纳入正轨。是年，学校西边通路，占去学校4亩地。至1982年，全校共有26个教学班，在校生1500余人，教职工126人，学生宿舍81间，教工宿舍100余间，图书室、阅览室、实验室、办公室、医务室、传达室、礼堂、仓库、校办工厂等生活服务设施一应俱全。学生课桌凳、宿舍用床、教职工办公桌椅等用品主要靠校办工厂生产，少部分校外采购。1983年，学校争取资金70余万元在平房教室的地址上建起第一座教学楼——育英楼。1991年后，又相继建起实验楼、育才楼、男女生公寓楼、学生餐厅楼、办公楼及配套附属设施，添置大量课桌凳、办公桌椅及图书、实验仪器。2001年后，相继建起科技楼、体育馆，硬化篮球场地、铺设塑胶跑道，改建学校大门，校舍校产规模大量增加。1997年，按照学校和个人分担的原则，为小区4座教师公寓楼铺设暖气管道供暖，后又相继为男、女公寓楼、新区1、2号教师住宅楼和办公楼等安装供暖管道，师生冬季取暖得到了根本改善。2006年后，根据上级要求，学校所需大宗物品改为政府招标采购。至2014年，学校校产总值过亿元。

2002年11月，学校第三届教职工代表大会审议通过了成立校产管理委员会的决议，校产管理日趋规范。尤洪平、徐广军为校产管委会主任，李玉亮、殷文广、尚庆海、王洛伟、王延高为副主任，刘树宇、王洛顺、许春恒、孙钦法、李明玉、郭洪登、王国利、张力国为委员。

校产管理委员会研究决定：滕略峰为校产总管理员，毛家良为仓库兼职管理员，陈庆秋为音乐器材兼职管理员，卢其来为体育器材兼职管理员，林申为美术器材兼职管理员，林德联为办公用品兼职管理员，张力国为交通工具兼职管理员，邢彦丽、尉蔚为图书阅览室兼职管理员，张春习、王传民为勤工俭学器具兼职管理员，王国利为公寓设施兼职管理员，王汉群、王晓艳为电教设备兼职管理员，韩继庆为医疗器材兼职管理员，张守法、侯树波、卢煜为实验仪器兼职管理员，张清洁、李春华、张云红为水电暖设备兼职管理员。

2014年3月，因有关人员工作调动或职务变更，学校根据工作需要对校产委员会组成人员作出调整，产生新一届校产管理委员会。新一届校产管理委员会主任为尤洪平、张振群，副主任为尚庆海、阚京锡、许春恒、孙钦法、李明玉、郭洪登，委员有孙成田、张驰、林学珍、韦庆兵、唐坤田、廉桂锋、王国利、张鹏、宋维连、鲁统群、史佩玺、林德联。

同时，对校产总管理员、各类校产兼职管理员进行调整。校产总管理员为孙运山、王洪江，仓库兼职管理员为徐广亭，音乐器材兼职管理员为杨颖，体育器材兼职管理员为程潜、王忠明，美术器材兼职管理员为林申，办公用品兼职管理员为林德联，交通工具兼职管理员为张驰，档案兼职管理员为史守松，图书阅览室兼职管理员为邢彦丽、侯维芳，勤工俭学器具兼职管理员为唐坤田，电教设备兼职管理员为王汉群、王晓艳，实验仪器兼职管理员为张守法、侯树波、卢煜，水电暖设备兼职管理员为廉桂锋、张清洁、李春华。

附：

校产管理制度

1. 学校财产包括：固定资产和低值易耗品财产。

2. 领（借）取固定资产（借图书、实验仪器等），由领（借）取人填写公物借用卡，写明借用物品的品名、价值、借用人姓名、时间、期限，按隶属关系批准。借用时间不论长短，须如期归还，如有丢失或损坏，照价赔偿。

3. 领取低值易耗品，由领导出具领货单，领货单上注明货物名称及数量、使用对象和日期，按处室关系由处室主任签字后，方可领取物品。以上手续完备后，物资保管员才能发货。

4. 教室、办公室按需要配备的办公用品（桌椅、书架、写字台等），学校填写物品使用卡，一式两份，使用人和保管员各持一份。办公用品实行随用随管的原则，若有调动，需持物品使用卡向保管员交销物资，保管员开具清单后交总务处存留，方可办理调离手续。

5. 学校各办公室配备的衣架、书橱、沙发、钟表等物资，由各组长和办公室负责人保管。

6. 各班教室内使用的课桌凳由学校填写公物使用登记表，班主任签字，并责任保管使用。学校在清点交接物资时，若发现丢失或损坏，按学校有关规定处罚。

7. 外单位借用学校的物品，必须有人证明。担保人必须具备超过所借物品的资本（包括工资）。借用人填写的借条，必须写明借用物品品名、数量、期限、价值、归还日期，由担保人签字，校长批准签字后物资保管员方可出借。如不按期归还或遗失、损坏等，由保管人员负责向担保人作出赔偿处理。

8. 学校每年全面进行一次物资清点，做到库底清楚，账物相符。学校专门成立物资清点小组，清查小组由分管领导、总务处有关人员参加，清点结果（完好率、损坏遗失情况、原因及责任人等）向全体教职工通报。

9. 外单位赠送的永久性物品，同学校购置物品一样，进行登记造册，并做好公布。

校产检查制度

制定校产检查制度是保证校产账务正常运转和实现校产科学管理的必要途径，为此，经学校研究，特规定如下：

1. 学校成立校产检查小组，履行财物、校产监察职责，严格奖惩措施。对发现的问题及时处理。

2. 检查小组对各类账务、财产及低值易耗品进行检查核实，严格账账、账卡、账物、卡物相符，对核查评定的成绩列入相关人员和科室组的考核量化。

3. 检查小组每月对校园设施，如教学班级、办公室等楼室的门窗、玻璃及附属设施进行一次检查。

4. 各部门要管好账卡，爱护好校产，违者将按学校规定进行罚款处理。

校产维修制度

1. 学校的教室、办公室及各种用房的管理都落实到科室组、班级与责任人员，总务处将定期检查，检查结果将作为先进个人、先进集体评比的重要参考指标。

2. 对在检查中发现的丢失、损毁问题，本着谁损坏谁维修、谁遗失谁赔偿的原则进行处理。若为自然损坏，则由学校进行维修。

3. 学校在每次雨后组织检查校舍渗漏情况。

如发现渗漏，及时维修；若属危房，立即封闭停用，并及时组织抢修或拆除，确保师生及校产安全。

4. 为保持校园美观，每学期开始学校对内外墙壁及门窗玻璃、楼角等进行全面细致检查，发现问题及时维修刷新。

校产管理员职责

校产总管理员在总务主任领导下，负责全校的固定资产管理，主要职责是：

1. 负责登记整理固定资产明细账，掌握全校财产数量增减变化的情况。

2. 负责制定和执行校产管理规章制度，定期检查各部门的校产管理和使用情况，对校产和账目进行清查、核对。

3. 年初制定《校产管理计划》，年终编制《固定资产汇报表》。

部门管理员在总管理员的指导下工作，主要职责是：

（1）负责设置固定资产报表和固定资产明细账及固定资产领用登记卡，按使用单位和个人建立卡片。

（2）认真管理本部门固定资产，做到有物、有卡、有账，账物卡相符。定期清查核对，发现问题及时报总管理员。

（3）总管理员负责监督学校账物运转情况，当校产发生增减时，部门管理员要填写《学校固定资产增加凭单》或《学校固定资产减少凭单》，报校产管理办公室存查。

4. 总管理员定期与会计核对账目，以实现账目运转正常化、财物管理科学化。

5. 学校资产购买和减损程序：

购买固定资产，按学校购买计划办好审批手续，由经办人验收并经负责人在原始单据上签字后，由各部门管理员填制《固定资产增加凭证》一式四联及原始凭证交财务部门结算。财务部门在凭单上加盖购买校产专用章，会计、总保管员、部门管理员各一联，存根留财务部门存查。大宗物品需按有关程序由政府部门招标采购。固定资产减少时，应经有关人员鉴定，按规定的审批程序办理手续。经核准后由财产管理员填制《固定资产和低值易耗品减损凭单》一式四份，分别作为会计、总保管员和部门管理员记账的依据。

三、财务管理

（一）经费来源

建校初期，由于国民经济基础薄弱，学校虽有部分办学资金由国家和地方政府划拨，但数额有限，远不能满足学校日常教学、设备添置和基础建设的需要，学校只能走勤俭建校、节俭办学的路子。随着社会经济的发展和对学校教育各方面要求的日益提高，政府和社会各界对教育事业的投入越来越大。学校日常活动经费来源主要有学生学费收入、勤工俭学收入。建设项目和设备购置经费主要来自国家和政府拨款、社会捐助和捐资助学资金。

1952 年，学校教育经费来源主要有国家拨款、地方财政拨款和学杂费收入。1953 年，学校开始收取学杂费，每生每学期 1.50 元，并对烈军属子女和经济特别困难的学生实行减免，收取的学杂费汇总上交教育局。是时，为增加学校的经济来源，补充日常教学所需，学校开始动员师生出谋献策，开展勤工俭学活动。1966 年“文化大革命”初期，上级部门对学杂费的收取无统一要求，学校遂停收学杂费。1974 年，山东省统一规定学杂费收取标准，根据省、地等相关文件规定，学校重新开始收取学杂费，标准为初中生每生每学期 2.00 元，高中生每生每学期 2.50 元，减免数量不超过学生总数的 15%。学杂费收取后不再上交，由学校掌握使用，一般用作办公费、师生取暖费和学生医药卫生费。

1989年，县政府根据国家教委、国家物价局、财政部关于实施义务教育的《通知》要求，对小学和初级中学免收学费，并统一规定收费项目和标准。学校收取杂费初中每生每学期12元，高中每生每学期15元；学费高中每生每学期12元，住宿费每生每学期10元；借读费初中每生每学期30元，高中每生每学期60元。对家庭经济困难的学生给予减免学费、杂费，但不超过在校学生总人数的5%。

1995年6月25日，莒南县教育委员会下发（95）44号文《关于调整中小学学杂费收费标准的通知》。根据通知精神，自秋季学杂费收费标准规定为：1.杂费：初中每生每学期48元，高中每生每学期50元。2.学费：初中免收学费，高中每生每学期50元。3.住宿费：每生每学期40元。并按在校生总数5%的比例，对家庭经济困难学生的学费、杂费予以减免。

随着教育事业的不断发展壮大，教育事业附加费成为教育经费的一项重要来源。1998年1月，莒南县物价局、莒南县财政局、莒南县教委联合下发《关于转发〈临沂市物价局、临沂市财政局、临沂市教育委员会关于理顺全市中小学收费的通知〉的通知》（莒南教字〔1998〕5号），规定学校设立的具体收费项目和标准为：1.杂费：每生每学期54元；2.学费：每生每学期40元；3.住宿费：每生每学期40元；4.借读费：每生每学期240元。

1998年6月，临沂市物价局、临沂市财政局、临沂市教育委员会发出通知，对各收费标准再次调整为：1.学费：每生每学期70元；2.杂费：每生每学期110元；3.住宿费：每生每学期50元。1999年8月，学杂费调整为每生每学期330元，择校费调至6000元。同年，开始收取每生每学期班费5元，自行车管理费5元。2000年8月，学杂费调至每生每学期500元，住宿费调至每生每学期70元。2003年6月，学校执行国家“三限”政策（限人数、限分数、限钱数），学杂费每生每学期仍收取500元，择校生培养费按每生不超过6000元的标准收取，住宿费仍收取70元。同年，开始收取每生每学期电教教材费16元。同年，学校为创建省级规范化学校，需增加一些硬件设施，由于县财政紧张，建设经费无法拨付，经校委会研究、学校教代会通过，开始实行集资办学，用于学校基础设施建设。

2004年9月，学校按省重点高中（省级规范化学校）收费标准收取学杂费，每生每学期800元，住宿费70元，择校费（3年一次性收取）6000元。2007年，临沂市物价局对各收费标准调整为学杂费每生每学期800元，住宿费70元，择校费按省级规范化学校标准（3年一次性收取）最高10800元（含学杂费）。所收费用学校汇总上交财政专户。同年，根据莒南价字（2007）第2号文件规定，对住校生每年收取取暖费40元。至是年，学校共集资1168.1万元，完成科技楼、体育馆、塑胶操场等基建项目。2008年，学校将住校生取暖费调整为每年60元。同年，开始停收电教教材费。2010年，开始停收班费、自行车管理费。2011年，开始停收学生取暖费。

自2003年6月开始，全市各县区执行国家“三限”政策（限人数、限分数、限钱数）。每年招收高一新生24个班，每班限额56人，共计招收1344人，择校生人数不得超过招生总数的30%。2010年招收24个班，共1362人，统招1040人，择校生322人，占比23.64%。2011年招24个班，共1358人，统招989人，择校生369人，占比27.17%。2012年开始择校生人数不得超过招生总数的20%。2012年招24个班共1344人，统招1133人，择校生211人，占比15.7%。2013年招24个班，共1331人，统招1105人，择校生226人，占比17.0%。2014年择校生人数不得超过招生总数的10%，招24个班，共1344人，统招1224人，择校生

120人，占比8.9%。此后不再招收择校生。

（二）经费管理

建校初期，学校即设会计室。王言时任会计，负责学校收支明细的登记、核算和报账工作。

1954年1月至1961年，纪洪德任会计。

1962年至1964年，郑康祥任会计。

1964年至1966年，庄新田任会计。

文革期间，主仕浩任会计。

1982年至1983年10月，米新华任会计室会计兼出纳。

1983年10月，厉建奎任学校会计室会计，米新华任出纳。

1984年，学校设立勤工俭学办公室，王毅祥任会计。

1991年，勤俭办会计由王洛波担任。

1992年，李高玉任会计室会计，米新华仍任出纳。

1995年，县委、县政府决定莒南一中与莒南教师进修学校两校合并，学校会计、出纳工作制度得到进一步完善。会计室增设统计员，由赵彦娟担任。同年，勤俭办与工会会计室合并，王洛波任会计，宋强任出纳。

2005年，勤俭办与工会会计室成员调整，宋强任会计，聂林祝任出纳。

2006年9月，校委会研究决定，会计室与勤俭办合并为学校财务科，工会会计室从中分出。林德联任财务科科长兼会计，李伸任出纳。宋强任工会会计，聂林祝任出纳。

学校财务科严格执行“收支两条线”财务管理制度。同时，积极配合各年级完成每年两次的政府助学申请申报。是年，学校被评为“临沂市政府资助先进单位”。

2007年，学校和阜丰集团协商在学校成立“学纯助学基金”，财务科开始配合各年级完成一年一度的学纯助学金发放。

2008年，财务科增设工资统计员，由赵彦娟担任并兼任学校工会会计，聂林祝任出纳。

至2014年，学校财务管理机构与科室成员一直沿用。

（三）经费使用

1952年建校初期，国拨教育经费中的基本建设投资和专项补助费实行专款专用，分别用于学校的基本建设、校舍修缮和设备购置。教育事业费分为人员经费和公用经费两部分。人员经费包括公办教职工工资、福利、奖金、副食品补助、离退休人员经费、民办教师补助费、学生助学金等；公用经费包括办公费、业务活动费、设备购置费、修缮费等。1966年前，学校收取的学杂费上缴县教育局，统一用于学校的修缮、医疗、公务等费用。

1976年后，学杂费留在学校，主要用于学校办公、学生饮水、医疗卫生、冬季取暖、房屋修缮、设备购置等。勤工俭学收入完全由学校掌握使用，除用于扩大再生产外，还提取一部分用于改善办学条件，包括修建校舍、添置课桌凳、文体器材、教学仪器和师生福利等。

1990年后，国家实行财政性教育事业费拨款，包括人员经费和公用经费。人员经费包括教师的基本工资、补助工资、职工福利、社会保障费等几部分。公用经费主要包括办公费、设备材料购置费、劳务费、水电费、通讯费、交通费、修缮费、差旅费、邮寄费、招待费、培训费、会务费等。国家财政性教育经费中的基本建设投资和专项补助费，分别用于学校的基本建设、校舍修缮和设备购置。

至1996年，学校教师工资一律由县财政承担。

1997年，随着高中生源增加，招生规模不断扩大，学校每年从全县各学校招聘一批教师，充实学校教师队伍。由于县财政资金紧张，部分教师工资开始由学校事业经费（即政府财政调剂）收入列支。

2002年7月，莒南县财政局、莒南县教育局联合制定《关于进一步加强学校财务收支管理的意见》，学校根据《意见》规定，将收取的学杂费、住宿费、勤工俭学收入等事业性收费及其他收入，全部纳入财政专户管理，实行学校财务收支统管制度和预算外资金上交下拨制度。所有预算外资金均上交县预算外资金财政专户，由县财政局统管。支出时由学校写出用款计划，报县财政局审核批准后，从财政专户中划拨。

2003 年，学校在县城南环路东段租赁清华园学校的教学楼等场所设立分校。学校每年支付给清华园学校 16 万元租赁费（含水电费）。

至 2010 年，县财政共调剂 2855.29 万元用于支付 1997 年后进入学校的部分教师工资。

2011 年，县财政状况开始好转，学校的事业经费由县财政实行统一结算，不再调剂。

自 2002 年起，为进一步严格财务管理，使财务管理制度化、规范化，修订与完善《学校财务管理制度》。规定：对所有账目要做到数字真实，内容完整，账目清楚，达到日清月结。每月底向校长、分管副校长、总务主任汇报财务结余与库存情况，每年度向教职工代表大会或向工会财务审查小组汇报财务收支情况，同时在校务公开栏予以公示。对不符合规定及手续不完备的各种凭证一律退回经办人补办手续，否则拒绝支付。学校各种收费，不准制单人员收现金，出纳人员不准开收据。凡借款一律由校长、年级及科室负责人签字，借款人必须写明还款日期，会计方可办理。外出参观学习人员的车票、单据、差旅费等一切费用报销时，必须经科室负责人、年级主任、分管副校长、校长签字方可报销，否则财务人员一律拒绝支付。如发现公物损坏，财管人员通知所在年级或科室，3 日内必须把损坏物品维修好。如限期内维修不好的，应按学校有关规定处罚，由检查人员开出罚款单，领导签字后转到会计室执行。财务人员如违规操作，学校将对其实行重罚。

为严格物资入库手续，凡到财务室报销单据的人员，财会人员有权对单据进行审核，核对入库物品是否账物相符、购物单据是否有分管副校长、校长等校产管理人员的签名盖章。如发现手续不全，财务人员有权拒绝支付。

在年度结束时，财会人员须及时完成年度结算、结转等，在下一年度的第一季度，申请审计部门对上年度的财务进行审计、评估。

学校会计工作职责（2002 年试行）

1. 在校长领导下，具体负责学校的财务会计工作。

2. 根据统筹安排、保证重点、量力而行、留有后备的原则，制定经费支出计划，经校委会审议通过，认真监督执行。

3. 贯彻执行国家财政政策法令，认真维护财政纪律和财务开支制度。

4. 不得签发空头支票，并要保护好支票，不准将银行账户借给任何单位和个人套取现金，对余额要及时与银行核对。

5. 各种财务报表做到数字真实完整，说明清楚。

6. 为学校领导当好参谋。

学校出纳工作职责（2002 年试行）

1. 严格按照国家有关现金管理和银行结算制度的规定，根据审核人员审核签单的收付款凭证，进行复核办理收付款项。

2. 严格遵守银行核定的库存现金限额，超过限额的现金，必须当日解入银行，不得以“白条”抵充库存现金，更不得挪用。

3. 根据收付款凭证，逐笔记清日记账，结出余额。做到日清月结，余额要及时核对。

4. 保管好库存现金和有价证券，如有短缺，要负赔偿责任。保管好保险柜密码、钥匙和空白收据，不得以任何理由转交他人。

附表一

2005 ~ 2014 年预算内经费收支情况

单位 / 万元

项目 / 年度	事业收入					事业支出				
	学杂费	择校费	住宿费	出租房	合计	工资福利	个人和家庭补助	日常办公	项目支出	合计
2005	565	200	42	75	882	457.16	83.2	150.82	292.62	983.8
2006	624	160	42	80	906	780.3	92.02	162.3	321.4	1356.02
2007	624	160	42	134	960	821.69	104.51	174.17	365.06	1465.43
2008	610	140	42	110	902	1008.61	129.18	167.27	344.74	1649.8
2009	561	162	40	120	883	1029.51	228	158.3	377.88	1793.69
2010	507	250.6	33.6	110	901.2	1021.49	313.05	156.58	483.5	1974.62
2011	558.4	331.2	29.4	79	1001	1045.33	342.93	284.47	744.96	2417.69
2012	643.1	126.6	29.4	73.7	872.8	1305.18	376.9	271.83	591.84	2545.75
2013	625.5	210	30.8	51.7	918	1469.55	506.21	464.69	514.08	2954.53
2014	623	183	31	51.7	888.71	1879.03	689.51	323.69	502.31	3394.51

附表二

1996 ~ 2011 年政府调剂数

单位 / 万元

年　份	金　额	备　注	年　份	金　额	备　注
1996	17.5		2004	196	其中高考奖励 16 万
1997	27.4		2005	211.36	
1998	86.8	99 年 1 月返回 40 万元	2006	299	
1999	80.2		2007	408	
2000	77.1	调剂 45 万、高考奖励 19 万、养老金 13.1 万	2008	389.99	
2001	130		2009	346.82	
2002	150		2010	261.12	
2003	174	其中高考奖励 14 万	2011	不再调剂	
合计	2855.29				

四、勤工俭学

自建校以来，始终保持自力更生、艰苦奋斗的优良传统。勤工俭学贯穿于学校发展的全过程。建校初期，校舍紧缺，教学设备简陋，广大师生勇于克服困难，自己动手劳动建校，他们利用课余时间往返扁山、相邸等地，搬运砂石砖瓦，垫平校园，修筑道路，建起了教室宿舍，整建了 1800 平方米的运动场。

1958 年 5 月，党的八届二中全会后，全国掀起了大炼钢铁的高潮。学校在县钢铁指挥部的领导下成立了领导小组，全校教职工，学生 10 多个班，七八百人投入了热火朝天的大炼钢铁运动。老师用自己的自行车到距校70多里的坪上运矿砂，每人每次带一百多到二百斤。校园后面是建炉基地，高炉林立，浓烟滚滚。当时学校承担制造坩埚，成立了坩埚营，凡炼铁炉所用坩埚，皆由学校供应。师生吃住在工地，不叫苦与累。当时是兵团作战的模式，指挥到哪，战斗到哪。共建立了小坩埚炉14个，圆形炉45个，邵阳炉8个。学校被县指挥部评为红旗单位。师生停课上阵，全力以赴，付出巨大的精力，严重影响了教学工作，在人力、物力、财力等方面造成了极大的损失和浪费。

1959年6月6日在大曲流河村帮助麦收，期间进行打靶训练

为贯彻中央提出的“教育为无产阶级政治服务，教育与生产劳动相结合”的方针，为国家培养建设人材，学校积极开展了勤工俭学活动，并建立了生产基地，支援农业生产。成立了勤工俭学组织，由李旭亭、刘学忠、赵月东、孙宗元、张延纪、张建池、刘在元等同志分工具体抓。

1958年就组织了勤工俭学小组48个，有理发组14个，80%的男同学自己理发。木工组1个，磨面组2全，土工组1个，补鞋组5个，洗衣组5个等。这年养猪15头，兔10对，鸡40只。绿化校园，植树4700多株，并积极组织师生支援三秋劳动，共刨地瓜8195亩。在农业生产基地方面，原有18亩，后扩至34亩，学生参加的共8861人次，教职工54人，全年共78441个劳动日（其中工业30441个劳动日）。仅1959年生产粮食9700斤，生产蔬菜188465公斤，修理各种校具200余件，养猪92头，兔106只，植树11700株，割山草24000斤，修路69里。制作了测量器，汽灯和双筒水车。为此，有人撰写了一篇文章《敢想敢做的人—记莒南一中张金三同学》，登在山东省大、中学校勤工俭学展览会会刊上。并刊登了学校女同学结蓑衣照片。开始时，由于技术不熟练，织得不细，质量不高，经过虚心学习，刻苦钻研，产品质量超过了当地一般群众所结的水平，得到群众的好评，有诗歌称赞：

锄地

姑娘们，真正强，结蓑衣是内行。
课外活动星期日，两只手儿忙又忙。
心灵手巧织得快，一天能织尺多长。
外头平坦里面光，农民披着喜洋洋。

由于勤工俭学活动开展得较好，8月10日学校选送了部分学生制作的产品，参加山东省勤工俭学展览。8月22日，时任山东省委书记舒同同志接见了莒南一中出席省勤工俭学展览

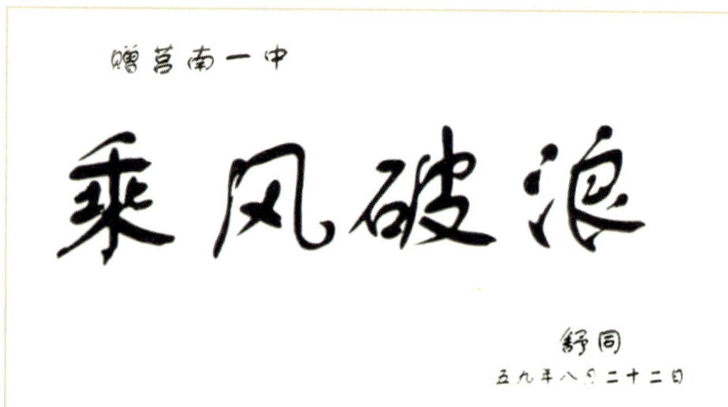

建炉

淘矿砂

会领队刘学忠同志，并为莒南一中勤工俭学活动亲笔题词：“乘风破浪”四个大字。1959年《山东教育》曾刊登过莒南一中开展勤工俭学的有关照片。

1960年上半年，由学校团委出面，组织学生利用课外活动时间，特别是星期天或劳动课时间，进行义务劳动，共收入3000余元，上交团县委2000元，转交县委支援石泉湖建设新农村。剩余的1000多元，当作各班学生福利之用。

是年，学校有农场1个，34亩。收获小麦4355斤，经济作物2549斤，蔬菜56035斤……价值3792.9元。设有机械修配、粉笔墨水生产、缝纫、饲养等校办工厂（场）。

同时积极支援三秋生产，组织全校教职工在14天的劳动中割豆子365亩，刨地瓜49亩。

义务劳动方面，支援石泉湖新村建设，两个月共收入2300元。校办工厂制成雪花膏300余斤卖给百货公司，有25人学会制雪花膏的技术，46人学会制肥皂，88人学会缝纫，净收入2744.9元。

劳动建校方面，建猪栏17间，油漆门窗9间……

是年全校评出劳动较好的学生352人。

1959～1961年，全国遭受特大自然灾害，师生生活困难。学校积极贯彻中央提出的低标准、瓜菜代的方针，自己动手种菜种粮。仅1961年，种菜34亩，收菜112200斤，收地瓜65359斤，粮食1116斤。另，利用“十边地”开荒种植，也有很大收益，教师收地瓜24000斤，补充了一部分口粮，粮食、蔬菜基本上达到了自给，“手中有粮，心中不慌”。广大师生经受住了考验，渡过了难关。1963年，师生动手在校内挖排水沟86道，计7793米；垫修路1412米，整修操场地面14亩。10月12日到11月1日三周时间，全校参加生产劳动的847人，共得10368个工日，平均每人合12个工日。由于师生积极肯干，干活质量好，学校收到表扬信34封。在劳动建校方面，1965年8月30日至10月8日，仅四十天的时间，就运石头87方，折313200斤，砌墙129米，节约运费435元；小工150个，节约180元，共节约615元。这年的上半年共支援生产队劳动工日4678个。此后，每年都利用农忙假，到农村劳动，支援农业生产。

运送矿石

通过几年的勤工俭学和义务劳动，师生发扬艰苦奋斗的精神，锻炼了思想和意志，受到了群众的好评，涌现出了大量的好人好事。但由于长时间的劳动，占用了相当的课堂教学时间，教学工作不能有序进行，教学质量受很大影响。

粉碎“四人帮”以后，学校各方面工作开始拨乱反正，后勤工作有了不少改进和提高。1976年，兴办电镀厂、小型硫酸厂、维修厂，产品有过磷酸钙、拖拉机差速器等，增加了学校收入。建立了财务管理和伙食管理制度，制定领物登记簿，伙房设有考勤记录表，节假日总务处工作人员轮流值班，及时供应教学用品，满足教学需要。

1984年，根据国务院下发的〔1983〕25号文件《关于进一步开展勤工俭学活动的通知》精神，全县中小学积极开展勤工俭学活动。是年，莒南县教育机构改革，学校设立勤工俭学办公室，积极开展勤工俭学活动。王朋富、刘长欣、王洛顺、文臻章、孙运江、唐坤田曾任勤俭办主任。学校通过开展勤工俭学活动，先后成立了手套厂、镀锌厂、木器加工厂、电焊厂等校办工厂。新一轮勤工俭学有别于以往全校师生参与模式，主要由勤俭办领导组织，后勤工作人员为主体。木器加工厂加工教师办公桌椅、学生课桌凳，焊接学生双人床，以及学校日常维修。

通过勤工俭学，学校增加了经济收入，节约了开支，改善了办学条件和教师福利待遇，减轻了学生家庭负担。

1985年，学校被评为“临沂地区勤工俭学先进单位”，王朋富被评为“临沂地区勤工俭学先进工作者”。

1989年，学校再次被评为“临沂地区勤工俭学先进单位”。

1990年后，根据需要扩大了木工厂规模。1995年至2007年，共加工床、厨、桌、凳、作业架、排椅、沙发等2万余件（套），电焊小组为学生宿舍焊铁床1400余张。由于成绩出色，多次受上级表彰奖励。

1993年，王朋富被评为“临沂地区勤工俭学先进个人”。

2007年后，校办工厂规模大幅缩减，仅保留少数工作人员修修补补，大宗校产改为政府采购。

五、生活服务

建校初期，师生的生活服务主要由总务处工作人员及炊事员等承担。虽然条件简陋，生活艰苦，但服务人员总是千方百计创造条件，热心周到为教师、为学生服务。给教师送凉水、提热水，扫地、擦灯罩，开始是煤油灯，后来是汽灯，他们于每晚自习前将各教室汽灯点好，下自习将灯收起。教室内设有纸篓，宿舍内有盆罐、扫地工具。室内外拉有挂衣物和晒被褥的铁丝，可谓关心备至。是时设有大小伙房，教职员在小伙房就餐，饭菜常更新，多种多样，味美价廉，保质保量，炊事人员想方设法改善伙食。教职员无一不入伙就餐。当时路远的学生很多，他们绝大部分在大伙房入伙，少数不入伙的学生，伙房代为馏熟食。学校礼堂兼做餐厅，厅内设有餐桌、餐凳，摆设井然有序，炊事员将饭菜摆在厅内售卖。学生病了，医务人员转告伙房，专做病号饭，炊事人员或医务人员亲自送到宿舍，并问寒问暖，精心护理治疗，学生在校如家。

（一）食堂建设及饮食管理

1952年建校之初，学校即设有大小食堂，为平房建筑。1954年起陆续建起10间学生餐厅兼礼堂，配有餐桌餐凳。1997年，县财政拨款240余万元在餐厅原址上改建成3500平方米的二层餐厅，能同时容纳近2000人就餐，学生就餐条件得到进一步改善。2014年，学校拆除使用多年的燃煤锅灶、茶水炉，铺设燃气管道，配备更为安全环保的茶水炉，进一步改善了饮食条件。

为更好地服务学生就餐，学校根据不同时期上级主管部门及社会各界的要求，先后采取集体经营、个人承包、委托经营等模式进行管理。建校之初至2002年7月，由总务处代表学校对食堂进行经营并管理。期间，学校食堂被临沂市教育局、临沂市卫生局评为“B”级先进单位，时任勤俭办主任孙运江在表彰大会上作典型经验介绍。2002年8月至2007年7月，学校食堂改由徐建个人承包，向学校缴纳承包费，学校勤俭办对食堂的饭菜价格、服务质量、食品安全等进行管理。2007年8月至2009年7月，学校食堂改为集体经营，由勤俭办孙运江等人负责管理。2009年8月至2012年7月，学校食堂由孙云江个人经营管理，双方签订《食堂委托经营合同书》，学校收取营业额的1%作为管理费，用于食堂设备的更新，学校委托时任勤俭办主任唐坤田负责安全卫生等日常管理。2012年8月至2014年8月，学校先后与烟台宏业餐饮管理有限公司、临沂尚美餐饮管理有限公司签订委托经营合同，共同投资，改善就餐条件，学校收取营业额的2%作为管理费。勤俭办主任唐坤田受学校委托负责日常管理。

（二）小卖部经营及管理

建校后较长时间内，校内无小卖部。2001年8月，为方便、服务学生，学校开设小卖部。至2008年8月前，小卖部由张清洁等个人经营并向学校缴纳承包费。2008年8月，学校与莒南开元百货食品公司签订合同，引进“莒南一中开元超市”，杜绝了“三无食品”进校园，加强了食品安全。

1968年学校食堂菜票

（三）食品安全、卫生管理

为加强食品安全、卫生管理，学校先后采取多种经营模式，不断摸索加强食品、卫生安全工作的方法与措施，逐步建立健全安全管理制度。食堂小卖部工作人员持健康证上岗，定期查体，执行《食品进货凭证制度》，坚持完善《食品留样制度》，做到生熟分开，同时加强防鼠、防疫、防毒措施，倡导健康生活方式。为保证各项制度的落实和食品安全，在上级教育主管部门和食品、药品管理部门检查指导的基础上，学校委托总务处副主任唐坤田专人负责，实行随时抽查与定期检查结合的措施，并定期召开学生座谈会，充分发挥学生会的监督作用，对食品安全卫生全方位监管，杜绝了“三无食品”，保证了饭菜、食品价廉物美，食品安全与服务质量得到师生、家长及社会各界的认可。

第五节　安全管理

1983年以前，学校没有专门安全保卫机构和专职人员，学校安全管理由总务后勤人员和班主任、教职工兼职管理，工作任务、工作人员均不明确规范。

1983年，学校设立保卫办公室，林凡新、王洛顺先后任保卫干事。

1996年1月，设立保卫科，首任保卫科长张明亮。

1997年，保卫科下设社会治安综合管理办公室。7月，成立护校队。为保障要害部门的财产安全，为实验楼加装了防盗网。

2001年，学校成立人民调解委员会，设立矛盾纠纷排查调处办公室。

2009年，社会治安综合管理办公室独立设置，廉桂锋任综治办主任。

自此，学校安全管理和社会治安综合治理工作纳入系统化、科学化轨道。

一、安全教育

安全事关学生的切身利益，事关千家万户的幸福，事关社会的和谐稳定，学校每年度都把安全教育和防范管理工作作为重要议事日程，强力推进安全管理“一岗双责”，每学期初学校工作会议上，学校和各科室组层层签订安全工作目标责任书，确保安全管理工作落实到位。

2001年3月，保卫科遵照上级有关指示精神，与学生及学生家长签订《莒南一中学生安全责任书》。此后，为确保学生人身财产安全，形成学校、社会、家长交通安全教育一体化管理，增强安全工作的责任感，杜绝各类安全事故的发生，使学生高高兴兴上学，平平安安回家，保卫科与学生及其家长每学期签订《学生安全责任书》，建立安全教育档案，安全管理工作已形成制度化。

2002年4月，学校举行安全教育大会，并就严防交通事故、严防意外伤害事件、严防消防事故、严防食物中毒等方面提出具体要求。此后学校安全教育大会每年举行一次，纳入学校年度工作计划。各年级各班级每学期都要以安全为主题召开一次主题班会。

2014年10月，安全办、保卫科针对师生交通出行安全问题，组织开展“道路交通安全宣传图片展”。围绕“珍爱生命，平安出行；遵守交规，人人有责”的主题，以交通安全图片展示、发放交通安全资料、邀请交通警察到现场进行安全咨询等方式向广大师生员工进行交通安全知识的宣传教育。

二、消防安全

消防安全工作是学校综合治理的重要内容，关系到学校财产和教师员工的生命安全。学校在消防安全管理工作中，由初步认识到逐步完善，坚持做到不断总结，不断改进，形成了以消防技能培训、消防演练为教育保障、消防器材为物质保障、消防安全检查为措施保障的消防安全管理体系。

2001年11月，莒南县消防大队在学校操场举行县直各企事业单位消防灭火演练。

2005年12月，县消防大队来学校进行消防新闻宣传录制工作。

2010年3月，学校举行消防培训、灭火演练和应急疏散演练。自此始，学校每年度都举行相关演练。

2010年7月，临沂市教育局、消防局、地震局来校检查平安和谐校园建设工作。

2014年3月、4月、9月、10月，学校分别举行消防灭火演练、消防疏散演练，提高了学校实际应对和处置突发安全事件的能力，进一步增强了师生防震、消防安全意识，真正掌握了在危险中迅速逃生、自救、互救的基本方法，提高了抵御和应对紧急突发事件的能力。

三、法制教育和社会治安综合治理工作

法制教育是学校教育管理的重要内容。2000年前，主要通过思想政治教育课落实，此后，学校把法制教育列入学校工作重要议事日程，学校校长直接抓，分管副校长具体抓，学校教导处、政教处、保卫科具体分工负责组织实施。

2001年9月，莒南县人民武装部在学校操场举行国防教育法万人签字仪式。

2002年，根据上级要求，学校开始聘任法制副校长，第一任法制副校长由县法院副院长张怀宗兼任。5月，学校举行大型法制教育报告会。

2003年11月，学校法制副校长、县法院副院长张怀宗为师生作法制专题报告。

2004年5月，在县刑警大队召开的全县公安系统执法执纪监督会议上，校长尤洪平被县公安局聘为“执法执纪监督员”。

是月，学校艺术团近20名学生参加“平安莒南民兵军事训练慰问演出”，学校的舞蹈《青春的旋律》《爱我中华》及女生独唱《兵哥哥》受到了领导和受训官兵的一致好评。

10月，学校召开法制教育大会。这次法制教育大会，主要是由临沂监狱的四位服刑人员进行现身说法，对广大学生产生强烈触动，极大增强了学生学法、知法、懂法、守法的自觉性。

2005年11月，学校举行“告别网吧、珍爱青春、健康成长、立志成才”宣誓活动。

是月，学校举行法制教育大会，法制副校长、莒南县人民法院副院长王永秀作法制报告。

2006年4月，为加强法制教育，学校组织高一学生到文化广场参加公捕公判大会。

2007年11月，法制副校长、县人民法院副院长王永秀来校，再次为全体师生上法制教育课。

2009年10月，学校举行“法制教育报告会”，临沂监狱教育科葛兴玉科长、杨思列主任，县人民法院副院长王永秀、李姝贞来校作法制教育报告。

12月，学校召开了“加强法制宣传教育，共建平安和谐校园”会议。

2010年7月，县政法委来学校检查综合治理等工作

8月，临沂市司法局副局长李伟一行，在县委常委、县政法委书记聂相仕，县司法局局长葛为表，县司法局副局长赵建新等领导的陪同下来校检查验收学校“五五”普法依法治理工作开展情况，对学校“五五”普法开展情况给予充分肯定。

11月，临沂市“关爱明天，普法先行”青少年普法教育工作调研组一行12人在市关工委副主任、原市人大副主任刘锡祥，市关工委副主任张伟祥的带领下来学校检查指导工作。莒南县关工委主任杨文明，副主任葛树民、李永田，中共莒南县委副书记、县长庄光海，莒南县教体局局长、党委书记、学校党总支书记徐广军，学校校长尤洪平陪同调研。调研组对学校普法工作取得的成绩给予了充分肯定，并对下一步的普法工作提出了具体要求。

2011年6月，县政法委、司法局、教体局的领导来学校检查平安创建工作，通过认真检查，检查组对学校的平安创建工作给予了充分肯定，并对下一步的工作提出了指导意见。

11月，莒南县中小学聘任法制副校长工作会议在学校举行。

12月，为构建平安和谐校园，进一步增强学生法制观念，提高学生自我保护和防范意识，教育学生成为学法、知法、懂法、守法的公民，学校法制副校长、莒南人民法院副院长殷方昭来校举办“法制教育报告会”。

是月，莒南县教育体育局党委成员卞清君，县司法局办公室主任孟祥满，县教体局老干科科长、人事科副科长李永雷，县教体局安全科负责人徐建等一行来学校检查社会治安综合治理和平安创建工作，对学校的平安和谐校园建设工作给予了高度评价。

2012年12月，莒南一中法制副校长、莒南人民法院副院长殷方昭再次来校举办“法制教育报告会”。

2013年2月，学校召开学期工作大会暨平安和谐校园建设工作会议。

3月，教育部发布《中小学校岗位安全工作指导手册》，明确了中小学校从校长、党支部书记、副校长，到工会主席、保卫主任、总务主任，再到任课教师、门卫、保安、校车管理员等40个岗位所承担的安全职责。学校及时组织学习落实，进一步确立一岗双责，并将所有教职员工岗位安全职责制成版面上墙。学校制定了预防拥挤踩踏、大型活动、食品卫生等16项与安全相关的日常工作流程和学生伤害事故、

学生食物中毒、学校突发传染病、拥挤踩踏事故等14项学校突发事件应急流程，修改和完善了突发事件应急预案、安全责任书、安全工作检查表等3类共计10余个文件，使学校安全管理更加有章可循，规范高效。

10月，学校师生集中观看了“关爱明天、普法先行”青少年普法教育专家讲座，中国人民公安大学教授、中国青少年犯罪学会常务理事王大伟教授通过具体案例与专家点评等，对未成年人成长问题进行深刻分析和科学指导。此次活动，师生感触颇深，对学生未来成长意义深远，促进了学校普法教育工作再上新台阶。是月，学校举行“零犯罪学校”创建活动启动仪式。学校中层以上领导、全体班主任、各年级学生代表近3000人参加了仪式。

11月，学校召开法制教育报告会。莒南县检察院未成年人检察科副科长徐淑涛为学生作了法制专题教育报告，推动了学校普法工作的开展。

2014年2月，学校召开平安校园建设暨安全工作会议。

3月，学校举行第十八个全国中小学生“安全教育日”活动启动仪式，号召广大师生积极行动起来，广泛深入地开展主题鲜明、形式多样、具有特色的安全教育日主题教育活动，大力普及安全知识，提高师生安全避险能力。

11月，为认真贯彻落实中共中央国务院《关于进一步加强和改进未成年人思想道德建设的实施意见》和《未成年人保护法》，提高学生思想道德水平和法律素质，让法制走进校园，进一步增强学生的法制意识，学校召开法制教育报告会，莒南一中法制副校长、莒南县检察院政治处主任刘京升为全校师生作法制教育专题报告。

是月，为贯彻落实《未成年人保护法》《中共中央国务院关于进一步加强和改进未成年人思想道德建设的若干意见》精神，让广大青少年切实做到“远离网吧，拒绝网瘾”，更好地采取“疏”“堵”结合的方式引导未成年人健康上网，学校举行了“拒绝网瘾，从我做起”主题教育活动。

由于学校高度重视安全管理工作，在实践中不断创新和完善管理机制，学校安全管理“一岗双责、纵横交叉”的“网格化区域管理”方案日趋成熟，获得一系列荣誉。

2003年，学校被授予“临沂市社会治安综合治理先进单位”称号。

2004年，学校被表彰为“莒南县社会治安综合治理先进单位”“平安山东建设先进基层单位”，学校新区被表彰为“安全文明小区”。

2006年，学校获得“全国青少年普法教育示范学校”“全国青少年普法教育竞赛优秀组织奖”和“莒南县2006年度经济文化保卫工作先进单位”称号。

2008年，学校被临沂市教育局表彰为“临沂市平安和谐校园创建工作先进单位”，被莒南县安监局、教育局表彰为“平安校园建设先进单位”，被临沂市教育局表彰为“平安校园建设暨学校安全工作先进学校”，被临沂市全民普法依法治理工作领导小组评为“全市五五普法依法治理中期先进单位”。

2009年，学校被莒南县综治办、莒南县安监局、莒南县教体局联合表彰为“平安校园建设工作先进单位”，被山东省教育厅授予“山东省依法治校示范学校”荣誉称号，被临沂市教育局表彰为“教育普法工作先进单位”“平安和谐校园”。

2010年，学校被中共莒南县委、县政府表彰为“平安莒南建设先进单位”“全县信访工作先进单位”，被临沂市委、市政府授予“全市普法依法治理工作先进单位”称号，被临沂市教育局授予“全市五五教育普法工作先进集体”称号。

2011年，学校被中共莒南县委、县政府表彰为“平安莒南建设先进单位”“平安校园建设工作先进单位”。

2012年，学校被授予“平安莒南建设先进单位”“平安校园建设工作先进单位”称号。

2013年，学校被表彰为“平安莒南建设先进单位”“平安校园建设工作先进单位”，被国家司法部、全国关工委评为“全国青少年普法教育先进单位”，校长尤洪平、副校长尚庆海被评为“全国青少年普法教育先进个人”，孙钦亮被评为“全国青少年普法教育优秀辅导员”。

2014年，学校被表彰为“全国青少年普法教育先进单位”“平安莒南建设先进单位”“莒南县平安校园建设工作先进单位”。

莒南一中学生安全知识口诀

一、交通安全常识

过街要走人行道，接听工具暂关掉。路口转向速度缓，看清示意再往前。

交通规则记心间，骑车“十不”保安全。骑车走路要看清，井盖丢失是陷阱。

翻越护栏穿公路，出现险情是多数。乘车系好安全带，头手不出车窗外。

铁轨冰冷又无情，不要玩耍和留影。乘船排队莫挤推，打闹争抢易落水。

二、消防安全常识

消防设施要爱惜，以免火起救不及。教室宿舍杂物橱，禁燃蚊香和蜡烛。

床底角落找东西，不用明火防灾起。安全使用电灯泡，纸布靠近易燃烧。

注意火种与火源，确认熄灭保安全。乱接电线引火灾，乱拆电器出意外。

燃放鞭炮看说明，大人看护保太平。玩火自焚是古训，火灾立即报警讯。

三、体育活动安全常识

生命活力在运动，充分热身再运动。参加运动守纪律，文明运动守秩序。

比赛技术和风格，斗气违规犯守则。运动之中重防护，沙子垫子加卫护。

运动虽好忌过量，切莫赌气和逞强。铁饼标枪和铅球，安全距离必须留。

游泳要到游泳池，江河湍急把人吃。身患疾病要报告，停止运动很必要。

四、饮食卫生安全常识

饭前坚持洗净手，饭后一定要漱口。不喝生水不染病，少食生冷体安宁。

鸡鸭鱼肉应煮熟，生吃瓜果要洗净。腐烂食物赶紧扔，切莫心疼把己坑。

劣质食品和饮料，危害身体要扔掉。野菜野果慎食用，有毒菇菌不采用。

野生动物受保护，非典教训记牢固。粗细搭配吃饭香，暴吃暴喝损健康。

五、集体活动安全常识

集合听号令，两眼路看清。排队讲秩序，乱挤要生命。

旅游听指挥，守时不掉队。高温防中暑，盐水及时补。

楼梯弯腰捡东西，人多防止成拥挤。楼梯右行需小心，楼道缓行宜侧身。

结伴外出搞活动，最忌追逐和起哄。崖边照相挺危险，后退选景方安全。

六、娱乐安全常识

路上做游戏，生命当儿戏。影视功夫皆特技，盲目模仿最顾忌。

刀枪棍棒皆伤人，游戏玩耍有禁忌。燃放爆竹离物远，点燃未响不急看。

酒伤肝，烟熏肺，影响健康伤害胃。善用网络助学习，沉沦网迷误自己。

放飞风筝选地点，退着放飞有危险。玩笑适当别过分，尊重他人友情真。

七、家庭生活安全常识

开水壶盖敞，小心跌落烫。开水壶，热油锅，小心稳放在角落。

油锅起火盖锅盖，鲜菜也可防火灾。使用燃气要开窗，先火后气最稳当。

使用高压锅，勤查减压阀。电器冒烟火花闪，立即关掉总电源。

电器尽量水不沾，湿布擦拭易触电。阳台风光好，摔下不得了。

八、暴力伤害防范常识

陌生人叫门，小心别开门。睡前关门窗，插销别忘上。

夜晚室外上厕所，穿衣结伴没有错。碰见疯癫易远离，围观取笑要切忌。

谨慎交友莫贪心，天掉馅饼不是真。毒品是把刀，吸毒命半条。

遇见威胁和敲诈，想法报告找警察。碰上盗劫与绑架，机智灵活巧拿下。

九、自然灾害防范常识

龙卷风来开对窗，洼地伏身心不慌。洪水袭来上屋顶，大树避难耐心等。

遇上山洪不渡河，免被冲走滚下河。断折电线要远避，否则好像被雷劈。

野外遇雷躲洼处，高处尖凸易雷击。地震来时选空场，室内躲进窗桌下。

课间遇震不乱套，顺序外跑顶书包。暴风雪来不可怕，认清路线向前跨。

十、自护自救常识

扭伤肌肉和关节，冷水浸敷勿揉捏。重伤出血送医院，轻伤出血创可贴。

红肿烫伤冷水冲，严重灼烫医院送。渣滓掉进眼睛里，水冲口吹巧用力。

吃鱼尽量不说话，以防鱼刺喉咙卡。遇人触电关电源，手用木棍足绝缘。

见人逆水急呼救，杆棒伸援最优秀。抢救逆水休克者，人工呼吸防咬舌。

第三章

教 职 工

第一节　教师来源及结构

学校建于1952年，时招4个初中班，教职工主要来自大店师范学校及全国各地支援“三边”的教师，共27名教职工。1953年，有教职工近40人。1956年，临沭县撤销，原临沭中学划入莒南。县内中学始按序号排列，学校更名为“莒南第一中学”。首次招收4个高中班，另有初一4个班、初二4个班、初三5个班，共17个班750人，教职工增至55人，学校遂成为一所完全中学。1965年，有教职工100人。在此期间，为改进教学，提高教学质量，积极组织教师参加业务进修，其中12人参加理论学习，13人参加文化进修（函授）；同时，为提高自身的文化知识水平，职员也都有不同的文化学习计划，有的上夜校，有的跟班听课，以适应学校工作的需要。

“文革”期间，全国上下开展“停课闹革命”。莒南一中根据上级有关要求实行教师“家乡化”，大部分外地教师返回原籍。1969年，教师得到一定程度的补充，教职工队伍得以扩大。1970年秋，受“一打三反”运动影响，部分教师被赶回家，教师队伍缺额过大。1979年，开始纠正历次运动中一些教师的冤假错案，被赶回家的教师重新回到学校；另有部分大专生，也被分配到学校工作。1980年始，师范院校毕业生陆续分配到学校。1984年以来，学校完成教师队伍以德能勤绩为核心的考评、整顿、调整工作，师资力量稳步壮大，整体素质得以全面提高。

1995年，学校新的领导班子上任，原莒南师范学校部分教师合并到莒南一中，学校教学规模进一步扩大，教职工达到287人。

1998年，复习班教师合并到莒南县高考补习学校，初中部与城关第二中学合并成立莒南县实验中学（后更名为莒南县第六中学），所有初中生及教师划归实验中学，教学班级及教职工人数减少，当时有57个教学班，在校生4100余人；教职员工280人。其中特级教师2人，高级教师78人，一级教师119人；离退休及退居二线教职工72人。

2000年始，学校高中招生规模逐年扩大，师资需求量随之增加。学校每年招聘部分应届本科毕业生，并在全县范围内选调部分业务骨干教师，充实一线教师队伍。

2006年，学校有教职工408人，专任教师237人。其中高级教师104人，中级教师122人；研究生学历11人；国家级、省级骨干教师7人，特级教师1人，“沂蒙名师”3人，“莒南名师”14人，市县级骨干教师、教学能手116人。

2007年，学校开始大力推进“名师立校，人才强校”战略，不断完善人才培养与引进机制，专任教师增至278人。其中高级教师128人，中级教师119人；研究生学历18人，国家级、省级骨干教师7人，“沂蒙名师”2人，“莒南名师”13人，市级教学能手、教学新秀6人，县级教学能手61人、教学新秀6人。

2014年，学校教职工有386人，专任教师292人。其中高级教师120人，中级教师144人，具有研究生学历的19人，国家级、省级骨干教师7人，“沂蒙名师”2人，“莒南名师”13人，市级教学能手、教学新秀13人，县级教学能手、教学新秀71人。

附表 1

学校 1952 ~ 2014 年教职工人数表

年 份	教职工总数 / 人	年 份	教职工总数 / 人	年 份	教职工总数 / 人
1952	27	1993	205	2004	385
1956	55	1994	207	2005	385
1958	72	1995	287	2006	408
1965	100	1996	303	2007	395
1973	74	1997	325	2008	400
1987	158	1998	280	2009	394
1988	173	1999	302	2010	400
1989	177	2000	307	2011	398
1990	183	2001	342	2012	395
1991	194	2002	363	2013	392
1992	206	2003	380	2014	386

附表 2

学校 2001 ~ 2014 年入校教职工名单

姓 名	年 份	性 别	学 科	学 历	来 源
韩 炜	2001	女	地理	本科	调入
崔可菊		女	化学	本科	考录
焦守红		女	汉语	本科	考录
瞿 锐		男	汉语	本科	调入
孙钦胜		男	外语	本科	调入
徐定欣		男	生物	本科	调入
朱礼华		男	汉语	本科	考录
程纪军		男	汉语	本科	调入
林德联		男	数学	本科	调入
马宗霞		女	汉语	本科	调入
孙崇华		男	政治	本科	调入
王 娜		女	汉语	本科	调入
王玉英		女	地理	本科	调入
尤洪平		男	化学	本科	调入
邓兰山		男	英语	本科	调入
高存雷		男	地理	本科	调入

续表 1

姓　名	年　份	性　别	学　科	学　历	来　源
李善云	2001	女	生物	本科	调入
李相年		男	数学	本科	调入
时少飞		男	体育	本科	考录
孙淑荣		女	科技	本科	考录
郁秀燕		女	地理	本科	调入
刘常伟	2002	男	体育	本科	考录
吉春国		男	教育	本科	考录
王晓平		女	英语	本科	调入
薛清周		男	数学	本科	调入
朱淑娟		女	物理	本科	考录
宋维山		男	化学	本科	调入
张永恒		男	英语	本科	调入
化立美		女	体育	本科	调入
唐坤田		男	生物	本科	调入
徐兰荣		女	汉语	本科	调入
张　驰		男	汉语	本科	调入
赵维欣		女	政治	本科	调入
周学华		女	生物	本科	调入
何　双	2003	女	数学	本科	考录
厉　丽		女	音乐	本科	考录
聂英荣		女	化学	本科	考录
孙　胜		男	体育	本科	考录
王洛江		男	物理	本科	考录
王祥波		男	英语	本科	考录
王玉涛		男	体训	本科	考录
许洪喜		男	化学	本科	调入
张爱萍		女	汉语	本科	调入
庄绪栋		男	地理	本科	考录
陈西涛		男	数学	本科	调入
史佩玺		男	化学	本科	调入
刘　梅		女	语文	本科	考录
魏玉新		男	数学	本科	调入

续表 2

姓 名	年 份	性 别	学 科	学 历	来 源
崔玉晓	2004	女	英语	本科	考录
李汉军		男	数学	本科	考录
刘艳彩		女	英语	本科	考录
刘艳红		女	化学	本科	考录
毛利群		男	美术	本科	考录
潘继奎		男	物理	本科	考录
潘 磊		男	化学	本科	考录
王乐文		男	生物	本科	调入
王维华		女	物理	本科	考录
徐 岩		女	汉语	本科	考录
许长磊		男	政治	本科	考录
杨 飞		女	英语	本科	考录
张 倩		女	汉语	本科	考录
赵永春		男	计算	本科	考录
郑 吉		男	汉语	本科	考录
郝玉强		男	生物	本科	调入
贾润昌		男	数学	本科	调入
李玉才		男	数学	本科	调入
李振义		男	生物	本科	调入
刘庆松		男	数学	本科	调入
徐海燕		女	数学	本科	调入
徐恒武		男	数学	本科	调入
尤 超		女	美术	本科	考录
张立兴		男	数学	本科	考录
赵进菊		女	地理	本科	调入
卢绪娟		女	行政管理	专科	调入
董保森		男	中文	专科	调入
曹 磊	2005	男	数学	本科	考录
李海丽		女	英语	本科	考录
李兴娟		女	生物	本科	考录
李永伟		男	体育	本科	调入
倪淑贞		女	汉语	本科	考录

续表 3

姓　名	年　份	性　别	学　科	学　历	来　源
孙成强	2005	男	汉语	本科	考录
孙　云		男	数学	本科	考录
王义涛		男	外语	本科	考录
杨　颖		女	音乐	本科	考录
张新苓		女	汉语	本科	考录
赵鹏飞		男	音乐	本科	考录
范玉峰		男	数学	本科	调入
公　正		男	地理	本科	考录
闫志峰		男	历史	本科	考录
鲁统群		男	生物	本科	调入
王甲峰		男	生物	本科	调入
王林业		男	政治	本科	调入
张　鹏		男	体育	本科	调入
赵彦娟		女	护理	本科	调入
孙　超	2006	男	汉语	本科	考录
陈长正		男	汉语	本科	考录
李召艳		女	政治	本科	调入
孙　艳		女	汉语	本科	考录
王素侠		女	教育学	本科	考录
尉世英		女	数学	本科	考录
闫凡英		女	英语	本科	考录
杨冰玲		女	英语	本科	考录
杨洪军		男	数学	本科	考录
杨希芝		女	数学	本科	调入
张　迪		女	化学	本科	考录
赵瑞梅		女	英语	本科	考录
阚京锡		男	化学	本科	调入
任高峰		男	数学	本科	调入
张守庆		男	地理	本科	调入
贾志良		男	英语	本科	调入
刘朝国		男	历史	本科	调入
张宗芹		女	生物	本科	调入

续表 4

姓 名	年 份	性 别	学 科	学 历	来 源
王美志	2006	女	美术	本科	调入
王广军		男	物理	本科	考录
张 娟		女	数学	本科	考录
夏培殿	2007	男	物理	研究生	分配
刘加波		男	历史	研究生	分配
谢玉梅		女	语文	本科	分配
汪晓燕		女	英语	本科	分配
王晓琳		女	英语	本科	分配
陈优伟		男	化学	本科	分配
陈兆良		男	地理	本科	分配
张玉成		男	生物	本科	分配
刘 静		女	美术	本科	分配
赵金波		男	语文	本科	调入
闫凡胜		男	信息	本科	调入
张 燕		女	英语	本科	调入
张建华		男	数学	本科	调入
张 芳		女	数学	本科	调入
孙钦东		男	政治	本科	调入
陈为东		男	政治	本科	调入
赵祥法		男	历史	本科	调入
王沂峰		男	美术	本科	调入
田晓芸		女	音乐	本科	调入
戴 欢		女	音乐	本科	调入
秦向芹		女	信息	本科	调入
孙珊珊		女	数学	本科	调入
孙家信		女	化学	专科	调入
贾玉兰		女	政治	本科	调入
孟祥杰		男	英语	本科	调入
崔言翠	2008	女	英语	本科	分配
孙 星		女	数学	研究生	分配
卢同良		男	语文	研究生	分配
王贤峰		男	生物	研究生	分配

续表 5

姓　名	年　份	性　别	学　科	学　历	来　源
李　娜	2008	女	政治	研究生	分配
牟秀娟		女	历史	研究生	分配
李贝贝		女	音乐	本科	分配
孙　莹		女	体育	本科	分配
张玉祥		男	生物	本科	分配
王洪粉		女	物理	本科	分配
纪凡建		男	教育技术	本科	分配
文章海		男	化学	本科	调入
滕明升		男	物理	本科	调入
滕艳云		女	地理	本科	调入
孙玉杰		男	英语	本科	调入
孙　阳		女	英语	本科	调入
许仕博		男	语文	本科	调入
孙钦燕	2009	女	政治	本科	调入
李　军		男	数学	本科	调入
李　研		女	语文	本科	调入
赵丙霞		女	数学	本科	调入
郑成胜		男	化学	本科	调入
孙姝洁		女	语文	本科	调入
潘丽竹		女	音乐	本科	调入
陈　香		女	生物	本科	调入
刘萍萍		女	语文	本科	调入
刘姗姗		女	语文	本科	调入
刘洪刚		男	体育	研究生	分配
汪会霞		女	化学	研究生	分配
李　华		女	数学	本科	分配
李奎民		男	政治	研究生	分配
庄敏英		女	体育	本科	调入
卢友涛		男	语文	本科	调入
李善珍		女	计算机	本科	调入
徐立彬		男	地理	本科	调入
郁云龙	2010	男	数学	研究生	分配

续表 6

姓 名	年 份	性 别	学 科	学 历	来 源
徐 伟	2010	男	计算机	本科	考录
郝玉站		男	物理	本科	分配
时 杰		男	教育学	本科	调入
张守胜		男	化学	本科	调入
刘松香	2011	女	语文	专科	调入
刘厚伟		男	语文	研究生	调入
张奥翔		男	音乐	本科	调入
克长红		女	音乐	本科	调入
田玲芳		女	化学	本科	调入
徐明霞		女	教育技术	本科	调入
张秀玲		女	地理	研究生	考录
葛 振		女	政治	研究生	考录
王三军	2012	女	英语	本科	考录
杜美玉		女	历史	本科	考录
宋召敏		女	数学	本科	考录
徐翠红		女	政治	本科	考录
姚姝秀		女	语文	本科	考录
左兴高		男	体育	本科	考录
朱玉萍	2013	女	语文	本科	考录
邢 英		女	物理	本科	考录
丁丽丽		女	英语	本科	考录
鲁彦华		女	政治	本科	考录
王学权		男	历史	本科	考录
徐亚男		女	化学	本科	考录
陈艳敏		女	数学	本科	考录
常会亮		男	地理	本科	考录
刘 艳	2014	女	历史	研究生	考录
徐 超		女	化学	本科	考录
朱心足		男	语文	本科	考录
葛 俊		女	生物	本科	考录
范开健		男	数学	本科	考录
刘桂淑		女	语文	本科	考录

续表 7

姓　名	年　份	性　别	学　科	学　历	来　源
刘媛媛	2014	女	英语	本科	考录
朱秀荣		女	数学	本科	考录
赵玉艳		女	化学	本科	考录
王胜兰		女	物理	本科	考录

第二节　教师职称聘任

我国现有的职称，源于建国初期职称的名称，后来职称的含义逐渐发生了变化。建校初期至50年代末，依据国家教师专业技术职务任命制度，学校根据教育教学工作的需要和机构编制的情况确定专业技术职务，并任命人员，只要提升了职务就可以相应地增加工资。60年代初期，由于我国经济陷入困难时期，教师专业技术职务任命制度基本上停了下来。粉碎“四人帮”以后，根据邓小平同志的指示精神，作为尊重知识、尊重人才的一项重要举措，我国实行了教师专业技术职称评定制度。学校根据政策的变化也推行了教师专业技术职称评定，只要评上了相应的职称，不需要再聘任职务，教师专业技术职称实际上成了教师工作成就、学术水平和业务能力的主要标志。1983年9月，国务院决定暂停评定职称，进行整顿。1986年开始实行专业技术职务聘任制度，在任职期间领取专业技术职务工资。专业技术职务不同于一次获得后终生拥有的学位、学衔等各种学术、技术称号，它具有明确的岗位职责、任职条件和任期限制，与工资待遇挂钩，所聘职务只在单位内部有效，成为集评价、使用、待遇三位一体的人事管理制度。1988年进行职称改革，经上级领导批准，聘高级教师17名，一级教师47名。

自1994年开始，逐步推行专业技术人员职业资格证书制度。1996年，学校成立教师职称认定领导小组，并设立办公室，严格执行《教师职称评审条例》和莒南县教育局有关文件精神，对学校教师职称认定工作进行精心部署和安排。严格按照教师职称认定机构的职责和权限，建立健全规章制度，不断完善工作流程，坚持标准，依法评聘，通过“严把三道关口”“开好两次会议”“进行一次公示”的有效举措，保证学校教师职称认定工作的严肃、高效、公开、公平、公正。

1996年教师资格认定情况如下：中学高级教师37人。具体名单：邓兰芳、李广振、杨家宝、杨宗祥、张定余、黄光显、张光耀、陈迪琪、田栋文、夏兆法、郑家荣、魏本芳、王杰生、李其源、卢继美、王长法、李西修、纪凡开、宋考金、王朋国、王明聚、张继国、杨成田、彭学聪、刘长欣、李奎武、董月宝、刘树彦、陈之太、文凤菊、朱瑞岭、李　英、张西华、谢仁荣、徐恒高、甄洪祥、袁丕海。

中学一级教师109人，具体名单：宋维山、殷文广、刘树宇、王洛伟、韩继庆、尚庆海、王子黎、李洪堂、孙钦法、徐衍见、许宝鹤、宋国宏、张传奎、王广运、张广科、胡顺香、宋维连、曹现祥、孙钦燕、孙运山、徐　同、王崇好、林学珍、侯维芳、魏茂标、许春恒、滕跃文、王乐信、刘　丽、张宗凤、李树祥、庞德河、卢希军、刘树乾、刘　洁、吕文堂、王洪江、葛成平、陈　青、卢其来、梁乾培、李怀记、韩希勇、王文庆、郭洪登、陈维花、咸兰涛、艾立东、魏绪高、王传民、庄欠杰、王汉群、张守法、王言亮、杜新元、孙绪坤、张继文、徐广伟、刘辉、孟庆彬、张明亮、季玉献、纪庆卓、徐淑连、宋伟民、李兰仁、李家友、朱正贤、陈常民、唐顺志、汪兆欣、王文金、王新金、庄欠海、孙运琴、曾兆玲、陈庆交、赵统选、王忠明、赵建秀、徐 辉、高秀玲、王京武、王善英、尉 蔚、汲传杰、张法和、时少臻、张树梅、王朋富、薛会清、姜少亭、侯家凤、何玉梅、李世营、郭秀萍、李 蕤、刘桂芝、卢兆花、孙翠琴、王成菊、陈子良、李高玉、潘远均、谭中伟、刘玉臻、吴亮成、郝善太、徐宝一。

中学二级教师 96 人，具体名单：邵主峰、王开一、翟文波、张立文、赵凡明、秦茂增、杨守卫、张守信、孙龙杰、解玉亮、李京凤、孙秀云、陈庆增、高秀礼、聂林宝、史守松、唐龙廷、陈广永、杨云旭、范奉存、付文战、付廷宽、孙国、刘春竹、克西国、张树明、韦有成、王义祥、朱孔章、王凌云、孙成田、李明玉、李永世、徐修启、葛玉琦、刘文新、朱孔京、韩同常、李乃善、陈烨、张传旭、王统霞、李淑华、李舒、李伸、陈 林、庄惠凤、刘为玲、宋考治、庄会江、丁其艳、燕 平、程 潜、化立美、崔树芳、赵玉梅、董素荣、郭洪全、王林江、王 伟、沈爱臻、杜清超、宋庆轩、董庆绘、孙冰一、李世荣、刘学柱、王 军、李玉德、赵西龙、杨芝玲、王祥善、朱坤达、朱建丽、邢彦丽、王洛波、葛成海、李克喜、滕华勇、李新亭、王洛顺、马玲、张清洁、毛家良、张力国、鲍善国、张步均、王毅祥、聂林祝、孙成科、张继奇、张孝义、王作芳、王希田、刘长春、王康新。

中学三级教师 27 人，具体名单：杨佃军、庄 丽、陈庆秋、侯树波、宋国翠、闫俊范、孙钦军、朱新华、文臻章、庄保华、王国利、葛为业、郁有海、王世春、石安亮、郭恒仁、冯新华、葛家远、陈 伟、赵桂林、张春习、徐建、宋 强、王克锋、李春华、孙广涛、滕敦聚。

另有图书馆员、助理图书馆员、主治医师、医师、会计师、助理会计师及未有职称的等12人。

1997 年，聘任纪庆卓、朱正贤、许宝鹤、张法合、徐淑连、刘景文为中学高级教师。聘任付廷宽、朱孔京、燕平、唐龙廷、王林江、滕跃文（改系列）、薛惠清（改系列）、李树祥（改系列）、韩继庆（改系列）、王汉群（改系列）、孙钦燕（改系列）、李高玉（改系列）、时少臻（改系列）为中学一级教师。聘任李世荣（破格）为小学高级教师。聘任孙龙杰、鲁统群、王军、庄丽、杨佃军、杨继飞、朱礼营、胡尊玉、李怀锐、鲍善国、陈庆秋、孙钦军、闫俊范、侯树波、宋国翠、庄保华、张志军为中学二级教师。聘任庄肖娟为助理讲师。

1998 年，聘任季玉献、杜新元、吴亮成、张明亮、李家友、宋维民、赵建秀、时少臻为中学高级教师。聘任杜清超、李永世、孙成田、赵凡明、李乃善、刘春竹、王义祥、杨芝玲、崔树芳、韩同常为中学一级教师。聘任王瑞霞为图书管理员。聘任王世春、王国利、陈国玲、刘素霞、赵贵北、卢煜、崔凤玲、刘均田、宋春丽、潘月雷、秦夫良、左锦、胡哲为中学二级教师。

1999 年，聘任王延高、王汉群、王广运、王洪江、王洛伟、李宏堂、徐衍见、刘丽为中学高级教师。聘任刘文新、克西国、解玉亮、王文远为中学一级教师。聘任葛为业、杜新江、朱海英、何丽丽、李贤伟、马丽芳、厉彦考、孙钦亮为中学二级教师。聘任丁元香为卫生中级专业技术职务。

2000 年，聘任尚庆海、王崇好、张广科、卢其来、许春恒、庞德河、徐同、卢希军为中学高级教师。聘任王洛顺、陈庆增、杨云旭、何颖霞、王钟鸣（改系列）、王京武（改系列）、张守法（改系列）为中学一级教师。聘任孙运江为小学高级教师。聘任邢彦丽为图书资料管理员专业中级职务。聘任米新华（改系列）为小学二级教师。聘任杨其艳、朱新筱、张旭华、王言芳、宋维明、刘贯晓、陈祥梅、王相娜为中学二级教师。

2001年，聘任尤洪平、郭洪登、胡顺香、张宗凤、庄欠海、刘树宇、徐辉、陈青、王新金为中学高级教师。聘任部效建、付文战、王凌云、王开一、翟文波、马玲、朱坤达、史守松、朱孔章、韦有成、张守信、高秀礼、孙崇华为中学一级教师。

2002年，聘任赵统宣、汪兆欣、葛成平、林学珍、李蕤、宋维连、王成菊、王文庆、魏绪高、张传奎、刘洁、孙钦法、宋维山、赵维欣为中学高级教师。聘任葛成海、王统霞、李京凤、彭春雨、孙国、聂林宝、董庆绘、时伯英、宋连璇、庄会江、徐修启、张立文、闫英慧为中学一级教师。

2003年，聘任韩继庆、李相年、付廷宽、侯维芳、刘春竹、刘树乾、孙运山、王乐信、魏茂标、徐广军、燕平、张永恒、赵凡明为中学高级教师。聘任王毅祥、曹佃蕾、李新亭、程继军、马宗霞、李明玉、杨佃军、卢进秋、张树明、郭永伟、陈庆秋、张立泉、徐彬为中学一级教师。

2004年，聘任陈维花、李怀记、李兰仁、李庆花、李永世、宋庆轩、孙成田、王义祥、徐恒涛、杨云旭、赵金勤为中学高级教师。聘任秦夫良、刘明珠、陈晓艳、王召娟、王文江、孙钦胜、赵玉梅、陈丽清、杨守卫、孙秀云、陈广永、崔凤玲、韩炜为中学一级教师。

2005年，聘任马玲、王传民、艾立东、聂庆培、王肖飞、郭洪全、程潜、杜清超、王言亮、化立美、吕文堂、刘文新为中学高级教师。聘任王娜、郁秀燕、王乐文、刘振飞、张爱萍、刘素霞、胡尊玉、陈国玲、张伟玲、李贤伟、马立芳、杜新江为中学一级教师。

2006年，聂林宝、彭春雨、史守松、孙国、孙运雪、王开一、王统霞、王玉英、徐定欣、徐兰荣、朱孔章晋级中学高级教师。高存雷、曹秀贞、林申、周学华、聂成娟、张军峰、范玉峰、孙运源、韦庆兵、刘栋、杨震、孙钦军、李永伟晋级中学一级教师。纪盈盈、杨希芝、王美志、聂英荣、赵鹏飞、孙云、李海丽、张新苓、倪淑贞、闫志峰、张守华、孙立臻、张清、李兴娟、王义涛、曹磊、杨颖、廉桂锋自然晋级中学二级教师。

2007年，聘任尉蔚、陈长民、王玉英、王开一、李乃善、李舒、刁景云、孙运雪、张守信、秦茂增为中学高级教师。聘任徐恒武、范玉峰、侯树波、孙钦军、聂成娟、潘月雷、夏佩婷、刘军田、张军峰、韦庆兵、鲁统群、朱萍、李永伟为中学一级教师。

2008年，陈庆秋、李明玉、卢进秋、唐坤田、闫英慧、杨佃军、张驰晋级中学高级教师，何双、厉丽、刘洁、孙钦东、王玉涛晋级中学一级教师。

2009年，聘任李善云、克西国、徐定欣、徐兰荣为高级教师，聘任邢彦丽为高级图书管理员。聘任赵燕、牟秀娟、张守庆、刘贤爱、臧家波、严加生、杨其艳、李怀锐、王言芳、赵桂北、朱海英、徐燕华、张旭华、孙运源、王相娜为中学一级教师。

2010年，聘任李京凤、高秀礼、孙崇华、李永伟为高级教师，聘任赵进菊、厉建祎、张芳、刘栋、王甲峰、陈祥梅、厉彦考、孙成香、周学华、徐海燕、林申、李玉才、郑成胜为中学一级教师。

2011年，胡尊军、吉春国、刘艳红、孟祥杰、潘磊、孙胜、王晓艳、魏玉新、文章海、徐岩、杨飞、张倩、晋升为中级职称。孙星、王贤峰、卢同良为研究生自然晋级。

是年，聘任李振义、朱坤达、彭春雨、解玉亮、宋连璇、史守松、孙国、林德联等8人为高级教师。聘任孙晓海、孙钦东、高存雷、时少飞、夏培殿、崔可菊、刘贯晓、李娜、陈西涛、刘传善、徐桂苗、贾润昌、孙淑荣、曹秀贞、杨迪、邓兰山、杨琨、刘加波、张燕、朱淑娟等20人为中学一级教师。

2012年，聘任张驰、郝玉强、闫英慧、李明玉、卢进秋、杨佃军为高级教师。聘任魏玉新、刘常伟、赵丙霞、刘庆田、贾志良、朱礼华、李妍、卢同良、许洪喜、何双、王玉涛、厉丽为一级教师。是年，张立文取得高级教师专业技术职务资格。张云洪、瞿锐、孟祥杰、王晓艳、陈为庆、刘洁、王洛江、焦守红、张立兴、郑吉、庄绪栋、纪盈盈、杨颖取得一级教师专业技术职务资格。

2013年，韩炜取得高级教师专业技术职务资格。尤超、文章海、王绪峰、许长磊、吉春国、孙云、毛利群、徐岩、杨希芝、胡尊军、刘艳红、王世春取得一级教师专业技术职务资格。同时为张鹏、张玉祥申报一级教师专业技术职务资格。

2014年，聘任朱建丽、范建为高级教师。王贤峰、刘厚伟、刘洪刚、孙星、孙胜、张倩、李奎民、杨飞、郇云龙、潘磊取得一级教师专业技术职务资格。同时为王义涛、孙姝洁、孙超、闫志峰、李汉军、李兴娟、李军、赵鹏飞、高玉芹、聂英荣、崔玉晓、潘继奎申报一级教师专业技术职务资格。

第三节　教师培训

学校的中心工作是教学，教学的关键是教师。学校历来重视师资队伍建设，对教师的专业成长始终遵循激励性原则，褒奖先进，鞭策后进，奖勤罚懒，优胜劣汰。

建校伊始，为改进教学，提高教学质量，学校积极组织一线任课教师参加业务进修；同时，为提高自身的文化知识水平，职员也都有不同的文化学习计划，有的上夜校，有的跟班听课，以适应学校工作的需要。

学校非常注重教师的思想政治工作和职业道德教育。通过会议、培训和自学等多种形式和途径，提高教师的职业理想和专业技能，“文革”结束后，学校注意加强对教职工队伍的思想政治工作和社会主义精神文明建设工作，寓教育内容于生动有趣的具体活动中，同时，组织教师进行丰富多彩的教研活动，鼓励教师开展教育科研。进入90年代，学校组织教师学习《中小学教师职业道德规范》等教育法规，加强了教师业务培训，引导青年教师成才。2001年以来，学校采取更多切实可行的措施，不断强化教师职业道德规范，通过各种形式的培训、研讨和教科研活动，提升教师的专业技术素养；同时，注重抓班主任和备课组长两支队伍建设，使教师牢固树立“教育质量是学校的生命”“教书育人是教师的天职”“教无止境，不进则退”的思想观念，不断强化“管理育人、教书育人、服务育人”的意识，引导教师努力实现由“经验型”向“教研型”“专家型”“导师型”的转变，以增强教师的责任感、危机感、荣誉感。

注重对新入校教师的培养，让新入校的教师尽快适应学校教育教学工作。对新入校教师，学校根据教师的专业类型进行岗前培训和教学常规训练。1984年，对学校新分配教师，按照各自任教学科，开始进行教学基本功和专业技能过关考试，并根据考试结果，进行业务和职业道德培训指导。为带领新教师尽快进入角色，学校安排分管领导每人包一个年级、抓一个教研组、上一门课，在工作和教学中做出高水平、教出好成绩，为教师做表率。此后，学校定期从各学科教师中评选出骨干教师和教学能手，给他们派任务定目标，要求名师带徒，定期上“示范课”“教改课”，带头搞科研，帮助新入校的教师尽快适应教学工作，并将其帮扶情况作为工作业绩考核量化指标。2001年以来，针对信息化对教育教学工作提出的新要求，学校组织全体教职工进行计算机知识与应用培训，为教学技术的革新提供了便利。

加强教师的新课程培训，让全体教师尽快

适应教育形势的需要。为全面贯彻落实山东省教育厅《关于开展普通高中教师新课程全员培训工作的通知》精神，学校结合工作实际，从2008年起，有针对性地开展教师业务和师德培训，引导教师把握新课标的精髓，用新课标提出的核心理念指导自己的教学行为。到2014年，全校有1500余人次参加了培训，提高了课堂教学效率，普遍提高了教师的综合素质。

重视教职工参加继续教育培训，全面提升职工素养。继续教育是对专业技术人员进行知识更新、补充、拓展和能力提高的一种高层次的教育，特别是从2001年以来，学校非常重视教师的继续教育，积极组织教职工参加有关部门举办的各级各类继续教育学习，并在财力物力方面给予全力支持，每年都有二百多人次参加继续教育培训，通过培训提高了教职工的业务素质和思想水平。

突出青年教师的培养，促“尖子”教师成长。青年教师是学校实施素质教育、推进教育现代化的生力军，是学校教育改革与未来发展的中坚力量。加强青年教师的专业培训，促进青年教师的专业成长，始终被视为提升学校发展活力、积蓄学校发展后劲的必由之路。2001年以来，学校领导班子多措并举，加大了青年教师培养力度，通过培训学习促进青年教师专业发展，通过先导课、示范课为青年教师提供学习交流的最佳途径，通过汇报课、青年教师交流会为青年教师成长、成才提供舞台。2009年，学校为提高青年教师的专业水平，推动学校教育教学改革，开始举办青年教师培训班，促进了青年教师职业道德修养、教育教学水平和教育科研能力的发展，引领青年教师努力成为“创新型”与“研究型”教师。通过青年教师培养活动，调动了广大青年教师进行师德修养、业务进修、教学研究、教育教学基本功训练、争做拔尖教师的积极性。

加大对班主任的培训力度，提高教育教学骨干队伍的素质。班级是学校教育教学工作的最基本单位。班主任是班级工作的设计者与决策者，是学校实施教育教学工作计划的直接组织者。班主任的主要任务是按照德、智、体、美、劳全面发展的要求，围绕学校的工作目标，带领任课教师教育、管理、指导学生的思想与行为，培养学生成为有理想、有道德、有文化、有纪律，体魄健康的一代新人。加强班主任培训是提高班主任统筹协作能力、加强团队意识、改进工作方法的重要途径，是实施素质教育，提高教育质量的必然要求。从建校伊始，学校各届领导班子都比较重视对班主任工作的培训，依据不同时期学校工作的特点，加强对班主任的培训工作，提升老师胜任班主任工作的能力。特别是从2001年以来，学校通过“走出去、请进来”，不断扩大班主任交流学习的途径和范围，通过举办班主任论坛，营造校内班主任相互学习借鉴的浓厚氛围，通过每月评比管理优胜班级增强班主任的竞争活力，为建设一支优秀的班主任队伍，营造优良的班风、校风创造了良好条件。

突出备课组建设和培训，打造精良的备课组队伍。建校伊始，学校就非常重视备课组建设，根据当时班额少的实际情况，组建学科教研组，设教研组长，全面负责本学科的教育教学工作，制定了相应的备课组建设制度。进入90年代后，教研组有了长足发展，针对当时班级数量急剧扩大的实情，把学校教研组改为年级学科备课组，每个备课组设备课组长一名，具体负责备课组的管理工作，统一协调教学进度和内容。2001年以来，备课组建设日趋完善，制定了备课组集体备课制度，通过集体备课进一步协调备课组教师的教学，把集备优势与个体特长相结合，极大提高了教学质量。

第四节　教师待遇

一、政治待遇

建校初期，学校根据党的“团结、教育、改造”的知识分子政策，组织教师学习马列主义、毛泽东思想，学习党的路线、方针和政策，开展批评与自我批评，教师的思想政治觉悟和政策理论水平得到净化和提高。全校教师普遍以教书育人为己任，勤于钻研业务，潜心改进教学。各级政府积极关心教职工的生活，尽力为教职工解除后顾之忧，教师能够以满腔热情投入教育教学工作。

1966年，“无产阶级文化大革命”运动开始，教师队伍中开始搞“斗、批、改”，学校有多名教师被批斗。期间，教师曾一度被称为“臭老九”，教师政治地位低下，工资待遇微薄。

1978年，十一届三中全会召开，开始拨乱反正，纠正“极左路线”对教育系统的破坏与影响，明确了知识分子是工人阶级的重要组成部分，为受到迫害和错误“戴帽”的教师平反昭雪，并将教育事业优先发展的战略作为一项重要的基本国策，教师的政治地位重新得到重视，迎来了教育事业发展的春天。各级党代会、人代会、政协会换届选举，都开始有学校教师代表参加，代表学校和教师参政议政、建言献策。1985年，经全国人大常委会批准，确定9月10日为“教师节”。从此，教师政治与社会地位不断提高，全社会逐渐形成尊重知识、尊师重教的良好风尚。1985年，开始对教师进行职称评定。1993年，《教师法》正式实施，对广大教师政治地位和待遇的提高从法律的高度加以保证。此后，学校党员人数逐年增加。

1989 ~ 2014 年学校教职工与党员人数统计表

年　份	教职工 / 人	党员 / 人	年　份	教职工 / 人	党员 / 人
1989	177	61	2002	363	163
1990	183	63	2003	380	167
1991	194	65	2004	385	170
1992	205	67	2005	385	184
1993	205	74	2006	408	199
1994	207	80	2007	395	212
1995	287	89	2008	400	223
1996	303	98	2009	394	226
1997	325	125	2010	400	228
1998	280	132	2011	398	228
1999	302	138	2012	395	245
2000	307	155	2013	392	245
2001	332	159	2014	386	236

二、工资待遇与福利

建校伊始，学校教师作为国家正式职工，和其他行业的员工一样实行“工资记分制”。

1953年9月，根据上级指示，为部分工资偏低、工作成绩显著的教师提高工资。

在1956年的工资改革中，学校教职工和其他行业的工作人员一样实行“货币工资制”。

“文化大革命”期间，教师工资基本没有变化。1971年，对低工资进行调整。1977年和1979年，分别给40%的公办教师上调一档工资。1978年，给2%的公办教师晋升一档工资。

1984年前，教师工资按国家政策分地区统一核定，在同一地区内标准一致。中师毕业生每月29.5元，定级后为每月34.5元；专科毕业生每月43.5元；本科毕业生每月50元。

1985年1月，实行工资制度改革，工资由基础工资、职务工资（或岗位工资）、工龄补贴（教龄补贴）和奖励工资4部分组成。中小学教师月工资75元左右，人均增加20余元。另外还有洗理费、书报费、副食品补贴各4元，粮食补差2元；班主任津贴按班额人数补助。

1987年10月，开始执行国务院工资制度改革小组、劳动人事部印发的《中小学教师工资标准方案》，规定教师工资在此标准基础上提高10%，并规定此项标准列入计算离退休费的基数。

1988年6月，按照上级有关文件规定为被评定各类教师职务的人员兑现了工资。

1989年，中小学教师工资在普调的基础上提高1～2档。

1993年10月，根据国务院《关于机关和事业单位工作人员工资制度改革问题的通知》要求，全县实行工资制度改革，教师实行专业技术职务等级工资制，教师工资有了较大增幅。是年10月31日，第八届全国人民代表大会常务委员会第四次会议通过《中华人民共和国教师法》，以法律形式对教师的社会地位和工资水平予以保障，维护了教师的合法权益。为确保教师的权利和义务，《教师法》在第六章专门对教师待遇做出明确规定“教师的平均工资水平应当不低于或者高于国家公务员的平均工资水平，并逐步提高”。

1995年，教师工资开始与职称挂钩。凡具有专业技术职称的教师，其工资都有明显提高。此后，教师工资逐年递增。

1996年5月，省人事厅、省财政厅、省计委〔1996〕113号文规定，对连续两年考核称职以上的教师，正常晋升1个职务工资档次，并自上年10月起实行。自此，建立了每两年正常晋升1个工资档次的晋升制度。

2006年6月，开始实行第四次工资改革。副教授及相当职务每月增资540元，讲师及以下职务每月增资350元。退休副教授及相当职务月增400元，讲师及相当职务月增275元，助教及以下职务月增180元。同时按工资额的35%增加房贴。此次套改，全校在职教师的月平均工资初级职称为2200元左右，中级为2400元左右，高级为3400元左右；年平均工资为32500元左右。与2005年相比，月均提高500~800元。自此，教师工资开始执行每1年正常晋升1个工资档次的制度。

同年7月，实行退休制度改革，取消女教

部分时期教职工所佩戴的胸卡

建校初期

2000年

中期

2010年以后

师教龄满 25 年，退休费按 100% 发放的规定。根据《山东省人事厅关于离退休人员增加离退休费政策的说明》，按 100% 比例发放退休费，男女教师退休时教龄均需满 30 年。

2012 年，县政府开始给教师发放取暖费，每人每年 1100 元。提前离岗和退休人员取暖费照发。

2014 年，按照国务院的要求，为教职工发放 13 个月工资。

除此之外，根据国家的有关规定，学校教职工享受其他应有的福利待遇。从 1953 年开始，学校教职工享受公费医疗；从 1982 年 4 月起，离退休的教职工除原工资照常发放外，解放战争时期参加工作的教职工每人每年增加 1 个月工资，并享受特需补贴。从 1998 年开始，教职工享受五险一金待遇。学校注重对教职工的生活关心，定期组织教职工进行健康查体、对生活困难的教职工给予适当的经济救助，春节走访慰问离退休教职工，关心离退休教师的业余生活等。

附：

1952~1978 年教职工名单

白俊明	范芹明	康维钦	刘学忠	时金根	汪志成	吴广智	姚建民	张振中
白志良	付会仁	孔芳州	刘 岩	史春奎	王春廷	吴晋生	叶伯诚	张宗智
薄文连	付 铨	孔庆乾	刘彦梅	史兰珍	王厚田	吴亮成	叶德培	赵富采
蔡中和	盖克武	李翠英	刘 颖	史 喜	王金平	吴奇岭	殷稽古	赵吉兴
曹德润	高述平	李凤新	刘玉臻	史长江	王洛宪	吴学轩	尹相贤	赵明东
曹佃礼	高秀云	李广振	刘允真	史 兆	王培复	吴月彬	尤希祥	赵明远
曹际田	高治道	李家香	刘再元	宋士贵	王 仆	吴宗晶	于基礼	赵 勤
陈迪祺	郭少仪	李建峨	卢安身	宋学群	王全廷	伍生民	于乃英	赵维新
陈何美	郭长茂	李连成	卢继美	孙成科	王世俊	武可喜	于效文	赵学利
陈洪其	李其源	卢兆太	孙承祥	王淑建	武瑞田	郁明九	赵彦娟	陈家顺
韩文廷	李清箴	鲁东涛	孙传余	夏奇峰	袁松盛	赵正刚	陈泮芝	郝善太
李欣复	鲁绪花	孙磁田	王文彦	夏兆法	袁兆德	甄洪祥	陈淑兰	何登基
李旭亭	骆振铎	孙翠琴	王希昌	肖太良	袁忠岳	郑康祥	陈天祥	侯俊生
李 义	马广喜	孙芳友	王希成	谢仁荣	翟所训	郑 宿	陈云凤	侯梅生
李永举	马秀卿	孙家岗	王希乐	徐宝一	张道德	周化民	陈之太	侯元英
李永明	毛济民	孙家仲	王希敏	徐恒高	张恩娜	周维胜	陈子云	化文戈
李兆济	孟庆聚	孙丽君	王希田	徐立辰	张法和	周仲杨	程从山	化文胜
李志峰	密桂英	孙连臣	王锡淇	徐 琳	张佳予	朱崇美	崔克辰	黄百源
厉永廷	聂世俊	孙培福	王献廷	徐敏鸿	张建池	朱恭思	戴琬莹	黄凡芝
林宪辉	欧阳筠	孙善荣	王言时	徐 琪	张立果	朱继善	单清政	黄光显
刘春庭	潘金芝	孙顺香	王永康	徐淑宝	张立堂	朱家章	邓兰芳	黄 海

续表

刘广忠	彭松奎	孙　伟	王玉聪	徐淑连	张慕喆	朱　健	丁桂华	籍静宜
刘化敏	彭　涛	孙筱亭	王长法	徐学高	张启发	朱　瑞	丁淑茹	纪宏德
刘茂荣	齐玉祥	孙友书	王长根	许清凤	张士田	朱瑞岭	丁　勇	季明经
刘契秋	乔征和	孙宗元	王芝臣	许淑维	张树梅	朱时德	董义山	季兴义
刘少亭	商　森	谭中伟	王芝芹	许文君	张　伟	朱新仪	董月宝	贾正钧
刘思平	尚归文	汤广溥	王子纯	薛衍初	张西华	朱正儒	杜广谋	姜宝周
刘廷奇	邵长婴	汤国梁	魏本芳	燕爱民	张孝英	主仕浩	杜立英	姜廷兰
刘同茂	沈德娟	滕略峰	温中和	燕　然	张雪蘆	庄惠兰	杜瑞祚	蒋允栋
刘文远	沈贵修	滕略涛	翁来法	杨茂鼎	张延熙	庄新田	杜升一	解际德
刘锡祯	沈宜静	田京文	邬全格	杨新英	张延勋	纵兆基	段秀森	靳荣丰
刘新传	时桂云	田振声	邬全英	杨泽民	张玉凤			

1978~1995 年教职工名单

白志良	曹现祥	陈长民	陈迪琪	陈广永	陈　丽	陈　林	陈　青
陈清海	陈庆交	陈庆秋	陈庆增	陈兆祜	陈之太	陈子良	程　潜
崔树芳	邓兰芳	丁其燕	董素荣	董玉发	董月宝	杜建军	杜奎一
杜立英	杜清超	杜士密	杜新元	冯新华	付廷宽	高秀礼	葛成海
谷增法	郭长茂	郭洪全	郭秀萍	郝善太	何玉梅	侯家凤	侯梅生
侯树波	侯维芳	侯元英	侯梅生	胡顺香	黄光显	汲传杰	纪凡开
纪庆卓	季兴恒	蒋同合	解恒祝	解玉亮	李春华	李凤新	李高玉
李宏堂	李怀记	李会吉	李其源	李　蕤	李　伸	李世营	李西修
李　英	李玉德	厉建奎	梁乾培	林　栋	林　泉	林学珍	刘长春
刘桂芝	刘　辉	刘　洁	刘景光	刘景文	刘景云	刘　丽	刘树栋
刘文新	刘学柱	刘玉臻	柳文珏	卢继美	卢其来	吕文堂	骆振铎
毛济民	毛家良	米新华	聂林祝	聂其英	庞德河	彭学聪	秦茂增
邱淑贞	尚庆海	申廷祝	沈爱臻	石安亮	史守松	宋春秀	宋国宏
宋考金	宋瑞兰	宋维山	宋振华	孙翠琴	孙广涛	孙龙杰	孙　猛
孙钦法	孙钦军	孙秀梅	孙秀云	孙运芹	孙运山	谭中伟	唐龙廷
唐顺志	唐宵峰	滕敦聚	滕华勇	滕略峰	田栋文	王长法	王成菊
王崇好	王传民	王广运	王杰生	王　军	王康新	王洛顺	王乐助
王林江	王凌云	王洛波	王乐信	王敏祥	王明聚	王朋富	王朋国
王朋姣	王善英	王世春	王统霞	王　伟	王文彦	王希乐	王　晓
王言亮	王言涛	王彦娟	王义祥	王毅祥	汪兆欣	王竹信	王子黎

续表

王作芳	韦友成	尉　蔚	魏本芳	翁来法	吴继兵	吴亮成	吴月斌
夏兆法	谢仁荣	辛海荣	邢彦丽	徐宝一	徐广亭	徐广伟	徐恒高
徐恒菊	徐民田	徐　琪	徐淑宝	徐淑连	徐　同	徐希亮	徐学高
徐衍见	许宝鹤	许士堂	薛惠清	闫俊范	燕爱民	燕　平	杨成田
杨佃军	杨芝玲	殷文广	袁丕海	翟文波	张传奎	张传林	张传旭
张道德	张定余	张法和	张光耀	张广科	张继国	张继琦	张继文
张柯清	张力国	张明亮	张明敏	张清洁	张树梅	张树明	张西华
张宗凤	赵常征	赵桂林	赵恒进	赵建秀	赵淑荣	赵统选	赵西龙
赵玉梅	甄洪祥	朱崇美	朱家章	朱建丽	朱孔京	朱孔伟	朱孔章
朱坤达	朱瑞岭	朱正贤	庄保华	庄会凤	庄会兰	庄会勇	庄林涛
庄欠杰	纵兆基						

1995~2001 年教职工名单

艾立东	鲍善国	曹佃蕾	曹秀贞	陈　彬	陈常民	陈常欣	陈迪琪
陈广永	陈国玲	陈丽清	陈　琳	陈　青	陈青海	陈庆交	陈庆秋
陈庆增	陈为庆	陈维花	陈　伟	陈祥梅	陈晓燕	陈　烨	陈之太
陈子良	程纪军	程　潜	崔凤玲	崔可菊	崔晓燕	邓兰芳	邓兰山
刁景云	丁元香	董庆会	董素荣	董玉法	董月宝	杜奎一	杜清超
杜士密	杜守德	杜新江	范奉存	范　健	冯新华	付廷宽	付文战
高存雷	高秀礼	高秀玲	高玉芹	部效建	葛成海	葛成平	葛甲远
葛维业	葛玉琦	郭长茂	郭恒仁	郭洪登	郭洪全	郭秀萍	郭永伟
韩继庆	韩同常	韩　炜	韩希勇	郝善太	何丽丽	何颖霞	侯家凤
侯梅生	侯树波	侯维芳	侯元英	胡顺香	胡　哲	胡尊军	胡尊玉
化玉珍	黄光显	汲传杰	纪凡开	纪庆卓	季玉献	贾全文	姜少亭
焦守红	解恒祝	解仁荣	解玉亮	解玉萍	瞿　锐	克西国	李春华
李凤新	李高玉	李广振	李宏堂	李　洪	李怀记	李怀锐	李加友
李家友	李江霞	李京凤	李克喜	李奎武	李兰仁	李明玉	李乃善
李其源	李庆花	李庆玲	李　蕤	李善云	李　伸	李世荣	李淑华
李　舒	李树祥	李维祥	李西修	李贤伟	李现杰	李相年	李新亭
李　英	李永世	李玉德	厉建祎	厉彦考	廉桂锋	梁乾培	林德联
林　申	林学珍	刘长欣	刘常春	刘传善	刘春竹	刘　栋	刘贯晓
刘桂芝	刘　辉	刘洁（大）	刘洁（小）	刘景文	刘军田	刘　丽	刘明珠
刘庆田	刘树华	刘树乾	刘树彦	刘树宇	刘素霞	刘文新	刘贤爱
刘玉臻	刘振飞	刘振国	卢继美	卢进秋	卢其来	卢希军	卢绪娟
卢　煜	卢兆花	鲁统群	吕文堂	骆振铎	马成贤	马立芳	马　玲

续表

马宗霞	毛济民	毛家良	孟庆彬	米新华	聂成娟	聂林宝	聂林祝
聂其英	聂庆培	潘远均	潘月磊	庞德河	彭春雨	彭学聪	秦夫良
秦茂增	秦文芳	邱淑贞	尚庆海	邵主峰	沈爱臻	石安亮	时佰英
时少飞	时少臻	史守松	宋春丽	宋国宏	宋考金	宋考治	宋连璇
宋　强	宋庆轩	宋维连	宋维明	宋振华	孙宝章	孙冰一	孙成科
孙成田	孙成香	孙崇华	孙传统	孙翠琴	孙芳友	孙广涛	孙　国
孙晋峰	孙成杰	孙钦军	孙钦亮	孙钦胜	孙钦燕	孙钦法	孙淑荣
孙晓海	孙秀云	孙绪坤	孙友书	孙运江	孙运琴	孙运山	孙运通
孙运雪	孙运源	谭中伟	汤广溥	唐龙廷	唐顺志	唐宵峰	滕敦聚
滕华勇	滕略峰	滕跃文	田栋文	王长法	王成菊	王崇好	王传民
王广运	王国利	王汉群	王洪江	王杰生	王锦亭	王景武	王郡美
王开一	王康新	王乐信	王立珠	王林江	王凌云	王洛波	王洛顺
王洛伟	王明聚	王　娜	王朋富	王朋国	王朋娇	王朋磊	王秦生
王清凤	王瑞霞	王世春	王统霞	王　伟	王文江	王文金	王文庆
王文远	王希田	王喜乐	王相娜	王祥太	王肖飞	王新金	王信峰
王绪峰	王言芳	王言高	王言亮	王义祥	王毅祥	王玉远	王召娟
汪兆欣	王中贵	王竹信	王子黎	王作芳	韦庆兵	韦友成	尉　蔚
魏本芳	魏茂标	魏绪高	魏玉新	文凤菊	文臻章	翁来法	吴亮成
吴文良	夏兆法	咸兰涛	邢彦丽	徐宝一	徐定欣	徐广军	徐广亭
徐广伟	徐桂苗	徐恒高	徐恒涛	徐　辉	徐　建	徐连清	徐良田
徐瑞芬	徐淑宝	徐淑连	徐　同	徐修启	徐学高	徐衍见	徐燕华
徐有普	许宝鹤	许春恒	许贾德	许士堂	薛惠清	闫俊范	严加生
闫英慧	燕爱民	燕　平	杨成田	杨　迪	杨佃军	杨家宝	杨　琨
杨其艳	杨守卫	杨云旭	杨芝玲	杨宗祥	姚承毅	殷洪伟	殷文广
尤洪平	郁秀燕	郁有海	袁丕海	臧家波	曾兆玲	翟文波	张步均
张传奎	张传旭	张春习	张定余	张法和	张光耀	张广科	张继国
张继奇	张继文	张军峰	张悯轩	张力国	张立泉	张立文	张明亮
张明敏	张清洁	张守法	张守信	张树梅	张树明	张伟玲	张孝义
张旭华	张云红	张志君	张宗凤	赵长征	赵贵北	赵桂林	赵建秀
赵金勤	赵良卜	赵凡明	赵淑荣	赵统选	赵西龙	赵艳娟	赵　燕
赵玉梅	甄洪祥	郑家荣	朱崇美	朱海英	朱家章	朱建丽	朱孔章
朱坤达	朱礼龙	朱　萍	朱瑞岭	朱香敏	朱新筱	朱正贤	庄保华
庄会江	庄惠庚	庄惠兰	庄林涛	庄欠海	左　锦		

2014 年学校在职教职工名单

艾立东	公 正	李永世	鲁彦华	孙 胜	王相娜	徐 岩	张守信
曹佃蕾	郭洪登	李永伟	吕文堂	孙姝洁	王祥波	徐衍见	张树明
曹 磊	郭洪全	李玉才	马 玲	孙淑荣	王晓琳	徐燕华	张伟玲
常会亮	郭永伟	李玉亮	马宗霞	孙晓海	王晓平	许长磊	张孝义
陈长正	韩继庆	李召艳	毛利群	孙 星	王晓艳	许春恒	张新苓
陈常民	韩 炜	李振义	孟祥杰	孙秀云	王肖飞	许洪喜	张秀玲
陈广永	韩希勇	厉 丽	牟秀娟	孙 艳	王新金	薛清周	张旭华
陈国玲	郝玉强	厉彦考	倪淑贞	孙 阳	王绪峰	闫凡胜	张 燕
陈丽清	郝玉站	廉桂锋	聂成娟	孙 莹	王学权	闫凡英	张永恒
陈 青	何 双	林德联	聂林祝	孙玉杰	王言芳	闫英慧	张玉成
陈庆增	侯树波	林 申	聂庆培	孙 云	王言亮	闫志峰	张玉祥
陈为东	侯维芳	林学珍	聂英荣	孙运江	王沂峰	严加生	张宗凤
陈为庆	胡尊军	刘长春	潘继奎	孙运山	王义涛	杨冰玲	张宗芹
陈维花	胡尊玉	刘常伟	潘 磊	孙运雪	王毅祥	杨 迪	赵丙霞
陈 伟	化立美	刘朝国	潘丽竹	孙运源	王玉涛	杨佃军	赵凡明
陈西涛	吉春国	刘传善	潘月雷	唐坤田	王玉英	杨 飞	赵贵北
陈 香	纪凡建	刘春竹	庞德河	唐龙廷	王玉远	杨洪军	赵桂林
陈祥梅	贾润昌	刘 栋	彭春雨	唐顺志	王召娟	杨 琨	赵金波
陈晓艳	贾志良	刘贯晓	秦夫良	滕略锋	王忠明	杨其艳	赵进菊
陈艳敏	焦守红	刘桂淑	秦茂增	滕明升	王作芳	杨守卫	赵鹏飞
陈优伟	解玉亮	刘洪刚	秦向芹	滕艳云	韦庆兵	杨希芝	赵瑞梅
陈兆良	解玉萍	刘厚伟	任高峰	田栋文	尉世英	杨 颖	赵统选
程纪军	瞿 锐	刘加波	尚庆海	田玲芳	尉 蔚	杨云旭	赵维欣
程 潜	阚京锡	刘洁（小）	石安亮	田晓芸	魏茂标	姚淑秀	赵祥法
崔可菊	克西国	刘 洁	时佰英	汪会霞	魏绪高	尤 超	赵彦娟
崔言翠	李春华	刘 静	时 杰	王传民	魏玉新	尤洪平	赵 燕
崔玉晓	李海丽	刘军田	时少飞	王广运	文章海	郁秀燕	赵永春
戴 欢	李汉军	刘明珠	史佩玺	王国利	吴文良	郁云龙	赵玉艳
邓兰山	李宏堂	刘萍萍	史守松	王汉群	夏培殿	臧家波	郑 吉
刁景云	李 华	刘庆松	宋连璇	王洪粉	夏佩婷	张爱萍	周学华
丁丽丽	李怀记	刘庆田	宋庆轩	王洪江	谢宜颖	张奥翔	朱海英
杜美玉	李怀锐	刘姗姗	宋维连	王甲峰	邢 英	张 驰	朱建丽

续表

杜清超	李京凤	刘树乾	宋维山	王开一	邢仕章	张传奎	朱坤达
杜新江	李　军	刘树宇	宋召敏	王乐文	邢彦丽	张　迪	朱礼华
范　建	李奎民	刘松香	孙宝章	王乐信	徐　彬	张　芳	朱　萍
范开健	李兰仁	刘　伟	孙冰一	王林业	徐　超	张广科	朱淑娟
范玉峰	李明玉	刘文新	孙　超	王洛江	徐翠红	张继国	朱心足
冯新华	李　娜	刘　艳	孙成科	王洛顺	徐定欣	张军峰	朱玉萍
付廷宽	李乃善	刘艳彩	孙成强	王洛伟	徐广亭	张力国	庄保华
高存雷	李　蕤	刘艳红	孙成田	王美志	徐广伟	张立泉	庄会江
高秀礼	李善云	刘媛媛	孙成香	王　娜	徐桂苗	张立文	庄敏英
高玉芹	李善珍	卢进秋	孙崇华	王三军	徐海燕	张立兴	庄绪栋
郜效建	李　伸	卢其来	孙　国	王胜兰	徐恒武	张　鹏	左兴高
葛成海	李　舒	卢同良	孙钦东	王世春	徐兰荣	张　倩	庄林涛
葛成平	李相年	卢希军	孙钦法	王素侠	徐立彬	张清洁	克长红
葛　俊	李新亭	卢友涛	孙钦亮	王维华	徐明霞	张守法	燕　平
葛玉琦	李兴娟	卢　煜	孙钦胜	王文庆	徐　伟	张守庆	孙运通
葛　振	李　妍	鲁统群	孙钦燕	王贤峰	徐亚男	张守胜	孙家信
郭恒仁	朱秀荣						

第四章

学　生

第一节 招 生

莒南县是革命老根据地，在建国初期，受经济条件制约，中学教育发展相对比较落后。1952年，学校创建时为莒南县第一所中学，学校只招收初中班，1956年设立高中部，开始招收高中生，1966年招生制度由考试择优录取改为推荐选拔，1977年，全国恢复高校招生制度，开始逐步实施统一的文化课考试，1995年莒南教师进修学校（原莒南师范）合并到莒南一中，办学规模得到发展，1998年初中部撤出，学校变成一所完全高级中学，2000年莒南县成立高考补习学校，学校不再招收高考复读生，2003年设立分校并开始招生，2010年分校停止招生。学校在长期发展过程中，随着学校规模的发展变化及全县教育发展的需要，招收学生不断调整变化，但学校始终坚持教书育人，为社会、国建培养了大批人才。

1952年11月，学校开始招生，招生规模4个班，初一级共200人。主要招收莒南辖区内的应届高小毕业生和部分小学四、五年级优秀生，同时招收部分江苏省赣榆县的高小毕业生。

1956年12月，学校开始招收高中班，是年招收4个高中班，高一级招收200人，招生范围涉及莒南、莒县、日照和临沭等县。是年，初中招收4个班，后编为3个班教学。初中招生，学校与第二（夏庄）、第三（坪上）中学实行划片招生，学校招收县城和路镇、涝坡、岭泉、汀水4个区的高小毕业生，初5级招收4个班，200人。至此，学校在校学生达750余人。

1957年7月，洙边区、汀水区高小毕业生划归学校招生范围，其他区的毕业生仍按此前划分的招生范围报考，初六级招收4个班，高二级招收2个班。

1958年7月，相邸乡的高小毕业生开始划归学校初中招生范围，学校招生区域进一步扩大，但初中仍招4个班，高中招2个班。

1959年7月，高中招生规模恢复4个班，初中4个班。

1960年7月，学校经临沂专署文教局批准，进行“缩短学制，提高质量”的改革试点，在全县范围内招收4个班共200名初中生。同年，学校开始扩大高中招生范围，招收除划归报考莒南二中的7个公社以外的县城驻地和石泉湖、洙边、岭泉等14个公社的初中毕业生，高中招收4个班。

1962年7月，为贯彻“调整、巩固、充实、提高”的八字方针，莒南县对中学招生范围与学制做出调整，只保留一中继续招收高中班，招生规模为每级4个班，200人，其他9处中学只招初中班。同时学校初中招生只招收县城驻地和路镇、相邸两个公社的小学毕业生，招生规模每级4个班，200人。

1965年，初14级招收4个班，200人；高10级招收4个班，200人。

1966年，“文革”开始，学校高中、初中停止招生。

1968年3月，莒南县革命委员会成立。同时，学校恢复招收高中生，7月，高中开始以推荐与选拔相结合的办法招生。学校高中部招收县城驻地和路镇、洙边、相邸、涝坡、岭泉5个区的初中毕业生，高11级共招收3个高中班。

1970年2月，初中恢复招生，同时改为春季始业，学制两年，是年初15级招收3个初中班，160余人。

1971年2月，初16级招收6个班，360余人；高中再次恢复招生，高12级招收8个班，400余人，均为春季始业，初中、高中学制均为2年。

1972年2月，初17级招收6个班，360人；高13级，招收4个班，220人。

1974年7月，改为秋季始业，初19级招收2个班130人；高15级招收8个班，近400人。

1975年，路镇第一小学招收初中生，一中不再招收初中生。高中执行秋季始业，高16级招收8个班，分别为医疗班2个，政文班1个，会计班1个，农机班3个，艺术班1个，共300人。

1976年7月，学校恢复初中招生，是年初20级招收6个班；高17级招收6个班，300人。

1977年，全国恢复高校招生制度，开始逐步实施统一的文化课考试。初中、高中不再靠推荐入学，开始恢复统一考试，分数优先入学，当年根据教育局招生计划，学校招收路镇公社及县直机关初中毕业生，高19级共招6个班，310人；初21级招收2个班，130人。

1978年，初中改为3年制，高中仍为2年制。是年7月初22级招收4个班，240人。高19级招收新生6个班，300人，同时为响应社会需求，成立了一个往届学生进修班，为社会上想参加第二年高考的人员提供学习迎考的补习机会。

1979年起，学校从全县考生中优先招收80～200名尖子生，再与其他6处高中划片招生，高20级招收高一新生6个班，320人，同时招收文理及美术共3个高考进修班。初23级招收4个班，240人。

1980年，初24级招收3个班，160人。高中改为三年制，随着县内中等教育结构的调整，全县普通高中实行统一的招生考试制度，学校依旧在全县范围内优先录取部分尖子生，高21级招收6个班，350人，文理高考补习班各2个。

1984年，学校在全县考生中录取部分尖子生后，招收县城非农业户口的初中毕业生和洙边、演马、相邸3个乡的初中毕业生。如果优等生达不到应分配的数额，则根据当年考生的实际情况，临时从相沟、坊前、筵宾3乡中的任何一个乡里调剂，高中招收6个班，初中招收4个班，高考补习班每年文理各1个班。

1987年，全县高、初中招生范围基本未变，学校从是年起每年在全县范围内扩招1个40人左右的艺体班。1991年，高中招生开始由县教委普教股和教研室具体负责统一报名、组织考试、安排阅卷和确定优秀生、普通生的录取分数线等事宜。每名考生填报2个志愿，学校根据考生填报的志愿，与莒南三、四、五、六、七中在县城西部、北部19个乡镇招收部分优秀生，其余普通生均以此前划定的招生范围定向招收。该法一直沿用到1994年，招生规模为高中6个班，初中4个班，一个理科补习班。

1991年，随着教学设施的增加，招生规模扩大，是年开始高中每年招收8个班，初中每年4个班，高考补习班文理各1个班，自1992年高考补习班扩为每年文理各2个班。

1995年，县内对高中学校布局进行调整，学校招生区域也作了相应的划分。学校与三中联合招收县城西部和北部18个乡镇的应届初中毕业生，并与二中、三中按2∶1∶1的比例分配招生名额。是年高中招收14个班，后将艺体生组建成15班，高一新生达1000余人；初中招收6个班，新生达360余人；高考补习班文2理4共6个班。

1996年，由于小学学制有5年制向6年制调整，本年初中毕业生为小学时上5年级前三分之一升初中，后三分之二升六年级，至该年升高一的学生质量较往年整体有所下降。

1997年，为了适应社会对初中生升学的要求，高中招生规模继续扩大，是年招收16个高中班，初中继续招收6个班，高考补习招收文2理4共6个班。

1998年秋季学校初中部撤销，之前学校初中部学生在初三毕业考高中时达到录取分数线者均被学校录取，不被分流到其他高中，到1999年，学校无初中毕业生，高中招生生源与莒南三中相同，但高中招生规模进一步扩大，每年招收高一新生22个班，达1300余人。至此，学校变成一所完全普通高级中学。

2000年，县高考补习学校成立，根据县教育局统一安排，各普通高中不再招收高考补习班，是年开始只招收高一新生22个班。

2001年，随着教学设施的完善，高一新生招生规模扩大为24个班。

2002年，学校分校成立，开始招收高一新生，每年招收4个班，300人，本部每年招收24个班，1400余人。全县高中招生实行中考前300名学生自愿报名，平衡分流，有利竞争，至800名全县学生平衡。

2008年，学校招生范围为县直初中和县辖16个镇2个乡。即十字路镇、文疃镇、团林镇、大店镇、坊前镇、坪上镇、相邸镇、板泉镇、洙边镇、壮岗镇、汀水镇、石莲子镇、岭泉镇、筵宾镇、涝坡镇、朱芦镇、道口乡、相沟乡和县直实验中学、城关一中应届初中毕业生。自2008年高中录取根据市教育局要求，实行指标生、统招生分步录取，先录取分配给各初中学校的指标生，再录取统招生，指标生的招生数占招生计划统招生数的50%。

2009年9月，坪上、壮岗、团林、朱芦4个乡镇划归临沂临港经济开发区，不再属莒南县管辖。学校招生范围为除临港经济开发区外的莒南各乡镇及县城区域，学校分校最后一年招生，2010年分校停止招生。

2011年，高中招生录取不再分指标生和统招生，一中、三中由教体局统一划定统招分数线，择校生严格执行“三限政策”（限人数、县分数、限钱数）。新生班额严格控制不得超过56人，只有本部招生24个班，至此办学规模开始稳定，每级1300余人。

2014年，实行新的招生政策，分数优先，尊重志愿，教体局统一录取，择校生比例降为10%，以后取消择校生招生制度。2014年，学校有高一、高二、高三各24个班，分别为1420人、1344人、1344人，共4108人。

第二节　学生组织

一、学生会

学校学生会成立于1952年。学生会是群众性学生组织，是学校联系学生的桥梁和纽带，在校长领导下，协同共青团开展活动。学生会代表学生发言，向学校提出合理化建议、意见或倡议，组织带领全体同学学好建设祖国和保卫祖国的本领。

1963年9月，学生会改选。学生会委员由全体学生大会或学生代表大会选举产生。学校根据实际情况，选举11人为学生会成员。设主席1人，副主席1人，分设文娱部、学习部、生活福利部、劳动部、卫生部等，各部设正副部长一人，或聘请干事。

“文革”期间，学生会为“红卫兵”组织取代。

1980年，学生会恢复。之后，学生会开始逐步完善，各方面功能日渐加强。学生会设学习、劳动、文娱、体育、生活、卫生等委员和学生会主席。主要负责组织学生进行文化课学习和思想教育；做好学校或社区公益劳动、维护环境卫生和校规校纪；开展爱心捐助和志愿者服务活动等。

自2000年起，学校学生会分为校、年级两级学生会，设主席1人，副主席2～3人。内设学习、卫生、宣传、生活、体育、纪检、安全检查监督7个部，各部设部长1人。每学年的第二个学期通过竞选组建新一届校学生会及高一年级学生会。高二年级学生会各职位可以由原学生会成员直接任职，任期一年。

2001年，为加强学生的“自我教育、自我管理、自我服务”，学生会增设纪律部，设部长1人。2003年，纪律部改称纪检部，设部长1人。

2006 年，为加强学生安全管理，学生会增设安全检查监督部，设部长 1 人。

学生会在学习生活中，协助学校对学生进行日常管理。并不定期组织学生开展一系列活动。如到莒南第一个党支部、山东省第一个团支部、山东省省政府暨八路军 115 师司令部旧址和抗日英雄模范村渊子崖等地开展社会实践活动；积极参加县残联组织的扶残助残活动，到大店孤儿院进行志愿服务；清明节期间，组织学生到鲁东南革命烈士纪念馆缅怀革命英烈的英雄事迹，树立为实现中华民族伟大复兴而勤奋读书的理想信念；参加“向国旗敬礼，做一个有道德的人”网上签名活动；积极参加市级文明城市创建活动；配合县红十字会进行应急救护培训等等。

2010 年、2011 年、2014 年，学校学生会先后被评为“临沂市先进学生会”。

附：

学校 2000 ~ 2014 年历届校学生会主席、副主席与各部部长名录

时间	届别	主席	副主席	部别	部长
2000	第一届	王蓓	徐建 孙孟青 葛藤	学习部	朱小燕
				卫生部	徐世霞
				宣传部	高珊珊
				生活部	王昕
				体育部	顾金涛
2001	第二届	徐建	曹旭东 崔金鹏	学习部	魏林宗
				卫生部	魏强
				宣传部	高珊珊
				生活部	王昕
				体育部	顾金鹏
				纪律部	邓万千
2002	第三届	文靖之	崔金鹏 韩世昌	学习部	魏琳宗
				卫生部	魏强
				宣传部	刘晓丽
				生活部	曹宁
				体育部	陈栋
				纪律部	邓万千
2003	第四届	文靖之	吴静 孙崇璟	学习部	杜柏霖
				卫生部	胡尊伟
				宣传部	刘晓丽
				生活部	曹宁

续表 1

时 间	届 别	主 席	副主席	部 别	部 长
2003	第四届	文靖之	吴 静 孙崇璟	体育部	赵俊华
				纪检部	姜永群
2004	第五届	孙崇璟	王丽君 彭刘洋	学习部	杜柏霖
				卫生部	胡尊伟
				宣传部	薛 晓
				生活部	潘从磊
				体育部	赵俊华
				纪检部	姜永群
2005	第六届	彭刘洋	王悦强 王 鑫	学习部	潘晓晨
				卫生部	李昌娟
				宣传部	薛 晓
				生活部	潘从磊
				体育部	张 艳
				纪检部	孙瑶瑶
				安全检查监督部	王宏元
2006	第七届	朱义超	王 鑫 何孟杰	学习部	潘晓晨
				卫生部	李昌娟
				宣传部	刘 旭
				生活部	汲肖飞
				体育部	张 艳
				纪检部	孙瑶瑶
				安全检查监督部	汲静静
2007	第八届	朱义超	周忠昊 何孟杰	学习部	吴学超
				卫生部	沈彦旭
				宣传部	刘 旭
				生活部	汲肖飞
				体育部	王 悦
				纪检部	薄 航
				安全检查监督部	汲静静
2008	第九届	周忠昊	李 静 咸力娜	学习部	吴学超
				卫生部	沈彦旭
				宣传部	张 焰

续表 2

时　间	届　别	主　席	副主席	部　别	部　长
2008	第九届	周忠昊	李　静 戚力娜	生活部	薄　钰
				体育部	王　悦
				纪检部	薄　航
				安全检查监督部	熊纪军
2009	第十届	李　静	戚力娜 杨开迪	学习部	
				卫生部	汲　航
				宣传部	张　焰
				生活部	薄　珏
				体育部	徐　晨
				纪检部	胡凯丽
				安全检查监督部	熊纪军
2010	第十一届	杨开迪	徐文秋 厉　伟	学习部	臧晨迪
				卫生部	汲　航
				宣传部	魏玉洁
				生活部	张珊珊
				体育部	徐　晨
				纪检部	胡凯丽
				安全检查监督部	李建烨
2011	第十二届	徐文秋	厉　伟 宋小轩 卢胜男	学习部	张珂玮
				卫生部	姜晓静
				宣传部	魏玉洁
				生活部	张珊珊
				体育部	孙　瑜
				纪检部	董彦霞
				安全检查监督部	李建烨
2012	第十三届	宋小轩	庄京翰 夏子云	学习部	张珂玮
				卫生部	姜晓静
				宣传部	王　鹏
				生活部	王　栋
				体育部	孙　瑜
				纪检部	董彦霞
				安全检查监督部	孙　荧

续表 3

时 间	届 别	主 席	副主席	部 别	部 长
2013	第十四届	庄京翰	夏子云 张舒婷 马志超	学习部	杨海姚
				卫生部	刘 超
				宣传部	王 鹏
				生活部	王 栋
				体育部	王 彬
				纪检部	董彦霞
				安全检查监督部	孙 荧
2014	第十五届	张姝婷	马志超 陈 昕 张 旗	学习部	杨海姚
				卫生部	刘 超
				宣传部	李国旗
				生活部	郭丽颖
				体育部	王 彬
				纪检部	甄建洧
				安全检查监督部	卢 昆

二、社团

学生社团是学生根据共同的兴趣、爱好，为增长知识、锻炼能力、发展特长、丰富校园文化而自愿组织起来的群众组织。2012 年 1 月 21 日，学校举行学生社团成立大会，共设立 15 个社团，分别为演讲社团、爱影摄影社团、平面设计社团、绘画社团、装饰画社团、笑缘相声社团、舞动青春社团、扬帆合唱社团、播音主持社团、篮球俱乐部、排球俱乐部、足球俱乐部、乒乓球俱乐部、羽毛球俱乐部、健美操俱乐部，继晨帆文学社之后举行集体挂牌仪式。

〔社团选介〕晨帆文学社

2010 年 5 月 13 日，学校第一个学生社团“晨帆文学社”成立，孙崇升为首任社长。

该社由在校师生 25 人组成。设社长 1 人，副社长 2 人，并设编辑部、申诉部、网络部、美编部、撰稿团、访谈部、宣传部、外联部等。

文学社以“努力就是一切，奋斗就是拥有；努力奋斗，拥有一切”为社团精神，以“争鸣你我共鸣，文学你我共文”为社团宗旨，以《晨帆》期刊为宣传平台，营造校园文学氛围，激发学生文学兴趣，让学生充分发挥自己，进一步提高文学爱好者的文学素养，促进全校学生习作

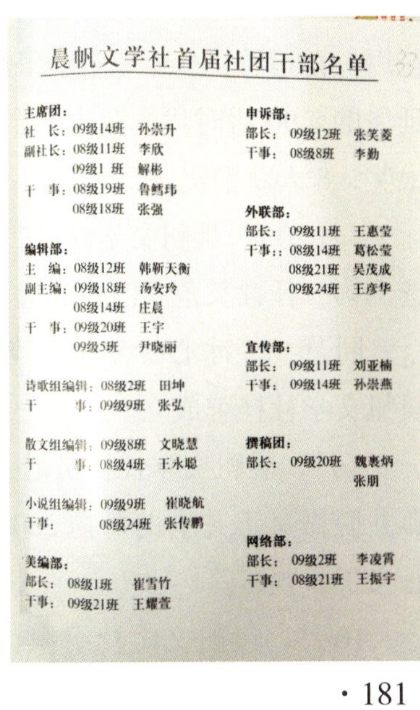
晨帆文学社首届社团干部名单

主席团：
社 长：09级14班 孙崇升
副社长：08级11班 李欣
09级1 班 解彬
干 事：08级19班 鲁鳕玮
08级18班 张强

编辑部：
主 编：08级12班 韩靳天衡
副主编：09级18班 汤安玲
08级14班 庄晨
干 事：09级20班 王宇
09级5班 尹晓丽

诗歌组编辑：08级2班 田坤
干 事：09级9班 张弘

散文组编辑：09级8班 文晓慧
干 事：08级4班 王永聪

小说组编辑：09级9班 崔晓航
干事： 08级24班 张传鹏

美编部：
部长：08级1班 崔雪竹
干事：09级21班 王耀萱

申诉部：
部长：09级12班 张芙菱
干事：08级8班 李勤

外联部：
部长：09级11班 王惠莹
干事：：08级14班 葛松莹
08级21班 吴茂成
09级24班 王彦华

宣传部：
部长：09级11班 刘亚楠
干事：09级14班 孙崇燕

撰稿团：
部长：09级20班 魏裘炳
张朋

网络部：
部长：09级2班 李凌霄
干事：08级21班 王振宇

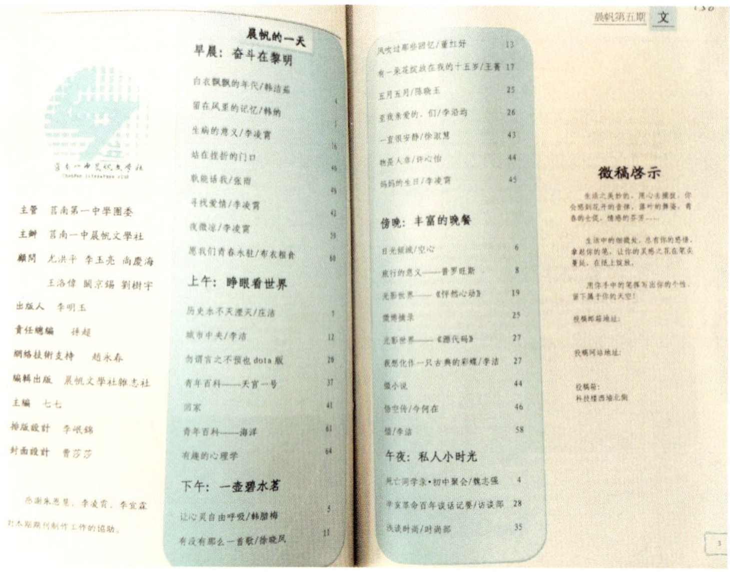

水平的进步；辅助教学，引导学生逐步树立健康、理性、积极的世界观、人生观和价值观。

是年6月，《晨帆》创刊号出刊发行。

9月，制定并公布《晨帆文学社章程（试行）》。

10月，《晨帆》第二期出刊发行。

11月，晨帆文学社举行首届“芭缇雅杯”新人作文大赛，在学生中培养文学的“新思维、新力量”，批判的继承传统，于精华中精益求精，进而在思想的荟萃中升华蜕变，创造出独具特色与价值的作品。大赛设一、二、三等奖。

2011年，晨帆文学社社员扩大到143人。

同年3月，晨帆文学社组织社员参加“第七届全国青少年冰心文学大赛”。吴晨晨的《烟花烬》、陈彦桦的《风飞，待丝雨》、李洁的《筷子》、延飞的《90后时代》获大赛金奖。另有10人获银奖，8人获铜奖。

4月20日，晨帆文学社第二届社团会议召开，选出第二任社长范式浩。通过文学社《章程》。

同月，《冰心少年文学》采编工作站，在晨帆文学社挂牌成立。

5月，晨帆文学社社员赴大店“爱心播舍”孤儿院做义工并捐助财物2800多元，成立“爱心义工联盟”。

10月，晨帆文学社组织首届校园辩论赛。辩论赛赛题为“高分是否能体现高素质”。

同月，晨帆文学社就“元旦校园诗歌朗诵会”进行初选，有18人（组）进入决赛。

11月，文学社召开首届校园文学论坛，魏裹炳作《文学鉴赏》报告。

12月，文学社成功举办“‘美特斯邦威杯’庆元旦、迎新春校园诗歌朗诵会”。

2012年4月，晨帆文学社召开第三届社员会议。范式浩作工作报告，选出第三任社长李吴洁，通过是年文学社工作计划。

5月，文学社组织社员参加“新人杯”第十届全国中小学校园文学大赛，取得优异成绩，其中李吴洁的《断臂之痛》获特等奖，另有12人获一等奖，21人获二等奖，17人获三等奖。

6月，文学社社员参加“第八届全国青少年冰心文学大赛”。5人获得金奖，9人获得银奖，21人获得铜奖。学校被授予“全国中学生写作示范学校”称号。

8月，晨帆文学社举行新老社员联谊会，交流创作心得，分享创作成果。

是年，晨帆文学社出版社刊《晨帆》四期。

2013年3月，晨帆文学社组织社员参加第十一届“叶圣陶杯”全国中学生创新作文大赛。贾晓敏获现场作文竞赛一等奖，另有12人获二等奖，24人获三等奖，20人获优胜奖。晨帆文学社被授予“全国示范文学社”称号。

4月，晨帆文学社召开第四届社员大会。李吴洁作工作总结报告，通过年度工作计划报告，选举郝笑为新一届社长。

5月，晨帆文学社组织2000余名师生参加团中央学校部组织的“我的中国梦”读书征文活动。李梦洁的《我的中国梦》、沈阳的《中国情》获国家级一等奖。邓金云等216人获国家级二等奖，季陆军等人获国家级三等奖。孙茜梅等387人获省级一等奖，贾翔宇等235人获省级二等奖，王晨等343人获省级三等奖。学校获“我的中国梦”读书征文比赛“优秀组织学校”称号。

是月，《晨帆》出版两期。

2014年，晨帆文学社召开第五届社员大会。郝笑作工作总结报告，通过年度工作计划报告，选举翟杰为新一届社长。5月，晨帆文学社组织师生参加由共青团中央学校部、语文报社联合举办的“我的中国梦”全国中学生读书征文活动，卢艺方的《姥姥的梦》、克永鑫的《中国梦，我的梦》、咸明皓的《千年一梦》、王舒的《让梦想飞翔》获国家级特等奖，22人获国家级一等奖，38人获国家级二等奖。是年，《晨帆》出版两期。

第三节 学生活动

一、评先树优

建校初期，学校注重对学生进行以“爱国家、爱人民、爱劳动、爱科学、爱护公共财物”为主要内容的思想教育，以此引导学生的学习和生活。

1953年，毛泽东主席向青年学生明确发出了“身体好、学习好、工作好”的号召。从此，学校开始评选年度“三好”学生。

1958年，学校开始贯彻“教育为无产阶级政治服务，教育与生产劳动相结合”的方针，在师生中广泛开展“总路线”“大跃进”“人民公社”三面红旗优越性的教育。同时，组织师生积极参加“大炼钢铁”和“支援农业”的运动。是年，学校参照上级有关“三好”“五好”评选标准，教育学生走“又红又专”的道路，并评选和表彰了一大批积极分子。

1963年3月5日，毛主席题词发出“向雷锋同志学习”的号召。自此，学校组织师生广泛开展“学雷锋、创三好”等活动。

1972年，学校制定《三好学生评比条件》并贯彻执行。

1977年5月，学校举行“学雷锋，创三好”积极分子代表大会，参加会议的代表有192人。表彰会通报表扬各班累计出现的好人好事3121件。

1980年，学校在向学生重点进行“四项基本原则”教育的同时，加强辩证唯物主义观点的教育，爱国主义和国际主义精神的教育，培养学生的共产主义道德品质和革命理想，逐步树立工人阶级的世界观。通过“怎样做一个合格的中学生”专题讨论，引导学生立志为祖国、为人民发奋读书，无愧八十年代的新一辈。全校评出高19级6班、高20级6班、初22级1班、初23级4班4个先进班级，并授予流动红旗。

1981年2月25日，全国总工会，共青团中央等九个单位联合向全国人民发出倡议，开展以“五讲四美”为主要内容的文明礼貌活动。

1982年2月，中央书记处规定，每年三月为“全民文明礼貌月”，学校师生积极响应，校团委、学生会多次召开会议，号召共青团员带头做到“五讲四美”，广泛开展“学雷锋、树新风、创三好”活动，贯彻党的教育方针，促进学生德智体全面发展。本次活动中，初三（4）班被地区团委评为“先进班级”，学校评出8个“文明班级”、7个“文明团支部”、2个“文明团小组”和120名“文明青年”，并召开全校师生大会进行表彰。5月，教育部、共青团中央印发《关于在中学生中评选三好学生的试行办法》。6月10日，根据临沂行署教育局、共青团临沂地委《关于表彰三好学生、优秀学生干部的决定》，在县电影院举行了全县“三好学生、优秀学生干部表彰大会”。

1999年，学校开始启动一年一度的“校园十佳青少年”评选活动。

2002年，根据县教育局提出的“以德治校”的要求，在全校广泛开展“文明班级”“文明教师”“文明学生”评选活动。学校王丽媛等66名同学被评为莒南县三好学生，王一德等69名同学被评为莒南县优秀学生干部。

2004年，学校毕业班有9人、非毕业班有8人被评为省级优秀学生干部；毕业班有9人、非毕业班8人被评为省级三好学生；毕业班有16人、非毕业班有10人被评为市级优秀学生干部；毕业班有14人、非毕业班10人被评为市级三好学生；毕业班有25人、非毕业班有48人被评为县级优秀学生干部；毕业班有28人、非毕业班52人被评为县级三好学生；高二16班等4个班级被评为县级优秀班集体，高二15班等16个班级被评为县级文明班级。

2005年，学校为表彰在2004 ~ 2005学年度中涌现出的先进集体和先进个人，决定授予高二5班、高三1班等15个班级“优秀班集体”荣誉称号；授予高二47名同学、高三48名同学“优秀学生干部”称号；授予高二280名同学、高三354名同学“三好学生”称号。

9月，学校有81名同学被评为县级三好学生，77名同学被评为县级优秀学生干部。

2006年，学校学生17人被评为省级优秀学生干部，16人被评为省级三好学生，29人被评为市级优秀学生干部，4人被评为市级三好学生2，90人被评为县级三好学生，55被评为人县级优秀学生干部；高一19班等6个班级被评为优秀班集体、高二2班等7个班级被评为优秀班集体。

2007年，学校学生有14人被评为省级优秀学生干部，10人被评为省级三好学生，13人被评为市级优秀学生干部，11人被评为市级三好学生。

2008年5月23日，学校政教处、团委向高一、高二年级发出《关于评选莒南一中“文明标兵”的通知》，表彰在“知荣辱，讲文明，树新风”活动中涌现出来的先进分子。评选条件为：遵守《中学生守则》、《中学生日常行为规范》等学校规章，行为文明、气质高雅、学习勤奋、乐于助人、胸怀宽广、尊敬老师、团结同学、拾金不昧等。由各班委会、团支部推荐5名候选人，经班主任审核后，报政教处和年级组进行联评。26日，评选结束，学校对“文明标兵”等进行通报表彰，并在展窗中进行图片展示。

9月，根据校发〔2008〕10号文件《关于表彰优秀班集体、优秀学生干部和三好学生的决定》，高一1班等9个班级、高二2班等9个班级在学习、卫生、纪律等方面表现突出，被评为“优秀班集体”，各班还涌现出了一大批德智体全面发展的优秀学生和认真负责有较强集体荣誉感和正义感的学生干部，决定对徐田杰等103名“优秀学生干部”、王国龙等604名“三好学生”给予表彰，并以资鼓励。

12月，学校推选出省级优秀学生干部12人，省级三好学生11人，市级优秀学生干部11人，市级三好学生12人。

2009年5月，为鼓励先进、学有榜样，杨开迪等10名同学被评为校园十佳青年；高一50人、高二48人被评为优秀团员；高一24人、高二26人被评为优秀团干部；高一5班团支部等8个团支部、高二1班等9个团支部被评为优秀团支部，并与五四青年节进行了隆重表彰。

同年，学校学生有6人被评为省级优秀学生干部，7人被评为省级三好学生，5人被评为市级优秀学生干部，4人被评为市级三好学生，其中庄力毓被评为省级优秀学生，41人被评为莒南县三好学生，38人被评为莒南县优秀学生干部。

2010年，根据校发〔2010〕12号文件《关于表彰优秀班集体、校园十佳青年、学习标兵、优秀学生干部和三好学生的决定》，决定授予杨开迪等10名同学为“校园十佳青少年”；授予2010级靳文等16名同学、2009级朱礼慧等39名同学、2008级李校莹等63名同学为“学习标兵”；授予2009级马德宇等54名同学、2008级刘洋等54名同学为“优秀学生干部”；授予2009级张琪等340名同学、2008级帅伟越等342名同学为“三好学生”。

五四前夕，学校团委下发《关于表彰莒南一中共青团工作先进集体和先进个人的决定》，为表彰先进，树立典型，鼓舞和激励学校各年级各团支部和广大团员青年，经研究决定授予高一、1班团支部等18个团支部为学校“优秀团支部”称号，授予高一、1班马德宇等44名同学为学校“优秀共青团干部”称号，授予高一、1班卢言鹏等91名同学为学校“优秀共青团团员”称号。希望各团支部在校委会和校团委的正确领导下，紧紧围绕学校中心工作，团结、带领广大团员青年，奋发学习，努力进取，积极发挥团组织和团员青年的模范带头作用。

12月，在省市三好学生、优秀学生干部评选中，学校学生9人被评为省级优秀学生干部，6人被评为省级三好学生，6人被评为市级优秀学生干部，6人被评为市级三好学生，67人被评为县级三好学生，32人被评为县级优秀学生干部。

2011年，学校推出5人被评为省级优秀学生干部，6人被评为省级三好学生，5人被评为市级优秀学生干部，5人被评为市级三好学生，其中朱礼慧被评为省级优秀学生。

2012年，学校广大青年学生在校委会、校团委的正确领导下，勤奋学习，努力拼搏，积极参加学校组织的各项有益活动，在自己健康成长的道路上迈出了坚实的步伐，涌现出了许多思想觉悟高、热爱集体、上进心强、德智体全面发展的青年学生。为表彰先进，树立典型，鼓舞和激励学校广大青年学生学有楷模，赶有目标，经研究决定授予高二、3班杨开迪等10各同学为学校2011—2012学年度“校园十佳青年”称号。

是年，学校学生有6人被评为省级优秀学生干部，7人被评为省级三好学生，5人被评为市级优秀学生干部，4人被评为市级三好学生，其中殷安琪被评为省级优秀学生。

2013年8月，为贯彻落实《中共中央国务院关于进一步加强和改进未成年人思想道德建设的若干意见》，学校决定每学年末举行三好学生、优秀学生干部、学习标兵、奋飞之鹰及优秀班集体评选活动，以激励学生努力学习、奋发向上、立志成才，成为有理想、有道德、有文化、有纪律的社会主义事业的合格建设者和接班人。为此，制定了《莒南一中优秀学生和班集体评选与表彰活动实施方案（试行）》，规定每学年第一学期初（9月上旬）进行上学年优秀学生和班集体评选、表彰；评选、表彰类型为三好学生、优秀班干部、学习标兵、奋飞之鹰、优秀班集体。具体名额为：1.优秀学生干部每班2名；2.三好学生每班按15%～20%的比例评选；3.学习标兵每班2名；4.奋飞之鹰每班2名；5.优秀班集体为各年级班数的1/3，各8个。

以后每年秋季开学后都进行相应的评选、表彰活动。

是年，学校有6人被评为省级优秀学生干部，6人被评为省级三好学生，5人被评为市级优秀学生干部，5人被评为市级三好学生。

2014年，学校团委以及各级学生会在校委会的正确领导下，根据党的群众路线教育实践活动相关精神要求，不断推进学校师生的教育学习及政治思想工作，在加强学风建设以及提高学生思想道德素质等方面都做出了突出贡献，涌现出了一大批在学习、纪律、卫生等方面表现突出的优秀团支部，德、智、体全面发展的优秀团员、优秀团干部；学校学生会副主席孙姝婷同学被表彰为临沂市优秀学生会干部。五四青年节期间，经班级民主推荐，年级组考核，学校评审领导小组评议，报校委会研究，学校团委决定授予 2011 级 1 班、2012 级 3 班、2013 级 2 班等 24 个团支部为“优秀团支部”；授予 2011 级杨帆、2012 级杜凡姝、2013 级代丽玉等 72 名同学为“优秀团干部”；授予 2011 级朱梅华、2012 级马小媛、2013 级李春杰等 144 名同学为“优秀团员”。

根据山东省教育厅、临沂市教育局的评选办法及文件要求，学校又评选出省级优秀学生干部 6 人，省级三好学生 4 人，市级优秀学生干部 5 人，市级三好学生 5 人。受表彰的优秀团支部和先进个人，更加珍惜荣誉，戒骄戒躁，再接再厉，争取在今后的学习中取得更加优异的成绩。学校号召全体同学要以先进为榜样，遵纪守法，认真学习，团结拼搏，奋发向上，共同为学校的发展做出贡献。

二、竞赛活动

为实施名生培养工程，实现名生培养目标，学校一直鼓励学生积极参加各种知识、技能与学科竞赛。

文革前及文革期间，学校档案材料中鲜有学生竞赛方面的史料，无从记录。

文化大革命后，1977 年恢复高考，教师教学教研热情空前高涨，积极从多方面调动学生学习积极性，组织学生参加各种类型的学科竞赛，是极为有效的手段之一。

1978 年 12 月，学校分年级、分组别举办了数学、物理、化学三学科竞赛，成绩如下：

组　别	数　学		物　理		化　学	
高二甲组 18 级 1–2	1. 齐元香	2. 赵　安	1. 李兴军	2. 闫玉雪	1. 王晓东	2. 程守娟
高二乙组 18 级 3–6	1. 吴运高	2. 吴继亭	1. 董书红	2. 滕州生	1. 杨　恒	2. 聂　磊
高一组	1. 杨税岭	2. 孟祥栋	1. 潘增余	2. 李洪谦	1. 张从勋	2. 杨继春
初二组	1. 沈丽华	2. 陈　丽	1. 徐国田	2. 马成杰	1. 刘树青	2. 辛海红

1979 年，学校高 20 级举行了数学竞赛，范伟祥、庄会荣、李凤仓分获前三名，赵洪义第四名，赵秀芳、庞德河、孙成香并列第五名。

1980 年，学校举行英语竞赛，对促进英语教学起到了良好的效果。获奖名单：高二：徐成田、班成娟、周传玉、王永叶、吕秀开、王康泉，高一：克伟、冯纪英、潘庆润、孙钦松，初三：孙海燕 、薛彦玲、刘娜、庄会波、李贵芹，初二：段洪波、王彦红、孔宪菲、庄会玲、李贵芹 ，初一：徐肖、陈伟宾。

1985 年，在县教研室组织下，各学科竞赛活动蓬勃开展。英语：我校孙成胜、陈卫斌、张传军、薄涛 4 人获县一等奖（全县共 5 人）辅导教师：裴银强。李京迎、米新伟、陈常青 3 人获县二等奖。其中，孙成胜获山东省高中组二等奖，陈卫斌、张传军获省三等奖。化学：我校王言霆获县第一名，辅导教师：燕爱民、史京明获第五名，辅导教师：王登超。我校获团体总分第三名。物理：我校陈为华获县第五名，辅导教师：宋家章。

1997 年，全国中学生物理竞赛预赛，薛宝义获省级一等奖，陈为刚、吕世富获省级三等奖。其中，薛宝义凭此竞赛成绩，被国防科技大学破格录取。

2001 ~ 2002 年，学校被评为“全国中学生生物学奥赛（山东省赛区）优胜学校”

2000 年，全国第 17 届中学生奥林匹克物理竞赛，学校有薄禄龙、孙孟青等 9 人获省一等奖。另外在山东省中学生化学、生物知识竞赛中也取得了优异成绩。

2001 年，在全国奥林匹克生物比赛中，田川、陈广文、李大雷获国家级二等奖（全市唯一），汲玉卓获省一等奖，李自强、季建莲、宋仕龙获省二等奖，李庆亮、孙重获省三等奖，学校荣获“山东省生物奥林匹克竞赛优胜学校”称号。在第 18 届全国中学生物理奥赛中，学校有 8 人或省一等奖。在全国中学生化学奥赛中，田川、陈广文获国家二等奖，王玉、季建莲获省二等奖。全国中学生英语能力竞赛中，学校高三年级组有 5 人获奖，其中陈广文获国家一等奖（全市共 3 人），翟荣荣、田川、陈晓东、程杰获国家二等奖。高二年级组有陈静、韩坪珍 2 人获国家一等奖。

2002 年，第 19 届全国中学生奥林匹克物理竞赛中，艾立翔、朱祥源等 7 人获省一等奖，徐凤云获省二等奖。全国中学生化学奥赛中，学校高彦山、陈庆华、韩坪良获省一等奖，朱祥源获省二等奖，徐传祥、朱礼鹏获省三等奖。学校生物奥赛再创佳绩，在全县预选赛中，全县 80 分以上 32 人，我校占 28 人。在山东省复赛中再获佳绩，魏琳宗、王亚楠等 11 人获省二等奖，其余 17 人获省三等奖，学校再次荣获“山东省生物奥林匹克竞赛优胜学校”称号。第五届“语文报”杯全国中学生创新作文大赛中，学校高二年级组共有 17 人获奖，其中：冯浩获国家一等奖，杨帆等 3 人获国家二等奖，王娅蕾等 4 人获国家三等奖，尹笑等两人获省级二等奖，于苗苗等 2 人获省级三等奖，王永超等 5 人获优秀奖。高一年级组共有 10 人获奖，其中：高会盛获国家二等奖，严会会等 3 人获国家三等奖，杜欣欣等 2 人获省级二等奖，王国亮等 4 人获省级三等奖，19 名教师获优秀指导奖。在“千校中学生作文联赛”中，学校付韦、刘潇霞获高中组国家二等奖。在全国中学生英语能力竞赛中，李爱敏获国家一等奖，宁涛、徐田涛等 8 人获国家二等奖，孟思凡、庞森等 10 人获国家三等奖。

2003 年，在全国中学生物理奥赛中，许瑞星、张绍栋等 9 人获省一等奖，宫文杰、刘润成等 7

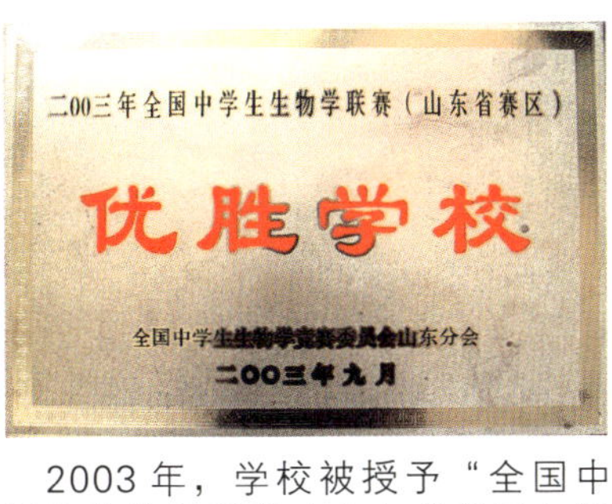

2003 年，学校被授予“全国中学生生物学联赛（山东省赛区）优胜学校”

2005 年，学校被评为“全国中学生生物学联赛（山东赛区）”优胜学校

2006 年，学校被评为“全国中学生生物学奥赛（山东赛区）”金牌学校

2006 年，学校在临沂市电脑机器人竞赛中荣获优秀组织奖

2006 年，学校获第 23 届全国中学生物理竞赛金牌学校

人获省二等奖；全国中学生化学奥赛中，学校王亮晶、张冰两位同学包揽我县两个国家级二等奖，唐新猛、徐淑泽、王蒙、李明等 4 人获省二等奖。

2004 年，在第 21 届全国中学生物理竞赛中，孙钦辉、孙崇璟等 17 人获省一等奖，在全国高中化学奥林匹克竞赛中，庄绪杰获国家三等奖，林靖博、孙杰等 9 人获省级一等奖。在全国中学生生物奥赛中，孙钦辉获国家三等奖，孙崇璟、张强强等 9 人获省级二等奖，王俊凯、李林等 5 人获省级三等奖。在临沂市“桃源广场杯”首届中学生暨第六届计算机知识竞赛中，李国庆、聂兰丰、宋国丹获市一等奖。

2004 ~ 2006 年，在临沂市首届中学生计算机知识大赛和临沂市第三届中学生机器人大赛中，学校代表队均获得第一名。在山东省中小学电脑作品制作活动机器人竞赛中，获得高中组第三名。3 年中，先后有 76 人在全国性大赛中获得奖励。

2006 年，在全国中学生物理竞赛中，16 人参赛，其中李政同学以全省第 29 名的突出成绩，获得国家级一等奖，15 人获得了省级一等奖；在全国中学生生物学奥林匹克竞赛中，学校 17 人参赛，全部获奖，其中李政、林楠、张祥文等获得国家级三等奖（省级一等奖），13 人获得省级二等奖，1 人获得省级三等奖；在全国中学生化学竞赛中，1 人获得国家二等奖，3 人获得国家三等奖，2 人获得省级一等奖，1 人获得省级二等奖，2 人获得省级三等奖。学校被授予“全国中学生物理竞赛金牌学校”、“全国中学生生物学奥林匹克竞赛金牌学校”荣誉称号。

2007 ~ 2009 年，2007 年 4 月，在临沂市中小学电脑机器人竞赛中，学校代表队获得“海尔杯”电脑机器人竞赛一等奖第一名，并代表临沂市参加全省比赛，获得全省第三名。在全国中学生生物学奥林匹克竞赛中，学校有 15 人获省级一等奖，10 人获省级二等奖，4 人获省级三等奖；在全国中学生物理奥林匹克竞赛中，有 5 人获得国家级二等奖，17 人获国家级三等奖，10 人获省级一等奖，学校获“优秀组织奖”；在全国中学生化学奥林匹克竞赛中，有 1 人获国家级二等奖，14 人获省级一等奖，6 人获省

2004 年，学校代表队参加临沂市“桃源科技广场杯”首届中学生计算机知识竞赛

2007 年，学校代表队获得临沂市电脑机器人竞赛一等奖第一名

级二等奖，4 人获省级三等奖；在全国数学联赛中，1 人获国家级三等奖，16 人获省级一等奖，8 人获省级二等奖。3 年中，先后有 110 名学生在全国奥林匹克数学、物理、化学、生物学及计算机竞赛中获省级以上奖励。

2010 年， 在全国中学生奥林匹克数学、物理、化学、生物竞赛中，3 人获得国家级二等奖，7 人获国家级三等奖，15 人获省级一等奖，2 人获省级二等奖。在“全省第 25 届青少年科技创新大赛”中，学生诸葛文章的“数字化养猪自动饲喂器”和葛琳的“关于重点高校农村学生越来越少的调查探究”均获省优秀青少年科技创新成果一等奖。在第 10 届临沂市青少年信息学奥林匹克竞赛中，7 人获一等奖，1 人获二等奖。在省市组织的体育比赛中，学校有 36 人次获省级及以上奖励，20 人次获市级奖励。

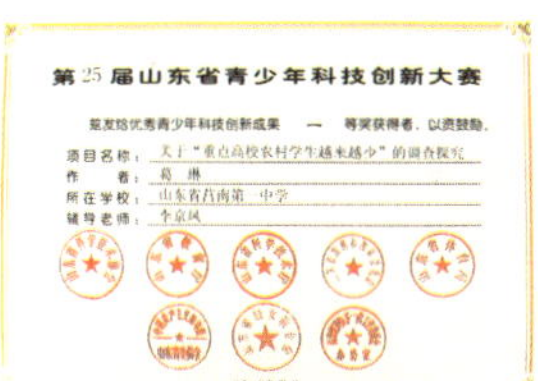

2011 年，组织学生参加“第七届全国中小学生文化作文大赛”，引导学生“传承人类文化、养育文化人格”，厚积文化底蕴，叙写文化情思；植入文化芯片，抒写文化生活，用“新文化作文”理念打造校园文化气场，砥砺学生文化思维，养育学生文化人格，推进新课程作文教学改革，引领作文升级换代。有 10 人获一等奖。是年，在全国中学生奥林匹克数学、物理、化学、生物竞赛中，有 9 人获国家级三等奖，21 人获得省级一等奖，7 人获省级二等奖，2 人获省级三等奖。

2012 年，在全国英语联赛中，学校有 2 人获国家级一等奖，8 人获国家级二等奖。在“全国中学生作文大赛”中，学校有 1 人获国家级二等奖，6 人获省级特等奖，2 人获省级一等奖。在“第七届全国青少年冰心文学大赛”中，学校有 4 人获金奖，9 人获银奖，22 人获铜奖；

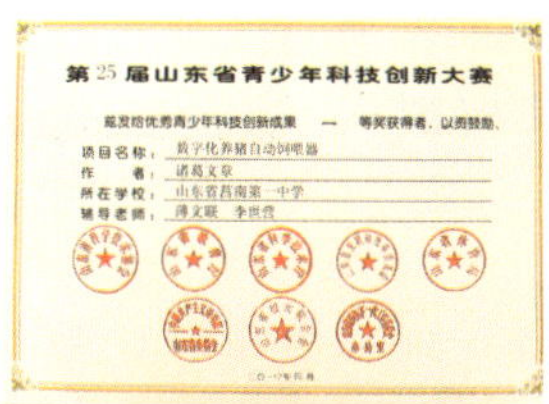

葛琳获第 25 届山东省青少年科技创新大赛一等奖

诸葛文章获第 25 届山东省青少年科技创新大赛一等奖

学校被全国青少年冰心文学大赛组委会授予“全国写作教学示范学校”称号。在中学生电脑制作活动中，学校有 2 人获省级三等奖，1 人获市级一等奖，4 人获市级二等奖，2 人获市级三等奖。在全国中学生数学、物理、化学、生物学等奥林匹克竞赛中，学校有 3 人获国家级二等奖，12 人获国家级三等奖，24 人获省级一等奖；学校被授予“全国中学生生物学奥林匹克竞赛金牌学校”称号。

2013 年，在第 28 届全国青少年科技创新大赛中，学校有 1 人获国家三等奖，2 人获省级一等奖；在第 14 届全国中学生电脑制作大赛中，学校有 1 人获国家级二等奖，1 人获省级一等奖，1 人获省级二等奖；在全国中学生物理、化学、生物、数学奥林匹克竞赛中，学校有 6 人获国家级三等奖，23 人获省级一等奖，3 人获省级二等奖；在全国中学生英语能力竞赛中，学校

2009 年，学校获全国中学生生物学联赛（山东赛区）金牌学校

2009 年，学校获第十届临沂市青少年信息学奥赛优秀组织奖

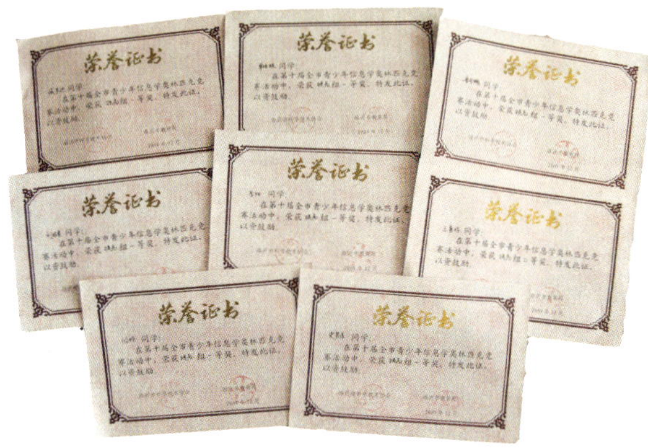

2009 年，在第十届临沂市青少年信息学奥赛中学校部分参赛学生的荣誉证书

2010 年，学校获“寒假读报知识竞赛”组织奖

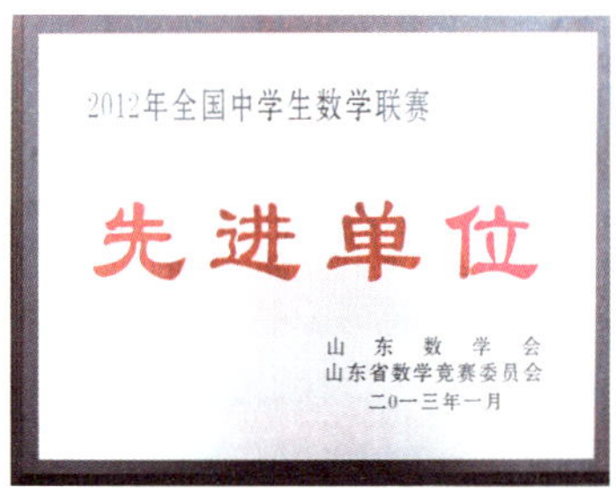

2012 年，学校获全国中学生数学联赛先进单位

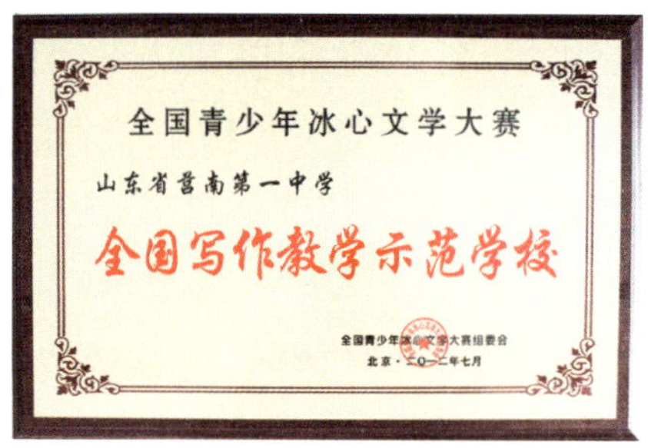

2012 年，学校获“全国青少年冰心文学大赛全国写作教学示范学校”称号

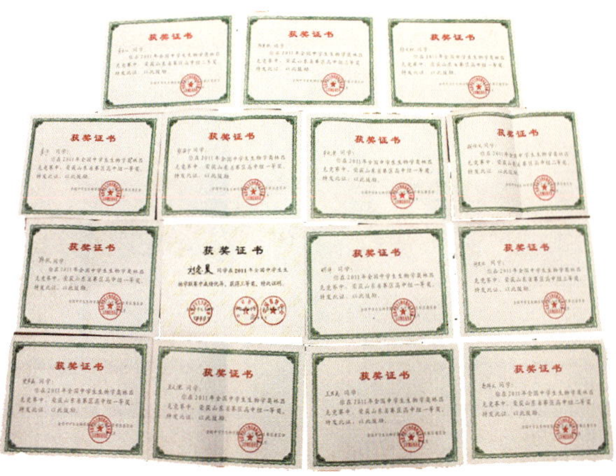

2011 年，学生奥赛获奖部分证书

2011 年，生物奥赛获奖师生合影

有8人获国家级一等奖，2人获国家级二等奖；在“我的中国梦”“叶圣陶杯”“世纪金榜杯”全国征文比赛中，学校有21人获国家级特等奖、8人获国家一等奖、6人获国家二等奖。

2014年，在山东省中小学电脑制作活动中，学校有3件作品获省级二等奖，3件作品获省级三等奖。在全国生物联赛（山东赛区）中，学校有3人获国家级三等奖，9人获省一等奖，7人获省二等奖，4人获省三等奖；在数学竞赛中，学校有4人获国家级二等奖，1人获国家级三等奖，33人获省级三等奖；在物理竞赛中，学校有2人获国家级二等奖，25人获国家级三等奖；在化学竞赛中，学校有2人获国家级三等奖，14人获省级一等奖，4人获省级二等奖；在全国中学生英语能力竞赛中，学校有2人获国家级一等奖，26人获国家级二等奖，15人获国家级三等奖。在由共青团中央学校部、语文报社联合举办的“我的中国梦”全国中学生读书征文活动中，学校有2人获国家级特等奖，7人获国家级一等奖，13人获国家级二等奖，26人获国家级优等奖，9人获省级一等奖，14人获省级二等奖。

至2014年，学校有330多名学生在全国中学生生物、数学、物理、化学等奥赛、全国作文大赛、机器人大赛中获一等奖。

2011年，全国作文比赛获奖师生合影

2011年，数学奥赛获奖师生合影

2011年，物理奥赛获奖师生合影

2011年，化学奥赛获奖师生合影

第十六届"语文报杯"全国中学生作文大赛
作文教学先进单位
二〇一四年五月

2014 年，学校获"语文报杯"作文教学先进单位

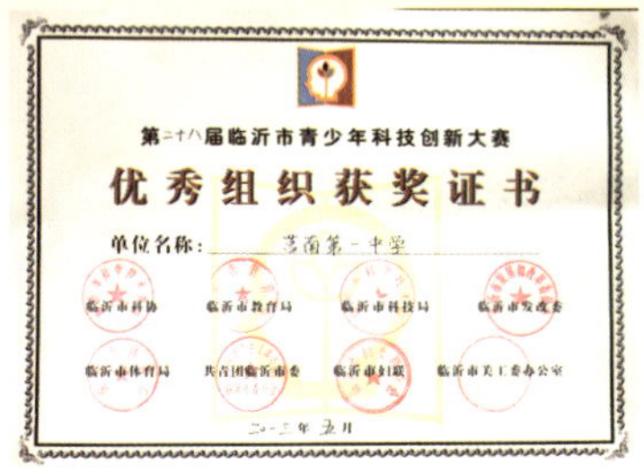
第二十八届临沂市青少年科技创新大赛
优秀组织获奖证书
单位名称：莒南第一中学
临沂市科协 临沂市教育局 临沂市科技局 临沂市发改委
临沂市体育局 共青团临沂市委 临沂市妇联 临沂市关工委办公室
二〇一三年五月

2013 年，学校获第二十八届临沂市青少年科技创新大赛优秀组织奖

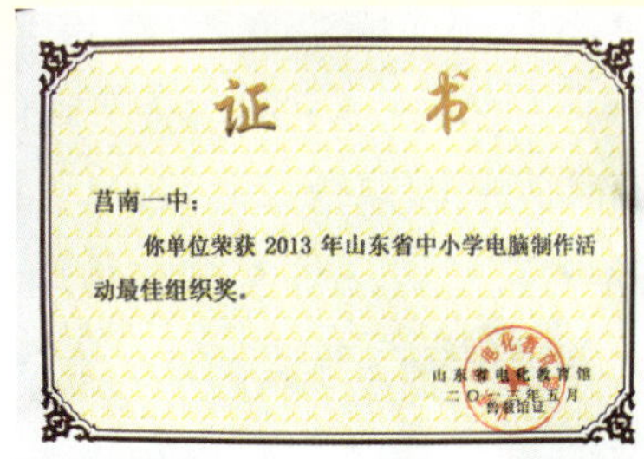
证书
莒南一中：
你单位荣获 2013 年山东省中小学电脑制作活动最佳组织奖。
山东省电化教育馆
二〇一三年五月

2013 年，学校获山东省中小学电脑制作活动最佳组织奖

荣誉证书
莒南一中学校：
你校在2013年全国中学生生物学联赛活动中成绩优异，荣获"金牌学校"称号。
特发此证，以资鼓励。
全国中学生生物学奥林匹克竞赛山东赛区委员会
二〇一三年九月

荣誉证书
2012年全国中学生生物学奥林匹克竞赛
金牌学校
全国中学生生物学竞赛山东赛区委员会

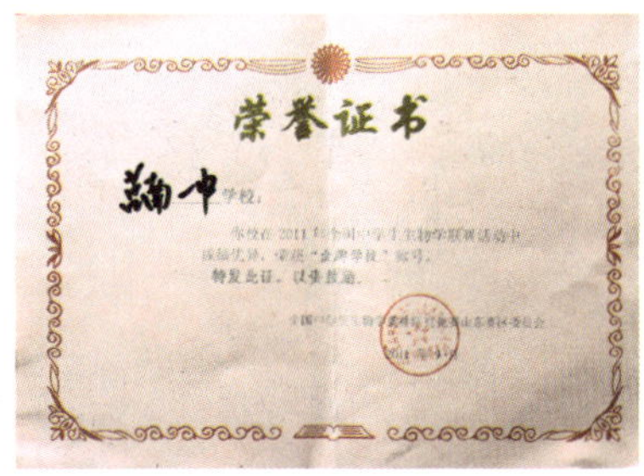
荣誉证书

2011~2013 年，学校获全国中学生生物学奥赛金牌学校

荣誉证书
2014年全国中学生生物学奥林匹克竞赛
金牌学校
全国中学生生物学竞赛山东赛区委员会
二〇一四年六月

2014 年，学校获全国中学生生物学奥赛金牌学校

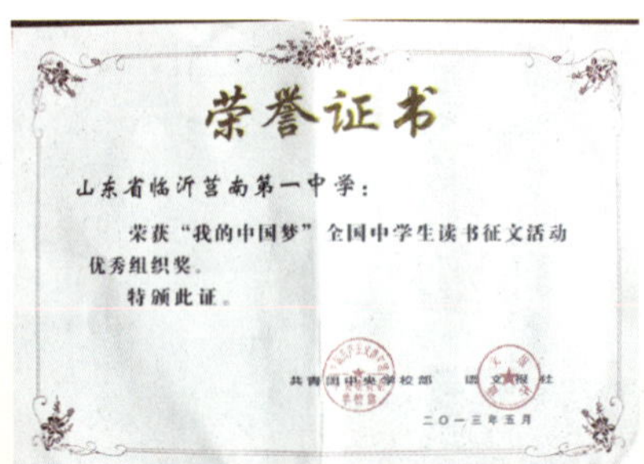
荣誉证书
山东省临沂莒南第一中学：
荣获"我的中国梦"全国中学生读书征文活动优秀组织奖。
特颁此证。
共青团中央学校部 语文报社
二〇一三年五月

2013 年，学校获"我的中国梦"全国中学生读书征文活动优秀组织奖

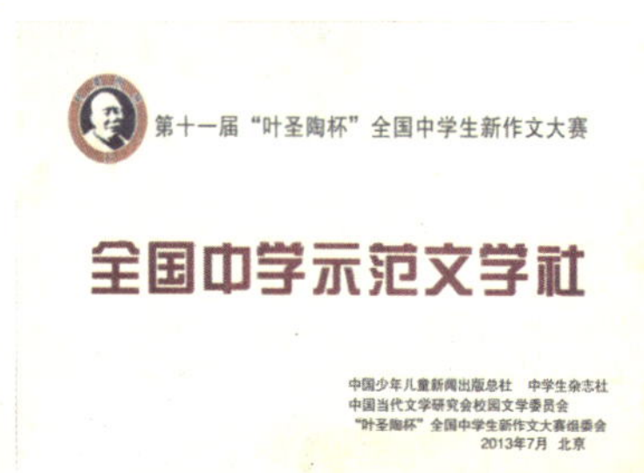
第十一届"叶圣陶杯"全国中学生新作文大赛
全国中学示范文学社
中国少年儿童新闻出版总社 中学生杂志社
中国当代文学研究会校园文学委员会
"叶圣陶杯"全国中学生新作文大赛组委会
2013年7月 北京

2013 年，学校获"叶圣陶杯"全国中学示范文学社

第二十八届全国青少年科技创新大赛

优秀科技创新项目获奖证书

兹发给优秀青少年科技创新项目 三 等奖获得者

以资鼓励

项目名称：樟芝保肝功能饮料的研究

代表队：山东省

作 者：赵禹丞

学校名称：山东省莒南第一中学

指导教师：王广运 陆震鸣 许正宏

全国青少年科技创新大赛
首席荣誉科学顾问
韩启德

中国科学技术协会（代章）
2013年8月

2013 年，赵禹丞获全国青少年科技创新大赛三等奖

全国中小学电脑制作活动

获奖证书

纪 轶 同学创作的作品《voronoi图平面扫描线算法的三维演示》荣获“中国移动校讯通杯”第十四届全国中小学电脑制作活动 高中组 计算机程序设计

二等奖

中央电化教育馆
二〇一三年七月

2013 年，纪轶获全国中小学电脑制作活动国家二等奖

2014 年，物理奥赛获奖师生合影

2014 年，生物奥赛获奖师生合影

2014 年，数学联赛获奖师生合影

2014 年，语文报杯作文竞赛获奖师生合影

附：

2014年学生竞赛获奖统计表

序　号	竞赛名称	学生姓名	级　别	等　次	辅导教师姓名	获奖时间
1	全国中学生生物奥赛	陈泳良	国家	三等奖	李振义	2014.6
2	全国中学生生物奥赛	孙浩洋	国家	三等奖	李振义	2014.6
3	全国中学生生物奥赛	厉松芮	国家	三等奖	李振义	2014.6
4	全国中学生生物奥赛	陈泳良	省级	一等奖	李振义	2014.6
5	全国中学生生物奥赛	孙浩洋	省级	一等奖	李振义	2014.6
6	全国中学生生物奥赛	厉松芮	省级	一等奖	李振义	2014.6
7	全国中学生生物奥赛	杨海姚	省级	一等奖	张立文	2014.6
8	全国中学生生物奥赛	刘　斌	省级	一等奖	张立文	2014.6
9	全国中学生生物奥赛	王献民	省级	一等奖	张立文	2014.6
10	全国中学生生物奥赛	娄　茗	省级	一等奖	陈　香	2014.6
11	全国中学生生物奥赛	徐泉洲	省级	一等奖	陈　香	2014.6
12	全国中学生生物奥赛	王俊皓	省级	一等奖	张玉祥	2014.6
13	全国中学生生物奥赛	黄舒怡	省级	二等奖	聂成娟	2014.6
14	全国中学生生物奥赛	殷　荣	省级	二等奖	聂成娟	2014.6
15	全国中学生生物奥赛	程　唱	省级	二等奖	聂成娟	2014.6
16	全国中学生生物奥赛	周　睿	省级	二等奖	聂成娟	2014.6
17	全国中学生生物奥赛	李长坤	省级	二等奖	聂成娟	2014.6
18	全国中学生生物奥赛	张姝婷	省级	二等奖	李振义	2014.6
19	全国中学生生物奥赛	滕柯纬	省级	二等奖	李振义	2014.6
20	全国中学生生物奥赛	高晨浩	省级	三等奖	陈　香	2014.6
21	全国中学生生物奥赛	张　杨	省级	三等奖	陈　香	2014.6
22	全国中学生生物奥赛	张　旭	省级	三等奖	张玉祥	2014.6
23	全国中学生生物奥赛	朱彦晓	省级	三等奖	张玉祥	2014.6
24	全国中学生物理竞赛	孙方圆	国家级	二等奖	刘文新	2014.9
25	全国中学生物理竞赛	李长坤	国家级	三等奖	刘文新	2014.9
26	全国中学生物理竞赛	张　旭	国家级	三等奖	刘文新	2014.9
27	全国中学生物理竞赛	尹慧敏	国家级	三等奖	刘文新	2014.9
28	全国中学生物理竞赛	马志超	国家级	三等奖	刘文新	2014.9
29	全国中学生物理竞赛	孙方正	国家级	二等奖	李　蕤	2014.9
30	全国中学生物理竞赛	张昊天	国家级	三等奖	李　蕤	2014.9

续表 1

序　号	竞赛名称	学生姓名	级　别	等　次	辅导教师姓名	获奖时间
31	全国中学生物理竞赛	严　皓	国家级	三等奖	李　蕤	2014.9
32	全国中学生物理竞赛	左　丽	国家级	三等奖	李　蕤	2014.9
33	全国中学生物理竞赛	克永鑫	国家级	三等奖	李　蕤	2014.9
34	全国中学生物理竞赛	程子豪	国家级	三等奖	张立泉	2014.9
35	全国中学生物理竞赛	周　睿	国家级	三等奖	张立泉	2014.9
36	全国中学生物理竞赛	马书涵	国家级	三等奖	张立泉	2014.9
37	全国中学生物理竞赛	纪正森	国家级	三等奖	张立泉	2014.9
38	全国中学生物理竞赛	张　扬	国家级	三等奖	张立泉	2014.9
39	全国中学生物理竞赛	张姝婷	国家级	三等奖	孙钦法	2014.9
40	全国中学生物理竞赛	尹彦红	国家级	三等奖	孙钦法	2014.9
41	全国中学生物理竞赛	李凌寒	国家级	三等奖	孙钦法	2014.9
42	全国中学生物理竞赛	李立贺	国家级	三等奖	孙钦法	2014.9
43	全国中学生物理竞赛	程　唱	国家级	三等奖	李乃善	2014.9
44	全国中学生物理竞赛	李　桐	国家级	三等奖	李乃善	2014.9
45	全国中学生物理竞赛	厉国豪	国家级	三等奖	李乃善	2014.9
46	全国中学生物理竞赛	朱勇丞	国家级	三等奖	李乃善	2014.9
47	全国中学生物理竞赛	孙浩洋	国家级	三等奖	潘月雷	2014.9
48	全国中学生物理竞赛	王晓伟	国家级	三等奖	潘继奎	2014.9
49	全国中学生物理竞赛	李　旭	国家级	三等奖	朱淑娟	2014.9
50	全国中学生物理竞赛	王献民	国家级	三等奖	王维华	2014.9
51	全国高中化学奥赛	尹彦江	省级	一等奖	尤洪平	2014.1
52	全国高中化学奥赛	魏　旖	省级	一等奖	尤洪平	2014.1
53	全国高中化学奥赛	陈泳良	国家级	三等奖	宋维连	2014.1
54	全国高中化学奥赛	朱勇丞	省级	一等奖	宋维连	2014.1
55	全国高中化学奥赛	朱礼林	省级	一等奖	宋维连	2014.1
56	全国高中化学奥赛	程子豪	省级	一等奖	宋维连	2014.1
57	全国高中化学奥赛	刘益玮	省级	一等奖	宋维连	2014.1
58	全国高中化学奥赛	卢艺方	省级	一等奖	宋维连	2014.1
59	全国高中化学奥赛	高晨浩	省级	三等奖	宋维连	2014.1
60	全国高中化学奥赛	程　唱	省级	三等奖	宋维连	2014.1
61	全国高中化学奥赛	邱博杨	省级	三等奖	宋维连	2014.1

续表 2

序　号	竞赛名称	学生姓名	级　别	等　次	辅导教师姓名	获奖时间
62	全国高中化学奥赛	孙浩洋	国家级	三等奖	魏茂标	2014.1
63	全国高中化学奥赛	马志超	省级	一等奖	魏茂标	2014.1
64	全国高中化学奥赛	厉松芮	省级	一等奖	魏茂标	2014.1
65	全国高中化学奥赛	周　睿	省级	一等奖	魏茂标	2014.1
66	全国高中化学奥赛	魏卓群	省级	一等奖	魏茂标	2014.1
67	全国高中化学奥赛	解　程	省级	二等奖	魏茂标	2014.1
68	全国高中化学奥赛	刘才宁	省级	二等奖	魏茂标	2014.1
69	全国高中化学奥赛	朱彦恺	省级	一等奖	张旭华	2014.1
70	全国高中化学奥赛	张　旭	省级	一等奖	张旭华	2014.1
71	全国高中化学奥赛	李克鹏	省级	二等奖	张旭华	2014.1
72	全国高中化学奥赛	王献民	省级	二等奖	张旭华	2014.1
73	全国高中化学奥赛	王晓伟	省级	一等奖	史佩玺	2014.1
74	全国高中数学联合竞赛	解　程	国家级	二等奖	陈西涛	2014.9
75	全国高中数学联合竞赛	张　旭	国家级	三等奖	郭永伟	2014.9
76	全国高中数学联合竞赛	刘书良	国家级	二等奖	克西国	2014.9
77	山东省高中数学竞赛	王润玉	省级	一等奖	克西国	2014.9
78	山东省高中数学竞赛	陈泳良	省级	一等奖	克西国	2014.9
79	山东省高中数学竞赛	厉国豪	省级	一等奖	克西国	2014.9
80	山东省高中数学竞赛	厉彦琨	省级	一等奖	克西国	2014.9
81	山东省高中数学竞赛	张云霞	省级	一等奖	克西国	2014.9
82	山东省高中数学竞赛	李高贤	省级	一等奖	克西国	2014.9
83	山东省高中数学竞赛	林　浩	省级	一等奖	克西国	2014.9
84	山东省高中数学竞赛	尹彦江	省级	一等奖	克西国	2014.9
85	山东省高中数学竞赛	孙运达	省级	一等奖	克西国	2014.9
86	山东省高中数学竞赛	李凌寒	省级	一等奖	克西国	2014.9
87	山东省高中数学竞赛	张姝婷	省级	一等奖	克西国	2014.9
88	全国高中数学联合竞赛	孙浩洋	国家级	二等奖	张守信	2014.9
89	山东省高中数学竞赛	张　全	省级	一等奖	张守信	2014.9
90	山东省高中数学竞赛	厉松芮	省级	一等奖	张守信	2014.9
91	山东省高中数学竞赛	刘才宁	省级	一等奖	张守信	2014.9
92	山东省高中数学竞赛	尹慧敏	省级	一等奖	张守信	2014.9

续表 3

序　号	竞赛名称	学生姓名	级　别	等　次	辅导教师姓名	获奖时间
93	山东省高中数学竞赛	张　杨	省级	一等奖	张守信	2014.9
94	山东省高中数学竞赛	冯慧妍	省级	一等奖	张守信	2014.9
95	全国高中数学联合竞赛	杨海姚	国家级	二等奖	张立兴	2014.9
96	山东省高中数学竞赛	李长坤	省级	一等奖	张立兴	2014.9
97	山东省高中数学竞赛	张棕衍	省级	一等奖	张立兴	2014.9
98	山东省高中数学竞赛	张作震	省级	一等奖	张立兴	2014.9
99	山东省高中数学竞赛	朱彦恺	省级	一等奖	张立兴	2014.9
100	山东省高中数学竞赛	刘　杨	省级	一等奖	张立兴	2014.9
101	山东省高中数学竞赛	李克鹏	省级	一等奖	张立兴	2014.9
102	山东省高中数学竞赛	解增谦	省级	一等奖	陈西涛	2014.9
103	山东省高中数学竞赛	左振华	省级	一等奖	闫英慧	2014.9
104	山东省高中数学竞赛	王　婧	省级	一等奖	闫英慧	2014.9
105	山东省高中数学竞赛	程子豪	省级	一等奖	李　华	2014.9
106	山东省高中数学竞赛	王甜甜	省级	一等奖	孙　星	2014.9
107	山东省高中数学竞赛	卢艺方	省级	一等奖	杨希芝	2014.9
108	山东省高中数学竞赛	高晨浩	省级	一等奖	曹　磊	2014.9
109	山东省高中数学竞赛	魏卓群	省级	一等奖	夏佩婷	2014.9
110	山东省高中数学竞赛	克永鑫	省级	一等奖	吴文良	2014.9
111	山东省高中数学竞赛	张昊天	省级	一等奖	薛清周	2014.9
112	全国中学生英语能力竞赛	姚　荟	国家级	一等奖	陈庆增	2014.12
113	全国中学生英语能力竞赛	陈　昕	国家级	一等奖	陈庆增	2014.12
114	全国中学生英语能力竞赛	杨海姚	国家级	二等奖	陈庆增	2014.12
115	全国中学生英语能力竞赛	朱娅婍	国家级	二等奖	陈庆增	2014.12
116	全国中学生英语能力竞赛	庄玉芹	国家级	三等级	陈庆增	2014.12
117	全国中学生英语能力竞赛	唐诗涵	国家级	二等奖	邓兰山	2014.12
118	全国中学生英语能力竞赛	王　丽	国家级	二等奖	丁丽丽	2014.12
119	全国中学生英语能力竞赛	马露露	国家级	二等奖	丁丽丽	2014.12
120	全国中学生英语能力竞赛	张丽君	国家级	二等奖	丁丽丽	2014.12
121	全国中学生英语能力竞赛	徐　璇	国家级	三等级	丁丽丽	2014.12
122	全国中学生英语能力竞赛	陈　欣	国家级	三等级	丁丽丽	2014.12
123	全国中学生英语能力竞赛	李佳颖	国家级	二等奖	李怀锐	2014.12

续表 4

序　号	竞赛名称	学生姓名	级　别	等　次	辅导教师姓名	获奖时间
124	全国中学生英语能力竞赛	李鸿祥	国家级	二等奖	李永世	2014.12
125	全国中学生英语能力竞赛	程馨慧	国家级	二等奖	刘贯晓	2014.12
126	全国中学生英语能力竞赛	化常凯	国家级	二等奖	聂庆培	2014.12
127	全国中学生英语能力竞赛	李思敏	国家级	二等奖	时佰英	2014.12
128	全国中学生英语能力竞赛	王俊雅	国家级	二等奖	孙秀云	2014.12
129	全国中学生英语能力竞赛	刘建华	国家级	二等奖	孙秀云	2014.12
130	全国中学生英语能力竞赛	李春杰	国家级	二等奖	孙秀云	2014.12
131	全国中学生英语能力竞赛	郭丽颖	国家级	二等奖	孙秀云	2014.12
132	全国中学生英语能力竞赛	王美桦	国家级	三等级	孙秀云	2014.12
133	全国中学生英语能力竞赛	崔啸虎	国家级	三等级	孙秀云	2014.12
134	全国中学生英语能力竞赛	卢　焱	国家级	三等级	孙秀云	2014.12
135	全国中学生英语能力竞赛	吴益宁	国家级	二等奖	孙玉杰	2014.12
136	全国中学生英语能力竞赛	张鑫婷	国家级	二等奖	王晓平	2014.12
137	全国中学生英语能力竞赛	孙　瑜	国家级	二等奖	王晓艳	2014.12
138	全国中学生英语能力竞赛	许钊华	国家级	二等奖	吴　晓	2014.12
139	全国中学生英语能力竞赛	屈　阳	国家级	二等奖	杨　飞	2014.12
140	全国中学生英语能力竞赛	李忠涵	国家级	二等奖	杨　飞	2014.12
141	全国中学生英语能力竞赛	王伟峰	国家级	二等奖	杨　飞	2014.12
142	全国中学生英语能力竞赛	方　瑜	国家级	二等奖	杨　飞	2014.12
143	全国中学生英语能力竞赛	胡雪颖	国家级	二等奖	杨　飞	2014.12
144	全国中学生英语能力竞赛	张高萌	国家级	二等奖	杨　飞	2014.12
145	全国中学生英语能力竞赛	王闰东	国家级	二等奖	杨　飞	2014.12
146	全国中学生英语能力竞赛	杨佩衡	国家级	二等奖	杨　飞	2014.12
147	全国中学生英语能力竞赛	葛星宏	国家级	三等级	杨　飞	2014.12
148	全国中学生英语能力竞赛	程　利	国家级	三等级	杨　飞	2014.12
149	全国中学生英语能力竞赛	范凯旋	国家级	三等级	杨　飞	2014.12
150	全国中学生英语能力竞赛	陈柯锦	国家级	三等级	杨　飞	2014.12
151	全国中学生英语能力竞赛	刘芳洁	国家级	三等级	杨　飞	2014.12
152	全国中学生英语能力竞赛	葛洪民	国家级	三等级	杨　飞	2014.12
153	全国中学生英语能力竞赛	程相龙	国家级	三等级	杨　飞	2014.12
154	“语文报杯”作文大赛	卢艺方	国家级	二等奖	卢友涛	2014.5

续表 5

序　号	竞赛名称	学生姓名	级　别	等　次	辅导教师姓名	获奖时间
155	“语文报杯”作文大赛	林德雨	省级	一等奖	马宗霞	2014.5
156	“语文报杯”作文大赛	刘芳洁	国家级	特等奖	郑　吉	2014.5
157	“语文报杯”作文大赛	杨　洋	省级	特等奖	张　驰	2014.5
158	“语文报杯”作文大赛	邱博杨	国家级	一等奖	时　杰	2014.5
159	“语文报杯”作文大赛	张守华	省级	二等奖	卢友涛	2014.5
160	“语文报杯”作文大赛	刘　华	省级	一等奖	张　驰	2014.5
161	“语文报杯”作文大赛	夏　萍	省级	一等奖	孙　超	2014.5
162	“语文报杯”作文大赛	魏卓群	省级	三等奖	刘树乾	2014.5
163	“语文报杯”作文大赛	厉松芮	省级	特等奖	曹佃蕾	2014.5
164	“语文报杯”作文大赛	尹慧敏	省级	特等奖	曹佃蕾	2014.5
165	“语文报杯”作文大赛	张　杨	省级	特等奖	曹佃蕾	2014.5
166	“语文报杯”作文大赛	贾晓敏	省级	二等奖	程纪军	2014.5
167	“语文报杯”作文大赛	王　媛	省级	三等奖	程纪军	2014.5
168	“语文报杯”作文大赛	解增谦	省级	二等奖	张伟玲	2014.5
169	“语文报杯”作文大赛	魏冠华	省级	三等奖	张伟玲	2014.5
170	“语文报杯”作文大赛	王　晨	国家级	二等奖	李　舒	2014.5
171	“语文报杯”作文大赛	王　莹	国家级	一等奖	李　舒	2014.5
172	“语文报杯”作文大赛	杨海姚	省级	二等奖	朱　萍	2014.5
173	“语文报杯”作文大赛	邢春蕾	省级	三等奖	朱　萍	2014.5
174	“语文报杯”作文大赛	陈亭儒	省级	二等奖	刘明珠	2014.5
175	“语文报杯”作文大赛	朱彦晓	省级	三等奖	刘明珠	2014.5
176	“语文报杯”作文大赛	吴　姗	省级	三等奖	瞿　锐	2014.5
177	“语文报杯”作文大赛	蒋姗洁	省级	三等奖	瞿　锐	2014.5
178	“语文报杯”作文大赛	王小迪	省级	二等奖	刘姗姗	2014.5
179	“语文报杯”作文大赛	刘健慧	省级	一等奖	朱　萍	2014.5
180	“语文报杯”作文大赛	庄欠杰	省级	三等奖	朱　萍	2014.5
181	“语文报杯”作文大赛	郁宗华	省级	二等奖	刘萍萍	2014.5
182	“语文报杯”作文大赛	李佳强	省级	三等奖	刘萍萍	2014.5
183	“语文报杯”作文大赛	吴欣蒙	省级	一等奖	王玉远	2014.5
184	“语文报杯”作文大赛	杜　莹	省级	三等奖	王玉远	2014.5
185	“语文报杯”作文大赛	吴晓斐	省级	三等奖	朱海英	2014.5

续表 6

序 号	竞赛名称	学生姓名	级 别	等 次	辅导教师姓名	获奖时间
186	“语文报杯”作文大赛	程 唱	省级	一等奖	孙华荣	2014.5
187	“语文报杯”作文大赛	刘益玮	省级	一等奖	卢友涛	2014.5
188	“语文报杯”作文大赛	张云霞	省级	二等奖	刘厚伟	2014.5
189	“语文报杯”作文大赛	孙 荥	省级	二等奖	卢友涛	2014.5
190	“语文报杯”作文大赛	王莉萍	省级	二等奖	赵金波	2014.5
191	“语文报杯”作文大赛	徐 铭	省级	三等奖	赵金波	2014.5
192	“语文报杯”作文大赛	张玉山	省级	特等奖	朱玉萍	2014.5
193	“语文报杯”作文大赛	尹晓迪	省级	一等奖	朱玉萍	2014.5
194	“语文报杯”作文大赛	吴慧萍	省级	二等奖	焦守红	2014.5
195	“语文报杯”作文大赛	庄 楚	省级	三等奖	焦守红	2014.5
196	“语文报杯”作文大赛	迟玉丽	省级	一等奖	郑 吉	2014.5
197	“语文报杯”作文大赛	何佳洁	国家级	特等奖	郑 吉	2014.5
198	“语文报杯”作文大赛	许钊华	省级	特等奖	郑 吉	2014.5
199	“语文报杯”作文大赛	高 莅	省级	一等奖	郑 吉	2014.5
200	“语文报杯”作文大赛	葛星宏	省级	二等奖	郑 吉	2014.5
201	“语文报杯”作文大赛	范凯旋	省级	三等奖	郑 吉	2014.5
202	“语文报杯”作文大赛	苏 鑫	省级	三等奖	郑 吉	2014.5
203	“语文报杯”作文大赛	赵 丹	省级	二等奖	王 娜	2014.5
204	“语文报杯”作文大赛	徐传杰	省级	三等奖	王 娜	2014.5
205	“语文报杯”作文大赛	王 媛	省级	二等奖	张新苓	2014.5
206	“语文报杯”作文大赛	王红鑫	省级	二等奖	张新苓	2014.5
207	“语文报杯”作文大赛	孙艳敏	省级	三等奖	张新苓	2014.5
208	“语文报杯”作文大赛	王 昊	省级	三等奖	张 倩	2014.5
209	“语文报杯”作文大赛	张 琪	国家级	特等奖	张传英	2014.5
210	“语文报杯”作文大赛	张 阳	省级	特等奖	张传英	2014.5
211	“语文报杯”作文大赛	代丽玉	省级	特等奖	张传英	2014.5
212	“语文报杯”作文大赛	李其迪	省级	特等奖	张传英	2014.5
213	“语文报杯”作文大赛	郝忠涛	省级	一等奖	张传英	2014.5
214	“语文报杯”作文大赛	厉 昊	省级	一等奖	张传英	2014.5
215	“语文报杯”作文大赛	李姿琨	省级	一等奖	张传英	2014.5
216	“语文报杯”作文大赛	王浩杰	省级	一等奖	张 倩	2014.5

续表 7

序　号	竞赛名称	学生姓名	级　别	等　次	辅导教师姓名	获奖时间
217	“语文报杯”作文大赛	张艺馨	省级	二等奖	张　倩	2014.5
218	“语文报杯”作文大赛	滕文远	省级	二等奖	朱礼华	2014.5
219	“语文报杯”作文大赛	夏桂鞠	省级	二等奖	朱礼华	2014.5
220	“语文报杯”作文大赛	任　星	省级	三等奖	朱礼华	2014.5
221	“语文报杯”作文大赛	姚乾惠	省级	三等奖	朱礼华	2014.5
222	“语文报杯”作文大赛	邹　涵	省级	三等奖	朱礼华	2014.5
223	“语文报杯”作文大赛	侯金霞	省级	一等奖	张广科	2014.5
224	“语文报杯”作文大赛	李传杰	省级	二等奖	张广科	2014.5
225	“语文报杯”作文大赛	刘一凝	省级	二等奖	张广科	2014.5
226	“语文报杯”作文大赛	孙　洁	省级	三等奖	陈晓燕	2014.5
227	“语文报杯”作文大赛	程　阳	省级	三等奖	陈晓艳	2014.5
228	“语文报杯”作文大赛	闫玉瑶	省级	三等奖	陈晓燕	2014.5
229	“语文报杯”作文大赛	徐冰洁	省级	三等奖	陈晓燕	2014.5
230	“语文报杯”作文大赛	赵　珺	国家级	特等奖	张爱萍	2014.5
231	“语文报杯”作文大赛	顾雪婷	省级	二等奖	张爱萍	2014.5
232	“语文报杯”作文大赛	郇晓萌	省级	二等奖	陈国玲	2014.5
233	“语文报杯”作文大赛	刘小菲	省级	二等奖	陈国玲	2014.5
234	“语文报杯”作文大赛	鲁成东	省级	三等奖	陈国玲	2014.5
235	“语文报杯”作文大赛	李书洋	省级	三等奖	陈国玲	2014.5
236	“语文报杯”作文大赛	袁　瑜	省级	三等奖	陈国玲	2014.5
237	“语文报杯”作文大赛	张鑫婷	省级	一等奖	陈国玲	2014.5
238	“语文报杯”作文大赛	李韶华	省级	二等奖	陈国玲	2014.5
239	“语文报杯”作文大赛	庄　雪	省级	三等奖	赵金波	2014.5
240	“语文报杯”作文大赛	曹殿梅	省级	三等奖	赵金波	2014.5
241	全国中小学电脑作品制作	刘芳洁	省级	二等奖	王广运	2014.5
242	全国中小学电脑作品制作	赵文豪	省级	二等奖	纪凡建	2014.5
243	全国中小学电脑作品制作	左振华	省级	二等奖	王晓艳	2014.5
244	全国中小学电脑作品制作	王玉珏	省级	三等奖	鲁统群	2014.5
245	全国中小学电脑作品制作	张　楠	省级	三等奖	闫凡胜	2014.5
246	全国中小学电脑作品制作	韩国强	省级	三等奖	秦向芹	2014.5

三、团组织活动

建校初期，学校即在教师中设立团支部，在学校党支部的领导下，开展团的活动。当时，团支部的主要活动是组织带动师生在保证完成学习任务的同时，参加建校义务劳动，涌现出不少的劳动能手，如薛安会同学自己单车运石头，每车运石头1020斤。此外，同学们还参加盖厕所、垒院墙，体现了热爱劳动、艰苦创业的精神。1956年学校设立团总支，开始配备专职团总支书记，下设教工团支部和各班级团支部。

1960年上半年，学校团总支组织学生利用课外活动、周末、劳动课时间进行义务劳动，共收入3千多元，上交团县委2千元，转交县委支援石泉湖建设新农村，剩余一千多元留作各班学生福利。

1962年，学校改设团委，配专职团委书记1人。

1977年5月，学校举行了“学雷锋，创三好”积极分子代表大会，有192人出席，好人好事共出现3121件，全校写读书笔记（心得体会）18060篇，日记13882篇。

1979年上学期学生中写入团申请书的就有240人，批准41人。国庆节期间，团委和语文教研组、艺体教研组共同举行了诗歌朗诵会，组织了“攀高峰”登山活动。

1980年上学期，学校开展了“八十年代大好形势下，怎样做一个合格的中学生专题讨论”，“开展先进班级竞赛活动”。该学期写入团申请书的有200人，有100人获得批准。

1982年5月，召开中国共产主义青年团莒南一中第五次代表大会。丁明良向大会做工作报告。出席这次大会的77名代表来自全校各班和青年教师，代表着全校427名共青团员。此次大会的主要任务是共同学习党的十一届六中全会和共青团十届三中全会精神，选举产生共青团莒南一中第五届委员会。

是年，学校师生积极响应中央号召的“全民文明礼貌月”活动，学校团委召开动员大会，号召共青团员起模范带头作用，并将“五讲四美”条幅发给教研组和各班级张贴，学校的18块黑板都以醒目的版面突出“文明礼貌月”活动的内容。团委举办多期文明礼貌简报，通过广播宣传好人好事100多人次。初中部分3次组织1500余人开展县城街道清洁活动；高二学生按质量标准整修了300米公路；初三、高一学生挖了校外150多米长的排水沟；初三（4）班的学雷锋小组利用饭前饭后与课外活动时间组织180多人次到教师办公室、学校礼堂等公共场所打扫卫生、送水；高一（1）班团支部组织全体团员利用星期天打扫操场、到街上设茶水站免费为群众供应茶水；高二（3）班团支部组织团员到电影院、车站打扫卫生；初二两个团小组多次组织到县城的老红军家打扫卫生、挑水。

1983 ~ 1984学年度第二学期，学校将室外黑板报责任分到班级，对党的教育方针进行宣传。学校针对不同年级的学生进行各种切合实际的思想教育，组织学生开展读书演讲活动，播放演讲报告20多场。“五四”青年节时，学校有2名学生代表在团县委举办的“振兴中华读书演讲会”上发表演讲。学校利用团活动日组织团员学习党的路线、方针、政策，学习张海迪事迹，对团支部成员进行2次共青团知识培训。全校学生积极开展文明礼貌月活动，开展“为中华崛起而读书”百科知识竞赛，争当优秀团员，争创先进团支部。

1984 ~ 1986年，学校团委对学生不断进行共产主义教育、爱国爱党教育，开展了大量适合青少年特点的文体活动和社会实践活动。各班团支部组织团员青年认真学习党报党刊和英雄模范事迹，利用黑板报、壁报、广播室等多种形式进行宣传。响应团县委号召，掀起向一等功臣李克亮烈士学习的热潮。为配合“反对资产阶级自由化”的大讨论，学校开展了以“党在我心中，祖国在我心中”为主题，以唱革命历史歌曲为主要内容的歌咏比赛，涌现出了大批优秀团干部、优秀团员和好人好事，拾金不昧、团结互助等作风在学校已蔚然成风，有30多名学生被省、地、县团组织和教育行政部门评为“优秀团干部”“优秀学生干部”和“三好学生”，10多个团支部被评为“先进团支部”。1986年，学校团委被团县委评为“先进团委”。

1987年11月，学校召开共青团第六次代表大会。刘树东向大会作工作报告，对学校共青团工作提出了新的任务和奋斗目标：在学校党支部和上级团委的领导下，认真学习党的十三大文件，正确认识社会主义初级阶段的理论，坚持“两个基本点”，以培养“四有”新人为目标，努力提高全体学生的思想道德水平和科学文化素质，充分发挥共青团组织的引领作用，不断增强团组织的战斗力，进一步开创共青团工作的新局面。出席大会的有130名代表。大会经民主选举，产生了共青团莒南一中第六届委员会，选出了学校出席共青团莒南县第十四次代表大会的代表。

1989年，为贯彻党的十三届四中全会精神，学校领导研究决定由团委负责组织在国庆期间开展革命歌曲歌咏比赛，并利用黑板报、手抄报、剪报等形式组织学生把握时事政治动态，加深对改革开放的认识。是年，在全校开展了“关于团员形象”的大讨论，通过举办“实践·志趣·理想”主题演讲会，对学生进行共产主义理想教育。在清明节、“五四”青年节、“七一”“八一”“国庆节”等节日，组织学生祭扫烈士陵墓、举行演讲会、报告会、歌咏比赛、登山春游等。

1990年10月6日，根据《山东省中学生团校条例》，学校成立莒南一中团校，确立了“爱党爱国，团结上进，刻苦勤奋，谦虚求和”的十六字团校校训，制定了《团校学员管理制度》、《学员守则》《学员考勤制度》和《考核奖励制度》，落实了配套教材和实践基地，并根据国家重大节日在各月份的分布，制定了“十步专题循环教育法”“国旗下的讲话”等活动方案，做到“周周有活动，活动有主题”。将每年3月定为“学雷锋讲奉献活动月”，4月为“革命传统教育月”，5月为“两史一情”教育活动月，6月为“理想与成才教育月”，7月为“党在我心中”教育活动月，8月为“社会实践教育月”，9月为“尊师爱校教育月”，10月为“爱国主义教育月”，11月为“遵纪守法教育月”，12月为“评优树标教育月”。

是年，为庆祝国庆41周年，学校初中部和高中部分别进行“颂国旗，唱国歌”比赛。业余团校开办以“青运史”“中共党史”“团的基本知识”“时事政策”等为主题的系列讲座；举办纪念“一二九”运动55周年报告会；聘请宣传部工作人员为学校师生做新中国41年的建设成就报告会；组织部分团员赴大峪崖参观学习；举行中华五千年文明史演讲比赛。

1991年，高中部、初中部分别举行“我爱社会主义新中国”演讲比赛。

1992年，根据上级团组织的要求和学校工作实际，在坚持传统的分年级进行不同内容系列教育的同时，利用团课重点进行了团史、团情及党的基本知识教育，加强文明礼貌用语、中学生守则、中学生日常行为规范等常规教育，请学校党支部书记魏本芳对学生进行时事政策及校规校纪教育。对部分非团员学生进行团前教育的同时，吸收部分积极分子加入共青团。继续开办团校，共招收两个班，即团干部工作方法培训班和入团积极分子基础教育培训班，两个班轮流上课。

1993年5月，召开中国共产主义青年团莒南一中第七次代表大会。大会主要议题是认真学习和贯彻共青团第十三次全国代表大会精神，继续开展好“学雷锋，树新风”及其他各项有益的活动，并选举产生了共青团莒南一中第七届委员会。

2001年12月25日，学校团委组织团员青年举行以“党、团在我心中”“纪念毛泽东等老一辈无产阶级革命家”为主题的演讲比赛。

12月26日，学校团委协同政教处对各班级以“迎新年、展未来、立大志”为主题的黑板报进行检查；组织学生加入“新世纪读书俱乐部”；举行高一、高二迎元旦文艺晚会。

2002年，开始注意研究并改变团队活动“零散”的特点，结合学生与学校发展的需要，力求各种活动的系列化、主体化与连续性。为培养学生良好的道德风尚，配合办公室、政教处开展“学《纲要》、讲道德、树形象”大型宣教活动。

4月5日清明节，组织120多名优秀团员代表赴鲁东南烈士陵园为革命先烈扫墓。

4月9日，组织1500余名学生走上街头，擦栏杆、清除非法广告、打扫街道卫生、做义务协警、宣传《公民道德建设实施纲要》。为纪念共青团建团80周年，以“永远跟党走”为主题，开展“重温入团誓词”“我为团徽添光彩”“与文明签约、告别不文明行为”等活动。学校团委被团县委授予“五四红旗团委”称号，孙钦法被评为“临沂市优秀团干部”，另有4人被评为“临沂市优秀团员”。

5月，学校团委组织评选出第七届“校园十佳青年”。与政教处联合发出通知，对周一班会活动内容作出具体要求，并在全校举行公民道德建设征文活动。是月，组建高一学生会、改选校学生会，明确了校学生会的工作任务。为庆祝建校50周年，向学生发出“迎校庆50年，我为一中添光彩”倡议书。为创新周一升国旗仪式的教育内容与形式，对活动主题进行精心设计，并组建了“国旗仪仗队”，升旗仪式更趋庄重与规范。

2003年10月30日，中国共产主义青年团莒南一中第八次代表大会在阶梯教室开幕。参加会议的代表共231人。其中，团干部64人，教职工代表35人，学生代表132人。代表中年龄最小的13岁，平均年龄16岁。

是年，学校被团县委评为“五四红旗团委”，杨其艳、林申、孙成香、朱淑娟被评为“优秀团员”，刘栋、吉春国被评为“优秀团干部”，高一（13）班、高二（18）班团支部被评为“优秀团支部”。

5月8日，学校团委会同学生会发出《关于“创文明校园、做文明使者”的倡议书》，动员大家齐心协力，让文明之风吹遍校园的每一个角落，让每一个学生成为文明使者，让校园环境更加和谐美丽。

18日，为检验学生高中近一年的英语学习状况，提高学生的英语口语表达能力，组织“高一英语演讲比赛”，为学生提供了一个展示水平、锻炼能力的平台。

9月，组织学生参加由团市委、市教育局、市人民广播电台、沂蒙晚报联合主办的“我的十八岁”征文活动，有2人获一等奖，4人获二等奖，7人获三等奖。

9月8日，在第19个教师节前，协同学生会发出《青青子衿，悠悠我心；良师益友，怀念终生》的倡议书，号召学生感恩父母、感念师恩、勤奋学习、回报社会。22日，校学生会组织开展“特困生救助基金募捐活动”，用以资助特困生，帮助其克服困难、树立顽强拼搏开创美好未来的信心与勇气。同时，参加团县委组织开展的青少年“走向世界的中国”读书教育活动，引导学生在读书活动中获取知识的滋养、获得成长的快乐。

2004年4月3日，学校组织部分团支部书记和优秀团员到鲁东南革命烈士陵园祭奠先烈。

8日，成立学校第五届学生会，进一步规范了学生会的工作规程与责任分工。

5月2日，组织庆“五四”演讲比赛，颂扬与传承“五四”运动时期及有志青年崇尚科学与民主、立志创造新世界的精神。

9月底，为迎接国庆节的到来，激发学生努力学习、报效祖国的爱国热情，举办庆国庆演讲比赛。参讲者激情昂扬、声情并茂的演讲，表达了新世纪学子振兴中华、开创未来的拳拳爱国之心。

2006年10月15日，学校青少年扶残助残志愿者参加“临沂市残疾人联合会800辆、台湾曹仲植基金会800辆暨莒南县400辆轮椅捐赠仪式”活动

2005年，学校团委被团县委评为“五四红旗团委”，高一（20）班、高二（10）班被评为“先进团支部”，李明玉、孙运源被评为“莒南县优秀团干部”，王洛江、徐岩、杨颖、贾润昌、刘庆田被评为“莒南县优秀团员”。

9月7日，为在学生中树立学习标兵，发挥榜样的力量，鼓励与带动全体学生追求上进，促进勤勉高效的学习风气的形成，对各班推选出的高一优秀学生拍照加述评在宣传栏橱窗中展出，过往学生纷纷驻足，成为大家在不同方面学习与追赶的标杆。

国庆节前夕，举行“庆国庆颂祖国暨纪念抗日战争胜利60周年”演讲比赛，通过对中国近代史和建国后中国发展历程的回顾，坚定了全体师生“铭记历史、勿忘国耻、珍爱和平、开创未来”的唯物史观和美好期愿。

2006年3月6日，为第6个“中国青年志愿者服务日”。为弘扬雷锋精神，培养环保意识，组织高一学生1500余人走上街头、走进社区，义务打扫卫生、清扫垃圾，锻炼了吃苦耐劳的意志品质，尊重劳动、服务社会的意识得到进一步增强。

5月18日，“今天我18”。为培养学生的社会责任感，学校为18岁学生举行“18岁成人宣誓仪式”，使学生明确了作为成人的责任担当和理想追求，在国旗下郑重承诺：为国为家，发奋苦读，拼搏进取，成才立业。

10月15日，莒南一中青少年扶残助残志愿者参加“临沂市残疾人联合会800辆、台湾曹仲植基金会800辆暨莒南县400辆轮椅捐赠仪式”，会后，学校青年志愿者将受助残疾人推送回家。

2007年11月29日，向全体师生发出“用善举拯救生命·用博爱驱散厄运·用真情铸就希望”的倡议，弘扬“人道、博爱、奉献”的红十字精神，为救助白血病患者张联捐助活动。全校师生踊跃捐款、鼎力相助，使大家真切感受到“一中人一家亲”，学校不仅是学生学业成长的加油站，也是为每一个学生保驾护航的爱的家园。

2008年5月19日，四川汶川地震发生后，组织全校师生开展“情系灾区、奉献爱心”活动，

2008 年 5 月 20 日，学校师生为汶川地震灾区捐款仪式现场

募集捐款 4 万多元。

9 月，结合学校第四届文化艺术节之教室文化评比，组织高一、高二年级开展以“尊老、敬老”为主题的黑板报评比活动，弘扬中华民族“老吾老以及人之老”的传统美德。

2009 年 3 月 5 日，组织学雷锋活动，开展“讲文明、树新风、构建和谐校园”活动月，将“自尊自爱，注重仪表”“诚实守信，礼貌待人”“遵规守纪，勤奋学习”“勤劳俭朴，孝敬父母”“严于律己，遵守公德”行为规范贯穿于学生学习与生活的方方面面。

同月，在县文博馆、山东省政府旧址、鲁东南烈士陵园分别举行“爱国主义教育基地”挂牌仪式，使爱国主义教育从课本描述走向具体的历史史料，拓展了对学生进行爱国主义教育的渠道，学生的爱国主义思想与情感得到进一步明晰与强化。

5 月 4 日，召开纪念“五四”运动 60 周年暨优秀团支部、优秀团员、优秀团干部表彰大会，号召团员青年大力弘扬“五四”精神，做“新时代的新青年”，为建设“民主、科学、富强、和平”的国家，奋发进取、勇攀高峰。

11 月 8 日，学校红十字会成立。学校组织部分青年志愿者在县城主要路段，通过横幅、彩旗、折页等形式，向人们宣传“人道、博爱、奉献”的红十字精神。

12 月 6 日，为进一步加强学校的法制宣传教育，促进平安和谐校园建设，通过国旗下的主题讲话，开启了新一轮法制教育宣传周，学生的言行举止更符合规范要求，讲求文明礼仪已蔚成风气。

12 月 25 日，为提高学生的文学素养，培养学生的艺术创新能力，组织文学爱好者以“晨帆文学社”为载体，开展文学创作与征集活动，结集出版内部刊物《晨帆》。

2010 年 3 月，组织举行新一届学生会竞选演讲，选举产生学校第十一届校学生会及年级学生会，选举杨开迪为学校第十一届学生会主席。学生会开始组织新一轮值周督查与课间操检查。

同月，组织举行“讲文明、树新风、促和谐”

2009 年 3 月 28 日，学校爱国主义教育基地挂牌仪式在山东省政府旧址举行

2010 年 5 月 21 日，学校青年志愿者参加“李学纯先生捐赠轮椅 500 辆暨县残联 115 例贫困精神病患者救助卡发放仪式”活动

主题教育活动，积极参加县残联组织的扶残助残行动，学生的爱心与奉献意识得到进一步增强。为更好地适应迅猛发展的信息时代和中学生心理特点的变化，开始组织学生开展绿色学校网上教育活动，将学习内容与任务目标及时传达到每一个学生，学生能够根据给定的要求及时获取相关知识信息，极大地提高了学生的学习兴趣与教育效果。

“五四”青年节期间，学校团委被团市委评为临沂市“五四红旗团委”，有 4 人被团县委评为“优秀团员”，2 人被评为“莒南县优秀团干部”。

5 月 21 日，莒南一中青年志愿者参加“李学纯先生捐赠轮椅 500 辆暨县残联 115 例贫困精神病患者救助卡发放仪式”活动。

6 月，组织部分学生到岭泉恐龙遗址、坊前石刻厂、洙边镇小流域及茶园进行实地考察，以增强学生的环保意识、家乡观念和社会实践能力。

2011 年 3 月，通过竞选演讲，选举产生学校第 12 届学生会及年级学生会。学校团委组织部分学生会成员到莒南第一个党支部、山东省第一个团支部、山东省政府暨八路军 115 师司令部旧址等地开展社会实践，帮助学生进一步了解在战争年代莒南人民为争取抗战胜利和全国解放所做出的巨大牺牲与贡献，激发了学生爱党爱国的热情和为建设繁荣富强的祖国努力学习、奋勇拼搏的决心。

是年，学校团委被评为临沂市“五四红旗团委”，朱淑娟、厉建祎被评为“莒南县优秀团干部”，郑吉、李华、滕明升、纪凡建被评为“莒南县优秀团员”，学校学生会被评为临沂市“先进学生会”。

2012 年 4 月，学校召开学生联合会第十三次代表大会。此后，学校举行首届科技创新大赛和首届校园歌手大赛。是年，王安琪被评为“临沂市优秀学生会干部”，孙钦亮被评为“临沂市优秀共青团员”，另有 2 人被评为“莒南县优秀团干部”，4 人被评为“莒南县优秀团员”。

2012 年 4 月 9 日，学校学生联合会第十三次代表大会

2013 年 3 月，选举产生学校第十四届学生会和年级学生会。通过“学雷锋、讲文明、树新风”活动月和第二届校园歌手大赛等活动，组织学生积极参加市级文明城市的创建。是年，高一 2 班、8 班、13 班、7 班、16 班、14 班、21 班、9 班团支部，高二 24 班、5 班、20 班、21 班、9 班、8 班、2 班、18 班等 16 个团支部被学校团委评为“优秀团支部”。季向丽等 96 人被评为“优秀团员”，赵中强等 48 人被评为“优秀团干部”。高三（13）班团支部被评为“临沂市五四红旗团支部”，学校团委被评为“莒南县五四红旗团委”。孙超、刘厚伟被评为“莒南县优秀团干部”，崔言翠、陈优伟、郝玉站被评为“莒南县优秀团员”。

2014 年 3 月 5 日，学校再次掀起学雷锋的高潮。为调动学生参与活动的积极性，使活动开展的富有成效，学校根据中学生的年龄特点与认知水平，开展了“青春志愿行，共筑中国梦”“讲文明，树新风，文明与我同行”为主题的系列活动，引导学生用雷锋精神规范自己的言行，用自己的言行传递雷锋精神。

3 月 11 日，学校团委组织高一全部团员干部 100 余人，在学校规划的空地开展植树活动，共栽种 30 余棵花卉树木。此次活动以植树绿化为载体，引导学生在增强环保意识的同时，增强自己的劳动观念、团队意识与合作精神。4 月 3 日，学校团委组织团员青年 200 余人赴鲁东南革命烈士陵园缅怀先烈的英雄事迹，在烈士群像前重温入团誓词之后，参观了革命烈士纪念馆、瞻仰了英烈碑文。革命先烈为国家、为民

2013 年，学校学生会竞选演讲现场

2014 年，“讲文明，树新风，文明与我同行”主题活动学生签名仪式

2014 年，植树节来临之际，学校按规划举办校内植树活动

学校学生赴山东省政府旧址接受爱国主义教育

族浴血奋战、视死如归的英雄气概，进一步坚定了学生的理想信念。

4月4日，学校组织学生会与各班团支部书记共40人赴中国“抗日第一村”——渊子崖缅怀革命先烈，后赴学校“爱国主义教育基地”——山东省政府暨八路军115师司令部旧址追寻革命先辈走过的艰苦卓绝的历程。

5月4日，为弘扬“五四”精神，鼓舞和激励全体学生勤奋学习，经班级民主推荐、年级组考核，学校授予2011级1班、2012级3班、2013级2班等24个团支部“优秀团支部”称号；授予2011级学生杨帆、2012级学生杜凡姝、2013级学生代丽玉等72人“优秀团干部”称号；授予2011级学生朱梅华、2012级学生马小媛、2013级学生李春杰等144人“优秀团员”称号。

9月，学校开展以“相约孝道，感念师恩”为主题的系列活动，教育学生常怀一颗感恩的心，孝亲敬老、悉听教诲、成就学业、回报社会。在国旗下，全体学生以青春的名义宣誓：为了成就父母的微笑，为了成为恩师的自豪，不忘父母的期盼，牢记恩师的教导，用汗水铺就成长之路，用行动赢得人生美好。学会感恩，懂得回报；不让时光白流，纵有百折不挠！

同月27日，为庆祝建国65周年，加强对学生的爱国主义教育，传承中华民族优秀文化，弘扬中华民族精神，同时，营造健康向上的校园环境，创建幸福和谐的一中家园，学校举办“颂祖国，庆国庆，圆梦中华”演讲比赛。

10月6日，学校举行“向国旗敬礼”网上签名寄语活动启动仪式，并分批组织学生到微机室进行网上签名寄语活动。通过这种交流互动的方式，每一个学生都用发自肺腑的话语表达了自己的爱国之心，给祖国母亲送上真诚的祝福，立志刻苦学习、奋勇拼搏，把祖国建设得更加美好。

学校师生代表在清明节之际赴鲁东南革命烈士陵园缅怀先烈

学校学生赴中国“抗日第一村”——渊子崖缅怀革命先烈

庆"五四"表彰大会

"拒绝网瘾，从我做起"动员大会

"颂祖国，庆国庆，圆梦中华"演讲比赛

2014 年 10 月 6 日，学校举行"向国旗敬礼"网上签名寄语活动启动仪式

"相约孝道，感念师恩"主题系列活动启动仪式

2014 年 12 月 1 日，学校举行"拒绝网瘾，从我做起"动员大会，呼吁学生遵守《全国青少年网络文明公约》。会上，全校学生庄严宣誓，坚决杜绝网瘾、正确使用网络、抵制不良信息、珍惜一分一秒、努力成长成才。

第四节　奖助学活动

在学校发展的不同时期不同阶段，学校根据学生家庭的实际困难情况，按照国家相应的资助管理政策，严格管理政府拨款并积极拓宽救助资金来源渠道，动员社会爱心力量，筹措了大量的救助资金，严格把关救助资金发放关口，帮助众多的家庭经济困难学生顺利完成高中学业，步入大学学习深造。

文革之前，高、初中国家均有拨款对学生进行资助，其中，1964 年、1965 年的资助标准为：烈属子女每月 7 元，特困学生每月 5 元，一般学生每月 2 元。文革期间由于停课闹革命等原因，资助工作一度中断。文革后，从 1973 年起恢复资助，每月 2 元。1985 年，政府资助工作停止。

2011 年 7 月，根据省教育厅资助中心在中小学建立资助中心的要求，学校成立资助中心办公室，主要负责普通高中政府助学金、社会助学以及奖学金受助学生的资格审查和管理工作。

一、国家政府助学金

根据《山东省人民政府办公厅关于实施普通高中家庭经济困难学生资助政策的意见》（鲁政办发（2007）63 号）精神，省财政厅、省教育厅研究制定了《山东省普通高中政府助学金管理实施办法》，帮助家庭经济困难学生顺利完成学业，体现了党和政府对普通高中家庭经济困难学生的关怀。2007 年 9 月起，学校开始发放政府助学金，后改名为国家政府助学金，主要资助孤儿、单亲、重病、残疾以及长期特困户家庭学生的生活费用开支。至 2011 年，资助标准为每生每年平均 1000 元，具体分为三档：1 档 500 元，2 档 1000 元，3 档 1500 元。资助比例按在校学生人数的 10% 确定。2012 年，资助标准调整为每生每年平均 1500 元，具体分为三档：1 档 1000 元，2 档 1500 元，3 档 2000 元。至 2014 年秋季，学校每年春、秋各发放 1 次，共发放 15 次，发放总额 403.5 万元，有 6393 名学生得到政府资助。

政府助学金按年度申请，按学期发放。采取学生个人申请、班级推荐、学校初审、县学生资助管理中心和县财政局审批的方式，坚持公开、公正和实事求是的原则，在申请人向所在班级提出书面申请、填写《普通高中政府助学金申请表》，并提交家庭经济情况、身份证复印件等相关证明材料得到确认后，将受助学生名单在校内张榜公示，公示时间不少于 5 天，同时将监督电话一并公布，公示无异议后方可上报。

学校资助中心将审核后公示无异议的学生名单上报县学生资助管理中心，并负责保存、保管受助学生档案材料。

为认真做好该项“民心工程”，学校特地成立了以校长尤洪平为组长，李玉亮、阚京锡为副组长，孙成田、孙钦法、韦庆兵为成员的受助学生资格审查和评议小组。2014 年 4 月，学校领导班子调整后，由副校长孙钦法分管学生资助中心办公室，刘伟具体负责评审方案和实施细则的落实，严格操作程序，做实阳光操作，确保学生资助评审与发放工作的公开、公正、透明。

附：

学校 2007 年秋季～2014 年春季国家政府助学金受助情况统计表

时　间	受助资金 / 万元	受助学生 / 人	时　间	受助资金 / 万元	受助学生 / 人
2007 年秋季	16.1	375	2011 年秋季	32.75	482
2008 年春季	15.1	376	2012 年春季	35.2	496
2008 年秋季	16.6	382	2012 年秋季	31.55	447
2009 年春季	17.95	396	2013 年春季	31.55	447
2009 年秋季	16.4	326	2013 年秋季	34.25	457
2010 年春季	17.3	337	2014 年春季	34.25	457
2010 年秋季	34.6	482	2014 年秋季	33.15	443
2011 年春季	36.75	490	合　计	403.5	6393

附：

普通高中政府助学金申请表

学校名称：

<table>
<tr><td>学生姓名</td><td></td><td>性别</td><td></td><td>民族</td><td></td><td>出生年月</td><td></td><td>入学时间</td><td></td></tr>
<tr><td>年级班级</td><td colspan="3">年级　班</td><td>学号</td><td colspan="2"></td><td>身份证号码</td><td colspan="2"></td></tr>
<tr><td rowspan="6">家庭成员情况</td><td>姓名</td><td>年龄</td><td colspan="2">与本人关系</td><td colspan="5">工作或学习单位</td></tr>
<tr><td></td><td></td><td colspan="2"></td><td colspan="5"></td></tr>
<tr><td></td><td></td><td colspan="2"></td><td colspan="5"></td></tr>
<tr><td></td><td></td><td colspan="2"></td><td colspan="5"></td></tr>
<tr><td></td><td></td><td colspan="2"></td><td colspan="5"></td></tr>
<tr><td></td><td></td><td colspan="2"></td><td colspan="5"></td></tr>
<tr><td rowspan="4">家庭经济状况</td><td>户籍性质</td><td colspan="5">□农村（含县镇）
□城市</td><td>主要收入来源</td><td colspan="2"></td></tr>
<tr><td rowspan="2">家庭住址</td><td colspan="5" rowspan="2"></td><td>邮编</td><td colspan="2"></td></tr>
<tr><td>联系电话</td><td colspan="2"></td></tr>
<tr><td>家庭人口总数</td><td></td><td colspan="2">家庭年收入</td><td colspan="2"></td><td>人均年收入</td><td colspan="2"></td></tr>
<tr><td>申请政府助学金的主要理由</td><td colspan="9">申请人签名：　　家长签名：　　年　月　日</td></tr>
<tr><td>班级审核意见</td><td colspan="9">班主任：　　签字</td></tr>
<tr><td>学校审核意见及其公示结果</td><td colspan="9">负责人：　　公章</td></tr>
</table>

附：

普通高中政府助学金受助学生汇总表

单位：

序　号	姓　名	性　别	年　级	身份证号码	银行卡号码	档　次

附：

普通高中政府助学金统计表

填报单位（盖章）：

学校名称	序　号	在校生人数	受助学生人数	受助金额（万元）	备　注

二、社会奖助学金

学校多方面拓展奖助学金来源渠道，与大型企业联合，先后设立了“学纯助学基金”“华鲁助学基金”和其他社会名人设立的特别奖助学基金，每年筹集几十万元，用于奖励、扶助品学兼优和家庭经济困难的学生。

（一）学纯助学基金

1. 学纯助学基金的设立

2007年8月18日，莒南一中校友、阜丰集团董事长李学纯为学校提供200万元资金，成立“学纯助学基金”，专门用于资助和奖励成绩优异但家庭贫困的在校生和在当年高考中取得优异成绩的学生，学校设立了专项资金账户，对这项基金进行管理和使用。从是年起，每年在8月中、下旬举行颁发仪式。2007年8月18日，首届颁发仪式中对高考名列全县文科前10名、理科前20名的学生，每人奖励2000元。对考取北大、清华的学生，每人奖励10000元。高考考入本科院校的家庭经济困难学生20人，每人2000元。其他为学习成绩优异但家庭贫困的60名在校学生（在校的原高一、高二年级），每人获得资助1600元，以帮助这些学生顺利完成高中学业并进入高等院校深造，助推学校人才培养战略的实施与办学品位的提升。从2008年以后，在原有受奖助学生的基础上，又增加了高一新生受奖助学生50人，每人1000元。

学纯助学金的评审工作由学校具体负责，每年颁奖前将候选人名单及相关材料报送李学纯，由李学纯审核后双方共同确定。

2. 学纯助学基金的发放

（1）2007年，“学纯助学基金”在学校体育馆举行首届发放仪式。临沂市市政府副秘书长李海宁，临沂市教育局局长卢立海，县委书记、县人大主任丁善余，县委副书记、县长庄光海，县委副书记刘贤军，县政协主席李学谦，县人大党组书记、常务副主任孙忠德，县委常委、县政府常务副县长赵西平，县委常委、县纪委书记隽新阳，县委常委、宣传部长张俊春，县人民武装部部长臧军远，县人大副主任杜秋生，县政府副县长王学伟，县政协副主席卢景春，阜丰集团董事长李学纯出席首发仪式。参加仪式的还有县教育局各科室负责人、各初级中学校长、莒南一中全体师生以及受助的学生和部分学生家长。

张传虎、李政被清华大学录取，每人获得10000元基金奖励。王雨晗等28名取得高考文科前10名和理科前20名、考取全国知名大学的考生，每人获得2000元奖励。朱崇朋等20名2004级（高三）学生、王海玉等29名2005级（高二）学生、王世鹏等30名2006级（高一）学生，每人受到1600元资助。

首届“学纯助学基金”文科前10名、理科前20名受奖学生名录

姓　名	录取学校	金　额	姓　名	录取学校	金　额
张传虎	清华大学	10000	徐　萍	北京交通大学	2000
李　政	清华大学	10000	潘晓晨	北京邮电大学	2000
王雨晗	中国人民大学	2000	高文杨	中山大学	2000
刘歆阳	复旦大学	2000	纪　涛	第三军医大学	2000
刘庆清	北京航空航天大学	2000	王洪翠	中国人民大学	2000
孙永亮	哈尔滨工业大学	2000	邱文静	南开大学	2000

续表

姓 名	录取学校	金 额	姓 名	录取学校	金 额
宋全德	同济大学	2000	王 浩	厦门大学	2000
陈 麒	中国海洋大学	2000	邓舒文	天津财经大学	2000
薄 岩	山东大学	2000	赵大维	华东政法大学	2000
郭 伟	武汉大学	2000	朱文颖	吉林大学	2000
胡建芳	国防科学技术大学	2000	陈奎金	中国农业大学	2000
鲍秀伟	哈尔滨工业大学	2000	陈效龙	中央民族大学	2000
姜 君	北京交通大学	2000	唐学东	西南政法大学	2000
薛娇龙	山东大学	2000	张 慧	大连外国语学院	2000
王 磊	山东大学	2000	张兴伟	西北政法大学	2000

2004级（高三）受助学生为朱崇朋、张传萍、陈玉萍、孙奇才、路艳飞、刘欣欣、翟玉龙、宋玉婷、林令山、郁章涛、陈丽娟、崔香丽、聂凤琪、李洪高、吴书广、王燕、葛秀卿、李晓燕、魏茂铎、赵汉卿。

2005级（高二）受助学生为王海玉、郭凤昆、

校长尤洪平与李学纯先生进行支票交接

张传虎（左）李政（右）领奖

2007年，“学纯助学基金”与会领导及李学纯先生和首届受助学生合影

徐秀梅、张娜、刘欢、文秀菊、艾德强、张文森、刘芙蓉、杜彦妮、杜坤、刘凯旋、罗秀娜、朱润山、艾树鹤、刘朝阁、魏雨石、朱广华、陈慧玲、文永恒、王远景、李玉峰、明志萍、蒋洪玲、尤小龙、曹桢、张洪建、王言芹、李奔奔。

2006级（高一）受助贫困生有王世鹏、刘忠军、刘金存、曹现宝、张美娜、王玉山、宋考金、崔纪成、李安飞、李学玲、陈贤君、闫从祥、殷方雪、林旭、张国强、王湘云、曹秋锋、卞忠成、卢衍硕、刘兆军、程宗宝、楚涵、王希慧、吴慧敏、张庆彩、刘蕾、郑春苗、彭弘丽、刘明、吉春迎。

（2）2008年8月27日，第二届“学纯助学基金”颁发仪式在学校体育馆多功能厅举行。县委常委、宣传部长张俊春，县人大顾问杜秋生，县政府副县长郭秀章，县政府副县长徐宝宏，县政协副主席主旭元，临沂市电视台副台长王言启等领导及阜丰集团董事长李学纯出席了颁发仪式。

考入清华大学的刘新华获奖金10000元；考入重点大学文科学生10人、理科学生20人，奖金2000元；考入本科院校家庭贫困学生20人，每人受助2000元；高二、高三在校学生各15人受奖，每人1000元；高二、高三在校学生各25人受助，每人1000元；高一新生受奖助学生50人，每人1000元。本次受奖助学生总计181人，奖助金额总计240000元。

（3）2009年，第三届“学纯助学基金”颁

2008年，“学纯助学基金”颁发仪式

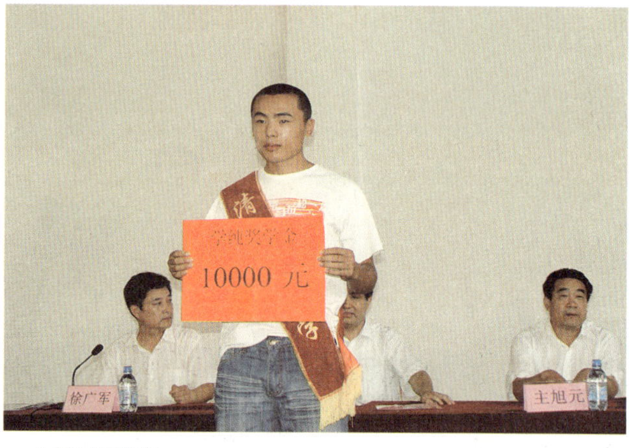

刘新华领奖

2008年，“学纯助学基金”与会领导及李学纯先生和第二届受奖助的学生合影

发仪式在科技楼五楼多功能厅举行。县人大副主任杜秋生，县政府副县长郭秀章，县政协副主席董宝森及李学纯出席了颁发仪式。

考入清华大学的王栋同学获奖金 10000 元；考入重点大学文科学生 10 人、理科学生 20 人，奖金 2000 元；考入本科院校家庭贫困学生 30 人，每人受助 2000 元；高二、高三在校学生各 15 人受奖，每人 1000 元；高二、高三在校学生各 25 人受助，每人 1000 元；高一新生（2012 年高考）受奖助学生 50 人，每人 1000 元。本次受奖助学生总计 191 人，奖助金额总计 260000 元。

（4）2010 年，第四届“学纯助学基金”颁发仪式在科技楼五楼多功能厅举行。县委书记、县人大常委会主任张凯，县委常委、县委办公室主任武传成，县委常委、宣传部长张俊春，县人大副主任刘希南，县政府副县长郭秀章，县政协副主席韩茂国，阜丰集团董事长李学纯，莒南县教体局党委书记、局长、莒南一中党总支书记徐广军，莒南一中校长尤洪平、部分校领导、师生及受资助的学生和部分学生家长代表参加了颁发仪式。

考入清华大学的宋楠溪同学获得 10000 元奖学金，其他考入重点大学的文科前 10 名、理科

2009 年，“学纯助学基金”颁发仪式

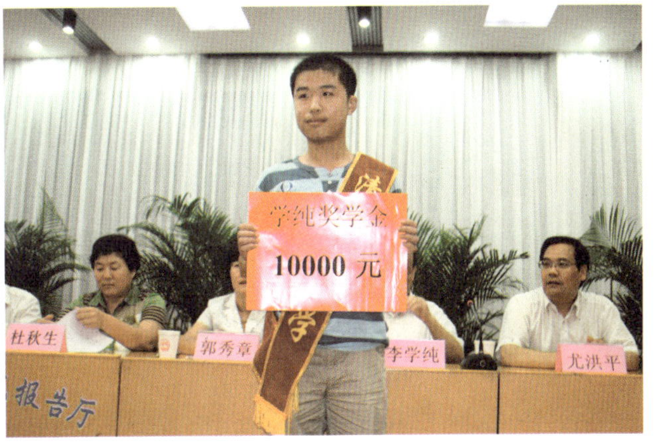

王栋领奖

2009 年，“学纯助学基金”与会领导及李学纯先生和第三届受助的学生合影

学生20名，每生获得奖金2000元。另有40名是考取本科院校家庭经济困难的学生，每生获得助学金2000元。2008级、2009级受到奖励的学生各15名，每生奖学金1000元；受到资助的学生各35名，每生助学金1000元。2010级高一新生受到奖励的学生33人，每人获得1000元奖学金。是年，共有204名学生受到该基金的奖励或资助，总额为28.3万元。

（5）2011年，第五届“学纯助学基金”颁发仪式在科技楼五楼多功能厅举行。县政协主席李学谦，县人大常委会党组书记、常务副主任聂相仕，县委常委、县委宣传部部长张俊春，县政协副主席郭秀章，县政府办公室副主任滕敦建，莒南县教体局副局长陈兴法，阜丰集团董事长李学纯及学校领导班子成员、部分师生、受奖助学生参加了会议。

葛琳同学考入清华大学，获得奖金10000元；考入重点大学文科生前10名和理科生前20名，每人奖金2000元；家庭经济困难考入本科院校学生40人，每人获得资助2000元。另有2009级（高三）学生45人、2010级（高二）学生45人、2011级（高一新生）30人，每人获得奖励或资助1000元。奖励、资助学生共计191人，总额27万元。

2010年，“学纯助学基金”颁发仪式

李学纯先生为宋楠溪同学颁发奖学金

2010年，“学纯助学基金”与会领导及李学纯先生和第四届受助的学生合影

（6）2012年，第六届“学纯助学基金”颁发仪式在科技楼五楼多功能厅举行。县委常委、县委宣传部部长张俊春，县人大副主任徐广军，县政府副县长郑佩芹，县政府办公室副主任滕敦建，莒南县教体局副局长陈兴法及学校领导班子成员、部分师生、受奖助学生参加了会议。阜丰集团董事长李学纯因故不能到会，委托其子——阜丰集团副总经理、阜丰房地产公司总经理李广玉代为参加。

考入北京大学的徐金凤获得奖励10000元；考入重点大学文科前10名和理科前20名，每人获得奖金2000元；考入本科院校家庭经济困难的学生40人，每人获得资助2000元。另外，2010级学生45人、2011级学生45人、2012级高一新生30人，每人获得奖励或资助1000元。是年，获得“学纯助学基金”奖励或资助的学生计191人，总额为27万元。

（7）2013年，第七届“学纯助学基金”颁发仪式在科技楼五楼多功能厅举行。县委常委、宣传部部长张俊春，县人大副主任徐广军，县政协副主席韩茂国，县政府办公室副主任滕敦建，莒南县教体局副局长陈兴法及学校领导班

2011年，“学纯助学基金”颁发仪式

李学纯先生为葛琳同学颁发奖学金

2011年，“学纯助学基金”与会领导及李学纯先生和第五届受助学生合影

2012 年，“学纯助学基金”颁发仪式

李学纯先生委托其子李广玉为徐金凤同学颁发奖学金

2012 年，“学纯助学基金”与会领导及李广玉先生和第六届受助学生合影

子成员、部分师生、受奖助学生参加了会议。阜丰集团董事长李学纯因故不能到会，委托其子——阜丰集团副总经理、阜丰房地产公司总经理李广玉代为参加。

2013 年，高考文科前 10 名、理科前 20 名，每人获得“学纯助学基金”奖励 2000 元；考入本科院校的家庭经济困难的学生 40 人，每人获得资助 2000 元；2011 级学生 46 人、2012 级学生 45 人、2013 级高一新生 31 人，每人获得奖励或资助 1000 元。是年，获得“学纯助学基金”奖励或资助的学生总计 192 人，总额为 26.2 万元。

（8）2014 年，第八届“学纯助学基金”颁发仪式在科技楼五楼多功能厅举行。县委常委、宣传部部长张俊春，县人大副主任徐广军，县政府副县长朱建峰，莒南县教体局副局长张

2013 年，“学纯助学基金”颁发仪式

2013 年，“学纯助学基金”与会领导及李广玉先生和第七届受助学生合影

玉杰及学校领导班子成员、部分师生、受奖助学生参加了会议。阜丰集团董事长李学纯因故不能到会，委托其子——阜丰集团副总经理、阜丰房地产公司总经理李广玉代为参加。

考入清华大学的庄力获得奖励 10000 元；考入重点大学文科前 10 名、理科前 20 名（22 人，第 20 名有 3 人并列），每人获得奖励 2000 元；考入本科院校的家庭贫困学生 40 人，每人获得资助 2000 元；2012 级学生 45 人、2013 级学生 45 人、2014 级高一新生 31 人，每人获得奖励或资助 1000 元。同时，是年在高考中作出突出成绩或贡献的教师予以奖励。其中，考取清华大学学生所在班级班主任 4000 元，其余 5 位课任教师各 2000 元。此次获得奖励或资助的学生计 194 人、教师 80 余人，总额 37.5 万元 。

至 2014 年 12 月，“学纯助学基金”利息 18885.03 元，本息总计 201.8885 万元。该基金共发放 8 次，计 211.4865 万元，超支 9.598 万元。此笔超支款项，经报请李学纯先生审核同意，使用莒南一中 60 年校庆时李学纯捐助的 50 万元用于改善办学条件的款项支付超支部分。至此，“学纯助学基金”的本金及利息已使用完毕。

2014 年，“学纯助学基金”颁发仪式

李学纯先生委托其子李广玉为庄力同学颁发奖学金

2014 年，“学纯助学基金”与会领导及李广玉先生和第八届受助学生合影

（二）其他社会奖助学金

1. 四十年校庆校友基金会

1992 年学校四十年校庆之际，由原坪上玻璃厂厂长李洪梅等校友出资 5 万余元设立校友基金会，对优秀学生、贫困学生进行奖励资助，学校副校长徐恒高、刘玉臻负责管理发放工作。

2. 华鲁助学基金

“华鲁助学基金”是由华鲁集团董事长刘志良于 2004 年 5 月在莒南一中设立的助学基金。到 2007 年 5 月 12 日止，共发放 4 届。2007 年 5 月 12 日上午，第四届“华鲁助学基金”颁发仪式在莒南一中阶梯教室举行，县委常委、宣传部部长张俊春，县人民政府副县长郭秀章，县人大常委会副主任杜秋生，县教育局党委书记、局长徐广军，华鲁集团董事长刘志良以及学校领导尤洪平、尚庆海、阚京锡等出席了奖助学金颁发仪式。

3. 上海华杰仁爱奖助学金

上海华杰仁爱基金会是成立于 2005 年 1 月的非公募基金会，由民营企业出资用于“帮困助学”，其宗旨是帮助品学兼优、家境贫困的学生自强自立、发奋图强，把自己培养成为对社会有用的人才。基金会对沂蒙老区学子给予极大的关心和厚爱。2007 年 12 月、2010、2013

2007 年，第四届华鲁助学基金颁发现场

"上海华杰仁爱助学金"发放仪式

分三批资助了临沂市 330 名优秀高 学生，每人每年 2000 元。连续三年基金会捐资已达 169 万元。学校有 30 余名学生先后受到资助。基金会的捐助帮助家庭困难的学生能够接受高等教育，改变自己的前途和命运，为困难的家庭带来新的希望。

附：

2010 年"上海华杰仁爱基金"受助学生名单：徐帼缨、朱文基、张庆玲、韩梅、季唐娜、葛丽君、庄绪丽、慕学婷、殷雪梅、李悦。

4. 周星增奖助学金

周星增奖、助学金是 2000 年由上海建桥集团出资在学校设立的。该项奖助学金由原上海市教委副主任、教育发展基金会常务副会长薛希民介绍，每年出资 6 万元人民币，对在高考中排名文、理科前五名和被高校录取但家庭特别困难的 20 名优秀学生，分别给予 2000 元的奖励或资助。周星增先生是浙江人，但情系革命老区的教育事业，十分关心莒南教育事业的发展，影响和动员社会各界捐助支持革命老区的教育事业。捐助活动共计 6 年，每年资助 30 人，每人 2000 元。期间共有 180 人受到捐助。2004 年 8 月 24 日，第五届"周星增奖、助学金"颁奖大会在学校科技楼多功能学术报告厅举行。此次获奖学金的有 11 位同学，分别是高考全县文科前六名（第五名并列）的季建邦（一中）、鲁飞飞、孟思凡（一中）、杜春燕、庞淼（一中）、王慧芳，理科前五名的唐新猛（一中）、杨孟云（一中）、鲁志鹏（一中）、朱晨（一中）、张守柱（一中）同学（学校有 8 位同学）；获助学金的有 19 位同学，分别是徐杰、赵芳芳（一中）、鲁统晓（一中）、王磊、程小虎（一中）、徐伟、孙蕾（一中）、李文君（一中）、刘艳阳（一中）、王洪兵（一中）、张守勇、刘加才、王成龙、刘晓红、王洛欣、钱永波、杨云蕾、王建伟、甄旭昌。

第五届周星增奖助学金颁发现场

2011年，鑫海科技奖助学金颁发现场

5. 鑫海科技奖助学金

2011年8月15日上午，“鑫海科技奖助学金”颁发仪式在莒南县教育体育局五楼会议室举行。县政协主席李学谦，县人大党组书记、常务副主任聂相仕，县委常委、宣传部部长张俊春，县人大副主任刘希南，县政协副主席郭秀章，山东鑫海科技股份有限公司副总经理何中余，县政府办公室副主任滕敦建，县教育体育局党委书记、局长、莒南一中党总支书记徐广军，县教育体育局副局长陈兴法等出席颁发仪式。

县政府办公室副主任滕敦建主持颁发仪式。县教育体育局党委书记、局长、莒南一中党总支书记徐广军宣读受奖助学生名单。出席颁发仪式的领导分别为受奖助学生颁发了奖助学金。学校有16名同学获得该项奖助学金。其中学校共有7名同学获得奖学金，每人获得奖学金10000元。有9人获得助学金，每人助学金5000元。学校考入清华大学的葛琳同学代表受奖学生发言，解玉亮作为受奖学生家长代表在颁发仪式上发言。

6. 临沂市温州商会助学基金

由临沂市关心下一代工作委员会和莒南县关心下一代工作委员会牵头协调，2014年8月27日临沂市温州商会在莒南一中举行助学基金颁发仪式。会议由莒南县关工委主任杨文明主持，临沂市关工委主任朱绍阳、临沂市温州商会会长李晓东、临沂市温州商会常务会长倪亦孝、鲍伟、刘胜利，临沂市关工委办公室主任陈玉忠，莒南县委常委、县委组织部部长吴广江，莒南县老干局局长孙继胜等出席会议。与会领导向受助的5名学生每人颁发助学金4000元。临沂市关工委主任朱绍阳向温州商会颁发证书并讲话。

2014年，临沂市温州商会助学基金颁发仪式

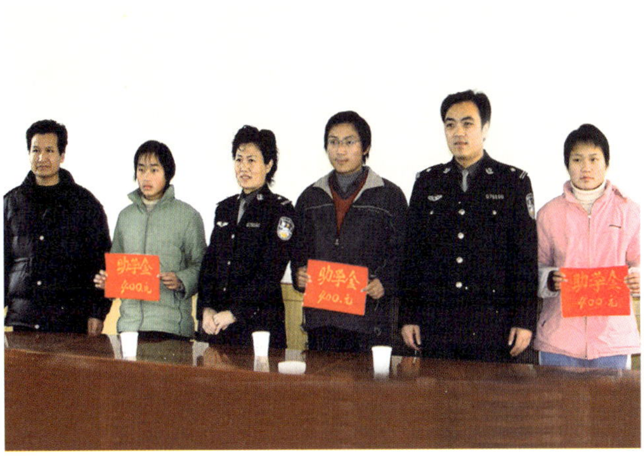

2005 年，莒南县公安局干警资助学校 3 名学生

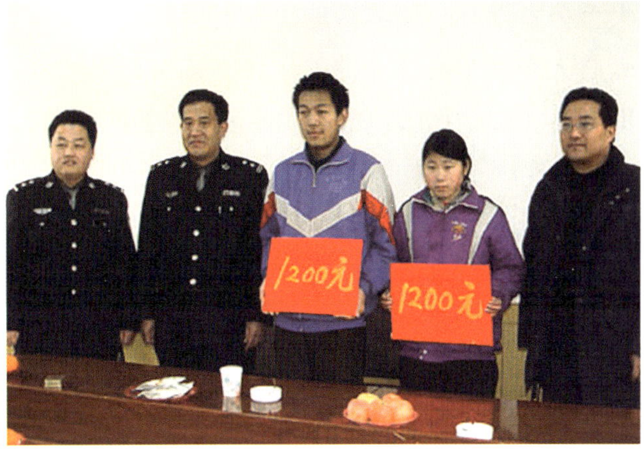

2005 年，莒南县刑警大队干警资助学校 2 名学生

附：

“临沂市温州商会助学基金”受助学生名单：刘梦洁、陈俊玮、卢丽丽、王雨蒙、昝文华。

7. 莒南县人民武装部“一对一”帮扶资助

2014 年 3 月 29 日，莒南县人民武装部部长、政委等 6 名领导同志，响应上级号召分别与莒南一中 6 名家境贫困学生进行结对帮扶，每人每年资助学费 1600 元。

附：

莒南县人民武装部“一对一”帮扶资助学生名单：王丽梅、范凤东、宋立翔、郝孝、侯倩倩、孟凡媚。

8. 绿润助学基金

2008 年 8 月 27 日上午，“绿润助学基金”设立暨颁发仪式在莒南县教育局五楼会议室举行。县委常委、宣传部长张俊春、县人大顾问杜秋生、莒南县政府副县长郭秀章、莒南县政府副县长徐宝宏、县政协副主席主旭元、临沂市电视台副台长王言启、县政府督查室主任滕敦建出席会议。莒南县教育局党委书记、局长、莒南一中党总支书记徐广军、山东绿润集团董事长陈思分别讲话。

山东绿润集团捐赠 20 万元，设立“绿润奖助学基金”，用于帮助品学兼优、家庭经济困难的学生进入高等院校学习。第一批受助学生共 60 人，资助金额 6 万元。会上举行了助学金发放仪式，受助学生及家长代表作了发言。郭秀章代表县委、县政府作了重要讲话。

9. 莒南县公安局、刑警大队捐资助学活动

10.“圆梦行动”

为动员社会力量向家庭困难的大学新生提供资助，帮助他们实现上大学的梦想，共青团临沂市委、临沂市希望工程办公室决定联合临沂市教育局、临沂市广播电视台、临沂日报报业集团共同启动希望工程圆梦行动。自 2004 年起连续 11 年组织开展了“希望工程圆梦行动”

2008 年，“绿润助学基金”设立暨颁发仪式

大型公益活动。该项活动的开展得到社会各界爱心人士和爱心企业的关注和支持，募集圆梦助学金1227万元，资助4189名家境困难的高考新生实现了大学的梦想。

2008年，学校得到该项资助的学生有石娅茹、刘欢、高翔、陈晓宇、徐慧萍、王建全、郑惠宝、李奔奔。

2011年，得到该项资助的学生为李玉基、林令强、孙运浩。

2014年，临沂市为523名家庭经济困难的学生每人提供3000～5000元的助学金，合计179万元。学校有10名左右的高考新生得到该项捐助。

第五章

教 学

学校从建校之初的初级中学，到1956年增设高中部成为一所完全中学，再到1998年初中部撤出发展成为一所纯普通高级中学，在经历了建校初期的“三年困难”和“文革”对学校正常的教学秩序的冲击之后，度过了学校发展的极度困难时期。1977年，高考制度恢复以后，学校曾一度偏重于升学率，用“题海战术”与“连轴作战”的方式进行模拟考试与强化训练，以适应社会各界普遍存在的“升学即为成才”“升学才有出路”“升学改变命运”的观念和竞争激烈的高考形势。1982年，提出“发现法”教学，学习北京育才中学“读读、议议、讲讲、练练”八字教学法。1983年，临沂地区教育局在莒南一中召开高中“课堂教学改革”现场会，莒南一中在会议上介绍“教学四为主”（教为主导、学为主体、训练为主线、发展为主旨）做法。1986年在临沂地区高中教学会议上介绍“教学目标责任制”做法。1993年2月，中共中央、国务院根据社会各行各业长远发展对各类人才需求的实际和广大教育工作者改革实践经验，发布了《中国教育改革和发展纲要》，指出：“中小学要从‘应试教育’转向全面提高国民素质的轨道，面向全体学生，全面提高学生的思想道德、文化科学、劳动技能和身体心理素质，促进学生生动活泼的发展，办出各自的特色”。《纲要》不但为学校发展明确了素质教育的导向，更为学校的教育教学质量提出了更高的要求，学校开始更加注重“教书与育人并重”的原则，大力改进教学方法，积极提高课堂教学效率，要成绩更要质量，把素质教育落到实处，不断提高升学率。为落实不同时期的《课程方案》，学校先后成立了教导处、学科教研组、年级部等教学管理与研究部门，并建立了相应的规章制度，教师的专业水平与学生的学业成绩得到长足进步，学校综合实力不断迈向新的高度。1994年开始实行高中会考制度，对高一高二教学既重视会考，同时针对教学大纲进行教学，教学上根据高考要求推行一步到位教学法。1995年，学校制定《教师教学常规》，作为对教师教学工作的基本要求和考核依据。2000年，结合各地教学经验推行知识一步到位，能力逐渐培养教学法。2001年学校对教育教学进行建章立制，制订了《集体备课制度》《听评课管理条例》，根据教学实际，修订了《教师教学常规》。教学上开始鼓励教师学习制作课件，使用多媒体手段上课。2004年新高一开始采用新课标教材，2007年高考增加基本能力考试，学校规范开设通用技术、音乐欣赏、美术鉴赏等课程。自2004年开始，随着多媒体教学手段的普及及教师应用能力的提高，开始逐渐全面推行多媒体教学。2008年根据省教育厅要求，全面推进规范办学，高二年级实行学生选课走班教学，学校在推行临沂市“三五X”教学策略的同时提出高效课堂教学要求，提高课堂效率，2011年，结合普通高中升学情况，教学要求上推广关注全体，关注班内每一位学生的低重心教学理念。

第一节　学制与课程

一、学制

1952年11月，山东省莒南中学成立，首届招收4个初中班，实行三年制，12月学校正式开学。1968年，根据“学制要缩短，教育要革命”和山东省革命委员会政治部指示，学校将中学学制改为4年，实行初中、高中“二·二”分段制。1970年，根据全县统一要求，学校将秋季始业改回春季始业。1974年，重将春季始业改回秋季始业，后一直沿用这一规定。

1952～1969年，初一级至初十四级实行三年制；1970～1977年，初十五级至初二十一级实行二年制；1978～1982年，初二十四级至初二十六级实行三年制。1956～1979年，高一级至高二十级实行二年制；1980 年，学校自高二十一级始，实行三年制。

1978 年，依据教育部颁发的《全日制十年制中小学教学计划》，学校开始实行五年制，按初中 3 年、高中 2 年分段。1980 年秋季开学后，执行《全日制六年制重点中学教学计划（试行草案）》，高中段开始由二年制向三年制过渡，新收高中班一律实行三年制。1983 年，学校初中、高中全部过渡到“三・三”学制。

2003 年，教育部制定《普通高中课程方案（实验）》(教基〔2003〕6 号）以及《关于进一步加强普通高中新课程实验工作的指导意见》规定：普通高中学制三年。2009 年后，按照山东省教育厅统一部署，学校一直执行这一规定。

二、课程设置

1952 年，学校根据教育部《中学暂行教学计划(草案)》(1951)规定，初中设语文(8 节)、算术（8 节）、代数、平面几何、物理、化学、植物（3 节）、动物、生理卫生、地理（3 节）、历史（3 节）、政治（1 节）、外语（英语）（3 节）、体育(2 节）、音乐、美术(1 节)等课程。1953 年，根据国家对中学各年级课程设置规定，初中一年级设政治、语文、算术、植物、卫生常识、历史、地理、外语、体育、美术、音乐。初中二年级设政治、语文、代数、平面几何、物理、植物、动物、历史、化学、地理、体育、美术、音乐。初中三年级增添实习课，其他课程与二年级相同。

1955 年，根据上级指示，初中取消英语课。

1956 年，学校始设高中部。高中设语文（汉语、文学）、数学（代数、几何、三角）、物理、化学、生理、历史（世界近代史、中国历史）、地理（经济地理、暗射地图）、外语(俄语）、美术（制图）、体育。是年，根据上级要求，对初中课程授课时数作了调整，高中课程设置也有所变更，即：语文(汉语、文学)、数学(算术、代数、几何）、生物（植物、动物）、历史（中国古代史、世界古代史、中国近代史)、地理(自然地理、世界地理、中国地理），使课程结构更合理，学科内容更具体。

1957 年秋季，初一开设汉语、文学、算术、植物学、中国历史、自然地理、暗射地图(又称填充图、空白图、轮廓图）、歌曲集；初二开设汉语、文学、代数、平面几何、物理学、动物学、中国历史、世界地理、暗射地图、歌曲集；初三开设汉语、文学、代数、平面几何、物理学、化学、动物学、世界历史、中国地理、暗射地图、歌曲集。高一开设文学、代数、平面几何、物理学、化学、生理学、近代现代史、俄语、英语；高二开设文学、代数、立体几何、平面三角、四位数学用表、物理学、化学、中国历史、经济地理、暗射地图、俄语、英语；高三开设文学、代数、立体几何、平面三角、四位数学用表、物理学、化学、中国历史、俄语。

1958 年，根据教育部颁发的《1958 ~ 1959 学年度中学教学计划》及《关于调整教学计划的说明》，学校增设农业知识、生产劳动课（每周 2 小时）。初中算术课中增加珠算、簿记，政治课改为“社会主义教育”课。文学、汉语不再分科，仍称语文；语文、中国近代史、中国地理分别增加乡土教材。

1960 年下半年，根据临沂行政专署指示，招收五年一贯制中学四个班，学生 224 人，开设数学（10 节）、语文（6 节）、政治（2 节）、俄语（3 节）、历史（2 节）、体育（2 节）、暗图（1 节）、自习（18 节）。

1962 年春季，初一设语文、代数、俄语、英语、中国历史、地理、地图册、生物学、道德品质教育；初二设语文、代数、俄语、英语、平面几何、物理学、中国历史、地理、地图册、地理补充教材、生物学、社会发展史；初三设语文、俄语、英语、平面几何、物理学、物理补充教材、化学、世界历史、农业生产知识、中国共产党和中国革命（毛泽东著作）。高一设语文、俄语（代用课本）、俄语、英语（代用课本）、英语、代数、立体几何、物理学、化学、生物学、正确处理人民内部矛盾的问题；高二设语文、俄语（代用课本）、俄语、英语（代用课本）、英语、代数、平面三角、立体几何、物理学、化学、辩证唯物主义常识；高三设语文、俄语、英语、代数、物理学、四位数学用表、物理补充教材、化学、辩证唯物主义常识、中学体育教材（教师用）、英语（代用课本）。

1966 ~ 1976年，将语文、政治两科合为“政语”课，以“毛泽东著作”（甲种本或乙种本）代教材，以“革命大批判”代写作；数学改成测量、会计常识，物理改学“三机一泵”（柴油机、电动机、拖拉机和水泵）和电工常识，化学学农药、化肥，另加“天天读”（读“老三篇”，即《毛泽东选集》中的《愚公移山》《为人民服务》和《纪念白求恩》）。1970年，学校依照山东省革命委员会通知要求，开设政治、语文、数学、工业基础知识、农业基础知识、历史、地理、军事体育、革命文艺、生产劳动等课程。1974年，初中设政治、语文、数学、物理、化学、历史、地理、农业知识、音乐、体育、美术；高中增设英语。

1978年，教育部颁发《全日制十年制中小学教学计划（试行草案）》，规定中学开设政治、语文、数学、外语、物理、化学、地理、历史、生物、农业基础知识、生理卫生、体育、音乐、美术、劳动，共15门课程。

1981年，根据教育部颁布的《全日制六年制重点中学教学计划》规定，中学开设政治、语文、数学、外语、物理、化学、历史、地理、生物、生理卫生、体育、音乐、美术。各年级并开科目一般为8至9门，其中，初中政治课一年级开设《青少年修养》，二年级开设《法律常识》，三年级开设《社会发展史》；高中政治课开设《政治经济学常识》《辩证唯物主义常识》。所有课程全部使用全国统编教材。期间，高中从二年级开始实行文理分科。文科班不开设物理、化学，理科班不开设历史、地理。

1982年，初中增设英语，使用全国统编教材。高中不再开设音乐、美术。

1987年后，逐步添加劳动技术课，使用临沂地区教研室编写的《劳动技术课教材》。同时，添加地理、历史乡土教材，使用地区教研室编写的《沂蒙山区好地方》和《沂蒙简史》。

1990年3月，国家教委正式印发《现行普通高中教学计划的调整意见》，要求从1991年秋季入学的高中一年级开始，全部实施调整措施。调整后的高中教学计划，减少了外语、数学、物理、化学等必修课课时，增加了历史、地理、生物必修课课时。增设时事教育（每周1课时），规定人口教育为必修内容（每学年总课时不得少于16课时），教学时间可在选修课时间内安排。选修课分为单课性选修和分科性选修两类。单课性选修在高一、高二开设（每周3 ~ 4课时）；分科性选修课在高三开设，分文科、理科、外语、艺术、体育、职业技术六类课段。要求高三学生要从同一类型或不同类型的选修课中选修2门学科，选修课结业后，学校要对学生进行考查。期间，初中教学计划未有变动。

1992年，《中华人民共和国义务教育法》颁布后，国家教委制定了《九年义务教育全日制小学、初级中学课程方案（试行）》，1993年秋季开学时开始实施。新方案较原方案，主要表现为：注意了小学与初中培养目标要求的统一和连贯；将课程分为国家和地方两个层次，增强了课程的灵活性和多样性；将活动课纳入课程体系，改变了此前单一的以学科类课程为主的课程结构模式；适当地调整了各类学科所占课时的比例，加强了社会科学与自然科学类学科及体育、美术、劳动、劳动技术课的教学。该方案设计了“五四”和“六三”两种学制的课程，同时有6套九年义务教育教材通过国家审查。是年，学校初中部开始执行“六三”学制的课程。1994年秋季，学校初一新生开始统一使用人民教育出版社编写的九年义务教育教材。

1994年，国务院颁布实行新工时制后，国家教委对《九年义务教育全日制小学、初级中学课程计划（试行）》和《现行普通高中教学计划的调整意见》进行了调整。学校自1995年秋季开始实施调整后的新工时制课程计划。新课程计划在保持原全日制中学课程计划的课程结构不变的前提下，适当调整了各类课程的授课时数，减少了周课时总量。初一每周由32节减为29节，初二由33节减为29节，初三由27节减为25节。

1996年，国家教委颁布《全日制普通高级中学课程计划（实验）》与思想政治课《课程标准》，将政治课改为思想政治课，规定高中阶段开设思想政治、语文、数学、外语、物理、化学、生物、历史、地理、体育、艺术（或音乐、美术）、劳动技术等科目，首次将作为一个独立学段提出培养目标，建立了由学科类课程和活动类课程组成的课程结构构建起必修课与选修课相结合的学科课程体系。教学时间开始按每周5天安排课程，周课程总量为33课时。

1997年，根据临沂市教育局安排，学校思想政治课从起始年级开始使用新课标、新教材。是年，国家教委对其他学科的教学大纲作出修订。2000年秋季，学校从高一年级开始使用修订后的教学大纲和教材。

是年，国家教委对《全日制普通高级中学课程计划（实验）》作出调整，颁布《全日制普通高级中学课程计划（实验修订稿）》，决定从是年秋季开始，在全省实施普通高中课程改革实验。是年，根据教育部《课程计划（实验修订稿）》的规定，学校必修课开设思想政治、语文、数学、外语、物理、化学、生物、历史、地理、信息技术、体育与保健、艺术和综合实践活动13门课程。选修课开设数学、物理、化学、生物、历史、地理、信息技术7门学科及相应的地方课程和校本课程。根据校历规定，学校安排全年教学时间为40周，假期10～11周，机动1～2周。每周按5天安排教学。根据山东省教育厅的意见，周课时总量为35课时。

2001年，学校在全县率先将《信息技术》作为必修课，该课程使用泰山出版社出版的《全日制普通高级中学信息技术教材》。

2003年3月31日，教育部印发《普通高中课程方案（实验）》，山东省进入首批普通高中课程改革实验区。是年秋，新一轮普通高中课程改革在莒南县全面启动，学校开始从高一起执行教育部印发的《普通高中课程方案（实验）》，使用《普通高中课程标准实验教科书》。所有课程由学习领域、科目、模块三个层次构成。学习领域包括语言与文学、数学、人文与社会、科学、技术、艺术、体育与健康和综合实践活动8个方面。每一学习领域由课程价值相近的若干科目组成。8个学习领域包括语文、数学、外语（英语、日语、俄语等）、思想政治、历史、地理、物理、化学、生物、艺术（或音乐、美术）、体育与健康、技术等12～13个科目。其中，技术、艺术为新增科目，艺术中音乐、美术并行开设。每一科目由若干模块组成，模块之间既相互独立，又反映学科内容的逻辑联系。每一模块都有明确的教育目标，并围绕某一特定内容，结合学生实际和学科特点，构成相对完整的学习单元。同时，每一模块都对教师教学行为和学生学习方式提出相应的要求和建议。

学校课程分为必修课和选修课两部分，并通过学分反映学生对相关课程的修习状况。学生在高中3年期间，必修学分为116分；选修课程分为选修一（在公共必修课程的基础上，各科课程标准分类别、分层次设置若干选修模块）和选修二（学校根据属地社会、经济、科技、文化发展状况和学生的兴趣，开设若干选修模块）。学生在选修一中获得一定学分，在选修二中至少获得6学分，总分达到144学分方可毕业。

是年，根据山东省普通高中课程设置及指导意见，学校依据教育部制定的《基础教育课程改革纲要(试行)》《普通高中课程方案(实验)》《关于进一步加强普通高中新课程实验工作的指导意见》等文件精神，结合学校实际，制定《莒南一中新课程改革方案（试行）》，其中关于课程设置部分与《普通高中课程方案（实验）》大体一致，具体安排如下：

<table>
<tr><th rowspan="2">学习领域</th><th rowspan="2">科目</th><th colspan="2">一年级</th><th colspan="2">二年级</th><th colspan="2">三年级</th></tr>
<tr><th>上学期</th><th>下学期</th><th>上学期</th><th>下学期</th><th>上学期</th><th>下学期</th></tr>
<tr><td rowspan="3">语言与文学</td><td>语文</td><td>语文1～2</td><td>语文3～4</td><td>语文5，从选修模块中至少选择开设1个模块</td><td>从选修模块中至少选择开设2个模块</td><td>从选修模块中至少选择开设2个模块</td><td rowspan="12">开设部分选修课程总复习</td></tr>
<tr><td rowspan="2">外语（英）</td><td rowspan="2">英语1～2</td><td>英语3～4</td><td>英语5～6</td><td>英语7～8</td><td rowspan="2">从选修系列I和系列II中至少选择开设2个模块</td></tr>
<tr><td colspan="3">（可以选修系列II模块补充）</td></tr>
<tr><td>数学</td><td>数学</td><td>数学1～2</td><td>数学3～4</td><td>数学5，选修1-1、2-1</td><td>选修1-2和系列3中2个专题；选修2-2、2-3</td><td>从选修系列3中选择开设2个专题；从系列4中至少选择开设2个专题</td></tr>
<tr><td rowspan="3">人文与社会</td><td>思想政治</td><td>思想政治1</td><td>思想政治2</td><td>思想政治3</td><td>思想政治4</td><td rowspan="3">人文方向选修：
思想政治、历史至少各选 择开设2个选修模块
地理至少选 择开设2个选修，模块</td></tr>
<tr><td>历史</td><td>历史(I)</td><td>历史（II）</td><td>历史（III</td><td>从选修模块中至少选择开设1个模块</td></tr>
<tr><td>地理</td><td>地理1</td><td>地理2</td><td>地理3</td><td>从选修模块中至少选择开设1个模块</td></tr>
<tr><td rowspan="3">科学</td><td>物理</td><td>物理1</td><td>物理2</td><td>从选修1-1、2-1、3-1中至少选择开设1个模块</td><td>从选修1-2、2-2、3-2中至少选择开设1个模块</td><td rowspan="3">科学方向选修：
从物理2-3、3-3、3-4、3-5中至少选择开设2个模块；
化学至少选择开设2个选修模块；
生物开设1个选修模块</td></tr>
<tr><td>化学</td><td>化学1</td><td>化学2</td><td>至少开设2个选修模块</td><td>至少开设1个选修模块</td></tr>
<tr><td>生物</td><td>生物1</td><td>生物2或(生物3)</td><td>生物3或（生物2）</td><td>开设2个选修模块</td></tr>
<tr><td rowspan="2">技术</td><td>信息技术</td><td colspan="2">信息技术基础</td><td colspan="2">从选修模块中至少选择开设2个模块</td><td rowspan="2">至少从通用技术选修模块中选择开设1个模块</td></tr>
<tr><td>通用技术</td><td colspan="2">必修1</td><td colspan="2">必修2</td></tr>
<tr><td rowspan="2">艺术</td><td>音乐</td><td colspan="2">音乐鉴赏</td><td colspan="2">音乐鉴赏</td><td colspan="2">在其他模块中至少选择开设1个模块</td></tr>
<tr><td>美术</td><td colspan="2">美术鉴赏</td><td colspan="2">绘画</td><td colspan="2">在其他模块中至少选择开设1个模块</td></tr>
</table>

续表

学习领域	科目	一年级		二年级		三年级	
		上学期	下学期	上学期	下学期	上学期	下学期
体育与健康	体育与健康	从6个运动技能系列中至少选择开设10个模块，并开设健康教育专题系列，其中在田径类项目、体操类项目和民族民间体育类项目系列中，要求学生在每个系列至少修满1学分，在健康教育专题系列修满1学分					
综合实践活动	研究性学习活动	根据学校和学生实际，从自然、社会和学生生活中确定5个研究专题，其中高中一年级、二年级各2个专题，三年级1个专题					
	社区服务	根据学校所在地区和学生实际，开展了解社区、服务社区和参加社区建设等活动					
	社会实践	根据学校和学生实际，确定活动内容，如学工学农、公益活动、军训、勤工俭学、学校社团等					
学校课程		学校根据有关规定自主开发和安排教学内容					

2004年，实行新课程改革，增加音乐欣赏、美术鉴赏、通用技术、体育与健康4门学科。

2009年，高一课程设置以必修课为主，高二以选修课为主，实行学生选课和走班教学。高三年级适当开设部分选修课，实行学生选课走班，以满足不同学生的学习需求。

2009级各科课程设置情况表

1. 语文

年级	学段	必修 选修Ⅰ			选修Ⅱ（学校课程）	
		内容	周课时	学分	内容	学分
高一	第一学段	必修1	4	2	学会学习	每门课18学时1学分
	第二学段	必修2	4	2		
	第三学段	必修3	4	2		
	第四学段	必修4	4	2		
高二	第五学段	必修5	4	2	宋婉诗文鉴赏	每门课程18学时，学分1分
	第六学段	古代诗歌散文鉴赏、写作、语言的运用	4	2		
	第七学段	古代诗歌散文鉴赏、写作、语言的运用	4	2		
	第八学段	古代诗歌散文鉴赏、写作、语言的运用	4	2		
高三	第九学段	古代诗歌散文鉴赏、写作、现代诗歌散文鉴赏	5	2		
	第十学段	古代诗歌散文鉴赏、写作、现代诗歌散文鉴赏	5	2		

2. 英语

年 级	学 段	必修 选修Ⅰ			选修Ⅱ（学校课程）	
		内 容	周课时	学 分	内 容	学 分
高一	第一学段	必修 1	4	2		
	第二学段	必修 2	4	2		
	第三学段	必修 3	4	2		
	第四学段	必修 4	4	2		
高二	第五学段	必修 5	4	2	动感英语 英美节日全接触 基础英语口语	每门课程 18 学时，学分 1 分
	第六学段	顺序选修 6	4	2		
	第七学段	顺序选修 7	4	2		
	第八学段	顺序选修 8	4	2		
高三	第九学段	顺序选修 9	5	2		
	第十学段	顺序选修 10	5	2		

3. 数学

年 级	学 段	必修 选修Ⅰ			选修Ⅱ（学校课程）	
		内 容	周课时	学 分	内 容	学 分
高一	第一学段	必修 1	4	2		
	第二学段	必修 2	4	2		
	第三学段	必修 3	4	2		
	第四学段	必修 4	4	2		
高二	第五学段	必修 5	4	2	数学古代史选讲 趣味数学	每门课程 18 学时，学分 1 分
	第六学段	选修 1-1 选修 2-1	4	2		
	第七学段	选修 1-2 选修 2-2	4	2		
高三	第八学段	选修 2-3	4	2		
	第九学段	选修 4-5	5	2		
	第十学段		5	2		

4. 政治

<table>
<tr><th rowspan="2">年 级</th><th rowspan="2">学 段</th><th colspan="3">必修 选修Ⅰ</th><th colspan="2">选修Ⅱ（学校课程）</th></tr>
<tr><th>内 容</th><th>周课时</th><th>学 分</th><th>内 容</th><th>学 分</th></tr>
<tr><td rowspan="4">高一</td><td>第一学段</td><td>必修 1</td><td>2</td><td rowspan="2">2</td><td rowspan="4"></td><td rowspan="4"></td></tr>
<tr><td>第二学段</td><td>必修 1</td><td>2</td></tr>
<tr><td>第三学段</td><td>必修 2</td><td>2</td><td rowspan="2">2</td></tr>
<tr><td>第四学段</td><td>必修 2</td><td>2</td></tr>
<tr><td rowspan="4">高二</td><td>第五学段</td><td>必修 3</td><td>2</td><td rowspan="2">2</td><td rowspan="4">政治生活与法律</td><td rowspan="4">每门课程 18 学时，学分 1 分</td></tr>
<tr><td>第六学段</td><td>必修 3</td><td>2</td></tr>
<tr><td>第七学段</td><td>必修 4</td><td>2</td><td rowspan="2">2</td></tr>
<tr><td>第八学段</td><td>必修 4</td><td>2</td></tr>
<tr><td rowspan="4">高三</td><td rowspan="2">第九学段</td><td>国际和国际组织常识</td><td rowspan="2">4</td><td rowspan="2">2</td><td rowspan="4"></td><td rowspan="4"></td></tr>
<tr><td>公民道德与伦理知识</td></tr>
<tr><td rowspan="2">第十学段</td><td>国际和国际组织常识</td><td rowspan="2">4</td><td rowspan="2">2</td></tr>
<tr><td>公民道德与伦理知识</td></tr>
</table>

5. 历史

<table>
<tr><th rowspan="2">年 级</th><th rowspan="2">学 段</th><th colspan="3">必修 选修Ⅰ</th><th colspan="2">选修Ⅱ（学校课程）</th></tr>
<tr><th>内 容</th><th>周课时</th><th>学 分</th><th>内 容</th><th>学 分</th></tr>
<tr><td rowspan="4">高一</td><td>第一学段</td><td>必修 1</td><td>2</td><td rowspan="2">2</td><td rowspan="4"></td><td rowspan="4"></td></tr>
<tr><td>第二学段</td><td>必修 1</td><td>2</td></tr>
<tr><td>第三学段</td><td>必修 2</td><td>2</td><td rowspan="2">2</td></tr>
<tr><td>第四学段</td><td>必修 2</td><td>2</td></tr>
<tr><td rowspan="4">高二</td><td>第五学段</td><td>必修 3</td><td>2</td><td rowspan="2">2</td><td rowspan="4">莒南历史文化</td><td rowspan="4">每门课程 18 学时，学分 1 分</td></tr>
<tr><td>第六学段</td><td>必修 3</td><td>2</td></tr>
<tr><td>第七学段</td><td>必修 3</td><td>2</td><td rowspan="2">2</td></tr>
<tr><td>第八学段</td><td>选修一历史上重大改革回眸
选修二战争与和平</td><td>2</td></tr>
<tr><td rowspan="2">高三</td><td>第九学段</td><td>选修一历史上重大改革回眸
选修二战争与和平</td><td>4</td><td rowspan="2">2</td><td rowspan="2"></td><td rowspan="2"></td></tr>
<tr><td>第十学段</td><td>选修一历史上重大改革回眸
选修二战争与和平</td><td>4</td></tr>
</table>

6. 地理

<table>
<tr><th rowspan="2">年 级</th><th rowspan="2">学 段</th><th colspan="3">必修 选修Ⅰ</th><th colspan="2">选修Ⅱ（学校课程）</th></tr>
<tr><th>内 容</th><th>周课时</th><th>学 分</th><th>内 容</th><th>学 分</th></tr>
<tr><td rowspan="4">高一</td><td>第一学段</td><td>必修 1</td><td>2</td><td rowspan="2">2</td><td rowspan="4"></td><td rowspan="4"></td></tr>
<tr><td>第二学段</td><td>必修 1</td><td>2</td></tr>
<tr><td>第三学段</td><td>必修 2</td><td>2</td><td rowspan="2">2</td></tr>
<tr><td>第四学段</td><td>必修 2</td><td>2</td></tr>
<tr><td rowspan="4">高二</td><td>第五学段</td><td>必修 3</td><td>2</td><td rowspan="2">2</td><td rowspan="4">谚语
地理</td><td rowspan="4">每门课程 18 学时，学分 1 分</td></tr>
<tr><td>第六学段</td><td>必修 3</td><td>2</td></tr>
<tr><td>第七学段</td><td>选修五自然灾害区域地理</td><td>2</td><td rowspan="2">2</td></tr>
<tr><td>第八学段</td><td>选修五自然灾害区域地理</td><td>2</td></tr>
<tr><td rowspan="2">高三</td><td>第九学段</td><td>区域地理选修六环境保护</td><td>4</td><td rowspan="2">2</td><td rowspan="2"></td><td rowspan="2"></td></tr>
<tr><td>第十学段</td><td>区域地理选修六环境保护</td><td>4</td></tr>
</table>

7. 物理

<table>
<tr><th rowspan="2">年 级</th><th rowspan="2">学 段</th><th colspan="3">必修 选修Ⅰ</th><th colspan="2">选修Ⅱ（学校课程）</th></tr>
<tr><th>内 容</th><th>周课时</th><th>学 分</th><th>内 容</th><th>学 分</th></tr>
<tr><td rowspan="4">高一</td><td>第一学段</td><td>必修 1</td><td>2</td><td rowspan="2">2</td><td rowspan="4"></td><td rowspan="4"></td></tr>
<tr><td>第二学段</td><td>必修 1</td><td>2</td></tr>
<tr><td>第三学段</td><td>必修 2</td><td>2</td><td rowspan="2">2</td></tr>
<tr><td>第四学段</td><td>必修 2</td><td>2</td></tr>
<tr><td rowspan="4">高二</td><td>第五学段</td><td>选修 1-1
或选修 3-1</td><td>2</td><td rowspan="2">2</td><td rowspan="4">小家电的维护与保养</td><td rowspan="4">每门课程 18 学时，学分 1 分</td></tr>
<tr><td>第六学段</td><td>选修 1-1
或选修 3-1</td><td>2</td></tr>
<tr><td>第七学段</td><td>选修 1-2
选修 3-2</td><td>2</td><td rowspan="2">2</td></tr>
<tr><td>第八学段</td><td>选修 1-2
选修 3-2</td><td>2</td></tr>
<tr><td rowspan="2">高三</td><td>第九学段</td><td>选修 3-3
选修 3-4</td><td>5</td><td rowspan="2">2</td><td rowspan="2"></td><td rowspan="2"></td></tr>
<tr><td>第十学段</td><td>选修 3-3
选修 3-4</td><td>5</td></tr>
</table>

8. 化学

<table>
<tr><th rowspan="2">年 级</th><th rowspan="2">学 段</th><th colspan="3">必修 选修Ⅰ</th><th colspan="2">选修Ⅱ（学校课程）</th></tr>
<tr><th>内 容</th><th>周课时</th><th>学 分</th><th>内 容</th><th>学 分</th></tr>
<tr><td rowspan="4">高一</td><td>第一学段</td><td>必修1</td><td>2</td><td rowspan="2">2</td><td rowspan="4"></td><td rowspan="4"></td></tr>
<tr><td>第二学段</td><td>必修1</td><td>2</td></tr>
<tr><td>第三学段</td><td>必修2</td><td>2</td><td rowspan="2">2</td></tr>
<tr><td>第四学段</td><td>必修2</td><td>2</td></tr>
<tr><td rowspan="4">高二</td><td>第五学段</td><td>化学反应原理</td><td>2</td><td rowspan="2">2</td><td rowspan="4">身边的化学
趣味化学实验</td><td rowspan="4">每门课程18学时，学分1分</td></tr>
<tr><td>第六学段</td><td>化学反应原理</td><td>2</td></tr>
<tr><td>第七学段</td><td>有机化学基础
化学与生活</td><td>2</td><td rowspan="2">2</td></tr>
<tr><td>第八学段</td><td>有机化学基础
化学与生活</td><td>2</td></tr>
<tr><td rowspan="2">高三</td><td>第九学段</td><td>化学与技术结构</td><td>4</td><td rowspan="2">2</td><td rowspan="2"></td><td rowspan="2"></td></tr>
<tr><td>第十学段</td><td>化学与技术结构</td><td>4</td></tr>
</table>

9. 生物

<table>
<tr><th rowspan="2">年 级</th><th rowspan="2">学 段</th><th colspan="3">必修 选修Ⅰ</th><th colspan="2">选修Ⅱ（学校课程）</th></tr>
<tr><th>内 容</th><th>周课时</th><th>学 分</th><th>内 容</th><th>学 分</th></tr>
<tr><td rowspan="4">高一</td><td>第一学段</td><td>必修1</td><td>2</td><td rowspan="2">2</td><td rowspan="4"></td><td rowspan="4"></td></tr>
<tr><td>第二学段</td><td>必修1</td><td>2</td></tr>
<tr><td>第三学段</td><td>必修3</td><td>2</td><td rowspan="2">2</td></tr>
<tr><td>第四学段</td><td>必修3</td><td>2</td></tr>
<tr><td rowspan="4">高二</td><td>第五学段</td><td>必修2</td><td>2</td><td rowspan="2">2</td><td rowspan="4">微生物
与生活</td><td rowspan="4">每门课程18学时，
学分1分</td></tr>
<tr><td>第六学段</td><td>必修2</td><td>2</td></tr>
<tr><td>第七学段</td><td>必修2</td><td>2</td><td rowspan="2">2</td></tr>
<tr><td>第八学段</td><td>生物技术实践
现代生物专题</td><td>2</td></tr>
<tr><td rowspan="2">高三</td><td>第九学段</td><td>生物技术实践
现代生物专题</td><td>3</td><td rowspan="2">2</td><td rowspan="2"></td><td rowspan="2"></td></tr>
<tr><td>第十学段</td><td>生物技术实践
现代生物专题</td><td>3</td></tr>
</table>

10. 信息技术

年　级	学　段	必修　选修Ⅰ			选修Ⅱ（学校课程）	
		内　容	周课时	学　分	内　容	学　分
高一	第一学段	信息技术基础	1	2		
	第二学段	信息技术基础	1			
	第三学段	信息技术基础	1			
	第四学段	信息技术基础	1			
高二	第五学段	数据库管理技术 多媒体技术应用 网络技术应用	1	2	电脑作品制作 电脑维修入门	每门课程18学时，学分1分
	第六学段	数据库管理技术 多媒体技术应用 网络技术应用	1			
	第七学段	数据库管理技术 多媒体技术应用 网络技术应用	1			
	第八学段	数据库管理技术 多媒体技术应用 网络技术应用	1			
高二	第九学段					
	第十学段					

11. 通用技术

年　级	学　段	必修　选修Ⅰ			选修Ⅱ（学校课程）	
		内　容	周课时	学　分	内　容	学　分
高一	第一学段	技术与设计必修1	1	2		
	第二学段	技术与设计必修1	1			
	第三学段	技术与设计必修1	1			
	第四学段	技术与设计必修1	1			
高二	第五学段	技术与设计必修2	1	2	图片处理	每门课程18学时，学分1分
	第六学段	技术与设计必修2	1			
	第七学段	技术与设计必修2	1			
	第八学段	技术与设计必修2	1			
高三	第九学段	家庭与生活技术	1	2		
	第十学段	家庭与生活技术	1			

12. 美术

<table>
<tr><th rowspan="2">年 级</th><th rowspan="2">学 段</th><th colspan="3">必修 选修Ⅰ</th><th colspan="2">选修Ⅱ（学校课程）</th></tr>
<tr><th>内 容</th><th>周课时</th><th>学 分</th><th>内 容</th><th>学 分</th></tr>
<tr><td rowspan="4">高一</td><td>第一学段</td><td>美术欣赏</td><td>0.5</td><td rowspan="4">1</td><td rowspan="4"></td><td rowspan="4"></td></tr>
<tr><td>第二学段</td><td>美术欣赏</td><td>0.5</td></tr>
<tr><td>第三学段</td><td>美术欣赏</td><td>0.5</td></tr>
<tr><td>第四学段</td><td>美术欣赏</td><td>0.5</td></tr>
<tr><td rowspan="4">高二</td><td>第五学段</td><td>绘画、剪纸</td><td>0.5</td><td rowspan="4">1</td><td rowspan="4">剪纸艺术</td><td rowspan="4">每门课程 18 学时，学分 1 分</td></tr>
<tr><td>第六学段</td><td>绘画、剪纸</td><td>0.5</td></tr>
<tr><td>第七学段</td><td>绘画、剪纸</td><td>0.5</td></tr>
<tr><td>第八学段</td><td>绘画、剪纸</td><td>0.5</td></tr>
<tr><td rowspan="4">高三</td><td>第九学段</td><td>篆刻、绘画</td><td>0.5</td><td rowspan="4">1</td><td rowspan="4"></td><td rowspan="4"></td></tr>
<tr><td>第十学段</td><td>篆刻、绘画</td><td>0.5</td></tr>
<tr><td>第十一学段</td><td>篆刻、绘画</td><td>0.5</td></tr>
<tr><td>第十二学段</td><td>篆刻、绘画</td><td>0.5</td></tr>
</table>

13. 音乐

<table>
<tr><th rowspan="2">年 级</th><th rowspan="2">学 段</th><th colspan="3">必修 选修Ⅰ</th><th colspan="2">选修Ⅱ（学校课程）</th></tr>
<tr><th>内 容</th><th>周课时</th><th>学 分</th><th>内 容</th><th>学 分</th></tr>
<tr><td rowspan="4">高一</td><td>第一学段</td><td>音乐鉴赏</td><td>0.5</td><td rowspan="4">1</td><td rowspan="4"></td><td rowspan="4"></td></tr>
<tr><td>第二学段</td><td>音乐鉴赏</td><td>0.5</td></tr>
<tr><td>第三学段</td><td>音乐鉴赏</td><td>0.5</td></tr>
<tr><td>第四学段</td><td>音乐鉴赏</td><td>0.5</td></tr>
<tr><td rowspan="4">高二</td><td>第五学段</td><td>音乐鉴赏、乐理</td><td>0.5</td><td rowspan="4">1</td><td rowspan="4">古筝学习
葫芦丝学习</td><td rowspan="4">每门课程 18 学时，学分 1 分分</td></tr>
<tr><td>第六学段</td><td>音乐鉴赏、乐理</td><td>0.5</td></tr>
<tr><td>第七学段</td><td>音乐鉴赏、乐理</td><td>0.5</td></tr>
<tr><td>第八学段</td><td>音乐鉴赏、乐理</td><td>0.5</td></tr>
<tr><td rowspan="4">高三</td><td>第九学段</td><td>歌唱、演奏</td><td>0.5</td><td rowspan="4">1</td><td rowspan="4"></td><td rowspan="4"></td></tr>
<tr><td>第十学段</td><td>歌唱、演奏</td><td>0.5</td></tr>
<tr><td>第十一学段</td><td>歌唱、演奏</td><td>0.5</td></tr>
<tr><td>第十二学段</td><td>歌唱、演奏</td><td>0.5</td></tr>
</table>

14. 体育与健康

<table>
<tr><th rowspan="2">年 级</th><th rowspan="2">学 段</th><th colspan="3">必修 选修Ⅰ</th><th colspan="2">选修Ⅱ（学校课程）</th></tr>
<tr><th>内 容</th><th>周课时</th><th>学 分</th><th>内 容</th><th>学 分</th></tr>
<tr><td rowspan="4">高一</td><td>第一学段</td><td>田径、健康教育</td><td>2</td><td>1</td><td rowspan="4"></td><td rowspan="4"></td></tr>
<tr><td>第二学段</td><td>篮球、足球、排球、乒乓球、健美操、跆拳道、健康教育、田径</td><td>2</td><td>1</td></tr>
<tr><td>第三学段</td><td>篮球、足球、排球、乒乓球、健美操、跆拳道、健康教育、田径</td><td>2</td><td>1</td></tr>
<tr><td>第四学段</td><td>篮球、足球、排球、乒乓球、健美操、跆拳道、健康教育、田径</td><td>2</td><td>1</td></tr>
<tr><td rowspan="4">高二</td><td>第五学段</td><td>篮球、足球、排球、乒乓球、健美操、跆拳道、健康教育、田径</td><td>2</td><td>1</td><td rowspan="4">羽毛球</td><td rowspan="4">每门课程18学时，学分1分</td></tr>
<tr><td>第六学段</td><td>篮球、足球、排球、乒乓球、健美操、跆拳道、健康教育、田径</td><td>2</td><td>1</td></tr>
<tr><td>第七学段</td><td>篮球、足球、排球、乒乓球、健美操、跆拳道、健康教育、田径</td><td>2</td><td>1</td></tr>
<tr><td>第八学段</td><td>篮球、足球、排球、乒乓球、健美操、跆拳道、健康教育、田径</td><td>2</td><td>1</td></tr>
<tr><td rowspan="4">高三</td><td>第九学段</td><td>篮球、足球、排球、乒乓球、健美操、跆拳道、健康教育、田径</td><td>2</td><td>1</td><td rowspan="4"></td><td rowspan="4"></td></tr>
<tr><td>第十学段</td><td>篮球、足球、排球、乒乓球、健美操、跆拳道、健康教育、田径</td><td>2</td><td>1</td></tr>
<tr><td>第十一学段</td><td>基本能力</td><td>2</td><td rowspan="2">1</td></tr>
<tr><td>第十二学段</td><td>基本能力</td><td>2</td></tr>
</table>

15. 综合实践活动

①研究性学习：每周3课时。2课时安排在课上且连排，1课时安排在课外的双休日、节假日等。课上2节可在教室内，也可到实验室、图书室、阅览室；可到办公室请教老师，还可到微机室查阅资料等。研究性学习课外1课时，可放在双休日、节假日等时间进行，学生在教师指导下，可以研究性学习小组为单位，也可以小组成员按分工进行调查访问、实地考察等。

每学期完成一个专题的研究，学生在高二学年及高三第一学期还需完成3个专题的研究。专题研究要涉及自然、社会、生活三大领域。

关于研究性学习的选题，除继续由各科老师提供课题外，鼓励、提倡学生根据个人兴趣和研究需求，自主拟定研究性学习课题。

以下是教师为学生拟定的部分研究性学习课题，供学生选择。

现代高中生的特征及人际交往	当今社会之健康饮食
学会做人与个人修养的关系	生活中的黄金分割
山东名人研究——莒南一中校友名人	食品添加剂的种类及其优缺点
演讲与口才	数学的发展历史
英文歌曲欣赏	探究成语中的物理哲理
莒南地方民俗	中学生着装
英汉翻译对照——单词快速记忆	南北地域文化差异与地理环境的关系
中学生手机问题与短信文化	物理在生活中的应用
废电池的危害和处理方法	饮用水污染与自然人为因素的关系和控制对策
莒南环保现状及对策	银行存款利息和利税的调查
轮胎花纹的用途	民歌与地理环境
传统歌曲与流行歌曲	余弦定理在日常生活中的应用
平衡营养，合理膳食	谚语与地理
汽车尾气的治理及再利用	生活中的趣味数学
食盐与人体健康	电脑动画与图片处理

②社区服务：高一、高二学年要各完成1学分。学生利用双休日、节假日到农村和城市社区及社会实践基地活动。1学年不少于5个工作日。

③社会实践：高二、高三学年各完成2学分。学生参加社团、勤工俭学、校内劳动（到学校各处室实践劳动、修剪花草树木、伙房帮炊等）、校内大型活动和公益活动等，每学期3天。

另外，在高一开设德育系列教育（学生全部参加，不计学分），已经开设的有“亲情教育系列”“安全教育系列”“责任教育系列”“自信、自立、自强教育系列”“感恩教育系列”，分别由政教处、团委、班主任负责主讲。

2010年学校课程设置情况表

<table>
<tr><th rowspan="2">学习领域</th><th rowspan="2">科 目</th><th rowspan="2">必修学分</th><th colspan="2">一年级</th><th colspan="2">二年级</th><th colspan="2">三年级</th></tr>
<tr><th>学 分</th><th>周学时</th><th>学 分</th><th>周学时</th><th>学 分</th><th>周学时</th></tr>
<tr><td rowspan="2">语言与文学</td><td>语文</td><td>10</td><td>8</td><td>4</td><td>8</td><td>4</td><td>4</td><td>5</td></tr>
<tr><td>外语</td><td>10</td><td>8</td><td>4</td><td>8</td><td>4</td><td>4</td><td>5</td></tr>
<tr><td>数学</td><td>数学</td><td>10</td><td>8</td><td>4</td><td>8</td><td>4</td><td>4</td><td>5</td></tr>
<tr><td rowspan="3">人文与社会</td><td>思想政治</td><td>8</td><td>4</td><td>2</td><td>4</td><td>2</td><td rowspan="3">12</td><td rowspan="6">12</td></tr>
<tr><td>历史</td><td>6</td><td>4</td><td>2</td><td>4</td><td>2</td></tr>
<tr><td>地理</td><td>6</td><td>4</td><td>2</td><td>4</td><td>2</td></tr>
<tr><td rowspan="3">科学</td><td>物理</td><td>6</td><td>4</td><td>2</td><td>4</td><td>2</td><td rowspan="3">10</td></tr>
<tr><td>化学</td><td>6</td><td>4</td><td>2</td><td>4</td><td>2</td></tr>
<tr><td>生物</td><td>6</td><td>4</td><td>2</td><td>4</td><td>2</td></tr>
</table>

续表

<table>
<tr><th rowspan="2">学习领域</th><th rowspan="2">科 目</th><th rowspan="2">必修学分</th><th colspan="2">一年级</th><th colspan="2">二年级</th><th colspan="2">三年级</th></tr>
<tr><th>学 分</th><th>周学时</th><th>学 分</th><th>周学时</th><th>学 分</th><th>周学时</th></tr>
<tr><td rowspan="2">技术</td><td>信息技术</td><td>4</td><td>2</td><td>1</td><td>2</td><td>1</td><td rowspan="2">2</td><td rowspan="2">1</td></tr>
<tr><td>通用技术</td><td>4</td><td>2</td><td>1</td><td>2</td><td>1</td></tr>
<tr><td rowspan="2">艺术</td><td>音乐</td><td>3</td><td>1</td><td rowspan="2">1</td><td>1</td><td rowspan="2">1</td><td>1</td><td rowspan="2">1</td></tr>
<tr><td>美术</td><td>3</td><td>1</td><td>1</td><td>1</td></tr>
<tr><td>体育与健康</td><td>体育与健康</td><td>11</td><td>4</td><td>2</td><td>4</td><td>2</td><td>3</td><td>2</td></tr>
<tr><td rowspan="3">综合实践活动</td><td>研究性学习活动</td><td>15</td><td>6</td><td>2</td><td>6</td><td>2</td><td>3</td><td>2</td></tr>
<tr><td>社区服务</td><td>2</td><td colspan="6">三学年至少 10 个工作日</td></tr>
<tr><td>社会实践</td><td>6</td><td>2</td><td>全年至少 1 周</td><td>2</td><td>全年至少 1 周</td><td>2</td><td>全年至少 1 周</td></tr>
<tr><td colspan="5">学校课程（选修学分 II）</td><td>2</td><td>1</td><td>2</td><td>1</td></tr>
</table>

说明：

1. 学校严格按照山东省教育厅规定，开齐开全《山东省普通高中课程设置及教学指导意见（试行）》所规定的所有课程。必修课程所有学生必须修习，选修课程由学生自主选择修习。

2. 每学年 52 周，其中教学时间 40 周，社会实践 1 周，假期 11 周。社区服务一般安排在课余时间、周末或节假日。每学期分两段安排课程，每段 10 周。其中 9 周授课，1 周复习考试。每周 5 天上课，周教学时数为 35，每学时为 45 分钟。

3. 晚自习及周六、周日，安排学生进行阅览、体育活动、社会实践活动等。

4. 每个模块为 36 学时，语文、数学、外语每个模块在一个学段内完成。人文与社会、科学领域的有关科目每个模块在一个学期内完成。

5. 音乐和美术间周开设，体育与健康每周开设两节。

6. 信息技术和通用技术每周各开设一节。

7. 研究性学习活动高一、高二每周 3 学时。2 学时在课内实施，1 学时安排在课余和假期时间进行。高三每周 2 学时。

8. 高一开设以励志教育、地方人文社会、品德修养等课程作为学校课程，由各班语文教师教授；高二开设以各科奥赛、创新科技为核心的学校课程，由物理、化学、生物、数学老师教授；高三开设英美文化课作为学校课程，由英语老师教授。

9. 学生每学年在每个学习领域都必须获得一定学分，三年中至少获得 116 个必修学分和 28 个选修学分（其中学校课程至少 6 学分），总学分达到 144 方可毕业。学生可以根据自己的兴趣爱好选修更多课程，获得更多的学分。

10. 所有班级均为平行班级，无快慢班之分。

学校为保证学生修满学分，按科目设计多样的、可供不同发展潜能学生选择的课程内容。

2014 年学校课程设置情况表

<table>
<tr><th rowspan="2">学习领域</th><th rowspan="2">科 目</th><th colspan="2">一年级</th><th colspan="2">二年级</th><th colspan="2">三年级</th></tr>
<tr><th>上学期</th><th>下学期</th><th>上学期</th><th>下学期</th><th>上学期</th><th>下学期</th></tr>
<tr><td rowspan="3">语言与文学</td><td>语文</td><td>语文 1～2</td><td>语文 3～4</td><td>语文 5，选修语言文字应用模块</td><td>选修中国古代诗歌散文欣赏模块、中国小说欣赏模块</td><td>选修中国现代诗歌散文欣赏模块、中外传记作品选读模块</td><td rowspan="15">开设部分选修课程总复习</td></tr>
<tr><td rowspan="2">外语（英）</td><td rowspan="2">英语 1～2</td><td>英语 3～4</td><td>英语 5～6</td><td>英语 7～8</td><td rowspan="2">选修英语 9 和英语 10 两个模块</td></tr>
<tr><td colspan="3">（选修语法与写作模块补充）</td></tr>
<tr><td>数学</td><td>数学</td><td>数学 1～2</td><td>数学 3～4</td><td>数学 5，选修 1-1、2-1</td><td>选修 1-2 和系列 3 中 2 个专题；选修 2-2、2-3</td><td>从选修系列 3 中选择开设 2 个专题；从系列 4 中至少选择开设 2 个专题</td></tr>
<tr><td rowspan="6">人文与社会</td><td>思想政治</td><td>思想政治 1</td><td>思想政治 2</td><td>思想政治 3</td><td>思想政治 4</td><td rowspan="3">人文方向选修：①思想政治选修国家和国际组织常识模块、公民道德与伦理常识模块②历史选修 2、选修 3 模块③地理选修 3、选修 6</td></tr>
<tr><td>历史</td><td>历史（Ⅰ）</td><td>历史（Ⅱ）</td><td>历史（Ⅲ）</td><td>从选修模块中至少选择开设 1 个模块</td></tr>
<tr><td>地理</td><td>地理 1</td><td>地理 2</td><td>地理 3</td><td>选修 5 自然灾害与防治模块</td></tr>
<tr><td>物理</td><td>物理 1</td><td>物理 2</td><td>从选修 1-1、2-1、3-1 中至少选择开设 1 个模块</td><td>从选修 1-2、2-2、3-2 中至少选择开设 1 个模块</td><td rowspan="3">科学方向选修：①物理 3-3、3-5 两个模块；②化学选修 1、选修 2 两个模块；③生物开设 1 个选修模块</td></tr>
<tr><td>化学</td><td>化学 1</td><td>化学 2</td><td>开设选修 4、选修 5 两个模块</td><td>开设选修 3 模块</td></tr>
<tr><td>生物</td><td>生物 1</td><td>生物 3</td><td>生物 2</td><td>开设选修 1、3 两个模块</td></tr>
<tr><td rowspan="2">技术</td><td>信息技术</td><td colspan="2">信息技术基础</td><td colspan="2">选修网络技术基础模块、多媒体技术模块</td><td rowspan="2">至少从通用技术选修模块中选择开设 1 个模块</td></tr>
<tr><td>通用技术</td><td colspan="2">必修 1</td><td colspan="2">必修 2</td></tr>
<tr><td rowspan="2">艺术</td><td>音乐</td><td colspan="2">音乐鉴赏</td><td colspan="2">音乐鉴赏</td><td colspan="2">在其他模块中至少选择开设 1 个模块</td></tr>
<tr><td>美术</td><td colspan="2">美术鉴赏</td><td colspan="2">绘画</td><td colspan="2">从其他模块中至少选择开设 1 个模块</td></tr>
<tr><td>体育与健康</td><td>体育与健康</td><td colspan="6">从 6 个运动技能系列中至少选择开设 10 个模块，并开设健康教育专题系列，其中在田径类项目、体操类项目和民族民间体育类项目系列中，要求学生在每个系列至少修满 1 学分，在健康教育专题系列修满 1 学分</td></tr>
<tr><td rowspan="3">综合实践活动</td><td>研究性学习活动</td><td colspan="6">从自然、社会和学生生活中确定 5 个研究专题，其中高中一年级、二年级各 2 个专题，三年级 1 个专题</td></tr>
<tr><td>社区服务</td><td colspan="6">开展社区环境卫生建设活动、志愿者活动、捐助活动、校内服务活动、</td></tr>
<tr><td>社会实践</td><td colspan="6">高一上学期军训 7 天、文明月活动 1 天、科技月活动 1 天；下学期红色教育基地再教育活动 1 天，公益活动 4 天；高二上学期工厂参观 1 天，市场调查 3 天；下学期勤工俭学 4 天；高三上学期清华、北大行等参观大学活动 2 天，勤工俭学 5 天。</td></tr>
<tr><td>学校课程</td><td colspan="7">高一年级开设以励志教育、地方人文社会、品德修养等课程作为学校课程；高二年级开设以各科奥赛、创新科技为核心的学校课程；高三年级开设英美文化课作为学校课程。</td></tr>
</table>

第二节　教材与教法

一、教材

1952～1966 年，学校先后使用省编与国家教育部统编教材。期间，从 1958 年始，语文课增加少量自编乡土教材。1960 年，学校高、初中各科统一使用全国统编教材。1964 年，高中教材增加《平面解析几何》。

至 1977 年，学校统一使用山东省编教材，其中，《语文》《政治》《历史》《地理》等文科教材，多从省内选材，侧重省内文化与地域特点。1978 年，学校初中部仍使用省编教材；高中部改用全国统编十年制高中教材（试用本）。1981 年，学校开始开设生物课程。1982 年，学校使用全日制六年制学校高中教材。1985 年，全日制六年制重点中学教材出现甲、乙两种版本，学校选用乙种本。

1992 年，根据教材会考与各科科目的确定，对部分教材内容进行调整。

1994 年，国家教委对《全日制中学教学大纲》进行了修订，调整了高中《语文》《英语》《数学》《物理》《化学》的内容。

2000 年，为适应素质教育发展的要求，学校开始更换实验教材，依旧分为必修课与选修课。

2001 年，国家全面启动新世纪基础教育课程改革，用全新的理念对教材内容与结构进行调整。其中，生物、地理等教材为适应高考科目设置的变化和学生素质发展的需要进行改版，加大了探究实验与研究性学习的内容。同时，开始开设信息技术课程。是年，学校部分学科开始使用实验教材。为确保教材的科学性、普适性和实验效果，教育部对教材的选用作出相应的规定，要求“各省级教育行政部门要完整转发课程《书目》，不得删减或增加”“不得选用《书目》以外的教材，更不得选用境外教材”。教材的选用工作“要在省级教育行政部门指导下，以地（市）为单位进行；地（市）教育行政部门要成立教材选用委员会，负责教材的选用工作；教材选用委员会选用的结果应予以公示，并报省级教育行政部门备案”。是年起，学校开始使用临沂市教育局教材选用委员会选定的教材。

2003 年，学校部分学科使用北师大版教材。英语使用重庆大学出版社出版的教材。

2004 年，开始全面启动新课程改革，教材实行一纲多本，分必修、选修系列模块。是年秋季，学校从高中一年级开始使用按照“新课标”编写的“普通高中课程标准实验教科书”。

是年，学校按要求开设《音乐欣赏》《美术鉴赏》《通用技术》《体育与健康》等课程，使用全国统编教材。

到 2005 年，临沂市所有小学和初中起始年级的学生全部再次使用人民教育出版社的教材，只有物理学科采用的是上海科技出版社的教材。

此后，学校一直沿用这一教材体系。

二、教法

1952 年学校成立之后，课堂教学基本沿用传统的教学方法，主要学习苏联教育家凯洛夫的教育理论与教学模式，采用“注入式”“填鸭式”等满堂灌的方式方法，要求学生对学过的知识“先背诵后理解”。由于强调以课堂、教材、教师为中心，学生几无自主探究与合作交流的机会。

1956 年，学校设立高中部，原有的教学方法已不适应高中教学的需要，不能再把学生当成学习的机器，而是应该把他们培养成为有思想、会创造的人才。学校开始组织教师对应该采取什么样的教学方法展开讨论。

1958 年，学校开始进行“教育革命”，对凯洛夫《教育学》进行批判，摒弃以“三中心”

为主要弊端的教学模式。为贯彻“教育为无产阶级政治服务，教育与生产劳动相结合”的方针，学校开始纠正“三脱离”（脱离生产劳动、脱离实际、脱离政治）的偏向，打破课堂教学单一的教学形式，采用“走出去”的方式，到工厂、农场工地上课，边劳动边教学。同时，遵循“能者为师”的原则，请有经验、能表达的工人、农民给学生上实践活动课，现场讲解、现场指导。此类措施虽有利于纠正“黑板上种庄稼、课本上造机器”的偏向，但由于参加劳动时间过长，社会实践过多，造成教学时间不足，偏离了学校以教学为中心的正常轨道，在很大程度上影响了正常的教学秩序与常规管理，教学质量难以保证。

1959年冬，山东省第一次烟台教育会议召开。为贯彻会议精神，学校开始纠正随意改变教学计划、削减合并课程、删改补换教材和随意停课、师生过多参加生产劳动或社会政治活动致使教学秩序混乱的现象。但由于“五风”影响尚未消除，会议精神没能引起社会的足够重视，正常的教学秩序未能得到恢复。

1960年，学校已逐步废除“注入式”教学方法，在课堂教学中开始提倡“少讲精讲”，通过练习，把探索与发现知识的机会交给学生，学生分析与解决问题的能力得以增强。根据教育部关于全国中小学教学中存在的“教学内容陈腐落后，循环过多，繁琐重复，落后于青少年智力的发展”和“教学不甚得法”等问题，开始从改革教学方法入手，探索少讲精讲和讲练结合新路子。是年，根据县教育局“学校领导必须亲自兼课，有条件的领导必须兼任主课，以取得指导教学的主动权”“各学校必须经常开展教研活动，要‘以老带新，以新促老，一带一，一对红’”和“教师之间要互相听课，同年级、同学科的教师应实行集体备课。各学校要请老教师上示范课，让青年教师上尝试课，教研组要组织公开课，学校负责组织观摩课，把教学研究和教法改革真正搞起来”的要求，在落实学校领导兼课任务的同时，继续推行集体备课，对新老教师实行结对帮扶，对学校领导和各科教师的听课指标作出了明确规定。

1961年末至1962年，莒南县文教局要求全县各学校认真贯彻山东省第二次烟台教育会议精神，尽快纠正“大跃进”之后师生参加工农业生产和社会实践过多的做法，进一步整顿教育秩序，提出“教育为无产阶级政治服务，是通过培养人来实现的，不单纯是为政治运动服务”的观点。学校开始注重贯彻以教学为主的原则，合理安排教学与劳动的时间，要求教师在教学上应“精雕细刻”，不搞大呼隆，不搞形式主义，并加强了相关的制度建设。各科教学开始重视学科基础知识的培养和基本能力的训练，教学秩序得以恢复，教学质量开始提高。

1963年3月，《全日制中学暂行工作条例（试行草案）》公布实施，强调各科教学要加强既要重视基础知识教学，又要重视学生的基本技能训练，学校开始组织教师进行教法改革实验，引导教师在组织教学过程中，不仅要吃透教材，还要充分了解学生，在教法选择上体现“因材施教”的原则。

1963至1964年，学校开始贯彻《全日制中学暂行工作条例（草案）》，学习教育部颁发《全日制中学各科教学大纲》，以改革课堂教学为重点，在课堂教学中认真落实毛泽东主席倡导的“十大教授法”（1.启发式。2.由近及远。3.由浅入深。4.说话要通俗化。5.说话要明白。6.说话要有趣味。7.以姿势助说话。8.后次复习前次的概念。9.要提纲。10.干部班要用讨论式），推行启发式、废止注入式，强调发挥教师的主导作用，同时又不忽视学生的主体地位，着力提倡精讲多练、讲练结合。学校各科教研组认真组织教材通研，使教师在理解大纲要求的基础上，真正把握所教学科的教学内容、知识范围、重点难点及目标要求，学校教学工作开始有了新的起色，教师的教学水平与教学质量显著提高。

1965年7月3日，毛泽东主席关于减轻学生过重负担的“七・三”批示下达后，学校根据县文教局的通知要求，对各年级学生每天的作业量、每学期考试次数、不出偏题怪题、正确处理主课与非主课的关系等作出规定，要求除语文、数学、外语留少量课外作业外，其他学科尽量做到当堂习题当堂解决。

1966～1976年，学校响应“教育必须为无产阶级政治服务，必须同生产劳动相结合”的号召，“走出去，请进来”，实行开门办学，突出强调教学的实践性与实用性，一切服从“斗资批修”，弱化了学生对学科基本理论与基础知识的系统学习。

1966年，“文化大革命”开始发动。与其他学校一样，根据中央指示“停课闹革命”，教学秩序混乱。

1967年春，学校响应中共中央、国务院的号召，“复课闹革命”。按照山东省革命委员会的要求，是“复阶级斗争之课，复毛泽东思想之课，复文化大革命之课”。主要安排学生学习《毛主席语录》、《毛泽东选集》，学习《十六条》，学唱革命歌曲，批判旧教材和教学制度。农忙期间师生劳动。后因“反逆流”运动，学校开始闹派性、打派仗，并没有真正实现复课。1968年底，受全省公办小学下放到大队去办的影响，有多位教师被强行下放返回原籍。

1969至1971年，按照山东省革命委员会的部署，学校开始搞“斗、批、改”，一是批所谓“反革命修正主义教育路线”（文化大革命前17年的教育工作），一是“清理阶级队伍”（文化大革命中制造的冤假错案）。

1972年4月，山东省革委政治部批转了《关于全省中小学教育工作的意见》，提出“教师和干部要努力精通业务，学生要刻苦读书，认真教好、学好政治课和文化课，要坚持以学为主，妥善安排学校的各项活动”。6月，莒南县革委政治部教育组向全县中小学提出了“在无产阶级政治统帅下，认真上好社会主义文化课”“为革命刻苦学文化”的口号。

1973年，为全面落实党的教育方针，学校开始实行课堂教学改革，认为“教改的问题主要是教员的问题，教员的问题主要是世界观问题”，要求全体教师要在认真读马列的书、读毛主席的书和批修整风的基础上，投身教学改革。课堂教学中老师的讲解要做到少而精，要注意运用启发式，改变满堂灌与注入式的做法。有些课可以师生共同准备，让学生讲，教师补充，既能活跃课堂气氛，又能调动学生学习的积极性、主动性。并且继续采用“课内课外相结合”“走出去请进来”“理论联系实际，与校办两厂（场）相结合”的方法组织教学，以加强学生对基础知识的理解与基本技能的训练。

1974年9月，县文教局组织学校部分教干教师到江苏省如皋县、吴江县、上海闸北区教育学院、浙江省杭州市学军中学参观学习开门办学和“启发式”教学的经验。返回后，学校开始在各学科深入研究“启发式”教学的做法，指导教师从情境设置、问题设计、引导启发、点拨提示等方面总结“启发式”教学的经验，并在集体备课时间进行交流。是年，“工宣队”（工人阶级毛泽东思想宣传队）、“贫管会”（贫下中农管理学校委员会）进驻学校，领导学校开展“斗、批、改”。学校开始重组课程，砍换教材。数学学习会计、统计、测量、珠算知识；物理主要讲“三机一泵”（拖拉机、柴油机、电动机、水泵）原理；化学主要讲土壤、化肥、农药的成分与作用；生物学主要讲“三大作物

（粮、棉、油）一头猪”的生长周期与经济价值。学校几成教无定规、学无定本的无政府状态，教学质量严重下降。

1976至1977年，教学工作开始拨乱反正，学校借全国恢复高考的大好时机，全面澄清了教育教学领域的大是大非，纠正了以往政治运动对教育教学与学生学业的影响，引进新的教学思想，开始面向全体，全面提高教育教学质量，逐步确立了教为主导、学为主体、训练为主线的课堂教学新思路、新结构。

1977年，全国高校招生考试制度恢复，对学生“双基”的培养重新引起重视。学校开始从转变教师的教育教学观念与提高教师的业务水平入手，寻求提高课堂教学效果与学生学习成绩的路子。

1978年，针对各科课程时间紧、任务重，教师在课堂上出现过度包办的现象，学校提出要进一步把握教材的重、难点，教师讲授要突出一个“精”字，每堂课要给学生留有1/4的时间进行巩固练习与梳理，以促进学生对知识的内化。

是年11月，全县中小学教学工作会议在高家柳沟召开，全县中小学校长、教导主任和部分教师参加。会后学校开始恢复建立各项合理的规章制度。是年寒假期间，学校各科骨干教师会同县教研室对初中、高中教材进行了集中通研，并加强了对学历不达标教师的培训提高，学校各项工作开始走向正轨。学校开始重视教育理论的学习，把非智力因素引入课堂教学与发展学生学习的“能动性”之中，不仅研究教法，同时研究学法。

1980至1985年，在课堂教学中倡导加强“双基”（基础知识、基本能力）教学，既注重学生对基础知识的掌握，又重视学生基本能力的培养与训练；既关注全体学生的学业水平，又兼顾不同类型学生的智力发展。同时，开始加强教师基本功（普通话、三笔字、简笔画、口算、笔算）训练和现代化教学理论的学习，教师的专业技能得到全面提升。

1985年，学校在组织教师学习现代《教育学》与《学生学习心理学》的基础上，开始尝试运用布卢姆“单元目标教学法”，提出“向45分钟要质量”，开展“精讲多练、讲练结合、因材施教、巩固提高”的教学方法的研究与改革，注意培养学生思维的独立性与创造性。同时，逐步将电化教学引入课堂，增加了知识形成过程的生动性与形象性，激发了学生的学习兴趣。

1986年始，学校教学工作在立足“双基”的基础上，侧重落实“教学常规”，全面加强课堂教学改革。为提高课堂教学效率，实现教学大面积丰收，学校教师更加注意对现代教学理论，特别是布鲁姆《掌握学习的理论与实践》的学习与研究，开始结合各自的主客观条件，开展目标教学实验，将外来的理论与经验转化为自己内在的教学技能。

1988年，学校开始推行地区教研室制定的《临沂地区中学教学常规》和《临沂地区中学学科课堂教学评价表》，从备课、上课、作业批改、学生评价等方面，进一步规范了教师的教学行为。通过书面考试和优质课评选、教学能手选拔、示范课展示等措施，检验教师对教学常规的理解、应用与创新水平。此间，各科教学普遍形成以学习现代教学理论为先导，以探讨“教为主导、学为主体、思维训练为主线”的课堂教学模式为主攻方向，以“一法为主，多法兼收”为基本的教学策略，全面提高教育教学质量的局面。

1990年后，应试教育的观念已“深入人心”，题海战术与逢学必考现象也已见怪不怪。为改变这一现状，使学校教育走向以人为本的素质教育发展轨道，学校开始加大教育思想观念与教学方法改革的力度，通过公开课、观摩课、示范课与专题讲座等形式，引导教师在课堂教学中注重现代探究式与开放式教学方法的运用，尊重学生的思维方式，鼓励学生自主探究，逐步推行“教师为主导，学生为主体，思维训练为主线”三位一体的教学策略。

1990年起，根据地区教研室的要求，对高三复习统一实行“三轮”操作，即上学期9月至下学期3月为“第一轮”，按照课本顺序逐册逐章逐节复习（亦称按“小单元”复习）；3月底至6月初为“第二轮”，按照知识体系进行归纳、梳理，一个专题一个专题复习（亦称按“大单元”复习）；考前约2周时间为“第三轮”，重点回扣课本，查找不甚明了的知识点与操作要领。1993年，县教研室对高中教学提出“夯实基础，滚动提高，夺取大面积丰收”的思路与目标，学校开始重视小学科（音乐、美术、体育等）人才的培养，拓宽了人才培养的渠道。

1991年，中共中央、国务院颁布《教育法》和《中华人民共和国义务教育法》，学校教育教学与管理工作步入法制化轨道。

1993年2月13日，国务院发布《中国教育改革和发展纲要》，从国家发展战略出发，为教育改革和发展提出了更高的目标要求，进一步明确了教育事业改革和发展的方向。是年10月31日，国务院发布《中华人民共和国教师法》，为教师的合法权益与社会地位提供了法律保障。为深化课堂教学改革，变过去单项的一堂课、一种教法的改革方式，为综合的专题性的、一种教法为主多种方法融合在一起灵活运用的新方式。为丰富学生的学习生活，开始开辟第二课堂，作为第一课堂的延伸和补充，扩大了学生的认知领域与知识视野。在教学过程中特别强调培养学生德、智、体、美、劳全面发展，不仅要提高学生的知识水平，开发学生的智力，更要培养学生的动手实践能力，开始通过教学内容、教学目标、教学评价等方面的改革，实现从应试教育向素质教育的转变。期间，在教学工作中开始对教师实行量化管理，并以此作为教师评先树优、年度考核、晋级升职的重要参考指标。

1995年后，学校根据莒南县教研室的要求，在教学目标要求上采取“一步到位”的做法，对高一、高二基础知识的掌握要达到高三的要求。同时，各科教学开始重视学生非智力因素对学业水平的影响，通过直接与间接对话的方式适时与学生进行情感交流与沟通，及时矫正学生已经发生或即将发生的不良倾向，提高学生直面挫折、承受压力的心理素质。

1996年，临沂市提出“教育质量年”的工作主题，学校开始进一步重视把学科教学常规细化到教学活动的每一个环节，着力探讨提高有效的教育与教学成绩并重的方法与措施，将高效课堂构建与优化教学手段的经验融合推广到各科教学之中。同时学校积极组织教师参加省、市、县举办的优质课和教学能手评选，鼓励教师进行学科教学模式的创新，促进了课堂教学由经验型向科研型的转变。

1997年10月29日，国家教委颁发《关于当前积极推进中小学实施素质教育的若干意见》。1999年6月13日，国家教委颁发《中共中央国务院关于深化教育改革推进素质教育的决定》。为全面落实国家对高中教育与人才培养的要求，学校开始着力实现由应试教育向素质教育的转变。根据普通高中教育的目标任务，学校开始把高一、高二的教学重点放在打好基础，使学生能够透彻理解所学知识，并注重培养学生灵活运用所学知识分析问题和解决问题的能力上，做到对基础知识的理解、基本能力的培养和训练一步到位。把高三教学的重点放在综合训练上，将高三复习的三个阶段作为一个整体，设计科学合理的教学目标，加强知识的衔接性和序列性，做到知识、技能、能力三者统一。

2000 年，随着教育教学改革的不断深入，市教研室提出并推行“学案导学教学法”。在教学过程中抓住课本、依托学案，引导学生进行自主学习、合作探究、分组讨论，提出问题、教师答疑，重视知识的形成过程，突出学生学习的主体地位。

是年，为适应信息时代的到来和科学技术的进步，学校开始将现代教育技术手段全面引入课堂教学，建立千兆以太校园网，并兴建两个微机室，逐步在所有教室安装了多媒体教学系统。教学课件与网络资源的利用，既改变了传统的课堂教学模式，又增强了课堂教学的直观性与趣味性，学生学习的积极性与课堂教学效率得到进一步提高。全面落实国家教委颁布的《课程方案》，实施“创新与优化课堂教学结构”的改革实验，变学生被动接受为主动参与，使课堂成为师生合作学习、探索与发现知识奥秘、共同构建知识网络的平台。

2001 年，根据市、县教育局教研室的统一安排，学校围绕“更新教学观念、调整教学内容、改进教学方法、提高教学效率”，开始了注重培养学生创新精神与个性品质的“互动型课堂教学模式”的探索与实践，教学改革开始走向“教法学法互补化、师生互动多边化、问题探究合作化”，遵照学生的认知与心智发展规律，指导学生根据自身的知识基础与学习习惯自主选择学习方法，为学生提供更为充分的思考与交流的时间与空间。

2004 年秋，学校开始贯彻新《课程标准》，“新课标”下的教材在教学内容与课程结构上都发生了相应的变化，突出了学生的主体地位，明确提出了“知识与技能、方法与过程、情感态度价值观”三维目标的培养，给已有的教与学的方式方法提出了新的要求。市教研室开始推行“三五 X”课堂教学策略。“三”指落实基础知识和基本技能、过程和方法、情感态度和价值观“三维目标”；“五”指将情感教育、文化育人、探究体验、展示交流、习惯养成“五个方面”贯彻始终；“X”指课堂教学的主要环节和教学步骤。不同学科要有不同的设计，同一学科因课型不同要有所侧重。

2005 年，引导学生运用知识的迁移，发现、提出、分析和解决问题，在探索与发现中构建自己的知识网络，提高了学生对知识的“消化与吸收”能力。

2006 年，课堂教学开始重视培养学生的应用意识，注重引导学生沟通教材中各模块与专题之间的内在联系。

2007 年，现代信息技术开始全面应用于学生的学习过程，从根本上改变了传统的教与学的方式，有效拓宽了信息渠道与学生的知识视野。

2008 年，开始进一步重视分层教学，对不同智力水平、知识基础与兴趣爱好的学生实施合理分流。是年，根据学生自愿的原则，从高二开始，将学生分为文科、理科、美术、音乐、体育等，并对师资力量进行合理配置。为全面贯彻素质教育“以人为本”的思想，开始实施“低重心教学策略”，将教学的目标对象因材施教、因人施教，重心下移。实施分层教学，让不同的学生在知识、技能、思想等方面得到不同的发展。

2009 年，落实省教育厅选课走班教学，特别是高二年级，不再进行传统模式的文理分班，实行人文类、科学类学生选课走班，教学班行政班并存，规范办学行为，努力提高绿色升学率。

2010 年，认真落实省教育厅对三年高中课程设置的总体要求，开齐课程，开足课时，加强校本课程建设，开发和完善校本课程，继续依托临沂市各学科“三五 X”教学策略、“学案导学”模式，进一步优化教学内容，调整教学方式，提高课堂教学效率。

2011 年，在规范办学行为的基础上，推行合作学习，教学上采用师生互动，生生互动，教师答疑的方式，进一步落实学生的课堂主体地位。

2012年，以提高课堂教学效益为中心，全面落实三维目标，注重培养能力和提高素养，全面提升教育质量。临沂市教科研中心研究出版了《自主学习—高中课堂教学策略研究》一书，各科都推出课堂教学策略，每一课型的教学策略为教师提供一个教学活动的框架，为教师教学创造性的发挥留下来广阔的天地。

2013年，以“构建高效课堂”为中心，以促进学生全面发展、终身发展为宗旨，以培养学生创新精神为核心，教学坚持“低起点、小步子、勤训练、快反馈、多强化、严要求”的原则，注重学生学习能力的培养，循序渐进，因材施教，打牢基础，全面提升。

2014年，进一步推行网络教学手段，教师集体备课实现多媒体及网络化，提倡网上晒课、赛课，教师积极参加“一课一名师、一师一优课”活动。继续推行低重心教学，坚持“四度”教学法—放慢教学进度、减缓教学坡度、降低教学难度、拓宽知识广度，关注全体学生，加强学习方法及思维能力的培养，大面积提高课堂教学效率。

第三节 教学常规

自建校始，学校按照国家在不同发展时期的教育方针与规定，根据市、县教育局《中小学教学常规》的具体要求，对备课、上课、作业布批、学生辅导、成绩测试等都有具体的要求。教导处具体负责安排教师开展教研活动，组织业务学习，进行公开课教学等。教师相互观摩借鉴，取长补短，促进了教师自身专业水平与学校综合实力的提高。

一、教学计划

1952年，教育部颁布《中学教学计划》，学校在1953年春季开始，根据初中部分的规定安排教学任务。

教育部1952年中学教学计划

课 程	初 中			高 中		
	初一	初二	初三	高一	高二	高三
语 文	8	7	6	6	6	6
算 术	6					
代 数		3	3	2	2	2
几 何		2	2	3	2	
三 角					2	1
解析几何						3
物 理		2	2	2	3	4
化 学		2	2	2	2	4
植 物	3					
动 物		3				
生理卫生			2			
达尔文主义基础				2		
地 理	3	2	2	2	2	

续表

课　程	初　中			高　中		
	初一	初二	初三	高一	高二	高三
历　史	3	3	3	3	3	3
中国革命常识			2			
社会科学基础知识				2	2	
共同纲领						1
时事政策	1	1	1	1	1	1
外　语	3	3	3	4	4	4
体　育	2	2	2	2	2	2
音　乐	1	1	1			
美　术	1	1	1			
制　图				1	1	1
每周总时数	31	32	32	32	32	32

1958年9月，中共中央、国务院《关于教育工作的指示》指出："党的教育工作方针是教育为无产阶级政治服务，教育与生产劳动相结合。"学校为落实党的教育方针，把教育与生产劳动相结合当作探索办学道路的突破点，组织师生参加生产劳动。10月至11月中旬，全校师生在参加大炼钢铁运动返校上课两周后，又参加秋收秋种运动。

1960年5月，根据国务院副总理陆定一"适当缩短年限、适当提高质量、适当控制学时、适当增加劳动"的指示，学校针对教学上普遍存在的形式主义、主观主义教学作风和方法，根据理论联系实际的教学原则，打破旧框框，创造新的教学方法。

1963年3月，中央批准试行中华人民共和国教育部《中学暂行工作条例（草案）》（简称中教五十条）。学校根据省教育工作会议提出的"贯彻指示，试行条例，提高质量"的要求，组织教师学习《中教五十条》。实行教职员集体办公，要求教师做好教学工作的备、讲、辅、改、考，定期检查教学进度。学校建立与完善语文、数学、俄语、理化生、政史地、体艺等教研组，开展教研活动。

1964年2月13日，毛泽东主席在人民大会堂召开的教育工作座谈会（即春节座谈会）上指出："教育的方针路线是正确的，但是办法不对，学制、课程、教学方法、考试方法都要改。"为贯彻指示精神，学校开始围绕教学内容、教学方法、考试方法等方面进行改革，并注意减轻学生负担，促进学生德、智、体诸方面的均衡发展。教学中注重贯彻"少而精"原则，要求教师加强教法与学法研究。要深入钻研教材，吃透"两头"，即吃透教材，吃透学生思想、学习情况，做到教学有的放矢，遵循"少讲精讲"与"因材（教材与学生）施教"的原则，纠正教学中的繁琐哲学和形式主义。教导处在调查了解学生作业现状的基础上，对各科作业量提出具体要求，学生过重的课业负担逐步得到减轻。同时，要求各科教师要注重理论与实践相结合，在重视书本知识教学的同时，结合学科特点，加强实验、实习和参观活动。物理、化学、生物等学科加强实验课教学。

1966年6月，"文化大革命"开始，学校正常的教学秩序被打乱，阶级斗争成为学校一切工作的主要内容，工农兵开始走上讲台，教师则被视为“臭老九”，学生受“读书无用论”影响无心学习，教育质量急剧下降。

1978 年，全国教育工作会议召开，《全日制中学暂行工作条例》（试行草案）颁发，学校工作开始转移到以教学为中心上来。

1982 ~ 1984 年，根据《教育部关于当前中小学教育几个问题的通知》《教育部关于进一步提高普通中学教育质量的几点意见》《教育部关于全日制普通中学全面贯彻党的教育方针，纠正片面追求升学率倾向十项规定（试行草案）》3 个文件精神，学校组织教师统一认识，端正办学指导思想。学校要求全面贯彻党的教育方针，坚持社会主义办学方向，纠正“四轻四重”（重智育，轻德育、体育；重毕业班，轻其他班；重高中，轻初中；重尖子生，轻普通生）倾向。

1985 年，全面贯彻中共中央关于教育体制改革的决定，把“改革同社会主义现代化不相适应的教育思想、教育内容、教学方法”作为教学改革的首要任务。确定面上的教改，以课堂教学改革为主，通过开展优质课活动等实施教改实验。

1995 年，学校制定《教师教学常规》，作为对教师教学工作的基本要求和考核依据。主要内容为：（一）认真钻研教学大纲，熟悉教材，在了解学生实际的基础上确定教学目的要求，围绕“双基”内容、思想教育因素、培养智能措施、教学方法步骤、教学重点难点，拟订《学期教学计划》。教导处在学期初、期中、期末组织检查《学期教学计划》的制定及执行情况，将结果记入教师业务档案。（二）对备课要求：熟悉大纲，弄清教学目的，明确教学方法、教学原则及在教学中应注意的问题；吃透教材，掌握教材主次、重点、难点、关键和知识之间内在联系及自身规律；对教材中的练习、实验的操作、内容的增删进行恰当设计和安排；对学生思想状况、知识基础、接受能力、兴趣爱好做到心中有数；对教材处理、作业布置，因班制宜、因人而异，面向全体学生，照顾中差生；从认知发展规律、教材特点和学生实际水平出发，设计教学步骤和相应的教学方法；集思广益，重视个人智慧与集体智慧的发挥，坚持个人备课与集体备课相结合；教案要写清章节和课时的教学目的、具体要求、重点难点、教学过程、讲练内容、板书布局、作业安排、实验准备、教学方法，并在上课前一周写好教案，教导处和教研组定期或不定期进行检查，组织教师互相观摩，互相借鉴。（三）上课讲求实效，尊重教学规律，提倡启发式，不搞注入式；注意处理课堂教学中主导与主体、讲授与练习、知识与技能、听懂与学会、共性与个性的关系，灵活使用教案，讲求教学效益。在课堂教学中做到：目的明确，突出重点；内容正确，揭示本质；教法得当，切合实际，善于启发；语言准确，简洁明白，生动形象；思路清晰，讲清教会，当堂达标；组织得体，秩序井然，管教管导，教书育人。（四）作业练习，重在效果。作业布置从教学目的与学生实际出发，利于学生基础知识消化和基本技能训练，有的放矢，数量适当，不搞题海战术，重在做题质量。根据学生知识与能力程度，注意习题难易、数量区别，因人而异。培养学生先复习、后作业、善思考、敢创新，养成独立按时完成作业的习惯。对作业书写格式作明确规定，及时批改作业。（五）重视辅导，因人制宜。个别辅导要有计划、有目的地进行，确定辅导对象、内容、方式、时间，重视辅导实效。对学习尖子生提出较高要求，给予必要指导；对中差生多予鼓励，耐心帮助。对课外学科小组、参加竞赛学生，予以具体指导。（六）适时复习，严格考核。平时复习与阶段复习相结合，对学生知识上的缺漏、疑难，及时弥补解决。学期、学年、毕业时的总复习适时进行，给学生留有消化、整理知识的余地。对学生进行阶段性知识的考查考试，注意分析学生的成绩与存在问题，指导学生改进学习方法。考试中严格考场纪律，及时批阅试卷，重视质量分析。成绩计算，一律使用百分制。

2001 年 8 月，学校印发《严格执行新课程计划的实施办法》。严格按照新课程计划中“课程设置表”安排课时，将各学科教学计划落到实处，切实向 45 分钟要质量。同一年级的科技文体等课外活动，原则上安排在同一时间进行，并根据学生的兴趣爱好，给学生自主选择的空间，以挖掘学生的潜质潜能，培养学生的个性特长。在活动中注意挖掘与利用显性与隐性的教育教学资源，提高活动课程的有效性。每周一的班团课重点加强学生思想教育，要求结合学校中心工作，创新活动形式，提高教育效果。选择典型科目和部分班级进行走班教学实验。要求把教学改革放在学校工作的首要位置，一是要求教师理解新课程改革的价值取向，准确把握和全面落实新课程的教学目标，通过优化必修课教学，提高教学效益。变过去注重知识传授为注重教给学生学会学习的方法，强调引导学生形成积极主动的学习态度，运用新观念、新方法组织教学，使学生在掌握“双基”的基础上，在学习方法和形成正确价值观方面有所收获。二是加强对研究性学习活动的探讨，强调在研究过程中加强对学生创新精神与实践能力的培养。同时，引导教师加快知识更新与观念转变，重视教学资源的开发与利用。三是加大综合实践活动课程研发力度，实现创新实践的形式与内容和学生能力培养的有机结合。四是大力开发校本课程，满足学校课程的设置和学生对课程的选择。

山东省中学教学计划
（1972 年 11 月）

学　科	初　中		高　中		说　明
	一年级	二年级	一年级	二年级	
政　治	3	3	3	3	①全年 52 周，中学全年上课 33 周（包括复习考试），劳动 8 周，假期 8 周（包括野营拉练），节假日 1 周，机动 2 周。② ※ 前一数字是上学期课时数，后一数字是下学期课时数，下同。
语　文	7/6※	6	6	6	
数　学	7/6	6	6	6	
物　理	0/3	3	4	4	
化　学		4	3	3	
农业基础知识	1	2	1	2	
地　理	2				
历　史		2			
生理卫生			2		
体　育	2	2	2	2	
音乐、美术	2	1			
外　语	4	3	4	4	
总　计	28/29	32	31	30	

教育部1981年全日制六年制重点中学教学计划（试行草案）

学　科	初　中			高　中		
	一年级	二年级	三年级	一年级	二年级	三年级
政　治	2	2	2	2	2	2
语　文	6	6	6	5	4	4
数　学	5	6	6	5	5	5
外　语	5	5	5	5	5	4
物　理		2	3	4	3	4
化　学			3	3	3	3
历　史	3	2		3		
地　理	3	2			2	
生　物	2	2				2
生理卫生			2			
体　育	2	2	2	2	2	2
音　乐	1	1	1			
美　术	1	1	1			
每周必修课上课总时数	30	31	31	29	26	26
选修课					4	4
劳动技术	2周（48）节			4周（144节）		

注：劳动技术课，初中每天按4节，高中每天按6节计算。

全日制六年制重点中学教学计划（试行草案）

（教育部1990年）

学　科	初　中			高　中					上课总时数	
	一	二	三	一	二		三		（一）	（二）
					（一）	（二）	（一）	（二）		
政　治	2	2	2	2	2	2	2	2	384	384
语　文	6	6	6	5	7	1	8	1	1208	1000
数　学	6	6	6	5	3	6	3	6	906	1086
外　语	5	5	5	5	5	5	5	4	960	932
物　理		2	3	4		4		5	292	560
化　学			3	3	3	4		4	288	432
历　史	3	2		3			3		350	266
地　理	3	3			2	2	3		318	234
生　物	2	2			2			2	200	192
生理卫生			2						64	

续表

学 科	初 中			高 中					上课总时数	
	一	二	三	一	二		三		（一）	（二）
					（一）	（二）	（一）	（二）		
体 育	2	2	2	2	2	2	2	2	384	
音 乐	1	1	1						100	
美 术	1	1	1						100	
每周上课时 数	31	31	31	29	26	26	26	26	5554	5734
劳动技术	2 周			4 周					576	

1990 年进行普通高中教学计划调整（国家教委 1990 年 03 月 08 日公布并实施），调整后的时间安排：全年 52 周，其中教学时间 40 周（高一、高二年级每学年上课 34 周，复习考试 2 周，劳动技术教育 4 周；高三年级上课 24 周，复习考试 12 周，劳动技术教育 4 周），假期（包括寒暑假期、节假日和农忙假）10 ～ 11 周，机动时间 1 ～ 2 周。每周活动总量为 36 ～ 38 课时。高三年级结束新课时间不得早于 3 月底。注：学校可根据场地、器材和师资等条件安排体育课和体育锻炼活动，但二者总量不应少于 5 节。

山东省普通高中课程方案

2014 年秋季实施

学习领域	科 目	必修学分（共计 116 学分）	选修学分Ⅰ	选修学分Ⅱ
语言与文学	语文	10	根据社会对人才多样化的需求，适应学生不同潜能和发展的需要，在共同必修的基础上，各科课程标准分类别、分层次设置若干选修模块，供学生选择。	学校根据当地社会、经济、科技、文化发展的需要和学生的兴趣，开设若干选修模块，供学生选择。
	外语	10		
数学	数学	10		
人文与社会	思想政治	8		
	历史	6		
	地理	6		
	物理	6		
	化学	6		
	生物	6		
技术	技术（含信息技术和通用技术）	8		
艺术	艺术或音乐、美术	6		
体育与健康	体育与健康	11		
综合实践活动	研究性学习活动	15		
	社区服务	2		
	社会实践	6		

（1）每学年 52 周，其中教学时间 40 周，社会实践 1 周，假期（包括寒暑假、节假日和农忙假）11 周。

（2）每学期分两段安排课程，每段 10 周，其中 9 周授课，1 周复习考试。每个模块通常为 36 学时，一般按周 4 学时安排，可在一个学段内完成。

（3）学生学习一个模块并通过考核，可获得 2 学分（其中体育与健康、技术、音乐、美术每个模块原则上为 18 学时，相当于 1 学分），学分由学校认定。技术的 8 个必修学分中，信息技术和通用技术各 4 学分。

（4）研究性学习活动是每个学生的必修课程，三年共计 15 学分。设置研究性学习活动旨在引导学生关注社会、经济、科技和生活中的问题，通过自主探究、亲身实践的过程综合地运用已有知识和经验解决问题，学会学习，培养学生的人文精神和科学素养。

此外，学生每学年必须参加 1 周的社会实践，获得 2 学分。三年中学生必须参加不少于 10 个工作日的社区服务，获得 2 学分。

（5）学生毕业的学分要求：学生每学年在每个学习领域都必须获得一定学分，三年中获得 116 个必修学分（包括研究性学习活动 15 学分，社区服务 2 学分，社会实践 6 学分），在选修Ⅱ中至少获得 6 学分，总学分达到 144 方可毕业。

二、备课

在学校发展的不同时期不同阶段，学校根据上级主管部门的要求，对各科教师备课行为制定具体的要求。

1952 年，教育部颁布《中学管理规程（草案）》，指出："学校的基本工作是教学，搞好教学工作是学校工作的中心环节"。各科教学要逐步改变注入式、填鸭式的教学方法，提倡启发式。学校对教学工作作出规定：各学科教学备课要备详案，没有教案不能上课。

1954 年，省、地教育行政部门要求"改进中学教学工作，必须学习和吸收苏联先进教育理论和经验，提高教学质量。"学校开始组织教师学习凯洛夫教育法，并加强学科小组的教研活动，组织观摩教学，推广课堂教学"五步教学法"（组织教学、复习旧课、讲授新课、巩固复习、布置作业）。

1978 年后，根据学科特点及教师人数，高、初中分设语文、数学教研组，高、初中合设政治、英语、物理、生化、史地、艺体教研组，全校共 10 个教研组。由教学经验丰富、有威信、热心教研工作的教师担任教研组长。教导处制定教研组工作制度，明确规定教研组长的职责，统一安排教研组活动时间，每周一次，两课时。学校党政领导及教导主任分别深入各教研组，参加教研活动。

1983 年，教学实行循环制，充分发挥老教师传、帮、带的作用。抓双基，知识的掌握做到循序渐进，同一备课组同年级同学科做到统一要求、统一双基、统一重点、统一难点、统一作业。

1995 年，随着招生班额的增多，实行文化课各年级备课组办公制度，音乐、美术、体育全校按学科统一办公。各学科按照市教研室要求，教学要求教为主导、学为主体、思维训练为主线，注重教学方法的改进。各年级各备课组加强集体备课，统一时间、统一地点、统一进度、统一练习，备教材、备大纲、备学生、备重点难点、备教法。

2001 年，各教研组围绕"新大纲、新教材、新观念、新教法探讨"学习讨论，对多学科合建的教研组重新分设，调整教研活动时间。开展了"新教材的若干问题"专题研讨。

2002 年，实行"传帮带"，开展青年教师教材过关考试。各教研组鼓励教师相互听课，坦诚交换意见，帮助青年教师提高教学水平。

2003年，学校成立电子备课室，培训老师开始采用微机备课，教育教学资源得到更有效的整合与利用。

2004年，各教研组强化新课程标准的学习讨论，开展示范课、观摩课教学，改进教法，提高教学艺术；坚持以学生为本、教研兴校，推动教研工作。自制课件，采用多媒体辅助教学；采用电子备课，利用网络技术了解教学信息和新动态；以课堂教学为突破口，探索新课程教学规律，加强校本课程建设。同时，使教师进一步明确备课是实现教学目标的重要环节，是在教学中取得理想效果的先决条件，也是提高教师自身素质的有效途径。为实现教师有效备课，提高备课、上课质量，学校在总结历年来备课经验和操作规程的基础上，结合新课程改革的理念和优化教学结构构建高效课堂的要求，对教师备课提出了更加规范的标准。要求各科教师备课以“面向全体、注重差异、因材施教，使每一个学生都得到充分发展，体现教师的教育智慧和科学精神”为指导思想，熟悉并掌握各年级段具体的教学目标与要求，课时备课要做到“八备”：

1. 备课标：教师必须按照新课程标准所规定的目标和提示的原则、方法，达到课标所要求的水准，把课程标准的理念贯彻到每一次备课中去。

2. 备教材：教师必须熟练掌握教材全部内容和组织结构，掌握三基（基本理论、基本知识、基本技能），三性（思想性、科学性、系统性），三点（重点、难点、疑点）。抓住关键，创造性地使用、整合教材。

3. 备教具：上课需要教具的，必须提前做好准备。需要在微机室、语音室、多媒体教室上课的，课前要提前做好硬件设施的调试。

4. 备学生：要从不同学生的水平出发，因材施教，既要面向全体又要分层次提出要求，努力使教学切合学生实际。了解分析学生心理生理特点、认知水平，最大限度地体现因材施教的差异原则，最大限度地发展学生的创新能力。以学生的最近发展区设计教学思路，预测学生可能的思维动向和问题，并设计相应的对策。

5. 备教法：要从实际出发，讲求实效，灵活运用“自主、合作、探究”等各种教学方法，形成自己的教学特色。调动学生的非智力因素和站在学生的角度多思考如何与学生沟通交流，充分考虑学生主动性学习，师生成为学习的共同体。突出教学重点，分散教学难点，学生有哪些活动，教师如何协助或指导这些活动，如课件、实验、实践、练习，如何利用教材内容拓展、延伸。

6. 备板书：要深入分析教材，理清脉络，抓住中心，用简洁的文字或图形，把一节课的中心内容展现于黑板上，让学生易于理解，便于记忆。

7. 备作业：备课时应设计并试做要布置给学生的课后作业，合理安排课后作业的质和量。精心挑选，难度适宜。遵循由简到难、循序渐进、知识与技能训练结合的原则，重视差异教育，分层次布置作业。

8. 备资源：教学和学生的实际生活密切相关，课程所涉及的现实生活资源要做到心中有数。

2005年后，随着多媒体教室的普及，学校对教师备课提出来新的要求，要求各学科集体备课时统一课件，统一导学案的使用，根据学生实际，结合网络资源，整合导学案，注重三维教学目标的落实。

2008年后，根据《山东省普通高中课程设置及教学指导意见（试行）》要求，开全课程，开足课时，规范办学行为，各学科开始在减时高效上进行课堂改进，教师上课前的备课准备工作更加重要，积极实施“三步一导”的备课模式，即遵循先个人、后集体、再个人的顺序备课，并且主备教师上好先导课，个人备课做到“三备”“三精”，即备课程标准、备教材、备学生，精心设计教案、精心选择例题、精心选择教法，集体备课做到“一个结合”“两个发挥”“三定四统一”，即集体备课和个人备课相结合，发挥骨干教师的作用、发挥集体的智慧优势，定时间、定地点、定主备人，统一进度、统一重点、统一练习题、统一单元测试题。在集体备课管理上，按照“四个把握四个放开”，即宏观上把握，微观上放开；方向上把握，方法上放开；负担上把握，优化上放开；内容上把握，形式上放开。

2014年，学校给各年级建设了多媒体备课室，各学科集体备课时使用多媒体设备进行网上集体备课，备课组内教师做到课件共享，同时教师大量使用网络资源，对教材中的重点、难点突破上利用“微课”进行补充完善，教师根据市县教研室的要求，各备课组教师积极参加“一课一名师，一师一优课”网上晒课、赛课活动，有利地推动了集体备课的开展。

三、上课

上课是教师教学工作的中心任务，学生的在校时间主要是上课。教师为学生“传道、授业、解惑”，使学生学会求知、学会做人、学会生活、学会创造，成为对社会有用的“四有”人才，主要通过课堂教学来实现。在不同的发展时期，学校始终把上课作为教师工作的第一要务，并根据经济社会与教育形势发展的需要对教师的课堂规范提出一些具体要求。

课堂教学评价标准

（一）教学目标

1. 教学目标的制定要符合本班学生的实际，力求达到目标明确、适度、具体、可操作。

关注学生个体差异，因材施教，使不同学生在基础学力、发展学力、创造学力得到不同水平的发展。

2. 教学目标要符合新课程理念；

注重知识与技能、过程与方法、情感态度与价值观三维目标的有机整合；

与学生的心理特征和认知水平相适应。

（二）教学内容

3. 注意教学内容的重组和整合，活化教材；

教学内容与现实生活和生产劳动有机结合；

学习材料充足、注重布局、条理清楚，为学生提供富有挑战性的教学内容。

4. 学习内容的选择和处理科学；

内容的呈现有助于学生积极开展自主、合作、探究学习。

（三）教学方法

5. 为每个学生提供平等参与的机会；

对学生的学习活动进行有针对性的指导，及时采用积极、多样的评价方式；

教师的言行有助于学生在自主探索、动手实践和合作交流中获得发展。

6. 学习环境的创设有利于学生身心健康，教学的度、量安排合理，有利于教学目标的达成；

教学手段选择恰当，能根据学习方式创设恰当的问题情景，善于激趣引疑；

教师的语言准确、有激励性和启发性。

（四）教风教态

7. 尊重学生人格、教风民主、提供机会，引导求异，关注差生；

鼓励学生提问和质疑，具有教学智慧；

能够根据反馈信息对教学过程、难度进行适当调整；

合理处理临时出现的各种情况。

8. 教态自然亲切，语言规范、注重言传身教，教书育人；

恰当运用现代教学技术，演示规范，运用熟练。

（五）参与状态

9. 学生对问题情景关注；

兴趣浓厚、参与活动主动。

10. 学生能认真开展阅读、讨论，对实验或事物认真观察、记录；

学具或实验器材使用正确、操作规范，使用完毕后及时整理。

（六）参与广度

11. 根据不同课型的要求，安排足够时间开展自主活动，一般不少于整节课时间的二分之一；

活动方式有效、各类学生都有收获。

12. 学生能够认真倾听老师或同伴的发言，相互间团结协作，探究问题，分享成功的喜悦；

能提出有意义的问题或发表个人见解。

（七）课堂氛围

13. 学生主动参与的积极性高；

学生的讨论和回答问题得到鼓励；

学习进程张弛有度，气氛融洽。

14. 课堂气氛活跃、有序；

师生、生生交流平等、积极、充分；

每个学生参与活动机会均等。

（八）学习效果

15. 基本实现教学目标，多数学生能完成学习任务；

学生学习习惯良好；

每个学生都有不同程度的收获。

16. 多数学生达到本课目标；

学生体验到学习和成功的愉悦，学生有进一步学习的愿望。

教师课堂教学行为规范：

（1）面对学生要精神饱满，仪表端庄，举止文雅，言语得体，教态自然，表情亲切。衣衫不整或着奇装异服者，不得进教室。

（2）课前要全面做好上课准备，并提前2分钟到教室门前候课；上课铃响后，要立即步入教室，师生相互问候；上课绝不准迟到，也不准提前下课或拖堂；上课期间不准带手机，更不准接打电话。

（3）教师要自觉加强基本功训练，不论何种课程，上课都要使用普通话，并要做到讲课声音洪亮、吐字清晰、语速适中，语言表达简洁、清楚、生动、形象、规范，富有逻辑性、启发性和感染力。板书设计要工整有序、简洁明了。

（4）如无特殊情况一律站讲，不得坐讲。凡走进教室不得夹带个人情绪，以免给学生造成不良影响。教师对学生要一视同仁，热爱、尊重、信任、理解每一个学生，并要注意师生间的情感交流。要善于捕捉有价值的教学资源信息，及时点拨诱导或肯定。提倡教学民主，鼓励学生对教师的讲授提出不同的见解，既做学生的良师，又做学生的益友。

（5）在课堂教学中，知识传授要正确、观点要鲜明，不能模棱两可、含糊不清；思想教育要健康、态度要积极，不能有侮辱、歧视学生和有违社会公理的言语。

（6）教学中要注重讲方法、讲思路、讲规律；要善于运用启发式，激活学生的生物思维，激发学生的求知欲望；要鼓励学生大胆质疑，开阔学生的思维空间，培养学生的创新能力。

（7）要在面向全体学生的基础上搞好分层教学，使不同的学生学会不同的分析与解决问题的方法，获得不同的发展与进步的体验。

（8）要精心设计教学过程的每一环节，课堂结构、教学语言、课件操作、问题设计等都要充分考虑，力求上出自己的风格与特色。

（9）组织教学要严密，要善于运用教学机智灵活处理偶发事件，保证课堂教学秩序的有条不紊。

附：

莒南一中课堂教学测评表

评价目标	权　值	评价细则	得　分
A 教学思想	6	重学习兴趣培养和学习习惯矫正（2 分）	
		重知识体系构建和能力培养（2 分）	
		落实三维目标，面向全体学生（2 分）	
B 教学目标	6	目标明确具体（知识点、德育点、情感点、学法点）（3 分）	
		目标的确定符合学生实际（3 分）	
C 教学内容	6	内容正确，容量恰当（3 分）	
		重点突出，难点突破，疑点诱导，热点透析（3 分）	
D 教学过程	6	组织教学严密，环环相扣，节奏感强（3 分）	
		时间分配合理，主次分明，详略得当（3 分）	
E 教学手段	6	有教具辅助，形象直观，恰到好处，没有失误（6 分）	
F 教学语言	6	普通话清晰，科学性、条理性、逻辑性强（3 分）	
		重视用好体态语（3 分）	
G 教态	6	精神饱满，感情真挚，自然大方（3 分）	
		动静相宜，程序相应（3 分）	
H 教学特色	6	讲究课堂教学艺术，符合创新教育精神（3 分）	
		突出学生主体地位，有自己的教学风格（3 分）	
I 教学方法	6	交互使用多种教法，有利于激发学习兴趣（2 分）	
		展现思维过程，有利于学习能力和健康心理的形成（2 分）	
		教给学生学习方法，反馈矫正到位（2 分）	
J 教学效果	6	课堂教学氛围民主活跃，师生互动效果好（2 分）	
		多种能力培养训练到位（2 分）	
		不同层次的学生都得到了发展（2 分）	
合　计			

2008 年，为更好的贯彻落实普通高中素质教育，加强教学过程的管理，提高教育教学质量，学校开始推行《莒南一中教学常规管理办法》。要求 40 岁以下的青年教师每周至少听课 2 节，其他教师每周至少听课 1 节；中层以上教干每周至少听课 2 节；听课记录项目必须填写详实具体、必须有具体评课记录和授课人的签字；外出学习听课另行统计，不在以上听课要求范围。同时规定新学期开始后一律使用新的听课记录本；在检查过程中发现凡已使用完毕的听课记录本，统一由教导处存档。

教学常规管理办法

课堂教学是教师教学工作的主阵地，是学生接受知识、培养能力的主渠道，是学校教学管理的突破口。上好每一节课，是全体教师的神圣职责。为了切实抓好课堂教学工作，最大限度发挥课堂教学的效益，特制订教师课堂教学常规要求。

1. 教学计划常规要求

（1）各年级各备课组各教师应根据教材的教学计划并结合学校实际安排教学内容和进度。

（2）各教研组各教师应在学期初写出教学工作计划。

（3）全体教师必须按时完成教学计划和任务。

（4）认真研读临沂市“三五X”教学策略及县教研室各年级教学思路，以此指导教学教研。

2. 备课常规要求

备课是上课的前提，备好课才能上好课。

（1）根据课程标准、教材特点和学生实际，合理设计教学方案。

（2）分课时备课（并标明授课时间），提倡日记式备课，每节课有教案，教案形式可多样化。

（3）有教学目的，有重点与难点。

（4）有教学步骤（教学环节与过程）。

（5）有课堂小结（知识要点和概括）。

（6）有练习布置（安排与授课内容同步的练习）。

（7）有教学后记（课堂教学的成功体会与改进措施）。

3. 集体备课常规要求

集体备课是教研活动的形式之一，是保证课堂教学水平整体提高的重要途径。

（1）各年级应按学科每周确定统一的集体备课时间。

（2）各备课组每次集体备课时，应预先确定中心发言人。

（3）中心发言人在集体备课前要认真准备，对有关教学内容，包括教学目的、重点、难点等均应全盘考虑，所作发言应具有示范性、指导性、启发性。

（4）集体备课应注意形式灵活、方法多样，注意群策群力，形成“一人主讲、众人补充、质疑、解难、整体突破”的良好备课风气，切忌机械化、简单化。

（5）备课组长对集体备课要认真做好记录。

（6）督查教干随时进行检查。

4. 上课

（1）教师应树立“以人为本”的教育理念。在教学过程中，既要发挥引导和组织作用，又要弘扬“教学相长”的优良传统，建立相互学习、相互分享、民主平等、和谐的师生关系。注意围绕教学目标和能力的培养来开展一切课堂活动，授课要注意教材的科学性、系统性，又要发掘教材特点，生动活泼，深入浅出地把知识传授给学生。因此，教师语言表达要注重精练、准确，板书应工整，教态要自然，课堂教学一律用普通话。上课不迟到、不早退、不拖堂、不擅自调课，严格执行提前2分钟到教室候课制度，提前检查教室人数，核实有无请假、缺课情况，准备好多媒体教学设备。

（2）教师应尊重学生的人格、尊重学生的意见，鼓励学生创新，引导学生关注生活、关注社会，严禁体罚或变相体罚学生，教学过程应严格要求学生，认真负责组织好每堂课，注重课堂教学管理。

（3）课堂教学是学校教学活动的基本形式，知识的传授，能力的培养，主要是通过课堂进行的。课堂教学成功与否往往很大程度上决定着学生知识质量、能力提高的高低。教师必须以极其严肃认真的态度进行课堂教学，树立严谨的校风，教师要用自己的榜样和表率，上好每一堂课，认真做好上课准备，必须在课前三分钟到达授课地点。课堂上教师应精神饱满，态度和蔼，音度适中，讲究讲课艺术。教师的板书应笔画工整，字迹端正，规范化，不写错别字，图线要清晰。

（4）教师应注意课后的教学反思，总结成功的经验，吸取失败的教训，适当调整自己的教学计划，积累教学资料，不断提高教书育人的质量，杜绝“满堂灌”。要使用适合教材内容的教学方法，充分调动学生的学习积极性和主动性，启迪学生的思维，提倡自主探究，合作学习，师生合作、生生合作。注重学习方法的引导：包括思维方法、分析、归纳、记忆方法等，让学生变“学会”为“会学”，让学生参与到教学活动中来，掌握开启知识宝库的钥匙。

5. 作业布置和批改

（1）学生作业是教学活动的反馈，是检查教学效果的主要途径，是了解学生学习情况、及时改进教学、全面提高教学质量必不可少的手段、是完成作业是教学过程的重要环节，是学生掌握知识，培养能力的实践活动。教师必须根据课程标准和教材的要求，经过精选向学生布置适当的作业。作业包括书面、口头、实验操作等不同形式。

（2）教师应根据学生实际，选编适量的课外作业，切实减轻学生过重的课业负担。作业要着眼于学生发展，丰富多彩，形式多样，尽量避免使用现成的练习册及习题集，不加选择地布置作业。

（3）教师应严格督促学生按时独立完成作业，培养良好习惯：先复习再完成作业，不抄袭，书写要工整、完整、准确、注意格式。对学生作业不认真，马虎应付等不良现象应及时指出并责令更正，或重作，以便学生养成良好的学习习惯。

（4）作业要及时收缴，及时批改，注明批改日期。批改时可采取等级制（A：优秀；B：良好；C：中；D：差）。各科作业要全收全改，提倡面批，多写指导性评语，及时订正作业中的错误，带有普遍性的错误要及时讲评，集体订正。

（5）作业量（见《莒南一中教学常规管理办法》）

（6）学校定期检查作业布置、批改及学生完成情况。备课组、教研组可互阅作业。每学期举行作业观摩活动。作业检查结果，存入教师业务档案。

6. 辅导

（1）教师应重视个体差异、体现因材施教原则，主动，及时对学生进行辅助。课外辅导是教学活动中不可缺少的一环，是课堂教学的延伸和补充，是因材施教的有效途径，是弥补课堂教学不足的有力措施，是全面提高教学质量的重要手段，学校提倡教师下班进行个别辅导，禁止占用自修课或课余时间集体讲课。

（2）教师对学习有困难的学生应予以更多的关心与帮助，加强学法指导，使其树立信心，重视加强有关意志、情感、动机、性格等非智力因素的培养，树立“我一定行”的信心，促进智力的发展。

（3）任课教师与班主任要密切配合、相互协调，分析学生学习成绩的基础及其存在问题，根据学生的实际、订出导优辅差对象，拟定计划及措施；对部分学有余力的学生要提出更高要求，着重培养自学能力，创新意识和实践能力。注意尖子生的培养，要防止学困生的产生，切实做好学困生的转化工作。

7. 考试

（1）每学期学校举行两次学段考试，这是学分认定的依据之一。

（2）试题要紧扣教材，联系实际，难易适中，既要突出重点，又要照顾到知识覆盖面，题目要精、巧、活、新，禁止出偏题、难题。

（3）教师要严格监考，不得擅自离开考场，不得看书看报或做其他与监考无关的事情。

（4）批阅试卷及时认真，不弄虚作假。按照成绩的合格率、优秀率做好成绩统计工作和试卷质量分析，及时给学生讲评，并进行有效的矫正教学。成绩报教导处备档。

8. 教研

（1）教师必须按时参加教研活动，不迟到、不早退。各备课组每周进行一次集体备课（备课要有中心发言人）活动，每个备课组至少有一个课题。新教师每学期必须完成“五个一”：一堂公开课，一篇优秀教案，一篇教学总结，一篇论文，一个课件。高级教师每年在市级以上刊物上发表一篇专业论文，每学期上一节示范课。

（2）教师应积极参与课题研究和教学研究活动，钻研教学业务，经常学习教参资料，专业杂志，了解国内教研、教改动态。每学期要确定教学研究课题，并进行公开教学，互教互评。每学期要对教研、教改、课题研究情况进行总结，撰写一篇教学心得或论文。积极参加校内外的教改、教研活动和经验交流，积极参加各级培训，并将学习心得交教导处备案。

（3）互相听课、评课是教师之间研究交流教学的重要渠道，有利于教师取长补短，自我完善，评课也有利于教师互相学习、共同提高，特别是年轻教师要本着先学后教的原则，虚心向老教师学习，尽快提高自己的教学水平。具体规定如下：

①青年教师每周校内听课不少于2节，40周岁以上的教师每周校内听课不少于1节，任课教干每周听课不少于2节，不任课的教学管理教干每周听课不少于4节。

②听课记录项目必须填写详实具体、有具体评课记录。

③新学期开学后一律使用新的记录本。

④检查过程中凡已使用完毕的记录本，统一由教导处存档。

以上教学常规由教导处、督导室协同年级组实行每月检查汇总的管理办法，将检查结果将纳入教师量化考核中。

四、考试

建校初期学校始办初中时，学生期中、期末考试由地区统一组织。

是时，高考日期全国统一规定为8月15日至18日。1953年，全国高考日期调整为8月20日至22日。1954年，高考时间前调至7月15日至18日。1965年，全国高考时间为7月20日至22日。

“文革”时期，学生的学业考试开始由学校自行命题，并对主要学科实行不同程度的开卷考试。期间，将物理和化学、历史和地理实行合卷考试。

1977年，高考制度恢复以后，始由各省统一命题，以县为单位设置考区，全省集中阅卷，省招委根据学生考试成绩和填报志愿统一录取，高考时间为12月9日至11日。高中、中专、技工学校招生考试由各省统一命题，地区组织阅卷，这种考试一般规定在每年的7月12日至14日。

1978年，大中专院校招生考试开始由国家统一命题，统一时间为每年的7月7日至9日。仍以县为单位设置考区，由地（市）组织考试。县与县之间实行交叉监考，全省集中阅卷。省招委根据学生成绩、志愿与招生计划，全面衡量，择优录取。

1982年后，高中、中专（中师、幼师技工学校）招生考试由地区统一命题，由各县组织考试。为区别高考，遂称“中考”。

1990年，从高中一年级开始实行会考。是年，大、中专开始招收委培生。

2000年，高考科目实行“3+X”模式（“3”指文理科统考科目，“X”指文科综合或理科综合），并增加外语听力考试。同时，高考首次建立电子档案，实行网上录取。

2007年，高考科目实行“3+X+1”模式（“3”

指文理科统考科目，“X”指文科综合或理科综合，“1”指基本能力科目）。

2014年，山东高考采用“3+X”模式，取消基本能力科目考试，外语取消听力考试。

（一）中考

1956年前，县内尚无高中。学校几届初中毕业生报考高中需到临沂、沂水等地参加地区或省组织的统一考试。1956年，学校增设高中班。从此，初中毕业生升学考试即在县内进行。1961年，初中毕业生升学考试由地区教育局统一组织。“文革”期间，升学考试制度废除，学生升学主要采用推荐的方式，且以“成分”为主要的条件依据。1977年，随着统一考试制度的恢复，初中毕业生报考初中中专由省统一命题，高中招生由省或地区命题，县教育局招生办公室组织考试。1978年后，初中中专招生考试和高中招生考试同时同卷进行，时间为每年的7月12日至14日，分数过线者即可升入高中或中等专业学校。1981年，招生制度改革，中等专业学校招生由地区统一命题实行预选考试。是年，大专院校招生考试亦试行预选，由地区统一命题，考生大、中专可以兼报。预选时间为每年的5月下旬。考试后依据地区下达的招生指标，按1∶3的比例择优选拔。入选者再参加全省组织的正式考试（与高中招生同一时间进行）。1990年始，大、中专招生除统招部分（正式录取）外，在统招分数线下划设委培分数线，增收委培生。委培生需缴纳委培费，其金额多寡，因录取学校而异。中专每生2000～5000元，大专每生4000～8000元。1991年，为解决初中毕业生返校复读问题，开始规定非应届毕业生一律不得报考中专（含中师、幼师），只能报考普通高中和职业高中。1992年，开始实行初中毕业考试与升学开始一次进行。学校初中招生不再进行升学考试，只根据小学最后一学年的毕业考试成绩入学。是年，大专招生考试增加自费生，自费生除向学校缴纳4000～8000元学费外，一切学习、生活等费用自理，不享受助学金或奖学金。计划内自费生毕业后县内统一分配工作，计划外自费生不包分配，需自谋职业。1996年起初中学业水平考试考场统一设在各高中学校，由全县统一阅卷。2000年起，初中学业水平考试由市统一组织，统一阅卷。2003年因“非典”特殊时期，中考改为在各初中学校进行，由县教育局统一安排主考、副主考及考务人员，此方案一直使用到2008年。2009年根据中考要求，统一使用标准考场，中考改为在各高中学校进行，以后考场的建设标准逐年提高，开通了网上巡查系统，全程录像监控等措施。

（二）学业水平考试

1990年8月20日，国家教委发出《关于在普通高中实行毕业会考制度的意见》（教基〔1990〕017号），决定从是年起，用两年左右时间有计划地在全国逐步实行普通高中毕业会考制度。1991年11月25日，山东省教委发出《关于印发山东省普通高中毕业会考实施意见的通知》（鲁教基字〔1991〕29号），决定自是年秋季入学的高中一年级开始，在全省实施毕业会考制度。普通高中毕业会考包括考试科目和考查科目两部分。考试科目为语文、数学、外语、政治、物理、化学、生物、历史、地理9科；考查科目为劳动技术教育、社会实践和物理、化学、生物的实验操作。体育课和选修课的考试，由学校自行组织实施。会考科目分别是：高一考地理，高二考外语、物理、化学、生物、历史，高三考政治、语文、数学。物理、化学、生物的实验操作在高中二年级考查；劳动技术课和社会实践在高中三年级考查。

此后，高中开始推行会考制度，每年两次对学生的学业水平进行考试。时间为当年6月和次年元月。会考科目分别为：高一考地理，高二考外语、历史、理化生，高三考语文、数学、政治。高中会考虽与高考升学无直接关系，但会考合格的毕业生准许参加全国统一选拔性考试。否则，即丧失高考资格。

1993年12月23日，山东省教委下发《关于印发山东省普通高中毕业会考工作管理暂行规定的通知》（鲁教基字〔1993〕18号），明确了高中会考的管理规定。2000年3月，教育部发出《关于普通高中毕业会考制度改革的意见》，提出各省、自治区、直辖市对普通高中会考改革具有统筹决策权，指导地方教育行政部门以全面实施素质教育为宗旨，进行会考制度的改革。2001年4月26日，山东省教育厅下发《关于改革高中毕业会考制度的意见》（鲁教基字〔2001〕12号），将会考科目调整为思想政治、物理、化学、生物、历史、地理、信息技术7科。原会考科目语文、数学、外语3科的毕业考试由市教育行政部门决定组织形式，考试成绩由省市统一管理。是年，根据省教育厅的要求，临沂市继续使用省考试机构提供的会考试卷统一组织考试。会考考查科目为体育与健康、艺术2科和物理、化学、生物的实验操作。根据《山东省普通高中毕业会考面向社会开考办法（试行）》（鲁教基字〔2001〕38号）规定，允许普通高中在校生以外16周岁以上、24周岁以下，具有初中学历的山东籍社会青年和高中段职业学校在校学生报名参加会考。2001年6月8日，教育部下发《关于印发〈普通高中课程方案（实验）〉和语文等十五个学科课程标准（实验）的通知》（教基〔2011〕17号），要求县级教育行政部门对高中教育质量进行监测。

是年，对新生增加《信息技术》为会考科目。

2004年8月11日，山东省教育厅下发《关于印发〈山东省高中学生学分认定管理暂行规定〉等普通高中课程改革配套政策的通知》（鲁教基字〔2004〕28号），其中《山东省教育厅关于实行普通高中学生学业水平考试制度的意见（试行）》，决定从2004级普通高中学生开始实施学业水平考试，考试科目为思想政治、语文、外语、数学、历史、地理、物理、化学、生物9个学科和信息技术的必修课程。考试范围为课程（模块）标准要求的基础知识和基本技能。在课程改革实验的第一个周期，先行组织必修课程的考试。在条件成熟后，开考选修课程的相关科目。学业水平考试每学年举行2次，时间在每学年上下学期结束前3周，每次开考2至3科，由学生自主选择考试科目。

2006年始，在高二下学期结束前进行学业水平考试，每年组织1次，每次开考10科。信息技术科目模式由学生自选。之后，一直沿用这一做法。

2009年始，学业水平考试每学年组织2次，分别在每学年上、下学期结束前进行，分别是上学期12月的语文、数学、英语考试及下学期6月份的物理、化学、生物、政治、历史、地理、信息7科的考试及语文、数学、英语的补考。

2012年始，学业水平考试管理机构由基础教育科改为招生办，开始实行网上报名，每生考籍有效期为5年，语文、数学、英语（含听力）三科考试的时间不早于高二第一学期末，政治、历史、地理、物理、化学、生物、信息技术七科考试不应早于高二第二学期末。在校学生可每个考试科目可以参加3次考试，离校两年内可以多次参加考试，成绩按高者计入学业成绩。

（三）高考

自1977年恢复高考后，随着高考的不断改革，高考考试科目及分值也不断调整，中学学生考试科目也随之进行相应调整。

1.外语考试的变化

1977年文科考政治、语文、数学、历史、地理（高考史地合卷）；理科考试科目：政治、语文、数学、物理、化学（高考理化合卷）。报考外语专业的考生加试外语。

1978 年文理两科考试。文科考：政治、语文、数学、历史、地理、外语；理工科考：政治、语文、数学、物理、化学、外语。外语成绩不记入总分。

1979 年开始英语成绩记入高考成绩，中学已经开始开设英语教学，在高考中外语 1979 年规定报考重点院校按 10% 记入总分；1980 年外语按 30% 成绩记入总分，1981 年按 50% 记入高考总分，1982 年本科按 70% 记入高考总分，1983 年起外语按 100% 记入高考总分。

2001 至 2013 年十四年间高考英语考听力。2014 年取消听力考试。

2. 考试其他科目的变化

高考恢复后除外语学科变化外，1982 年开始，理科考生物学科，当年按 50 分总分记入高考总分。至此，理工类考七门，文史类考六门，一直到 1993 年。

1994 年实行“3 + 2”高考科目设置，即文史类考语文、数学、外语三科加政治、历史二科，理科考语文、数学、外语三科加物理、化学二科。这种科目设置一直沿用到 2000 年，即文科不考地理，理科不考生物。

2001 年实行“3+X”高考方案，即文史类考语文、数学、外语及综合 1（政治、历史、地理组成综合卷，分值 300 分），理工类考语文、数学、外语及综合 2（物理、化学、生物组成综合卷，分值 300 分）。

2007 年作为山东省推行素质教育、规范办学行为后的第一届学生高考，采用“3+X+1”高考方案，其中 3 指所有学生都考的语文、数学、外语，X 指文史类考文科综合（政治、历史、地理合卷，总分 240 分）、理工类考理科综合（物理、化学、生物合卷，总分 240 分），1 专指基本能力学科，按 100 分命题，考试后按 60% 记入高考个人成绩。综合成绩由 300 分调为 240 分，增加了基本能力以 60 分记入成绩。

2014 年山东高考采用“3+X”模式，3 指文理均考的语文、数学、英语，各科均保持 150 分记入个人成绩，X 指文史类的文科综合（政治、历史、地理合卷，总分 300 分）及理工类的理科综合（物理、化学、生物合卷，总分 300 分），取消基本能力科目考试，外语取消听力考试。

3. 其他变化

1998 年起高考各科实行标准分，最高 900 分，缺考 100 分，至 2001 年恢复原始分计分方法。

2003 年起，高考时间提前一个月，改变了实行 20 多年的 7 月高考时间。固定安排在每年 6 月 7、8、9 日，2014 年取消基本能力科目考试后，

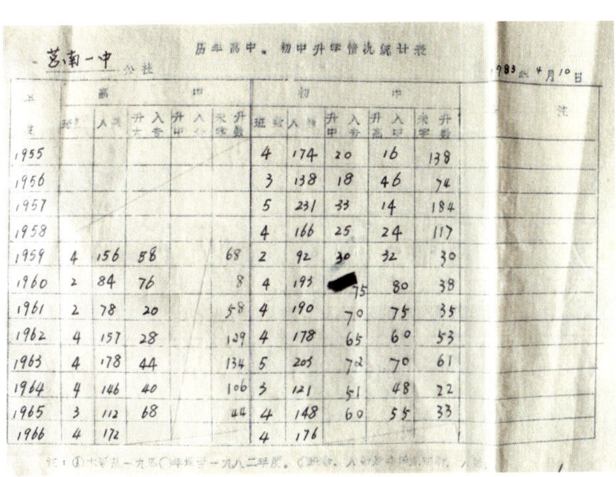

历年高中、初中升学情况统计表

莒南一中 公社　　1983年4月10日

年度	高中 班数	高中 人数	高中 升入大专	高中 升入中专	高中 未升学数	初中 班数	初中 人数	初中 升入中专	初中 升入高中	初中 未升学数	备注
1955						4	174	20	16	138	
1956						3	138	18	46	74	
1957						5	231	33	14	184	
1958						4	166	25	24	117	
1959	4	156	58		68	2	92	30	32	30	
1960	2	84	76		8	4	193	75	80	38	
1961	2	78	20		58	4	190	70	75	35	
1962	4	157	28		129	4	178	65	60	53	
1963	4	178	44		134	5	205	72	70	61	
1964	4	146	40		106	3	121	51	48	22	
1965	3	112	68		44	4	148	60	55	33	
1966	4	172				4	176				

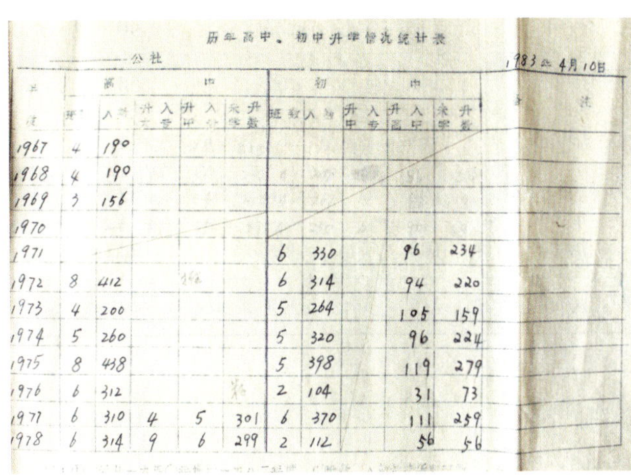

历年高中、初中升学情况统计表

公社　　1983年4月10日

年度	高中 班数	高中 人数	高中 升入大专	高中 升入中专	高中 未升学数	初中 班数	初中 人数	初中 升入中专	初中 升入高中	初中 未升学数	备注
1967	4	190									
1968	4	190									
1969	3	156									
1970											
1971						6	330		96	234	
1972	8	412				6	314		94	220	
1973	4	200				5	264		105	159	
1974	5	260				5	320		96	224	
1975	8	438				5	398		119	279	
1976	6	312				2	104		31	73	
1977	6	310	4	5	301	6	370		111	259	
1978	6	314	9	6	299	2	112		56	56	

1955~1978 年，学校高中、初中升学情况统计表

高考时间也随之缩短为6月7、8日两天。

2007年高考综合卷出现选做试题，物理、化学、生物、政治、历史、地理在选考模块中出选做题，考生根据自己实际情况选做。

2012年起统一各地二本线，但保留济青线。2014年起，允许符合条件的外地户籍考生在我省参加高考，为防止在户籍被打破后可能出现大批省内外考生涌入济南、青岛等地，取消了“济青线”。

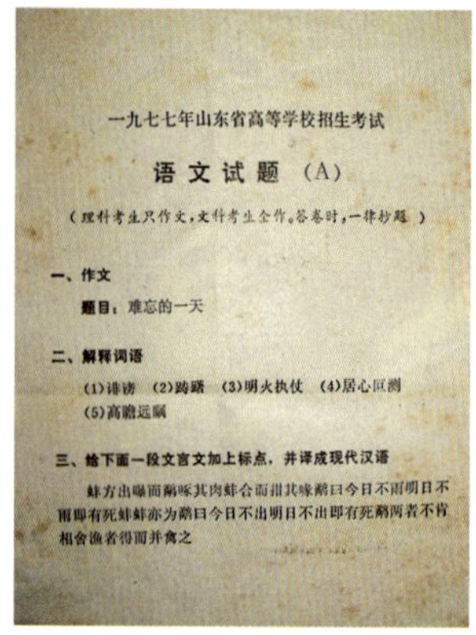
一九七七年山东省高等学校招生考试
语文试题 (A)
(理科考生只作文，文科考生全作。答卷时，一律抄题)
一、作文
题目：难忘的一天
二、解释词语
(1)诽谤 (2)踌躇 (3)明火执仗 (4)居心叵测
(5)高瞻远瞩
三、给下面一段文言文加上标点，并译成现代汉语
蚌方出曝而鹬啄其肉蚌合而拑其喙鹬曰今日不雨明日不雨即有死蚌蚌亦为鹬曰今日不出明日不出即有死鹬两者不肯相舍渔者得而并禽之

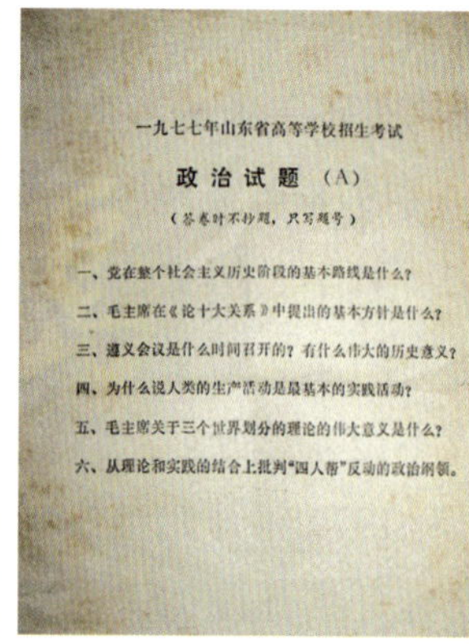
一九七七年山东省高等学校招生考试
政治试题 (A)
(答卷时不抄题，只写题号)
一、党在整个社会主义历史阶段的基本路线是什么?
二、毛主席在《论十大关系》中提出的基本方针是什么?
三、遵义会议是什么时间召开的? 有什么伟大的历史意义?
四、为什么说人类的生产活动是最基本的实践活动?
五、毛主席关于三个世界划分的理论的伟大意义是什么?
六、从理论和实践的结合上批判“四人帮”反动的政治纲领。

1977年，山东省高考语文试题、政治试题

学校历年高（中）考升学统计表（一）

年份	本科	专科	高中中专	初中中专	合计	备注
1979	14		15	14	43	
1980	30		34	12	76	
1981	42		54	14	110	
1982	81		55	13	149	
1983	127		59	12	198	
1984	136		76	8	220	
1985	102		78	8	188	1985年之前本、专科数字未分
1986	97	52	22	5	176	
1987	119	106	20	6	251	
1988	66	41	14	11	132	
1989	120	95	16	10	241	
1990	131	122	34	10	297	
1991	130	123	40	11	304	
1992	145	167	54	11	377	
1993	193	281	45	9	528	
1994	202	290	47	6	545	
1995	190	306	44	3	543	
1996	215	298	49	5	567	

学校历年高（中）考升学统计表（二）

年 份	本 科	专 科	高中中专	初中中专	合 计	备 注
1997	283	300	20	10	613	
1998	324	362			686	
1999	366				366	
2000	408				408	
2001	247				247	
2002	279				279	
2003	444				444	
2004	566				566	
2005	778+97				875	
2006	1056				1056	含艺体过线
2007	982				982	

备注：2008年后，山东省实施素质教育，根据上级文件精神不再公布高考成绩。学校在全县生源分流的情况下，各项考评仍居全市前列，受到临沂市教育局的表彰奖励，其中，2014年学校被表彰为“临沂市普通高中教学工作先进学校”“临沂市普通高中教学工作卓越人才培养先进学校”“临沂市普通高中教学工作名优生培养先进学校”“临沂市普通高中教学优秀人才培养先进学校”。

1986～2014年学校考入北大、清华学生名录

序 号	姓 名	考入学校	届 别	班主任
1	孙运伟	北京大学	1986届7班	王朋国
2	王玉华	北京大学	1988届5班	朱正贤
3	张玉爱	清华大学	1990届1班	许宝鹤
4	毛利华	北京大学	1990届3班	彭学聪
5	杜海涛	北京大学	1990届6班	孙 猛
6	邬中华	北京大学	1991年3班	徐 同
7	胡玉东	北京大学	1991届3班	徐 同
8	吴力旭	北京大学	1992届2班	张广科
9	文学荣	北京大学	1992届5班	曹现祥
10	陈广超	北京大学	1992届5班	曹现祥
11	徐向华	清华大学	1994届6班	朱孔章
12	王洛忠	北京大学	1994届2班	朱孔京
13	刘 辉	北京大学	1995届7班	殷文广

续表

序 号	姓 名	考入学校	届 别	班主任
14	赵东方	北京大学	1995 届 7 班	殷文广
15	孙钦儒	清华大学	1995 届 5 班	曹现祥
16	史文倜	清华大学	1996 届 5 班	燕 平
17	陈长江	北京大学	1996 届 13 班	张广科
18	曹 欣	北京大学	1996 届 1 班	尚庆海
19	厉杨梅	清华大学	1998 届 1 班	尚庆海
20	孟 闽	北京大学	1998 届 18 班	张光耀
21	赵 倩	清华大学（美术）	1999 届 14 班	翟文波
22	王雨田	清华大学（美术）	1999 届 15 班	孙龙杰
23	王煜洁	清华大学	2000 届 2 班	王义祥
24	卢 飞	北京大学	2000 届 10 班	宋维连
25	赵轶琛	北京大学	2000 届 1 班	朱正贤
26	刘世彪	北京大学（体育）	2000 届 8 班	赵凡明
27	唐新猛	北京大学	2004 届 16 班	李树祥
28	王 宁	北京大学	2006 届 1 班	李树祥
29	刘 欣	北京大学（体育）	2006 届 21 班	郝玉强
30	张传虎	清华大学	2007 届 8 班	李树祥
31	李 政	清华大学	2007 届 1 班	徐定欣
32	刘新华	清华大学（体育）	2008 届 10 班	朱坤达
33	王 栋	清华大学	2009 届 1 班	杜新江
34	宋楠溪	清华大学	2010 届 2 班	徐恒武
35	葛 琳	清华大学	2011 届 4 班	徐定欣
36	徐金凤	北京大学（体育）	2012 届 19 班	陈 青
37	庄 力	清华大学	2014 届 9 班	韩希勇

第六章

体育与艺术教育

第一节 体 育

一、概况

建校伊始，学校的体育工作就受到学校领导和老师的重视。当时，虽然教师人手不足、条件艰苦，但每周2节体育课却雷打不动，并坚持做课间操和课外活动。开始一段时间，因学校没有专职体育教师，班主任和男教师便成了兼职体育教师。

1953年7月，毛泽东主席提出学生要“身体好、学习好、工作好”的要求。自此，从学校领导到教师都更加重视体育工作。除要求各班按课程表上好体育课外，对早操、课间操一并要求班主任跟班检查和指导。

1954年，学校操场面积18000平方米，设5个篮球场、4个排球场。安装6副固定双杠、3副固定单杠、1个吊环架，有1副跳箱、2床垫子、1架模梯、3架肋木、1根拔河绳、2套垒球设备，另有10个跳栏、10根标枪，5个铁饼、5个铅球、10个手榴弹、2个沙坑，还有足球、羽毛球、乒乓球等体育器材。

是年，在下学期初和学期结束对初中一、二、三年级3个班155名学生的身高、体重、胸围和肺活量等身体状况进行检查对照，学生的总体发育是正常的。

附：

1954年初中生下学期初、学期末身高、体重情况对照表

总人数	身高增长情况（厘米）				体重增加情况（公斤）					
	1～3	4～5	6～7	未增长	1～2	3～4	5～6	7～8	9～10	未增加
155	50	18	19	68	24	37	44	26	5	19

说明：未增长者为发育成熟、年龄18岁以上者。其中以一年级新生体重增加较多。

1954年初中生下学期初、学期末胸围、肺活量情况对照表

总人数	胸围放大情况（厘米）						呼吸差放大统计（厘米）				
	1～2	2～4	4～6	6～8	8～10	未变	1～2	2～4	4～6	6～8	未增加
155	46	21	23	4	2	59	62	29	12	4	48

说明：未增加者多为发育成熟的青年学生。

较同年上学期，学生的健康状况得到相对改善。从患病率来看，上学期平均每人赴诊所诊断4次，下学期平均每人为2.5次。流行性感冒等传染性疾病得到基本控制，未出现大规模疫情发生。

1957～1966年，学校每年举行一次运动会，以田径项目为主。

1958年初二学生郇有菊被选入山东省女子排球队，后入选国家女排青年队。

1960年，学校成立业余体校，开设篮球班、田径班、乒乓球班，李旭亭任业余体校校长，王立鹤任主任。

1960～1962年，正值3年生活困难时期，学生体质变差，运动量大的一些体育项目曾一度中止，体育课也开始时断时续。

1963年，国家开始推广“第四套广播体操”，学校体育教师根据“图解”进行示范传授，该操遂成为全校课间操与体操表演的固定项目。是年，学校代表队参加了临沂专区完中师范学生第二阶段篮球赛。国庆节期间，学校参加莒

1963 年，学校代表队参加临沂专区完中师范学生第二阶段篮球赛

南县文教局组织的全县初中篮球赛。

1964 年，学校组建 4 个男女篮球队，4 个男女乒乓球队，4 个男女体操队，4 个男女田径队，1 个排球队。

是年“五一”节期间，学校派出教职工代表队参加莒南县直机关乒乓球团体赛和县甲级篮球赛。

1965 年，学校举行“五一”运动会，有 621 人参加，并参加县中小学运动会。高七级学生孙立才被选入济南军区篮球队。

1972 年，学校开始推行“第五套广播体操”，“两操一课”成为必须常年遵守的教学常规。

1977 年，在学校操场举行十字路中学（现莒南一中）春季田径运动会。

1978 年，学校举行春季田径运动会。是年 12 月下旬，首次举行全校环城长跑赛。

1979 年 10 月，教育部、国家体委发布了《中小学体育工作暂行规定（试行草案）》，是我国第一部较系统的学校体育工作专门法规，标志着我国学校体育工作进入规范化、制度化管理的新时期。学校为贯彻德、智、体全面发展的教育方针，进一步加强了对体育工作的领导，先后成立了体育教研组、体育工作委员会，并由一名副校长主管体育工作。

是年，学校举行春季运动会。学校选派 20 人参加县运动会。

1980 年，学校派出 10 人参加临沂地区田径运动会。

1981 年，学校恢复了“眼保健操”和各种文体活动。教职工在工会组织下，成立了篮球队、排球队、乒乓球队、乐队、康乐球队、象棋队等，并举行了职工排球、篮球比赛。

是年，组织开展全校“环城”象征性长跑，历时 1 个多月，行程 4 万多公里。并举行了学校田径运动会。

是年，为拓展学生的体育活动项目，学校体育教师自己动手焊接 1 副联合攀登器、2 副双杠、1 副助力器，为学校节约资金近千元。

1982 年，举行首届职工康乐球比赛，推动

1966 年，临沂专区中学生田径运动会以莒南一中学生为主的莒南代表队

1977 年，十字路中学（后为莒南一中）春季田径运动会

了此项运动的开展。

1984 年，学校被省体委、省教育厅命名为“山东省体育传统项目（田径）学校”。

1986 年，学校被评为“山东省体育传统项目学校先进集体”。

1989 年始，为配合国防教育，培养学生的意志品质与组织纪律观念，锻炼学生的体质体能，学校每年秋季开学都要对高一新生进行军事训练，并举行军训汇报表演。

1990 年 3 月，国家教委发布《学校体育工作条例》。

1991 年 5 月，国家教委颁发《中学生体育合格标准实施办法》。学校组织体育教师、班主任及有关人员认真学习，并传达到全体学生，对贯彻落实《条例》与《办法》规定作出了明确要求。学校开始进一步规范学生体育档案，严格执行“两证一卡”（体育合格证、健康合格证、体质健康测试卡）制度，对学生的体育水平定期测试，由体育教师和校长签字确认后存档，并将其作为高考升学时的档案材料。

至 1993 年，学校根据不同考生的体育专长和培养方向，成立各种体育训练队，由专人负责有计划地进行系统训练，共向大中专院校输送体育特长生 89 人，其中本科 37 人、专科 35 人、中专 17 人。

1997 年，学校有 7 名体育特长生考入本科院校，成为国家队和省队的后备人才。

学校田径运动会主要设置 100 米、200 米、400 米、800 米、1500 米、3000 米（女）、5000 米（男）、4×100 米接力、铅球、铁饼、标枪、跳高、跳远、三级跳远等项目。教职工设置托球跑、自行车慢骑、篮球投准、足球射门、接力等项目。

1998 年，学校对操场进行了改造，重新修建了碳渣跑道，学生的运动环境与条件得以改善。

2000 年，高三学生刘世彪在省运会上，取得 100 米 10 秒 70 的成绩，达到国家一级运动

学校获得的省、市级比赛部分奖杯

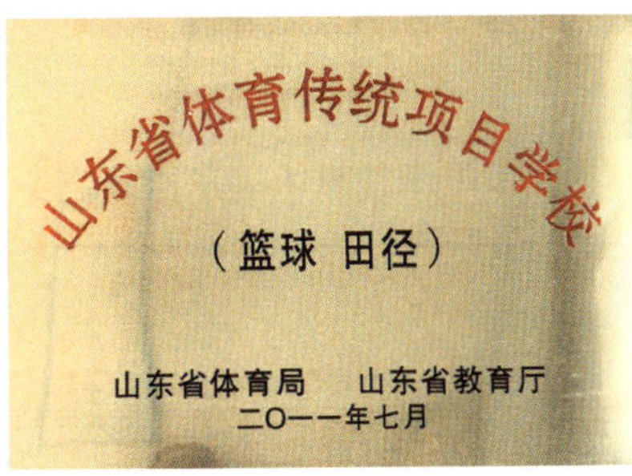

2011 年，学校被授为“山东省体育传统项目学校（篮球 田径）”

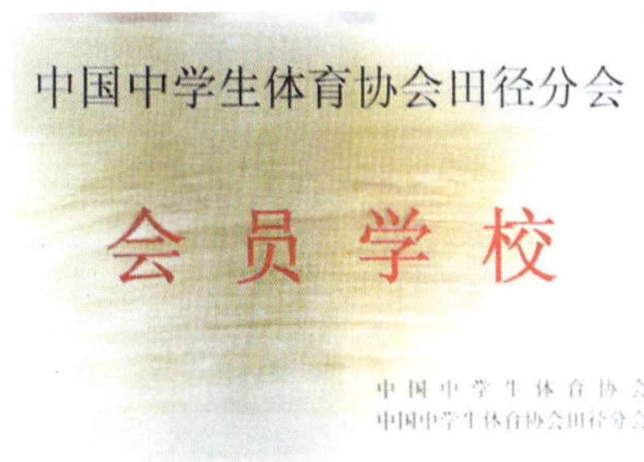

2012 年，学校被授为“中国中学生体育协会田径分会”的会员学校

1998 年，莒南一中足球队合影

2005 年 10 月 19 日，学校举行体育馆启用庆典仪式

2010 年 6 月 27 日，山东男篮图科训练营莒南站在莒南一中开营

2013 年，学校秋季运动会现场

员标准。

2001 年，学校被国家体育总局授予“全国群众体育工作先进单位”称号。

2004 年，学校体育馆开始开工兴建。

2006 年，学校将田径场地改建成高标准塑胶跑道。

2011 年，学校被山东省体育局、山东省教育厅授予“山东省体育传统项目（篮球 田径）学校”称号，并获得授牌。

2012 年，由于体育成绩突出，学校被确定为“中国中学生体育协会田径分会”会员学校，并获得授牌，从此开始参加全国中学生田径锦标赛，山东省有 8 所学校参加，莒南一中是临沂市唯一有资格参赛的学校。这也是学校代表队参加的级别最高的比赛，开创了历史的先河。

至 2014 年，学校有体育专任教师 16 名，有 206 名体育特长生考取本科院校。

二、体育比赛最高纪录表

1985 ~ 2014 年学校高中男子组最高纪录一览表

项　目	姓　名	成　绩	时　间	运动会名称
跳高	鲍西坤	1.82m	1985 年 4 月	市运会
100m	刘世彪	10 秒 70	2000 年 5 月	省运会
200m	刘世彪	22 秒 20	2000 年 5 月	省运会
5000m	温兴龙	15 分 00 秒 20	2004 年 4 月	县运会
铅球 6kg	王洛平	14.86m	2005 年 10 月	省运会
1500m	庄绪杰	3 分 58 秒 00	2006 年 4 月	市运会
三级跳远	崔兆东	14.62m	2007 年 4 月	县运会
400m	刘新华	49 秒 09	2008 年 4 月	县运会
800m	刘新华	1 分 54 秒 80	2007 年 4 月	市运会
铁饼 1.5kg	王世强	49.21m	2007 年 4 月	市运会
铅球 5kg	徐建明	14.74m	2007 年 10 月	校运会
4×100m	校　队	43 秒 62	2013 年 3 月	县运会

续表

项　目	姓　名	成　绩	时　间	运动会名称
4×400m	校　队	3分24秒53	2009年4月	省运会
标枪700g	张卫昌	57.59m	2010年4月	市运会
110米栏	王振东	14秒45	2012年4月	县运会
跳远	李建男	6.91m	2012年8月	省运会
400米栏	王振东	53秒62	2013年8月	省运会

1999～2014年学校高中女子组最高纪录一览表

项　目	姓　名	成　绩	时　间	运动会名称
跳高	李相云	1.47m	1999年5月	县运会
5000m	刘　欣	16分37秒00	2004年10月	省运会
100m	孙芹芹	12秒90	2005年4月	市运会
200m	孙芹芹	26秒30	2005年4月	市运会
1500m	刘　欣	4分33秒80	2006年4月	市运会
3000m	刘　欣	9分26秒40	2006年4月	市运会
三级跳远	杨云辉	12.49m	2006年4月	市运会
800m	刘　娜	2分13秒26	2006年10月	省运会
4×100m	校　队	51秒53	2014年4月	县运会
跳远	杨云辉	5.74m	2007年4月	市运会
铅球4kg	曹佃楠	12.56m	2008年5月	市运会
标枪500g	孙艳玲	41.10m	2009年3月	县运会
4×400m	校　队	3分24秒53	2009年4月	省运会
铁饼1kg	化　敏	42.65m	2010年4月	市运会
标枪600g	孙艳玲	41.02m	2010年4月	市运会
400米栏	王小雪	1分6秒81	2010年7月	省运会
100米栏	王小雪	15秒82	2011年4月	县运会
400m	刘晓晨	58秒77	2013年8月	市运会

2000～2014年学校男子创莒南县田径比赛最高纪录一览表

项　目	姓　名	成　绩	时　间
100m	刘世彪	10秒70	2000年4月
200m	刘世彪	22秒20	2000年4月
1500m	庄绪杰	3分58秒00	2001年4月

续表

项　目	姓　名	成　绩	时　间
5000m	温兴龙	15 分 00 秒 20	2004 年 4 月
800m	刘新华	1 分 54 秒 50	2008 年 4 月
400m	刘新华	49 秒 09	2008 年 4 月
110 米栏	王振东	14 秒 45	2012 年 3 月

2004 ~ 2014 年学校女子创莒南县田径比赛最高纪录一览表

项　目	姓　名	成　绩	时　间
5000m	刘　欣	16 秒 37	2004 年 10 月
1500m	刘　欣	4 分 33 秒 80	2006 年 4 月
3000m	刘　欣	9 分 26 秒 40	2006 年 4 月
跳　远	杨云辉	5.74m	2007 年 4 月
标枪 500g	孙艳玲	41.10m	2009 年 4 月
三级跳远	聂祥翠	12.89m	2010 年 4 月
铁饼 1kg	化　敏	43.69m	2010 年 4 月
标枪 600g	孙艳玲	41.02m	2010 年 4 月
100 米栏	王小雪	15 秒 82	2011 年 4 月
400m	刘晓晨	58 秒 77	2013 年 8 月
4 × 100m	校　队	51 秒 53	2014 年 4 月

三、体育竞赛成绩

集体获奖情况

1959 年，1 月 25 日，莒南县第二届中学生田径运动会在学校运动场举行。学校代表队取得团体总分第一名。

1960 年， 莒南县体委在学校体育场举行一至七中和师范学校 8 个单位的少年男女篮球、少年足球运动会，历时 2 天。学校女篮进入决赛，以 20:4 的成绩完胜三中女队，获得冠军。

是年，学校成立业余体校，李旭亭任业余体校校长，王立鹤任主任。体校设篮球班、田径班、乒乓球班。业余教练由靳荣丰、伍生民、赵勤、郑宿担任。并多次代表莒南县在临沂地区运动会上取得优异成绩。

1963 年， 学校男、女篮球队在莒南县初中篮球赛中均获得冠军。12 月 28 日，临沂专署体委、文教局在学校球场举办“临沂专区完中及师范学生篮球分区预赛”，历时 5 天。学校女子代表队获得冠军。

是年，在莒南县文教局组织的县初中篮球赛中，学校男、女队均获得冠军。

1964 年， 5 月，学校派出 2 个乒乓球队参加莒南县直机关乒乓球团体赛，分获冠、亚军。在莒南县甲级篮球比赛中，学校教工队获亚军。

6 月，在临沂专区少年篮球赛中，学校男子篮球队获冠军。

7 月，在临沂专区少年乒乓球比赛中，学校代表队获男子团体冠军、女子第三名。

是年，学校初中男、女篮球队均获莒南县初中学生第二届篮球赛冠军。

1965 年，学校代表队在莒南县运动会中获得团体冠军，有 12 人打破 8 项校纪录。

1966 年， 莒南县体委在学校体育场举行初中学生运动会，历时 2 天。学校获得团体总分第一名。

1974 ~ 1976 年，均获得莒南县中学生运动会团体第一名和县中学生篮球比赛男、女团体冠军。

1977 年，获莒南县中学生运动会团体第一名；县中学生篮球比赛获男、女团体冠军；县中学生乒乓球比赛获男、女团体冠军。

1979 年， 学校派 20 人组队参加莒南县运动会，获得团体总分第一名。

1981 年，获莒南县田径运动会团体总分第一名。

1982 年， 获莒南县田径运动会团体总分第一名、临沂地区中学生田径运动会团体总分第一名。

1983 年，学校获得莒南县田径运动会团体总分第一名和精神文明奖。获得临沂地区中学生田径运动会团体总分第一名；男子篮球获得临沂市第二名；女子篮球获得第五名。

1984 年，学校代表队获得莒南县田径运动会团体总分第一名和莒南县冬季长跑比赛的第一名。获得临沂地区中学生田径运动会团体总分第二名；学校被省教育厅、省体育局授予“山东省体育传统项目（田径）学校”称号。

1985 年，学校代表队获得莒南县田径运动会团体总分第一名和莒南县冬季长跑比赛的第一名。获得临沂地区中学生田径运动会甲组团体总分第一名；学校运动员鲍西坤、孙钦兰、卢友燕等五名队员代表临沂市参加了山东省第

1983 年，莒南县春季运动会学校代表队

1984 年，莒南县中学生田径运动会学校代表队

1983 年，临沂地区篮球赛学校代表队

1986 年，临沂地区田径运动会以莒南一中学生为主的莒南代表队

1989 年，以莒南一中学生为主的莒南代表队参加临沂地区田径运动会

1991 年，学校获得莒南县田径运动会团体第一名

1994 年，学校获得冬季越野赛团体冠军

1995 年，学校获得莒南县田径运动会团体第一名

三届中学生运动会获得团体总分第五名。

1986 年，学校代表队获得莒南县田径运动会团体总分第一名和莒南县冬季长跑比赛的第一名。获得临沂市地区学生田径运动会团体总分第二名。

1987 年，学校代表队获得莒南县田径运动会团体总分第一名和莒南县冬季长跑比赛的第一名。莒南县篮球赛第一名。

1988 年，学校代表队获得莒南县田径运动会团体总分第一名和莒南县冬季长跑比赛的第一名。代表莒南县参加临沂地区运动会获得第二名。

1989 年，学校代表队获得莒南县田径运动会团体总分第一名和莒南县冬季长跑比赛的第一名。获得临沂市中学生田径运动会团体总分第三名。

1990 ~ 1996 年，学校代表队均获得莒南县田径运动会团体总分第一名和莒南县冬季长跑比赛的第一名。

1997 年，学校代表队获得莒南县田径运动会团体总分第二名和莒南县冬季长跑比赛的第二名。

1998 年，学校代表队获得莒南县田径运动会团体总分第二名和莒南县冬季长跑比赛的第三名。

1999 ~ 2001 年，学校代表队均获得莒南县田径运动会团体总分第一名和莒南县冬季长跑比赛的第一名。

2002 年，学校代表队获得莒南县田径运动会团体总分第二名和莒南县冬季长跑比赛的第一名。

2003 ~ 2004 年，学校代表队均获得莒南县田径运动会团体总分第二名和莒南县冬季长跑比赛的第二名。

2005 年，获得莒南县中小学生田径运动会团体总分第一名、莒南县中小学生冬季长跑比赛团体总分第一名、莒南县首届高中篮球比赛第一名，学校代表队首次参加山东省中学生运动会，被省教育厅授予“体育道德风尚奖”。

2006 年，获得莒南县中小学生田径运动会团体总分第一名、莒南县中小学生冬季长跑比赛团体总分第一名、临沂市中学生田径运动会团体总分第三名、山东省体育传统项目学校篮球比赛男子篮球冠军、山东省“学校杯”中学生运动会团体总分第八名、临沂市中学生篮球比赛第三名和山东省“体育传统项目学校”中学生篮球赛男子乙组冠军。

2007 年，获得莒南县中小学生田径运动会团体总分第一名、莒南县中小学生冬季长跑比赛团体总分第一名、临沂市中学生田径运动会团体总分第二名、山东省“鲁龙杯”高水平运动会团体总分第一名和山东省篮球比赛男子高中甲组第八名，并获得全国“耐克杯”男子篮球比赛山东赛区第八名。

2008 年，获得莒南县中小学生田径运动会团体总分第一名、莒南县中小学生冬季长跑比赛团体总分第一名、山东省“学校杯”中学生运动会田径比赛乙组团体总分第一名、临沂市中学生男子篮球比赛第二名和莒南县“三人制”男子篮球比赛第一名和全国中学生田径锦标赛，2 人次达到国家二级运动员标准。

2009 年，获得山东省学生田径锦标赛乙组团体总分第一名、临沂市中学生田径比赛甲组团体总分第二名、莒南县中学生田径比赛高中组团体总分第二名、莒南县“一中杯”冬季长跑比赛团体总分第一名、山东省中学生篮球比赛甲组第十四名、临沂市中学生篮球比赛第二名、莒南县全民运动会篮球比赛第一名、莒南县迎元旦“尧王醇”杯篮球比赛第一名、莒南县首届“中国电信杯”篮球

1999 年，学校获得莒南县田径运动会团体总分第一名

2005 年，学校获得莒南县篮球比赛冠军

2006 年，学校获得山东省“体育传统项目学校”中学生篮球赛男子乙组冠军

2006 年，学校代表队参加山东省“学校杯”中学生运动会

比赛第一名和“体彩杯”山东省第二届百县篮球赛临沂市第二名。

2010年，获得山东省“体育传统项目学校”篮球赛甲组第十六名、莒南县“邮政储蓄杯”莒南县俱乐部篮球赛第一名、莒南县“高补杯”中小学生田径运动会团体总分第一名、临沂市中学生田径比赛甲组团体总分第一名、“体彩杯”山东省第二届百县篮球赛临沂市第二名和莒南县“阜丰国际杯”中小学生冬季长跑比赛团体总分第一名。

2011年，分获山东省中小学生体育联赛“天汇文体杯”田径比赛第十六名、莒南县“百脉泉”中学生男子篮球比赛冠军、山东省“体彩杯”百县篮球比赛临沂赛区第三名、莒南县“阜丰国际杯”中小学生冬季长跑比赛团体总分第一名、莒南县“阜丰国际杯”中小学生田径运动会团体总分第二名和第二届全国红色运动会团体总分第六名。

2012年，获得莒南县“中国人保财产杯”中小学生田径运动会团体总分第一名、“体彩杯”临沂市中学生田径联赛甲组男子团体总分第二名，女子第四名、“体彩杯”临沂市中学生篮球联赛男子甲组第二名、“体彩杯”山东省中学生篮球联赛男子甲组进入前18强、“体彩杯”山东省中学生田径联赛甲组男子团体第五名，并获得体育道德风尚奖、“体彩杯”莒南县中学生篮球比赛第一名、“体彩杯”莒南县中学生乒乓球比赛团体第一名、“中储粮大酒店杯”2012年莒南县中小学生冬季长跑比赛团体总分第一名、临沂市中学生篮球比赛第七名、莒南县俱乐部比赛第一名、第五届庆十八大迎元旦“开元杯”全县篮球比赛第一名。学

2010年，学校获得山东省“体彩杯”百县篮球比赛临沂赛区第二名

2012年，学校代表队参加全国中学生田径锦标赛

2012年，学校获得莒南县中小学生田径运动会团体总分第一名

2013年，学校获得莒南县中小学生冬季长跑比赛团体总分第一名

校代表队首次参加全国中学生田径锦标赛获得一枚铜牌，山东省共有八所学校参加，学校是临沂市唯一有资格参赛的。

2013 年，获得莒南县“中国人保财产杯”中小学生运动会团体总分第二名、莒南县“阜丰国际杯”中小学生冬季长跑比赛团体总分第一名、莒南县中学生篮球比赛第一名、临沂市中学生篮球比赛第二名、莒南县“体彩杯”中小学生乒乓球比赛高中组第一名。山东省中学生篮球比赛第十六名、山东省“体彩杯”田径联赛，有 1 人达到国家一级运动员标准，5 人达到国家二级运动员标准，并获得金牌一枚。学校 6 名运动员参加全国中学生田径锦标赛，有 4 人达到国家二级运动员标准。获莒南县第十二届“裕隆杯”足球比赛优秀组织奖。

2013 年，学校获得临沂市中学生篮球比赛第二名

2014 年，获得“人保财险杯”莒南县中小学生运动会高中组团体总分第一名、“中国体育彩票杯”莒南县中小学生乒乓球比赛高中组团体冠军、“中国体育彩票杯”临沂市中学生篮球比赛亚军、“中国体育彩票杯”山东省中学生篮球比赛十二强， 莒南县中小学生冬季长跑比赛团体冠军、莒南县第二届运动会团体总分第一名。在全国中学生田径锦标赛中，2 人次达到国家二级运动员标准。

个人获奖情况

1954 年，有 5 人达国家二级运动员标准，7 人达到国家三级运动员水平。

1958 年， 学校初二女生郁有菊被选入山东省女子排球队，后入选国家女排青年队。李明秀参加了省运会并打破男子 800 米莒南县最高纪录。

1959 年，李明秀在县运动会中获得男子 1500 米第一名，并破纪录。

1964 年，学校派出 13 人参加临沂专区田径选拔赛，有 10 人进入前 6 名。其中，有 2 人被选派参加山东省田径运动会，孙立才获全省男子五项全能冠军。

1965 年，高七级学生孙立才被选入济南军区篮球队。

1966 年，潘田玲在莒南县运动会中获得女子 60 米和 100 米第一名并打破县纪录；崔可欣

2014 年，学校获得莒南县“体彩杯”乒乓球赛团体冠军

2007 年，学校获得山东省“鲁龙杯”高水平运动会团体总分第一名

获得女子 100 米栏第一名并破纪录；滕明文获得男子 100 米栏第一名并破纪录。

1972 年，王庆香破莒南一中最高纪录。“鲁”

1974 年，刘涛破莒南一中跳高最高纪录；王燕破莒南一中女子跳高纪录。

1975 年，在莒南县田径运动会中，学校运动员文郁东获得男子 100 米、200 米第一名并破纪录；王树松获得男子标枪第一名并破纪录；陈成涛获得男子 1500 米和 3000 米第一名并破纪录；聂世英获得女子铅球第一名并破纪录；郁万莉获得女子铅球第二名并破纪录；朱立新获得女子 800 米第一名并破纪录；徐宾获得男子铁饼第一名并破纪录；王永胜获得男子 400 米第一名并破纪录；刘红获得女子手榴弹第一名并破纪录；庞筱谦获得男子铁饼和男子 110 米栏第一名并破纪录；王立军获得男子 5000 米第一名并破纪录；陈建华获得男子三级跳远第一名并破纪录；于世玲获得女子跳高和铅球第一名并破纪录。

1976 年，在莒南县田径运动会中，学校运动员鲁南获得男子 800 米和 1500 米第一名并破纪录；李义获得男子跳高、铁饼和全能三项第一名并破纪录；王永胜获得男子 60 米和 100 米第一名并破纪录；王燕获得女子 400 米第一名并破纪录；朱立新获得女子 400 米第一名并破纪录；曹胜花获得女子铅球第一名并破纪录；来永霞获得女子标枪第一名并破纪录；王延英获得女子标枪第二名和女子 4×100 米第一名并破纪录；徐宾获得男子铁饼第一名并破纪录；孙运龙获得男子铁饼第二名并破纪录；张岩获得男子 400 米第一名并破纪录；肖云获得男子 60 米初中组第一名并破纪录。

1978 年，在学校运动会中，井西明破男子 60 米纪录；肖云破男子 60 米和三级跳远纪录；汲光秀破女子 400 米纪录；张红破女子五项全能纪录；印华柏破男子 100 米和 200 米纪录；潘田峰破男子 110 米栏纪录；严平克破男子铅球纪录。

1979 年，在学校运动会中，胡建营破女子标枪纪录；印华柏破 100 米和 200 米纪录；肖云破男子铅球纪录；李东破手榴弹纪录。在莒南县运动会上，有 11 人破县运动会纪录。

1980 年，学校选派由 10 人组成的代表队参加临沂地区田径运动会，有 15 人次分别取得单项成绩前 6 名。有 9 人在县运动会中破县最高纪录，有 12 人打破学校最高纪录。在校运动会中有 4 人打破校纪录。

1981 年，在校运动会中，孙运玲破女子 100 米和 400 米纪录；鲁绪宾破男子铁饼纪录；徐波破男子 800 米纪录；李洪江破男子 400 米和 1500 米纪录；李永华破男子跳高纪录；徐莉破女子铅球和女子 100 米栏纪录；刘雪梅破女子跳远纪录；王怀芹破女子 800 米和 1500 米纪录；徐恒霞破女子 200 米纪录；聂雷破男子 400 米纪录；校队破 4×100 米纪录。

1982 年，破学校最高纪录名单：王怀芹破女子 800 米和 1500 米纪录；王娟破女子跳高纪录；徐波破男子跳远、200 米、三级跳远和五项全能纪录；刘雪梅破女子跳高纪录和破女子跳远纪录；李永华破男子跳高纪录。陈之太被评为“山东省优秀体育教师”。

1983 年，破学校最高纪录名单：鲍西坤破男子跳高纪录；王东破男子铅球和铁饼纪录；徐艳春破女子 100 米和 200 米纪录；赵杰破男子 60 米和 200 米纪录；卢友燕破女子 3000 米纪录；刘陆明破男子 800 米和 1500 米纪录。王怀芹破女子 5000 米县纪录。

1984 年，在临沂地区中学生田径运动会上，鲍西坤获得临沂市男子跳高第一名并破纪录；徐波破五项全能纪录；杜清超获得临沂市 400 米第一名；藤略山获得临沂市男子 800 米第一名。庄欠杰破男子跳远县纪录。

1985 年，在莒南县运动会上，张艳破女子跳高和三项全能县纪录；孙钦兰破女子铅球和铁饼县纪录；陈英破女子五项全能县纪录；徐勇破男子100米和标枪县纪录；鲍西坤破男子跳高县纪录。

1986年，在莒南县运动会上，徐勇破男子100米县纪录；鲍西坤破男子三级跳远县纪录。

1987年，在莒南县运动会上，徐勇破男子标枪县纪录。

1989年，在莒南县运动会上，赵丽破女子100米和200米县纪录；甄子涛破男子铁饼县纪录。

1990年，在莒南县运动会上，崔树欣破男子跳远县纪录。程翠英获得女子铅球第一名。

1991年，在莒南县田径运动会中孙峰获得男子110米栏第一名；庄峰破男子1500米县纪录；季冬梅获得女子跳远第一名。

1992年，在莒南县田径运动会中朱晓阳获得男子110米栏第一名；李春翠破女子800米纪录；孙峰破男子110米栏和200米栏县纪录。

1993年，在莒南县田径运动会中孙钦祝获得男子5000米第一名并破纪录，1500米第二名（在越野赛中连续3年获得县第一名）；刘柱获得男子100米和200米第一名；王凤岳获得400米第一名和200米第二名；刘军破男子200米县纪录；庄峰破男子1500米县纪录；孙张钦破男子铅球县纪录。

1994年，获得县运动会第一名的部分运动员：曹雪莲女子100、200米；逯泉艳女子800米、1500米；滕国霞女子3000米；王凤月男子800米；刘军男子200米、400米；魏宗华男子1500米；王旭男子5000米；陈芳女子3000米。

1995年，获得莒南县运动会第一名的运动员：刘军男子200米、400米；魏宗华男子1500米；王旭男子5000米；曹雪莲女子100、200米；陈芳女子3000米，逯泉艳女子1500米；刘晓丽女子400米；汲秀兰女子800米。

1996年，获得县运动会第一名的部分运动员：庄续强男子铅球、铁饼；钱金来男子100米、200米；王庆峰男子跳远；王凤月男子800米；刘庆印男子400米。

1997年，获得县运动会第一名的运动员：钱金来男子100米、200米；曹军1500米；郇志杰三级跳远；韦庆龙铅球；程连云女子400米。

1999年，获得莒南县运动会第一名的部分运动员：刘世彪男子100米、200米；贾瑞斌男子铁饼；夏德林男子铅球；王玉伟男子1500米；季本峰男子400米；史秀斌男子800米；刘希永男子跳远；赵宇男子跳高；王晓光男子110米栏；孙晓萍女子400米；季庆玲女子标枪；刘晓丽女子800米；朱晓丽女子3000米；赵光菊女子1500米；王敏女子100米栏；付静女子铅球；李相云女子跳高；夏春菊女子800米；夏兆梅女子铅球。在本次运动会上，刘世彪打破100米、200米、4×100米县中学生运动会纪录，并代表莒南县参加临沂市运动会获得100米第一名、200米第二名，代表临沂市参加山东省中学生运动会，以10秒70的成绩获得100米第三名，达到国家一级运动员标准。

2002年，王玉宁以38.10米的成绩打破女子标枪莒南县运动会纪录。

2005年，学校代表队首次参加山东省中学生运动会，有4人次进入前八名。

2006年，在莒南县中小学生运动会上，刘欣分别以4分33秒80和9分26秒40的成绩打破女子1500米和3000米莒南县运动会纪录；杨云辉分别以5.50米和12.49米的成绩打破女子跳远和三级跳远莒南县运动会纪录；庄绪杰分别以3分58秒00和15分32秒90的成绩打破男子1500米和男子5000米莒南县运动会纪录；刘新华以50秒00的成绩打破男子400米莒南县运动会纪录；印鸿翔以14秒70的成绩打破男子110米栏莒南县运动会纪录。

是年，在北京大学冬令营高水平运动员选拔赛中，刘欣5000米成绩达到国家健将级标准，后考入北京大学。

2007年10月1～3日，在山东省“鲁龙杯”高水平运动员邀请赛中，刘新华获得男子400米第一名；刘志玉获得女子400米第一名。

是年，在莒南县中小学生田径运动会上，刘新华以49秒09和1分54秒50的成绩打破400米和800米莒南县运动会纪录，随后代表莒南县参加临沂市中学生运动会获得800米第一名。陈长杰以15分32秒42的成绩打破男子5000米莒南县运动会纪录；崔兆东以14.62米的成绩打破男子三级跳远莒南县运动会纪录；张艳以16秒75的成绩打破女子100米栏莒南县运动会纪录；杨云辉以12.49米的成绩打破女子三级跳远莒南县运动会纪录；吴学镇、吴书栋、孟凡华、李明声以44秒06的成绩打破男子4×100米接力莒南县运动会纪录。

2008年，在莒南县中小学生春季田径运动会中，刘志玉以16秒31的成绩打破女子100米栏莒南县运动会纪录。在山东省“学校杯”中学生运动会田径比赛中，王永凯获得400米栏第一名、吴书栋获得第三名；王永凯、刘梦、吴书栋、瞿业钟获男子4×400米接力第二名。

是年，在北京大学和清华大学高水平运动员冬令营选拔赛中，刘新华获得800米第一名，同年考入清华大学。

2009年，在莒南县中小学生田径运动会上，孙艳玲以41.10米的成绩打破女子标枪莒南县运动会纪录；徐传江、王靖贻、吴书栋、瞿业钟以43秒82的成绩打破男子4×100米接力莒南县运动会纪录。

是年，在山东省大中学生田径锦标赛中，王永凯获得男子110米栏第一名和400米栏第二名；化敏获得女子铅球和铁饼第一名；孙艳玲获得女子标枪第一名和铅球第二名；聂祥翠获得女子跳远和三级跳远第一名；刘洪斌获得男子标枪第二名；王靖贻获得男子三级跳远第三名；李育成获得男子1500米第三名；王永凯、吴学镇、吴书栋、瞿业钟获得男子4×400米接力第三名。

在是年举行的莒南县首届全民运动会上，孙莹老师被授予莒南县“三八红旗手”称号。

2010年，在莒南县中小学生田径运动会上，聂祥翠以12.89米的成绩打破女子三级跳远莒南县运动会纪录；化敏以43.69米的成绩打破女子铁饼莒南县运动会纪录；孙艳玲以41.02米的成绩打破女子标枪莒南县运动会纪录。在山东省第11届中学生运动会田径比赛中，聂祥翠分别以12.20米和5.70米的成绩获得女子三级跳远和跳远第一名，并获女子4×100米接力第三名。在山东省第22届运动会上，杨云辉获得女子甲组三级跳远第三名，后考入哈尔滨工业大学。

2011年，在莒南县中小学生田径运动会上，王小雪以15秒82的成绩打破女子100米栏莒南县运动会纪录。

2012年，在莒南县中小学生田径运动会上，王振东以14秒45的成绩打破男子110米栏莒南县运动会纪录。在北京大学冬令营选拔赛中，

王振东在全国中学生田径锦标赛中获得男子400米栏铜牌

徐金凤 5000 米成绩达到国家一级运动员标准，后考入北京大学。在上海行知中学举行的全国中学生田径锦标赛，王振东以 54 秒 68 的成绩获得男子 400 米栏铜牌，另有 4 名队员达到国家二级运动员标准。在山东省中小学生体育联赛中，王振东以 14 秒 95 的成绩获得男子 110 米栏第一名，以 53 秒 78 的成绩获得 400 米栏第二名，达到国家一级运动员标准。

2013 年，在山西平遥中学举行的全国中学生田径锦标赛中，学校有 4 名选手达到国家二级运动员标准。

是年，在“中国体育彩票杯”山东省中学生体育联赛中，王振东以 53 秒 60 的成绩获得 400 米栏第一名，后特招考入西安交通大学。

2014 年，刘晓光、刘晓晨、杜晓丽、殷正霞在莒南县中小学生运动会中，以 51 秒 53 的成绩打破女子 4×100 米莒南县运动会纪录。

是年，学校派队参加在四川仁寿中学举行的全国中学生田径锦标赛，有 4 人达到国家二级运动员标准。

学校考入全国高校的体育特长生名录（部分，未按录取时间排序）

姓　名	录取院校	姓　名	录取院校	姓　名	录取院校
刘世彪	北京大学	程　鑫	陕西师范大学	程守钰	苏州大学
刘　欣	北京大学	陈　涛	新疆大学	孙璐浩	山东大学
刘新华	清华大学	刘　娜	东北林业大学	刘纯凯	苏州大学
徐金凤	北京大学	韦敬余	华北电力大学	宋亚芳	西北大学
李明声	西安交通大学	王妮娜	陕西师范大学	徐传江	新疆大学
王振东	西安交通大学	薛钧元	山东师范大学	刘洪斌	新疆大学
宋建文	哈尔滨工业大学	陈奎伟	陕西师范大学	王一鑫	新疆大学
杨云辉	哈尔滨工业大学	刘晓光	陕西师范大学	刘志玉	西安理工大学
印鸿翔	西北工业大学	罗姝青	山东师范大学	王世宏	陕西师范大学
胡矩敏	西安建筑科技大学	卢　洁	西安建筑科技大学	朱学洪	西安建筑科技大学
张丽娟	太原理工大学	庄绪杰	河北工程大学	徐振花	太原理工大学
汲广彩	河北工程大学	张晓晓	河北工程大学	刘敦海	浙江工业大学
刘希永	山东农业大学	孟　斌	山东科技大学	时祥龙	烟台大学
盛玉鹏	山东中医药大学	宋世明	长春工业大学	李　亮	烟台大学
王国庆	山东农业大学	曹佃楠	山东农业大学	吴丽丽	青岛大学
赵培焱	山东科技大学	刘　梦	青岛理工大学	张　鑫	潍坊医学院
周　强	青岛农业大学	陈晓花	石家庄经济学院	徐传健	德州学院
张卫昌	青岛理工大学	郭俊杰	临沂师范学院	王永凯	青岛大学
徐建明	河南财经政法大学	孙　飞	山东科技大学	化　敏	济南大学
徐　建	山东建筑大学	杨一霖	山东农业大学	孙艳玲	济南大学
李晓雷	北京邮电大学	施　亮	浙江工业大学	李育成	潍坊医学院
王宪尊	河南财经政法大学	徐彬倖	山东工商学院	李建豪	德州学院

续表 1

姓　名	录取院校	姓　名	录取院校	姓　名	录取院校
王小雪	西安建筑科技大学	夏　瑜	山东理工大学	薛恺超	济南大学
王婧贻	西安建筑科技大学	刘洪娟	山东农业大学	赵中原	烟台大学
刘　岩	山东体育学院	赵兰惠	山东农业大学	侯雨生	烟台大学
陈超华	山西农业大学	孙成刚	安徽工业大学	郑　阳	济南大学
林新涛	山西农业大学	孙和平	安徽工业大学	孙鹏程	临沂大学
彭　程	西安建筑科技大学	刘鲁伟	安徽工业大学	孙菁敏	烟台大学
聂林政	河南财经政法大学	张　娜	曲阜师范大字	孙运迪	烟台大学
张子昊	安徽工业大学	房克杰	曲阜师范大字	孙天宇	烟台大学
张晓帅	安徽工业大学	王建勇	西安体育学院	韦孟凯	烟台大学
王同田	曲阜师范大学	窦世珍	西安体育学院	杨　伦	曲阜师范大学
刘　强	山东理工大学	姚久春	安徽工业大学	石俊豪	安徽工业大学
刘波峰	山西农业大学	杨玉清	合肥师范学院	陈昱铭	曲阜师范大学
聂凤宸	曲阜师范大学	郑栋文	曲阜师范大学	潘　铖	山东体育学院
刘贯宇	山东体育学院	赵树蕾	山东体育学院	王　雷	武汉警官职业学院
陈祥军	山东体育学院	程致远	山东师范大学	吴　超	临沂师范学院
冯雪峰	山东师范大学	胡芳永	临沂师范学院	陈　超	华中师范大学
高　玮	临沂师范学院	李　磊	聊城大学	孙　莹	沈阳体育学院
刘洪刚	山东体育学院	林庆松	临沂师范学院	杨金科	临沂师范学院
刘庆印	郑州铁路警察学校	刘　磊	临沂师范学院	王　健	临沂师范学院
刘　森	临沂师范学院	山长青	烟台大学	王传存	临沂师范学院
刘晓丽	烟台师范学院	孙钦文	临沂师范学院	王　敏	临沂师范学院
王守东	临沂师范学院	孙运杰	临沂师范学院	王洪聪	临沂师范学院
严加高	山东体育学院	孙运星	临沂师范学院	王　军	烟台师范学院
张传超	山东科技大学	王　龙	曲阜师范大学	严　明	西安理工大学
赵　玮	临沂师范学院	王秀平	临沂师范学院	赵广菊	西北工业大学
朱晓丽	青岛大学	魏　磊	烟台大学	吕　楠	山东师范大学
宋传升	山东师范大学	席云峰	聊城大学	朱晓阳	山东师范大学
闫　振	聊城大学	彭志芳	临沂师范学院	王帅英	四川师范大学
庄雪芹	临沂师范学院	薛严严	山东体育学院	孙永娟	临沂师范学院
刘　磊	临沂师范学院	张　辉	临沂师范学院	隽同笑	青岛大学
董月庆	曲阜师范大学	张　鹏	临沂师范学院	杜梦雪	滨州学院

续表 2

姓　名	录取院校	姓　名	录取院校	姓　名	录取院校
徐　勇	山东师范大学	张永杰	临沂师范学院	胡尊龙	山东体育学院
鲍西坤	山东师范大学	赵广勇	临沂师范学院	王世达	山东体育学院
李彦军	山东体育学院	朱礼开	临沂师范学院	张永光	潍坊学院
王绪法	临沂师范学院	庄　峰	山东工程学院	李先涛	河南科技大学
孙钦祝	山东工业大学	左银波	临沂师范学院	郑杜军	临沂大学
孙乐兰	临沂师范学院	魏延霞	临沂师范学院	曹天祥	临沂大学
李相云	曲阜师范大学	王　鹏	临沂大学	魏　玮	临沂大学
刘　军	云南师范大学	杜清才	北京体育大学	袁晓丽	德州学院
王家军	海军飞行学院	王晓光	曲阜师范大学	韩广明	曲阜师范大学
王延富	临沂师范学院	钮厚金	曲阜师范大学	李　楠	山东师范大学
董彦玉	北京体育大学	李　斌	山东师范大学	赵　军	曲阜师范大学
朱孟玲	广东体育学院	周友习	上海交通大学	庄绪兴	山东理工大学
郁蒙蒙	临沂师范学院	王玉伟	西北工业大学	葛明鑫	山东城市建设学院
胡顺鼎	北京体育大学	路燕萍	沈阳体育学院	李伟凤	临沂师范学院
李　媛	山东师范大学	朱晓东	山东师范大学	邓玉祥	济南大学
王雅宁	南京师范大学	徐　琳	临沂师范学院	宋梅芳	济南大学
赵贵北	山东师范大学	庄新城	临沂大学	郑　涵	石河子大学
孙　峰	山东师范大学	何　峰	临沂大学	李明智	西北民族大学
韩欣君	四川师范大学	张　涛	临沂大学	王杰平	西北农林科技大学
郭海宾	山东师范大学	张永强	徐州空军学院	魏高明	山东体育学院
严加高	山东体育学院	吴　杰	泰山学院	孟祥清	山东师范大学
孙　浩	山东体育学院	鲁轩臣	潍坊科技学院	张　龙	山东轻工业学院
徐淑明	山东体育学院	梁　峰	山东轻工业大学	李祥峰	滨州学院
徐　军	山东体育学院	薛清磊	济南大学	崔　峰	济南大学

第二节　音　乐

一、概况

建校之初，学校按规定在初中班每周开设1节音乐课。高中部设立之初，未对高中班开设音乐课。

1955年下学期，学校购置10把二胡、20只笛子、10只口琴和部分打击乐器，并开始动员学生成立舞蹈组、歌唱组、军乐组，并在节日或庆典时举行晚会、参加县市组织的演出等。

1958年9月，为配合大炼钢铁和支援秋收秋种等形势的需要，学校成立宣传队，到公社、劳动农场进行演出，得到群众普遍欢迎。11月，在全县召开的农业积极分子大会上，学校宣传队参加慰问演出。

1975 年，十字路中学（后为莒南一中）《风华正茂》演员合影

更趋丰富和多元化。

1992 年 10 月 1 日，学校举行 40 周年校庆文艺焰火晚会。

1995 年，莒南师范合并到一中，音乐教师队伍随之扩大。是年秋季，学校开始招收音乐特长生共 8 人。

1996 年，学校招收音乐特长生 15 人，随之学校购置了 4 架钢琴。

1997 年秋季开学后，全校实施“课前一支歌”活动，要求各班在晚自习预备铃响后，学生进教室要先唱一首歌再开始上课。于是，整个校园歌声响亮，学生学习也有了更高的情绪。是年起至 2002 年，学校对音乐特长生做出招生计划，每年招收 20 人。

1964 年，为丰富学校文艺生活，师生不但普遍学唱革命歌曲，同时自编自演各种文艺节目，经常举行朗诵会、文艺晚会。

1971 年，学校文艺宣传队正式成立，后逐步发展到由军乐队、器乐队、演出队组成的 60 人左右的宣传队伍。

1972 年，在“批林整风”运动中，宣传队编演了《五七道路第一步》《五七指示放光芒》《班内新风》等节目，每逢公社召开党代会、县里欢送新兵等，宣传队都会及时编排节目进行宣传。

“文革”结束以后，学校的工作开始转向以教学为中心，文艺活动以业余或课外时间为主。

1977 年 5 月 4 ~ 7 日，学校组队参加县教育局召开的全县中小学文艺汇演。下半年，学校举行文艺汇演，推动了学校文化艺术活动的开展。

1980 年 5 月 4 日，学校举行青年节音乐会；6 月 1 日，学校选派代表队参加县歌咏比赛。

1982 年下学期，学校印发革命歌曲，开始要求学生传唱并举行歌咏比赛。

1988 年，学校开始融入健康的流行歌曲和电影插曲，师生的课余文化生活内容开始变得

1999 年，学校在操场西南角建起一座艺术楼。内设两口音乐教室，一口舞蹈排练厅和音乐器材室，并配置 5 架立式钢琴、音乐教学器材 10 多种，演出服、音像资料等数十套。

2002 年，学校成功举办了学校“首届艺术节暨庆元旦文艺晚会”（后改为校园文化艺术节）。

2003 年，学校美术楼建成后，艺术楼遂改为音乐楼。同时，增添了 8 架手风琴和 2 架立式钢琴，正式建成独立的钢琴室和声乐室。是年，学校对音乐特长生招生计划作出调整，由原来的 20 人增加到 30 人。

2004 年 9 月，学校组建了民乐团，并成功举办了“第二届校园文化艺术节暨庆元旦文艺晚会”。

2005 年，学校有专职音乐教师 6 人，其中本科学历 3 人。5 月，厉丽老师在临沂市音乐优质课评比中获二等奖。为了拓展学生的升学渠道，提高音乐生的升学率，学校开始组建音乐班，人数达到 50 人。音乐班学生既上文化课，又上专业课。文化课开设课程类同于普通文科

班，专业课有公共课和专项小课。音乐班公共课开设音乐理论、音乐欣赏、视唱练耳、形体训练；专项小课有声乐、钢琴、器乐、表演、主持等。学生自选2个专项为主副项，通常专业课利用晚自习、周六、周日进行专项训练；高三上学期集中进行专业训练，下学期集中进行文化课学习。在完善专业教师队伍的同时配备了专门的文化课教师队伍，为专业生量身定制了一套完备的教学方案，学生的文化课成绩得到大幅度提高。

2006年，音乐鉴赏课全程开设。是年12月30日，成功举办了“第三届校园文化艺术节暨庆元旦文艺晚会”。

2007年，学校根据音乐教学的需要，新添扬琴、古筝、电子乐器、打击乐器、演出服等。设立器乐排练室、多媒体教室，共400多平方米。音乐器材配备达到国家规定的《高级中学音乐器材配备目录》Ⅰ类标准。音乐教室配有五线谱黑板，音乐多媒体教室可通过电脑、电视、投影仪等影像设备，观看老师的课件演示、欣赏经典乐曲回放等。每个音乐教室和琴房的四周墙壁配有名人名言、室规室训和音乐基本常识、乐理知识。

2008年，学校开设艺术课选修模块。高一美术、音乐鉴赏课间周上课，高二可以选修器乐、舞蹈、演唱等模块，更加全面地提高了学生的艺术素养。是年，成功举办了“第四届校园文化艺术节暨庆元旦文艺晚会”。

2009年，根据上级有关高中教育与高考政策规定，学校开始改革艺体班的组织形式与训练办法。9月，学校成立音乐社团，采用大课和小课相结合的方法安排活动与教学。高一高二期间，组织喜欢音乐、有表演天赋或特长的学生成立合唱、器乐、播音主持、相声、舞蹈等社团，利用课外活动、周六周日进行专业训练。对相关社团的教学与训练，音乐教师根据自己的专长各带一组，艺体部负责进行指导和监督。学校经常举办晚会或才艺比赛，给学生提供了能够充分展示自我、促进个性发展的平台，在县、市举办的艺术比赛和文艺演出中屡次获奖。

是年12月，杨颖被评为“临沂市教学新秀”。

2010～2014年，学校照常开设音乐鉴赏课、特长生以及艺术社团的专业训练课，举办节日庆典文艺演出、校园歌手大赛、才艺大赛以及校园文化艺术节暨庆元旦文艺晚会等活动。

2010年10月，徐辉被评为“山东省艺术教育先进个人”。

2012年9月，公正、张奥翔、田晓芸、谢宜颖获得莒南县庆国庆“激情满怀，歌颂祖国”诗歌朗诵会二等奖。

2013年5月，赵鹏飞在临沂市音乐优质课评比中获一等奖。

2014年5月，戴欢在临沂市教师技能大赛中获一等奖。

至此，学校设置2口音乐教室、4口琴室、1口舞蹈室、1口器乐排练室、1口多媒体教室、1口器材室，配置9架钢琴、8架手风琴和数套扬琴、古筝、电子乐器、打击乐器、演出服等，能够满足各种音乐项目的教学、排练与文艺活动的需要。

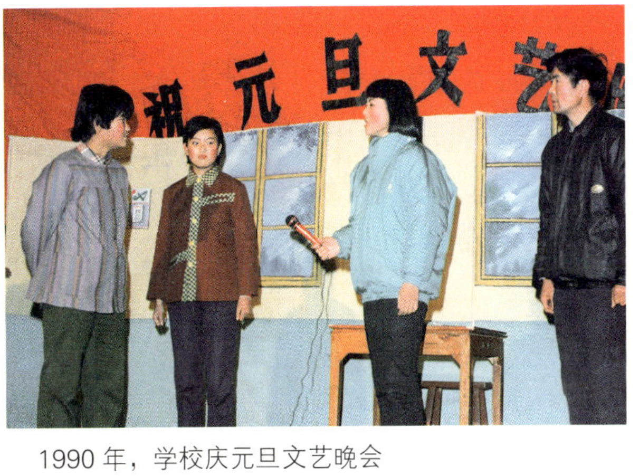

1990年，学校庆元旦文艺晚会

第二届校园文化艺术节暨庆元旦文艺晚会

二、校园文化艺术节及文艺活动

1990 年 12 月 28 日，学校举办了庆元旦文艺晚会。

2002 年 12 月 2 日，学校在莒南县电影院举行“莒南一中祖国在我心中”大型歌咏比赛。

是年 12 月 29 日，为进一步增强校园的文化品位，激发学生的艺术创造力与青春活力，学校在县电力公司文化中心举行了“莒南一中首届艺术节暨庆元旦文艺晚会”。县委书记于中华等领导、县直各企事业单位嘉宾、离退休老教师和在校师生千余人观看了演出。此后，校园文化艺术节每两年举办一次。

2004 年 3 月 7 日晚，在学校阶梯教室举行庆“三八”妇女节文艺演出。

7 月 2 日，学校民乐团编排的《金蛇狂舞》参加了“莒南县庆祝中国共产党成立 83 周年文艺晚会”演出，获得成功。

12 月 29 日，举行“第二届校园文化艺术节暨庆元旦文艺晚会”。县委副书记、副县长张永刚，县委副书记王可田等县领导和县直各部门各企业负责人、县教育局领导、县直和乡镇有关学校负责人以及部分学生家长代表近 600 人观看文艺演出。

2005 年 3 月 8 日，在学校实验楼阶梯教室举行“庆三·八座谈会暨文艺演出”，县总工会副主席孙秀玲、县妇联副主席刘虹及学校领导参加座谈并观看演出。

2006 年 3 月 8 日，在学校多媒体会议厅举行“庆三·八暨文艺演出”。

12 月 30 日，学校“第三届校园文化艺术节暨庆元旦文艺晚会”在科技楼多功能报告厅举行。县委副书记林树果等县领导及县直各单位，乡镇中学校长等 600 多人出席晚会。

2007 年 10 月 19 日，学校在多媒体会议厅举行庆“重阳节”文艺晚会。

2008 年 12 月 29 日，学校“第四届校园文化艺术节暨庆元旦文艺晚会”在科技楼多功能报告厅举行。

2009 年 3 月 6 日，北京“感恩母亲”形象

2007 年，庆“重阳节”文艺晚会

2009 年，北京“感恩母亲”形象大使刘熙宏应邀在学校多媒体报告厅举行个人演唱会

2009 年，纪念“五四”运动 90 周年歌咏比赛

2009 年，庆祝第二十五个教师节表彰暨文艺晚会

大使刘熙宏应邀在学校多媒体报告厅举行个人演唱会，陈庆秋、杨颖、赵鹏飞老师，学生乔鹏燕、胡尊荣及学生家长刘合波应约同台演出。

5 月 4 日，学校团委与音乐教研室组织学生在育英楼前举行纪念“五四”运动 90 周年歌咏比赛，学校领导班子成员参加了比赛的启动仪式，校长尤洪平作了纪念“五四”运动 90 周年的讲话。

9 月 9 日，学校庆祝第二十五个教师节表彰暨文艺晚会在科技楼多功能报告厅举行。

2010 年，庆‘三·八’妇女节文艺晚会

2012 年，学校 60 年校庆文艺晚会相声表演

2010 年 3 月 6 日，在学校多媒体功能厅举行“庆‘三·八’妇女节文艺晚会”。县委常委、宣传部长张俊春及县人大、政协、县妇联、县教育局等领导出席晚会，共同庆祝“三·八”国际劳动妇女节 100 周年。

12 月 29 日，“第五届校园文化艺术节暨庆元旦文艺晚会”在学校多媒体报告厅举行。大合唱《在太行山上》和《共青团员之歌》拉开了晚会的序幕，随后歌伴舞、情景剧、诗朗诵、小品、相声、快板等节目依次上演。其中，歌伴舞《吉祥颂》寄托了全校师生对祖国繁荣昌盛的美好祝福；自编自演的情景剧《一个都不能少》，以师生筹备艺术节的幕后故事为原型，表现了学生对学校的热爱和对艺术的追求；小品《师生之情》真实再现了在平凡岗位上默默耕耘的老师对学生的无私关爱和师生间的深情厚谊；诗朗诵《莒南一中，我心中的梦》则生动展现了师生追求梦想、实现抱负的雄心壮志。

2012 年 5 月 4 日，在学校科技楼会议室举行“庆祝共产主义青年团成立 90 周年暨‘音乐点亮青春、歌声唱响未来’首届校园歌手大赛”。

10 月 2 日，学校 60 年校庆文艺晚会“光辉历程”在体育场举行。县委书记陈一兵、县长高永胜等县领导，学校领导班子成员、离退休老领导老教师，友好单位嘉宾、社会各界人士、数千名老校友以及在校全体师生一同观看了演出。其中，小品《圆梦》，是由临沂市歌舞团团长薛岩以我校学生的真实故事为原型创作的，讲述了莒南县著名企业家李学纯等爱心人士捐资助学，帮助一个个品学兼优但家境贫困的学生实现大学梦想的故事。晚会上，学校历届校长、书记走上舞台，同切蛋糕、共祝学校 60 华诞，将晚会推向了高潮。

2013 年 4 月 3 日，学校在多媒体报告厅举行“不忘烈士抛忠骨，民族复兴中国梦—我们的节日·清明”经典朗诵会。朗诵会以高一师生的配乐朗诵《忆屈原》开场，《英雄颂》《少年中国说》《感悟清明》等声情并茂、催人振奋，赢得台下阵阵掌声。朗诵会持续 1 个多小时，大家在受到传统诗文熏陶的同时，更为革命先烈为民族的解放事业抛头颅洒热血的英雄事迹深深打动，激发了为实现中华民族伟大复兴而勤奋工作、刻苦学习的热情。

10 月 25 日，学校在科技楼多功能厅成功举办学生才艺大赛。各班积极选派节目参赛，经过初选和复赛最终有 23 组选手进入了决赛，参赛选手以舞蹈、小品、器乐、相声、特技，丰富多彩的表演带给同学们美的享受。

2013 年，第六届校园文化艺术节暨庆元旦迎新春文艺晚会

2014 年，学校首届教职工才艺大赛

2014 年，第三届校园歌手大赛

10 月 29 日，在学校科技楼多功能厅举办“第二届校园歌手大赛”。比赛现场气氛紧张而充满激情，选手们的演唱形式新颖、内容丰富，既有歌颂祖国大好河山、体现时代特色的传统民歌，又有蓬勃朝气、动感十足的摇滚和通俗歌曲。经过近两个小时的角逐，评选出一等奖 6 名、二等奖 8 名、三等奖 6 名。

12 月 28 日，学校在多媒体报告厅举行“第六届校园文化艺术节暨庆元旦迎新春文艺晚会”。

2014 年 11 月 18 日，学校在科技楼五楼会议室举行以“身心两健展时代风采 德艺双馨做魅力教师”为主题的首届教职工才艺大赛。参赛节目有独唱、舞蹈、朗诵、太极拳、书法表演等，以不同方式展示了教师的独门“功夫”与艺术造诣。

12 月 1 日，学校“第三届校园歌手大赛”在科技楼多功能报告厅举行。

12 月 5 日，在科技楼多功能厅举行学生才艺大赛。各班选派的节目经音乐教研组初选，有 23 个舞蹈、小品、器乐、相声、音乐剧等节目进入决赛，充分展示了学校的艺术教育成果和学生多才多艺的艺术表现力。

三、学生获奖情况

1986 年 1 月，学校选送的节目在县直机关文艺汇演中获二等奖。

1989 年 9 月，学校获“莒南县中学生歌咏比赛”二等奖。

1990 年，师生自编自演的校园剧《她的名字叫胜男》，在临沂地区汇演中获创作一等奖、演出二等奖。

2001 年，在青岛“光大银行杯”第二届全国校园歌曲电视大奖赛中，学校参赛选手获得铜奖，亦是临沂市唯一获奖的代表队。

10 月 18 日，莒南县举行“第四届中小学艺术节文艺汇演”，学校选送的开场舞《欢乐在校园》、小品《两张成绩单》、校园情景剧《摇篮》、小合唱《洪湖水浪打浪》4 个节目全部获得一等奖。同时，学校获得“莒南县第四届中小学生艺术节优秀组织奖”。

2004 年 10 月，学校合唱团参加“全国校园歌手大赛”，女声合唱《我是山里小歌手》获三等奖。

2005 年 11 月，莒南县举行“第五届中小学艺术节文艺汇演”，学校选送的歌伴舞《老师我想你》和小合唱《茉莉花》获得一等奖。

是年，在“莒南县‘桃源杯’中学生才艺大赛”中，刘亚男获器乐组一等奖。

2006 年 9 月 25 日，莒南县举行“第六届中小学艺术节颁奖典礼暨文艺汇演”。学校选送的舞蹈《舞动青春》、二胡独奏《草原新牧民》、学生自导自演的小品《母亲》，均获一等奖；刘晓阳、曹力文、王彦力、孙海龙被评为“优秀主持人”。

是年10月，在“临沂市大中小学生校园歌手大赛”中，闫冰获二等奖。

2007年1月，高蕊、孙玮、袁伟应邀参加山东教育台举办的“春节联欢晚会”，获得演出荣誉证书。

11月，临沂市举办“第六届中小学校园文化艺术节”，双胞胎兄弟杜金龙、杜银龙表演的相声《智力测验》和男生“七人团”演唱的《新康定情歌》获得一等奖，舞蹈《舞动青春》获得二等奖。学校获得“临沂市第六届中小学生艺术节优秀组织奖”。

2009年11月，莒南县举行“第七届中小学艺术节”，学校选手表演的傣族舞《邵多丽》、小品《张三其人》、散文诗朗诵《和谐校园》、歌伴舞《喜事多》，均获一等奖；舞蹈《丰收锣鼓》、说唱《多彩的校园》、现代舞《课间脱轨》、器乐联奏《盛世中国》同获二等奖。学校获得“莒南县第七届中小学生艺术节优秀组织奖”。

2010年6月，“临沂市‘金话筒’主持人大赛”开赛，王东蒙、谢丰宁获一等奖。

2012年4月，临沂市举行“庆共产主义青年团成立90周年诗歌朗诵会”，赵芮玉获二等奖。

2013年4月3日，在多媒体报告厅举行“不忘烈士抛忠骨，民族复兴中国梦—我们的节日·清明”经典朗诵会。经评委评定，朗诵会有3个班获得一等奖，6个班获得二等奖，10个班获得三等奖。

6月，在“临沂市中小学歌手大赛”中，庄京翰、唐涵、孙严、李克楠“四人组合”演唱的歌曲《I want it that way》获二等奖。

2014年9月，在临沂市暨莒南县2014年“我们的节日·重阳节”诵读诗会上，梁婧、李彦斌、张盛铭、陈昕4人获一等奖。

12月1日，在学校“第三届校园歌手大赛”中，尚恒宇、宋旭展、李瑜升、李洪村、尹政、董钊君、王育锋、王怀平、范高源、张惠萍被评为“校园十大歌手”，宋旭展、李瑜升、李洪村获得“最佳人气奖”，范高源获得“最佳台风奖”，王育锋获得“最佳音色奖”，尚恒宇获得“最佳表演奖”。

12月5日，在第三届校园才艺大赛中，孙涵的钢琴曲《悲怆》、高二(22)班的小品《质量第一》、袁瑜的钢琴《练习曲》、薄璐洁的舞蹈《笛中花》、杨栋宇的萨克斯演奏、张淑晖的《巴拉巴拉》、田梓彤的《拉丁舞串烧》获得一等奖；贾同雪的古筝《战台风》、赵浩秀的钢琴《放马曲》、高一(1)班的相声《五官新说之期中风云》、庄迪的舞蹈《来吧来吧》、吴方林和滕子建的小品《课间新说》、王睿的钢琴《辉煌大圆舞曲》、吴秀慧的钢琴《辉煌大圆舞曲》、张洁的钢琴《奏鸣曲》获得二等奖；殷方皓的萨克斯《我心永恒》、小品《招聘演员》、罗涵月的古筝《草原英雄小姐妹》、张祖铭和张钦瑞的相声《我是土豪》、刘贯宇和常之霞的小品《当骗子来临时》、王新茹的舞蹈《奔腾》、梁晨的二胡独奏《赛马》、厉思远的钢琴《c小调奏鸣曲》获得三等奖。

1997 ~ 2014年学校考取全国著名音乐学院部分学生名录

姓　名	考取院校	姓　名	考取院校
王雪其	中央音乐学院	徐志浩	北京舞蹈学院
解　青	四川音乐学院	陈孝泉	四川音乐学院
孙　超	四川音乐学院	赵晓东	中国戏剧学院

续表

姓 名	考取院校	姓 名	考取院校
冯 路	四川音乐学院	尚柯玲	中国音乐学院
孙苗苗	四川音乐学院	王凯迪	天津音乐学院
徐 飞	星海音乐学院	林雅舒	中国音乐学院
刘亚飞	北京师范大学	张译丹	北京师范大学
赵 蕾	上海戏剧学院	赵芮玉	解放军艺术学院
刘成祥	北京舞蹈学院	李彦锋	上海戏剧学院

第三节 美 术

一、概况

1952 年建校始，学校即开设美术课，由具有美术功底的王洛宪老师兼任 4 个初中班的美术教师，虽然教学设备简陋，但学生却颇感新奇。

1954 ~ 1955 年，开始由张雪尘、张幕喆担任专职美术教师，美术教学逐渐步入规范。为培养学生的绘画技巧，学校经常组织学生通过黑板报等形式进行绘画比赛。经过 2 年的学习与创作练习，学生大多能了解基本的美术知识，掌握基本的绘画基本功。

1956 年 9 月，董月宝任美术专职教师。初中美术课开设静物写生，主要以石膏几何体和静物为主；高中开设工业制图。美术课每周设 1 课时。

1958 年，为宣传“三面红旗”，学校成立了美术宣传组，在显要位置书写标语及绘制宣传画等，收到良好的宣传效果。

1960 年，骆振铎老师开始利用假期、课余时间给学生上书法课，有数百名学生报名学习书法。

1974 年和 1975 年，学校开办了两届美术专业班，分别有 15 和 16 名学生。学生在保证正

董月宝老师校外写生

1976 年，美术班师生合影

常的文化课学习的前提下，利用业余时间集中学习美术专业知识及绘画技巧。两届美术专业学生大多考入大、中专院校。

1976年，根据“实用性”原则，每周设置1节书法课，由毛济民兼任书法教师，教授书法基础知识和黑板报装饰图案的设计。骆振铎老师曾自发组织书法兴趣小组，辅导学生练习书法。书法课的开设，有效激发了学生的书法兴趣，帮助学生提高了书法水平，为后期向书法艺术方面的发展打下了坚实的基础。

1977年，全国恢复高考，因有美术专业或学科的招生计划，学校对美术课程更加重视，美术专业教学也更趋正规。

1980年，学校举行“美术作品和书法展览”，提高了师生的审美素养和鉴赏水平。

1982年，董月宝老师带队参加临沂美术馆主办的“全市高中美术专业学生绘画展”，取得很大成功，得到有关专家和其他县区师生的肯定。

1995年，经县教育局批准，学校开始招收美术特长生。由教育局统一制定招生计划并统一进行专业考试，考试科目为静物素描。是年，学校利用校园东部平房建起美术教室，并附设美术器材室，配置石膏几何体和静物模型等美术器材70多种。

1997年，学校高中部招收美术专业学生15人，平时分散在多个班级，课外活动时间集中上专业课。从是年开始，学校为增加学生高考胜选的机会，动员部分有美术爱好与美术基础但有明显偏科特别是数学偏科的学生，从普通文理班转学美术专业，参加美术类高考。这部分学生先在学校由美术教师进行集中辅导，再在高考前进行2～3个月的强化训练，以适应高考对相关专业科目的要求。

1999年秋季，学校开始招收独立的文管专业班。文管是文化艺术管理专业的简称。相近的专业有文管类、编导类、戏文类。此类专业招收条件相对宽松，适合不同条件与不同专业方向的学生报考选择，给偏科严重但有艺术天赋与潜力、渴望进入高校深造发展的学生带来很多机会。针对此种现实状况，学校全力支持有此意向的学生在高三阶段学习文管专业，并采用“请进来走出去”的方式对专业课进行系统学习与培训。

2000年，校委会研究决定组建专门艺术班，即把美术生、音乐生合并到一个班，以便集中进行专业课训练和文化课教学。高三画室设在育才楼一楼，高一、高二画室设在体育场艺体楼。是年，学校考取美术专业本科25人、专科17人。

音、美专业生合并组班共有两届。

2002年9月，学校举办首届“校园文化艺术节”。在办公楼一楼和阅览室设立两个展览室展出师生创作的300多件作品，充分展示了全校师生的艺术功底和创作才能。此后，在每两年举办一届的校园文化艺术节中都进行师生书画摄影作品展，至2014年已举办了六届。

2003年，美术专业生单独组班，不再和音乐生合在一起。

2004年，美术画室由体育场艺体楼搬迁至实验楼，设立3个大画室。高一、高二学生在每周六、周日进行专业课训练。高三在上学期

2013年，学生参观第六届校园文化艺术节师生书画摄影作品展

集中学习专业课，下学期集中学习文化课。专业课开设素描（静物、石膏头像、人物头像）、彩画（水粉）、速慢写（人物速慢写、风景速慢写）、线描、设计基础等课程。

为创建省级规范化学校和满足专业训练的需要，学校开始大量增加美术器材，设立专门的器材室。是年，学校专职美术教师增加到9人，美术生增至3个班，每班80多人。

是年，学校成立艺体部，下设音乐、体育、美术三个教研室。美术教研室负责配合各年级组开展美术教学教研、筹办各种赛事与展览活动。

美术教研室经常聘请中央美术学院、山东工艺美术学院等高校教师来校为学生上美术专业课，提高学生的专业技能，帮助学生实现专业科目与高考接轨。

在临近高考前几个月，学校积极安排学生参加高校组织的专业训练班，以使学生能够更好地适应专业考试。

2004年，学校在平邑大洼建立写生基地。多年来，为提高专业学生的色彩感受能力、风景写生技能，每年组织学生到平邑大洼进行为期10天的户外写生活动，学生的美术专业水平得到了很大提高。师生创作的大量风景写生、摄影作品，利用校园文化艺术节师生书画作品展及《莒南一中》报进行展示，受到广大师生的好评。

在艺考热的带动下，美术生数量逐年递增，2005年达到高峰期，三个美术班总人数达到300多人，本科上线人数90%。

2006年为迎接山东省规范化学校的验收，学校购置一批美术器材，价值3500余元。随后又逐步添置了新的设备及器材，达到了山东省中小学美术器材配备标准，满足了教学需要。

2008年，山东省进行美术专业联考。美术专业考试由招生院校单独组织改为全省统一命题、统一时间、统一组织考试。省内院校除山东大学、山东师范大学、山东艺术学院、山东工艺美术学院单独组织专业考试，其他院校均使用联考成绩，省外院校或直接使用联考成绩或作为参加校考的前提条件。

2006年，学生在平邑大洼写生

之后由于全省美术高考热迅速降温，学校的美术生人数趋于下降。是年，学校美术专业班由此前的3～4个班缩减为1个班。

2010年，每个年级美术生在40人左右。是年，学校不再单列美术专业班，所有报考美术专业的学生分散在文理班学习文化课，只在课外活动、节假日等时间集中学习专业课。

2012年9月，为了迎接莒南一中建校60周年，引导广大师生积极投身和谐校园建设，大力推进素质教育，为了让更多的学生提高审美素质和欣赏水平，为爱好书画的师生提供一片自由创作与尽情挥洒的天地，经校委会研究决定在学校举办60年校庆师生书画及摄影作品展。本次展览9月份开始征稿，征稿范围面向广大在校师生和校友，共征集校友作品60余幅，在校师生作品120余幅，展览地点选在科技楼一楼走廊和西一展厅，本次展览是学校60年校庆庆典活动的重要组成部分，学校校委会给予大力支持，展出效果受到领导的充分肯定和广大校友的高度赞扬。

是年秋，学校组织美术专业教师到沂南马

60 年校庆美术教研室教师合影

牧池写生，并将作品通过校报等形式进行展示交流。

2014 年 9 月 12 日，学校联合莒南县孝文化研究会所属的孝道书院、羲之书院共同策划的“相约孝道、感念师恩”书画笔会在校体育馆隆重举办。校长尤洪平代表全校师生作了致辞，莒南县孝文化研究会会长许长恩，莒南县孝道书院院长李广振，莒南县孝文化研究会常务会长、秘书长孙运臣，羲之书院院长孙绪山等我县 20 多名著名书画家以“相约孝道、感念师恩”为主题现场泼墨挥彩。此次书画笔会不仅给全校师生带来一场丰盛的书法精神盛宴，而且让弘扬师道、尊师孝亲的道德实践真正走进校园。

二、主要成绩

20 世纪 90 年代后学校为全国各大高校输送 2000 多名美术人才，部分学生被清华大学、中央美术学院等名牌院校录取，教师和学生在全国、省市县各类比赛活动中也取得了较好的成绩。

2012 年，学生参观建校 60 周年师生书画摄影作品

“相约孝道、感念师恩”书画笔会现场

1997 ~ 2014 年学校考取全国著名美术学院名录（部分）

姓 名	时 间	录取大学	姓 名	时 间	录取大学
鲁 冰	1997	清华大学美术学院	纪人萍	2005	中央美术学院
王雨田	1999	清华大学美术学院	曹常政	2005	中央美术学院
赵 倩	1999	清华大学美术学院	韩晓伟	2005	中央美术学院

续表

姓　名	时　间	录取大学	姓　名	时　间	录取大学
周春羽	2002	中国美术学院	刘怡辰	2008	天津美术学院
高　飞	2003	中国美术学院	彭　雪	2014	中国美术学院
朱　琳	2004	西安美术学院			

学生参加艺术活动获奖情况（部分）：

2001 年，学校学生在全县第三届中小学生艺术节中，8 人获一等奖，10 人获二等奖，获奖作品数居全县第一。

2003 年，学校学生在全县第四届中小学生艺术节中，12 人获一等奖，11 人获二等奖，获奖作品数居全县第一。

2005 年，学校学生在全县第五届中小学生艺术节中，13 人获一等奖，15 人获二等奖，获奖作品数居全县第一。

2007 年，学校学生在全县第六届中小学生艺术节中，12 人获一等奖，10 人获二等奖，获奖作品数居全县第一。

2009 年，学校学生在全县第七届中小学生艺术节中，14 人获一等奖，10 人获二等奖，获奖作品数居全县第一。

2011 年，徐元同学的美术作品获“第十一届全国中小学美术作品评选”金奖。在莒南县第八届中小学生艺术节书画展中，学校报送的美术作品有 9 幅获一等奖，6 幅获二等奖，获奖作品数居全县第一。

2014 年，在临沂市首届中小学生书画大赛中，刘沐霖同学获高中组一等奖。

教师获奖及荣誉（部分）：

在 2001 至 2011 年莒南县中小学生艺术节书画展中，共有 20 余人次获得辅导奖。

1997 年，孙冰一获全国青年书画展二等奖。

2000 年，孙冰一获市级教学成绩奖、县级教学能手。

2001 年，胡哲获山东省讲课比赛二等奖。

2002 年，徐桂苗获市级教学成绩奖。

2003 年，胡哲获县级优秀教师、教学能手；徐桂苗获县级讲课比赛一等奖；林申获市级优秀教学成绩奖。

2004 年，林申获莒南县优秀共青团员称号。

2005 年，王沂峰获山东省中小学美术技能大赛二等奖；林申获市级教学成绩奖。

2006 年，王沂峰获市级教学成绩奖、县级教学能手；徐桂苗获市级教学成绩奖。

2007 年，王沂峰获市级优质课评比一等奖。

2009 年，王沂峰获市级、县级教学能手；林申获县级教学能手、县级美术基本功比赛一等奖；尤超获县级优质课评比一等奖。

2010 年，林申获山东省高中美术教师教学业务技能大赛三等奖、市级美术基本功比赛二等奖。

2011 年，林申的《国画山水》、王沂峰的《油画静物》同获莒南县教体局举办的“建党 90 周年书画展”专业组一等奖。

2012 年，林申获市级优秀教学奖、县级教学能手；王沂峰获县级教学成绩奖；孙冰一获

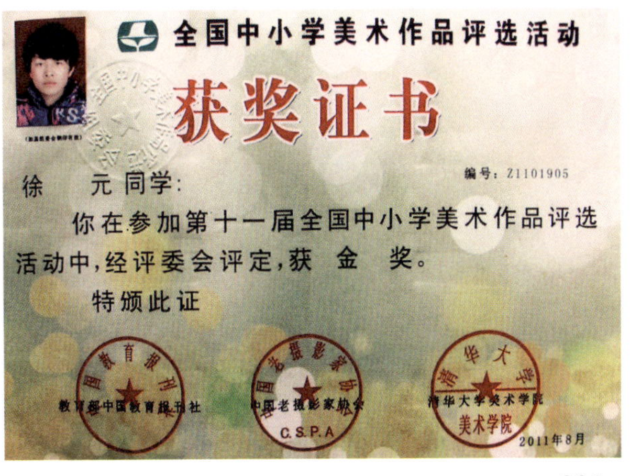

县级十佳教育工作者。

2013年，林申被聘为临沂市第四批美术兼职教研员；尤超获市级、县级优质课一等奖及县级优秀教学成绩奖；孙冰一获市级美术基本功大赛二等奖。

2014年，林申获县级先进教育工作者称号，毛利群获县级普通高中教学工作先进个人、教学质量奖。

三、美术画室的变迁

自建校始，学校美术教学场地由临时教室到专业画室，历经多次变迁。1994年以前，学校美术画室设在学校东平房。2001年，美术画室搬迁至学校操场南艺体楼，有3间画室，1间静物室，1间办公室。2003年，美术画室搬迁至学校西南角综合楼（后改名为美术楼），设4间画室、2间器材室、1间办公室。2004年，由于美术生数量大幅增加，美术画室搬迁至实验楼三、四楼，设2间美术器材室，6间画室、1间办公室。2010年，美术画室迁回美术楼，设4间画室、1间书法室、3间美术器材室。

2009年，实验楼画室

2013年，美术楼展厅

第七章

教学设施配备

建校初期，受当时经济条件所限，学校几乎没有用于辅助教学和理化生实验的仪器设备。为改进教学与对教材中的科学结论进行实验验证，教师和学生遂开始自制一些“土教具”与“土仪器”。1953年，各类教学仪器236件，总价值2617.6元，图书268册，大部分为教科书和参考书。据档案记载，在1954年下半年，自然组制作教具22件，数学组制作13件。1955年下半年，自然组浸制标本9瓶，压制标本38个，组装小显微镜6个；理化组制作简易模型23件、几何模型10余种（套）。其中，王洛宪老师自制教具16种，搜集标本7种。植物教学开始重视种植实验，在校园内开辟了种植实验园地。1956年上半年，王洛宪老师在地理教学中建立了地理园地，密切了教学与现实生活的联系，并指导学生进行气象观测，成立地理课外研究小组，分气候、气象、观测、模型小组。其时，师生合作利用废旧物品制作模型仪器17件，剪贴图表7张，搜集矿物标本12种、植物标本5种，共41件，仅用学校资金3.60元。生物教师建立了温床培育幼苗，同时建立粮食、蔬菜、果树三个小型园地，指导学生进行粮蔬种植和果树嫁接实验。1962年，共有各类仪器653种，4391件，价值53612.79元。1972年，共有仪器527种，2133件，价值22689.38元（因“文革”动乱，学校设施受到极大损失）。1980年秋，新建图书室10间（202平方米），其中藏书室3间，阅览室5间，借书室2间。1982年，图书室共有图书31200余册，价值一万六千多元。实验室共14间，其中化学实验室5间，物理实验室5间，生物实验室4间。

2004年8月，学校被山东省教育厅授予“山东省多媒体网络教学实验研究基地”。2005年1月，通过省级电教示范学校验收。是年5月，获“中国基础教育网络实验学校”称号。2014年，学校被评为“临沂市首批数字化校园”。

第一节　图书阅览室

学校图书室、阅览室始建于1952年，相关配套设施极其简陋。图书室内连同教科书仅有268本。时设3间专门的阅览室，面积约45平方米，时有书刊200余种（册）。1956年，为辅助教学，订购部分物理、化学、历史、地理等教学挂图。1960年，从济南、青岛购置《康熙字典》《俄汉大辞典》，在县城新华书店购买1部《汉语词典》等工具书与教学参考书，为教师备课提供方便。1962年，增添部分文学和社会科学方面的书籍，从思想性与艺术性方面考虑，选购《苦菜花》《小城春秋》《吕梁英雄传》《红岩》《平原枪声》《敌后武工队》等图书，颇受学生欢迎。1963年春季开学后，开始油印《借书规则》分发至各班，图书借阅逐步走向正规。为配合学校的教学工作，图书室为各科教师及时提供教科书和参考资料。其时，为营造学校的读书氛围，鼓励学生在学好正课的基础上开展课外阅读，既拓宽了学生的知识领域，又在不同程度上巩固了他们课上所学的知识，对提高他们辨别是非的能力和觉悟水平不无影响。1964年，为配合阶级教育展览的需要，设立两间教室为西阅览室。至1965年，学校图书购置到27800多册。1966年6月至1976年10月，10年“文革”期间，学校图书流失800余册，价值千余元。1980年，学校新建图书室共10间，面积150平方米，分为藏书室、借书室、阅览室三部分。时有藏书31200余册。1982年，学校阅览室扩至10间，面积150平方米，存有图书31200余册。是时，阅览室设在学校东南角。室前为水泥地面，植有垂柳和各种花木；室后树木成荫，实为学习阅览的静怡之地。校内设有两处阅报栏，栏内辟有《读者专栏》，登有学生课外阅读的心得体会和其他帮助学生学习的内容。每到课外活动时间与饭前饭后，学生争相阅览。自1979年始，除假期外，《读者专栏》每月出1期。在爱书护书方面，除严格执行《借书规则》，注意加强对学生的教育外，图书管理人员对破损书籍及时进行抄补，累计补抄3560整页，修补12000页，补书15000本。为规范图书管理工作，防止图书损毁与流失，除及时做好图书登记、分类、上架外，在每个班级选定1~2名富有热心和责任心的学生作为图书管理员，负责协助班级图书借还工作。1986年，为进一步充实图书资源，满足学生选择阅读的需要，购进图书1600余册。从是年起，图书室实行开架借阅，学生集中借阅时间为：上午10:00~11:00，下午16:00~17:00。1992年，为进一步拓展学生视野，提高学生文学鉴赏和英语阅读水平，新进图书1800多册，其中有中外文学名著和英汉对照等。是年，图书室实行了搬迁，从学校东南角的平房搬入实验楼一楼，设藏书室3间，面积200多平方米，另有管理人员办公室1间。为保证图书借阅工作的正常进行，工作人员不分昼夜及时将所有图书进行整理登记、分类上架。1994年，为明确图书管理的责任分工，相继制定了《图书管理人员岗位责任制》《图书馆业务工作细则》《文献阅览和外借制度》《文献丢失和损坏的处理办法》，并张贴宣传，照章执行。是年春季，新进图书1000多册。新书上架后，学生争相借阅，对学生的学习、品德、健康人格的发展产生了积极的促进作用。秋季开学后，配合新生入学，图书管理人员利用新生报到的机会，提前做好借书证的发放工作，并将学生集中借阅时间调整为每天下午课外活动时间。同时规定，学生每人次限借1册，借期为2周。对教师查阅资料则随时提供方便。是年，学校教师、学生借书证发放率为100%，图书借阅量15000余册。1995年9月，原莒南师范撤销，资产合并到莒南一中。原师范图书馆内的20000册图书并入一中。经验收、登记、剔除过旧图书后分类上架，填补了学校部分种类书资源的空白。1999年，学校图书馆建成启用。该馆建筑面积1800平方米，使用面积1083平方米，由办公楼配楼二层的教师阅览室、三四层的学生阅览室和实验楼一层的大阅览室组成。配有教师学生阅览凳近500条、阅览桌83张、阅览厨36个，存有1992年之后的主要报纸和刊物。之后，馆内报刊订阅以服务学科教学为主，涵盖中学语文、数学、英语、物理、化学、生物、政治、历史、地理、音乐、美术、体育等十几个学科。2000年，学校继续加大图书配备，投资10万元购进9000多册图书。该批图书的采购，广泛征询了教师的建议，采选了大量与教学相关的基础理论、教学参考书和文学艺术类图书。2003年，新增图书10000多册，馆内图书总量达到80000余册。是年，学校对藏书室实行扩建、搬迁，将藏书室从实验楼一楼搬至办公楼一楼，面积300多平方米。新增书架16个、书橱4个。同时，工作人员对全馆书架重新标识，设置各类图书导引，为师生查阅资料和选择阅读提供了便利。2004年，学校发出了《关于动员全校师生员工捐赠图书的通知》，号召全校师生自愿捐书。各科室接到倡议后积极进行宣传和动员，学校领导纷纷带头捐书，广大师生员工积极响应，捐书场面十分火热。至9月底，全校师生共捐书10000多册，不仅实现了图书资源的互补共享，也极大地增加了图书馆的图书藏量。2004年，为创建山东省省级规范化学校，买一点捐一点，添置数千册图书。学校图书馆开始引进计算机管理系统，所有图书的信息全部输入计算机，实行系统化管理。为方便师生对图书信息的查询，专门配置2台微机，可供师生检索查阅的图书信息8万多条。是年，参考同类学校图书馆网站的建设风格，确定了主页、

图书室一角

二级页面和三级页面的美工设计，完成了学校图书馆网站的建设。2006年，注重加强内部管理，重新修订了适合提高服务质量和管理模式的读者守则、图书借阅管理办法等规章制度。2007年，为方便学生阅读，增加学生阅读量，为学生新开2间面积80多平方米的阅览室。内有阅览桌40张100多个座位，实行班级轮流阅览。2009年，新增书架10个，新增图书5000多册。是年，县新华书店向学校图书馆捐赠图书5000余册。此次捐赠的图书多是一些适合青少年学生阅读的文学类、科学类、励志类图书。为营造良好的读书氛围，更好地引导学生的阅读活动，学校图书馆在加强电脑管理并做好维护保养工作的基础上，重视加强日常管理，不仅保持图书排放有序、整齐美观，而且严格落实防盗、防火、防潮、防鼠等系列措施，图书馆内无安全责任事故发生。2010年，学校对图书室布局进行了调整，将东部小阅览室内图书全部搬入大图书室，所有图书资料全部实现微机管理、实行开放借阅。为方便教师教学教研的需要，对教师实行8:00~17:00全天开放。对学生的借阅时间调整为每天16:00~17:00，同时取消分班轮流的办法，所有学生一律随到随还随借。统计显示，是年生均9册，图书流通利用率得以大幅提高。是年，中国出版集团公司组织14家出版单位开展为革命老区学校捐赠图书活动，向莒南一中捐赠价值15万元的图书，山东出版集团公司也为学校捐赠了价值10万元的图书。此次活动的开展，对于丰富师生文化生活、构建书香社会，形成多读书读好书的校园风气和文明风尚具有十分重要的意义。2013年，中国海洋大学向莒南一中捐赠图书200册，并设立“海大图书专架”。海大所赠图书主要是适合中学生阅读的海洋科学知识丛书，有助于普及海洋知识，提高中学生的科学文化素养。是年，为适应新形势的需要，学校新进一批心理健康教育、安全教育类书籍1000多册，对促进学生健康人格的发展，提高学生的精神修养，增强学生的安全意识发挥了非常重要的作用。是年，为使图书管理更科学，学校专门邀请了临沂神龙科技公司技术人员对图书管理系统进行升级，建立了总括登记和个别登记，并可用电脑随机查询打印。工作人员应用图书馆自动化管理系统对图书进行编目、流通和查询工作，定期进行系统维护，对所有数据进行备份处理，所有的查询、统计等均通过微机完成，极大地方便了广大师生，提高了工作质量与效率。至是年，学校阅览室拥有中文报纸26种，英文报纸1种；中文刊物148种，英文刊物3种。随着网络时代的到来，学校为更新教学资源的配置，图书室增订了学生心理健康和信息技术等方面的期刊，为学科教学与教育科研提供了相对完善的图书资源。至此，学校图书馆拥有藏书14万余册，电子图书17万余册，藏书种类4800多种，生均30余册。

阅览室一角

第二节　实验室

一、物理实验室

1. 物理实验室配备

学校物理实验室位于实验楼二楼、四楼，共有学生实验室6个，探究实验室1个，仪器室4个、准备室5个。学校的实验室为“山东省普通中学标准化实验室”。学校领导本着“高标准、高规格、高起点”的要求打造省一流的现代化物理实验室，所有仪器和实验设施均按要求高标准配备。固定仪器和损耗仪器价值超过30万元，可以承担高中物理教学大纲中的所有实验。物理实验室有28组标准实验室6个，约540平方米，可同时开设三个分组实验。物理探究实验室1个，约100平方米，可同时开设9组探究实验。实验室电源安装科学合理、安全，教师讲台均有控制电源。仪器室4个，有仪器柜120张，器材学生分组按28组每室，2人一组配备，每个分组实验配备2套，共60组，确保两个班同时开设同一分驵实验；演示实验仪器均按5-8套以上配备，确保至少五名教师同时同一节开课。安全措施到位，各室均装有漏电保安器，电路安装科学、规范；安全制度健全；每个实验室、仪器室均配备灭火器和砂桶各一只，并做到定期检查；多年来从未发生失盗及安全原因引起的事故。

2. 物理实验教学情况

物理实验室配备二位专职实验教师，均具有本科学历，都在一级中学教师资格以上。

学期初，学校根据教材和教学大纲制定学期实验教学计划，并按计划有步骤地开出实验课；对每一节实验课要求及时填写实验通知单，有实验教学备课笔记，能积极开展教研活动。

整个高中阶段物理学科新教材有65个演示实验和16个分组实验，根据教学大纲和教材要求，对所有实验100%开出。全部学生分组实验按每两人一组，每室28组进行，有齐全的学生分组实验报告单，增强了学生的科学精神和动手操作能力。

每学期组织高一、高二两个年级的课外兴趣小组活动，活动内容有一些探究性实验、随堂实验、课外实验的研究和一些小型实验课题的研究，并对中学物理实验的设计过程作系统的指导，学生能正确采用实验手段和方法、正确选择仪器、做好实验报告的设计。

按照教学大纲和教材要求，每学期提出药品、易耗品、新器材的补充计划。对实验教师及时进行技能培训，以熟练地准备实验器材性能与操作规范，了解相关器材的技术要求和维修知识。

为加强仪器设备的科学管理，学校相继建立了《仪器借还制度》《报损赔偿维修制度》《安全防护制度》《学生实验守则》《实验室管理制度》《实验室人员职责》等，并分类进室上墙，并认真执行各项规章制度，建有验收、维修、保养、借还，报损赔偿记录本。

对所有仪器设备，建有规范的总账、分类账、低值易耗品账，仪器按部颁目录分类编号，存放按上轻下重、横平竖直的原则存放，药品和仪器分室保管，各室仪器、药品均贴标签，实验仪器设备经常使用，无长期待修品；仪器室清洁、干燥、通风良好；仪器设备防腐、防潮、防霉、防蛀、防虫措施良好，电子仪器定期通电检查；机械设备用后擦上油。所有仪器进厨卡全部采用电脑管理。

高一年级开设分组实验6个，演示实验20个，探究实验4个。高二开设分组实验10个，演示实验40个，探究实验6个。开出率100％。

二、化学实验室

1. 化学实验室配备

学校实验室为“山东省普通中学标准化实验室”。学校领导本着“高标准、高规格、高起点”的要求打造省一流的现代化化学实验室，所有仪器和实验设施均按要求高标准配备。

学校化学实验室共有学生实验室6个，仪器室4个、准备室5个、探究室1个。固定仪器和损耗仪器价值超过20万元，可以承担高中化学教学大纲中的所有实验。化学实验室有28组标准实验室5个，约450平方米，可同时开设2个分组实验。实验室电源安装科学合理、安全，教师讲台均有控制电源。仪器室4个，有仪器台5张。学生分组按28组每室，2人一组配备，每个分组实验配备1套，共60组，确保两个班同时开设同一分驵实验；演示实验仪器均按5~8套以上配备，确保至少五名教师同时同一节开课。安全措施到位，各室均装有漏电保安器，电路安装科学、规范；安全制度健全；每个实验室、仪器室均配备灭火器和砂桶各一只，并做到定期检查；多年来从未发生失盗及安全原因引起的事故。

2. 化学实验室人员配备和实验教学情况

学校每周召开晨会，布置日常工作。每学期期初、期末召开两次理、化、生组长和实验员联席会议，制定计划、总结工作，部署实验考查等，分管副校长经常听实验课，分管主任亲自上实验课、听实验课，帮助解决实验室工作中的实际困难。化学实验室有三名专职实验教师，均具本科学历，均有高级教师职称。

（1）实验教学工作

每学期根据教材和教学大纲制定学期实验教学计划，并按计划有步骤地开出实验课；及时填写实验通知单，有实验教学备课笔记，能积极开展教研活动。

（2）演示实验教学情况

整个高中阶段化学学科新教材有89个演示实验，按照教学大纲要求100%开出演示实验。

（3）学生分组实验

根据高中阶段化学学科新教材，学校组合了21个分组实验，开出率100%，全部学生分组实验按28组/室，2人/组进行，有齐全的学生分组实验报告单，分组实验情况上墙，学生实验动手能力较强。

（4）兴趣小组活动

每学期组织高一、高二两个年级的课外兴趣小组活动，活动内容有一些探究性实验、随堂实验、课外实验的研究和一些小型实验课题的研究，并对中学化学实验的设计过程作系统的指导，学生能正确采用实验手段和方法、正确选择仪器、做好实验报告的设计。

3. 实验室管理情况

（1）按照教学大纲和教材，每学期提出药品、易耗品、新器材的补充计划；熟练地准备实验器材，有较好的实验技能，熟练掌握教学仪器设备的性能、保管技术要求和维修知识。

（2）管理制度

建立健全各项管理制度（仪器借还制度；报损赔偿维修制度；安全防护制度；学生实验守则；实验室管理制度；实验室人员职责等），并分类进室上墙，并认真执行各项规章制度，建有验收、维修、保养、借还及报损赔偿记录本。

（3）账册

建有规范的总账、分类账、低值易耗品账，仪器设备使用国家教委统一编号，账物相符，物卡相符，其中学校进橱卡全用电脑管理。

（4）仪器管理

仪器按部颁目录分类编号，存放按上轻下重、横平竖直的原则存放，药品和仪器分室保管，各室仪器、药品均贴标签，实验仪器设备经常使用，无长期待修品；仪器室清洁、干燥、通风良好；仪器设备防腐、防潮、防霉、防蛀、防虫措施良好，电子仪器定期通电检查。

三、生物实验室

1. 生物实验室配备

学校生物实验室位于实验楼三、四楼，共有5个学生实验室，1个探究实验室，4个仪器室、3个准备室。根据“高标准、高规格、高起点”打造省一流现代化生物实验室的目标，所有仪器和实验设施均按要求高标准配备，为“山东省普通中学标准化实验室”。实验室固定仪器和损耗仪器价值超过16万元，可以承担高中生物教学大纲中的所有实验。5个28组标准生物实验室，约450平方米，可同时开设三个分

组实验。实验室电源安装科学合理、安全，教师讲台均有控制电源。4个仪器室，配有110个仪器柜。每个实验室器材按每2人一组28组配备；每个分组实验按2套配备，确保2个班能够同时进行同一分驵实验。演示实验仪器均按5套以上配备，确保至少5名教师能够同时开课。为保证实验室与实验操作安全，各室电路安装规范并有漏电保安器；每个实验室、仪器室均配备灭火器和砂桶，并进行定期检查。

2. 生物实验教学情况

配备二位专职实验教师，均具本科学历，均获中学一级教师资格。

学期初，学校根据教材和教学大纲的要求，制定学期实验教学计划，并按计划有步骤地开设实验课。对每一节实验课要求及时填写实验通知单，并有实验教学备课笔记，为实验教学的研究积累素材、提供依据。

在高中段，生物学科新教材有17个演示实验和21个分组实验，学校按照教学大纲和教材要求，对所有实验100%开出。学生分组实验按每2人一组、每室28组进行，并有齐全的分组实验报告单，增强了学生的科学精神和动手操作能力。

在每学期，学校组织高一、高二两个年级的课外兴趣小组开展活动。活动内容主要是探究性实验、随堂实验、课外实验和小型实验课题的研究，实验老师对学的实验设计步骤进行系统指导，学生能采取科学的实验手段和方法、正确选择仪器、完成实验报告的设计。

学校按照教学大纲的要求和教材所涉及的内容，每学期提出药品、易耗品、新器材的补充计划。对实验教师及时进行技能培训，以熟练掌握实验器材的性能与操作规范，了解相关器材的技术要求和维修知识。

为加强仪器设备的科学管理，学校相继建立了《仪器借还制度》《报损赔偿维修制度》《安全防护制度》《学生实验守则》《实验室管理制度》

《实验室人员职责》等，并建立验收、维修、保养、借还程序，对报损、赔偿等事宜进行实时记录。

对所有仪器设备，学校建立了总账、分类账、低值易耗品账，按照部颁目录进行分类编号。对仪器的摆放按上轻下重、横平竖直的原则存放，药品和仪器实行分室保管，各室仪器、药品均贴标签；实验仪器设备定期检修，无长期待修品；仪器室保持清洁、干燥、通风；加强仪器设备的防腐、防潮、防霉、防蛀、防虫措施，对电子仪器实行定期通电检查；机械设备使用后及时上油。所有进橱卡全部采用电脑管理。

高一年级开设分组实验 14 个，演示实验 12 个，探究实验 6 个。高二年级开设分组实验 7 个，演示实验 5 个，探究实验 5 个。开出率 100 %。

四、通用技术实验室

通用技术实验室前身为劳动技术实验室。《中国教育改革和发展纲要》明确提出：加强劳动观点和劳动技能的教育，是实现学校培养目标的重要途径和内容。普通高中是九年义务教育后高层次的基础教育，担负着为高等学校输送合格新生及为社会各行各业输送素质较高的劳动后备力量的双重任务。因此加强和完善普通高中劳动技术教育，是普通高中教育改革中的一项重要任务。1998 年，在实验楼二楼建成 3 个综合劳动技术实验室。2004 年，综合劳动技术实验室迁至科技楼一楼。2010 年，迁至科技楼三楼，经归纳整理将原实验室合并为通用技术工具材料室。

2011 年，为了适应新课程改革和迎接省规范化学校复评验收的需要，学校投资建设了 2 个符合新课程标准要求的通用技术实验室：通用技术设计探究室和通用技术试验制作室，满足了通用技术开设的需要。通用技术设计探究室兼具有普通教室的教学功能、技术教育功能和学生开展技术研究和实践活动的功能。室内使用的专用六边形课桌，有利于分组教学。该室配置《技术与设计 1》和《技术与设计 2》两个模块的配套教学具，是学生学习技术知识、实现多方案设计、提高实践能力和技术素养的重要平台。通用技术试验制作室是学生进行技术试验和技术制作的主要场所。学生在此不仅可以初步掌握测量、加工、安装、调试等简单的技术操作技能，还可以经历技术设计方案的实现和物化过程，从而在动手实践过程中培养技术素养和技术实践能力。

五、探究实验室

2010 年，为迎接山东省规范化学校复验，更好地服务于教育教学，学校设立了一个物理探究实验室、一个化学探究实验室和一个生物探究实验室。

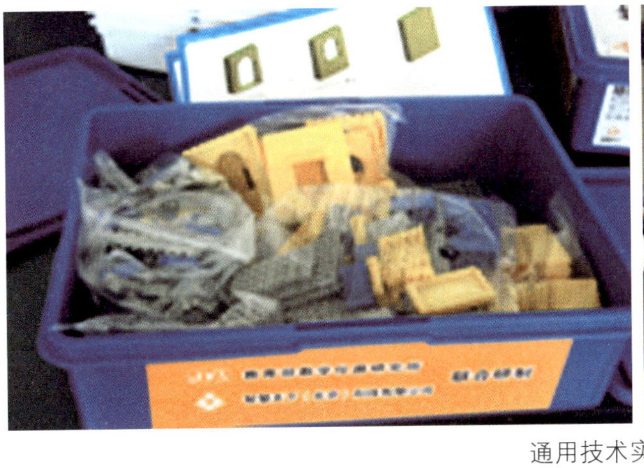
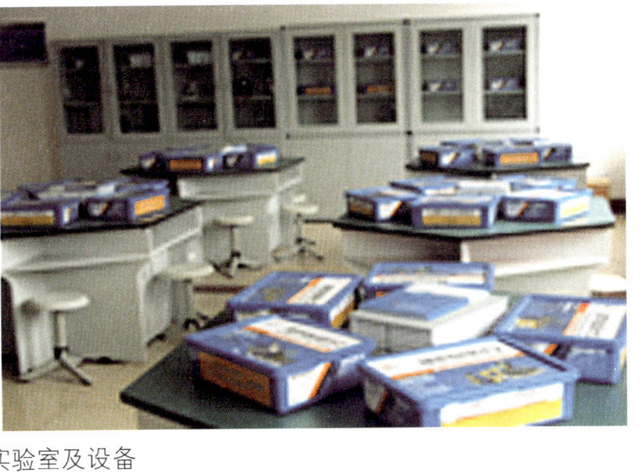

通用技术实验室及设备

第三节　艺、体、卫教学设施

一、音乐

建校初期，学校并无独立的音乐室，音乐课与各班教室并用。学校仅有1架脚踏风琴、2架手风琴和2把板胡、2把京胡。教师上课用手写或自己刻制油印的讲义。

1955年以来，学校共购置了10把二胡、20只笛子、10只口琴和鼓、锣、梆子等打击乐器。

1977年，恢复高考以后，音乐室开始独立配置，设立一间平房教室。

1984年,学校购置了2架脚踏风琴,2架手风琴。

1995年，根据高考的需要，学校配置了4架立式钢琴，音乐室教室增设了3间，单室面积60平方米，可供2个班学生同时上课。

1999年，设立9间琴室，分别配置5架立式钢琴，4架手风琴，学生可以在音乐课上进行合奏或独奏练习。

2000年，音乐室由平房搬迁至学校艺体楼二楼，共设两间音乐教室，两间琴室，一间办公室。

是年，学校将原有的木制风琴进行集中更换，统一配置雅马哈牌61键电子琴。教室里换成电子音乐黑板，并且配有电视、VCD音响设备。

2003年，美术画室迁出，艺术楼改为音乐楼。并增添了8架手风琴，2架立式钢琴，正式成立了钢琴室和声乐室。舞蹈室、音乐教室全部配置了音响设备和钢琴等乐器，达到了山东省中小学音乐器材配备标准，满足了教学需求。

2004年，排练室增添了扬琴、古筝、二胡、笛子、小鼓、响铃、沙锤、迷你双响筒、木制圆舞板、木梆子主板、木鱼等乐器 。

2007年，学校为音乐室配备多媒体以及电子音响设备。根据学生音乐特长发展的需要，学校配置吉他、电贝斯、电吉他、节拍器等电声乐器。

2010年，为迎接省规范化学校复验，学校在音乐楼设舞蹈室5间、声乐室2间、钢琴室2间、器乐排练室2间、音乐室5间、器材室2间等，并且在科技楼四楼增设了6间音乐教室，培养学生的综合音乐素养。

2013年，根据音乐教学要求实行“器乐进课堂”，学校购置了部分轻便的乐器吉他、陶笛和竖笛。随着音乐教育的不断发展，音乐器材、演出服等配备逐年增加。

至2014年学校音乐器材配备已超过国家规定的《高级中学音乐器材配备目录》I类标准。

二、美术

音乐钢琴室

1952年建校初期至文革期间，美术教学场地设在临时教室，没有专门画室，教学器材简陋。

1977年恢复高考后，在学校平房设美术画室1间，教学设备以石膏几何模型为主。

1984年以来，教学设备主要以石膏几何模型为主，学校添置了部分静物。

1995～1996年，学校设画室3间，添置了部分静物、石膏模型及配备了写生台。

1996～1999年画室设在实验楼四楼，设画室3间，有专门的静物室。

2000年，美术画室搬迁至学校操场南艺体楼三楼，设3间画室，1间静物室，1间办公室。

2001 年根据教学的需要，添置了 25 个石膏头像。

2003 年，美术画室搬迁至学校西南角综合楼（后改名为美术楼），设立画室 4 间，器材室 2 间，办公室 1 间，为迎接山东省规范化学校的验收，学校购置一批美术器材，达到了山东省中小学美术器材配备标准，满足了教学需要。

2004 年，美术画室搬迁至实验楼三、四楼，设美术器材室 2 间，画室、教室共 6 大间，办公室 1 间。

2010 年，因山东省规范化学校复评以及美术教学的实际需要，美术楼搬迁回西南角美术楼，设立画室 4 间，书法室 1 间，美术器材室 3 间。随着美术教育的不断发展，美术器材配备逐年增加。

至 2014 年学校美术器材配备已超过国家规定的《高级中学美术器材配备目录》I 类标准。

三、体育

1954 年，学校体育场地约 1.8 万平方米，篮球场 5 个，排球场 4 个，固定双杠 6 幅，固定单杠 3 幅，吊环架 1 个，跳箱 1 个，垫子 2 床，横梯 1 架，模梯 1 架，肋木 3 架，拔河绳 1 根，垒球设备 2 套，跳栏架 10 个，标枪 10 支，铁饼 2 个，铅球 5 个，手榴弹 10 个，跳坑 2 个。篮球 8 个，排 6 个，足球 5 个，乒乓球和羽毛球几十个。

1965 年又充实了一部分体育器材和设施。新增添了跳高架 2 副，海绵垫 6 块，哑铃 6 副，接力棒 8 个，篮球 4 个，排球 4 个，足球 6 个，发令枪一支。新添篮球架 4 副，增加了学生的活动场所。

1980 年，学校新增添了三间体育器材室，新添海绵垫 4 块，小体操垫 12 块，实心球 10 个，铅球 6 个，接力棒 8 个，跳高架 3 副，皮尺 6 个，

2005 年的美术器材室

2010 年的美术器材室

2009 年的画室

2010 年的书法教室

山羊2副，跳箱2副，踏跳板4个，秒表5块，基本满足了体育教学和训练的需要。

1981年，添置了联合攀登器1副，双杠2副，肋木1副。

1995年，莒南教师进修学校撤销，结束了两家共用操场的局面。操场经过重新整修，由原来的300米整修成350米煤渣跑道，室外篮球场也增加到6块标准场地，新增两块标准排球场地和四块羽毛球场地。添置了8副单杠，12副双杠，1个联合攀登器，12个室外乒乓球台。

2001年，添置了8张室外乒乓球台，6间肋木，3副爬梯，大体操垫6块，小体操垫30块，拔河绳4根，足球门4副，跳高架3副，跳马2副，踏板4个，排球架2副，皮尺6个，秒表4块。

2004年，学校为创建山东省规范化学校，进一步添置了各种体育器材，完善了体育设施，达到了省级规范化学校的器材配备标准。

2005年，学校建设了一座大型体育馆，内设塑胶篮球场2个，排球（羽毛球）场地1个，看台上千个座位。

2006年，建设了300米8道田径运动塑胶跑道。

之后，学校又逐步配置了8个标准彩色地面、钢化玻璃架构篮球场，塑胶排球场3个、羽毛球场地4个、室外乒乓球台21张。室外双杠18副，单杠12副，联合攀登器4副，肋木8组，室外健身器材7组，力量练习架5副。

至2014年，学校体育器材配备已超过国家规定的《高级中学体育器材配备目录》I类标准。

四、卫生

卫生室始建于1952年。设立卫生室后，卫生室制定了卫生公约，抄写张贴在教室内。对学校卫生定期进行检查，不定期举行卫生知识讲座，定期进行卫生情况检查。1960年根据显示情况拟定了防治砂眼的措施，订立爱国卫生运动计划。文化大革命后，设立专职卫生保健老师，历任专职卫生老师有杜立英、杜世密、邱淑贞、丁元香、李新亭、解玉萍等，卫生室先设在“九间房”东的平房内，后来前面的教室拆了建了育才楼，卫生室搬到了育英楼一楼。1999年卫生保健楼成立后，卫生室搬进保健楼一楼。2004年，由公立医院有医师资格的医生负责学校卫生室工作。自此，学校不再有专职人员担任卫生老师。

莒南县卫生局于2001年10月10日以莒南医核准字〔2001〕32号文核准学校卫生室为营利性医疗机构。又于2009年11月24日办理了医疗执业许可证，许可证号371327823012。由退休医生陈家祥负责卫生室的工作。

卫生室设在保健楼一楼，占用房屋四间。设有药房、治疗室、观察室、值班室等科室。药房配有常用药品300余种，观察室设有观察床5张及部分被褥。并配备有简单常用的设备如：血压计、听诊器、高压消毒锅、紫外线灯、五官科检查器、折叠式器械台、喉头喷雾器、身高体重器、肺活量计、综合急救箱等。

现有工作人员四名：其中副主任医师1名、主治医师1名、医师1名、主管护师1名。承担着全校4000余名学生的健康查体、医疗保健和常见病、多发病的防治工作以及高中考以及大型艺体活动等的卫生保健。卫生室始终坚持24小时值班制，为学生的身体健康作出了贡献。

第四节　微机室、多媒体教学设备

一、微机室

1997年，学校配备第一批台式电脑，购进“清华同方PR—200”型学生机30套和“PII/266”型教师机1套，建立电子备课室，方便学生与教师查阅资料。

1997年，学校开始组建微机室，配备第一

信息技术培训教室

信息技术实验室

学生在自主探究学习

批台式电脑，品牌为“清华同方”，有30套型号为“PR—200”学生机和1套型号为“PII/266”教师机。

1998年，在微机室配备第二批共30套台式电脑，型号为“同创PIII450”。

2000年，按照《中小学计算机课程指导纲要》的要求，在实验楼建成第一个微机室，并面向相应年级开设微机课。

2001年，配备第三批台式电脑，品牌为“联想双子恒星”型，数量为46套。是年，在实验楼扩建第二个微机室。

2002年5月，配备第四批台式电脑，品牌为“联想启天1200”型，数量30套。

2003年，配备第五批台式电脑，为60套“方正文祥E320”型学生机和1套“文祥E620”型教师机。是年，在实验楼扩建第三个微机室。

2004年6月，配备第六批台式电脑，为50套“海尔HDP-3702”型学生机和1套同型号教师机、100套“海信蓝箭2070”型学生机和2套“商箭8600”型教师机。

是年，学校3个微机室由实验楼搬至科技楼二楼并对网络系统与设备进行了更新。

2008年暑假，学校微机室由科技楼二楼搬迁至科技楼四楼。

2010年，扩建第四微机室并配备第八批台式电脑，品牌为“联想扬天M2610N”，共58套。

2011年，扩建第五微机室并配备第九批台式电脑，型号为“联想启天M715E”共61套。

以后将根据教学需要逐步添置云教室。

二、多媒体教学设备

随着信息时代的高速发展，现代教育技术特别是多媒体技术越来越受到重视，网络教学环境逐渐替代了传统的黑板和粉笔组成的教学环境。多媒体教学的引入，使教学内容更加形象直观，增强了课堂教学的趣味性，对于提高学生学习积极性、培养良好的思维能力发挥了重要作用，同时也给传统的课堂教学注入了新的活力。

1995年，学校建成了校园广播系统，主要

学校演播厅

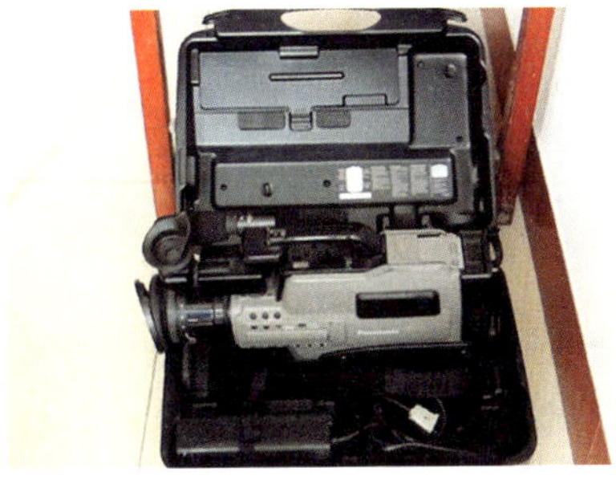

学校购置的摄录一体机

控制上下课铃声和课间操音乐、晚自习前播放眼保健操，实现了铃声管理自动化。其设备为：铃声定时仪和功放机。学校建成2个语音室，由教师操作台控制，学生座位由控制器、耳机、耳麦组成。

1997年，为了适应现代化教学要求，在每座教学楼建成听力语言发射系统，发射机是由功放机和发射天线组成，发射机设在每个年级教学楼，学生每人一个语言接收耳机，以方便英语老师使用听力发射设备，学生可以在班内收听英语听力教材，学生的英语听力水平大幅提高。

1999年，对原语音室进行系统升级与改造，将语音室扩建至3个，以适应听力教学的需要。每个语言室都由1台教师机电脑控制，设有60个学生座位，每个座位由师生交流控制器、耳机和耳麦组成，学生可以和老师进行双向交流，老师可以同时对60个学生进行听力教学。

5月，为适应高考听力内容和高考指令播放的需要，建成高考听力系统和听力有线播放系统。设备有4个功放机、1个调音台、1个卡座、1台VCD、每个考场2个喇叭，共72个考场。主控室设在办公楼三楼，并在主控室建成闭路电视系统。该系统配置视频信号调制器、混合器、有线电视放大器、录像机、影碟机、摄像机等设备，可向全校各班播放教学节目，也可对多媒体教室的教学实况和各种会议进行现场转播。后一直沿用这一系统。

学校主控室

是年，实现四机一幕(录音机、影碟机、胶片投影机、电视机、投影屏幕)进课堂。教师普遍利用胶片、磁带、碟片进行教学，改变了过去单纯用粉笔画图教学的模式，教学效果与教学质量得到很大改善，深受广大师生的好评。

2014年，学校被授予省多媒体网络教学实验研究基地

2002年5月，配备第四批台式电脑，品牌为“联想启天1200”型，数量30套。多媒体教学实现“班班通”，配有液晶投影仪、电动屏幕、有源音箱、网络终端接口、摄像机、听力喇叭，配套整合了语音听力系统、闭路电视系统、双向教学系统、电子巡查系统，学校会议实现电视直播。

12月，在育英楼配备第一口多媒体教室。设备有电脑1套、日立液晶投影仪1台、电子白板1个、功放机、音箱。学校将多媒体手段引入课堂教学，各科教师设计、制作了知识生成型、追溯型、回顾型课件，有效激发了学生对知识探究与发现的欲望。

2003年，随着多媒体技术应用的深入，青年教师对课件制作的手法日臻熟练，开始引入音、影、动画、操作、互动等多媒体教学资源。

2004年，主控室搬迁到科技楼五楼。

11月，在科技楼二、三、四楼和阶梯教室建成第二批多媒体教学系统，屏幕由电子白板组成，包括计算机、液晶投影仪、视频展台、功放机、话筒组成。

2006年8月，开始为121位一线教师配备第一批教学用笔记本电脑，型号为“联想昭阳E390”。

2008年4月，完成校园广播系统改造，配

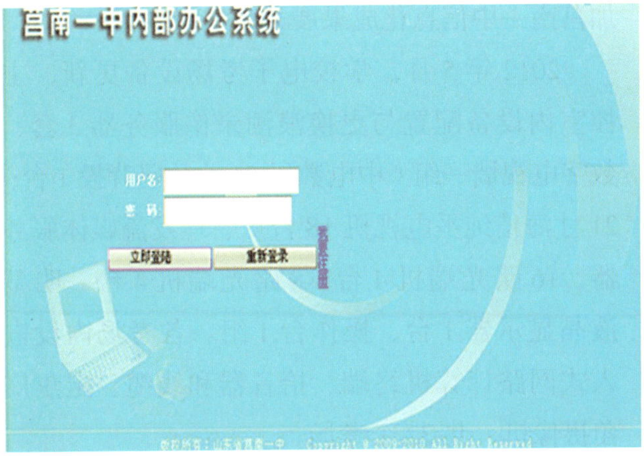

莒南一中内部办公系统

多媒体网络课堂

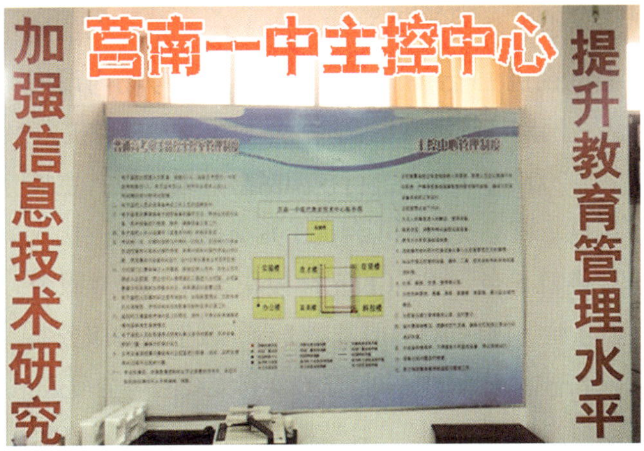

备调频收音接收机、电脑铃声定时系统和功放机。学生晨起和午饭时间可以收听时事新闻，了解国家大事，并在学生餐厅安装了数字电视系统，让学生在吃饭时间可以收看国内外时事政治、经济、科技等新闻。

7 月，为 163 位一线教师配备第二批教学用笔记本电脑，型号为“联想昭阳 E42A”。

2009 年 10 月，在育英楼、育贤楼、科技楼二楼建成了第三批多媒体教学系统：每班由一个控制台、中央控制器、视频展台、有源音箱、液晶投影仪、电动屏幕、鼠标键盘转接器、鼠标、键盘、网络计算机构成。

2010 年 8 月，完成育才楼的多媒体教学系统的建设。至此全校各班都用上了多媒体教学设备。

9 月，为 38 位教师配备第三批教学用笔记本电脑，型号为“联想昭阳 B460”。

2012 年 6 月，为 211 位教师和各科室行政人员配备和更新第四批教学用笔记本电脑，型号为“联想昭阳 E47A”。至此，学校为全体教师配齐教学用笔记本电脑。

2013 年，主控室搬迁至科技楼一楼西头三间教室，面积 78 平方米，投入 20 余万建立起高考电子巡视系统，实现了与国家、省、市考试中心的对接。

2014 年 3 月，学校为 10 位教师配备第五批教学用笔记本电脑，型号为“联想 G400”。

10 月，学校新近夏普投影机 26 台，更新了育才楼的原有投影机。

第五节　校园网络

2000 年前，学校仅有少量的计算机，以拨号上网方式连接因特网，无法适应教育现代化要求。

2001 年，开始施工建设学校网，每个教学楼均接通光缆，每班和每个办公室都设有网络接口。是年，建成以“www.junan.net”为域名的山东省莒南第一中学网站。

2002 年，校园网正式投入使用，网络管理中心设在办公楼二楼。网管中心内置服务器三台、网络交换机 6 台、ups 电源等网络设备，实现千兆到校园，百兆到桌面。

2005 年 4 月，开始实施校园网络扩空建设。

5 月，学校 96 个双向电子考场配建完工。主控室内配有浪潮录像服务器 2 套、数字电视墙一组（中电数码 54 寸数码背投 1 台、21 寸海信纯平电视机 18 台）、操作台 1 组。各考场内设嵌入式网路计算机终端、拾音器和线缆、摄像机。

2009 年 4 月，进行校园网络升级建设，主控室更新核心交换机 1 台，千兆交换机 1 台，接入交换机 5 台、SFP-GE 光纤模块 5 台、WEB 服务器 1 台、内网 WEB 服务器 1 台、教学资源服务器 1 台，建立无线 AP 三处，学校实行无线网络全覆盖。

2011 年 11 月，对学校网站进行升级，新添加莒南一中信息化成果展子网站。

2012 年 5 月，学校电子考场设备更新，主控室内设备配置与更换浪潮录像服务器 3 套、数字电视墙一组（中电数码 54 寸数码背投 1 台；21 寸海信纯平电视机 18 台）、佳发流媒体服务器、16 路光端机 4 台、8 路光端机 4 台、明基液晶显示器 1 台、操作台 1 组。各考场内设嵌入式网路计算机终端、拾音器和线缆、定焦广角摄像机，共 72 个考场。

10 月，对校园网站进行升级，进一步完善数字化校园子网站，创临沂市首批数字化校园。

2013 年 5 月，学校网络主控室由科技楼 5 楼搬至科技楼 1 楼，并对软硬件配置进行升级，包括电视墙（超窄液晶拼接 3 行 ×4 列）、矩阵 1 套、大屏幕显示系统控制软件 1 套、解码器 2 套、机柜 2 套。

2014 年，学校投资 20 余万元，实现校园网络化监控全覆盖。

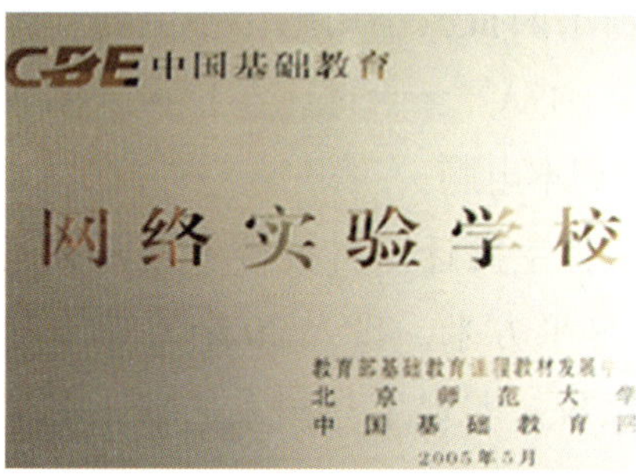

2005 年，学校被评为中国基础教育网络实验学校

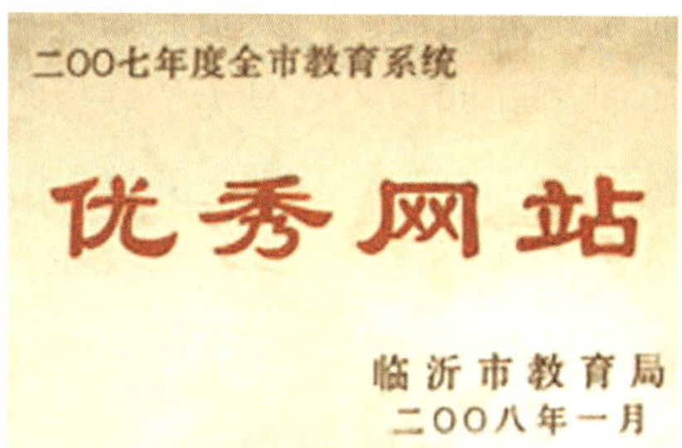

2007 年，学校网站被评为临沂市教育系统优秀网站

2012 年，校园网被评为市级优秀教育网站

学校网络管理中心

学校网站主页

第八章

教研科研

第一节　尝试与摸索阶段

1952年建校之初，县内无独立的教学研究机构，学校也仅有临时安排的学科教研组，并无具体的教研计划和相对规范的组织形式，教师间开展的教研活动大多围绕在教学中出现的问题或疑问进行讨论交流，活动无定所，不定时，且以自发状态居多。是时，开始尝试研究教材教法，并在教学中推广使用普通话。

1953年春季开学后，开始尝试集体备课和观摩听课。

1954年始，学校利用周六等集体活动时间组织教干教师学习苏联伊·阿·凯洛夫《教育学》和介绍苏联教育经验的文章，要求各科教师结合其中的方法理论实行“组织教学、复习旧课、讲授新课、练习巩固、布置作业”五大环节的课堂教学改革。

1956年，语文实行汉语、文学分科教学。翌年秋，将政治课改为社会主义思想教育课，以培养学生正确的世界观和人生观，培养学生的共产主义道德品质和为人民、为社会主义建设服务的思想。是年，学校有4名教师参加山东省在潍坊组织的中学教师语文训练班，以带动推广普通话教学。是年下半年，学校开始试行“5分制”计分法。

1957年，校内90%的语文教师参加了临沂行政专署文教科在临沂城主办的为期3周的普通话集训，语文教师的普通话水平得到普遍提高。

1959年，学校教学研究工作仍由省、地教育部门统一领导与安排。

1960年，学校各科教研活动开始由县教研室直接管理并来学校指导教学。是年，学校举行语文、数学观摩教学，以带动全县中学教师开展学科基础知识教学的研究。此次观摩，语文由刘新传执教，代数由尚归文执教，几何由李清箴执教。1962年，学习贯彻山东省第二次烟台教育会议精神和教育部颁发的《全日制中学暂行工作条例（草案）》，在课堂教学中开展“精讲多练、讲练结合”教学方法与策略的研究，县教研室多次在校内组织较大规模的政治、语文、数学、理化等学科的观摩教学。

“文革”期间，受政治运动的冲击，各种教研活动基本无从开展。

1974年学校开始在各学科深入研究“启发式”教学的做法，指导教师从情境设置、问题设计、引导启发、点拨提示等方面总结“启发式”教学的经验，并在集体备课时间进行交流。

1976年，教学工作开始拨乱反正，引进新的教学思想，开始立足面向全体，全面提高教育教学质量，逐步确立了教为主导、学为主体、训练为主线的课堂教学新思路、新结构。

1977年，全国高考制度得以恢复，学校教研工作开始恢复正常。

1978年，学校开始注重初三、高三毕业生的迎考复习与指导，并利用省教研室编写的《中学教学辅导》等资料，把握命题动态，明确辅导方向，使学生能够系统掌握相应学科基础知识的基本结构和解题技能，有效提高了毕业班学生的应考能力。

第二节　规范与发展阶段

1980年，中学教研机构开始分文科组（政治、语文、外语）和理科组（数学、物理、化学、体育），各科教研活动的任务、目标更加明细，责任也更加明确。在课堂教学中倡导加强“双基”（基础知识、基本能力）教学，既注重学生对基础知识的掌握，又重视学生基本能力的培养与训练；既关注全体学生的学业水平，又兼顾不同类型学生的智力发展。

1982年，随着中学课程设置的增加，生物、历史、地理等学科的教研活动也相继展开。

1983年，学校开始以学科为单位成立学科教研组，负责组织本学科教研活动计划的落实。

1984年，学校各科教师开始分期分批参加由县教研室组织的教材教法过关考试，大部分教师通过考试获得了《教材教法合格证书》。

1985年，学校开始尝试运用布卢姆“单元目标教学法”，提出“向45分钟要质量”，开展“精讲多练、讲练结合、因材施教、巩固提高”的教学方法的研究与改革，注意培养学生思维的独立性与创造性。同时，逐步将电化教学引入课堂，增加了知识形成过程的生动性与形象性，激发了学生的学习兴趣。

1986年始，学校教师更加注重布鲁姆《掌握学习的理论与实践》等现代教学理论的学习与研究，开始结合各自的主客观条件，开展目标教学实验，将外来的理论与经验转化为自己内在的教学技能。

1988年，学校通过书面考试和讲课比赛、骨干教师选拔、公开课展示等措施，培养和提高教师的教学水平。此间，各科教学普遍形成以学习现代教学理论为先导，以探讨“教为主导、学为主体、思维训练为主线”的课堂教学模式为主攻方向，以“一法为主，多法兼收”为基本的教学策略，全面提高教育教学质量的局面。

1989年，学校由单纯重视知识传授到知识传授、能力训练、思想教育并重的新模式，全体教师进一步明确了课堂教学必须注重发展学生智力、培养学生能力，实现课堂教学的实效与高效。

1990～1994年间，学校引导教师在课堂教学中注重现代探究式与开放式教学方法的运用，鼓励学生自主探究，培养学生自主分析问题与解决问题的能力。

1995年后，学校根据县教研室的要求，在教学目标要求上采取“一步到位”的做法，各科教学开始重视对学生非智力因素的培养。

1996年，临沂市提出“教育质量年”的工作主题，学校开始进一步重视把学科教学常规细化到教学活动的每一个环节，着力探讨提高有效的教育与教学成绩并重的方法与措施，将“严细活实”的经验与做法推广到各科教学之中，鼓励教师进行学科教学模式的创新，促进了课堂教学由经验型向科研型的转变。

1997年，国家教委颁发《关于当前积极推进中小学实施素质教育的若干意见》。1999年，国家教委颁发《中共中央国务院关于深化教育改革推进素质教育的决定》。为全面落实国家对高中教育与人才培养的要求，学校开始着力实现由应试教育向素质教育的转变，加强知识的衔接性和序列性，做到知识、技能、能力三者统一。

2000年，全面落实国家教委颁布的《课程方案》，实施“创新与优化课堂教学结构”的改革实验，变学生被动接受为主动参与，使课堂成为师生合作学习、探索与发现知识奥秘、共同构建知识网络的平台。

2001年，学校围绕“更新教学观念、调整教学内容、改进教学方法、提高教学效率”，开始注重培养学生创新精神与个性品质的“互动型课堂教学模式”的探索与实践，教学改革开始走向“教法学法互补化、师生互动多边化、问题探究合作化”。

2004年6月，学校承担的山东省电化教育馆“十五”教育技术研究重点课题《信息技术与新课程物理学科的整合——高中物理探究性学习教学模式研究》结题，获省级二等奖。

是年，学校开始贯彻新《课程标准》，“新课标”下的教材在教学内容与课程结构上都发生了相应的变化，突出了学生的主体地位，明确提出了“知识与技能、方法与过程、情感态度与价值观”三维目标的培养，学校开始探索与试行自主合作课堂教学和高效大课堂教学等模式。

2005年，学校承担的由何芳济主持的山东省教育科学“十一五”规划课题“山东省中小学英语特色教育的实验研究”——子课题“英语特色阅读”结题。

2006年，学校成立教科室，郭洪登任主任，李树祥任副主任，负责学校教育教学科学研究规划与指导、学校科普教育的宣传组织工作。

是年，学校承担的山东省电化教育馆“十五”教育技术研究重点课题《网络环境下研究性学习的教学策略与实践研究》子课题结题，获省级二等奖。

为保证教育科学研究取得实效，根据市、县教科室的要求和学校各学科教师教科研理论水平，学校制定并开始实施《莒南一中教师培训制度及措施》和《莒南一中教科研制度》。

学校非常注重在学生中普及科技创新教育，支持学生参加各种科技创新大赛和学科竞赛。是年，在全国中学生物理竞赛中，16人参赛，其中李政同学以全省第29名的突出成绩，获得国家级一等奖，15人获得了省级一等奖；在全国中学生生物学奥林匹克竞赛中，学校17人参赛，全部获奖，其中李政、林楠、张祥文等获得国家级三等奖（省级一等奖），13人获得省级二等奖，1人获得省级三等奖；在全国中学生化学竞赛中，1人获得国家二等奖，3人获得国家三等奖，2人获得省级一等奖，1人获得省级二等奖，2人获得省级三等奖。学校被授予“全国中学生物理竞赛金牌学校”“全国中学生生物学奥林匹克竞赛金牌学校”荣誉称号。

是年，为激发各科教师进行课题研究的积极性，学校制定了《莒南一中教科研成果奖励办法》，对已立项的县级以上课题，学校给予人力和物力支持；对市级课题给予300元奖励，对省级以上课题给予500元奖励；课题结题并经上级部门认定后，学校再给予课题组相关人员适当的物质奖励。

是年，为进一步推进素质教育的发展，提高学生综合素质、展示名师风采、开辟综合大课堂，教科室开始举办市、县级教学能手、名师周末大讲堂。

第三节　深化与提高阶段

2007年，学校教科室以提高教师的科研意识与科研水平为目标，进一步完善教科研制度，并将深化课题研究作为提高学校办学档次的突破口，让课题研究成果推进课堂教学的改革。

9月，为加强教科研工作，学校成立教科研核心小组，聘用首批学科兼职教科员，以指导、带动学校各级课题的研究。教科室制定了课题研究的基本流程，对课题选择、申请立项、开题论证、研究过程、结题鉴定等方面实施全程跟踪指导，提高了教师的教育科研能力。

是年，为配合课改，使课题研究成果具体化，编辑《心理健康教育篇》《地方历史文化篇》《学习励志篇》《人格健全教育》《习惯养成教育》《礼之韵》《红色热土—山东“小延安”莒南》等多部校本教材。

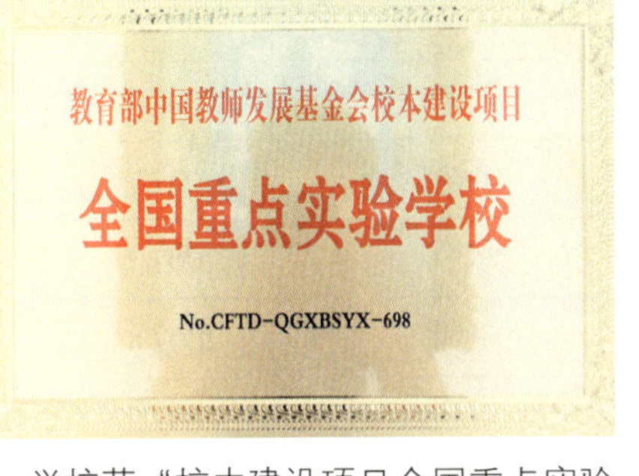

学校获“校本建设项目全国重点实验学校”称号

2007年学校教师论文发表情况统计表

姓　名	发表时间	论文名称	报刊名称
尤洪平	2007.10	科学管理促质量，同心协力创辉煌	当代沂蒙
时少飞	2007.2	健身操有益健康	教师报
刘常伟	2007.1	学校体育对终身体育的作用探析	师语论坛
杨其艳	2007.4	学案导学教学模式的设计和运用	学习方法报
王甲峰	2007	生物教学中运用信息化技术的尝试	生物教学与实验
李永伟	2007.1	浅谈体育教练员应树立优秀道德品质	当代教育创新
庄绪栋	2007.7	四环节单元复习教学法在课堂上的应用	教育教学研究
庄绪栋	2007.7	班主任工作的八种艺术	师语论坛
庄绪栋	2007.4	台湾南部海湾发生地震	中学生导报
魏绪高	2007.4	四步法例解完型填空	英语辅导报
魏绪高	2007.2	谈阅读表达中新闻标题的拟定	英语周报
魏绪高	2007.5	从高考英语写作样题谈写作技巧	英语考试研究
秦茂增	2007.7	四环节单元复习教学法在课堂上的应用	教育教学研究
解玉亮	2007.9	分层作业分层要求	少年智力开发报
解玉亮	2007.8	例说倾斜角、斜率与直线方程	升学指导报
解玉亮	2007.11	两条直线交点坐标与距离公式解读	升学指导报
解玉亮	2007.9	小心等比数列的失分区	少年智力开发报
范玉峰	2007.1	例谈向量方法在解题中的应用	考试报
陈庆增	2007.10	推敲	双语报
陈庆增	2007.10	判断同义词题型分析	双语报
陈庆增	2007.10	单元测试题	双语报
陈庆增	2007.3	构建新型师生关系初探	名校
庄会江	2007.3	政治课答题应注意的几个问题	教学理论
胡尊军	2007.4	高中生体育意识的培养	新课程研究
刘艳彩	2007.7	老人与海	英语辅导报
林学珍	2007.7	如何提高英语读写能力	英语报
王相娜	2007.8	激发学习兴趣、培养阅读能力	英语学习报
王相娜	2007.5	巧用教学模式促进英语教学	英语学习报
李善云	2007.3	浅谈新课改下生物探究性学习	考试报
杨佃军	2007.1 第27期	考点点击、真题再现	英语周报
杨佃军	2007.1 第28期	考点点击、真题再现	英语周报

续表 1

姓　名	发表时间	论文名称	报刊名称
杨佃军	2007.1 第 29 期	考点点击、真题再现	英语周报
杨佃军	2007.1 第 32 期	考点点击、真题再现	英语周报
杨佃军	2007.2 第 33 期	词汇演练	英语周报
杨佃军	2007.2 第 35 期	词汇演练	英语周报
杨佃军	2007.3 第 37 期	考点点击、真题再现	英语周报
杨佃军	2007.3 第 38 期	同步测试	英语周报
杨佃军	2007.3 第 39 期	同步测试	英语周报
杨佃军	2007.4 第 41 期	同步测试	英语周报
杨佃军	2007.4 第 42 期	同步测试	英语周报
杨佃军	2007.5 第 43 期	同步测试	英语周报
杨佃军	2007.5 第 47 期	同步测试	英语周报
杨佃军	2007.7 第 4 期	综合能力	英语周报
杨佃军	2007.8 第 6 期	词汇辨析	英语周报
杨佃军	207.8 第 6 期	综合能力测试	英语周报
杨佃军	2007.8 第 8 期	综合能力测试	英语周报
杨佃军	2007.9 第 10 期	综合能力测试	英语周报
杨佃军	2007.9 第 13 期	词汇辨析	英语周报
杨佃军	2007.8 第 9 期	考点对接	英语周报
杨佃军	2007.9 第 12 期	语法与词汇用法	英语周报
彭春雨	2007.6	历史卷规范答题方法研究	考试报
孙崇华	2007 年第 91 期	从三个方面准确定位	学习报
焦守红	2007.9	和字与病句的难解之缘	金榜
焦守红	2007.5	谈谈语文积累	现代教育通讯
艾立东	2007.4	再过二十年	临沂日报
艾立东	2007.1	今年评优不抓阄	杂文报
艾立东	2007.4	再过二十年	广播电视报
韩　炜	2007.3	某区域城市的发展变化	中学生导报
韩　炜	2007.2	千里淮河重归大海	中学生导报
曹秀贞	2007.10	溶液的酸碱性知识整合	考试报
刘　栋	2007.7	浅谈光子的几个问题	数理化学习
闫英慧	2007.1	导数学习三注意	考试报

续表 2

姓　名	发表时间	论文名称	报刊名称
闫英慧	2007 年第 32 期	谈谈高考数学题的解答策略	成才之路
闫英慧	2007.5	巧用圆锥曲线半径公式解题	考试报
闫英慧	2007.4	分层作业分层要求	高中课程改革
刘庆田	2007.1	导数学习三注意	考试报
王绪峰	2007.5	巧用圆锥曲线半径公式解题	考试报
李贤伟	2007.3	多方入手培养学生品质	现代教育报
王忠明	2007.5	大势所趋的中学体育教学改革	中国教育科学研究
厉建祎	2007 年第 41 期	探究型高考试题及解题策略	文科综合
胡尊玉	2007.5	中学数学学习之我见	现代教育通讯
胡尊玉	2007.6	非智力因素教育的几种途径	少年智力开发报
徐桂苗	2007.4	新课标下的美术欣赏教育改革	现代教育通讯
杨　琨	2007.6	浅谈高中音乐欣赏与其他学科的整合	现代教育通讯
刘传善	2007.10	怎样进行作文创新教学	语文周报
刘传善	2007.9	现代文阅读能力的培养	学习方法报
杨希芝	2007.10	如何学好高中数学	现代教育报
赵　燕	2007.10	独立重复试验例析	现代教育报
杨　颖	2007.10	音乐欣赏课教法探微	现代教育通讯
徐燕华	2007.1	谈中学教学内容的滞后	现代教育通讯
葛成平	2007.1	直线上一点到两定点距离之和的最值	考试报
王玉英	2007.5	南极洲	考试报
王玉英	2007.2	大洋洲	考试报
赵贵北	2007.10	运用电教媒体优化体育教育教学	学习方法报
王统霞	2007.9	和字与病句的难解之缘	金榜
王统霞	2007.3	考考青睐	语文天地
王统霞	2007.1	诗歌鉴赏技巧	金榜
李明玉	2007.11	历史问题精析	金太阳
彭春雨	2007.11	历史问题精析	金太阳

2007 年学校教师获奖论文情况统计表

姓　名	时　间	论文名称	等　级	奖　次
张立泉	2007.6	高中物理电学实验线路和器材的选择	省　级	二等奖
李兴娟	2007.3	浅谈电化教学在生物教学中的利与弊	省　级	三等奖

续表

姓　名	时　间	论文名称	等　级	奖　次
李永伟	2007.4	浅谈中学体育改革存在的误区及对策	省　级	二等奖
庄绪栋	2007.6	地理四环节单元复习法	国家级	一等奖
胡尊军	2007.6	体育与健康教育的现代教学理念	国家级	一等奖
王相娜	2007.6	激发学习兴趣	省　级	一等奖
唐顺志	2007.6	政治主观性试题解答思路	国　家	一等奖
张守庆	2007.5	浅谈地理教学中问题意识的培养	省　级	一等奖
孙淑荣	2007.3	备好信息技术课的几个环节	省　级	一等奖
闫英慧	2007.6	多媒体教学实践	省　级	三等奖
孙钦东	2007.6	构建和谐型课堂	省　级	一等奖
高存雷	2007.6	地理教育的几点体会	省　级	一等奖
胡尊玉	2007.6	提高效率上好数学复习课	国家级	一等奖
徐桂苗	2007.6	中国画探索	省　级	一等奖
纪盈盈	2007.6	浅谈中学生英语学习能力培养	省　级	一等奖
杨　颖	2007.6	歌唱中感情要投入	省　级	一等奖

2008年，学校教师参与教学研究的积极性空前高涨，教科研的范畴达到了更高的深度与广度，在讲课比赛、论文发表、论著等方面取得一系列成果，反映了各科教师不同寻常的学科造诣和理论水平。

2008年学校教师论文发表情况统计表

姓　名	发表时间	报刊名称	论文题目
张立泉	2008.1	中学课程资源	浅谈用能量的观点处理问题
孙钦亮	2008.3	现代教育报	体育游戏在教学中的应用
王言芳	2008.11	学习方法报	变换视角一题多解
聂成娟	2008.8	生物学教学	“减数分裂”探究式教学分析与设计
孙钦东	2008.8	现代教育通讯	新课程下高中政治课学习评价探讨
李贤伟	2008.5	中学生导报	对学生数学自主学习能力的探究
林德联	2008.6	课改论坛	再谈数学课的引入
林德联	2008.8	现代教育	对中学生数学学习的心理探究
林德联	2008.7	学苑新报	对课堂教学评价现状的思考和对策
林德联	2008.9	科技信息	提高效率上好数学复习课
邓兰山	2008.1	英语周报	阅读理解应试策略和技能
宋庆轩	2008.11	语文报	诗歌鉴赏三法

续表 1

姓　名	发表时间	报刊名称	论文题目
刘明珠	2008.11	学习周报	理解常见文言虚词在句中的含义
刘明珠	2008.11	学习周报	高考多音字的辨析
刘明珠	2008.10	学习报	欲将沉醉变悲凉
刘明珠	2008.10	学习报	展开梦想与理性的双翼飞翔
刘明珠	2008.12	学习报	庄子选读
刘明珠	2008.4	字词妙用	乘虚而入登堂入室
刘明珠	2008.12	语文学知报	辨析并修改病句
刘明珠	2008.9	学苑新报	可以沉默不能沉沦
刘明珠	2008.11	学苑新报	严谨与幽默齐飞
刘明珠	2008.12	升学指导报	边城里那几声犬吠
刘明珠	2008.9	语文报	采撷飞溅的浪花
刘明珠	2008.11	语文报	破译隐含信息巧答诗歌鉴赏
刘明珠	2008.11	语文报	游人怎堪江南老
刘明珠	2008.9	语文报	天姥山巅清音应和
刘明珠	2008.9	语文报	康桥，错出的美丽
刘明珠	2008.11	语文报	有我之境明月生情
刘明珠	2008.9	语文报	粽歌声里魂归来
刘明珠	2008.11	语文报	准确把脉，辨析成语
杨云旭	2008.3	素质教育报	《古希腊民主政治》教学设计
杨云旭	2008.7	素质教育报	让历史课堂流光溢彩
杨云旭	2008.6	素质教育报	如何培养学生的历史记忆能力
徐燕华	2008.2	素质教育报	让多媒体走进历史教学
徐燕华	2008.6	素质教育报	如何辨析历史事件的原因
孙　云	2008.10	课改论坛	加强数学实验教学推进新课程改革
孙　胜	2008.7	学习方法报	浅谈如何在体育教学中实施素质教育
王玉涛	2008.7	学习方法报	如何上好素质教育下的体育课与健康课
陈庆增	2008.9	双语报	书信写作策略
陈庆增	2008.11	双语报	如何写评论性文章
陈庆增	2008.6	双语报	描写文的写作技巧
陈庆增	2008.6	双语报	如何写故事性短文
陈庆增	2008.6	双语报	怎样写好日记
陈庆增	2008.6	双语报	单元检测

续表 2

姓　名	发表时间	报刊名称	论文题目
陈庆增	2008.6	双语报	单元检测
陈庆增	2008.5	双语报	如何写人物简介
王沂峰	2008.5	美术报	速写教学之我见
魏绪高	2008.2	英语辅导报	高瞻远瞩高考完形填空
张立泉	2008.1	中学课程资源	浅谈用能量的观点处理问题
孙钦亮	2008.3	现代教育报	体育游戏在教学中的应用
解玉亮	2008.5	学周刊	《5.1–5.5 测试》
解玉亮	2008.5	数学爱好者	《推理与证明》与你同行
解玉亮	2008.4	学习方法报	平面向量的数量及积与平移几种错解剖析
解玉亮	2008.3	数学辅导报	倒数与积分为应用题插上了翅膀
解玉亮	2008	胜“卷”在握	“空间向量”单元测试（文科）
解玉亮	2008	胜“卷”在握	“空间向量”单元测试（理科）
解玉亮	2008.2	数学爱好者	“离散型随机变量的分布列”热点追踪
解玉亮	2008.1	数学爱好者	第一章《计数术原理》与你同行
解玉亮	2008.7	学周刊	“不等式的证明”专项练习
解玉亮	2008.6	学生新报	旗杆高几许
解玉亮	2008.5	学生新报	平面向量的应用错解例析
解玉亮	2008.5	学生新报	比较向量坐标与点的坐标
解玉亮	2008.3	学生新报	从典例看高考的命题趋势
解玉亮	2008.2	学生新报	“算法初步”练习与检测
解玉亮	2008.4	学生新报	丧失灵魂的一类错误
解玉亮	2008.3	数学辅导报	说说解三角形中的数学思想
解玉亮	2008.3	数学辅导报	性别调查把握知多少

2008 年学校教师执教市、县示范课、公开课情况表

姓　名	讲课类型	时　间
孙运源	市级示范课	2008.1
刘军田	市级优质课	2008.2
孙淑荣	市级示范课	2008.1
王玉涛	市级优质课	2008.9
陈西涛	县级公开课	2008.2
刘军田	县级公开课	2008.9

续表

姓　名	讲课类型	时　间
庄绪栋	县级公开课	2008.9
刘艳红	县级公开课	2008.9
马立芳	县级公开课	2008.2
宋维连	县级公开课	2008.2
王绪峰	县级公开课	2008.9
王玉涛	县级公开课	2008.9
张立泉	县第二届现代技术讲课比赛一等奖	2008.12

2008 年学校教师编辑出版著作情况统计表

姓　名	出版时间	著作名称	责任分工
付廷宽	2008.1	高中课程新学案	副主编
付廷宽	2008.3	高中课程新学案	编　辑
付廷宽	2008.5	高中课程新学案	编　辑
付廷宽	2008.8	高中课程新学案	编　辑
严加生	2008.1	高中课程新学案	编　辑
王开一	2008.4	世纪金榜（英语）	主　编
王祥波	2008.4	世纪金榜（英语）	主　编
任高峰	2008.6	导与练	主　编
任高峰	2008.2	创新设计（人教 A 文）	主　编
任高峰	2008.2	创新设计（人教 A 理）	主　编
任高峰	2008.2	创新设计（人教 B 文）	主　编
任高峰	2008.2	创新设计（人教 B 理）	主　编
任高峰	2008.2	创新设计（苏教 A 文）	主　编
任高峰	2008.2	创新设计（苏教 A 理）	主　编
庄会江	2008.5	思想政治	主　编
王肖飞	2008.5	思想政治	主　编
刘军田	2008.11	高中历史点拨	主　编
陈　青	2008.11	高中历史点拨	主　编
庄绪栋	2008.6	世纪金榜	主　编
范玉峰	2008.9	学习计划	主　编
范玉峰	2008.7	点拨	主　编
王绪峰	2008.9	学习计划	主　编

续表 1

姓　名	出版时间	著作名称	责任分工
解玉亮	2008.7	典中点	主　编
彭春雨	2008.7	创新方案	副主编
彭春雨	2008.5	历史同步训练	编　辑
彭春雨	2008.7	学案与测评	副主编
李明玉	2008.5	历史同步训练	编　辑
李明玉	2008.7	学案与测评	编　辑
李明玉	2008.7	创新设计	副主编
王召娟	2008.5	历史同步训练	编　辑
李贤伟	2008.7	点拨	主　编
李兰仁	2008.5	点拨	主　编
任高峰	2008.8	导与练	主　编
克西国	2008.8	导与练	副主编
张军峰	2008.8	导与练	编　辑
宋庆轩	2008.3	轻巧夺冠	主　编
王统霞	2008.3	轻巧夺冠	副主编
郑　吉	2008.3	轻巧夺冠	副主编
宋庆轩	2008.3	轻巧夺冠（训练）	主　编
王统霞	2008.3	轻巧夺冠（训练）	副主编
郑　吉	2008.3	轻巧夺冠（训练）	副主编
刘明珠	2008.8	高考作文	编　辑
刘明珠	2008.6	人性美文	编　辑
刘明珠	2008.5	考场优秀作文选	编　辑
刘明珠	2008.7	中考优秀作文	编　辑
刘　栋	2008.6	典中点	主　编
唐顺志	2008.6	社会热点联手解读	编　辑
唐顺志	2008.7	高中新课程	编　辑
陈庆增	2008.8	英语学案	编　辑
陈庆增	2008.1	英语学案	编　辑
宋维连	2008.8	新课程解读	主　编
孙成田	2008.8	物理学案	编　辑
王广运	2008.8	物理学案	编　辑
刘文新	2008.8	物理学案	编　辑

续表 2

姓　名	出版时间	著作名称	责任分工
陈维庆	2008.8	物理学案	编　辑
韦庆兵	2008.8	物理学案	编　辑
王洛江	2008.8	物理学案	编　辑
孙　国	2008.8	物理学案	编　辑
潘月雷	2008.8	物理学案	编　辑
夏培殿 王广军	2008.20 期	多解问题的探讨	物理周刊

2008 年学校教师获奖论文情况统计表

姓　名	论文名称	级　别	等　次	时　间
王召娟	巧抓闪光点妙育栋梁材	省　级	二等奖	2008.6
解玉亮	纠正学生错误的若干做法	省　级	二等奖	2008.6
陈国玲	让记叙的神采飞扬起来	省　级	二等奖	2008.6
高玉芹	浅谈高中英语教学中的学法指导	省　级	三等奖	2008.6
刘明珠	如何让作文更深刻	省　级	二等奖	2008.6
徐兰荣	诵读——语文能力提升的最强支撑	省　级	一等奖	2008.6
徐燕华	让多媒体活跃课堂教学	省　级	三等奖	2008.6
唐顺志	简析“学导式”教学法	国家级	一等奖	2008.5
孙淑荣	信息的编码	国家级	鼓励奖	2008.7
孙淑荣	信息与信息技术	国家级	鼓励奖	2008.7
孙淑荣	IP 地址	国家级	二等奖	2008.7
秦向芹	VB 程序设计初步	国家级	二等奖	2008.7
秦向芹	浅谈高中信息课堂教学	国家级	二等奖	2008.7
刘素霞	有机化学中常见错误分析	国家级	二等奖	2008.6
吉春国	政治课激趣的几种途径	国家级	一等奖	2008.5
王肖飞	开展社会调查的点滴体会	国家级	一等奖	2008.5
张广科	中外哲理名言	国家级	一等奖	2008.12

2009 年 2 月，学校制定了《莒南一中教科研课题管理条例》，对教育科研课题实行规范化、制度化管理，以保证课题研究的顺利进行，提高课题研究的质量和水平。

是年，尤洪平被评为“临沂市优秀科技工作者”，杨云旭被评为“临沂市教科研先进个人”。学校被临沂市教育局授予“临沂市教育科学研究示范学校”称号。

莒南一中 2009 年周六名师大讲堂活动情况表

序　号	时　间	主讲教师	讲授主题	地　点	参与班级
1	3.14	陈国玲	文学鉴赏	阶梯教室	高一（1、2）
2	3.21	范玉峰	数学文化—彩票知识	阶梯教室	高一（3、4）
3	3.28	宋连璇	高中英语阅读	阶梯教室	高一（5、6）
4	4.18	刘　栋	高中物理思维方法	阶梯教室	高一（7、8）
5	4.25	张旭华	化学与生活	阶梯教室	高一（9、10）
6	5.9	李善云	生物课堂内外	阶梯教室	高一（11、12）
7	5.16	严加生	国际关系	阶梯教室	高一（13、14）
8	5.23	刘军田	莒南红色历史	阶梯教室	高一（15、16）
9	5.23	牟秀娟	文综高考阅卷揭秘	科技楼 5 楼	高三文科
10	5.30	孙淑荣	计算机安全知识	阶梯教室	高一（19、20）
11	5.30	韩希勇	高考冲刺	科技楼 5 楼	高三理科
12	6.20	林　申	美术鉴赏	阶梯教室	高一（21、22）
13	6.27	刘贤爱	中国旅游	阶梯教室	高一（23、24）
14	7.4	赵鹏飞	音乐欣赏	阶梯教室	高一（17、18）

2009 年学校教师论文发表情况统计表

姓　名	发表时间	论文名称	报刊名称
王召娟	2009.2	高屋建瓴成就未来	考试
许洪喜	2009.2	常见维生素	新课程
杨　飞	2009.9	以课程改革为契机切实提高英语教学质量	教育研究与探讨
刘振飞	2009.9	谈高中化学教学中心理辅导的渗透	教师教育科研
刘贤爱	2009.10	地理教学中学生创新能力的培养	中小学教育
李永伟	2009.11	浅谈新课标下的高中体育教学	中小学教育
张爱萍	2009.11	高中语文阅读能力的培养	中小学教育
刘军田	2009.11	浅谈中学历史教学的创新思维培养	中小学教育
许长磊	2009.10	浅析价值规律的基本内容、表现形式和作用	现代教育报
张伟玲	2009.3	成语运用师生谈	学知报
王召娟	2009.4	妙助学生控制情绪	素质教育报
潘　磊	2009.9	高中化学概念教学策略的研究（上）	素质教育报
潘　磊	2009.10	高中化学概念教学策略的研究（下）	素质教育报

续表 1

姓 名	发表时间	论文名称	报刊名称
纪盈盈	2009.9	怎样闯过词汇这一关	中学英语报
牟秀娟	2009.4	民国乡村师范运动的启示	现代教育导报
刘明珠	2009.2	你的软件升级了吗	高中生学习报
刘明珠	2009.3	以高尚的道德情操感染人	高中生学习报
刘明珠	2009.11	破译诗歌隐含信息	高中生学习报
刘明珠	2009.2	正确运用修辞考点攻略	升学指导报
刘明珠	2009	光环背后	升学指导报
刘明珠	2009	精点精典	升学指导报
刘明珠	2009	寂寞孟浩然	升学指导报
刘明珠	2009	趣解绝句谈作文	升学指导报
刘明珠	2009	妙用素材织锦绣	升学指导报
刘明珠	2009	人生路上的三眼清泉	升学指导报
刘明珠	2009	巧用对比衬离情	升学指导报
刘明珠	2009	童真霍金	升学指导报
刘明珠	2009	全面攻略——文言虚词	升学指导报
刘明珠	2009	一腔抑郁情，尽付报安书	升学指导报
刘明珠	2009	春华秋实梁实秋	学习周报
刘明珠	2009	万古云霄留篇影欢灵潇洒性灵真	学习周报
刘明珠	2009	高考科学类文章阅读复习指导	学习报
刘明珠	2009	反抗背后的绝对驯服	学习报
刘明珠	2009	孝心与强权的抗争	学习报
刘明珠	2009	从动物游戏之谜看科技文阅读考点	学习报
刘明珠	2009	从宇宙的边疆看解说词的特点	学习报
刘明珠	2009	平凡的感动	学习报
刘明珠	2009	狂飙突进的天狗	学习报
刘明珠	2009	醉人的丁香	学习报
刘明珠	2009	社会科学类、自然科学类文章阅读	学习报
刘明珠	2009	琵琶声声知音情浓	求知报
刘明珠	2009	李凭管箜引课文赏读	求知报
刘明珠	2009	朦胧幽深一雨巷	语文报
刘明珠	2009	汉字走俏韩国	语文报
刘明珠	2009	情感润泽文自华	语文导刊

续表 2

姓　名	发表时间	论文名称	报刊名称
刘明珠	2009	平等的视角，亲切的语言	语文导刊
刘明珠	2009	为文不拘一格，选材真实鲜活	中学生学习报
刘明珠	2009	新闻类文章阅读方法	考试指南报
刘明珠	2009	马克思——献身于实现人类理想的社会	考试指南报
刘明珠	2009	歌杨柳春风，吊文章太守	考试指南报
刘明珠	2009	怎样理解荀子的人定胜天	考试指南报
刘明珠	2009	鉴赏古典诗歌中的形象	字宛新报
刘明珠	2009	文言文实词虚词解题攻略	字宛新报
刘明珠	2009	碰撞出灿烂的火花	字宛新报
刘明珠	2009	信念，让心灵升华	语文学习报
刘明珠	2009	水的智慧启迪人生	学生新报
刘明珠	2009	青山有绿陶性情梨花无瑕怡心境	学习周报
刘明珠	2009	书中自有圣贤道纸上可闻共鸣声	学习周报
徐兰荣	2009	浅谈现代散文的特点	考试指南报

是年，在教育教学论文评选中，杨飞获得国家级论文一等奖。王广军获省级课件评比一等奖。厉丽获市级课件评比一等奖。李振义、张广科、孙超、徐燕华、刘振飞分别在临沂市召开的高中教育教学工作会议上作典型发言。

2009 年学校教师编辑出版著作情况统计表

姓　名	著作名称	责任分工	出版日期
厉建祎	高中地理剖析	主　编	2009.5
李贤伟	高中数学剖析	主　编	2009.5
庄会江	高中思想政治点拨必修（1）	主　编	2009.5
庄会江	高中思想政治点拨必修（2）	主　编	2009.7
庄绪栋	世纪金榜地理必修（1）	主　编	2009.5
王开一	世纪金榜高二英语学习方略	主　编	2009.9
张旭华	高中化学三年级学案	副主编	2009.8
王言芳	高中化学三年级学案	编　委	2009.8
朱建丽	高中化学三年级学案	编　委	2009.8
宋维连	高中化学三年级学案	编　委	2009.8
李贤伟	高中数学高三学案	编　委	2009.1

续表

姓　名	著作名称	责任分工	出版日期
彭春雨	历史学案与测试选修（1）	副主编	2009.5
彭春雨	历史学案与测试必修（3）	副主编	2009.5
彭春雨	历史学案与测试必修（2）	副主编	2009.7
彭春雨	金太阳考案（历史）	编　委	2009.3
付廷宽	高中思想政治学案必修（3）	编　委	2009.8
刘明珠	2009 年中考优秀作文权威解读	编　委	2009
刘明珠	2009 高考作文专项训练	编　委	2009
刘明珠	历史人文写作技法	编　委	2009
刘明珠	2009 年高考优秀作文权威解读	编　委	2009
刘明珠	最新五年高考满分作文权威解读	编　委	2009
刘明珠	高考作文素材精粹与多向运用	编　委	2009
刘明珠	高考作文亮点打造必胜技	编　委	2009
杨佃军	高中英语语法全解	副主编	2009.5
刘文新	市编新学案	编　委	2009.6
李乃善	市编新学案	编　委	2009.6

2009 年学校教师讲课比赛、公开课、示范课、基本功获奖情况统计表

姓　名	科　目	类　别	获奖时间	获奖等级
杨守卫	英语	电教优质课	2009.7	省级一等奖
鲁统群	生物	讲课	2009.10	市级一等奖
赵进菊	地理	讲课	2009.10	市级一等奖
纪凡建	通用	讲课	2009.10	市级二等奖
陈晓燕	语文	讲课	2009.10	市级二等奖
张旭华	化学	讲课	2009.10	市级二等奖
韦庆兵	物理	讲课	2009.8	市级二等奖
赵进菊	地理	讲课	2009.9	县级一等奖
王广军	物理	讲课	2009.9	县级一等奖
刘加波	历史	讲课	2009.9	县级一等奖
陈晓燕	语文	讲课	2009.9	县级一等奖
尉世英	数学	讲课	2009.9	县级一等奖
秦向芹	信息	讲课	2009.9	县级一等奖
张军峰	数学	讲课	2009.9	县级一等奖

续表

姓 名	科 目	类 别	获奖时间	获奖等级
朱礼华	语文	讲课	2009.9	县级一等奖
刘明珠	语文	讲课	2009.9	县级一等奖
杨冰玲	英语	讲课	2009.9	县级一等奖
赵瑞梅	英语	讲课	2009.9	县级一等奖
鲁统群	生物	讲课	2009.9	县级一等奖
孙 云	数学	讲课	2009.9	县级二等奖
杨其艳	生物	讲课	2009.9	县级二等奖
张立泉	物理	讲课	2009.9	县级二等奖
王言芳	化学	讲课	2009.9	县级二等奖
庄绪栋	地理	讲课	2009.9	县级二等奖
王 娜	语文	讲课	2009.9	县级二等奖
张 娟	数学	讲课	2009.9	县级二等奖
许长磊	政治	讲课	2009.9	县级二等奖
田晓芸	音乐	讲课	2009.9	县级二等奖
纪盈盈	英语	讲课	2009.9	县级二等奖
赵丙霞	数学	讲课	2009.9	县级二等奖
王义涛	英语	讲课	2009.9	县级二等奖
杨 琨	音乐	讲课	2009.9	县级三等奖
王召娟	历史	公开课	2009.5	县级
王召娟	历史	公开课	2009.9	市级
赵维欣	政治	公开课	2009.10	市级
厉 丽	音乐	公开课	2009.2	县级
杨 颖	音乐	公开课	2009.2	县级
王美志	美术	公开课	2009.2	县级
贾润昌	数学	公开课	2009.2	县级
李振义	生物	示范课	2009	市级
李贤伟	数学	示范课	2009.12	市级
时少飞	体育	基本功	2009.8	市级一等奖
林 申	美术	基本功	2009.9	县级一等奖
田晓芸	音乐	基本功	2009	县级二等奖
林 申	美术	教师书画展	2009	县级一等奖
聂成娟	生物	公开课	2009.3	市级

2010年，学校成立课题立项评审组，审核、评定与监督省、市、县级课题的研究，课题研究流程更趋规范。是年12月，对《莒南一中教科研成果奖励办法》进行了修订。

2010年5月，莒南县承担的山东省规划课题及教学研究重点课题开题论证会在学校办公楼二楼会议室召开，市教科室丁敏科长一行在县教科室王立华主任陪同下来学校亲自指导，会上学校承担的省级重点课题《自主参与型课堂教学模式的研究》进行了开题论证。

是年，宋维连被评为“临沂市教科研先进个人”。学校被评为“临沂市教科研先进单位”。

2010年，山东省规划课题及教学研究重点课题开题论证会在学校举行

2010年学校教师论文发表情况表

姓　名	发表时间	报刊名称	论文名称
聂成娟	2010.8	生物学教学	“减数分裂”探究式教学分析与设计
孙钦东	2010.8	现代教育通讯	新课程下高中政治课学习评价探讨
李贤伟	2010.5	中学生导报	对学生数学自主学习能力的探究
林德联	2010.6	课改论坛	再谈数学课的引入
林德联	2010.8	现代教育	对中学生数学学习的心理探究
林德联	2010.7	学苑新报	对课堂教学评价现状的思考和对策
林德联	2010.9	科技信息	提高效率上好数学复习课
邓兰山	2010.1	英语周报	阅读理解应试策略和技能
宋庆轩	2010.1	语文报	诗歌鉴赏三法
刘明珠	2010.1	学习周报	缘事析理入木三分
刘明珠	2010.5	字词妙用	细微之处运匠心轻拨小弦奏华章
刘明珠	2010.2	字词妙用	婚姻的河流
刘明珠	2010.3	字词妙用	温总理我们和你一起走
刘明珠	2010.3	字词妙用	叠字，叠出丰美意韵
刘明珠	2010.6	教师报	父子·弈
刘明珠	2010.6	教师报	围成三昧
刘明珠	2010.3	学生新报	朦胧幽深一雨巷
刘明珠	2010.8	学生新报	永远的烛之武
刘明珠	2010.7	新课程报	理解语言的丰厚内涵
杨云旭	2010.3	素质教育报	《古希腊民主政治》教学设计
杨云旭	2010.7	素质教育报	让历史课堂流光溢彩

续表

姓　名	发表时间	报刊名称	论文名称
杨云旭	2010.6	素质教育报	如何培养学生的历史记忆能力
徐燕华	2010.2	素质教育报	让多媒体走进历史教学
徐燕华	2010.6	素质教育报	如何辨析历史事件的原因
孙　云	2010.1	课改论坛	加强数学实验教学推进新课程改革
孙　胜	2010.7	学习方法报	浅谈如何在体育教学中实施素质教育
王玉涛	2010.7	学习方法报	如何上好素质教育下的体育课与健康课
魏绪高	2010.2	英语辅导报	高瞻远瞩高考完形填空
张立泉	2010.1	中学课程资源	浅谈用能量的观点处理问题
孙钦亮	2010.3	现代教育报	体育游戏在教学中的应用
解玉亮	2010.3	升学指导报	用数据说话
解玉亮	2010.3	学习报	生活中的挖坑与容器倾斜问题
解玉亮	2010.6	升学指导报	例谈平面向量的坐标运算
解玉亮	2010.1	学习方法报	函数 y=Asin(wx+) 的图像误区浅析
解玉亮	2010.7	数学辅导报	解三角形要点讲解
解玉亮	2010.7	数学辅导报	两箱争功
解玉亮	2010.2	数学辅导报	七个面还是五个面
解玉亮	2010.6	数学辅导报	直解间算总相宜
解玉亮	2010.1	中学生学习报	与骰子有关的古典概型问题
解玉亮	2010.7	中学生学习报	函数与方程思想在立体几何中的应用
解玉亮	2010.7	课程导报	第二章同步测试题
解玉亮	2010.2	课程导报	概率中的两种重要思想
解玉亮	2010.3	数学爱好者	《随机变量及其分布列，统计案例》备考复习
解玉亮	2010.4	数学爱好者	《导数及其应用》与你同行

至 2010 年省市级课题结题情况表

课题名称	课题组成员		审批部门	起讫时间	鉴定时间
	负责人	本校成员			
习题课教学中教学行为转变的研究	李树祥	王延高、刘树宇、孙钦法、王广运、孙成田等	山东省中学物理教学研究专业委员会学术委员会	2003.6	2006.4
山东省中小学英语特色教育的实验研究	尤洪平	林学珍、杨佃军、翟文波、聂庆培、王开一、刘贯晓	山东省教科所、山东省教育科学“十一五”规划办公室	2004.9	2005.6
英语“四位一体”教学法实验研究	魏绪高	王相娜、时佰英、陈丽清等	国家基础教育试验中心外语教育研究中心	2005.9	2007.9

续表

课题名称	课题组成员		审批部门	起讫时间	鉴定时间
	负责人	本校成员			
信息技术与新课程物理学科的整合	尤洪平	尚庆海、孙成田、韦庆兵、张立泉、王广军等	山东省电化教育馆研究室	2006.7	2009.7
学科合作教学模式研究	尚庆海	牟秀娟、李　娜、卢同良、王贤峰	临沂市教科研中心	2008.6	2010.6
高中学生阅读能力的培养	王统霞	徐兰荣、刘明珠、卢同良、宋庆轩	临沂市教科研中心	2008.6	2010.6
高中语文写作教学训练体系研究	曹佃蕾	秦夫良、王玉远、朱海英	临沂市教科研中心	2008.6	2010.6
非常 4+5 教学模式研究	李贤伟	孙　星、解玉亮、胡尊玉、任高峰	临沂市教科研中心	2008.6	2010.6
英语写作教学中的小组合作学习模式	陈庆增	宋连璇、王相娜、孙钦胜、刘艳彩	临沂市教科研中心	2008.6	2010.6
新课程背景下打造高效课堂的思考与研究	韩　炜	赵进菊、郁秀燕、朱坤达	临沂市教科研中心	2008.6	2010.6
中学生心理素质的测量与评价研究	杨云旭	王义祥、张广科、赵祥法、陈伟	临沂市教科研中心	2008.6	2010.6

省市级课题立项情况表

课题名称	课题组成员	审批部门	起讫时间
主体参与型课堂教学模式研究	尤洪平、尚庆海、宋维连、王广运、王贤峰、李　娜、高秀礼、朱建丽、孙　星、卢同良、牟秀娟及各备课组等	山东省教育教学研究室	2010.6
学生自主学习能力培养方法的研究	韦庆兵、刘　栋、杨　迪、厉彦考、王洛江	临沂市教科研中心	2010.6
高中生物研究性学习教学模式探索与实践的研究	聂成娟、徐定欣、王贤峰、鲁统群、杨其艳、高秀杰	临沂市教科研中心	2010.6
高中学困生心理障碍研究	李明玉、王义祥、陈　青、刘军田、刘加波	临沂市教科研中心	2010.6

2011 年，学校举办的名师大讲堂改名为莒南一中阳光教育大讲堂。大讲堂的举办既开阔了学生视野，提高了学生综合素质，也展示了学校名师的风采。

是年，在莒南县第二届教育科研优秀成果评比中，学校有 4 个课题获得一等奖，1 项课题获二等奖。在临沂市第八届教育科研优秀成果评比中，学校有 2 个课题获一等奖，2 个课题获二等奖。在省级教育科研优秀成果评比中，学校有 2 项成果获得一等奖。有 1 人被评为“临沂市教育科研先进工作者”，1 人被评为“临沂市教育科研能手”，1 人被评为“临沂市教育科研优秀实验教师”，1 课题组被评为“临沂市优秀课题组”，3 人被评为“莒南县教育科研能手”。

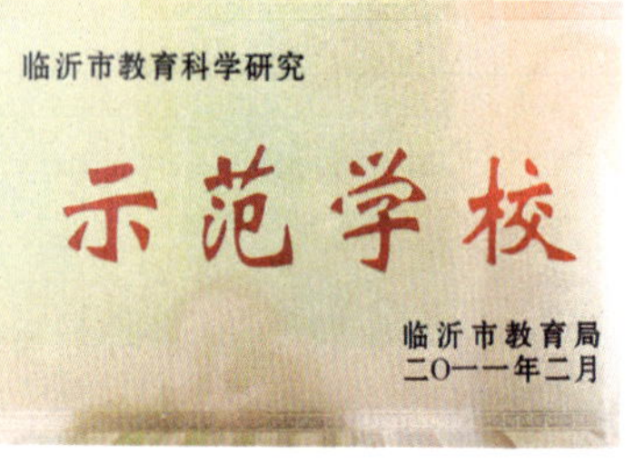

2011 年，学校被评为临沂市教育科学研究示范学校

2011年学校教师著作统计表

姓　名	著　作	时　间	备　注
庄会江	课时典中点	2011.8	主　编
任高峰	创新设计高考总复习数学	2011.2	主　编
胡尊玉	创新设计高考总复习数学	2011.2	主　编
张军峰	创新设计高考总复习数学	2011.2	副主编
赵丙霞	创新设计高考总复习数学	2011.2	副主编
张军峰	高考考点一页通数学	2011.2	主　编
胡尊玉	高考考点一页通数学	2011.2	主　编
王开一	世纪金榜 1	2011.2	主　编
王开一	世纪金榜 2	2011.2	主　编
王开一	世纪金榜 2	2011.2	主　编
厉彦考	高中物理点拨选修 3-5	2011	主　编
厉彦考	高中物理点拨必修 2	2011	主　编
李贤伟	市编学案	2011.06	编　者
付廷宽	市编学案	2011.06	编　者
刘文新	市编学案	2011.06	副主编
刘文新	市编学案	2011.06	编　者
刘　栋	市编学案	2011.06	编　者
李乃善	市编学案	2011.06	编　者
王广运	市编学案	2011.06	编　者
刘明珠	2011 高考作文阅卷场档案	2011.7	编　委
刘明珠	新课标语文主题拓展阅读	2011.8	编　委
刘明珠	新时文触摸思想的力量	2011.1	编　委
刘明珠	2012 高考作文鲜活素材与运用	2011.7	编　委
刘加波	精确设计	2011.5	主　编

2011年学校教育科研课题研究成果统计表

课题等级	课题名称	课题负责人	课题组成员	获奖级别	获奖等次
省　级	新课标下高中文言文的《四步》诵读法研究	刘明珠		省　级	一
省　级	新课程背景下打造高效课堂的思考与研究	韩　炜		省　级	一
市　级	利用霍兰德职业倾向测量指导学生科学选课及报考的研究	杨云旭	张广科、王义祥、陈伟、赵祥法	市　级	一

续表

课题等级	课题名称	课题负责人	课题组成员	获奖级别	获奖等次
市　级	高中语文写作教学训练体系研究	曹佃蕾	秦夫良、王玉远、朱海英	市　级	二
市　级	新课程背景下打造高效课堂的思考与研究	韩　炜	赵进菊、郁秀燕、朱坤达	市　级	二
县　级	新课标下高中文言文的四步诵读法探究	王统霞	刘明珠、张伟玲、卢同良、徐兰荣	县　级	一
县　级	利用霍兰德职业倾向测量指导学生科学选课及报考的研究	杨云旭	张广科、王义祥、陈伟、赵祥法	县　级	一
县　级	新课程背景下打造高效课堂的思考与研究	韩　炜	赵进菊、郁秀燕、朱坤达	县　级	一
县　级	高中语文写作教学训练体系研究	曹佃蕾	秦夫良、王玉远、朱海英	县　级	一
县　级	学科合作教学模式研究	尚庆海	牟秀娟、卢同良、李　娜、王贤峰	县　级	二
市　级	技术课程开设研究与实践	臧家波	纪凡建、孙淑荣、赵家英、秦向芹		
市　级	高中语文写作教学科学训练体系研究	郑　吉 马宗霞	陈国玲、徐　岩、焦守红、张　倩		
市　级	引导学生自主学习历史教材四步展示法研究	徐燕华 陈　青	杨迪、刘军田、薛晓伟、杨云旭		
市　级	高中英语词汇教学中学困生有效转化研究	李怀锐 王召娟	孙秀云、卢进秋		
市　级	高三英语词汇复习的实效性研究	魏绪高	卢进秋、贾志良		
市　级	学生自主能力培养方法的研究	韦庆兵	刘　栋、杨　迪、厉彦考、王洛江		
市　级	非常“4+5”教学模式的研究	李贤伟	孙　星、解玉亮、任高峰、胡尊玉		
市　级	高中学困生心理障碍研究	李明玉	王义祥　陈　青、刘军田、刘加波		

2010~2012 年学校教师优质课、公开课、基本功、课件获奖情况统计表

姓　名	学　科	类　别	获奖等级	获奖时间
王甲峰	生　物	优质课	县一等奖	2011.3
张宗芹	生　物	优质课	县一等奖	2011.3
张爱萍	语　文	优质课	县一等奖	2011.3
张守庆	地　理	优质课	县一等奖	2011.3
夏培殿	物　理	优质课	县一等奖	2011.3
文章海	化　学	优质课	县一等奖	2011.3
赵金波	语　文	优质课	县一等奖	2011.3
孙玉杰	英　语	优质课	县一等奖	2011.3
李　娜	政　治	优质课	县一等奖	2011.3

续表 1

姓　名	学　科	类　别	获奖等级	获奖时间
闫凡英	英　语	优质课	县一等奖	2012.3
纪盈盈	英　语	优质课	县一等奖	2011.3
胡尊玉	数　学	优质课	县一等奖	2011.3
聂英荣	化　学	优质课	县一等奖	2011.3
徐海燕	语　文	优质课	县一等奖	2011.3
夏佩婷	数　学	优质课	县一等奖	2011.3
牟秀娟	历　史	优质课	县一等奖	2011.3
庄绪栋	地　理	优质课	县一等奖	2011.3
滕明升	物　理	优质课	县一等奖	2011.3
潘　磊	化　学	优质课	县二等奖	2011.3
林　申	美　术	优质课	县二等奖	2011.3
孙成强	语　文	优质课	县二等奖	2011.3
周学华	生　物	优质课	县二等奖	2011.3
李兴娟	生　物	优质课	县二等奖	2011.3
刘艳红	化　学	优质课	县二等奖	2011.3
李汉军	数　学	优质课	县二等奖	2011.3
何　双	数　学	优质课	县二等奖	2011.3
潘丽珠	音　乐	优质课	县二等奖	2012.3
秦夫良	语　文	优质课	县二等奖	2011.3
聂成娟	生　物	优质课	县二等奖	2012.3
张　迪	化　学	优质课	市级一等奖	2011.07
张爱萍	语　文	优质课	市级一等奖	2011.11
王甲峰	生　物	优质课	市级二等奖	2011.11
庄绪栋	地　理	优质课	市级二等奖	2011.11
李　娜	政　治	优质课	市级二等奖	2011.11
王晓艳	英　语	电教优质课	市级二等奖	2011.8
杨　飞	英　语	电教优质课	市级二等奖	2011.8
臧家波	信　息	电教优质课	市级二等奖	2011.8
徐燕华	历　史	电教优质课	市级二等奖	2012.8
牟秀娟	历　史	公开课	县　级	2010.3
王晓艳	英　语	中小学信息技术与课程整合优质课评选	市级二等奖	2011.6

续表 2

姓　名	学　科	类　别	获奖等级	获奖时间
杨　飞	英　语	中小学信息技术与课程整合优质课评选	市级二等奖	2011.6
臧家波	信　息	中小学信息技术与课程整合优质课评选	市级二等奖	2011.6
张立泉	物　理	公开课	市　级	2011.04
秦向芹	信　息	公开课	市　级	2011.09
刘振飞	化　学	公开课	市　级	2011.4
卢友涛	语　文	公开课	市　级	2011.4
林　申	美　术	基本功	省级三等奖	2011.05
林　申	美　术	基本功	市级二等奖	2010.12
夏培殿	物　理	基本功	市级三等奖	2010.12
秦向芹	信　息	课　件	市级一等奖	2011.6
李京凤	历　史	课　件	市级一等奖	2010.11
邓兰山	英　语	课　件	市级一等奖	2011.6
潘丽珠	音　乐	课　件	市级二等奖	2011.6
纪凡建	通　用	数字故事教育软件评选	市级二等奖	2011.8
李　娜	政　治	课　件	市级三等奖	2011.6

2012年4月11日，莒南县“2012年市县级课题开题论证会”在学校实验楼会议室召开。学校课题组作了题为《高中思想政治主体参与型教学模式研究》的开题报告。专家组分别对开题报告进行了点评，肯定了该课题的创新性和普适性，同时对该课题研究的方法步骤指出了指导性建议，为课题研究指明了方向。

2012年，尤洪平校长在全国教研先进集体颁奖会上领奖

是年9月，学校对教科室领导成员进行调整，宋维连任主任，杨云旭、左兴高任副主任，李娜、王贤峰为成员。

至是年，校长尤洪平先后主持《山东省中小学英语特色教育研究》等8项省级、国家级课题研究，主持完成山东省“十一五”重点科研课题《信息技术与学科整合的研究》和省级重点课题《主体参与型课堂教学模式研究》。其中，《山东省中小学英语特色教育研究》和《主题参

2013年，学校教科室被评为“临沂市教育科学研究优秀教科室”

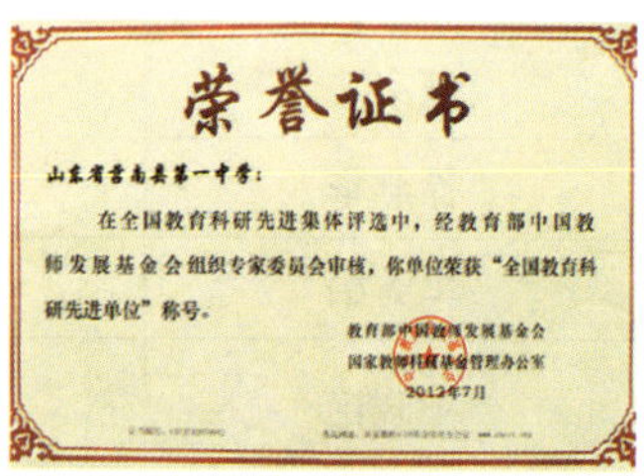

2012年，学校被授予“全国教育科研先进单位”称号

学校教科室督导课题研究

市、县教科室领导来学校指导课题研究

与型课堂教学模式研究》获山东省教育科学“十五”规划重点研究课题一等奖。是年，有4名教师被评为“临沂市优秀课题实验教师”，3个课题组被评为“临沂市优秀课题组”。学校被教育部中国教师发展基金会、国家教师科研基金管理办公室联合授予“全国教育科研先进单位”称号；学校教科室被评为“临沂市先进教科室”。

2012年学校教师获奖论文统计表

姓　名	论文名称	获奖时间	颁奖单位	获奖等级
尚庆海	合理利用信息技术整合政治课堂教学	2012.6	中国教育技协	国家二等奖
李　娜	思想政治主体参与型课堂教学模式探究	2012.6	山东省教科所	省级二等奖
朱礼华	浅谈中学作文教学中的审美教育	2012.6	山东省教科所	省级二等奖

2012年课件评选活动获奖名单

姓　名	课　题	参赛项目	获奖等级
张立泉	牛顿第二定律	课　件	市级一等奖
李　娜	公司的经营	课　件	市级一等奖
杨　琨	多彩的拉丁美洲	课　件	市级一等奖

2013年下半年阳光教育大讲堂情况表

序　号	时　间	主讲教师	讲授主题	地　点	参与班级
1	9.21	张广科	语　文	阶梯教室	高一（1、2）
2	9.28	任高峰	数　学	阶梯教室	高一（3、4）
3	10.12	杨佃军	英　语	阶梯教室	高一（5、6）
4	10.19	王广运	物　理	阶梯教室	高一（7、8）
5	10.26	宋维连	化　学	阶梯教室	高一（9、10）
6	11.2	郭洪全	历　史	阶梯教室	高一（11、12）

续表

序　号	时　间	主讲教师	讲授主题	地　点	参与班级
7	11.9	鲁统群	生　物	阶梯教室	高一（13、14）
8	11.16	尚庆海	政　治	阶梯教室	高一（15、16）
9	11.23	林申	美术	阶梯教室	高一（17、18）

2013 年 11 月 16 日，尚庆海副校长举行阳光教育讲座

2013 年 11 月 23 日，办公室副主任林申举行阳光教育讲座

2012~2013 年学校教师讲课、优质课、示范课、基本功、课件、论文评比获奖情况统计表

姓　名	科　目	比赛内容	获奖时间	获奖等级	授奖单位
刘加波	历　史	讲　课	2013.5	县级一等奖	莒南县教体局
闫凡胜	技　术	讲　课	2013.5	县级一等奖	莒南县教体局
贾润昌	数　学	讲　课	2013.5	县级一等奖	莒南县教体局
朱礼华	语　文	讲　课	2013.5	县级一等奖	莒南县教体局
陈　香	生　物	讲　课	2013.5	县级一等奖	莒南县教体局
赵丙霞	数　学	讲　课	2013.5	县级一等奖	莒南县教体局
赵进菊	地　理	讲　课	2013.5	县级一等奖	莒南县教体局
崔言翠	英　语	讲　课	2013.5	县级一等奖	莒南县教体局
聂成娟	生　物	讲　课	2013.5	县级一等奖	莒南县教体局
徐　岩	语　文	讲　课	2013.5	县级一等奖	莒南县教体局
刘庆田	数　学	电教优质课	2013.7	省级二等奖	山东省电教馆
胡尊玉	数　学	优质课	2012.12	市级一等奖	临沂市教育局
闫凡胜	技　术	优质课	2013.7	市级二等奖	临沂市教育局
尤　超	美　术	优质课	2013.7	市级一等奖	临沂市教育局
李汉军	数　学	电教优质课	2013.4	省级二等奖	山东省教科所
夏佩婷	数　学	优质课	2012.12	市级二等奖	临沂市教育局

续表

姓 名	科 目	比赛内容	获奖时间	获奖等级	授奖单位
徐明霞	信 息	多媒体课件	2013.7	市级一等奖	临沂市教育局
张爱萍	语 文	教科研论文	2013.11	市级二等奖	临沂教科研中心
朱礼华	语 文	教科研论文	2013.11	市级二等奖	临沂教科研中心
徐 岩	语 文	教学课件	2013.11	市级一等奖	临沂教科研中心
尤洪平	化 学	示范课	2013.9	市 级	临沂教科研中心
张 芳	数 学	示范课	2013.11	市 级	临沂教科研中心
陈 香	生 物	示范课	2012.11	市 级	临沂教科研中心
许洪喜	化 学	示范课	2013.9	市 级	临沂教科研中心
田玲芳	化 学	教学设计	2013.4	市 级	临沂教科研中心
赵进菊	地 理	示范课	2013.3	县 级	莒南县教体局
时少飞	体 育	教学基本功	2013.7	市级一等奖	临沂市教育局
聂成娟	生 物	优质课比赛	2013.7	市级二等奖	临沂市教育局
滕明升	物 理	优质课比赛	2013.7	市级二等奖	临沂市教育局
刘庆田	数 学	电教优质课	2013.7	市级一等奖	临沂市电教馆
滕艳云	地 理	讲课	2013.7	县级一等奖	莒南县教体局
孙 阳	英 语	多媒体课件	2013.8	省级三等奖	山东省电教馆
孙 阳	英 语	多媒体课件	2013.7	市级二等奖	临沂市教育局
孙 阳	英 语	多媒体课件	2013.7	市级二等奖	临沂市教育局
刘姗姗	语 文	多媒体课件	2013.7	县级一等奖	莒南县教体局
李善珍	信 息	多媒体课件	2013.7	县级一等奖	莒南县教体局
陈兆良	地 理	多媒体课件	2013.7	县级一等奖	莒南县教体局
闫凡英	英 语	多媒体课件	2013.7	县级一等奖	莒南县教体局
赵永春	信 息	多媒体课件	2013.7	县级一等奖	莒南县教体局
陈优伟	化 学	多媒体课件	2013.7	县级一等奖	莒南县教体局
王素侠	心 理	多媒体课件	2013.7	县级二等奖	莒南县教体局
孙玉杰	英 语	多媒体课件	2013.7	县级二等奖	莒南县教体局
滕明升	物 理	多媒体课件	2013.7	县级二等奖	莒南县教体局

2013~2014 年学校教师优质课评比获奖情况统计表

姓 名	时 间	参赛级别	奖 次	授奖单位
左兴高	2014.07	省级	二等奖	山东省电教馆
左兴高	2014.07	市级	一等奖	临沂市教育局
卢友涛	2013.12	市级	一等奖	临沂市教育局

续表

姓　名	时　间	参赛级别	奖　次	授奖单位
刘加波	2014.01	市级	一等奖	临沂市教育局
聂成娟	2013.12	市级	一等奖	临沂市教育局
张　倩	2014.07	市级	一等奖	临沂市教育局
贾润昌	2014.01	市级	一等奖	临沂市教育局
王义涛	2014.01	市级	一等奖	临沂市教育局
滕明升	2013.12	市级	一等奖	临沂市教育局
李　华	2014.01	市级	二等奖	临沂市教育局
聂英荣	2014.01	市级	二等奖	临沂市教育局
严加生	2013.12	市级	二等奖	临沂市教育局
严加生	2013.01	县级	二等奖	莒南县教体局
孙运源	2014.01	县级	一等奖	莒南县教体局

2014 年教师课件制作获奖情况统计表

姓　名	作品名称	获奖等次
徐　伟	《Flash 动画类型》	县级一等奖
秦向芹	《信息与信息技术》	县级一等奖
刘厚伟	《念奴娇·赤壁怀古》	县级二等奖
刘姗姗	《故都的秋》	县级二等奖

阳光教育大讲堂计划（2014 年 10 月）

序　号	时　间	讲授教师	主讲主题	地　点	主体学生
1	10 月 18 日	徐兰荣	语文	阶梯教室	高一、1、2
2	10 月 25 日	范玉峰	数学	阶梯教室	高一、3、4
3	11 月 1 日	杨佃军	英语	阶梯教室	高一、5、6
4	11 月 8 日	唐龙庭	物理	阶梯教室	高一、7、8
5	11 月 15 日	许洪喜	化学	阶梯教室	高一、9、10
6	11 月 22 日	鲁统群	生物	阶梯教室	高一、11、12
7	11 月 29 日	付庭宽	政治	阶梯教室	高一、13、14
8	12 月 6 日	牟秀娟	历史	阶梯教室	高一、15、16
9	12 月 13 日	韩　炜	地理	阶梯教室	高一、17、18
10	12 月 20 日	赵鹏飞	音乐	阶梯教室	高一、19、20
11	12 月 27 日	王沂峰	美术	阶梯教室	高一、21、22

2014 发表论文统计表

序　号	名　称	级　别	教师签名	报刊名称	时　间
1	提高信息技术课堂教学质量的思考与探究	国家级	臧家波	课程教材教法	2014.5
2	嫦娥二号牵手高考	国家级	陈优伟	中学生导报	2014.2
3	金属防护的 3 种常见方法	国家级	陈优伟	中学生导报	2014.6
4	着力解决农村食品安全问题	省级	葛　振	育才报	2014.11
5	2014 年跨国公司座谈会在厦门举行	省级	李　娜	育才报	2014.1
6	上好高中思想政治课的探究	省级	李奎民	基础教育课程	2014.1
7	警惕道德天平的失衡	省级	李奎民	育才报	2014.1
8	入世十二年来中国经济的发展	省级	严加生	育才报	2014.1
9	全球人口到 2100 年或将达到 110 亿	省级	韩　炜	育才报	2014.11
10	地球运动原理及其规律	省级	张秀玲	育才报	2014.12
11	太阳运动与太阳高度	省级	高存雷	育才报	2014.12
12	秋风中的父亲	省级	卢同良	山东教育	2014.2
13	第一次世界大战	省级	彭春雨	当代中学生报	2014.9
14	太平之梦，陨落天国	省级	刘加波	当代中学生报	2014.9
15	突破局部，领略全局	省级	刘加波	当代中学生报	2014.1
16	拯救华尔街	省级	刘加波	当代中学生报	2014.3
17	光环下的罪恶	省级	刘加波	当代中学生报	2014.6
18	社会主义经济体制的建立	省级	刘加波	当代中学生报	2014.3
19	中国近现代社会变迁检测题	省级	刘加波	当代中学生报	2014.2
20	白话文与文言文的较量	省级	刘加波	中学生学习报	2014.8
21	中国科学技术发展的一面旗帜	省级	刘加波	中学生学习报	2014.9
22	启蒙运动的旗手—伏尔泰	省级	刘加波	中学生学习报	2014.1
23	浅谈如何提高高中化学实验教学的时效性	省级	许洪喜	新课程学习	2014.11

2014 年课题立项统计

序　号	负责人	成　员	课题题目	审批机关	级　别	立项时间
1	王　娜　左兴高	徐兰荣　陈晓艳　刘明珠	初高中语文语言规范衔接教学研究	临沂市教育局	市　级	2014.3
2	范玉峰　孙　云	贾润昌　赵丙霞　刘庆田	家长委员会在班级管理工作中的作用发挥研究	临沂市教育局	市　级	2014.3
3	许洪喜	刘艳红　张　迪　陈优伟	高中化学实验教学实效性研究	莒南县教体局	县　级	2014.3
4	林　申　王沂峰	徐桂苗　毛利群　尤　超　陈祥梅	高中《美术鉴赏》课堂教学设计研究	莒南县教体局	县　级	2013.4

2014 年教师编写著作教辅统计表

序号	名称	级别	教师签名	时间
1	创新教程（副主编）	省级	李振义	2014.1
2	轻巧夺冠（主编）	省级	秦夫良	2014.2
3	轻巧夺冠（主编）	省级	秦夫良	2014.2
4	轻巧夺冠（主编）	省级	刘明珠	2014.3
5	自主学习指导课程（编委）	市级	杨冰玲	2014.8
6	自主学习指导课程（编委）	市级	杨守卫	2014.8
7	自主学习指导课程（编委）	市级	赵瑞梅	2014.8

2009 ~ 2013 年学校获得的教科研集体荣誉

时间	荣誉称号	颁奖单位
2009	临沂市教育科研示范学校	临沂市教育局
2010	临沂市教科研先进单位	临沂市教科研中心
2011	临沂市教科研示范学校	临沂市教育局
2012	全国教育科研先进集体	教育部中国教师发展基金会
2013	临沂市先进教科室	临沂市教科研中心

2009 ~ 2012 年学校教科研获得的个人荣誉

时间	姓名	荣誉称号	颁奖单位
2008	严加生	临沂市教科研先进个人	临沂市教科研中心
2009	杨云旭	临沂市教科研先进个人	临沂市教科研中心
2010	宋维连	临沂市教科研先进个人	临沂市教科研中心
2011	曹佃蕾	临沂市教育科研能手	临沂市教育局
2011	韩炜	临沂市教育科研优秀实验教师	临沂市教科研中心
2012	许春恒	临沂市教科研先进个人	临沂市教科研中心

至 2014 年，学校陆续承担了 7 项省级及以上科研课题，有 4 项获省级一等奖，2 项获省级二等奖。尤洪平等 13 人获省级以上科研成果奖。学校教师在国家级、省级刊物发表教学论文 300 多篇，参编专著 150 多部，16 件课件作品获市级以上奖励。朱淑娟等 33 人获市级以上讲课比赛一等奖，有 51 人获县讲课比赛一等奖。孙国等 19 人获国家级奥赛辅导奖，高秀礼等 60 人获省级奥赛辅导奖。

第九章

校园文化建设

建校之初，学校的文化建设基本上是自发的，没有先期的规划和方案，1952年到1956年间，基本上是一边学习，一边劳动，在简陋的教室墙壁上设置一块黑板，作为宣传栏；劳动之余唱支革命歌曲，形式虽然简单，但内容却紧扣政治形势。上世纪50年代末至60年代初，学校经过了“整风反右”“大跃进”等运动，随后经历十年文革，学校一切工作要以“阶级斗争为纲”，要靠“政治挂帅”。1976年之后，为顺应时代发展和教育形势，教育秩序得以逐渐恢复。学校开始推行“教书育人，管理育人，服务育人，环境育人”的理念。1981年2月25日，全校师生积极响应全国总工会、共青团中央等9个单位联合发出的倡议，开展以“五讲四美”为主要内容的文明礼貌教育活动。1982年，为全面贯彻党的教育方针，培养和造就更多的四化建设人才，学校开始倡导“关心政治，勤奋向上；生动活泼，主动学习；勤俭节约，艰苦朴素；爱护公物，遵守纪律；热爱劳动，关心集体；团结友爱，助人为乐；锻炼身体，讲究卫生”的校风。

2001年，学校正式提出校园文化建设的构想。从办学理念到外部环境，全面提升校园文化品味。

至2014年，在创设文明校园、平安校园、和谐校园的过程中，融入全新的文化概念，不断建设、反思、提高，着力体现个性魅力与办学特色，为更好地培养适应时代要求的高素质人才，全面提高育人质量打下基础。

第一节　校训　校风　教风　学风

学校始终坚持“为学生的终身发展奠基”的办学理念和“德育为首，科研兴校，突出特色，全面育人”办学思想，以“让学生成才、让家长放心、让社会满意”为办学目标，确定了“内强素质，外树形象，真抓实干，争创一流”的工作思路，全面贯彻教育方针，不断深化课程改革，以中华民族的优良传统和社会主义核心价值观为导向，以优化、美化、净化校园文化环境为重点，为学生健康成长、教师专业发展和学校升级进位提供良好的文化环境。

1. 校训：严谨勤奋，博学创新

学校在十年校庆时曾借鉴抗日军政大学校训，确定学校校训为“团结、紧张、严肃、活泼”。这是学校第一次确立校训。在40年校庆时提出“严谨勤奋，博学创新”的校训，引导师生严谨治学、勤奋耕读，博学多才、开拓创新。

2. 校风：崇德尚文，求真务实

要求师生推崇品德、崇尚文化，追求真知、脚踏实地。

3. 教风：敬业垂范，精思善教

引导教师爱岗敬业、率先垂范，精深探究、循循善诱。

4. 学风：励志笃学，自律向上

鼓励学生历练意志、笃心好学，自觉自立、敢于争先。

第二节　校徽　校报

莒南一中校徽

莒南一中校徽设计于2001年。图案由红黄蓝三色组成。蓝色部分为“一中”字形变体，中间“Y”即是“一中”的“一”拼音首字母“Y”，犹如托举的双手、打开的书卷、新生

的幼苗；红色部分象征莘莘学子如初升的太阳，又象征莒南一中的教育事业蒸蒸日上。黄色部分意喻金灿灿的丰收成果和辉煌成就。三颗心形变形图案，意喻学校、家庭、社会三位一体，形成合力，不断推进莒南一中的教育事业向前发展。

莒南一中校报

证 书
山东 省 莒南 市(县) 第一中学 校办报刊
《 莒南一中 》，经本会学术委员会评审，评定为第20届(新一届)年会优秀校办报刊，荣获 壹 等奖。
孙冰一老师获校办报刊优秀指导教师荣誉。
此 证
中国语文报刊协会课堂教学分会
2004.4

《莒南一中》报获中国语文报刊协会课堂教学分会优秀校办报刊一等奖

莒南一中
2003年1月18日 JU NAN YI ZHONG
创刊号
创 刊 词
校 长 寄 语
2002年学校大事记
以党的十六大为契机 努力开创一中新局面
恭贺
新春
值此新春佳节之际，徐广军、尤洪平携全校教职员工向全县人民拜年！
感谢各级领导和社会各界及学生家长对一中工作的关怀和支持！

《莒南一中》报创刊号

2002年12月，学校校委会研究决定创办《莒南一中》校报（内部资料）。2003年1月印刷发行第一期，之后每月一期，定期印刷发行（部分月份因招生或重大活动需要增加特刊）。

《莒南一中》校报为正度四开版，2013年1月出版的第一期，一、四版为黑红两色，二、三版为黑色。2014年暑假进行改版，一、四版为全彩色。

每月25日前各版责任编辑筹集稿件交校报室，新闻稿件可延至30日。每月3日由校报室编辑初稿，打印初稿送交各版责任编辑审稿，校长总体把关后，5~10日印刷发行。

一版“学校新闻、学校重要工作安排及进程”由学校办公室编辑，主要体现学校的政治思想工作和整体、主体工作；二版“教育与管理”由政教处编辑，主要体现学校的教育教学管理内容；三版“教学与教研”由教导处编辑，主要体现学校教学方面的方案、成就，学习方法与教学研究等内容；四版“师生园地”由学校团委编辑，主要体现学校师生丰富多彩的文化艺术活动、体育活动和社会实践活动等方面内容。

《莒南一中》校报属于内部资料，主要面向本校师生，以及全县党政、企事业单位办公室及主要领导，外地交流主要面对临沂市各县区一中及友好学校。

至2014年12月已发行136期。

第三节 校 庆

学校自1952年创办，已有60多年历史，曾三次更名、多次扩建，经历从无到有，从小到大，从弱到强的发展历程。

为客观展示学校的发展历程和办学成果，激励全校师生“励精图治、奋发图强”的精神，学校先后举行建校10年、40年、50年、60年校庆庆典。

一、十年校庆

1939年，莒南县成为鲁东南革命根据地。1940年，莒南县建立民主政权，全县人民在党的领导下，实行减租减息、土地改革、支前参军，为抗日战争和解放战争的胜利作出了巨大贡献。期间，全县很多村庄先后设立了小学、青年夜校和识字班等学习组织。1949年中华人民共和国成立，全县的小学教育和业余教育，如雨后春笋，得到普遍发展，为培养社会主义建设人才，莒南县人民政府在莒南县驻地——十字路镇建立莒南历史上第一所中学——莒南中学。

建校十年，学校由开始四个初中班的初级中学发展到拥有23个班的完全中学。教职工由原来27人发展到92人；学生由初始的200人，发展到1032人。学校先后为高级中学和中等专业学校输送903名合格新生，为高等院校输送207名合格新生。

1962年12月27日，为展示建校十年取得的成就，学校举行建校十周年庆典，孙筱亭校长代表学校作了讲话。

二、四十年校庆

1992年10月2日，学校举行40周年校庆，全国各地校友3000多人参加庆祝活动。庆祝大会上县政府副县长王厚君，县教育局局长李广振，莒南一中校长甄洪祥先后作了讲话，教师、校友和学生代表分别发言。中国佛教协会主席、全国政协副主席、著名书法家赵朴初为学校题写了校名。高克亭、梁步庭等省委领导分别题词祝贺。会后，部分来宾、校友合影留念。下午2点，与会领导、来宾和广大校友参观了校史展室。展览从学校发展沿革、学校荣誉、发展规划等方面展示了学校建校40年的发展历程。

校庆大会楹联①：百亩校园欣欣桃花李果递经卌载；八方胜友济济吉日良辰各有千秋。②亲朋会旧朋旧朋万福新朋万福；校庆逢国庆国庆千秋校庆千秋。③建校四十周年共贺教育方针胜利；与会三千胜友互通建国功业成绩。④学校在前进事业正当四十载；友朋喜云集武文何只三千人。⑤四十周年校庆正逢国庆大典国庆永恒校庆无量；三千多名高朋相会佳节良辰佳节添彩高朋增欢。⑥建校四十年品德智慧体美劳；与会三千者党政工农兵学商。

三、五十年校庆

2002年10月3日，学校举行建校50周年庆祝大会。莒南县教育局长、学校党总支书记徐广军主持大会。240名少先队员组成的鲜花队，为大会献词。80名少先队员组成的鼓乐队，为大会助威。大会宣读了中共临沂市委、临沂市人民政府的贺电和海内外校友的贺信。校长尤洪平向大会作学校工作汇报，全面介绍了学

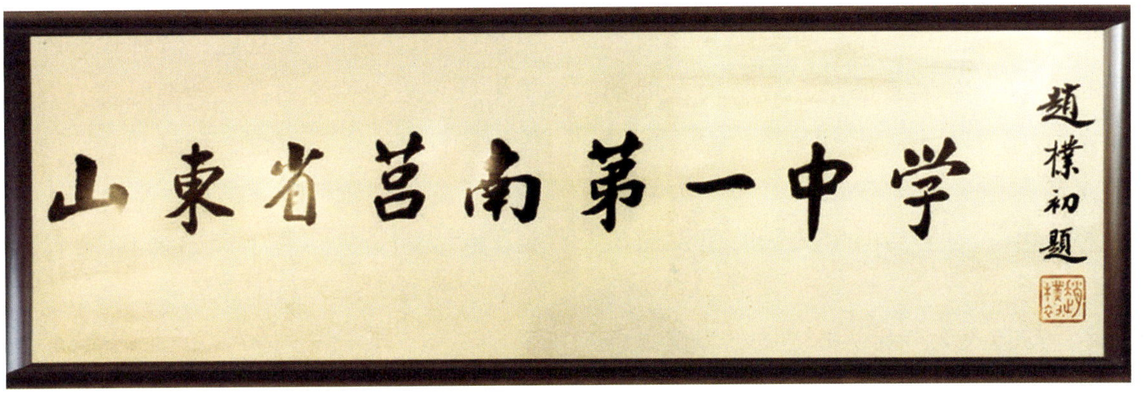

中国佛教协会主席、全国政协副主席、著名书法家赵朴初为学校题写校名

校50年的发展历程和取得的成就。莒南县委副书记、县长陈相珍，临沂市教育局副局长郑西溪分别代表县委、县政府和临沂市教育局致辞，对莒南一中的发展和壮大给予高度评价，对学校的跨跃发展提出了希望和要求。校友代表、临沂一中校长李世良，老教师代表李广振，青年教师代表林学珍和学生代表吴静分别在大会上发言。

临沂市教育局局长孙家振，中共莒南县委书记于中华，县委副书记、常务副县长马昆，县委副书记季保劲，县委副书记、县纪委书记陈一兵，县人大主任王玉聪，县政协主席魏茂泉，县委常委、人武部政委刘建玺，县委常委、县政法委书记孙忠德，县委常委、组织部长王常胜，县委常委、县委办公室主任王伟庆，县委常委、宣传部长赵西平，县人大副主任赵德堂、葛树民，副县长李学谦、崔金成，县政协副主席刘汉菊、戴秀武、孙立村、莫凤铃，各乡镇党委、政府负责人，县直各企事业单位和中央、省、市属驻莒南有关单位的主要负责人，临沂市各县区一中校长，莒南县各乡镇教委主任、中学校长，莒南一中新老教师及历届校友共2000多人参加了庆祝大会。

徐广军局长在大会总结中指出，50周年校庆是对学校已经走过的历程的重温与回望，是对学校发展进程中经验与教训的回顾与反思，同时对学校今后的发展提出了更高的要求和希望。“依法执校，以德治校，科研兴校，大面积提高教育教学质量”，是学校发展的重点和方向。学校将进一步实施“三名工程”，尽快通过省级规范化学校验收，为社会培养更多合格人才，为全县两个文明的建设做出新贡献。

会后，与会人员参观了校史展览和校友书画展览。下午，校友们分别举行了座谈，拜师会友，忆旧话新。晚上，学校举行了盛大的焰火晚会。

四、六十年校庆

2012年10月，学校举行建校60周年大型庆典，设立60年学校发展展览馆，展示了学校60年走过的历程和取得的成就。10月2日上午，学校在体育场举行“建校60周年庆祝大会”。临沂市教育局局长卢立海，莒南县委书记、县人大常委会主任陈一兵，莒南县委副书记、县长高永胜，新疆喀什地委委员、宣传部长王立胜，中央党校进修部副局级组织员尤元文，县政协主席李学谦，县人大常委会副主任、党组书记聂相仕，县委副书记赵西平，县委常委、宣传部长张俊春，县教体局局长、学校党总支书记张振群，学校校长尤洪平，学校历任老校长、老书记，县六大班子有关领导，各乡镇（街道）主要负责人，县直各部委办、科级以上事业单位及中央省市驻莒南各单位主要负责人，部分高校领导，兄弟市县区部分中学校长，县直中小学校长，各乡镇（街道）教委主任、中学校长，部分新闻媒体朋友，学校部分离退休教师、历届校友代表和全体师生参加了庆祝大会。大会由县委副书记、县长高永胜主持会议，县委书记、县人大常委会主任陈一兵致辞，校长尤洪平向大会汇报学校60年发展历程和取得的成就，校友代表新疆喀什地委委员、宣传部长王立胜，教师代表陈国玲、学生代表庄京瀚分别在大会上发言。下午，学校历届校友“情系母校，奉献爱心”助学活动在学校实验楼阶梯教室举行，部分贫困学生得到了校友的资助。晚上，学校60年校庆文艺晚会“光辉历程”在体育场举行。

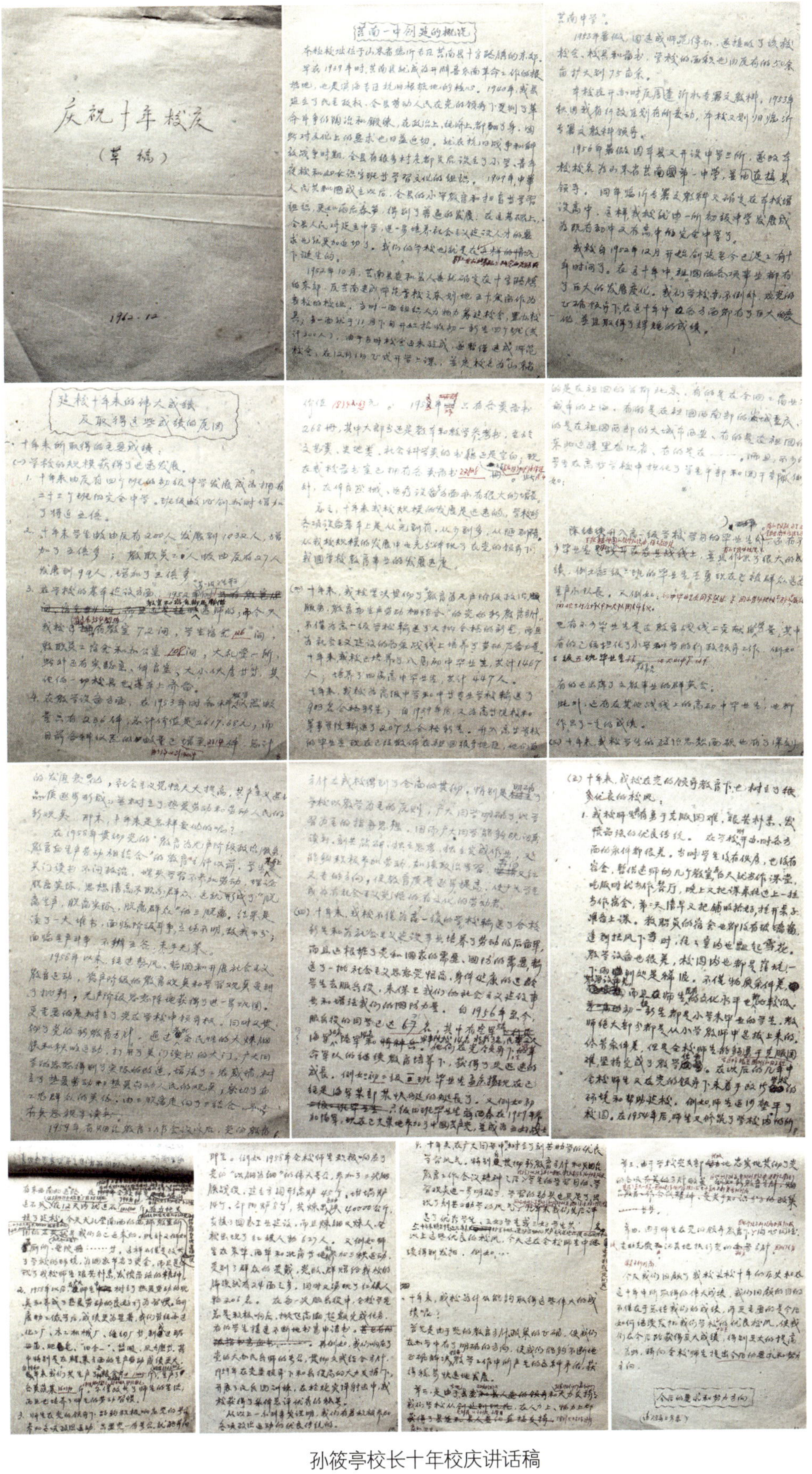
庆祝十年校庆
（草稿）
1962.12

莒南一中创建的概况

建校十年来的伟大成绩
及取得这些成绩的原因

孙筱亭校长十年校庆讲话稿

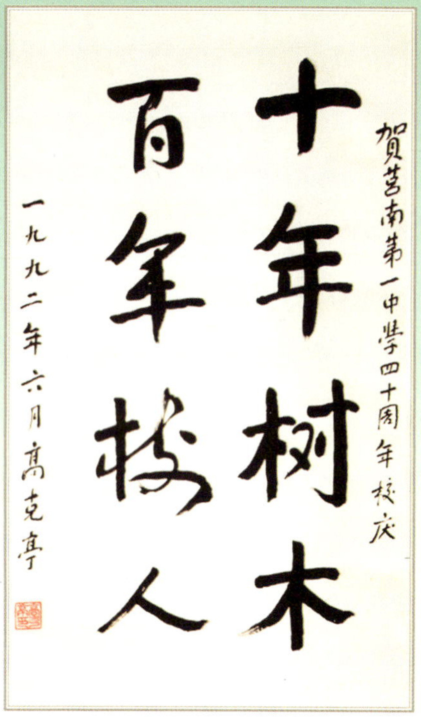

高克亭　原山东省委书记

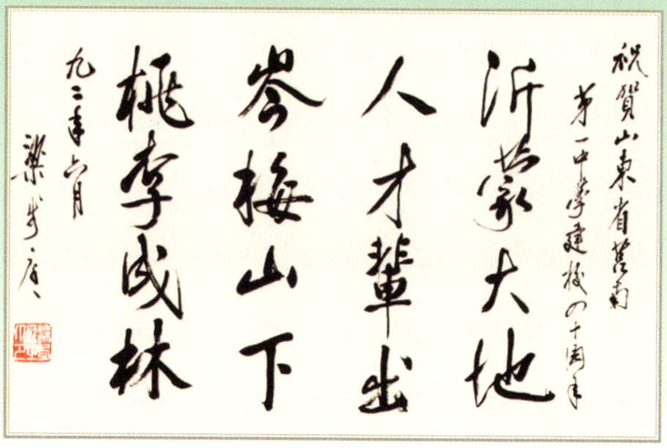

梁步庭　时任山东省委书记

领导为学校 40 周年校庆题词

学校建校 40 周年庆典剪影

部分领导为学校 50 周年校庆题词

学校建校 50 周年庆典剪影

莒南县委书记、县人大常委会主任陈一兵致辞

莒南县委副书记、县长高永胜主持会议

校长尤洪平在庆典大会上讲话

校友代表中共新疆喀什地委委员、宣传部长王立胜发言

教师代表陈国玲发言

学生代表庄京瀚发言

学校建校60周年庆典剪影

学校建校60周年庆典剪影

60 周年校庆大会主席台

庆典开始时的彩色焰火

60 年校庆学校大门场景

校庆蛋糕塔

校庆晚会焰火

师生迎宾队伍

学校建校 60 周年庆典剪影

第四节　环境建设

在不同历史时期，学校不断创新校园文化建设的途径和方法，坚持继承与发展的原则，力求主题鲜明、内容丰富、形式多样，以体现浓厚的学校文化底蕴和办学特色。

学校外墙以板报橱窗、醒目标语、牌匾等形式宣传人文思想为主，室内布置坚持统一规划与个性化设计相结合，突出特色，相得益彰。

1. 室外环境　校门正中大理石镶嵌中国佛教协会原会长、全国政协原副主席赵朴初题写的校名“山东省莒南第一中学”，大门两侧悬挂规范性木制校牌；校门内侧大理石镶嵌“崇德尚文，追求卓越”八个金字；喷泉雕塑群象征团结一致、共同开创未来的一种精神。主干道两侧设有党和国家的教育方针宣传栏；校内橱窗、外墙黑板是学校专题教育的宣传窗口，学校和社会的重大事件、评论及学生对专题教育的体会都能够在校内橱窗和黑板报中得到直接的体现。主教学楼上面题写“创齐鲁名校，育四有新人”的大幅标语。塔松前矗立着正在读书的少女雕像，雕塑后题写校训。教学楼外墙书写各种激励性标语；生活区门前均有温馨提示；运动区墙面有永久性标语、体育运动图标等；教学楼走廊有名人头像、名言警句及温馨提示；校园择地安装运动器械。

2. 班级环境　学校将“三表一简介”（时间表、课程表、值日表、班级简介）搬出室内，张贴在各班教室门前，便于师生查看。学校对室内布置进行统一规划。黑板正上方有符合各年级学生年龄特点的班训，两侧设有“四册一薄”专栏，教室后墙设有开放式书架，主墙面为“学习园地”，由各班负责个性化、人文性设计，要求班级文化建设有切合实际的实施方案，凸显主题，个性鲜明。

3. 宿舍环境　围绕“温馨家园、你我共建”的口号，学校负责整体规划，各宿舍进行个性化、特色化布置。

4. 厕所文化　厕所虽是最不起眼的地方，但却是最受人关注的场所，除了净化、美化，更重要的是赋予一定的文化内涵。在相应的地方写有耐人寻味、意味深长的文字，引导学生讲究卫生，崇尚文明。外墙有明显标志，内墙有温馨提示。

5. 办公室文化　根据各科室组工作职能，确立相应的室内标语并张贴相关的规章制度。

6. 餐厅文化　学校餐厅是师生生活的重要场所，为构建餐厅文化，在餐厅建立文化墙，张贴文明、卫生标语，悬挂大型有线电视，积极开展“光盘行动”，努力创建“文明餐厅”“文化餐厅”，让师生时刻不忘“一粥一饭，当思来之不易；半丝半缕，恒念物力维艰”。

7. 综合教育室（德育室）　通过校史展览引导学生追溯历史，继承传统，感念先贤，历练成长。

8. 文化长廊　学校文化长廊以师生活动为主，设有“我的家园”“师生书画作品展”“报刊宣传”“课改前沿”“班级活动”等板块，体现“在阳光下健康成长”的主导思想，努力打造师生宜教宜学的温馨家园。

第五节　系列主题教育活动

1. 国旗下的讲话

学校坚持每周一升旗制度，充分利用国旗下的讲话对学生进行爱国主义教育、理想信念教育、集体主义教育、文明礼貌教育、诚实守信教育等。国旗下的讲话已成为学校德育工作的一个重要组成部分。

2. 校园精神文化建设

（1）充分利用节庆活动等时间节点，对学

2011 年 5 月 30 日，校长尤洪平接受中央电视台“红运项目进校园”活动专访

2011 年 5 月 30 日，党总支书记徐广军接受中央电视台“红运项目进校园”活动专访

生进行爱国主义教育、民族传统教育、诚信教育、法制教育和安全教育等。

（2）利用两会（晨会和班会），经常对学生进行日常行为习惯的养成教育和校情教育。

（3）社团活动

2010 年 5 月 13 日，学校第一个学生社团“晨帆文学社”成立。该社由 25 名师生组成，设社长 1 人，副社长 2 人，并设编辑部、申诉部、网络部、美编部、访谈部、宣传部、外联部等。

2013 年 1 月 21 日，学校举行学生社团成立大会，共设立 15 个社团，分别为演讲社团、爱影摄影社团、平面设计社团、绘画社团、装饰画社团、笑缘相声社团、舞动青春社团、扬帆合唱社团、播音主持社团、篮球俱乐部、排球俱乐部、足球俱乐部、乒乓球俱乐部、羽毛球俱乐部、健美操俱乐部，继晨帆文学社之后举行集体挂牌仪式。

挂牌仪式后，学校在科技楼安排了 16 口教室作为各个社团的活动场所，配置了相关社团活动需要的仪器、道具等，并安排相关的专业教师进行指导。社团成立后，由各个社团自行招募社员，并定期举行各种活动和比赛。至 2014 年，各社团共发展会员 1600 余人，举行各种比赛活动近百次，既满足了学生的特长需求又推动了学校文体活动的整体发展。

（4）读书活动

为营造“书香校园”氛围，学校设有阅览室，班班设立“图书角”，走廊陈列开放式书架，让每个学生都能“好读书、读好书、书读好”。

（5）定期举办“两会”（春季、秋季运动

“红运项目进校园”活动剪影

会），推动竞技体育和群众性体育活动广泛开展，不断提升学生的竞技水平和身体素质，不断培养学生的集体荣誉感和道德意志。

（6）学校从2002年12月开始，坚持每两年举行一届校园文化艺术节，不断丰富校园文化生活，至2014年已经举办六届艺术节。

（7）红运项目进校园活动

2011年3月8日，莒南县“红运项目进校园”活动现场会在学校召开。参加会议的人员一同观摩了活动展示课。展示课对红运竞赛项目“独轮车支前”和“红军的扁担”进行讲解、示范和演练。通过“红运项目”活动，使学生既磨练了身体意志，又传承了优良传统。

5月30～31日，中央电视台、山东电视台等多家媒体来学校专题采访“红运项目进校园”活动开展情况，校长尤洪平、学校党总支书记徐广军接受了各大媒体的专访。

（8）“四德”工程建设

2014年2月24日，学校召开“四德”工程建设动员大会。学校成立了专门领导小组，制定了实施方案，认真落实到位，定期评选“四德”模范人物，以榜样带动他人，形成了浓厚的尚德氛围。9月，学校举行“相约孝道、感念师恩”活动月。12日，在学校体育馆举办孝文化书画笔会。29日，举行“相约孝道、感念师恩”书画展览开幕式暨《孝道文化》首发式，莒南县委常委、宣传部长张俊春，县人大常委会副主任徐广军，莒南县孝道书院名誉院长孙立村、葛树民，莒南县孝文化研究会会长许长恩，莒南县孝道书院院长李广振，莒南县孝文化研究会常务会长、秘书长孙运臣，校长尤洪平等出席活动仪式。莒南县孝道书院各位理事、全县知名书画家、作家及学校师生代表参加了活动。

学校召开“四德”工程建设动员大会

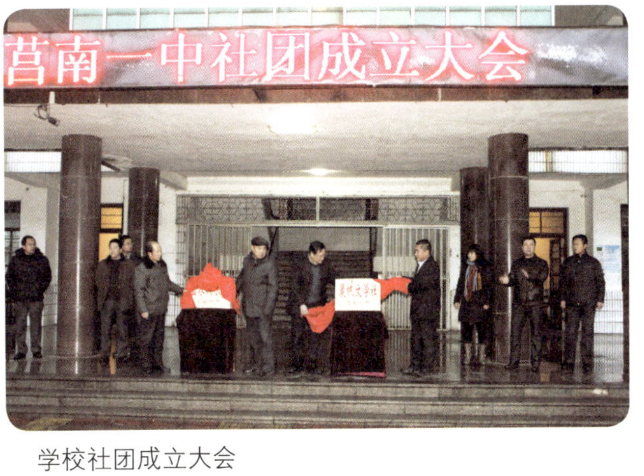

学校社团成立大会

各类社团活动

第十章

人 物

一、人物传略

孙筱亭

孙筱亭(1905.9 ~ 1982)，名孙湘，字筱亭，山东省沂水县人，出身贫农。孙筱亭年少时因生活贫困，仅读过4年小学即失学务农。15岁时到沂水城南关同顺成鞋铺做童工。1932年至1939年，在崮峪等村小学任教。期间，受地下党组织影响，开始积极投入工运、农运。他参加过农会，担任过沂水县工会常务委员会主席。期间，组织过两次较大规模的游行示威和一次为工人争取增加工资坚持1个月的罢工运动。

1940年，开始参加革命工作。先后担任沂蒙抗日一支队一团三营七连文书、沂蒙专署文教科文书、沂水金泉区中心校校长、沂蒙区教育会干事、沂水县东里区副区长、渤海军属大队大队长、沂水县文教科副科长、沂水联师副校长等职。1945年10月，加入中国共产党。1946年至1947年，任东里区副区长期间，带领群众为支援解放战争做出了积极贡献，先后荣立三等功和一等功。1953年至1975年，孙筱亭任莒南一中校长。

1975年离休，1982年病逝。

滕略韬

滕略韬(1922.4 ~ 1994.8)，莒南县筵宾镇人。初中文化程度。1942年5月参加革命工作，先后任小学教员、文教助理。1943年9月加入中国共产党。1945年10月至1946年10月，任滨海专署文教科科员、滨海中学教育队指导员、滨海专署教育处教育干事。1946年11月，任滨海专署实业处工矿科科员。1951年9月至1952年8月，任道口完小校长。后任莒南县各界人民代表会议常务委员会秘书。1954年5月至1956年11月，任莒南县文教科(教育科)副科长、科长，县人民委员会党组成员。1957年1月至1958年7月，任莒南一中副校长。1958年7月至1961年10月，任莒南县工业局局长。期间，在反“右倾”运动中受到错误批判。1960年6月3日至1961年8月，被下放到窑场、陶瓷厂、盐场劳动。1961年10月至1962年6月，任莒南县卫生科科长。1962年7月至1975年5月，任莒南县教育局局长(“文革”期间“靠边站”)。1975年6月至1981年12月，任莒南县文教办公室副主任。1982年1月离休，1994年8月11日病逝。

王洛宪

王洛宪（1914～1996），男，汉族，莒南县板泉镇人，临沂乡师毕业。1941年在沭水县参加抗日工作，任科员。1950年后从事教育工作，在板泉小学任教师。1952年8月调至莒南中学（原一中）。他教学认真，方法灵活，又富于钻研精神，深受学生欢迎。1955年自制教具“地理园”受到领导表扬，被选为县优秀教师。同年秋，出席省优秀教师代表会。1956年加入中国共产党。1958～1966年，先后任莒南一中教导副主任、副校长等职。“文化大革命”期间，被错误打成叛徒，受到严重迫害，后得到平反。1972年重新安排工作，任岭泉中学校长。1978年8月离休。1996年3月，因病去世。

刘契秋

刘契秋（又名刘宗干）(1901～1971)，男，汉族，莒南县道口乡人。少时在本村读私塾。1915年考入山东省立第五中学（临沂），1919年毕业。历任聊城三师附小教员、莒南县十字路镇高小教员、莒县教育局事务员、莒县中学事务员。1937年抗日战争爆发，失业回家。

1941年，刘契秋在滨海专署校长训练班学习半年，结业后被专署任命为滨海托儿所管理员和副所长。1949年调任大店完小校长。1952年，临沂专署开始筹建莒南中学。是年10月至1956年10月，任莒南中学总务处主任。建校初期曾一度主持学校工作。1957年至1966年任学校教导主任。历任莒南县各界人民代表会议第一至第七届教育界代表。1954年起，任莒南县第一、二、三、四、五届人民代表大会代表。1965年因病退休，1971年病故。

赵明远

赵明远（1908年～？）男，汉族，山东省招远县人。1958～1959年任学校副校长。

陈泮芝

陈泮芝（1918~？）男，汉族，1918年生，山东省沂南县人。中共党员，大专学历。1939年任大众日报社交通站站长，1942年任沂南县永泰区文教助理，1946年任沂东县葛沟镇完小校长，1948年任沂东县文教科科长，1949年任沂水专署、临沂专署文教科科员，1954年任治淮指挥部科长，并在省教育干校学习一年。1957年任郯城一中副校长，1963～1972任莒南一中副校长。

朱继善

朱继善(1909.9～1994.9)，男，汉族，莒南县十字路镇人。1943年在刘家白龙汪村加入中国共产党。1944年至1948年任莒南县委经

费会计。1949年至1950年在中共滨海地委机关合作社工作。1951年至1954年在中共莒南县委机关财务科工作。1955年至1957年先后在莒南县供销社、工业生产联社任财务科副科长、科长。1958年至1973年在莒南一中任总务主任。1973年退休，1982年改为离休，享受县处级待遇。1994年9月3日去世。

段秀森

段秀森（1933 ~ 2010.12），男，汉族，山东省莒县人。中共党员，大学学历，工程师，中国地震学会会员。莒南县第六、七次党代会代表，政协莒南县第四、五届委员。1947年孟良崮战役期间在解放军野战医院任护理员。1959年9月至1963年7月在山东师范学院物理系学习，毕业后分配至莒南一中任教师、教师团支部书记、校团委副书记。1970年任校革委副主任。1971年任党支部副书记、副校长。在莒南一中任职期间，被评为“五好教师”。1966年10月作为教师代表赴北京受到毛泽东、周恩来、刘少奇等党和国家领导人的接见。1971年11月当选为临沂地区第一届党代会代表。1974年3月任县科学技术委员会副主任，同年4月兼任县“九岭水利工程”副指挥。1975年2月任县地震办主任，1985年1月至1987年2月任县科学技术协会副主任、党支部书记，主持工作。1987年3月调县政协先后任政工科科长、文教卫生委员会主任、调研员等职。1995年退休。2010年12月8日因病去世。

李广振

李广振(1941.4 ~ 2015.8)，男，汉族，山东省郓城县人。中共党员，大学学历，中学高级教师。1949年7月至1961年7月，先后就读于郓城西辛庄小学、郓城小民屯完小、郓城一中。1961年9月至1966年7月就读于山东大学。1967年至1984年任莒南一中教师、教研组长。1984年至1995年在莒南县教育局历任副局长、局长、莒南县教委主任、党组副书记、党组书记。1995年至2001年，任莒南一中党支部书记、党总支书记。2004年2月退休。

任职期间，先后获得莒南县先进教师、莒南县先进工作者、临沂地区科教兴区先进工作者（相当市级劳模）、全国优秀教育工作者等荣誉称号，多次受到县委、县政府及上级主管部门的表彰，并先后当选为莒南县第十一届、十二届人民代表大会代表，莒南县政协二届至六届会议常务委员，莒南县第八次、第十次党代会代表，临沂市第九次党代会代表。

退休后仍关心文化、教育事业的发展，先后担任莒南县作家协会主席、莒南县书协名誉主席、莒南县孝道书院院长。2015年8月2日因病去世。

魏本芳

魏本芳（1937.4 ~ 2014.7），男，汉族，山东省日照市人。大学学历，中共党员，中学高级教师。1962年9月至1966年9月在山东大学政治系学习。1966年9月至1975年4月在昌乐一中任教。1975年4月调至莒南一中任教。

1982年任学校教导副主任。1984年任学校校长。1988年任学校党支部专职书记。1997年退休。

任职期间，多次被评为县、市、省“优秀教师”，被授予“莒南县专业技术拔尖人才”称号。曾当选县人大代表，兼任县委宣传部中心理论组顾问和市、县专业技术职称评审委员会评委。2014年7月15日因病去世。

徐恒高

徐恒高(1938.5～2002.11)，男，汉族，莒南县筵宾镇人。1952年至1958年，在莒南一中学习。1958年至1960年，在山东师范大学生物系学习。1960年7月至1973年2月，在宁阳县第二中学工作。1970年加入中国共产党。1973年2月始，在莒南一中任教。1978年至1984年，任莒南一中秘书、党组成员。1984年至1996年，任莒南一中副校长。1983年、1989年，先后被聘为临沂地区高中生物学科兼职教研员。1992年，被聘为临沂地区教研室高中生物中心组顾问。1998年退休，2002年11月病逝。

刘玉臻

刘玉臻(1935.8～2004.1)，男，汉族，莒南县洙边镇人。1955年参加工作，1956年加入中

国共产党并参加教育工会，任岭泉区教育工会副主席，是年，出席全县优秀教师代表大会并受奖。1960年，出席莒南县文教战线先进分子代表大会并受奖。1958年至1963年，任坪上公社扫盲干部。1963年至1965年，任岭泉公社扫盲干部。“文化大革命”期间受到冲击。1972年任岭泉公社教育组组长。1973年调入莒南一中，任总务副主任。1978年至1986年调往临沂师专，任总务副处长兼书记、临沂师专服务公司经理。1986年至1993年调回莒南一中任副校长。1994年至1995年任莒南一中调研员。1995年10月退休，2004年1月22日病逝。

杨宗祥

杨宗祥(1944.8~2016.1)汉族，男，1944年8月23日生，山东省青岛市人。中共党员，本科学历，中学高级教师。1961年至1965年7月在曲阜师范大学物理系学习。1965年7月至1985年9月在莒南师范任高级讲师。1985年9月至1990年10月任临沂地区教育局电教馆副馆长、馆长。1990年10月至1993年10月任莒南师范副校长。1993年10月至1995年10月任莒南教师进修学校党支部书记。1995年10月至2004年任莒南一中党总支副书记。2004年退休，2016年因病去世。

二、学校历任领导简介

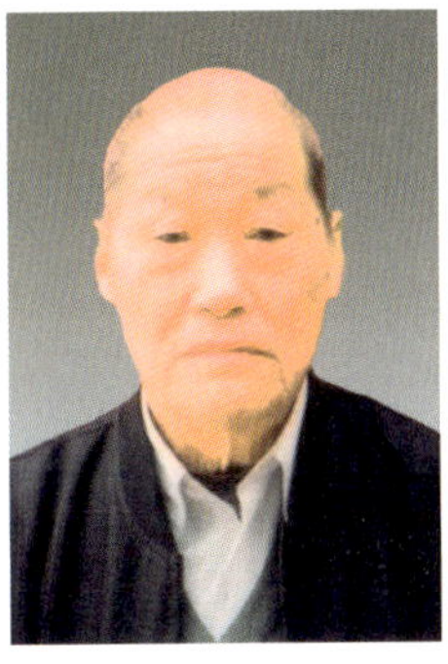

王希昌　男，汉族，1928年生，山东省临沭县人。中共党员，大专学历。1944年参加工作，1956年毕业于山东政法学校。

新中国成立前，王希昌曾在临沭县岌山区、桃园区、苍山区任小学校长、区文教助理、县文化科干事。新中国成立后任临沂专区第一速师支部书记。1956年2月在山东政法学校毕业后分配到莒南一中任政治教师。1956年秋被任命为莒南一中人事秘书。1958年调至莒南三中任校长。1975年调回莒南一中任校长。1979年调往临沂市教育局。1982年调往临沂一中任副校长，为副县级职务。1988年离休后受聘为临沂一中高级教师。

甄洪祥　男，汉族，1936年9月生，莒南县洙边镇人。中共党员，大专学历，中学高级教师。1951年至1954年在山东省立莒县师范学习。1954年底至1956年4月在大店小学任教。1956年5月至1957年2月任岭泉小学校长。1957年3月至1959年3月任涝坡完小校长。1959年4月至1960年9月任涝坡中学校长。1959年9月至1960年7月在省教育干校学习。1960年10月至1962年8月任板泉中学校长。1962年8月至1965年9月任莒南一中团委书记。1965年10月至1975年8月任板泉中学校长。1975年8月至1978年7月任莒南县“五七干校”常务校长。1978年8月至1981年11月任莒南一中副校长（主持工作）。1978年8月至1984年11月任莒南一中党支部副书记。1984年11月至1988年7月任莒南一中党支部书记。1981年11月至1984年12月、1988年7月至1995年8月任莒南一中校长。1996年退休。

任职期间，多次被评为“莒南县优秀教师”“莒南县劳动模范”“莒南县优秀共产党员”“莒南县先进工作者”等。历任莒南县第六、第七、第八、第九届县委委员。1984年当选山东省党代会代表。1988年参与编写《教育管理实用手册》，任编委。1989年被评为“全国优秀教师”，《大众日报》《临沂日报》等曾对其事迹作过报道。

邓兰芳　男，汉族，1944年11月生，莒南县板泉镇人。中共党员，本科学历，中学高级教师，1994年被评为特级教师。1969年毕业于山东师范大学外语系。1972年分配到原莒南五中任教，期间担任教研组长、民兵连长。1974年调入莒南一中任教，曾任教研组长、团委副书记。1984年开始任副校长。1995年至2001年任学校校长。1998年当选中共莒南县委委员。多次当选县人大代表，为临沂市十五届人大代表。

任职期间，多次被评为莒南县“优秀教师”“优秀班主任”“优秀共产党员”“专业技术拔尖人才”和临沂市“优秀教师”“优秀知识分子”。被聘为临沂市英语教学理事会成员和临沂市英语教学教研中心组成员。1983年，被评为“山东省优秀班主任”。

尤洪平　男，汉族，1959年8月生，莒南县板泉镇人。中共党员，本科学历，中学高级教师。1977年8月任民师。1978年2月至1979年12月在临沂师专学习。1979年12月至1982年8月在莒南县高家柳沟中学任教。1982年8月至1991年1月在莒南第四中学任教师、教导主任、副校长、校长。1991年1月至1993年12月在莒南县教育局任普教股股长。1993年12月至2001年8月在莒南县教委任副主任、党组成员，期间1993年至1995年12月在曲阜师范大学在职学习，取得本科学历。2001年8月至2004年5月在莒南一中任副校长、党总支副书记（主持工作）。2004年5月始，任莒南一中校长、党总支副书记。

任职以来，先后获“临沂市骨干教师”“临沂市十佳校长”“临沂市知识型职工标兵”“临沂市优秀科技工作者”“山东省知识型职工标兵”“山东省新长征突击手”“山东省百名优秀校长”“全国优秀教师”等称号，为“振兴沂蒙劳动奖章”“富民兴鲁劳动奖章”获得者。多次在市、县高中教学工作会议上介绍教育教学与管理经验，有几十篇教育教学论文在省级以上报刊发表，并担任多家报刊编委。多次获得“临沂市高考工作先进个人”“临沂市优秀教学成绩奖”“临沂市政府教育质量奖”“全国化学奥林匹克竞赛优秀辅导奖”。先后被县委、县政府记个人三等功7次。当选莒南县第十四次党代会代表，莒南县第十四届、十五届、十六届人大常务委员。

徐广军　男，汉族，1961年1月生，临沂市临港区壮岗镇人。中共党员，大学文化程度。1977年6月至1984年5月先后任民师、在莒南师范学习、在莒南五中和洙边中学任教。1984年6月至1987年8月先后任莒南县委老干科办事员、文书和莒南县委组织部办事员、干审干事、信访干事、组织干事、秘书。1987年9月至1989年6月在山东大学经济系干休班学习。1989年7月至1999年12月任莒南县委组织部副局级组织员、副部长兼县委组织员办公室主任（期间：1993年6月至1995年6月在首都师范大学思想政治专业函授学习；1997年6月至1997年12月在临沂市委党校第七期中青班学习；1998年至2000年在山东大学经济学院研究生课程班函授学习）。2000年1月至2002年5月任莒南县教委主任、党组书记、莒南一中党总支书记。2002年5月任莒南县教育局局长、党委书记、莒南一中党总支书记。2009年5月至2011年11月任莒南县教育体育局局长、党委书记、莒南一中党总支书记。

期间，连续8年被县委、县政府记“三等功”，当选莒南县第十二、十三次党代会代表和中共莒南县委委员；当选临沂市第十六、十七届人大代表。先后被评为“临沂市优秀党务工作者”“山东省优秀教育工作者”。被教育部和国家民委授予“全国民族教育民族团结先进个人”称号，被全国妇联、全国平安创建领导小组评为“全国‘平安家庭’创建活动先进个人”。

张振群 男，汉族，1975年10月生，山东省沂南县人。中共党员，研究生学历。1993年7月至1997年7月在曲阜师范大学政治系学习。1997年7月至9月任沂南县张庄镇党委秘书。1997年9月至1999年1月任沂南县张庄镇党委秘书、团委书记，1999年1月至2000年10月任沂南县张庄镇副镇长。2000年10月至2002年1月任沂南县张庄镇副镇长、挂职岸堤镇党委副书记。2002年1月至2004年3月任沂南县岸堤镇党委副书记。2004年3月至2006年10月任共青团沂南县委书记。2006年10月至11月任沂南县砖埠镇党委书记。2006年11月至2011年12月任莒南县道口乡党委书记。2011年12月始，任莒南县教育体育局局长、党委书记、莒南一中党总支书记。

2012年7月，参加山东省县（市、区）教育局长培训班学习。是年，被授予“莒南县关心国防建设十佳个人”称号。2013年7月，参加“国培计划”培训班学习。是年，被授予“临沂市关心国防建设先进个人”称号。

李旭亭 男，汉族，1934年3月生，山东省平度市人。专科学历，1955年5月加入中国共产党。1960～1965年任学校教导处副主任。1966～1976年任学校副校长（其中1969.2～1971任革委会副主任）。1971～1973年任学校党支部副书记。1976年6月调往平度市教育局。

王玉聪 男，汉族，1944年9月生，山东省即墨市人。大学学历，中共党员。1965年考入

山东师范学院英语系学习，1968年加入中国人民解放军九五一二部队学生六连锻炼，任六班班长。1970年1月分配到莒南一中工作，先后任教师、团委书记。1972年5月加入中国共产党。1975年5月调莒南团县委工作，任共青团莒南县委常委。1978年10月调入莒南一中任教导副主任，1980年8月至1984年5月任学校副校长。1984年5月调任莒南县委组织部副部长，1987年兼任县纪委副书记，1990年任县委常委、组织部长，1993年任县委副书记，1995年任县人大常委会党组书记、人大常委会主任、临沂市第十四届、十五届人大代表。2003年2月离岗，2008年正式退休。

吴月斌 男，汉族，1930年6月生，莒南县十字路镇人。中共党员，初师学历，中学一级教师。

1952年2月至1954年8月，在大店薛家道口完小任教。1954年8月至1956年8月在沂水师训班学习。1956年8月至1959年8月在路镇鱼台完小任教。1959年8月至11月在临沭县朱仓完小任教导主任。1959年11月至1972年4月任莒南一中人事秘书。1972年4月至1979年1月任莒南一中总务主任。1979年1月至1984年12月任莒南一中副校长。1984年12月至退休任莒南一中调研员。

杨家宝 男，汉族，1940年11月生，山东省滕州市人。1979年12月加入中国共产党，大学学历，中学数学高级教师。

1961年9月至1965年7月在曲阜师范大学数学系学习。1965年7月分配到莒南师范任教。

1990年1月至1993年8月任莒南师范副校长（副县级）。1993年8月至1995年8月任莒南县教师进修学校校长、党支部书记，并兼任临沂电大莒南分校校长。1995年8月始，任莒南一中副校长。曾任山东省师范教育学会理事，被收录《中国当代教育名人词典》和《中国莒南党史人物》。从事数学教学几十年，先后编写《初等数学复习资料》《列方程解应用题》《解析几何习题解答》等数学参考资料。

任职期间，3次被评为莒南县“优秀教师”，2次被评为莒南县“模范共产党员”。1984年9月，当选莒南县第七次党代会代表。1983年、1985年两次评为“临沂地区优秀教师”。1985年，被评为“山东省优秀教师”。

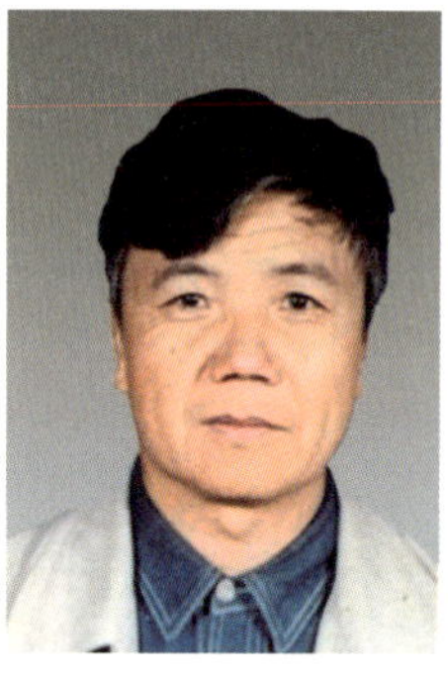

宋考金 男，汉族，1948年2月生，莒南县岭泉镇人。中共党员，大学学历，中学高级教师，山东化工学会会员。

1978年3月至1980年1月在昌潍师专化学系学习。1980年1月至1981年8月在临沭四中任教。1981年8月调任莒南县教育局教研室任教研员。1986年8月调入莒南一中。历任教导处副主任、政教处主任、副校长、党总支委员兼任高中三支部书记等职。2002年9月退居二线，任正科级干部。2008年5月退休。

1987年，参加临沂地区讲课比赛获一等奖。有多篇论文在《化学苑地》《化学教学》等国家级刊物发表。多次参与市、县高中化学复习资料的编选工作。曾6次被评为莒南县“优秀教师”“优秀共产党员”。1989年。被县委、县政府记三等功1次。1991年，被评为“全国优秀教师”。1992年，被临沂地委、行署授予“优秀知识分子”称号。1995年，被评为“全国化学奥赛山东赛区优秀辅导员”。连续4届被评为“莒南县骨干教师”，连续2届被评为“临沂市骨干教师”，并被聘为临沂市教研室化学中心教研组成员。

李西修 男，汉族，1946年10月生，莒南县板泉镇人。中共党员，本科学历，中学高级教师。1968年回乡在坊庄联中任民办教师。1977年考入临沂师专数学系。1979年12月分配到莒南一中任教（1992年至1995年在山东教育学院音像高师本科班学习）。1985年起，历任学校党支部委员、党总支委员、行政一支部书记、人事秘书、办公室主任、副校长等职。多次在市、县教学工作会议上介绍经验，并举行示范课。曾被聘为莒南县教研室兼职教研员，被评为市、县骨干教师。参编《中学理科知识辞典（数学物理卷）》。发表论文数十篇。“发散思维”教学论文获临沂市科技成果一等奖，入编《中国当代社科研究文库》《世界学术文库》等书，并获“世界学术贡献奖论文金奖”。

任职期间，被县委、县政府记三等功1次，被评为“莒南县模范共产党员”“临沂市优秀教师”“山东省优秀教师”，并获“中国文化教育奖”“世界文化名人成就奖”和“新世纪人才奖章”。

姜少亭 男，汉族，1946年7月生，莒南县朱芦镇人。中共党员，大专学历，中学高级教师。1963年8月至1968年3月在莒南一中学习。1968年3月至1978年3月在大山中学任教。

1978年3月至1979年12月在昌潍师专学习。1980年1月至1981年7月，在临沭县韩村中学任教。1981年8月至1985年1月，在莒南一中任教。1985年1月至1995年6月在莒南县委组织部工作。历任秘书、副局级组织员、组织科长、县委组织员办公室副主任。1995年6月至2001年3月任莒南一中副校长。2007年7月退休。

任职期间，曾获“临沂市优秀党务工作者”“全市先进调研信息员”称号。

陈之太　男，汉族，1947年10月生，莒南县十字路镇人。中共党员，中师学历，中学高级教师。1963年9月至1966年6月在临沂师范学习。1966年7月至1972年在临沂师范第一附属小学任教。1972年至1974年在临沂四中任教。1974年5月调入莒南一中任教。1984年9月至1995年9月先后任莒南一中教导处副主任、教导主任。1993年8月始，任莒南一中工会主席。2002年10月退居二线。2008年1月退休。

任职期间，先后获得“临沂市模范教师”“山东省优秀教师”“全国优秀教师”等称号。

李玉亮　男，汉族，1960年9月生，莒南县板泉镇人。大学学历，中共党员，中学高级教师。1978年9月至1982年7月在莱阳农学院农学系学习。1982年7月至1984年9月在莒南县农民中专任教。1984年10月至1988年11月任莒南县成人中专教务处副主任。1988年12月至1993年7月任莒南县成人中专副校长兼教务处主任。1993年8月至1995年7月任莒南县教师进修学校副校长、学校党总支委员。1995年8月至1999年11月任莒南县职业中专校长、学校党总支副书记。1999年11月至2014年1月任莒南一中副校长、党总支委员。

任职期间，在国家和省市报刊发表专业学术论文30多篇，其中《简论华北旱地小麦栽培技术》等3篇论文分获省一、三等奖。参编著作5部，其中担任《现代公共关系学》副主编。多次被评为“先进教育工作者”“优秀教师”“模范共产党员”。1991年，被评为“临沂市农学专业骨干教师”。1998年，被评为“临沂市优秀教师”。2005年，被评为“山东省优秀教师”。2007年，被评为“山东省绿色学校优秀教师”。1996年至2000年任山东省职业技术教育学会会员。

殷文广　男，汉族，1965年1月生，莒南县相沟镇人。1985年8月考入曲阜师范大学政治系，1989年7月毕业。1986年加入中国共产党。1989年7月至1990年7月在莒南六中工作。1990年7月调入莒南一中工作。1995年1月至2000年1月任莒南一中团委书记。2000年1月，任莒南一中副校长。同年，在市委组织部和山东大学联合举办的领导干部研究生班学习，获山东大学研究生学历。1995年，被评为“莒南县优秀班主任”，获“临沂市优秀教学成绩奖”。1996年，被评为“临沂市优秀教研组长”“临沂市优秀青年工作者”。1997年至1999年，连续3年被评为“临沂市骨干教师”。1998年，获“临沂市优秀教学成绩奖”。2000年，被评为“临沂市优秀教学能手”和“莒南县十大杰出青年”。2006年，被评为“临沂市教学工作先进个人”。2006年7月调任莒南二中校长。

尚庆海 男，1964年12月7日出生，莒南县相沟镇人。1981年9月至1984年6月，在临沂师专政史系学习。1984年7月始，在莒南一中任高中政治教师。1986年9月至1988年6月，参加曲阜师范大学政治系思想政治教育专业函授学习，获本科学历。1990年11月，加入中国共产党。1995年9月至1996年2月，在北京师范大学全国中学政治骨干教师培训班学习。1999年12月，被莒南一中聘为中学高级教师。历任教研组长、备课组长、政教副主任、教导主任。2001年10月至2002年10月，在华南师范大学全国骨干教师培训班学习。2002年9月，任莒南一中副校长。2014年3月，任莒南一中常务副校长，主抓教学业务。

任职以来，曾任市、县教研室政治兼职中心教研员，被评为市、县骨干教师、教学能手和国家级政治骨干教师，被授予“莒南县精神文明建设先进个人”“莒南县优秀教师”“莒南县首届见义勇为先进个人”等称号，多次获得“临沂市优秀教学成绩奖”“市、县高考先进个人”“全国青少年教育普法先进个人”等称号。2005年9月，被莒南县人民政府记三等功1次。2014年3月，被评为“莒南县十佳校长”。

王洛伟 男，汉族，1960年9月生，莒南县涝坡镇人。中学高级教师。1983年7月毕业于山东师范大学数学系，分配到莒南一中工作。

任职以来，历任备课组长、年级副主任、

主任，政教处副主任、主任。2002年9月，任莒南一中副校长。1989年，被评为“临沂市优秀教师”。1990年，被评为“莒南县首届十佳教师”和“莒南县先进教育工作者”。多次被评为“莒南县优秀班主任”。多次在全县教师大会上作经验介绍。

2004年、2007年两次被评为“临沂市优秀教育工作者”，两次被县政府记三等功，两次被评为“临沂市党外优秀知识分子”。当选第五、第六、第九届县政协常委；第十、第十一、第十二、第十三届临沂市政协委员。在市政协十三届三次会议上提交的《关于建立大临港产业区的建议》，被评为优秀提案，并在2010年《临沂政协》第六期上登载。

阚京锡 男，汉族，1961年7月生，莒南县坪上镇人。中共党员，大学学历，中学高级教师。

1978年8月至1979年1月在本村小学任民办教师。1981年1月临沂师范专科学校毕业，1985年8月至1988年6月曲阜师范大学在职学习，取得本科学历。1981年1月至1983年7月在枣庄煤炭技工学校任教。1983年8月至1984年11月在莒南县坊前中学任教。1984年12月调入莒南县第二中学任教。1993年8月至1996年8月任莒南二中教导副主任、教导主任。1996年9月任莒南二中党总支委员、副校长。1999年参加第13期高中校长提高培训班学习并取得合格证书。2006年8月调入莒南一中任党总支委员、副校长。

任职以来，曾被聘为山东省教育学会高中化学教学研究专业委员会会员和市、县教育局教研室中心组高中化学科成员。多次获得市、县优秀教学成绩奖和省级以上竞赛辅导奖。曾被评为市、县级“骨干教师”“莒南县十佳骨干教师”“莒南县优秀教育工作者”“莒南县普法工作先进个人”“莒南县优秀党务工作者”“莒南县先锋共产党员”“莒南县劳动模范”“临沂市高中教育教学工作先进个人”“临沂市先进教研组长”“临沂市优秀班主任”。被莒南县人民政府记三等功一次。

曾执教市县级公开课和参加市县级教研室组织的教辅资料的编写工作，多次分别在市、县学科教学研讨和教育管理工作会议上作典型经验介绍，并有多篇教育教学论文在省级以上有关刊物上发表。

王延高 男，汉族，1965年5月生，莒南县涝坡镇人。中共党员，中学高级教师。莒南县政协委员，临沂市优秀教育工作者。

1982年9月至1986年7月在山东师范大学物理系学习。1986年7月至1997年10月在莒南三中任教。1997年10月调入莒南一中。1999年10月至2002年9月任莒南一中办公室副主任。2002年9月至2006年8月任莒南一中办公室主任。2006年8月至2011年7月任莒南一中工会主席。2011年7月调任莒南四中校长。

刘树宇 男，汉族，1963年2月生，莒南县十字路镇人。中共党员，大学学历，中学高级教师。1981年9月至1983年7月，在临沂师专物理系学习。1983年7月至1984年11月在团林中学任教。1984年11月至1995年8月在莒南县教师进修学校任物理教师、团委书记、教导处副主任。1995年9月至2001年10月在莒南一中任教导处副主任、年级组副组长。2001年10月至2004年5月任莒南一中教学三支部书记。2002年9月至2006年9月，任教导处主任、行政一支部书记。2006年9月至2011年7月任办公室主任。2011年7月至2013年9月任学校党总支委员、办公室主任。

任职期间，先后获得“莒南县优秀教师”“莒南县优秀教育工作者”“临沂市优秀共青团员”“临沂市绿色学校优秀教师”“莒南县首届教学能手”“山东省奥林匹克物理竞赛辅导奖”等，并获3项国家专利和莒南县优秀专利二等奖。

许春恒 男，汉族，1964年3月生，莒南县十字路镇人。中共党员，大学学历，理学学士，中学高级教师。1982年9月至1985年7月在临沂师专学习。1985年7月至1995年7月在莒南师范任讲师（期间，1988年8月至1991年7月在曲阜师范大学在职学习）。1995年8月调入莒南一中，历任学校教导处副主任、教导处主任、政教处主任，2014年3月任学校党总支委员、副校长。

任职以来，先后被评为莒南县首届、第二届“教学能手”，临沂市首届、第二届“教学能手”，“莒南县优秀教师”“山东省骨干教师”；多次获市、县优秀教学成绩奖；先后获“莒南县教体系统优秀共产党员”“莒南县优秀共产党员”“临沂市高考先进个人”“临沂市教科研工作先进个人”“山东省心理健康教育先进个人”等称号；被莒南县人民政府记三等功1次。

在省级以上报刊先后发表论文《幂函数图像

和性质的拓展应用》《运用集合观点理解事件的关系与运算》等，多次参编《高中课程新学案》《高中新课程专题复习与训练》，系临沂市科研课题《高中体育特长生培养策略研究》负责人。

孙钦法　男，汉族，1968年2月生，莒南县涝坡镇人。中共党员，本科学历，中学高级教师。1985年9月至1987年7月在临沂师专学习。1991年6月，曲阜师范大学函授本科毕业。2004年曲阜师范大学物理研究生课程进修班结业。1987年7月始在莒南一中任教。2002年9月至2006年6月任学校团委书记。2006年6月至2014年3月任政教处主任兼任年级主任、教学二支部书记。2014年3月始任学校党总支委员、副校长。2003年当选为共青团莒南县第十五届委员会常务委员会委员，临沂市第十五次团代会代表。

任职以来，曾被评为莒南县十佳教师、县优秀班主任、县先进工作者、县骨干教师，莒南县首批教学能手，莒南县“第六届十大杰出青年”，莒南县“普通高中教学工作先进个人”，首届“莒南名师”“临沂市教学能手”，首届“沂蒙名师”，“山东省中学共青团先进工作者”“山东省新世纪优秀中学生团校优秀指导者” “山东省优秀青年志愿者” 等称号。多次获市高考优秀教学成绩奖，四次获山东省物理奥赛优秀辅导奖，省级以上刊物发表论文多篇，教学论文、多媒体课件及讲课比赛多次在临沂市获奖。

李明玉　男，汉族，1969年12月生，莒南县板泉镇人。中共党员，大学学历，中学高级教师。1989年9月至1993年7月在聊城师范学

院学习。1993年7月分配到莒南县城关第二中学任教。1996年8月调至莒南一中，多年担任备课组长、班主任。2003年7月任学校团委副书记。2006年8月任学校团委书记。2014年2月任学校党总支委员、工会主席。

任职以来，先后被评为“莒南县优秀教师”“模范共产党员”“教学能手”“骨干教师”“德育工作先进工作者”“优秀共青团干部”等称号。多次获得“临沂市优秀教学成绩奖”，在国家级、省级刊物发表多篇论文。

郭洪登　男，汉族，1963年7月生，莒南县板泉镇人。中共党员，大学本科学历，中学高级教师。1982年9月至1984年7月在临沂师范专科学校中文系学习。1991年6月，山东教育学院（音像）本科毕业。1984年7月至1995年8月在莒南师范任语文教师。1995年8月调入莒南一中任教。历任语文备课组长、年级组长、教导处副主任、教科室主任、总务处主任等职，并先后兼任教学一支部书记、行政二支部书记，2014年3月始任学校党总支委员。

1989年5月，被评为“临沂市工会先进工作者”；9月，被评为“山东省优秀教师”。2001年9月，被评为“莒南县优秀班主任”。2004年、2007年、2010年先后3次被评为临沂市和莒南县“教学工作先进个人”。2004年被评为“莒南县优秀共产党员”。2007年，被县人民政府记三等功1次。1990年3月，当选莒南县第十一届人民代表大会代表。

三、部分离退休教职工简介

毛济民 男，汉族，1925年10月生，山东省日照市莒县人。中共党员，1946年6月分配到莒县毛家屯小学任教，1948年11月调入淮海战役军粮转运站任职，1950年8月调入莒南师范工作，1962年7月至1990年在莒南第一中学任教。1990年12离休。

任职期间，1956年获得山东省优秀教师荣誉。擅长书法，以魏碑著称，在二十世纪七、八十年代，其字迹遍及全县。曾多次参加全国、省、市、县各级举办的大型展览，负责版面文字书写，被誉为“莒南一支笔”。

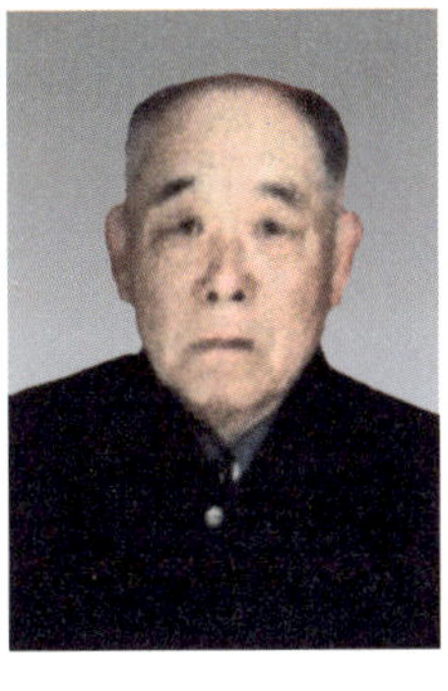

杜守德 男，汉族，1930年4月生，山东省潍坊市寒亭区人。中共党员，中专学历。1949年1月入伍，历任战士和连、营、团通讯员，参加过渡江战役、上海战役，荣立三等功1次。1949年5月加入中国共产党。1950年10月随20军特务团参加抗美援朝，荣立三等功2次。1952年6月回国，任20军60师180团1营3连副排长。1953年5月任南京步校学员。1956年6月任28军速成中学军事教员。1959年7月任28军4师252团2营4连副连长、连长、党支部书记，连续5年被评为四好连长。1968年任28军84师252团1营副营长、党组成员。1969年6月任山西临汾军分区隰县人武部副部长、党组成员。1969年10月任山西吕梁军分区交口人武部副部长。1970年任交口县革委会副主任、公检法书记。1983年3月转业到莒南师范任专职党组副书记。1992年2月离休。

马承贤 男，汉族，1933年出生，山东省临港经济开发区坪上镇人。中专学历，高级会计师。1949年7月至1952年10月在东诸睦村任民师，1952年10月至1954年9月在团林镇泉子完小任教。1954年9月至1956年7月在沂水师范学习。1956年7月至1962年8月在朱芦镇山底完小任教。1962年8月调到朱芦中学从事财务工作。1963年8月借调到莒南县教育局做统计工作。1965年7月调到莒南师范从事财务工作。1993年12月离休。

任职期间，多次被临沂地区财政局、山东省总工会评为先进工作者。连续三年在地区工会财务工作竞赛中获得一等奖。1992年在临沂地区税收、财务、物价大检查工作中被评为先进工作者。

燕爱民 男，汉族，1932年12月生，江苏省沛县人。中共党员，大学学历，中学化学高级教师。1952年毕业于曲阜师范学校。同年6月始，在莒南师范（大店镇）任教。1953年6月调入莒南一中任教。1956年至1963年在山东师范学院进修，获本科学历。1982年，获山东省教育厅颁发的从教30年荣誉证书。

1989年，获“莒南县专业技术拔尖人才”称号。1998年，被评为“莒南县先进教育工作者”。1994年，再获“莒南县专业技术拔尖人才”称号，享受县财政津贴。为临沂市化学骨干教师、临沂市化学教学研究会副理事长、中国教育学会化学学会会员。主持编写了《高中化学知识结构与综合练习》《高中化学知识概要与综合练习》。

董月宝 男，汉族，1934年4月生，江苏省徐州市人。中学高级教师，临沂地区音美教学协会理事。1956年毕业于山东省师范大学美术系。同年分配到莒南一中，1994年5月退休。

任教期间，多次受到地区教育局的奖励，其油画作品多次在省市各类展览中获奖或在省级刊物发表。

翁来法 男，汉族，1934年8月生，上海市人。中共党员，本科学历，中学高级教师。1954年至1958年在华东师范大学历史系学习。1958年8月，响应党的号召支援“三区”到莒南一中任教，兼任政史地教研组长，县、地区教研室兼职教研员和临沂地区历史中心教研组成员，临沂地区中学历史教学研究会副理事长。莒南县第二、三、四届政协委员。1994年12月退休。

1983年被评为“临沂地区优秀教师”“莒南县优秀教师”。1984年9月获山东省政府颁发的“园丁奖”。1987年，被授予“莒南县首批专业技术拔尖人才”称号。1989年，被县委、县政府记三等功1次。1990年，被评为“全国特级教师”。曾执教临沂地区教育局组织的公开课。多次参与编写山东省教育厅主编的《初级中学课本中国历史教学参考书》（1960～1961）、《中学历史知识结构》（1988）、《世界现代史综合练习》（1988）、《新编中学历史知识结构及检测》（1988～1989）等，撰写近40万字。

朱瑞岭 男，汉族，1933年11月生，山东省菏泽市单县人。中共党员，本科学历，中学高级教师。1956年9月至1958年6月在曲阜师范学院学习。1958年7月至1962年7月在莒南师范任教，1962年7月调入莒南一中任教，1993年11月退休。

谢仁荣 男，汉族，1934年9月生，湖南省邵阳市人。本科学历，中学高级教师。1957年7月毕业于山东大学海洋物理系，1962年调入莒南一中。曾任临沂市物理学会会员、莒南县政协委员。1993年12月退休。

孙芳友 男，汉族，1937年11月生，日照市岚山区人。中共党员，本科学历，高级讲师。1960年9月至1963年7月在山东师范学院外语系俄语专业学习。1963年7月分配到莒南一中任教，1972年任学校教导处主任。1975年8月至1978年调莒南五七大学任教导处主任。1978年调入莒南师范任教导处主任。1995年8月调入莒南一中。1997年退休。

任职期间，先后获得莒南县优秀共产党员、临沂地区工会工作先进工作者等荣誉称号。

王长法 男，汉族，1946年3月生，莒南县十字路镇人。中共党员，大专学历，中学高级教师。1969年5月至1971年1月在金岭联中任教。1971年2月调入莒南一中，曾任教导处副主任。1980年5月至1985年5月，在曲阜师院函授部中文班学习。2006年5月退休。

1988年4月，被临沂地区行政公署授予“临沂地区职工劳动模范”称号，并获“劳动模范”奖章；同月，被山东省总工会临沂地区办事处授予“临沂地区优秀教育工作者”称号，并获“振兴沂蒙劳动奖章”；同年5月被省总工会授予“山东省优秀教育工作者”称号，并获“富民兴鲁劳动奖章”。任职期间，多次被评为县级、校级优秀教师、优秀班主任。

吴亮成 男，汉族，1942年2月生，莒南县十字路镇人。中共党员，中师学历，中学高级教师。1961年8月至1964年7月在沂水师范学习，1964年7月至1970年3月在路镇小学任教，1970年3月至1970年10月在临沂师专进修，1970年10月至1972年6月在相沟中学任教，1972年6月至2002年5月在莒南一中任教，2002年5月退休。

任教期间，1978年被评为县级优秀教师，1990年被评为莒南县先进工作者。

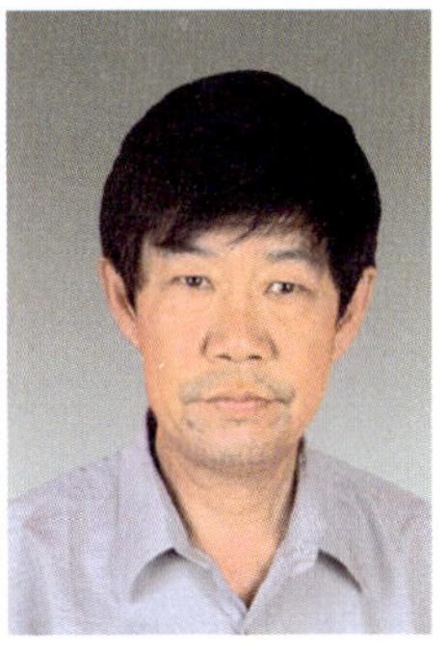

张西华 男，汉族，1951年12月生，莒南县汀水镇人。中共党员，本科学历，中学高级教师。1973年8月至1975年8月在泰安师专学习。1975年8月分配到临沂市矿务局职工子弟学校。1976年8月调入莒南一中任教并担任班主任。先后兼任年级组副组长、年级组组长、教导处副主任等职。2011年12月退休。

任职期间，4次取得莒南县高考语文成绩第一名，4次取得同类班级高考第一名。先后被评为“临沂市‘办好教育为人民’先进个人”“山东省家庭教育先进个人”“全国优秀教师”等。

孙翠芹 女，汉族，1948年3月生，莒南县岭泉镇人。中共党员，大专学历，中学高级教师。1968年7月毕业于临沂师范并分配参加教育工作。工作期间函授取得曲阜师范大学数学教育专业专科学历。1976年9月调入莒南一中任数学教师。2003年5月退休。

任教期间，先后获得学校公开课一等奖、莒南县“三八”红旗手、临沂市实施“春蕾计划”工作先进个人等荣誉。

黄光显　男，汉族，1940年1月生，山东省即墨市人。中共党员，本科学历，中学高级教师。1959年参加工作，1978年调入莒南一中，2001年12月退休。

任教期间，曾任高中数学教研组长，并获地区骨干教师称号。

夏兆法　男，汉族，1946年12月生，莒南县筵宾镇人。中共党员，本科学历，中学高级教师。1964年9月至1967年7月在临沂师范学校学习，1980年7月至1985年7月在曲阜师范大学在职学习，1976年7月至1973年8月在筵宾小学任教，1973年8月至1978年8月在筵宾中学任教，1978年8月至2003年7月调入莒南一中任教。2006年12月退休。

任教期间，先后多次获得县先进知识分子、县优秀教师、县模范班主任、临沂地区骨干教师等荣誉称号，在高中语文教学期间，一直担任地县兼职教研员。

陈迪琪　男，汉族，1946年12月生，莒南县壮岗镇人。本科学历，中学高级教师。1992年7月至1995年7月在山东省教育学院学习。1978年9月调入莒南一中任高中化学教师。2007年1月退休。

任教期间，先后获得“莒南县先进教育工作者”“临沂市优秀教学成绩奖”等荣誉。

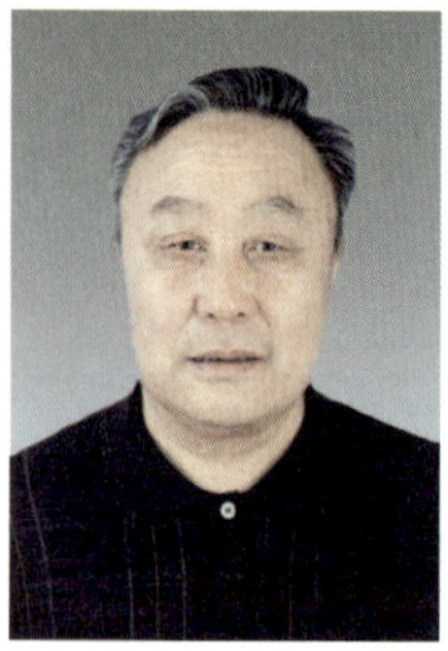

朱正贤　男，汉族，1947年3月出生，莒南县坊前镇人。中共党员，本科学历，中学高级教师。1977年12月到1979年12月在临沂师专中文系学习，1979年12月分配到莒南一中从事教学工作，2007年7月退休。

任职期间，先后于1994年和2000年获得市高考教学成绩一等奖，2000年获县十佳班主任光荣称号。

张明亮　男，汉族，1946年6月生，莒南县板泉镇人。大专学历，中学高级教师。1978年4月至1980年1月在昌潍师专数学系学习。毕业后分配到莒南一中任高中数学教师。1980年9月至1982年9月赴西藏日喀则地区师范学校担任数学老师，1982年10月返回莒南一中任教，1990年9月至1999年2月任莒南一中保卫科长。2006年6月退休。

任教期间，被日喀则地区教育局授予优秀援藏教师光荣称号。

汲传杰　男，汉族，1935年10月生，莒南县道口镇人。函授中文本科毕业，中学高级教师。1959年7月至1962年8月在筵宾中学任教，1962年8月至1965年8月在筵宾下河完小任教导主任，1965年8月至1980年7月在板泉中学任教，1980年8月至1997年在莒南一中任教。1997年10月退休。

任教期间，曾获山东省青年跃进红旗手等荣誉称号。

王朋国 男，汉族，1947年2月生，莒南县洙边镇人。中共党员，大专学历，中学数学高级教师。1979年12月毕业于临沂师专数学系。1979年12月至1980年8月，在临沭一中任数学教师。1980年8月调入莒南一中，历任政教处副主任、办公室主任、政教处主任等职。2007年4月退休。

任职期间，多次被评为市、县优秀教师、模范党员。1985年、1995年两次被评为“山东省优秀教师”。

纪庆卓 男，汉族，1948年1月生，莒南县板泉镇人。本科学历，中学高级教师。1978年考入临沂师专，1980年分配到莒南一中任教。曾担任莒南县两届政协委员和临沂市物理教研室兼职教研员。2008年2月退休。

任教期间，先后获得临沂市电教先进工作者、物理竞赛优秀辅导员、莒南县先进工作者等荣誉，并发表过多篇论文。

彭学聪 男，汉族，1946年3月生，莒南县大店镇人。中共党员，本科学历，中学高级教师。1978年3月至1980年1月在昌潍师专中文系学习，毕业后分配到莒县师范工作，1980年秋调入莒南一中工作。2006年5月退休。

任教期间，五次获地区高考优胜奖，并于1990年被县政府表彰为先进教师。

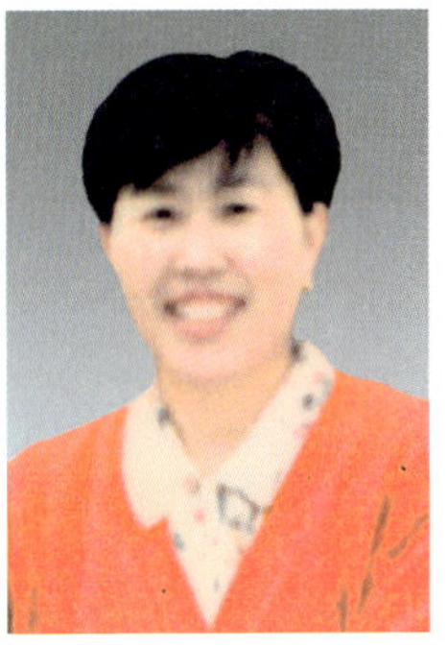

赵建秀 女，汉族，1949年4月生，莒南县大店镇人。大专学历，中学高级教师。1972年4月至1974年7月在烟台师专英语系学习，1974年7月分配到板泉中学工作，1980年2月至1980年7月到莒南师范教师培训班学习，1980年8月至2004年在莒南一中工作。2004年4月退休。

任教期间，多次获学校表彰，并在省级刊物上发表论文3篇。

张继国 男，汉族，1955年7月生，莒南县涝坡镇人。本科学历，中学高级教师。1978年7毕业于山东师范大学生物系，分配至巨野县一中任教，1980年调入莒南一中。2015年9月退休。

任教期间，多次获得市县优秀教学成绩奖以及指导学生奥赛国家级二等奖和省级一等奖。

许宝鹤 男，汉族，1947年10月生。莒南县十字路镇人。本科学历，中学高级教师。1979年2月至1981年1月在临沂教育学院中文系学习，1992年6月至1995年进修本科学习。1969年1月至1979年2月在莒南县黄庄联中任教，1981年1月至2006年在莒南一中任教。2006

年12月退休。

任教期间，先后获得临沂地区中学语文教师论文大赛高中组三等奖、第三届中华圣陶杯中青教师论文大赛优秀奖、莒南县优秀班主任等荣誉。

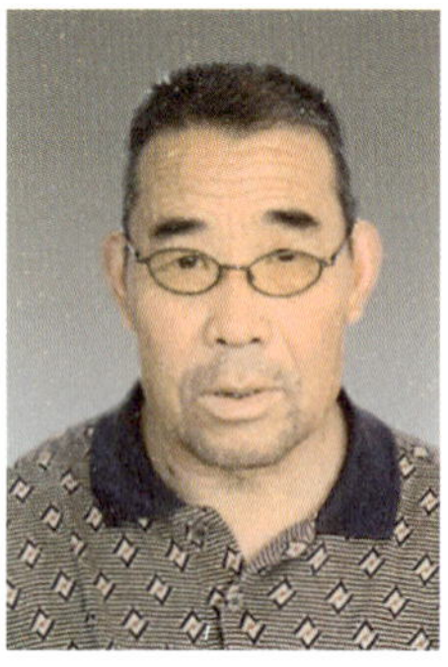

张定余　男，汉族，1947年1月生，莒南县相沟镇人。中共党员，本科学历，中学高级教师。1978年2月至1982年1月在山东师范大学物理系学习，1982年1月分配到莒南一中工作。2006年5月退休。

任教期间，1989年研制的抛物体实验器荣获临沂地区优秀简易自制教具评选二等奖。

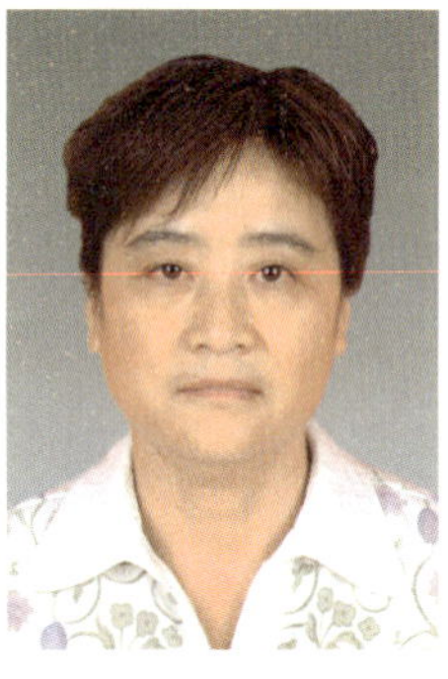

尉　蔚　女，汉族，1960年3月生，莒南县大店镇人。大专学历，中学高级教师。1982年7月临沂师专毕业后分配至莒南一中工作。2015年3月退休。

任教期间，先后获得临沂市优秀教师、莒南县教学能手等荣誉称号。

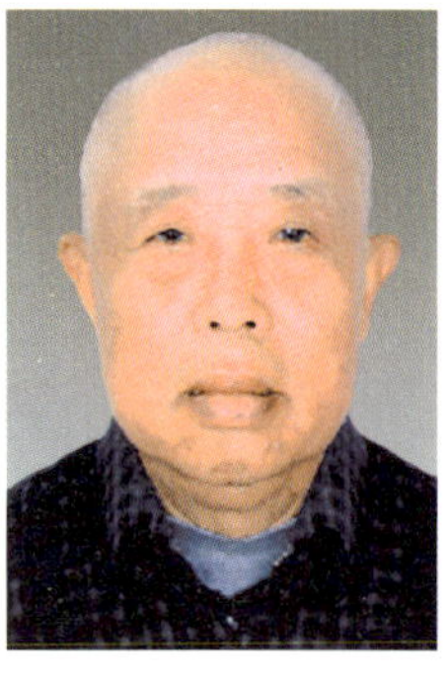

刘景文　男，汉族，1940年11月生，莒南县洙边镇人。中共党员，中专学历，中学高级教师。1959年9月至1962年7月在莒南师范学习。1962年8月参加工作，1982年9月调入莒南一中工作，2000年10月退休。

任职期间，先后获得学校优秀教育工作者等荣誉称号。

聂其英　男，汉族，1938年1月生，莒南县十字路街道人。中共党员，大专学历，中学高级教师。1958年9月—1959年7月在临沂大学学习，1958年6月参加工作，1983年8月调入莒南一中工作，1998年10月退休。

任职期间，多次获得学校教育工作先进个人等荣誉称号。

谷增发　男，汉族，1945年生，山东省莱芜市人。中共党员，本科学历，特级教师。1969年毕业于山东师范大学地理系。1983年调入莒南一中任教，1992年后调往临沂教育学院、临沂师范学院任教。2005年9月退休。

在莒南一中工作期间，多次被评为市、县先进个人。1990年被山东省人民政府批准为中学地理特级教师。

刘桂芝　女，汉族，1951年8月生，莒南县洙边镇人。大专学历，中学高级教师。1975年7月毕业于莒南师范，分配到莒南县朱芦镇朱芦联中任教。1995年7月至1997年7月在曲阜师范学院进修，并取得专科学历。1980年7月被调入莒南县成人中专任教。1983年调入莒南一中任教。

任教期间，先后获得山东省第二届中小学教研优秀成果奖、临沂市先进实验教师、莒南县先进实验工作者、莒南县先进骨干实验教师、、莒南一中十佳教师、莒南一中巾帼岗位标兵等荣誉称号。

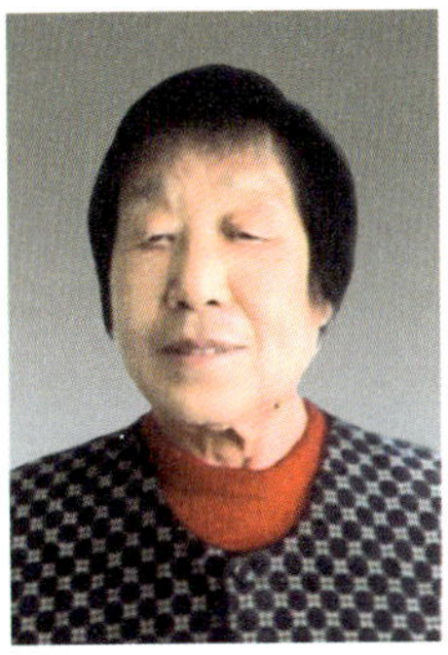

李 英 女，汉族，1940年7月生，山东省安丘市人。中共党员，大专学历，中学高级教师。1960年毕业于莒南一中。1960年至1984年在岭泉中学任教。1984年至1996年在莒南一中任教。1996年退休。

1981年被评为“莒南县模范教师”。1983年3月获“莒南县先进教育工作者”称号。1984年当选莒南县第七次党代会代表。同年在临沂举行地级公开课，被聘为临沂地区化学学科骨干教师。1989年获得化学竞赛临沂地区辅导一等奖。1990年获“莒南县三八红旗手”称号。1993年获得山东省化学竞赛辅导三等奖。

杨成田 男，汉族，1947年4月生，莒南县板泉镇人。中共党员，大学学历，中学高级教师。1966年9月至1978年1月在杨家湖联中任民办教师，历任幼师、小学教师和初中教师。1978年1月至1980年1月在昌潍师专学习。1980年1月至1982年9月在高家柳沟中学任教。1982年9月至1989年9月在莒南四中任教。1989年9月调入莒南一中任教。2007年6月退休。

1987年，被评为“临沂地区优秀教师”。1995年，被评为“临沂市优秀共产党员”。

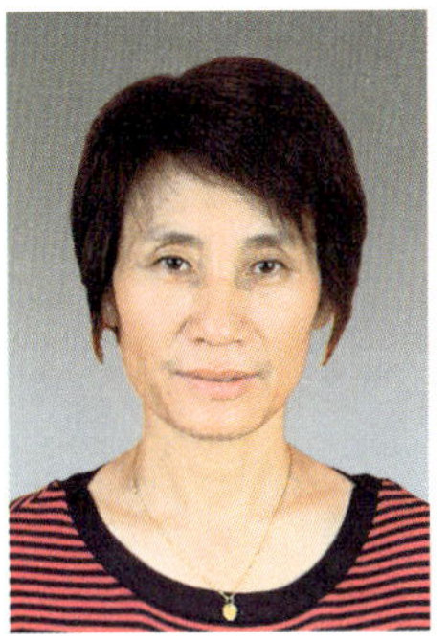

汪兆欣 女，汉族，1959年11月生，山东省沂南县人。本科学历，中学高级教师。1977年7月参加工作。1980年9月至1982年7月在临沂外语师范学习。1982年7月至1989年9月在蒙阴县城关中学任教。1989年9月调入莒南一中。1990年10月，山东大学自学本科毕业。2014年5月退休。

任教期间，曾获“莒南一中优秀教师”“莒南县巾帼教育标兵”“莒南县优秀教师”“临沂市骨干教师”“山东省优秀家长”称号和“临沂市优秀教学成绩奖”“临沂市高中英语讲课比赛二等奖”“全国中学生英语竞赛优秀辅导奖”。在省级以上刊物发表多篇教学论文。

王明聚 男，汉族，1948年1月生，莒南县汀水镇人。大学学历，中共党员，中学高级教师。1968年至1978年在汀水镇官西坡联中任教。1978年至1980年1月在昌潍师专学习。1980年1月至1983年在岭泉中学任教。1983年至1990年在莒南五中任教。1990年调入莒南一中任教。1996年至2008年担任年级主任、教导副主任。2008年2月退休。

任职期间，先后被评为“莒南县先进教育工作者”“临沂市优秀教师”“莒南县优秀教师”“山东省奥林匹克化学竞赛优秀辅导员”“莒南县优秀共产党员”。

王成菊 女，汉族，1958年10月生，莒南县十字路镇人。大专学历，中学高级教师。1980年7月莒南师范毕业后，分配到洙边中学工作，1983年1月调入莒南三中工作，1992年10月调入莒南一中工作。2013年10月退休。

任教期间，先后获得莒南县优秀教师、莒

南县教学能手、莒南县骨干教师等荣誉称号，所撰写的教学论文有多篇获奖，并在省级以上报刊发表10余篇。

庄会庚 男，汉族，1937年4月生，日照市莒县人。中共党员，大专学历，中学高级教师。1960年7月参加工作，山东沂水师范中师毕业，1972年4月至1973年2月在临沂师专数学系进修，1991年4月至1991年6月在省教干班进修。1960年至1976年在原莒南五中（板泉中学）担任数学教师兼教研组长、团总支书记。1976年至1978年在十字路镇中学任教导副主任，1978年至1995年在莒南三中任教导主任、副校长，1985年被评为县优秀共产党员，1990年始连任两届大店镇人大代表，1995年调入莒南一中工作，1998年退休。

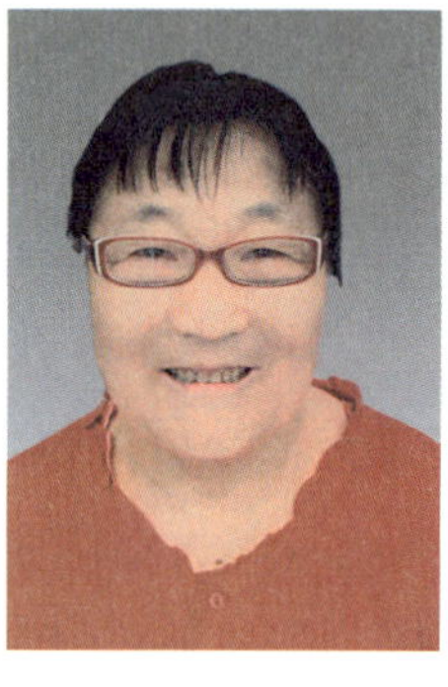

郑家荣 女，汉族，1949年12月生，莒南县坊前镇人。本科学历，中学高级教师。1973年9月至1975年12月在费县师专学习，1991年9月至1994年7月在曲阜师范大学在职学习，1968年7月参加工作，1995年8月调入莒南一中，2005年1月退休。

任教期间，曾获得莒南县优秀教师等荣誉称号。

李家友 男，汉族，1947年3月生，莒南县大店镇人。大专学历，中学高级教师。1978年4月至1980年1月在昌潍师专学习，1980年1月至1993年7月在莒南师范工作，1993

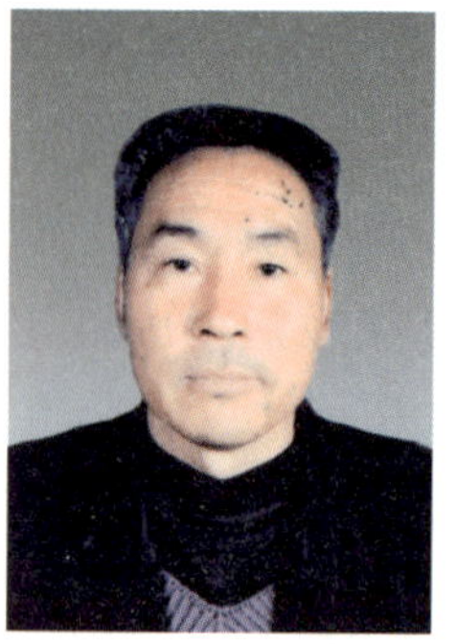

年7月至1995年7月在莒南教师进修学校工作，1995年7月至2007年7月在莒南一中工作，2007年7月退休。

任教期间，曾获莒南县教育先进工作者称号。

季玉献 男，汉族，1946年4月生，莒南县筵宾镇人。中共党员，大专学历，中学高级教师。1968年4月至1978年2月在筵宾下河联中任教师，1978年2月至1979年12月在临沂师专数学系学习，1979年12月至1984年8月在莒南县教育局工作，1984年8月至1995年8月在莒南县进修学校任教师、教研组长、教导处副主任、主任，1995年8月调入莒南一中任教师、教导副主任。2006年6月退休。

庄欠海 男，汉族，1953年10月生，莒南县大店镇人。中共党员，大普学历，中学高级教师。1978年毕业于临沂师专。1978年至1995年在莒南三中任教，1995年至2013年在莒南一中任教。2013年12月退休。

任教期间，先后获莒南县优秀教师、山东省奥赛优秀辅导员、临沂市优秀教学成绩奖、临沂市优秀备课组长等荣誉。

徐　辉 女，汉族，1957年12月生，莒南县十字路镇人。中共党员，本科学历，中学高级教师。1980年7月毕业于临沂教育学

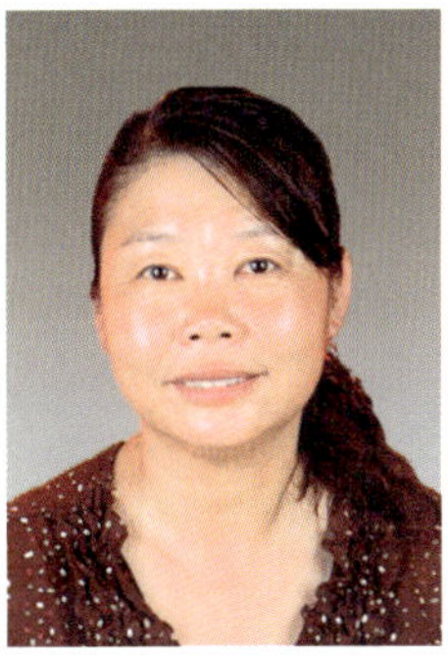

院，被分配到路镇中学任教。1985 年 7 月至 1988 年 7 月在临沂教育学院在职学习。1990 年 9 月在莒南师范任教。1995 年调入莒南一中任教。2013 年 1 月退休。

任教期间，在山东师范大学在职学习。先后被评为“山东省艺术教育工作先进个人”“首届莒南名师”“莒南县三八红旗手”，多次获得市级优秀教学成绩奖、优秀辅导奖和省级论文、教案一等奖。

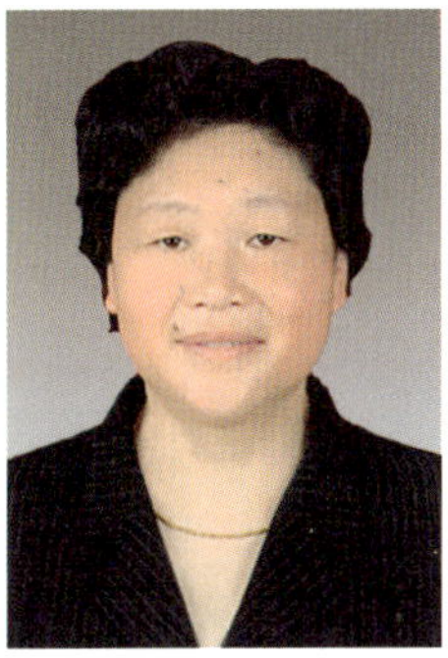

王瑞霞　女，汉族，1959 年 3 月生，山东省日照市莒县人。本科学历，中学高级教师。1974 年 10 月参加工作，1995 年 8 月调入莒南一中工作，2014 年 4 月退休。

任教期间，曾获临沂市优秀教育工作者等荣誉称号，并在国家级、省级刊物上发表多篇论文。

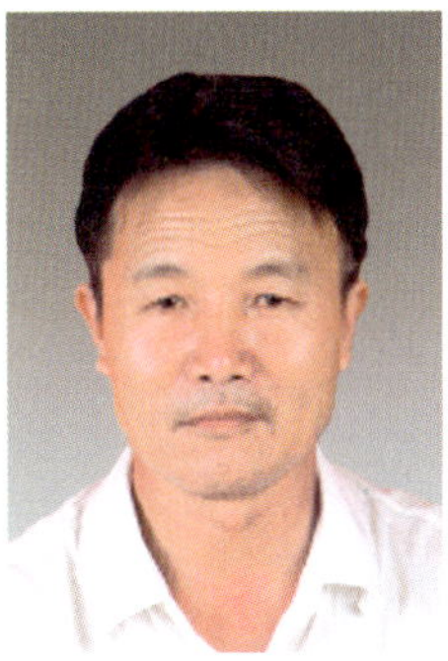

孙运通　男，汉族，1955 年 2 月生，莒南县涝坡镇人。中共党员，大学学历，中学高级教师。1977 年考入临沂师专汉语言文学系，后函授进修毕业于山东省教育院。毕业后先后任教于山东省第一机械修配厂子弟学校、莒南县城关一中，并于 1997 年 6 月调入莒南一中工作，2015 年 3 月退休。

任教期间，曾获“山东省新长征突击手”“莒南县优秀教师”等称号，发表教学论文 5 篇，创作诗歌 200 多首并发表 36 首。

李庆花　女，汉族，1959 年 9 月，山东省日照市东港区人。本科学历，中学高级教师。1980 年 9 月至 1982 年 7 月在临沂外语师范学习，1982 年 7 月至 1985 年 7 月在高家柳沟中学任教，1985 年至 2001 年 7 月在莒南七中任教，2001 年 8 月调入莒南一中任教。2014 年 10 月退休。

任教期间，多次获得市级教学成绩奖、县级讲课比赛一等奖、县级骨干教师等荣誉。

刘学翠　女，汉族，1959 年 9 月生，莒南县道口镇人。大专学历，中学高级教师。1976 年 7 月参加工作，1983 年调入莒南三中，2002 年 9 月调入莒南一中工作。2014 年 5 月退休。

任教期间，先后获得莒南县教学能手、莒南县骨干教师等荣誉称号，并在《英语周刊》《教育科学研究》等报刊发表多篇论文。

董保森　男，汉族，1954 年 6 月生，莒南县涝坡镇人。中共党员，大专学历，中学高级教师。1976 年 6 月参加工作。1992 年 2 月至 2001 年 8 月任涝坡初级中学校长兼党支部书记。2001 年 8 月至 2004 年 9 月任文疃中学校长、党支部书记，教委主任，2004 年 9 月调入莒南一中，2014 年 6 月退休。

任职期间，先后获得山东省优秀教师、莒南县劳动模范、莒南县优秀教师等荣誉称号。

贾玉兰 女，汉族，1959年12月生，莒南县道口镇人。大学学历，中学高级教师。1976年8月，1981年9月至1983年7月在莒南师范学习，1983年7月至2007年10月在莒南三中任教，2007年11月调入莒南一中工作，2014年退休。

从教期间，先后获得莒南县优秀教师、市县优秀教学成绩奖等荣誉，并在省级刊物上发表论文多篇。

许仕博 男，汉族，1949年10月生，莒南县十字路镇人。中共党员，本科学历，中学高级教师。1965年8月参加工作。先后担任扁山乡教委副主任、北园镇初级中学校长、北园镇高级中学校长、十字路镇高级中学校长、莒南县第五中学校长兼党支部书记、莒南第一中学督学等职。2009年11月退休。

任职期间，先后获得莒南县"'五一'劳动奖章""振兴沂蒙劳动模范""临沂市文明市民标兵""临沂市教育科研工作先进个人""山东省优秀教师""中国百位优秀基层领导""2004年度世界知名人士"等荣誉称号，被莒南县人民政府荣记三等功。

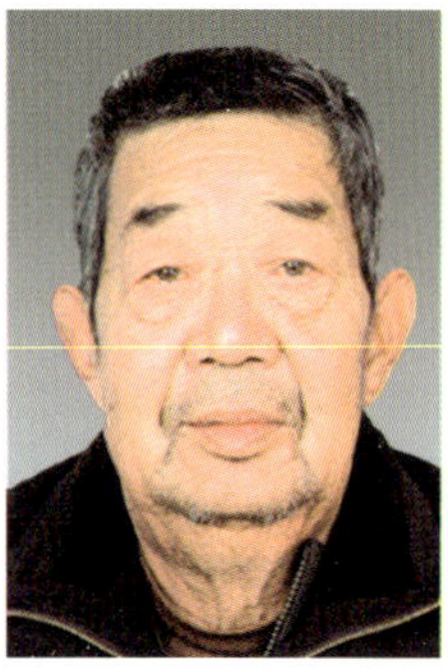

王秦生 男，汉族，1936年7月生，辽宁省开原县人。中共党员，大学本科学历，中学高级教师。1958年参加工作。1964年8月任莒南师范教导主任，1976年任莒南县教育局教研室主任，1978年任莒南成人中专副校长。1995年8月调入莒南一中工作。1997年12月退休。

任职期间，多次获得市县优秀共产党员等荣誉称号。

王锦亭 男，汉族，1937年8月生，莒南县板泉镇人。中共党员，大学学历，中学高级教师。1955年响应党的号召支援沂蒙山区从徐州回到故乡任教，先后在洙边、相邸教过小学、初中、高中，在县教育局搞中学教研十余年。1975至1984年在县五七大学及其蜕变的农业技术学校、农民中专任教务副主任、主任、副校长。1984年后担任县教师进修学校校长兼党支部书记十年。1995年8月调入莒南一中，系山东省优秀教师。1998年5月退休。

刘树彦 男，汉族，1937年10月生，山东省莒南县人。中共党员，中学高级教师。1961年7月在莒南二中任教，1972年2月在莒南师范任教，1990年2月任莒南师范教务处主任，1993年10月被莒南县委组织部任命为莒南教师进修学校调研员，1995年调入莒南一中。1998年5月退休。

任职期间，1964年在莒南县中小学教师大会上介绍了"课堂上精讲多练，减轻学生课外负担"的教学改革试点经验，1985年被评为模范班主任。

李维祥 男，汉族，1939年10月生，莒南县十字路镇人。大专学历，中学高级教师。1959年7月至1961年7月在临沂师专学习。1961年7月至1985年7月在团林中学任教，1985年7月至1996年7月在莒南师范任教，1995

年调入莒南一中工作。1985年当选莒南县人大代表。2000年退休。

任教期间，先后获得莒南县优秀教师、优秀班主任等荣誉称号。

李奎武 男，汉族，1941年12月生，莒南县道口镇人。中共党员，大专学历，高级物理讲师。1963年8月参加工作。1995年由莒南师范调入莒南一中。2000年12月退休。

任职期间，先后获得市县优秀教师、市工会先进工作者、县优秀共产党员、市物理讲课第一名等荣誉称号。

时少臻 女，汉族，1942年8月生，莒南县十字路街道人。中共党员，中专学历，中学高级教师。1961年9月至1964年7月在沂水师范学习，1964年7月参加工作，1995年到莒南一中工作，1998年5月在莒南一中退休。

任职期间，先后获得县优秀共产党员、校模范教师等荣誉称号。

王清凤 女，汉族，1936年8月生，莒南县道口镇人。中专学历，中学高级教师。1956年9月至1959年7月在临沂农校学习，1981年10月调入莒南师范工作。1991年12月退休。

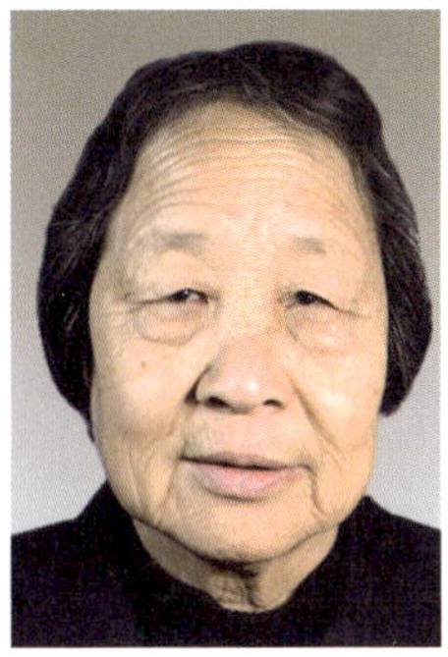

文凤菊 女，汉族，1938年3月生，莒南县筵宾镇人。中专学历，莒南师范高级讲师。1961年7月至1969年1月在临沭县韩村完小及朱仓完小任教。1969年1月至1981年8月在莒南县东赤石沟联中、筵宾中学任教。1981年8月至1993年12月，在莒南师范任教。1993年12月退休。

任教期间，曾多次获得优秀教师等荣誉称号。

张树梅 男，汉族，1935年2月生，莒南县壮岗镇人。中共党员，高中学历，中学一级教师。1952年8月到莒南一中工作，1984年11月任莒南一中总务处主任，1996年12月退休。

任职期间，曾被被莒南县委县政府评为莒南县先进工作者。

谭中伟 男，汉族，1932年10月生，江苏省邳州市人。中专学历，中学一级教师。1950年7月毕业于江苏徐州师范并参加工作，1954年秋到莒南一中工作，1993年12月在莒南一中退休。

任职期间，多次获得县先进教育工作者等荣誉称号。

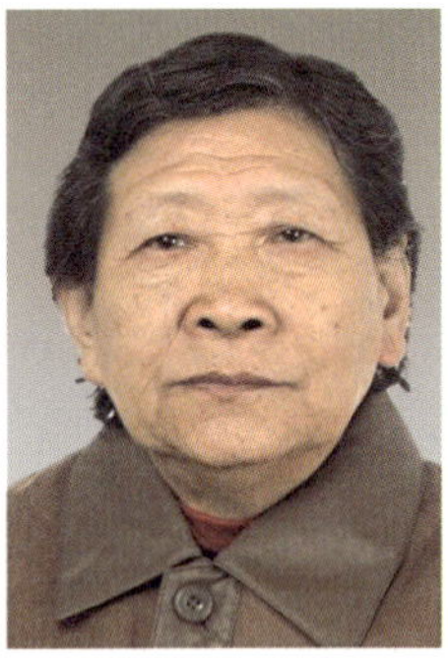

朱家章 女，汉族，1934年9月生，山东省烟台市福山区人。中共党员，大学学历，中学一级教师。1955年在福山县古现镇藏家村联小工作，1956年9月调福山县一中工作，1959年9月调莒南师范工作，1962年调入莒南一中工作。1990年12月退休。

徐　琦 男，汉族，1934年11月，莒南县十字路镇人。中专学历，中学一级教师，1954年在莒县师范毕业。1954年7月至1956年7月在郯城工作，1956年7月至1968年10月在临沭工作，1968年10月至1972年7月在十字路镇工作，1972年7月至1993年在莒南一中任教。1993年11月退休。

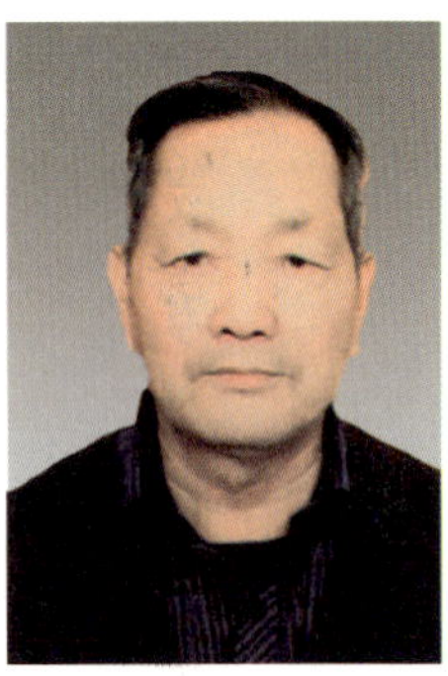

徐宝一 男，汉族，1944年7月生，莒南县坊前镇人。中共党员，中师学历，中学一级教师。1961年至1964年在沂水师范学习，1964年7月在日照岚山头小学任教，1968年至1972年在坊前中学任教，1972年至2004年在莒南一中任教。2004年8月退休。

任教期间，先后获得莒南县优秀教师、莒南县先进工作者等荣誉称号。

侯元英 女，汉族，1939年8月生，山东省日照市东港区人。中学一级教师。1963年参加工作，在日照二中教授英语，1973年调入莒南一中担任英语教师。1995年在莒南一中退休。

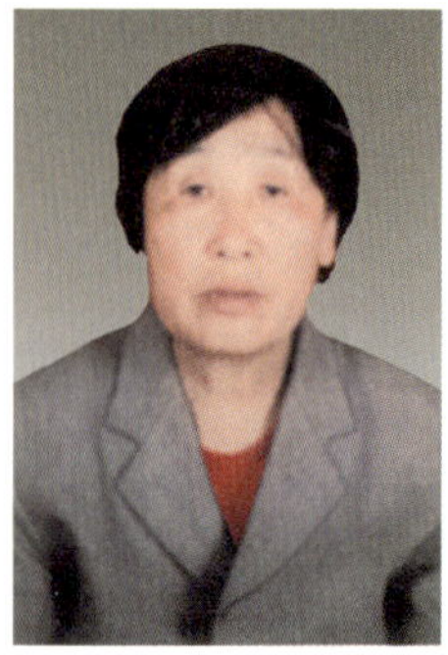

赵彦娟 女，汉族，1954年7月生，莒南县文疃镇人。大专学历，中学一级教师。1971年1月参加工作，分配到文疃杏花官庄小学任教。1973年至1975年7月在莒南师范学习。1975年7月分配到莒南一中工作，1981年11月调入莒南师范任会计。1992年取得高教自学考试大专学历。1993年评为会计师。1995年8月调入莒南一中，任会计。2009年12月退休。

任职期间，先后获得莒南县先进教师、临沂市先进工作者等荣誉称号。

郝善太 男，汉族，1940年12月生，莒南县筵宾镇人。中师学历，中学一级教师。1958年9月至1960年7月在莒南师范学习，1960年7月分配至筵宾完小任教，1974年10月调入莒南县教育局工作，1977年调入莒南一中工作，2000年12月退休。

侯梅生 女，汉族，1936年8月生，莒南县相邸镇人。中共党员，中师，中学一级教师。1951年10月至1954年11月在山东省立莒县

师范学习，1959年2月至1959年7月在山东省教育干校普通话培训班学习，1960年7月至1964年7月函授中师学习。1954年12月至1960年9月在大店小学工作，1960年10月至1962年12月在板泉小学工作，1963年1月至1965年10月在十字路实验二小工作，1965年11月至1971年12月在板泉小学工作，1972年1月至1975年12月在板泉中学工作，1976年1月至1978年7月在莒南五七大学工作，1978年8月调入莒南一中工作，1993年12月退休。

任教期间，先后获得莒南县优秀教育工作者、莒南县先进工作者、莒南县先进女职工工作者等荣誉，并于1962年11月因辅导少先队工作成绩显著被共青团莒南县委表彰。

王朋富　男，汉族，1947年11月生，莒南县洙边镇人。中共党员，高中学历，中学一级教师。1967年11月到洙边中学工作，1972年调入莒南县教育局，1980年11月调入莒南一中，2008年退休。

任职期间，先后获得山东省先进工作者、莒南县先进工作者等荣誉称号。

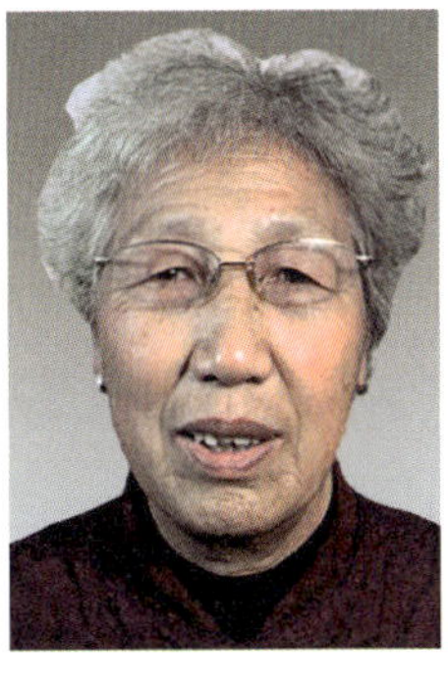

侯家凤　女，汉族，1939年5月生，莒南县坊前镇人。中学一级教师。1960年毕业于莒南一中。1960年7月至1961年3月在洙边中学任教，1961年3月至1968年12月在筵宾小学任教，1968年12月至1981年在岭泉野埠联中任教，1981年3月至1995年7月在莒南一中任教。1995年10月退休。

赵淑荣　女，汉族，1944年7月生，莒南县大店镇人。中共党员，高中学历，中学一级教师。1969年5月参加工作，1983年5月调入莒南一中，1999年12月退休。

工作期间，多次获得学校先进工作者等荣誉称号。

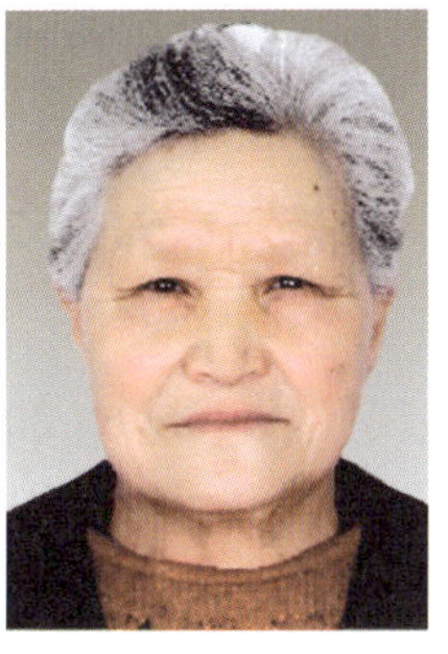

王朋娇　女，汉族，1940年11月生，莒南县洙边镇人。中专学历，中学一级教师。1962年7月毕业于临沂幼师后，到相邸北甘霖完小工作，1963年调入洙边镇张连坡完小，1975年调入洙边中学，1985年8月调入莒南一中工作。1995年12月退休。

朱崇美　女，汉族，1938年12月生，莒南县岭泉镇人。中共党员，大专学历，中学一级教师。1957年至1959年在日照师范学习。1959年至1963年在坪上完小教学，1963年至1968年在岭泉柴沟小学教学，1968年至1986年在临沂师专工作。1986年调入莒南一中，曾任学校工会主席。1993年12月退休。

任职期间，多次被评为先进工作者、模范共产党员，并于1972年6月代表先进工作者去北京开会。

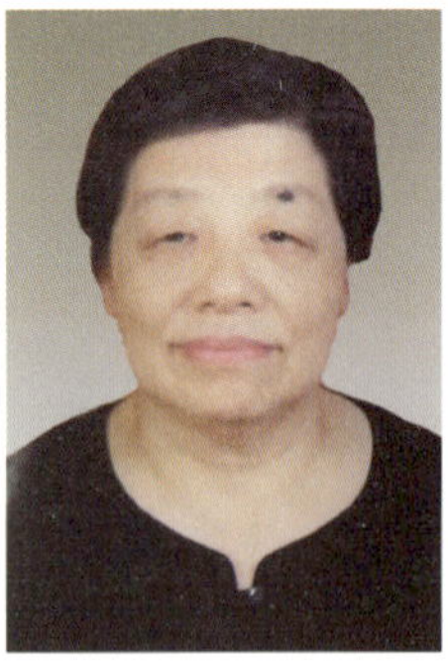

邱淑贞　女，汉族，1941年1月生，莒南县十字路镇人。中共党员，中专学历，中学一级教师。1959年7月至1962年7月，在青岛卫校学习，1962年7月分配到莒南县人民医院工作，1990年12月至1996年12月在莒南第一中学任校医。1996年12月退休。

董玉发　男，汉族，1940年7月生，莒南县筵宾镇人。中共党员，中学一级教师。1959年7月山东省日照师范毕业后，在筵宾公社老子峪小学任教，1962年2月至7月在莒南师范进修，1962年7月应征入伍在中国人民解放军6068部队79分队战士、文书等，1964年度军训中荣立三等功。1968年3月退伍后，在筵宾公社山前学区任文革主任，1970年1月至1991年3月先后在莒南县教育局任教育事业经费会计、建财股副股长、股长，1991年3月调莒南一中任工会主席，1993年8月任调研员。2000年8月退休。

任职期间，1983年6月被山东省教育厅、山东省财政厅评为山东省农村中小学建设先进个人，并出席山东省农村中小学校舍建设先进集体、先进个人表彰会议。

薛惠清　男，汉族，1940年12月生，莒南县大店镇人。中共党员，中学一级教师。1962年参加教育工作，任大店埠墩学区薛家道口完小教师，1972年至1975年，任大店埠墩学区教导主任，1975年至1985年任大店埠墩学区校长，1985年至1987年任大店镇中心小学校长，1987年至1992年任莒南三中副校长，1992年4月调入莒南一中工作，2000年12月退休。

任教期间，多次被评为莒南县教育先进工作者。

李高玉　男，汉族，1954年6月生，莒南县坊前镇人。中共党员，大专学历，中学一级教师。1972年6月至1984年12月在相邸小学任教，1985年1月至1992年3月在洙边中学工作，1992年4月至2014年7月在莒南一中工作。2014年8月退休。

任教期间，先后获得临沂地区优秀教师、山东省教育财务工作先进个人等荣誉称号。

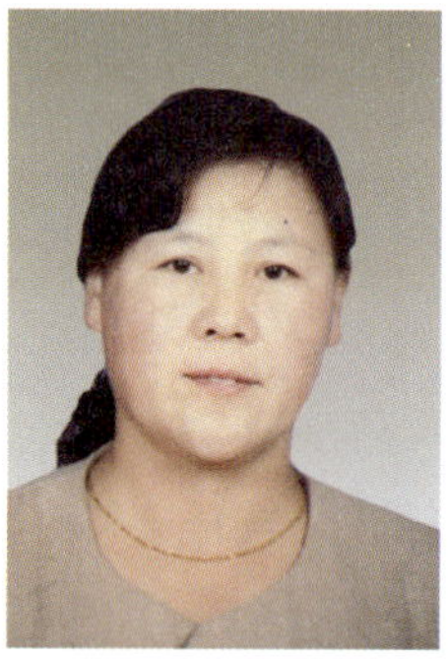

徐瑞芬　女，汉族，1955年7月生，莒南县团林镇人。中专学历，中学一级教师。1971年参加工作。1994年调入莒南一中工作。2011年1月退休。

任教期间，多次受到学校表彰。

张志君　男，汉族，1943年2月生，山东省菏泽市定陶县人。中共党员，大专学历，中学一级教师。1990年1月至1991年12月在辽宁刊授党校马克思主义理论专业学习，1993年9月至1994年12月在山东省委党校莒南分校经济管理专业学习。1962年10月至1978年10月在济南军区守备二师六团当兵，1978年10月至1995年8月在莒南师范工作，曾任总务主任。1995年8月至1997年9月在莒南一中工作，曾任总务主任。1997年9月退二线，2003年退休。

任职期间，曾获莒南县工会工作先进工作者等荣誉称号。

文臻章　男，汉族，1949年2月生，莒南县筵宾镇人。中共党员。1968年2月入伍，历任战士、班长、排长，参谋、营长，1985年转业到莒南师范任保卫科长，1995年8月调入莒南一中，1996年10月至2002年9月任总务主任。2009年3月退休。

潘远均　男，汉族，1935年9月生，莒南县十字路镇人。中共党员，中专学历，中专讲师。先后在莒南师范、莒南一中工作，曾任莒南师范教务处副主任。1996年12月退休。

任教期间，先后获得市级优秀教师、市级先进个人等荣誉。

张云红　男，汉族，1954年7月生，莒南县涝坡镇人。中共党员，中师学历，中学一级教师。1972年7月至1974年7月在涝坡中学学习，1974年7月参军，1995年8月调入莒南一中工作。2014年7月退休。

任职期间，多次获得学校教育工作先进个人等荣誉称号。

卢兆花　女，汉族，1951年4月生，莒南县坊前镇人。中共党员，大专学历，中学一级教师。1971年1月至1972年2月在莒南县坊前中学任教，1972年2月至1973年2月在临沂师专学习，1973年2月至1993年9月在莒南师范学校图书室任图书馆员，期间1986年11月至1987年3月在临沂教育学院图书馆学专业培训班学习，1989年9月至1991年3月在山东广播电视大学学习，1993年9月至1995年9月在莒南县教师进修学校任图书馆员，1995年9月调入莒南一中。2006年6月退休。

1990年莒南县妇女联合会授予“三八红旗手”称号。

卢绪娟　女，汉族，1956年12月生，莒南县道口镇人。中共党员，大专学历。1996年至1998年在山东省干部管理学院在职学习。1973年6月至1976年9月在道口、岭泉卫生院工作，1976年9月至1978年7月在临沂卫校学习，1978年9月至1987年10月在团林镇卫生院工作，1987年11月至2001年12月在团林镇党委任党委委员、副镇长，2001年12月调入莒南一中任女工委、计生主任。2012年2月退休。

任职期间，先后获得市县三八红旗手、县级优秀女干部、县科普工作先进工作者等荣誉称号。

刘树华 女，汉族，1933年7月生，莒南县洙边镇人。中共党员，中专学历，中学图书馆员。1952年参加工作，1953年7月至1954年7月在沂水师范学习，1960年7月至1964年7月参加莒南师范函授学习。1953年至1970年在洙边完小任教，1970年至1972年在莒县招贤镇董家坡小学任教，1972年至1983年在莒南九中任图书管理员，1983年至1991年在莒南师范任图书管理员。1991年12月退休。

四、部分在职教职工简介

赵统选 男，汉族，1956年2月生，莒南县坪上镇人。中共党员，本科学历，中学高级教师。1977年至1979年在莒南师范学习，1980年至1982年在临沂教育学院进修，1982年毕业并分配到莒南一中任教。

任教以来，先后获得南县骨干教师、临沂市优秀教学成绩奖、省级优秀辅导员等荣誉。

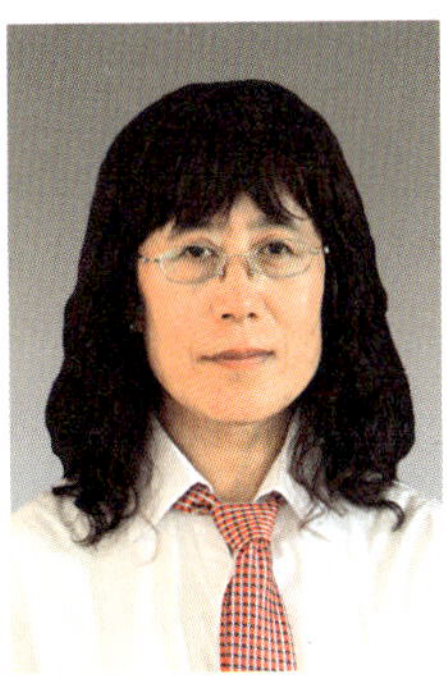

李 蕤 女，汉族，1964年5月生，莒南县团林镇人。本科学历，中学高级教师。1980年9月至1982年7月，在临沂师专物理系学习，1982年7月分配到莒南第一中学工作。

任教以来，先后获得“莒南县优秀教师”“莒南县高中教学先进个人”等荣誉称号，并多次获得市县教学成绩奖。

邢彦丽 女，汉族，1967年10月出生，莒南县筵宾镇人。本科学历，图书专业，副研究馆员，1989年9月至1991年7月在临沂教育学院进修专科，2001年7月至2004年7月在临沂师范学院函授本科。1983年7月分配到莒南一中工作。

任职以来，多次被学校评为优秀教育工作者和先进个人。

庞德河 男，汉族，1962年4月生，莒南县相沟镇人。中共党员，本科学历，中学高级教师。1981年9月至1983年7月在临沂师专中文系学习。1987年7月毕业于曲阜师范大学中文系函授班。1983年7月分配至莒南一中任教。

从教以来，先后获得莒南县岗位责任制先进工作者、市级优秀教学成绩奖、首届临沂市教学能手等荣誉，并在国家级、省级刊物上发表多篇论文。

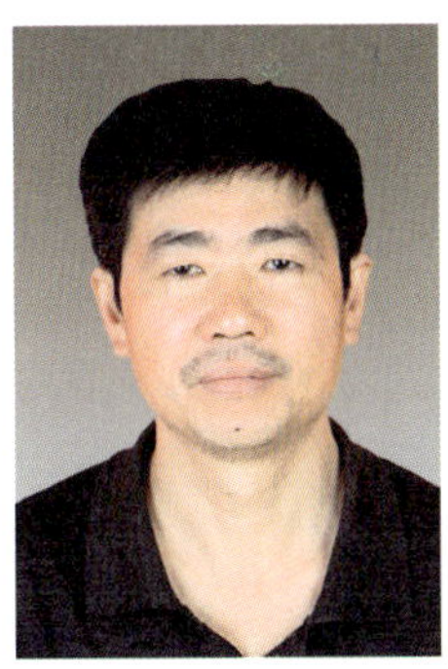

徐广伟 男，汉族，1962年10月生，莒南县壮岗镇人，本科学历，中学高级教师。1979年9月至1981年7月，在临沂师专学习。1983年9月调入莒南一中工作。

任教以来，先后获得莒南县优秀教师、莒南县模范班主任、临沂市教学成绩奖等荣誉。

王传民 男，汉族，1962年3月生，临沂市临沭县人。中共党员，本科学历，中学高级教师。1982年8月至1984年7月在临沂师范专科学校学习，1984年分配到莒南一中工作。

徐衍见 男，1962年11月生，山东省日照市东港区人。中共党员，本科学历，中学高级教师。1980年7月至1984年7月在曲阜师范大学学习。1984年7月分配到莒南一中工作。

任教以来，多次获得市县级优秀教学成绩奖。

林学珍 女，汉族，1964年8月生，莒南县板泉镇人。中共党员，本科学历，中学高级教师。1983年9月至1985年7月在临沂师专学习。1985年7月分配到莒南一中任教。1992年8月至1995年6月在曲阜师范大学在职学习。2006年8月至2012年12月任学校督导室主任。2014年3月始，任政教处主任。

任职以来，先后获“临沂市骨干教师”“临沂市教书育人标兵”“临沂市十佳建功立业标兵”“临沂市教育督导先进工作者”“临沂市工会工作先进个人”“首届莒南名师”“首届科研型骨干教师”“首批莒南县高中教学能手”“莒南县十佳教师”“高中教学工作先进个人”“莒南县三八红旗手标兵”“临沂市讲课比赛二等奖”“山东省科研成果一等奖”“临沂市优秀教学成绩奖”等荣誉。

宋维山 男，汉族，1962年9月生，莒南县十字路镇人。中共党员，本科学历，中学高级教师。1982年至1985年在临沂师专化学系学习，1985年分配到莒南一中任教。1989年8月至1996年任莒南一中团委书记，1996年至1997年任莒南一中办公室主任。

任职以来，1989年获“临沂地区新长征突击手”荣誉称号，1994年获“山东省‘青春立功’活动”一等功，同时被授予“山东省新长征突击手”荣誉称号，1991年被评为“莒南县优秀教师”，1997年被评为“临沂市优秀教师”，多次获市、县优秀教学成绩奖。在国家、省级刊物上发表论文十余篇。

朱坤达 男，汉族，1962年12月生，山东省菏泽市单县人。中共党员，本科学历，中学高级教师。1981年7月参加工作，1986年9月至1988年6月在临沂教育学院学习。1985年6月调入莒南一中任教。

任教以来，先后获临沂市优秀教学成绩奖、莒南县教学能手等荣誉，并在国家级刊物上发表论文多篇。

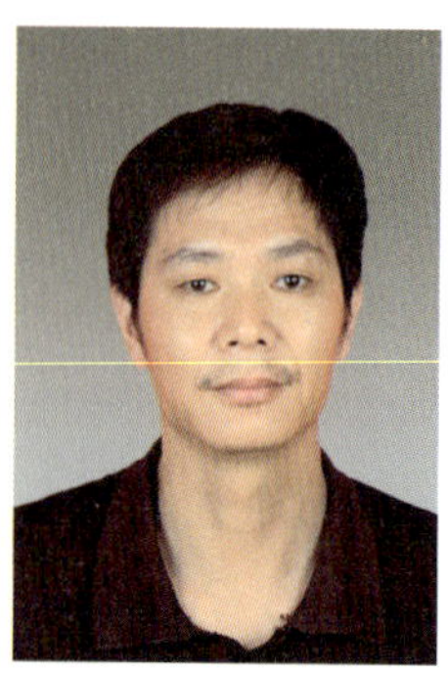

孙运山 男，汉族，1965年9月生，莒南县板泉镇人。本科学历，中学高级教师。1983年9月至1985年7月在临沂师范专科学校学习，1985年7月分配到莒南一中工作。

任教以来，先后获得市县高考教学成绩优

秀奖、临沂市讲课比赛二等奖、临沂市课件制作比赛二等奖、莒南一中优秀教师等荣誉。

张广科 男，汉族，1963年12月生，莒南县相沟乡人。中共党员，本科学历，中学高级教师。1982年9月到1986年7月在聊城大学学习。1986年7月分配到莒南一中工作。历任备课组长、年级副主任、教导处副主任等职。

任职以来，先后被评为“临沂市优秀教师”“首届莒南名师”“莒南县高考教育教学先进个人”“莒南县高考十佳班主任”“莒南县工会工作先进个人”“莒南县教体系统模范共产党员”等称号，曾参加山东省骨干教师培训，多次获得市级优秀教学成绩奖，在省级以上刊物发表多篇论文。

陈常民 男，汉族，1958年3月生，莒南县文疃镇人。大专学历，中学高级教师。1980年9月至1982年7月在临沂师专学习，1982年7月分配到高家柳沟中学工作，1987年7月调入莒南一中任教。

任教以来，多次获市县优秀教学成绩奖，并在国家级刊物上发表多篇论文。

刘 洁 女，汉族，1962年5月29日生，莒南县十字路镇人。本科学历，中学高级教师。1983年9月至1987年7月在聊城师范学院学习，1987年7月分配到莒南一中工作。

任教以来，先后获得莒南县首批教学能手、莒南县优秀教师等荣誉称号，并多次获得临沂市优秀教学成绩奖。

李怀记 男，汉族，1965年6月生，莒南县朱芦镇人。本科学历，中学高级教师。1983年9月至1987年7月在山东师范大学生物系学习，1987年7月分配到莒南一中工作。

任教以来，先后获得县级普通高中教学工作先进个人，县级论文评比二等奖，校级先进教育工作者等荣誉。

杜清超 男，汉族，1965年12月生，莒南县相沟镇人。中共党员，本科学历，中学高级教师。1985年9月至1987年7月在临沂师范专科学校学习，1987年7月分配到莒南一中工作。

任教以来，先后获得临沂市骨干教师、临沂市优秀教学成绩奖、莒南县人民政府记三等功一次等荣誉称号。

陈 青 男，汉族，1966年8月生，莒南县板泉镇人。中共党员，本科学历，中学高级教师。1985年9月至1987年6月在临沂师范专科学校学习，1987年7月分配到莒南一中任教。

任教以来，先后获得临沂市优秀教学成绩奖、莒南县先进工作者、莒南县优秀共产党员等荣誉称号。

王广运 男，1963年5月16日生，莒南县十字路镇人。中共党员，本科学历，中学高级教师。1981年8月至1983年6月在临沂师范专科学校学习。1983年7月分配到莒南县高家柳沟中学任教。1987年8月调入莒南一中任教。历任学校教导处副主任、电教主任。

任职以来，被评为“山东省优秀电教工作人员”“临沂市骨干教师”“临沂市第一批教学能手”“第二届沂蒙名师”“莒南县十佳教师”“莒南县科技创新人物”，获得“临沂市优质课比赛二等奖”。曾参与多项课题研究，为全国“十一五教育重点科研课题”组成员。被授予“全国中学生物理奥林匹克竞赛优秀辅导员”“全国青少年电脑制作比赛优秀辅导员”“全国青少年科技创新大赛优秀辅导员”称号。曾参加山东省骨干教师培训。因教学成绩突出，被莒南县人民政府记三等功1次。

卢其来 男，汉族，1960年9月生，莒南县相沟镇人。中共党员，本科学历，中学高级教师。1980年9月至1982年6月在临沂教师进修学院学习，1982年7月分配到莒南县第一实验小学任教，1988年7月调入莒南一中任教，中国体育科学学会会员，曾担任临沂市体育兼职教研员。

任教以来，先后获得莒南县优秀教师、山东省第三届中小学教育科研优秀成果二等奖等荣誉，并在国家级、省市级刊物上发表多篇论文，其中《体育合作教学的特征与操作方法》获全国素质教育与体育教学研讨会一等奖。

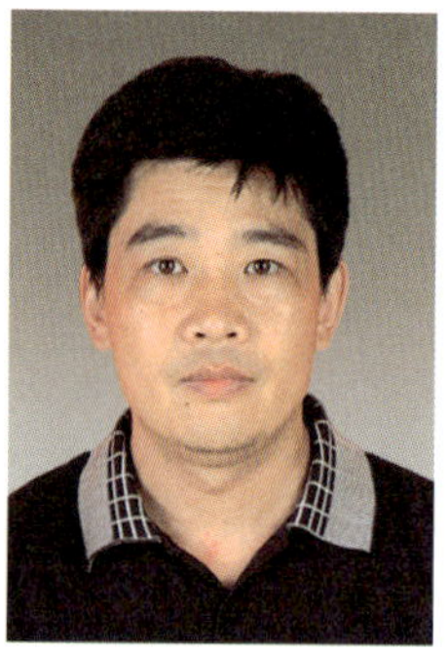

王言亮 男，汉族，1965年12月生，莒南县十字路镇人。本科学历，中学高级教师。1984年9月至1988年7月在山东师范大学学习，1988年7月分配到莒南一中工作。

任教以来，先后获得县级、校级优秀教师等荣誉。

田栋文 男，汉族，1955年11月生，莒南县朱芦镇人。本科学历，中共党员，中学高级教师。1977年7月参加工作。1977年12月至1979年12月在临沂师专学习。1979年12月至1989年8月在蒙阴一中任教。1988年7月至1991年6月参加曲阜师范在职函授。1989年8月调入莒南一中任教。历任莒南一中教导处副主任、年级主任、教学二支部书记。

任职以来，被评为“临沂市骨干教师”，多次获“临沂市高考优秀教学成绩奖”。在省以上刊物发表多篇教学论文。1992年9月，获“临沂市高中教师讲课比赛二等奖”。1994年12月，执教市级示范课《任意角的三角函数》。1997年4月，在全市高三教学研讨会上作《加强基础，提高能力》的辅导报告。2001年9月，被评为“莒南县优秀教师”。2003年，被评为“莒南县优秀共产党员”。2006年，获“莒南县高考工作先进个人”称号。

刘文新 男，汉族，1966年5月出生，莒南县道口镇人。本科学历，中学高级教师。1986年9月至1990年7月，在山东师范大学物理系学习，1990年7月分配到莒南第一中学工作。

任教以来，先后获得“临沂市优秀班主任”“临沂市优秀备课组长”‘莒南县优秀教师’等荣誉称号，并多次获得市县优秀教学成绩奖。

任教以来，先后获得国家级特等辅导奖、市县骨干教师、市讲课比赛一等奖、市县优秀教学成绩奖等荣誉称号。

朱建丽　女，汉族，1967年7月生，莒南县大店镇人。本科学历，中学高级教师。1985年7月至1987年7月在临沂师范专科学校学习。1987年7月分配到莒南县城关二中，1990年7月调入莒南一中任教。

任教以来，曾被评为临沂市骨干教师、莒南县优秀教师、莒南县三八红旗手、临沂市高中化学讲课比赛一等奖、山东省电化教学比赛二等奖。多次获得市、县优秀教学成绩奖以及山东省奥林匹克化学竞赛优秀辅导员等荣誉称号。

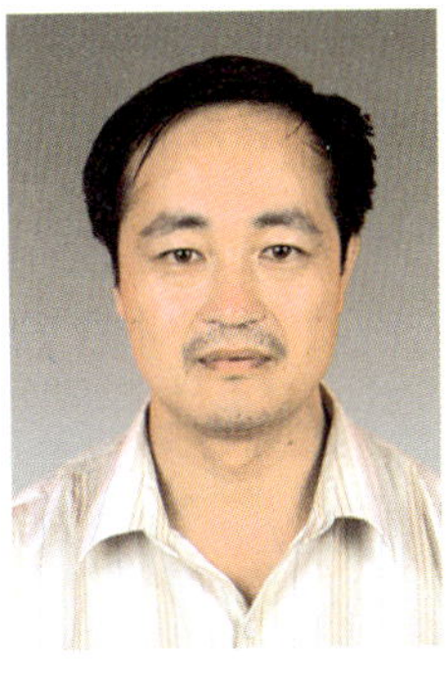

解玉亮　男，汉族，1967年8月生，莒南县石莲子镇人。本科学历，中学高级教师。1986年9月至1990年7月在烟台师范学院学习，1990年7月分配到莒南一中任教。

任教以来，先后获得临沂市高考教学成果奖，莒南县教学能手，莒南县高考先进个人等荣誉。

张传奎　男，汉族，1965年7月生，莒南县洙边镇人。本科学历，中学高级教师。1983年9月至1985年7月在临沂师专学习。1985年7月参加工作，1990年8月调入莒南一中任教。

吕文堂　男，汉族，1965年9月生，莒南县岭泉镇人。本科学历，中学高级教师。1985年9月至1989年7月在聊城师范学院学习，1989年7月分配到沂水师范学校工作，1990年9月调入莒南一中任教。

任教以来，先后获得2次市级优秀教学成绩奖、3次县级优秀教学成绩奖等荣誉，并有多篇文章在《语文世界》上发表。

郭洪全　男，汉族，1967年7月生，莒南县板泉镇人。中共党员，本科学历，中学高级教师。1987年9月至1991年7月在聊城师范学院历史系学习。1991年7月分配到莒南一中任教。2010年始担任年级副主任，2012年始任督导室副主任。

任职以来，多次获得市优秀教学成绩奖，1999年被评为县优秀教师，2003年被评为县十佳班主任、临沂市优秀班主任，2007年县高考优秀班主任，2009年山东省高中远程教育先进个人，2010年县优秀班主任、优秀教师，2013年县高考优秀年级主任称号。

程　潜　男，汉族，1967年11月生，莒南县十字路镇人。本科学历，中学高级教师。1989

年9月至1991年7月在临沂师范专科学校学习。1991年7月分配到莒南一中工作。1992年至1995年期间在曲阜师范大学函数完成本科学历。2004年任莒南一中艺体部副主任。

任职以来，先后获得临沂市优秀教学成绩奖，临沂市讲课比赛一等奖，临沂市教学基本功比赛一等奖，连续三次获得临沂市教学能手称号，山东省教学基本功比赛二等奖，山东省示范公开课，全国体育工作先进个人等荣誉称号。

唐龙廷　男，汉族，1968年4月生，临沂市临港经济开发区团林镇人。本科学历，中学高级教师。1991年7月毕业于烟台师范学院，并分配到莒南一中任教。

任教以来，先后获得市县优秀教学成绩奖、临沂市优秀教师、县政府记三等功一次等荣誉称号。

秦茂增　男，汉族，1968年10月生，莒南县石莲子镇人。中共党员，本科学历，中学高级教师。1989年9月至1991年7月在临沂师专学习，1992年7月至1995年7月在山东师范大学本科函授。1991年7月分配到莒南一中任教，多年担任地理学科组长、班主任。

从教以来，2001~2002年参加山东省骨干教师培训，2002年参加市骨干教师培训。2006~2009年间，多次受聘参加全国高考地理阅卷并被评为优秀阅卷员。2002年9月举行市级公开示范课，2001年10月被评为县首批教学能手，2001年3月被评为临沂市首批地理教学能手。多次获得市、县优秀教学成绩奖、市档案管理先进个人、优秀论文奖，莒南县优秀党员、莒南县学习型党员、莒南县教育教学先进个人等荣誉称号，并在《地理教育》等刊物上发表论文多篇。

史守松　男，汉族，1968年12月生，莒南县十字路镇人。本科学历，中学高级教师，1987年9至1991年7月，在曲阜师范大学学习，1991年7月分配到莒南一中工作。

任教以来，先后获得市优秀教学成绩奖、市档案工作先进个人等荣誉。

高秀礼　男，汉族，1969年1月生，莒南县大店镇人。本科学历，中学高级教师。1987年9月至1991年7月在曲阜师范大学化学系学习，1991年7月分配至山东省莒南第一中学工作，2000年7月至2003年7月在莒南县高考补考学校工作，三年后又返回莒南一中工作。

任教以来，先后获莒南县普通高中教学工作先进个人、临沂市第一届教学成果个人三等奖等荣誉。

付廷宽　男，汉族，1966年10月生，莒南县十字路镇人。中共党员，本科学历，中学高级教师。1985年9月至1989年7月在曲阜师范大学政治系学习。1989年7月至1991年8月在莒南六中任教。1991年9月调入莒南一中任教。

多年任备课组长、班主任。

1997年9月获“临沂市优秀教学成绩奖”，1999年6月举行市级公开课，9月获临沂市讲课比赛二等奖，2003年9月被评为“临沂市教学能手”，2005年6月被授予“莒南县优秀共产党员称号”，9月被授予“首届莒南名师”称号，10月被评为“莒南县模范班主任”。

侯维芳　女，汉族，1963年4月24日生，莒南县十字路镇人。本科学历，中学高级教师。1982年9月至1985年7月在临沂师专学习。1985年7月至1986年8月在临沂幼师任教，1986年8月至1988年9月在莒南教师进修学校任教，1988年9月至1990年7月在山东省教育学院学习，1990年7月至1991年11月在莒南教师进修学校任教，1991年11月调入莒南一中任教。

任教以来，多次获市级高中优秀教学成绩奖，并于2005年获“首届莒南名师称号”，2008年被莒南县妇联，莒南县教育局授予“莒南县巾帼教育标兵”。

王乐信　男，汉族，1967年1月生，莒南县十字路镇人。中共党员，本科学历，中学高级教师。1985年8月至1987年7月在临沂大学学习，1992年7月调入莒南一中工作。

任教以来，先后获得莒南县优秀教师、莒南县首届名师、莒南县十佳班主任、莒南县教学能手、莒南县骨干教师、莒南县先进青年工作者、莒南县高考先进个人等荣誉，多次获得临沂市优秀教学成绩奖、莒南县优秀教学成果奖，多次参加市教辅资料的编写，多次举行市县公开课、示范课。

李宏堂　男，汉族，1963年5月生，莒南县相邸镇人。中共党员，本科学历，中学高级教师。1981年7月至1985年7月在高家柳沟中学任教，1985年8月至1992年7月在莒南第二中学任教，1992年8月调入莒南第一中学任教。

任教以来，先后获得临沂市骨干教师、莒南县首批教学能手等荣誉称号。

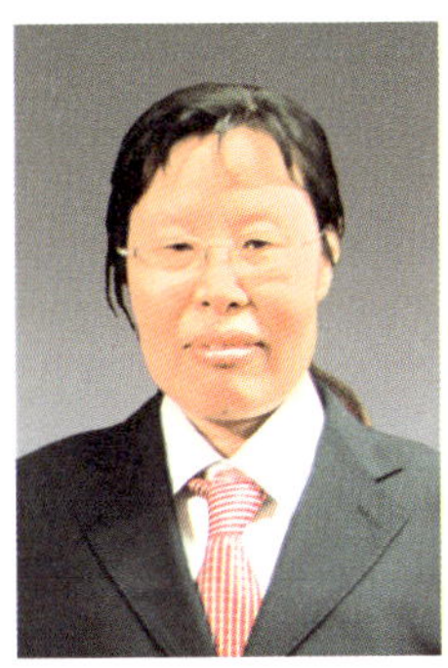

张宗凤　女，汉族，1964年6月15生，日照市岚山人。中共党员，本科学历，中学高级教师。1982年7月至1985年7月在高家柳沟中学任教。1985年8月至1992年7月在莒南第二中学任教。1992年8月调入莒南第一中学任教。

任教以来，先后获莒南县十佳教师、莒南县首批教学能手、临沂市优秀教学成绩奖等荣誉。

李　舒　女，汉族，1969年7月生，山东省郓城县人。本科学历，中学高级教师。1987年9月至1989年7月，在山东省临沂师范专科学校学习。1989年7月分配到山东省莒南师范工作。1993年7月至1998年7月在山东省莒南一中初中部任教。1998年7月至2000年7月在山东省莒南县实验中学任教。2000年调入莒南一中任教。

任教以来，先后获得县级教学能手、市级优秀教学成绩奖等荣誉称号。

杨佃军 男，汉族，1970年10月生，莒南县大店镇人。中共党员，本科学历，中学高级教师。1991年9月至1993年7月在曲阜师范大学学习。1993年7月分配至莒南一中工作，2012年11月始任职教导处副主任。

任教以来，多次被市、县及学校评为“优秀教研组长”“优秀教师”“教学能手”，荣获国家科研成果二等奖、省级一等奖，在报刊及杂志上发表论文数篇，2010年执教市级英语教学示范课。

陈庆增 男，汉族，1968年4月生，莒南县大店镇人。本科学历，中学高级教师。1986年7月至1988年7月在临沂师范专科学校学习。1988年7月至199年9月在莒南二中任教。1993年9月至2000年7月在莒南一中任教。2000年7月至2007年7月在莒南县高考补习学校任教。2007年7月调回莒南一中任教。

任教以来，先后获得“莒南县优秀教师”“莒南县教学能手”“莒南县优秀党外知识分子”“莒南县师德标兵”“莒南县高考工作先进个人”称号和“临沂市优秀教学成绩奖”“临沂市教学质量奖”等，曾参加国家级骨干教师培训。

宋维连 男，汉族，1967年1月生，莒南县岭泉镇人。中共党员，本科学历，中学高级教师。

1985年9月至1989年7月在曲阜师范大学化学系学习。1989年7月至1994年9月在莒南六中任教。1994年9月调入莒南一中任教。先后担任年级副主任、年级主任、教科室副主任、教科室主任、教学二党支部书记等职。

任职以来，在国家级、省级刊物发表论文多篇；多篇论文在省级、市级评奖中获一等奖；编写专著多部。承担多项省级课题和市县级课题并通过鉴定。先后获得“全国化学奥林匹克竞赛特别贡献奖”“山东省奥林匹克竞赛优秀辅导奖”“山东省优秀教师”“临沂市优秀班主任”“临沂市教育科研先进个人”“临沂市先进教研组长”“临沂市优秀教学成绩奖”“莒南县优秀教师”“莒南县优秀班主任”“莒南县优秀共产党员”“莒南县骨干教师”“莒南县教学能手”“莒南县教育先进个人”“莒南县优秀教学成绩奖”等奖励或称号。

韩继庆 男，汉族，1957年7月生，莒南县十字路镇人。中共党员，数学教育本科，中学高级教师。1980年9月至1983年12月在临沂教育学院数学教育专业学习，参加曲阜师范大学的中学教师“三沟通”数学本科教育学习。1978年7月至1995年7月在莒南县教师进修学校任教师。1995年7月调入莒南一中工作。

任教以来，2002年获得省一级档案管理标准突出贡献奖，2011年被市评为国家教育考试工作优秀监考员，自2003年至2012年被县、学校评为先进或优秀教育工作者、模范共产党员等。

韩希勇　男，汉族，1964年1月生，莒南县十字路镇人。中共党员，本科学历，中学高级教师。1982年9月至1984年7月在临沂师范专科学校外语系学习。1984年7月至1986年7月在莒南县大店中学任教。1986年7月至1995年7月在莒南县职业中学任教。1995年7月调入莒南一中。

任教以来，8次获得“临沂市优秀教学成绩奖”。2001年，被评为“临沂市首届教学能手”和“莒南县教学能手”。2004年、2005年连续两年被评为“莒南县模范班主任”。2006年，被评为“莒南县十佳创新班主任”“临沂市普通高中教学工作先进个人”“临沂市十佳班主任”。2006年后，多次担任莒南县中小学班主任培训主讲教师。在国家级、省级刊物发表多篇论文。

张守法　男，汉族，1964年11月生，山东省日照市东港区人。本科学历，中学高级教师。1983年9月至1987年7月在山东聊城师范学院学习，1987年7月至1993年7月在莒南师范任教，1993年7月至1995年7月在莒南教师进修学校任教，1995年7月调入莒南一中任教。

任教以来，先后获得市级骨干教师、县级骨干教师等荣誉。

王汉群　男，汉族，1962年1月生，山东省临沭县人。中共党员，本科学历，中学高级教师。1979年9月至1983年7月在山东师范大学学习，1983年7月分配至莒南师范工作，1995年8月调入莒南一中。

任教以来，先后获得临沂市学雷锋先进个人、学校先进工作者等荣誉。

王文庆　男，汉族，1963年10月生，莒南县大店镇人。本科学历，中学高级教师。1982年9月至1984年7月，在临沂大学学习。1984年7月至1995年8月在莒南县教师进修学校任教并担任团委工作。1995年8月调入莒南一中任教，曾担任备课组长。

任教以来，曾获得第四届“语文报杯”全国中学生创新作文大赛指导一等奖、第五届及第六届中华“圣陶杯”中学生作文大赛指导一等奖。2001年10月获得市级讲课比赛一等奖、多次获得市县级优秀教学成绩奖，在国家级、省级刊物发表多篇论文。

马　玲　女，汉族，1963年10月出生，山东省临港经济开发区坪上镇人。本科学历，中学高级教师。1980年7月至1985年12月在坪上镇中心小学任教，1985年12月至1987年7月在相邸镇中心小学任教，1987年7月至1995年8月在莒南师范工作，1995年8月调入莒南一中工作。

任教以来，先后获得省一级档案管理标准突出贡献奖、学校十佳女园丁、学校优秀教育工作者、学校十佳教育工作者、学校巾帼岗位标兵等荣誉称号。

刘春竹　女，汉族，1965年3月生，莒南县涝边镇人。本科学历，中学高级教师。1984

年至1987年在临沂师专学习，1987年分配到莒南师范工作，1995年8月调入莒南一中任教。

任教以来，多次获得市县优秀教学成绩奖、奥赛辅导奖、学校巾帼岗位标兵、优秀教师和县教学能手等荣誉称号。

杨云旭　男，汉族，1967年3月生，莒南县坊前镇人。中共党员，本科学历，中学高级教师。1986年9月至1988年6月在临沂师范专科学校学习，1988年7月分配到莒南县教师进修学校任教，1995年8月到莒南一中任教，2012年任教科室副主任、年级副主任。

任职以来，先后获莒南县优秀教师、莒南县首届名师、临沂市优秀教学成绩奖、莒南县优秀共产党员等荣誉。

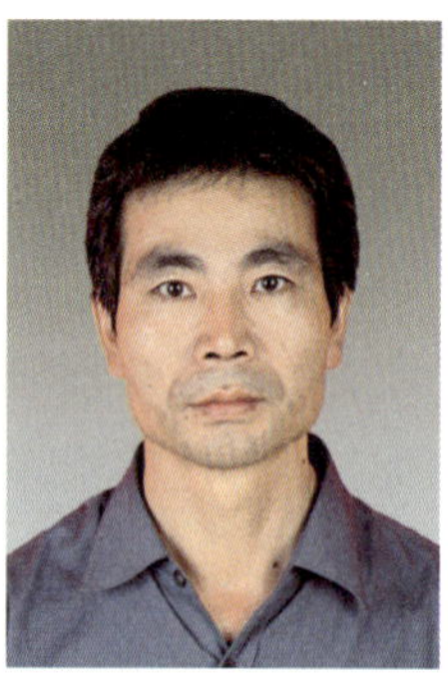

魏茂标　男，汉族，1963年4月生，莒南县涝坡镇人。本科学历，中学高级教师。1984年9月至1988年7月，在聊城师范学院化学系学习，1988年7月分配到莒南县第二职业中学工作，1995年9月调入莒南一中任教。

任教以来，先后获得临沂市优秀教学成绩奖、莒南县优秀班主任等荣誉称号。

李乃善　男，汉族，1964年3月生，莒南县坪上镇人。中共党员，本科学历，中学高级教师。1985年9月至1989年7月，在曲阜师范

大学学习，1989年分配到莒南四中工作，1992年调入教师进修学校工作，1995年9月调入莒南一中任教。

任教以来，先后获得莒南县优秀教师、临沂市优秀教学成绩奖等荣誉。

王洪江　男，汉族，1964年6月出生，莒南县文疃镇人。本科学历，中学高级教师。1979年9月至1981年7月在临沂师专数学系学习，1981年7月分配到莒南师范学校工作，1995年9月调入莒南一中任教。

任教以来，多次获得临沂市优秀教学成绩奖。

刘树乾　男，汉族，1964年11月生，莒南县涝边镇人。本科学历，中学高级教师。1984年9月至1986年7月在临沂师专学习。1986年7月至1988年9月在莒南县高家柳沟中学任教。1988年9月至1995年9月在莒南县教师进修学校任教。期间在曲阜师范大学学习。1995年9月调入莒南一中。

任教以来，曾获“临沂市高中语文优质课比赛一等奖”，多次获市县优秀教学成绩奖。

孙钦燕　女，汉族，1964年12月出生，莒南县朱芦镇人。本科学历，中学高级教师。1983年9月至1986年7月在临沂师专政史系学习，1986年7月分配到原莒南三中（大店中学），1988年7月至1995年9月在莒南师

范任教，1995年9月调入莒南一中任教。

任教以来，多次获得临沂市优秀教学成绩奖、莒南县优秀教学成绩奖、莒南县教学能手等荣誉称号。

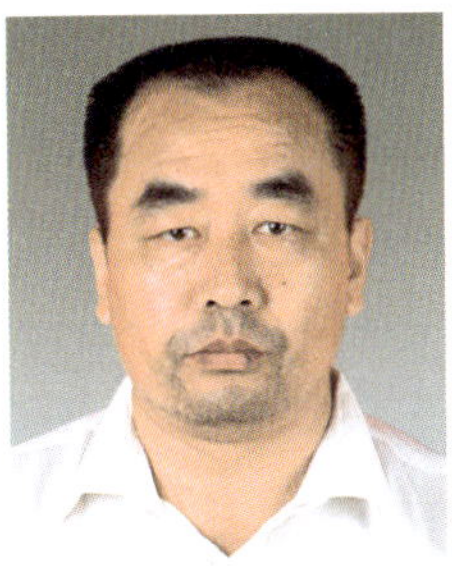

宋庆轩　男，汉族，1965年2月生，莒南县洙边镇人。中共党员，本科学历，中学高级教师。1982年9月至1985年6月在山东日照师范学校学习。1985年7月分配到莒南师范工作。1995年调入莒南一中任教。

任教以来，先后获得县优秀教师、县文化体育先进工作者、县优秀共产党员、县教学能手、市县高中教学优秀成绩奖、县首批科研型骨干教师、省教育教学“百佳”论文二等奖和省教科研优秀成果二等奖等荣誉。

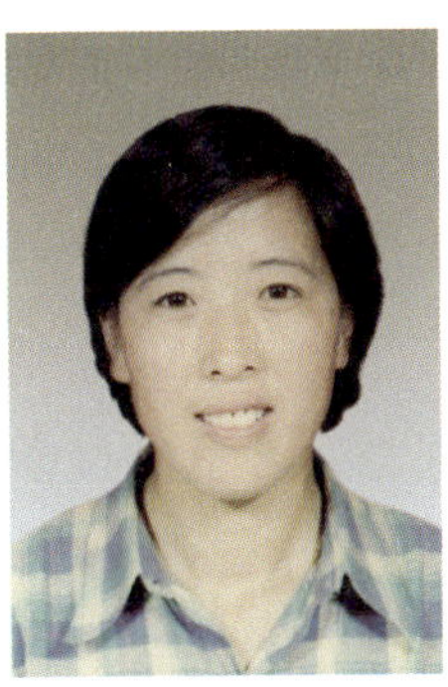

化立美　女，汉族，1967年5月生，莒南县岭泉镇人。本科学历，中学高级教师，1986年9月至1988年7月在临沂师范专科学校学习，1989年7月至1992年6月在曲阜师范大学在职学习。1988年7月至1995年9月在莒南师范任教，1995年9月至1998年9月在莒南一中任教，1998年9月至2002年10月在莒南实验中学任教，2002年10月调入莒南一中任教。

任教以来，先后被评为莒南县首批初中教学能手、莒南县第三届巾帼教育标兵。

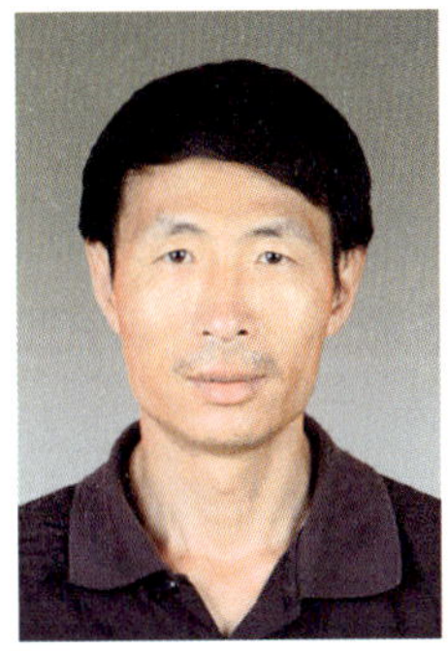

孙　国　男，汉族，1970年8月生，莒南县岭泉镇人。本科学历，中学高级教师，1988年9月至1992年7月，在山东师范大学学习，1995年9月调入莒南第一中学工作。

任教以来，先后获得莒南县优秀教师、县模范班主任、临沂市优秀教学成绩奖等荣誉。

卢希军　男，汉族，1962年5月生，莒南县涝坡镇人。中共党员，本科学历，中学高级教师。1981年7月至1987年7月分别就读临沂师专和曲阜师范大学，2003年7月山东师范大学文学院硕士研究生课程班结业。1983年7月被分配到莒南县高家柳沟中学任教，1995年10月调入莒南一中，先后担任高中语文教师、班主任、办公室副主任，2012年任教育督学。

任教以来，先后被评为“莒南县首批高中语文骨干教师”“莒南县高中优秀教学成绩奖”“莒南县优秀共产党员”“莒南县学习型党员干部十佳个人”“莒南县教育系统十佳通讯员”“莒南县优秀教育工作者”“临沂地区新长征突击手”“山东省心理健康教育优秀教师”“山东省心理健康教育骨干教师”“山东省基层优秀理论宣讲员”“中语会课堂教学研究分会优秀教师”“全国校刊校报优秀指导教师”“全国中学生作文大赛优秀指导教师”“全国青少年普法教育优秀辅导教师”等，并获得国家级、省级、市级教育科研成果奖，参编著作《中学生阅读文精选》《古诗文导读》《沂蒙小调》等。

葛成平 男，汉族，1964年4月生，莒南县筵宾镇人。中共党员，本科学历，中学高级教师。1980年9月至1982年7月在临沂师专学习，1995年10月调入莒南一中任教。

任教以来，多次获得莒南县教学能手、莒南县模范班主任，临沂市教学先进个人等荣誉称号。

克西国 男，汉族，1966年8月生，莒南县洙边镇人。本科学历，中学高级教师。1986年9月至1990年7月在聊城师范学院学习。1990年7月分配到莒南六中工作，1995年10月调入莒南第一中学任教。

任教以来，先后获得莒南县模范班主任、莒南县优秀教师、莒南县高考先进个人等荣誉。

张立文 男，汉族，1966年10月生，临沂市临港经济开发区人。本科学历，中学高级教师。1986年9月至1990年7月在山东师范大学学习。1990年7月至1993年7月在莒南二中任教，1993年7月至1995年7月在莒南县教师进修学校任教，1995年7月调入莒南一中工作。

李京凤 女，汉族，1967年9月生，莒南县石莲子镇人。本科学历，中学高级教师。1983年7月至1986年7月在临沂师范学习，1992年10月至1995年10月参加曲阜师范大学函授学习。1995年10月调入莒南一中任教。

任教以来，先后获得莒南县教学能手、莒南县优秀教师等荣誉称号。

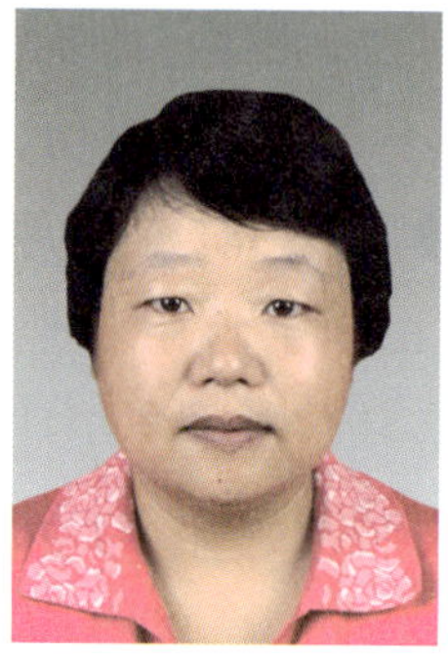

陈维花 女，汉族，1966年5月生，莒南县文疃镇人。本科学历，中学高级教师，1984年9月—1986年7月在临沂师专学习，1986年7月参加工作，1995年11月调入莒南一中任教。

任教以来，先后获得临沂市优秀教学成绩奖、莒南县教学能手等荣誉称号。

李兰仁 女，汉族，1965年4月生，莒南县团林镇人。本科学历，中学高级教师。1984年9月至1986年7月在临沂师专英语系学习，1995年9月至1998年7月在山师大英语系函授学习。1986年7月至1994年7月在莒南二中任教，1994年7月至1996年7月在日照市岚山第一中学任教，1996年7月调入莒南一中任教。

任教以来，先后获得临沂市优秀教学成绩奖、县教学能手、巾帼标兵等荣誉。

艾立东 男，汉族，1965年9月出生，莒南县石莲子镇人。本科学历，中学高级教师。1984年7月至1986年7月在临沂师范

专科学校学习。1986年7月分配到莒南五中工作，1996年7月调入莒南一中工作。

任教以来，先后获得临沂市高考教学成果奖、莒南县教学能手、莒南县高考先进个人等荣誉。

李永世 男，汉族，1965年12月生，莒南县相邸镇人。中共党员，本科学历，中学高级教师。1985年9月至1987年7月在临沂师专英语系学习，1990年9月至1993年7月在曲阜师大函授学习。1987年7月至1994年7月在莒南二中任教，1994年7月至1996年7月在日照市岚山第一中学任教，1996年7月调入莒南一中任教。

任教以来，先后获得临沂市优秀教学成绩奖、县优秀班主任、县教学能手、县优秀教师等荣誉。

孙成田 男，汉族，1965年5月生，莒南县文疃镇人。中共党员，本科学历，中学高级教师。1985年9月至1989年7在曲阜师范大学学习。1989年7月至1996年8月在莒南六中任教。1996年8月调入莒南一中。2006年9月始，任学校教导处副主任。2014年3月始，任学校教导处主任。

任教以来，先后被评为“莒南县十佳班主任”“莒南县优秀教师”“莒南县优秀班主任”“莒南县骨干教师”“临沂市优秀备课组长”；多次获得“临沂市优秀教学成绩奖”“山东省奥赛物理优秀辅导奖”。2011年6月，被评为“临沂市优秀共产党员”。

魏绪高 男，汉族，1966年7月生，莒南涝坡镇人。中共党员，本科学历，中学高级教师。1983年9月至1985年6月在临沂外语师范学习，1985年7月分配至莒南六中工作，1996年8月调入莒南一中任教。

任教以来，先后获得临沂市优秀教师、临沂市高考教学成果奖、莒南县高中教学能手等荣誉。

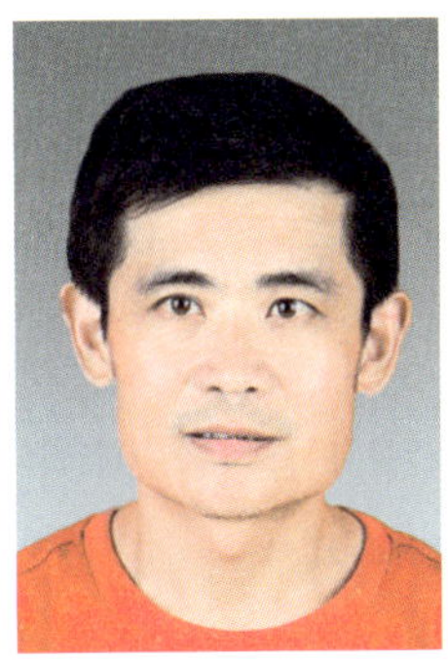

王开一 男，汉族，1967年6月生，莒南县石莲子镇人。中共党员，本科学历，中学高级教师。1985年9月至1987年6月在临沂外语师范学习，1987年7月分配至莒南三中（大店）工作，1996年8月调入莒南一中任教。

任教以来，先后获得临沂市高考教学成果奖、莒南县高中教学讲课比赛一等奖、莒南县高中教学能手等荣誉。

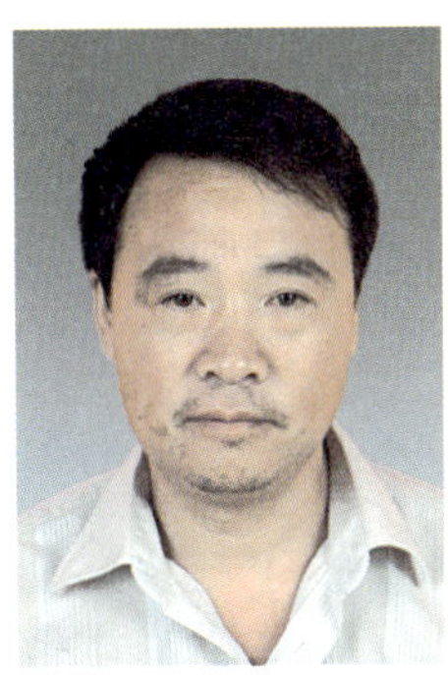

王新金 男，汉族，1961年6月生，莒南县板泉镇人。中共党员，本科学历，中学高级教师。1979年7月至1981年7月在莒南师范学习。1981年8月分配到板泉中学任教，先后担任副校长、校长。1996年9月调入莒南一中工作。

任教以来，先后获临沂市优秀教学成绩奖、莒南县优秀班主任、临沂市优秀教师等荣誉。

张守信　男，汉族，1964年2月生，莒南县团林镇人。中共党员，本科学历，中学高级教师，1986年9月至1990年7月在曲阜师范大学学习，1990年7月至1996年8月路镇中学任教，1996年9月调入莒南一中任教。

任教以来，先后获得县优秀教师、县先进个人、县教学能手、临沂市优秀教学成绩奖等荣誉。

赵凡明　男，汉族，1966年11月生，莒南县筵宾镇人。中共党员，本科学历，中学高级教师。1984年9月至1988年7月在曲阜师范大学学习，1988年7月分配到莒南五中工作，1991年9月调入到莒南三中工作，1996年9月调入莒南一中任教。

任教以来，先后获得临沂市教学成果一等奖、临沂市优秀教学成绩奖等荣誉。

葛玉琦　男，汉族，1968年10月生，莒南县坪上镇人。本科学历，中学高级教师。1987年9月至1991年7月在曲阜师范大学学习。1991年分配到莒南四中工作，1996年调入莒南第一中学工作。

任教以来，先后获得县模范班主任、县高中教学工作先进个人等荣誉。

刁景云　女，汉族，1966年10月生，山东省郓城县人。本科学历，中学高级教师。1988年9月至1990年7月在黑龙江克山师专学习。1990年7月至1997年3月在莒南县城关二中任教。1995年8月至1998年6月在曲师大地理系在职学习。1997年3月调入莒南一中工作。

任教以来，曾担任山东省中学高级教师职称评审委员会评委。先后获"山东省教育科研成果一等奖""临沂市优质课比赛一等奖""莒南县骨干教师""莒南县首届高中教学能手"等称号。多次举行县级公开示范课。多次获得市、县优秀教学成绩奖。在省级刊物上发表多篇论文。

孙运雪　女，汉族，1968年9月生，莒南县涝坡镇人。本科学历，中学高级教师。1986年9月至1988年6月在临沂师专学习。1988年7月分配至莒南六中工作，1997年8月调入莒南一中任教。

任教以来，先后获得莒南县优秀教师、临沂市高考教学成果奖、莒南县高中教学能手等荣誉。

聂庆培　男，汉族，1962年9月生，莒南县石莲子镇人。本科学历，中学高级教师。1984年9月至1986年7月在临沂外语师范学校学习，1986年7月分配到莒南县板泉中学工作，1989年

9月至1997年9月在道口中学任教。1997年9月调入莒南一中任教。

任教以来，先后获得县级优秀教师，县级优秀教学成绩奖，市级优秀教学成绩奖等荣誉。

王肖飞 男，汉族，1965年3月生，莒南县板泉镇人。本科学历，中学高级教师。1984年9月至1987年7月，在日照师范学校学习，1997年9月调入莒南一中工作。

任教以来，先后获得县优秀教师，县讲课一等奖，县级高考先进个人等荣誉。

彭春雨 男，汉族，1971年9月生，莒南县大店镇人。本科学历，中学高级教师。1990年9月至1992年7月，在临沂师专学习。1992年7月分配到莒南职业中专工作，1997年9月调入莒南一中任历史教师。

任教以来，先后获得莒南县优秀班主任、莒南县教学能手、临沂市优秀教学成绩奖等荣誉。

吴文良 男，汉族，1966年3月出生，莒南县十字路镇人 。中共党员，本科学历，中学高级教师。1985年9月至1989年7月在曲阜师范大学学习。1989年7月分配到莒南县职教中心任教，1998年9月调入莒南一中工作。

任教以来，先后获得山东省优秀教练员、临沂市骨干教师等荣誉称号。

范　建 男，汉族，1964年6月出生，山东省日照市东港区人。本科学历，中学高级教师。1989年9月至1992年7月在曲阜师范大学体育系学习，1998年12月调入莒南一中任教。

任教以来，先后获得临沂市骨干教师、教学新秀、县教学能手、县教学质量管理奖等荣誉。

卢进秋 女，汉族，1970年11月生，莒南县涝坡镇人。本科学历，中学高级教师。1990年9月至1992年6月在青岛大学学习，1992年7月分配至莒南县城关一中工作，1999年8月调入莒南一中任教。

任教以来，先后获得莒南县优秀教师、临沂市高考教学成果奖、临沂市高中讲课比赛二等奖等荣誉。

孙宝章 男，汉族，1956年11月生，莒南县大店镇人。中共党员，本科学历，中学高级教师。1978年12月至1981年1月在山东临沂师专数学系学习，1998年7月至2000年7月在曲阜师范大学数学系学习，1981年1月至1986年9月在山东第一机械修配厂职工子弟学校工作，1986年9月至1999年9月在莒南县城关一中工作，1999年9月调入莒南一中任教。

任教以来，先后获得市优秀教师、县骨干教师、市优秀教学成绩奖等荣誉。

闫英慧 女，汉族，1971年11月生，莒南县岭泉镇人。本科学历，中学高级教师，1990年9月至1992年7月在临沂师范专科学校学习，1992年7月至1996年8月在官坊中学任教，1996年9月至1999年8月在路镇中学任教，1999年9月调入莒南一中任教。

任教以来，先后获得县优秀教师、县先进个人、县教学能手、市讲课比赛一等奖、省讲课比赛二等奖、市教学成绩奖等荣誉。

宋连璇 女，汉族，1970年11月生，莒南县筵宾镇人。中共党员，本科学历，中学高级教师。1989年9月至1991年7月就读于天津师范大学外语系，1991年9月至1996年7月在莒南县筵宾中学任教，1996年9月至2000年7月在莒南三中任教，2000年9月调入莒南一中工作。

任教以来，荣获“临沂市优秀教学成绩奖”“临沂市女职工建功立业标兵”“莒南县高中英语讲课比赛一等奖”“莒南县教学能手”“莒南县优秀教师”“莒南县高考先进个人”“莒南县优秀教学质量奖”“莒南县岗位明星”等称号，2013年1月被评为“临沂市教学能手”。

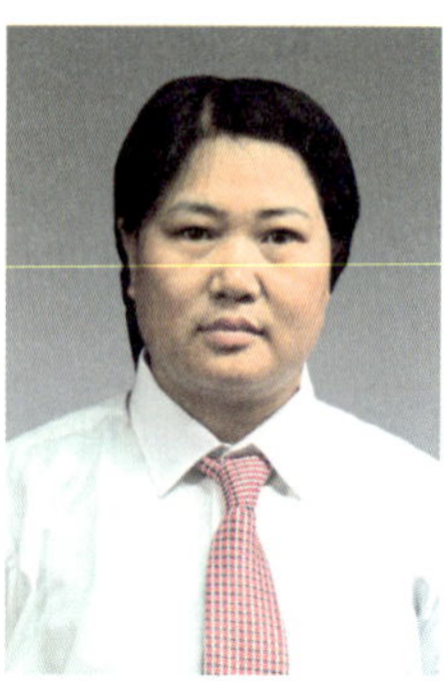

王玉英 女，汉族，1964年10月生，莒南县洙边镇人。中共党员，本科学历，中学高级教师。1995年至1998年在曲阜师范大学学习，1984年8月分配到洙边镇中学工作，2001年调入莒南一中任教。

任教以来，先后获得莒南县优秀教师、莒南县教学能手等荣誉称号。

韩　炜 女，汉族，1969年01月生，莒南县十字路镇人。本科学历，中学高级教师。1989年9月至1993年7月在山东师范大学地理系学习。1993年7月至2001年4月在莒南路镇中心校任地理教师。2001年4月调入莒南一中任教。多年任备课组长。

任教以来，多次获“临沂市优秀教学成绩奖”，2005年9月获市讲课比赛二等奖，2006年9月被评为“临沂市教学能手”，2007年9月、2011年9月分别被授予“莒南县优秀教师”。

孙崇华 男，汉族，1967年10月生，莒南县文疃镇人。中共党员，本科学历，中学高级教师。1989年9月至1991年7月在临沂大学政治系学习。1991年7月至1996年8月在莒南六中任教。1996年8月至2001年7月在莒南三中任教。2001年7月调入莒南一中任教。

2000年6月，获“临沂市高中政治讲课比赛一等奖”。2003年9月，获“临沂市优秀教学成绩奖”。

徐定欣 男，汉族，1968年8月生，莒南县大店镇人。中共党员，本科学历，中学高级教师。1989年7月毕业于临沂师专生物系，2003年获曲阜师范大学本科学历。1989年7月至1996年8月在莒南四中任生物教师，1996年8月至2001年8月在莒南板泉中学任教导处主

任。2001 年 8 月调入莒南一中任教，2006 年 8 月始任教导处副主任，2008 年 8 月兼任年级副主任、教学三支部委员。

2003 年执教临沂市公开示范课，同年被评为“临沂市教学能手”。多次被评为“山东省奥赛优秀辅导员”“莒南县教学能手”“临沂市优秀教学成绩奖”“莒南县优秀教师”“莒南县共青团工作先进个人”“莒南县首批科研型骨干教师”“莒南县模范班主任”“莒南县高中教学工作先进个人”“莒南县优秀教学成绩奖”。

李善云 女，汉族，1968 年 10 月生，莒南县大店镇人。中共党员，本科学历，中学高级教师。1987 年 9 月至 1989 年 7 月在临沂师范专科学校生物系学习；2001 年 8 月至 2004 年 7 月在山东大学生命科学院函授学习。1989 年 8 月在莒南路镇中学任生物教师。2001 年 8 月调入莒南一中任教，多年担任备课组长。

任教以来，被评为“临沂市骨干教师”；多次获“临沂市优秀教学成绩奖”；997 年获“临沂市讲课比赛二等奖”；多次被评为“莒南县教学能手”“莒南县教学工作先进个人”；2008 年被评为“莒南县十佳巾帼岗位标兵”。在国家级、省级刊物发表多篇论文。

林德联 男，汉族，1963 年 10 月生，莒南县板泉镇人。中共党员，本科学历，中学高级教师。1987 年 9 月至 1990 年 6 月临沂教育学院化学系学习，2003 年至 2006 年曲阜师范大学数学系函授学习。1985 年 8 月至 1996 年 8 月在刘

庄中学任数学教师，1996 年 9 月至 2001 年 8 月在莒南县路镇中学任数学教师，2001 年 9 月调入莒南一中工作，2006 年 9 月担任学校财务科科长兼会计。

任教以来，曾被评为市、县骨干教师、教学能手，2009 年被评为莒南县优秀教育工作者，2011 年获莒南高中先进教育工作者，多次被评为县财政部门决算先进个人。曾获市讲课比赛一等奖，多次获市、县优秀教学成绩奖，在国家、省、市级刊物上发表多篇教学论文及著作。

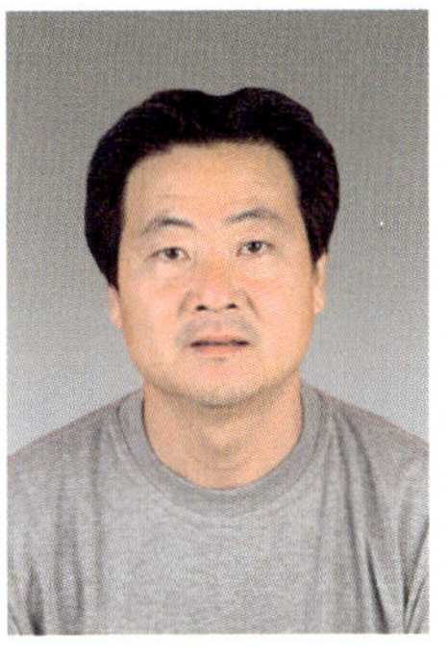

李相年 男，汉族，1964 年 3 月生，莒南县坪上镇人。本科学历，中学高级教师。1982 年 9 月至 1985 年 7 月在临沂师专数学系学习。1985 年 7 月分配到莒南县高家柳沟中学任教。1988 年 9 月调往城关二中任教。1989 年 9 月调往莒南县职业中专任教。1994 年 4 月调至莒南三中任教。2001 年 9 月调入莒南一中任教。

任教以来，曾被评为“莒南县首届教学能手”，多次获得县、市高考优秀教学成绩奖。1995 年 10 月，获“临沂市高中数学讲课比赛一等奖”。1998 年 6 月，获“山东省高中数学优质课比赛二等奖”。

马宗霞 女，汉族，1969 年 4 月生，莒南县坪上镇人。本科学历，中学高级教师。1987 年 9 月至 1989 年 7 月在临沂师范专科学校学习。1989 年 8 月至 2001 年 9 月在坪上

中学任教。2001 年 9 月调入莒南一中任教。

2009 年，被评为“临沂市教学能手”，多次获市县优秀教学成绩奖。

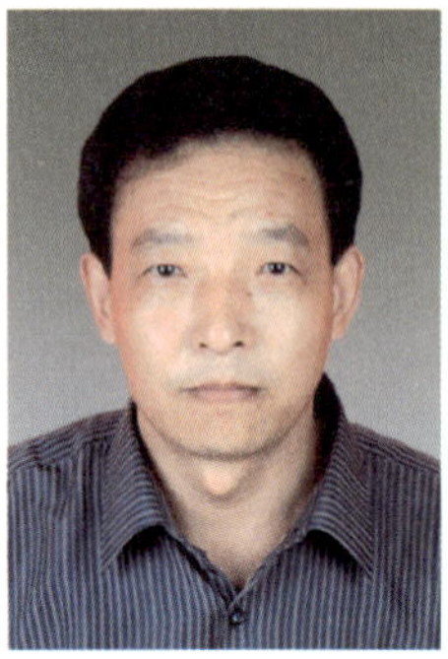

张永恒 男，汉族，1960 年 2 月生，山东省日照市东港区人。中共党员，本科学历，中学高级教师。1979 年 9 月至 1981 年 7 月在临沂外语师范学习，1981 年 7 月至 1985 年 7 月在高家柳沟中学任教，1985 年 8 月至 2002 年 7 月在莒南七中任教，2002 年 8 月调入莒南一中任教。

任教以来，多次获得市级优秀教学成绩奖、县级优秀班主任、县级骨干教师等荣誉。

徐兰荣 女，汉族，1969 年 9 月生，莒南县筵宾镇人。本科学历，中学高级教师。1992 年 7 月至 1995 年 6 月在曲阜师范大学函授学习，1988 年 9 月至 1996 年 7 月分配到筵宾中学任教，1996 年 8 月至 2002 年 7 月调至莒南三中任教，2002 年 8 月调入莒南一中任教。

任教以来，先后获得临沂市高考教学成绩奖、莒南县教学能手、莒南县优秀教师等荣誉称号。

唐坤田 男，汉族，1964 年 9 月生，莒南县（临港经济开发区）团林镇人。中共党员，本科学历，中学高级教师。1981 年 9 月至 1984 年 7 月，在日照师范学校学习。1984 年 7 月至 1995 年 10 月在团林中学任教师、年级组长、教导副主任。1995 年 10 月至 2002 年 8 月任莒南二中办公室主任。2002 年 9 月任莒南一中工会副主席，2009 年 8 月任总务处副主任，2014 年兼任行政二支部党支部书记。

任职以来，先后获得县级教学能手、县优秀教师、县社会治安综合治理先进个人、山东省档案管理工作先进个人、县优秀工会工作者、市先进工会工作者、县级学校管理工作先进个人、县优秀教学成绩奖等荣誉称号。

赵维欣 女，汉族，1965 年 5 月生，山东省沂水县人。中共党员，本科学历，中学高级教师。1982 年 9 月至 1985 年 7 月在临沂师专政史系学习。1985 年 7 月，分配到莒南三中任教。2002 年 9 月调入莒南一中。

任教以来，先后获得“临沂市骨干教师”“首届莒南名师”“莒南县首批高中教学能手”“莒南县高中十佳教师”“高中教学工作先进个人”“莒南县教育系统模范共产党员”“莒南县优秀教师”等称号，多次获得市、县级优秀教学成绩奖。

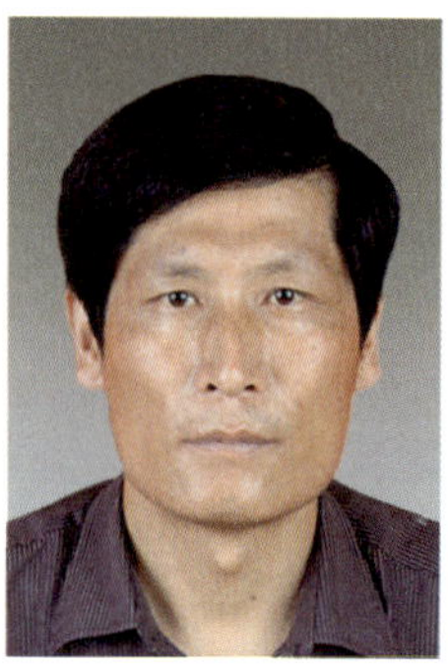

张　驰 男，汉族，1967 年 4 月生，莒南县相沟镇人。中共党员，本科学历，中学高级教师。1988 年 7 月大学毕业参加工作。1988 年 7 月至 2001 年 9 月在坪上中学工作，历任团委书记、政教处主任、副校长。2001 年 9 月至 2002 年 9 月在板泉中学工作，任副校长。2002 年 9 月调入莒南一中。2006 年 11 月至 2012 年 11 月任政教处副主任。2012 年 11 月至 2014 年 3 月任办公室副主任。2014年3月始任学校办公室主任，行政一党支部书记。

任职以来，先后获得“临沂市共青团工作先进个人”“莒南县创先争优活动先进个人”“莒南县模范共产党员”“莒南县未成年人思想道德建设先进个人”“莒南县高中教学工作先进个人”等荣誉称号。多次获市县“优秀教学成绩奖”。在国家级、省级刊物发表多篇论文。

史佩玺 男，汉族，1968年6月生，莒南县板泉镇人。中共党员，本科学历，中学高级教师。1987年9月至1989年7月，在临沂师专化学系学习，1989年7月分配到莒南县文疃中学工作，2003年8月调入莒南一中任教，2012年11月任总务副主任。

任教以来，先后获得“山东省团校工作优秀指导者”“莒南县优秀教师”等荣誉，并多次获得市县优秀教学成绩奖。

李振义 男，汉族，1968年10月生，莒南县涝坡镇人。本科学历，中学高级教师。1987年9月至1989年7月，在临沂师专生物系学习，1989年7月分配到莒南县柳沟中学工作，2001年9月调入路镇一中任教，2004年9月调入莒南一中任教。

任教以来，先后获得“临沂市教学能手”“莒南县优秀教师”等荣誉称号，并多次获得市县优秀教学成绩奖。

郝玉强 男，汉族，1970年11月生，莒南县筵宾镇人。中共党员，本科学历，中学高级教师。1988年9月至1990年7月在临沂师专学习。1990年7月至2001年8月在岭泉中学任教，2001年8月至2004年9月在莒南八中任教。2004年9月调入莒南一中任教。

任教以来，多次被评为莒南县、临沂市教学能手，曾被评为莒南县模范班主任、莒南县优秀共产党员，多次获山东省奥林匹克竞赛优秀辅导员，多次获市、县优秀教学成绩奖，多次被评为校优秀教师，在各级刊物发表论文多篇。

李永伟 男，汉族，1968年8月生，莒南县涝坡镇人。中共党员，本科学历，中学高级教师。1988年9月至1990年7月在临沂师范专科学校学习，1990年7月分配到莒南县职业中专任教，1994年6月调入莒南县体育中学任教，2005年7月到莒南一中任教。

任教以来，先后被莒南县人民政府给予记三等功三次、嘉奖一次，临沂市人民政府给予记二等功一次，共青团临沂市委授予“临沂市新长征突击手”，市优秀教学成绩奖、临沂市优秀教练员等荣誉称号。

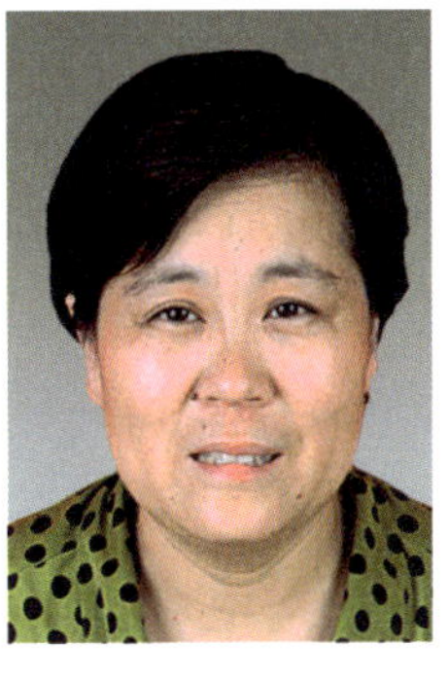

李召艳 女，汉族，1968年1月生，莒南县石莲子镇人。本科学历，中学高级教师。1993年8月至1995年8月在曲阜师范大学学习，1990年8月分配到路镇中心初中工作，1999年8月调入莒南三中工作，2006年8月调入莒南一中任教。

任教以来，先后获得市优秀教学成绩及市讲课比赛一等奖，县教学能手及县优秀教师和巾帼岗位标兵等荣誉。

任高峰 男，1968年5月7日生，莒南县涝坡镇人。本科学历，中学高级教师。1989年9月至1991年7月，在天津师范大学学习。1991年7月分配到莒南县第二职业中学任教。1995年9月调入莒南县职业中专。2000年9月调入高考补习学校。2006年9月调入莒南一中任教，担任政教副主任。

任职以来，先后获得“莒南县优秀教师”“莒南县教学能手”“莒南县十佳教师”“莒南县十佳班主任”“临沂市优秀教学成绩奖”“莒南县优质课评选二等奖”“全国数学奥林匹克竞赛辅导奖”等荣誉。曾参与数学课题研究一项，在省级以上刊物发表论文数篇。

赵祥法 男，汉族，1963年8月生，莒南县朱芦镇人。大专学历，中学高级教师。1984年7月毕业于临沂师范专科学校政史系，1984年7月至2007年9月在莒南二中工作，2007年10月调入莒南一中工作。

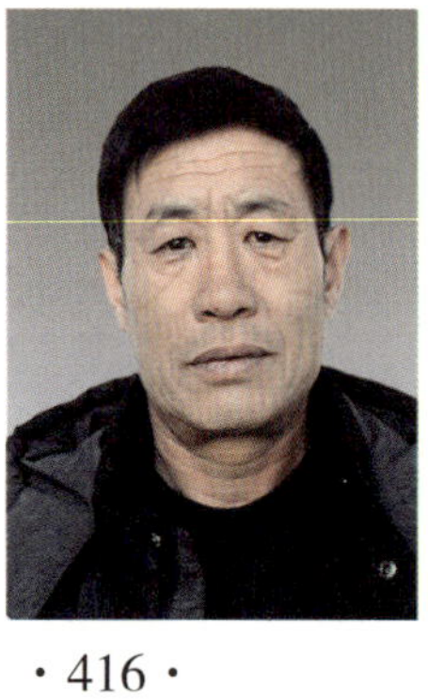

徐立彬 男，汉族，1960年10月生，莒南县大店镇人。中共党员，大专学历，中学高级教师。1988年7月至1991年7月在临沂教育学院学习。1982年7月至1991年7月在大店中学任教，2004年10月至2009年12月在汀水中学任教，2009年12月调入莒南一中工作。

张守胜 男，汉族，1967年4月生，莒南县涝坡镇人。中共党员，本科学历，中学高级教师。1989年9月至1992年7月在曲阜师范大学学习，2010年12月调入莒南一中工作，任学校政教处副主任。

任职以来，先后获得莒南县优秀教师、临沂市讲课比赛二等奖等荣誉。

邢仕章 男，汉族，1962年10月生，莒南县筵宾镇人。中共党员，本科学历，中学高级教师。1983年7月至1988年6月在曲阜师范大学学习。1981年7月于莒南师范毕业后分配到筵宾中学工作，先后任教导副主任、政教主任、团委书记、副校长。2006年9月调入道口中学任校长、党支部书记。2012年11月调入莒南一中任督学。

任教以来，先后获得乡级优秀教师、优秀共产党员，县级优秀教师等荣誉称号，并获得市级教学成绩奖，参与初中数学教辅编写工作。

张力国 男，汉族，1958年9月生，莒南县十字路街道人。中共党员，大专学历，中学一级教师。1993年7月至1996年6月在曲阜师范大学学习，1977年8

月分配到莒南一中工作，2006年8月至2009年9月任莒南一中总务处副主任。

任职以来，先后获得莒南县模范共产党员、学校优秀教育工作者等荣誉称号。

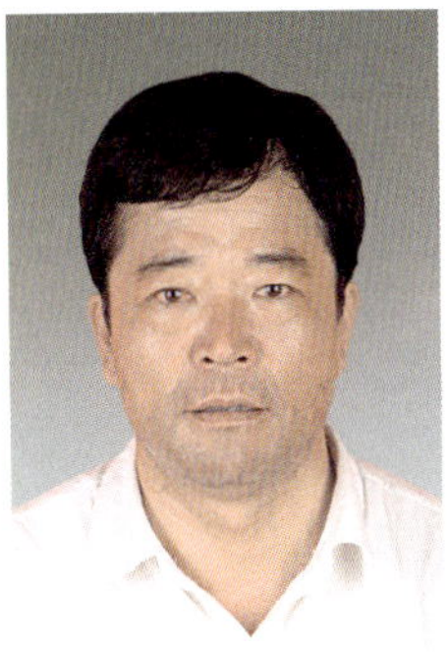

王洛顺　男，汉族，1959年1月生，莒南县板泉镇人。中共党员，大专学历，中学一级教师。1985年9月至1987年7月在北京人文函授大学学习，1978年4月参加工作，1980年11月至1990年9月任莒南一中团委副书记（曾主持工作），1990年9月至1996年1月在莒南县教育局工作。1996年1月至2009年9月先后任莒南一中总务副主任、勤工俭学办公室主任、莒南一中办公室主任、莒南一中总务处主任（行政一、行政二支部书记）。

任职以来，先后获得市县优秀教育工作者、莒南县优秀共产党员等荣誉称号。

唐顺志　男，汉族，1963年11月生，临沂市临港经济开发区团林镇人。大专学历，中学一级教师。1982年9月至1985年6月在临沂师专学习。1985年7月在莒南二中任教。1990年调入莒南一中任教。

任教以来，曾多次获市级优秀教学成绩奖，被评为“临沂市骨干教师”。在国家级、省级刊物发表10余篇论文。

胡尊玉　男，汉族，1970年12月生，莒南县十字路镇人。本科学历，中学一级教师。1991年9月至1995年7月在曲阜师范大学学习。

1995年7月分配到莒南一中任教。

任教以来，曾获“临沂市讲课比赛一等奖”“莒南县讲课比赛一等奖”“临沂市优秀教学成绩奖”“莒南县优秀教学成绩奖”。被评为“莒南县优秀班主任”“莒南县教学能手”。多次获“山东省数学奥赛辅导奖”。在国家级、省级刊物发表多篇论文。参与并完成2项市级教科研课题。

鲁统群　男，汉族，1972年8月生，莒南县壮岗镇人。中共党员，本科学历，中学一级教师。1991年9月至1995年7月在曲阜师范大学生物系学习。1995年7月至1998年9月在莒南一中初中部任教。1998年9月至2005年9月在莒南县实验中学任教。2005年9月调回莒南一中，2010年任年级副主任、2014年任电教室副主任。

2004年9月，获“临沂市初中生物讲课比赛一等奖”。2009年12月，获“临沂市高中生物讲课比赛一等奖”。2012年12月，被评为“临沂市教学能手”。2010年和2013年，两次获得“莒南县普通高中教学工作先进个人”称号。

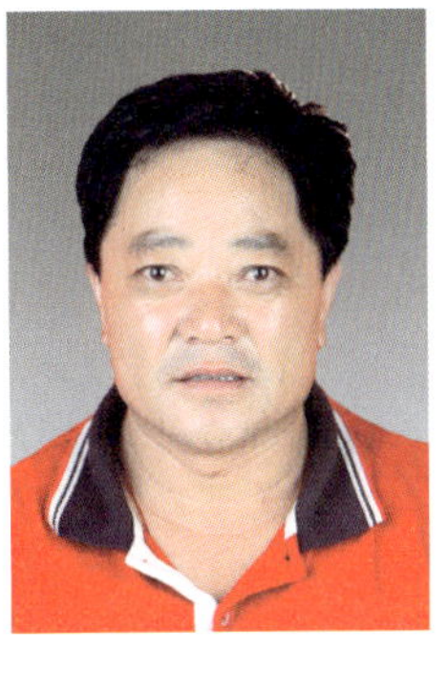

孙运江　男，汉族，1958年8月生，莒南县涝坡镇人。中共党员，中师，中学一级教师。1978年至1980年在莒南县高家柳沟招待所工作，1980年至1996年在莒南县教育局工作。1996年1月调入莒南一中工作，任总务处副主任兼勤俭办主任。

任职以来，1999 年 8 月被评为“临沂市勤工俭学工作先进个人”，2000 年 12 月被临沂市卫生局、教育局表彰为“临沂市学校卫生工作先进个人”，2001 年至 2002 年被评为“莒南县学校卫生先进工作者”，2005 年被莒南县教育局评为“优秀共产党员”，2007 年被莒南县教育局评为“模范共产党员”。

刘军田 男，汉族，1971 年 10 月生，莒南县道口镇人。本科学历，中学一级教师。1992 年 7 月至 1996 年 7 月在山东师范大学学习，1996 年 7 月分配到莒南一中任教。

任教以来，曾获临沂市优质课评比一等奖，市、县优秀教学成绩奖，县级优秀班主任、优秀教师及县级教学能手等荣誉称号。

陈国玲 女，汉族，1973 年 5 月生，天津蓟县人。本科学历，中学一级教师。1996 年毕业于山东师范大学中文系，分配至莒南一中任教。

从教以来，1997 年曾获得市级讲课比赛一等奖，2009 年举行市级公开课；2001、2005、2008、2010、2013 先后获得市级优秀教学成绩奖；连续五届被评为县教学能手，2005 年获得“莒南县十佳师德建设标兵”荣誉称号，2013 年被评为“莒南县巾帼建功立业先进个人”。

杜新江 男，汉族，1970 年 3 月生，莒南县石莲子镇人。本科学历，中学一级教师。1993 年 9 月至 1997 年 7 月在烟台师范学院英语系学

习。1997 年 7 月分配到山东省莒南第一中学任教并一直担任班主任。

任教以来，先后被评为“莒南县优秀教师”“莒南县十佳班主任”“莒南县教学工作先进个人”“莒南名师”“莒南县优秀共青团干部”“莒南县教学能手”“临沂市教学能手”“临沂市优秀教研组长”等称号。多次获得“临沂市优秀教学成绩奖”，在国家级、省级刊物上发表论文多篇。

孙钦亮 男，汉族，1973 年 11 月生，莒南县洙边镇人。中共党员，本科学历，中学一级教师。1993 年 9 月至 1997 年 7 月在曲阜师范大学学习。1997 年 7 月分配到莒南一中工作。

任教以来，先后获得“全国青少年普法教育优秀辅导员”“临沂市讲课比赛一等奖”“临沂市优秀共青团员”“临沂市普法工作先进个人”“临沂市教师基本功比赛二等奖”“山东省暑期新课程远程研修优秀学员”“莒南县先进教育工作者”“莒南县教学能手”“莒南县高中讲课比赛一等奖”“莒南县教师基本功比赛一等奖”“莒南县信访工作先进个人”“莒南县消防安全保卫工作先进个人”“莒南县运动会和越野赛优秀教练员”“莒南县运动会和篮球赛优秀裁判员”等称号。

徐燕华 女，汉族，1976 年 2 月生，莒南县壮岗镇人。中共党员，本科学历，中学一级教师。1995 年 9 月至 1997 年 7 月在徐州师范大学学习。1997 年 7 月分配到莒南一中工作。

任教以来，先后获莒南县十佳教学新秀、临沂市教学新秀、莒南县优秀教师、临沂市优秀教学成果奖等荣誉。

张旭华 男，汉族，973年10月生，莒南县朱芦镇人。本科学历，中学一级教师。1994年9月至1998年6月，在山东师范大学学习。1998年7月分配到莒南一中任教。2003年7月调往莒南高考补习学校任教。2006年6月调回莒南一中任教。

2009年12月，被评为“临沂市教学能手”。

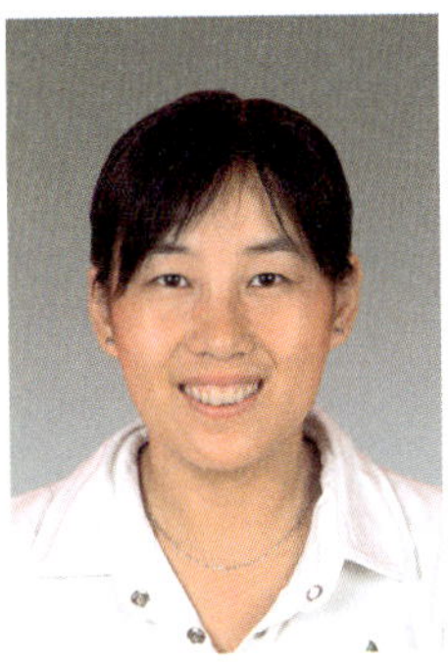

杨其艳 女，汉族，1976年7月生，山东省滕州市人。中共党员，本科学历，中学一级教师。1994年7月至1998年7月在天津师范大学学习。1998年7月分配到莒南一中任教。

2000年9月获“临沂市讲课比赛一等奖”。2001年3月获“山东省中学生物教学计算机多媒体课件评比二等奖”。2007年9月获“临沂市优秀教学成绩奖”。多次获“山东省生物学奥林匹克优秀辅导一等奖”。

廉桂锋 男，汉族，1975年12月生，莒南县坪上镇人。中共党员，大专学历。1996年9月至1998年7月在山东省济宁人民警察学校学习，1999年4月分配到莒南一中工作，2002年8月至2009年7月任保卫科科长。2009年8月任总务处副主任兼安全办主任。

任职以来，先后被评为“莒南县优秀共产党员”“临沂市优秀教育工作者”。

韦庆兵 男，汉族，1975年7月生，莒南县文疃镇人。中共党员，本科学历，中学一级教师。1995年9月至1999年7月在曲阜师范大学学习。1999年7月起从教于莒南一中，任莒南一中团委书记、年级组主任。

任职以来，先后获得“临沂市先进教育工作者”“莒南县劳动模范”“莒南县优秀教师”“莒南县高中教学先进个人”“莒南县教学能手”“临沂市优秀团干部”“临沂市优秀团员”等称号，并获“临沂市优秀教学成绩奖”。

孙运源 男，汉族，1977年4月生，莒南县朱芦镇人。本科学历，中学一级教师。1995年9月至1999年7月在山东师范大学学习，1999年7月分配到莒南一中任教。

任教以来，先后获得临沂市教学新秀、临沂市优秀共青团干部、莒南县优秀教师等荣誉称号。

郭永伟 女，汉族，1971年3月生，莒南县文疃镇人。中共党员，本科学历，中学一级教师。1989年7月至1999年9月在文疃中学任

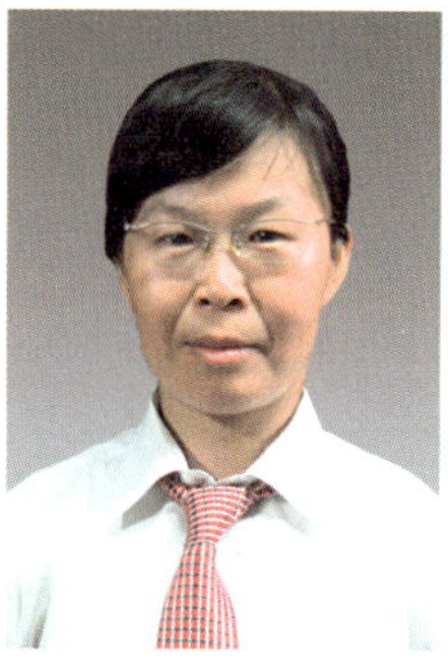

教。1999年9月调入莒南一中任教。

2005年9月获“临沂市优秀教学成绩奖”。2006年10月获“临沂市讲课比赛一等奖”。

聂成娟 女，汉族，1973年8月生，山东省沂南县人。中共党员，本科学历，中学一级教师。1993年9月到1995年7月就读于临沂师专，2001年曲阜师范大学获本科学历。1995年9月到1999年9月任教于莒南县筵宾中学，1999年调入莒南一中任教，2014年12月担任莒南一中女工委主任职务。

任教以来，多次被评为县级优秀教师，在教学中，多次获市级优秀教学成绩奖，2013年12月获市级优质课比赛一等奖，参与多课题研究，并在国家级刊物上发表多篇论文。

刘　栋 男，汉族，1976年11月生，莒南县洙边镇人。中共党员，本科学历，中学一级教师，1996年9月至2000年6月在聊城师院学习，2000年7月分配到莒南一中任教。

任教以来，先后获得市级讲课比赛一等奖，市级优秀教学成绩奖，市级教学新秀，市优秀团员，县优秀教师、班主任，县教学能手，莒南名师等荣誉。

林　申 男，汉族，1976年10月生，莒南县板泉镇人。中共党员，本科学历，中学一级教师。2000年7月毕业于曲阜师范大学美术系，

同年8月分配到山东省莒南第一中学工作。临沂市美术兼职教研员，2004年任艺体部副主任，2012年11月任学校办公室副主任。

任职以来，先后获得临沂市优秀教学成绩奖、县教学能手、县先进教育工作者、县优秀教师、临沂市档案工作先进个人等荣誉称号，曾获山东省高中美术教师教学业务技能大赛三等奖，临沂市高中美术教学基本功比赛二等奖，莒南县高中美术教学基本功比赛一等奖，市县优秀辅导奖等，并多次在市县高中美术教学研讨会上做典型发言。

郁秀燕 女，汉族，1970年12月生，莒南县十字路镇人。中共党员，本科学历，中学一级教师。1991年9月至1993年7月在临沂师专学习。1993年9月始在北园中学任教。2000年9月至2001年7月在莒南三中任教。2001年9月调入莒南一中任教。

任教以来，2012年12月被评为“临沂市教学能手”，多次获市县优秀教学成绩奖。

王　娜 女，汉族，1971年6月生，莒南县坊前镇人。本科学历，中学一级教师。1990年9月至1992年7月在临沂师专学习，1992年7月分配到坪上镇中任教，1995年至1997年山东师范大学自学本科，1997年9月至2001年8月在莒南三中任教，2001年9月在莒南一中任教。

任教以来，2010年获高中语文教学基本功

大赛一等奖，2012 年获“临沂市教学能手”称号，多次获市县优秀教学成绩奖。

时少飞　男，汉族，1977 年 2 月生，莒南县十字路镇人。本科学历，中学一级教师。1997 年 9 月至 2001 年 7 月在山东体育学院学习，2001 年 9 月分配至山东省莒南第一中学任教。

任教以来，2005 年获得临沂市教学基本功二等奖；2006 年获得临沂市优质课评比二等奖、全国论文大赛二等奖、临沂市教学新秀；2007 年在《教师报》发表论文一篇；2009 年获得临沂市教学基本功一等奖、莒南县教学能手；2012 年获得山东省远程研修优秀学员；2013 年获得临沂市教学基本功一等奖、在国家级期刊《运动》发表论文两篇；2014 年获得“临沂市体育艺术先进个人”等荣誉称号。

刘常伟　男，汉族，1978 年 12 月生，莒南县十字路镇人。本科学历，中学一级教师。1998 年 9 月至 2002 年 7 月在沈阳体育学院学习，2002 年 7 月分配到莒南一中任教。

任教以来，先后获得县讲课比赛一等奖、县优秀教学成绩奖等荣誉。

王甲峰　男，汉族，1974 年 8 月生，莒南县涝坡镇人。本科学历，中学一级教师。1994 年 9 月至 1996 年 7 月，在临沂师专学习。1996 年 7 月分配到团林中学工作。2002 年 8 月调入莒南一中任教。

任教以来，获得临沂市优秀教学成绩奖，被评为“山东省奥林匹克优秀辅导员”，2005 年 10 月临沂市讲课比赛一等奖。

王晓平　女，汉族，1968 年 9 月生，莒南县相邸镇人。本科学历，中学一级教师。山东省心理健康教育研究会会员。1988 年 7 月大学毕业参加工作，1988 年 7 月至 1995 年 9 月在坪上中学工作，1995 年 9 月至 2002 年 9 月在莒南三中工作，2002 年 9 月调入莒南一中工作。

任教以来，先后获得“莒南县共青团工作先进个人”“莒南县巾帼岗位标兵”等荣誉称号。多次获市县级优秀教学成绩奖。2013 年被评为“山东省心理健康教育先进个人”，在国家级、省级刊物上发表多篇论文。

张爱萍　女，汉族，1971 年 11 月生，莒南县相沟乡人。本科学历，中学一级教师。1987 年 9 月至 1990 年 7 月在莒南师范学习，1990 年 7 月分配到官坊中学任教，1997 年至 1999 年在山东省教育学院进修学习，1999 年 9 月在莒南五中任教，2003 年 7 月调入莒南一中任教。

任教以来，先后获临沂市优秀教学成绩奖、临沂市讲课比赛一等奖等荣誉。

徐恒武　男，1968 年 12 月生，莒南县文疃镇人。本科学历，中学一级教师。1991 年 7 月毕业于临沂师专数学系，1997 年函授本科毕业于首都师范大学，1991 年 7 月至 2001 年 9 月在

原柳沟中学任教，2001年9月至2004年7月在路镇中心初中工作，2004年9月调入莒南一中工作。

任教以来，多次获市优秀教学成绩奖，先后获县市教学能手称号，多次获县高考先进个人、优秀班主任、优秀教师、十佳班主任、师德标兵、优秀教研组长等称号。

赵进菊 女，汉族，1974年9月生，莒南县大店镇人。本科学历，中学一级教师。1994年9月至1996年7月在临沂师范专科学校学习。1996年7月分配到莒南县大店二中任教。2004年9月调入莒南一中工作。

2009年10月获临沂市高中地理优质课评比一等奖。2013年9月获临沂市教学质量奖。

贾润昌 男，汉族，1978年6月生，莒南县坪上镇人。本科学历，中学一级教师。2004年9月从莒南五中调入莒南一中工作。

任教以来，曾被评为“临沂市优秀共青团员”“莒南县优秀教师”“莒南县优秀班主任”，多次获“市县优秀教学成绩奖”；多次被评为“莒南县教学能手”“莒南县高中教学工作先进个人”；曾获“临沂市讲课比赛一等奖”和“临沂市优秀教学质量奖”。

郑　吉 男，汉族，1980年3月生，莒南县相沟镇人。中共党员，本科学历，中学一级教师。1999年9月考入临沂师范学院。2004年

9月分配到莒南一中任教。

任教以来，2010年获得“临沂市高中语文教学基本功大赛一等奖”，多次获市县优秀教学成绩奖。

尤　超 女，汉族，1981年11月生，莒南县十字路镇人。中共党员，本科学历，中学一级教师。1999年9月考入临沂师范学院。2004年9月分配到莒南一中任教。

任教以来，2013年获得“临沂市高中美术优质课比赛一等奖”和“莒南县优秀教学成绩奖”。在省、市级刊物上发表多篇论文。

王义涛 男，汉族，1982年1月生，莒南县板泉镇人。本科学历，中学一级教师。2001年9月至2005年7月在曲阜师范大学学习。2005年7月在莒南一中任教。

任教以来，先后获得“国家英语奥赛辅导奖一等奖”“临沂市讲课比赛一等奖”“临沂市优秀共青团员”“临沂市高中教学成果奖二等奖”“山东省暑期新课程远程研修优秀学员”“莒南县先进教育工作者”“莒南县讲课比赛一等奖”“莒南县优秀教师”“莒南县优秀班主任”“临沂市优秀监考员”等荣誉称号。

赵鹏飞 男，汉族，1982年10月生，莒南县坊前镇人。本科学历，中学一级教师。2001年9月至2005年7月在曲阜师范大学乔羽音乐

学院学习，2005 年 7 月在莒南一中任教。

任教以来，曾获得临沂市高中音乐优质课评比一等奖，2 次获得临沂市高中音乐教师基本功大赛二等奖，多次获得市级、县级优秀辅导奖，2 次获得县级优秀教学成绩奖，2 次执教县级公开课，省级远程研修优秀学员，获得县优秀共青团员，县教学新秀，县教育工作先进个人称号。在国家级刊物发表论文获一等奖。

范玉峰 男，汉族，1968 年 9 月生，莒南县筵宾镇人。中共党员，本科学历，中学一级教师。1989 年 9 月至 1991 年 7 月在山东大学学习，1991 年 7 月分配到北园中学工作，1991 年 10 月至 2005 年 8 月在莒南三中任教，2005 年 8 月调入莒南一中任教。

任教以来，先后获得莒南县道德模范、莒南县优秀班主任、莒南县优秀教师、莒南县师德标兵、莒南县优秀共产党员、莒南县教学能手、莒南县优质课评选一等奖、莒南县高中教学成绩奖、临沂市高中教学成绩奖等荣誉，并执教临沂市公开课。

杨　颖 女，汉族，1979 年 10 月出生，莒南县坊前镇人。中共党员，本科学历，中学一级教师。2000 年 9 月至 2004 年 7 月在曲阜师范大学乔羽音乐学院学习，2004 年 7 月至 2005 年 7 月在青岛育新小学任教，2005 年 8 月调入莒南一中任教。

任教以来，先后获莒南县教育先进工作者、临沂市优秀教学成绩奖、临沂市教学新秀、第二届莒南名师等荣誉。

张　鹏 男，汉族，1977 年 3 月生，莒南县筵宾镇人。中共党员，本科学历，中学一级教师。1998 年 7 月毕业于临沂师范学院，分配到莒南县路镇中学。2005 年 9 月调入莒南一中工作。历任保卫科副科长、保卫科长等职。

任职以来，先后被评为“山东省优秀教练员”“山东省暑期新课程远程研修优秀学员”“莒南县先进教育工作者”“莒南县十佳教育工作者”“莒南县优秀共青团干部”“莒南县素质教育工作先进个人”“莒南县消防工作先进个人”，获得“临沂市讲课比赛二等奖”“临沂市优秀教学成绩奖”“第四届市运会县府嘉奖”“莒南县讲课比赛一等奖”“莒南县篮球赛‘优秀教学奖’”等。

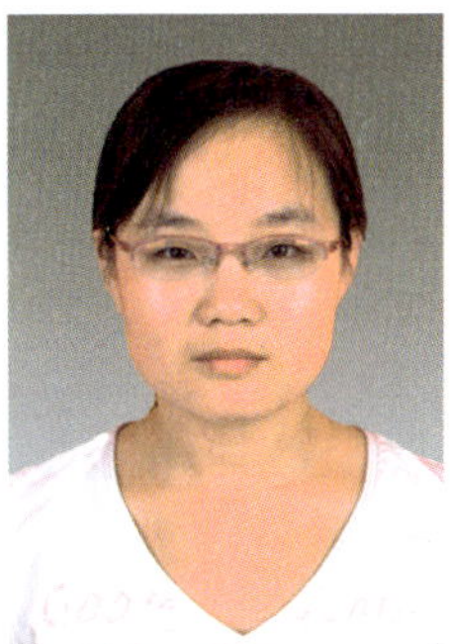

倪淑贞 女，汉族，1981 年 11 月生，山东省日照市莒县人。本科学历，中学一级教师。2001 年 9 月至 2005 年 7 月在曲阜师范大学学习，2005 年 9 月分配到莒南一中工作。

任教以来，先后获得莒南县普通高中教学工作先进个人、莒南县高中教学质量奖、临沂市高考教学成果奖一等奖等荣誉。

张宗芹 女，汉族，1974 年 1 月生，莒南县坊前镇人。本科学历，中学一级教师。1993 年 9 月至 1995 年 7 月在临沂师专学习。1995 年

7月分配到莒南县坊前镇中心初中任教。1999年1月至2002年7月在山东大学在职学习。2006年调入莒南一中任教。

任教以来，2013年12月获“临沂市优秀教学成绩奖”和“临沂市讲课比赛一等奖”。

王沂峰 男，汉族，1970年5月生，莒南县壮岗镇人。本科学历，中学一级教师。1992年9月至1994年7月在临沂教育学院学习。1994年7月在莒南县坪上镇中心初中任教。1995年3月调往莒南二中任教。2000年9月至2003年7月在曲阜师范大学在职学习。2007年9月调入莒南一中工作。

2005年7月，获“山东省第五届中小学美术基本功比赛高中组二等奖”。2007年，获“临沂市高中美术教师优质课评比一等奖”。同年，获“山东省教育科研优秀成果二等奖”。2009年12月，被评为“临沂市教学能手”。

刘加波 男，汉族，1976年11月生，临沂市临港经济开发区朱芦镇人。研究生学历，中学一级教师。1995年9月至1997年7月，就读于临沂师范专科学校。1997年7月至2004年9月在莒南县坪上镇一中任教，后考入江西师范大学攻读研究生。2007年9月到莒南一中工作。

2010年10月，获“临沂市优秀教学成绩奖”。是年12月，获临沂市高中历史优质课评比一等奖。

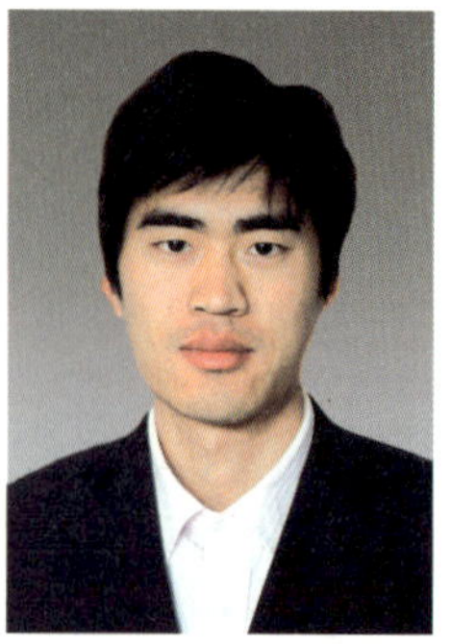

张玉祥 男，汉族，1986年3月生，莒南县坊前镇人。本科学历，中学一级教师。2004年9月至2008年7月在太原师范学院学习，2008年9月分配到莒南一中工作。

任教以来，先后获得山东省优秀援疆教师、临沂市教学新秀等荣誉称号。

李　军 男，汉族，1978年11月生，莒南县板泉镇人。本科学历，中学一级教师。1998年9月至2001年7月在临沂师范学院数学系学习。2001年7月至2009年8月在莒南三中任教。2009年8月调入莒南一中，任保卫科副科长。

任教以来，多次获得“莒南县高中教学成绩奖”，被评为“山东省暑期新课程远程研修优秀学员”“莒南县高中教学工作先进个人”，2013年被临沂市教育局、安监局表彰为“临沂市校园安全工作先进个人”。

卢友涛 男，汉族，1974年9月生，莒南县涝坡镇人。中共党员，本科学历，中学一级教师。1991年9月至1994年6月在临沂师范学习。1994年7月至2000年7月在涝坡中学任教。2000年7月至2009年12月在莒南三中任教。2009年12月调入莒南一中任教。

任教以来，先后获得“莒南县级优秀班主任”“莒南县‘创优争先’教师先锋”称号；多次被评为“莒南县教学能手”。多次获得“临沂市优秀教学成绩奖”。2013年12月，获“临沂市优质课评比一等奖”。

左兴高 男，汉族，1982年8月生，莒南县文疃镇人。中共党员，本科学历，中学一级教师。2012年10月调入莒南一中工作。历任学校教科室副主任、政教处副主任。

任职以来，获得“莒南县优秀教师”“莒南县教学能手”“莒南县三等功”3次、“莒南县劳动模范”“临沂市政府嘉奖”“临沂市新长征突击手”“临沂市优秀教学成绩奖”“临沂市电教优质课一等奖”“临沂市兼职体育教研员”“山东省电教优质课二等奖”“山东省优秀教练员”“国家乒乓球一级裁判”。先后向北大清华输送多名学生，向山东省田径队、八一队输送6名队员。承担《高水平运动员培养策略研究》等2个市级课题。在国家级、省级刊物上发表论文十余篇。

滕略锋 男，汉族，1958年11月生，莒南县筵宾镇人。中共党员，函授本科学历，中学二级教师。1994年9月至1998年7月在甘肃工业大学中文系函授学习。1978年9月到莒南一中工作，任专职档案员。

任职以来，先后获莒南县组织史征编先进工作者、山东省档案工作先进个人、山东省优秀档案工作者等荣誉称号。

张　倩 女，汉族，1981年4月生，莒南县十字路镇人。中共党员，本科学历，中学二级教师。2000年9月至2004年7月在临沂师范学院学习。2004年9月到莒南一中任教。

任教以来，曾获“临沂市校本课程评比一等奖”“莒南县语文优质课评比一等奖”“莒南县优秀教学成绩奖”等，被评为“莒南县教学新秀”。

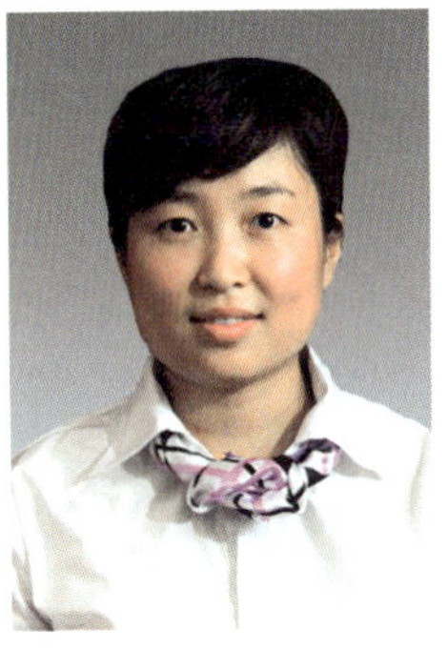

闫凡英 女，汉族，1983年7月生，莒南县岭泉镇人。中共党员，本科学历，中学二级教师。2002年9月至2006年7月在临沂大学学习。2006年7月分配到莒南一中任教。

任教以来，先后获得临沂市教学新秀、莒南县教学能手等荣誉。

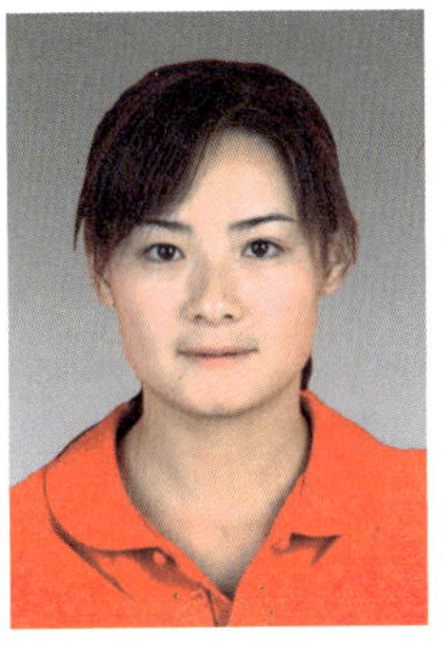

杨冰玲 女，汉族，1981年12月生，莒南县坊前镇人。本科学历，中学二级教师。2002年9月至2006年7月在鲁东大学学习。2006年8月到莒南一中任教。

2009年5月被评为“莒南县优秀团员”，2010年6月获得临沂市教学基本功大赛一等奖，2014年12月被评为“莒南县教学工作先进个人”，并获“莒南县优秀教学成绩奖”，在2014年临沂市高三外语研讨会上执教市级公开示范课。

张　迪 女，汉族，1982年1月生，临沂市临港经济开发区壮岗镇人。中共党员，本科学历，中学二级教师。2006年7月毕业于临沂师范学院化学系化学教育专业。2006年8月到山东省莒南第一中学任教。

2009年获得莒南县化学优质课一等奖，并在山东省暑期高中教师远程研修中被评为优秀学员，2010年、2013年获化学奥赛省优秀指导教师奖，2011年获得临沂市化学优质课一等奖、莒南县优秀教学成绩奖，2012年被评为莒南县教学能手，2014年被评为莒南县普通高中教学工作先进个人，获莒南县高中教学质量奖。

戴　欢　女，汉族，1982年7月生，莒南县十字路镇人。本科学历，中学二级教师。2001年9月至2004年7月在临沂大学音乐系专科学习，2004年9月至2006年7月在临沂大学音乐系本科学习。2006年7月至2007年7月在莒南县第十小学任教，2007年调入莒南一中任教。

任教以来，曾获得临沂市音乐教师技能大赛一等奖，临沂市高中音乐优秀教学课件二等奖，两次获得莒南县音乐教师基本功大赛二等奖，多次获得市级、县级优秀辅导奖，莒南县音乐学科教师培训会议上典型发言，在国家级刊物发表论文获一等奖。

秦向芹　女，汉族，1983年5月生，莒南县筵宾镇人。中共党员，本科学历，中学二级教师。2002年9月至2006年7月在临沂师范学院学习。2007年9月到莒南一中工作。

任教以来，先后获得莒南县优秀教学成绩奖、莒南县先进教育工作者、莒南县教学能手、临沂市教学新秀等荣誉，并于2011年10月执教市级公开示范课。

纪凡建　男，汉族，1983年11月生，莒南县板泉镇人。中共党员，本科学历，中学二级教师。2002年9月至2005年7月在临沂师范学院学习，2006年9月至2008年7月在曲阜师范大学学习，2008年9月分配至莒南一中工作。

任教以来，先后获得临沂市优质课评比二等奖，莒南县优秀教学成绩奖，临沂市教学新秀等荣誉。

庄敏英　女，汉族，1984年10月生，莒南县大店镇人。本科学历，中学二级教师。2004年8月至2008年7月在鲁东大学学习。2008年9月被招录到莒南县涝坡镇中心小学任教。2009年12月调入莒南一中任教。

任教以来，2012年11月获得“山东省高中体育与健康优质课比赛一等奖”，被评为“临沂市教学新秀”“校级巾帼岗位标兵”等。

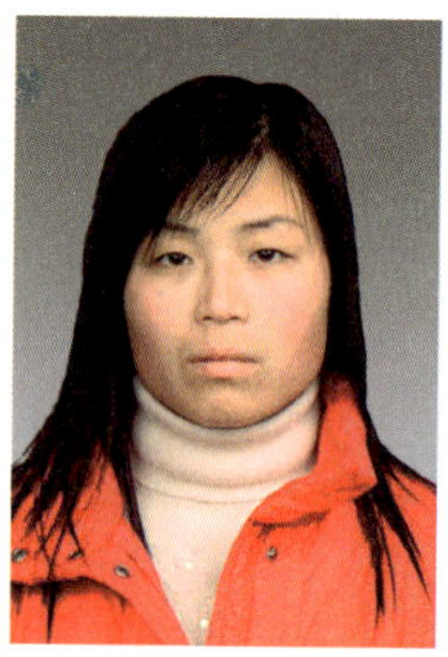

鲁彦华　女，汉族，1979年12月生，莒南县团林镇人。中共党员，本科学历，中学二级教师。2005年7月临沂师范学院毕业后就职于莒南五中，2013年8月到莒南一中工作。

任教以来，2012年获莒南县优秀教学成绩奖，临沂市论文评比一等奖。2013年5月莒南县讲课比赛一等奖，10月临沂市讲课比赛一等奖。2014年1月在省级刊物《新课程》上发表论文《尽信书，不如无书》，县级课件制作大赛二等奖。

山东省莒南第一中学志
SHANDONGSHENGJUNANDIYIZHONGXUEZHI

附　录

1957 ~ 1958 学年度第二学期工作计划

根据山东省教育厅 1958 年工作计划要点和学校具体情况，本学期的中心任务是：认真领导教职员进行整风学习，提高社会主义觉悟，积极学习和贯彻毛主席指示的教育方针，克服教育脱离政治、脱离生产与脱离实际的倾向，进一步提高教育质量。为完成以上任务，必须做好以下几项主要工作。

一、认真领导教职员进行整风学习

1. 根据县委布置与要求，搞好整风工作。继续开展大鸣大放，彻底揭露学校存在的缺点与错误，领导上要有决心和信心。认真地把群众意见进行分类排队，重大问题进行专题讨论、辩论，定出整改方案，交群众反复讨论研究，坚决贯彻执行。目前应抓反浪费、反保守“双反”运动，推动学校的整改工作。（另有计划）

2. 在整风过程中，领导干部和全体教职员要认真学习研究毛主席所指示的教育方针，开学后即抓紧进行。通过讨论、辩论，严肃批判过去脱离政治、脱离生产的资产阶级教育思想，达到对新教育方针要有正确的全面的理解。在此基础上进一步检查学校的工作，制定学校工作计划。本学期贯彻情况要在期中、期末作两次检查。负责人孙筱亭。

3. 坚决改进领导作风

（1）深入到班级和各个组织，多调查、多研究、多发扬民主，虚心听取群众意见，开好校务会议。具体分工：孙筱亭初四级 4 个班，重点一班；刘契秋五级 3 个班，重点三班；刘学忠高中 6 个班，重点高一级三班；王希昌初中六级 4 个班，重点一班。业务组：孙筱亭语文组、史地组、政治组；刘契秋数学组、自然组；王希昌艺体组。校务会议在正常情况下开 4 次，班主任会议开 4 次，原则上每月一次。

（2）认真学习、研究与熟悉上级的方针、政策、指示。要抓典型、抓关键，及时总结和交流经验，克服一般的领导作风。领导干部要打掉“五气”，走出办公室，深入群众，了解情况，发现问题。领导要掌握重点班，各班主任要掌握一个重点组。

（3）在各种会议上要经常开展批评和自我批评，克服一团和气、老好好现象。加强领导干部之间的团结，有问题要主动多联系、多商量，达到同心同德，思想行动一致。做好团结改造教师的工作，防止与克服消极疲沓情绪，在工作与作风上要有一个明显的新气象。

二、加强学校中的政治思想工作

1. 继续深入开展社会主义思想教育

（1）本学期社会主义思想教育课的内容与进度要求

本学期从“工农生活普遍提高了”开始，计划再讲“巩固和加强党的领导”“党的教育方针和知识青年的道路”“一九五六到一九六七年全国农业发展纲要”。要注意在每一讲题的教育过程中，切实解决学生属于大是大非的实际思想问题，提高学生的社会主义觉悟。必须启发学生畅所欲言，发表自由思想，消除一切顾虑。

（2）在教学过程中，进一步贯彻理论联系实际的教学方针。首先要加强备课，发挥团员积极分子的骨干作用，充分占有实际材料，认真分析学生的思想状况，对每一个讲题提出恰当的目的要求，安排教学过程。有计划地组织参观、访问与调查研究，丰富学生的感性知识，开好讨论会、辩论会，通过团的组织开展多样性的课外辅助活动。要经常总结这方面的经验。以纵兆基同志为主负责积累材料，每讲一个问题即总结一次。

（3）加强这一工作的领导

①校长亲自动手，由王秘书制定本学期社会主义教育课的计划。本学期仍坚持集体备课，摸清学生思想情况，认真地加以全面的研究。政治教师要到县、到社、到榨油厂，多接触实际，丰富实际斗争知识，搞好教学，提高教学质量。本学期计划组织参观一次西红星，由马广喜负责联系。

②做好师生思想发动工作。第五周可开展一次专题辩论，进一步提高认识。恢复去年以班主任为主的社会主义思想教育小组，建立会议制度，争取各方面的有力配合。专题辩论由王秘书负责。

③认真检查教育效果。每结束一课，初步做出小结，了解学生思想解决深透程度。讲完一课后，以教研组为单位进行座谈，被研究下一课如何进行。成绩考查的方式要多种多样化。

〈1〉日常观察。政治教师、班主任及有关人员要有计划地观察学生在课内外、校内外以及参观访问中的实际表现，来了解学生觉悟提高程度，理论是否能联系实际，言行是否一致的具体情况，并随时把重要方面作出记录。

〈2〉课堂检查。通过课堂测验提问，普遍了解学生对大是大非问题的解决程度，理论认识与思想觉悟等情况，以及对这门课程学习的观点态度等。

〈3〉通过讨论、辩论及座谈会等了解。政治教师与参加会议的有关人员，有意识地通过学生发言所持的论点态度等，来了解学生对大是大非问题的思想认识、解决程度、学习态度与言行表现等具体变化情况，并做重点记录。

〈4〉学习小结。每学完一个或两个单元，可让学生做出简要的书面小结（初一、二不做，在小组座谈时做发言记录）。内容包括：在学习这一单元之前对这一单元内容有关的思想认识；学习后有哪些教育；学习这一单元的行动表现；学习态度等方面。

小结写出后，在初中三年级以上的各班可按学习小组互相提些意见，记下内容，连同个人小结一并交政治教师或班主任。

〈5〉期终要进行书面测验。准备工作由纵兆基同志负责。

2. 时事政策教育。每月向全体师生作一次时事报告，由校长负责，校长不在校时由王秘书负责，保证每月做到一次。另外，加强时事广播组的领导，提高质量。通过团、队、学生会组织，出黑板报、壁报、举行时事讲演会、辩论会等。由刘学忠同志定出具体计划，贯彻执行。

3. 在集中向学生进行社会主义思想教育下，加强学生的道德品质教育。教育学生经常地贯彻执行学生守则；向学生进行一次完婚恋爱观的教育，要求他们学习期间不要恋爱；要积极培养学生树立团结友爱、勤劳朴素、守纪律、尊敬教师的优良品质。对个别道德极为败坏或严重违法乱纪的，应严肃进行教育和处理。对女生的完婚教育于第六周由校长负责进行，高中 6 个班和初四级 4 个班女生参加。召集人沈宜静。

4. 做好教师的政治思想工作

（1）经常研究了解教师的思想情况，通过各种方式加强对教师的思想领导。注意改善工作条件和生活条件，完整地贯彻知识分子政策。

（2）加强劳动锻炼是知识分子改造的基本途径。号召种试验田，和农业社定合同，参加一定的体力劳动，每周劳动 2 小时。由工会制定具体计划，并建立制度，专人负责，坚持下去。

（3）教育工会是共产主义学校。本学期基

层工会应很好地发挥积极作用，把政治思想工作抓起来。基层工会委员要明确分工，发挥工会组织作用，号召教师鼓起干劲，苦干三年，争取成为又红又专的工人阶级知识分子。

5. 做好应届毕业生的思想工作

（1）立即动手摸清学生的思想情况，认真地进行排队分析研究工作，找出当前存在的主要问题，通过社会主义教育、生产劳动教育，开展讨论、辩论，组织往年毕业生返校座谈报告等，务求彻底解决学生的思想问题，正确地对待升学和参加劳动生产。

（2）目前每班即有计划地和学生家庭、乡、社取得联系，做好组织安排工作。每班定出计划，不要认为去年没有什么问题而麻痹大意。去年没有发生问题的主要原因，就是我们做了许多工作。

（3）对每一个学生要摸清情况，整理出系统的材料来，做出恰当的操行评语。这些评语要在校务会议上通过。

6. 学校领导要把思想领导放在头等重要地位，要求全体教师做到管教管导。怎样管教管导要专题辩论。本学期要注意以下几点：

（1）协助共青团做好整团工作，加强少先队的工作，号召团员队员学好政治课。要刘学忠同志定计划，通过后贯彻执行。

（2）加强班主任的工作，明确班主任的中心任务是对学生进行思想政治教育工作。班主任应积极帮助政治教师研究学生的思想情况。上好社会主义教育课。平时对学生全面了解，进行教育。学期结束做出恰当的社会主义教育评语和操行评语。

（3）在学生中注意培养典型人物和班集体，树立榜样。每项工作要有试验，并注意经常总结。学校领导和班主任都要注意抓典型，作为汇报的主要内容。对好的学生和好的班级应予以表扬和奖励；对有缺点和错误的学生应耐心的帮助和批评；对错误严重屡教不改的，应予一定的惩处。认真贯彻奖惩条例。

（4）建立家长委员会，以十字路镇集的日期作为家长接待日，由学校领导分工值日负责，班主任也尽量争取这个时间接待家长。另外，大力号召教师下乡访问，加强学校和家长的密切联系。毕业班要争取访问百分之五十以上的家长。

三、全面经常地进行生产劳动教育，大力提倡勤工俭学

1. 通过各种方式向学生反复地进行劳动教育，继续批判轻视体力劳动、轻视工农、教育脱离生产劳动等违背新教育方针的资产阶级思想，培养学生的劳动观点和劳动习惯，以及刻苦耐劳不怕困难的品质，并使学生获得从事生产劳动所必需的基础知识和初步技能，增强体质、发展思维。要通过课内外、校内外活动进行劳动教育，不能形成突击，给学生造成不应有的错觉，防止学生退学流动现象发生。积极教育学生全面领会毛主席指示的新教育方针，正确对待生产劳动与学习问题。

2. 有计划地组织学生参加体力劳动，根据省人民委员会颁发的中学生参加体力劳动的规定，结合本校实际情况及学生的年龄大小、体力强弱、男女性别等不同情况，定出切实可行的制度和计划。领导干部和全体教职员要积极带头参加，使体力劳动得以持久地巩固下来。根据学校过去无计划、无领导、无人管的现象，要大力进行纠正。对全校空地面积规划，分到各队去，加强管理，保证搞好。另外，和合作社定合同，参加体力劳动。具体计划由总务主任研究制定。目前要一面行动，一面定计划。

3. 和县委联系请劳动模范、先进工作者给学生讲演 2 次，并组织联欢 1 次。负责人刘学忠到县委联系确定。

4. 认真研究贯彻团中央关于在学生中提倡勤

工俭学的规定，根据学校实际情况，大力实行勤工俭学。领导和教师应有足够的认识和重视，把勤工俭学活动看作是这种思想教育工作中的重要组成部分，加强这一工作的领导。在组织过程中，和社会联系，多方面地想办法、找门路，积极开展。成立勤工俭学指导委员会，使这项工作经常开展下去。

5. 具体工作安排

（1）10 华里以内的学生回家住宿，利用课余和星期日参加农业劳动，并向学校汇报劳动成绩，每月 1 次向班主任汇报。到校时间以不误第一节课为原则。

（2）组织勤工俭学小组

①服务性的劳动

理发小组：各年级普遍成立，要求百分之八十的男生自己理发。

补鞋组：4 ~ 5 个，以班级为单位。

洗衣组：2 ~ 3 个。磨面组 2 个。

纳鞋底组 3 ~ 4 个。其他根据情况再行组织。

②手工业性质的制造教具和修理教具

木工组 1 个，土工组 1 个，垒工组 1 个（修理汽灯和研究制造问题）。

③农村副业生产劳动

积肥组 5 个，做到每班 1 个。打草鞋组 2 个。编蓑组有条件时成立 2 ~ 3 个。

四、贯彻阶级路线，培养工农知识分子

1. 调整学生干部。对学生干部的阶级出身、社会关系、家庭主要成员的政治情况及其对本人的影响，要全面地加以分析研究。在调查研究的基础上，充分酝酿、领导批准，做以适当调整。

2. 合理调整助学金和减免学杂费。在调整时坚决贯彻阶级路线，注意学生的政治思想情况，加强对学生进行教育，在觉悟提高的基础上进行调整，妥善解决贫困子女的困难。

3. 对工农子女的学习要特别关心指导，严肃批判歧视工农子女的情绪。在教师中作一次专题讨论，各班定出具体计划，明确帮助哪一些工农子女，怎样帮助。要将其列入班主任工作计划和每个教师的计划中去。

五、大力贯彻勤工俭学的方针，发扬革命干劲，树立艰苦朴素的风气

1. 严格掌握财务、粮食制度，充分发挥物质设备的潜力，保证教育教学工作。制定节约计划，坚决反对铺张浪费。计划由总务处予四月份制定，注意掌握贯彻。

2. 提倡师生动手劳动建校，创造和修理教具、校具以及其他可以解决的学校用品。具体可做如下活动：

（1）教育学生积极参加社会公益劳动和建校劳动，有计划地帮助农业社锄麦、锄春田、麦收 3 ~ 5 次。到虎园水库和工人联欢做工 1 次。十字路大扫除 2 次：清明节 1 次，“五一”前 1 次。

绿化植树工作：洋槐 3000 棵，白杨 1700 棵，果树 41 棵。再计划栽一些果树和有花的树美化校园。每个宿舍前修上石子路，有计划地挖填排水、粉刷餐厅。

（2）开展校内种植活动

加强麦田管理，追肥浇水，每块都有人负责，并提出产量指标，保证一定的收获，不允许落空。

全校空地划分成片迅速包到各队去种植高产作物玉米、地瓜等。小片、路两边、小空隙，大量种植向日葵、蓖麻子、方瓜。每人保证栽好 2 棵（包括全校教职员工、学生），在种植时选择优良品种。

开展饲养工作，本学期再增加猪 2 头，增加猪栏 1 个，养 6 头；养兔 10 对，鸡 40 只。

计划开垦点荒地。

（3）发挥教职员工作潜力，提倡学校领导干部和教师进行自我服务劳动，把勤工力量用在帮助伙食工作和其他方面。总务处要加强勤工人员的思想教育工作。

六、改进各科教学，提高教育质量

1.继续贯彻教研组条例，开展教学研究工作。本学期要求各教研组一定要做到平日积极学习、准备，定期开会，认真研究，及时总结经验。

发挥教学上的创造性，并应根据学校教学工作计划的要求，确定本学期研究重点、研究时间及研究步骤，建立保证教学研究的必要制度，定出实施计划，坚决贯彻执行。以期在研究后能具体解决个人教学中存在的问题。

另外，要学习苏联先进经验及兄弟学校成功的经验，结合本校具体情况及个人教学情况，在教学工作中坚决贯彻执行、学以致用。为此就必须掌握理论联系实际的教学原则，认真贯彻毛主席所提出的新教育方针，坚决克服教学脱离政治、脱离生产、脱离实际的倾向，从而改进各科教学，提高教学质量。

（1）研究重点及时间

①教学如何与生产劳动相结合。各组均应按照本组学科特点及本组的具体情况，对这一问题进行研究。

②在文学、史地教学中研究如何贯彻社会主义教育，并以这三科作为本学期教学研究重点。其他各科也要注意如何在教学中贯彻社会主义教育，特别是劳动教育。

③历史、地理、文学、农业基础知识、音乐等科，需要有计划地搜集整理乡土教材。

④如何改进学生学习方法，要在学生中做专题研究，总结好的学习方法，及时推广，提高学习质量。班主任和课任教师都要抓好这一工作。注意平时积累材料，以便期中进行总结，找出经验。

⑤在个人充分准备的基础上，确定间周一次的教学研究时间，研究题目按照研究重点拟定。

（2）各科教学要根据每单元的目的要求，系统地制定课题计划（单元计划），全面考虑安排教学问题，防止孤立地搞课时计划的现象。课题就应包括：对本课题教材的扼要分析、目的要求、重点、时间的分配、完成的方法、注意事项、主要教具等。

（3）加强对各教研组的思想领导。校长和教导主任应经常参加教研组教学研究工作，除每人参加一个重点组以外，对其他组也要做到必要的了解，以便及时指导与帮助。并要求每天深入课堂听课 1 ～ 2 节，有计划的深入了解学生学习情况，以期通过教学实践有把握地总结教师的教学经验，作出正确而恰当的评价，培养与提高教师的政治与业务水平。此外，要求各科教师不断提高社会主义觉悟，努力钻研业务，决心克服在教学上的教条主义和形式主义。

（4）继续贯彻省厅关于推广普通话的指示，要求语文组全组教师每周须规定时间学习普通话，并组织教职员进行学习。语文组应成为推广普通话的中心。初中一、二年级一般能用普通话朗读课文的语文教师，进一步要求用普通话讲课。对能用普通话讲课的教师，要求在课外讲普通话。对学生能用普通话朗读课文的，进一步要求用普通话复述课文大意、回答问题。能用普通话复述课文大意与回答问题的，要求在课堂说普通话。有条件的班级在日常集会、朗读、讲读、唱歌、说故事、演话剧时，尽量用普通话。

2.继续贯彻基本生产技术教育

（1）物理、化学、地理、数学、生物、农业基础知识等科，都应认真钻研通过各科贯彻基本生产技术教育的途径，使学生所学知识与工农业生产劳动密切结合，启发学生社会主义觉悟，培养学生爱劳动的品质和劳动技能。要求在期中总结时初步摸出门路，以便总结这方面的经验。

（2）加强课外研究小组的领导，充实活动内容。建立一定制度，学校领导应深入各研究小组进行检查、指导和支持，并要大力贯彻勤俭办学的方针，业务各个研究小组根据各组特点及学校现有条件，制造教学用具。如各种教学仪器、图表、模型、搜集动植物标本等。各研究小组的具体活动内容，由各教研组负责领导小组活动的教师定出计划，并要建立必要的制度，交教导处存查。

（3）修正地理设备。地理园地的各种设备，需有计划地进行修理，加以改进。由地理教师陈子云负责计划和管理，并联系地理教师共同进行这一工作。

（4）对农业基础知识课要求做到：

①必须使课堂教学与课外生产实习、参观实验密切结合，以扩大学生农业知识的眼界，培养学生的劳动技能和劳动习惯。

②通过课堂教学与课外活动，及时了解学生思想状况，掌握学生的思想动向，端正学生学习观点和态度，为学生毕业后参加农业生产打下良好的基础。

3. 大力开展听课活动，有计划地组织公开教学

（1）大力开展听课活动，要求每位教师都要做到每人至少听课 20 节，愿多听者更好。

（2）在教师互相听课的基础上，针对在各科教学方面存在的主要问题，有计划有准备地组织公开教学。本学期决定文学组、数学组、自然组各举行公开教学 2 次，在第 7 和第 8 两周内举行。

（3）各教研组对业务较生疏或教学有困难的教师，要加以帮助，谁帮助谁定出计划。无论听课或公开教学，各教研组一定要及时召开教学评议会加以总结，确定教学的主要收获及存在问题，并提出今后改进意见。对教学研究记录要认真细致地加以整理保存，以便学期终了交教导处存查。

4. 研究改进学生学业成绩考查办法

（1）学习凯洛夫教育学第九章第八节“学生知识检查与评定”和苏联专家纳乌莫夫“关于成绩考查和知识的评定”的报告，并参照实验中学各科教学评分标准（学习和研究时间各组定计划时自行决定），结合学校实施“五级分”具体情况，座谈研究、提高认识，找出当前存在的问题，修正记分标准。

（2）对批改作业、辅导自习、指导课外学习活动、学生知识技能与熟练技巧的掌握程度等，各科教师都要认真做记录，以便总结学生学习质量变化情况。如记录每个学生有困难时，可以记录最好的、最坏的和变化较大的学生的学习情况，或深入 1 至 2 个班级，做较为详细的记录，以便总结辅导学生学习等经验。

（3）各科教研组要定期研究、分析学生学习成绩变化的实际情况，期中和期末各总结一次，从而研究改进各科教学，提高教育质量。

5. 学习教学大纲，改进教法

（1）各教研组应有计划地组织教师学习教学大纲，并遵照大纲的规定和要求认真钻研教材。必须明确教材的目的性和系统性，找出各章节在全部教材或在每一单元中应占的位置、作用与任务，然后制定课题计划（单元计划），以免孤立地定课时计划，影响全部教材的系统性。

（2）加强各科教材教学的计划性。在讲课时，必须贯彻理论联系实际的教学原则，从学生的年龄特征和接受水平出发，提高教学效果。因此，在备课和讲课时，对教材分量、课型、教学环节和时间等都应做到充分的估计与合理的安排。极力纠正在教学中单从主观愿望出发，不管学生学习效果，空洞说教，脱离实际的现象。

（3）根据不同班级学生年龄特征，有计划有准备地启发学生积极思维，培养学生独立思考能力、独立工作能力和自觉的劳动习惯。坚

决改正注入式教学方法。

（4）要求各科教师定出个人学科教学计划，要大胆发挥创造精神，极力克服保守思想，改进教学方法，提高教育质量。

七、进行体育卫生工作，提高学生健康水平

1. 认真学习与贯彻体育教学大纲（草案），提高体育课教学质量。以自学为主，认真挖掘教材中的思想性，有力地进行思想教育。在具体教学中注意课内外紧密结合，开展经常性的体育锻炼与竞赛、评比活动。要求除病号外，全部参加早操。于 5 月 4 日举行一次全校性的田径赛。具体计划由体育教师定出。

2. 文娱活动。本学期开展腰鼓、舞蹈、小型晚会等活动，要成为一所活泼快乐的学校。音乐教师加强领导，有计划地把校园活跃起来。

3. 根据县委和县人委的统一部署，学校成立“爱国卫生”组织，由卫生室具体负责，指导学生积极除四害、讲卫生的活动。大力突击，苦干 10 天，达到“四无五洁”标准。向学生提出具体要求并加强指导，通过竞赛、评比等进行大力推动，努力争取成为莒南县直“除四害、讲卫生”先进单位。用抓先进、评比、参观等办法，搞得彻底，并坚持下去。同时，号召学生积极宣传与推动群众的爱国卫生工作。

4. 加强卫生人员的思想教育，明确工作职责，做好疾病预防、医疗工作。采取有效措施保护学生的视力健康，要调查一个班级摸出底子来。做好学生体育活动的指导及伙食的卫生监督工作。卫生室要根据要求，订出具体措施和计划，4 月完成。负责人朱瑞。

5. 改善伙食管理。本着节约粮食、煤炭，杜绝浪费的精神，力求保证和争取增加学生的伙食营养。积极争取 4 月份到诸城师范参观，并保证把经验带回来，贯彻到我们的工作中去。同时，目前即领导炊事人员开展评比，比劳动、比干劲、比清洁、比节约，搞好我们的伙食工作。定期召开生活委员会，提出问题让大家讨论、辩论，让群众出主意，帮助搞好伙食管理。于4月份实行每日三餐，总务处要作出具体计划，贯彻执行。

6. 继续贯彻教育部“关于减轻中、小学学生过重负担的指示”，教导处要把课外活动时间作适当安排，排好课程表。对学生的课业负担，每月进行一次调查研究，及时和班主任联系，防止学生的过重负担。

为完成上述任务，领导干部必须明确分工、具体负责，要转变作风，深入到班级和教研组去。具体分工如下：

孙筱亭校长：负责整风学习，贯彻新教育方针，时事政策教育，教师的思想领导，学生的社会主义思想教育。

刘契秋主任：负责各科教学工作，业务组，班主任工作，学生纪律，本学期助学金调整工作。

团总支书记刘学忠：负责团、工会、学生会、少先队、勤工俭学等工作。

王秘书：负责自身业务和学生纪律工作。

马广喜：负责毕业生工作，包括计划、安排工作。

李旭亭：负责教师学习计划，检查、总结工作。

朱主任：负责劳动建校，开展种植、绿化、积肥、饲养等工作。

刘少亭：负责除四害讲卫生工作。

莒南中学学生守则

（1953 年）

为胜利完成祖国所交付的学习任务，培养自己成为德才兼备、体魄强健的建设人才，必须履行学生职责，遵守学习纪律。为此，特制定学生学习守则如下。

学生职责

一、以高度的爱国主义责任感，努力完成教学计划上所规定的全部学习任务。

二、尊重教师，并在教师指导下，以实事求是的精神，克服一切困难进行学习。

三、确守作息时间，遵守学校规章及决定，巩固自觉的纪律。

四、爱护公共财物，厉行节约，注意保持学校各处的整洁。

五、发扬团结友爱的精神，用批评与自我批评的方法，互相勉励，全力维护公共秩序，并向一切妨害公共利益的现象作斗争。

六、加强体格锻炼，积极参加文体活动。

学习纪律

七、学生应在规定时间内完成一切作业、测验及考试，不得无故延误。

八、在讲课进行中非经教师指定，学生不得自行发言，对讲课内容有意见者，可于课后提出。

九、在上课、自习时间内，学生应专心学习，不得做其他活动。

十、学生应准时上课，不得迟到早退，不得无故缺课。有正当理由不能到课者，必须照章请假。

十一、考试、测验，不得舞弊。

奖励与处分

十二、学生在履行其职责及遵守学习纪律上堪称模范者，学校予以表扬或奖励。

十三、学生有不履行其职责或违犯学习纪律者，经斟酌情节轻重，由校务会分别给予“劝告”“警告”“记过”的处分。违反校规情节严重或屡教不改者，经校务会议通过，呈请上级批准，令其退学。

十四、学生在接受处分后，如能认真悔改并有良好表现者，经本人申请，并考查属实，可撤销其处分。

十五、本章程如有未尽事宜，修改权属学校。

莒南一中教职工考勤细则

（2009 年 10 月）

教职工考勤是学校管理的最基本要素之一，准时到岗是对每个教职员工的最基本要求。为严肃校纪，确保师生正常的工作学习秩序，根据“四制”改革的有关规定，制定本细则。

考勤对象：全体在职教职工。

奖励办法：学校设立全勤奖，每人每月 50 元。奖励范围为全体在职在岗人员。

教职工考勤方法

第一条　上下班考勤：教职工必须在规定的签到签退时间上下班。每周集取考勤数据一次；数据汇总后，记入部门和个人量化考核。

第二条　正常上班时间考勤：正常上班时

间内，任何人不论何种理由外出（大型集体活动由负责人办理有关手续）时，均需在门卫处如实填写《外出人员记录表》。

第三条 教职工上班时间，无论因何原因短暂（不超过半天）外出，都必须按本规定履行正式请、销假手续。每周末各科室（年级）汇总后报办公室存档。

具体分工如下：

教师：年级主任批准。

职员：各中层负责人批准。

中层以上干部因公外出，一律填写出差单并交办公室登记。

所有干部因私外出，除向校长（或分管副校长）说明情况外，需向校级领导请假。

第四条 请假时间超过一天，按下列规定的批准权限和程序办理手续：

一天以内：由分管副校长审批。

一天以上三天以内：由校长审批。

三天及以上：先由个人写出申请，经校长审批同意，报教育局申请办理请假手续。

所有请假手续都必须从基层办起。中层干部接到教职工请假申请，按照批准权限办理。

长假手续办完后，需将请假条交办公室存留。假期结束，到办公室及时销假。

若假期中途确需续假，应到学校办理有关手续。确因情况紧急本人无法到校办理手续，应由本人或委托他人用电话向中层负责人说明请（续）假原因。中层干部根据权限按层级沟通，待主要领导批准后，由中层干部通知请假人。请假人应在事后补办请假手续。中层干部必须通知办公室，以便处理相关考勤数据。

凡没有不可抗拒的原因又没有按规定办理请假手续者，一律按旷工的相关规定处罚。

凡由于中层部门没有及时通知办公室而造成办公室记录有误或造成办公室与教职工发生冲突，对该部门负责人记工作失误一次，年终总结时，在学校对该部门的考核中将按规定扣分。

第五条 对病、事假，迟到、早退及旷工等的处理规定。

1. 事假：事假每天扣 15 元。

2. 病假：每天扣 10 元，超过一个月的按教育局有关规定执行。

3. 未办理请假手续擅离岗位者属于旷工。旷课一节扣 20 元，旷工一天扣 30 元。

4. 查岗和开会缺勤者，每次扣 10 元；上班迟到或早退者，一次扣 2 元；上课或开会迟到、早退加倍扣除。

5. 凡学校、年级举行重大活动，如全体教职工大会、运动会、考试、阅卷、教研活动，迟到、早退、请假或旷工加倍扣除。

6. 婚假：符合婚姻法规定年龄结婚的，婚假时间为 10 天；子女结婚的准假 3 天。

7. 丧假：为父母治丧准假 5 天，为其他直系亲属治丧准假 1 天。

8. 产假：女职工产假 5 个月（含假期）。妻子生孩子，男职工准假 3 天。

以上婚假、丧假、产假若超过准假期限按事假处理。所有请假都必须按有关规定例行请假手续。年级组负责调好课，确保正常的上课秩序。

第六条 对于需要照顾、哺乳及接送子女的教职工的规定。

1. 按国家规定，婴儿周岁内为哺乳期。

2. 凭入托证明，根据实际接送路线，确定请假时间。

3. 孩子上小学需要接送的教职工。

4. 家庭确有临时性困难需要阶段性照顾的教职工。

有以上之一的如需请假，教职工需本人提出书面申请，经年级组同意、办公室（或学校计生办）核对、分管副校长签字、学校办公会研究后，给予适当安排。特殊情况的由校长签字后方可执行。

5. 学校将对各部门教职工照顾性考勤纳入对相关部门的考核。

第七条　办公室提供详细考勤情况，总务处（会计室）依据以上规定分别从有关全勤奖、绩效工资、奖金中扣除。年终将考勤情况记入个人业绩档案。

本考勤细则自2009年10月1日试行。

注：送子女上大学的准予假期3天。

莒南一中教职工量化考评细则（试行）（工作制度执行部分）

（2007年12月）

第一条　为严肃校纪，落实教职工职业道德规范，促进教职工队伍思想作风建设，全面提高教育教学质量，特制定本细则。

第二条　本规定属学校落实规章制度、职业道德规范、强化内部管理的量化处罚措施，若教职工触犯党纪、政纪、刑律，要按职权范围和程序予以党纪、政纪处分或追究刑事责任。

教职工量化考评分两条线进行评估：工作制度执行考评、教学业绩考评。其中教学业绩考评部分按照学校已公布的相关条例，由各年级结合年级实际情况制定相关评估方案。

第三条　本细则适用于本校在编所有教干、教师、职员、工人。

第四条　考评细则：

1. 不带胸卡上班，出入学校大门不下车。（每项扣1分）

2. 上班时迟到、早退、中间随便外出、旷工或串岗、溜堂。教职工上班时间外出不遵守登记凭条制度。（旷工扣10分并通报批评，其余每项扣1分）

3. 学校、各年级、各处科室召开的会议或安排的集体活动，迟到、早退、擅自离开会场或无故不参加。（无故不参加扣5分并通报批评，其余每项扣1分）

4. 上班时间喧哗吵闹、干私事、上网聊天、玩游戏、打牌、下棋等与工作无关的活动。（娱乐活动扣2分，喧哗吵闹扣1分）

5. 带孩子到办公室、教室或参加会议。（双职工的低学龄儿童视其具体情况而定）（扣1分）

6. 工作期间饮酒，酒后上课、辅导、与学生谈话、参加会议或集体活动，酗酒滋事的。（酗酒滋事的扣10分并通报批评，其余扣3分）

7. 办公环境脏乱差，公用财物不当使用或故意损坏。（故意损坏扣5分，并通报批评、照价赔偿，其余扣1分）

8. 不尊重学生的人格，讽刺挖苦学生，辱骂、体罚或变相体罚学生，随便把学生赶出课堂或开除。（随便开除学生、打骂学生造成严重伤害扣4分，其余扣1分）

9. 向学生乱收费、乱罚款、乱派购书刊资料，向学生家长索要财物、索吃请。（扣3分）

10. 上课、辅导期间接打手机、吸烟。（扣2分）

11. 上课、自习不能全程上课、辅导或无故旷课的。（无故旷课的扣10分，不全程的扣1分）

12. 统考中放任或纵容学生作弊或统阅中本人作弊，在统考统阅中被上级有关部门通报批评的。（上级通报的扣4分，上级未通报的扣2分）

13. 对借用学校公物、图书馆资料等不按时归还或毁坏，长期占用。（扣2分）

14. 参入赌博、迷信活动或加入非法组织，

参与有损人民教师形象的活动。（扣4分）

15. 工作不负责任，渎职、失职，不按时完成学校交办的任务或出现工作事故，给学校工作带来被动或不良影响。（扣3分）

16. 同志间闹不团结，搬弄是非，出现打骂现象。不尊重邻里，家庭成员间不相互尊重，出现打骂现象。（扣3分）

17. 工作无正当理由不服从分配，有意见不按程序合理反映，无理要求或说过头话，态度不冷静。（不服从分配的按“待岗”处理，其余扣2分）

18. 上班时男教职工穿短裤、背心、拖鞋，女教职工穿超短裙、化浓妆、留怪发。（扣2分）

19. 有偿辅导家教或违规办班。（扣10分或根据不同情节从重处罚）

20. 教职工与学生谈话不注意场所和影响，在非公开场所单独找女生一对一谈话。（扣2分）

第五条 对经常违反工作制度，每学期累计扣分达到20分以上的教职工，除进行相应的经济处罚外，还将视其情节轻重进行诫勉谈话，给予通报批评，甚至给予相应处分。

第六条 对违纪教职工的处分，由主管处室讨论研究，提出意见，学校校务委员会研究决定。处分决定由校长签发，以学校文件形式印发各处室，并通知本人。

第七条 受处分人员年内取消个人工作评优资格，一年后，视其表现，经主管处室讨论研究，学校校务委员会批准后，可以撤销其处分。

第八条 本细则由学校校务委员会负责解释。

莒南一中优秀教师评选活动实施方案

（2012年9月）

为表彰奖励在学校教育教学工作中做出突出贡献的教师，充分发挥优秀教师的示范和带动作用，调动广大教师的工作积极性和创造性，引领教师爱岗敬业、勤奋求实、改革创新、锐意进取、追求卓越，激发学校内部活力，推动学校教育教学改革健康发展，决定在每年教师节期间开展各类型优秀教师评选与表彰活动。为确保所选优秀教师的典型性与公信力，评选工作坚持“公平、公正、公开”以及“宁缺毋滥”的原则。为使评选活动能够规范运作，特制定本实施方案。

一、领导机构:

在校务委员会的领导下，成立优秀教师评审领导小组。

组　长：尤洪平 张振群

副组长：李玉亮 尚庆海 王洛伟 阚京锡 刘树宇

成　员：许春恒 孙钦法 李明玉 郭洪登
孙成田 韦庆兵 林学珍 张驰

二、评选类型及名额:

优秀班主任：高一、二、三各8名。

优秀教师：高一20名、高二20名、高三25名。

十佳教师：高一3名、高二3名、高三4名。

十佳班主任：高一3名、高二3名、高三4名。

教学新秀：高一7名、高二7名、高三6名。

优秀备课组长：高一3名、高二3名、高三4名。

十佳科室：高一、二、三各2个；办公室、教导教科室、政教处团委、后勤（行政后勤）各1个。

十佳教育工作者：办公室、教导处、教科室、政教处、团委、后勤（行政后勤）共10名。

三、评选范围:

在校任教任职3年以上的正式教师。

四、评选时间:

每年评选一次，时间为教师节期间，届时

举行表彰活动。

五、评选条件：

1. 热爱和忠诚教育事业，认真贯彻国家教育方针，具有高尚的职业道德和过硬的专业水平。教书育人，善于学习，锐意进取，能用先进的理念、科学的方法、成功的职业经验影响和指导学生，能以良好的职业道德和正确的专业思想指导学生的学业与未来发展。

2. 服从学校安排，团结协作，关心他人，乐于奉献。为人师表，关爱学生，尊重学生人格。教学工作认真负责，勤于思考，有创新精神，教学成绩突出。在学生中有一定威信，受学生欢迎。积极参加学校的各项活动，按时按质完成自己的本职工作和学校交办各项工作任务。能主动承担分外工作，为学校排忧解难。

3. 教学思想、教学方法和教学手段先进，工作热情饱满。积极参与课程开发和改革，创新教学模式、改革教学内容和教学方法，结合学校和专业特点，积极探索创新人才培养模式。积极主动承担公开课或说课任务，辅导学生参加市级以上各项学科竞赛活动。具体需符合下列条件之一：

（1）每学年承担校级以上公开课或说课比赛，获校级二等奖以上，或被学校推荐参加市、省级及以上的比赛。

（2）积极辅导学生参加各项学科竞赛活动，成绩优良，为学校赢得荣誉。获得校级一等奖或市级二等奖、省级国家级三等奖及以上。

4. 积极参与学生德育工作及学校各部门的管理工作（含科组、年级组工作），乐于承担班主任工作。关心爱护学生，对学生严格要求，耐心细致，在转化后进生方面有较明显成效。近3年内担任班主任或其他教育管理工作3年以上。

5. 有下列情况之一者不得参评：

（1）不服从学校工作安排；

（2）一学期病、事假累计超过10天；

（3）有迟到、早退或旷工（课）等违纪现象；

（4）有体罚、变相体罚学生、有偿家教或违规办班等现象；

（5）有明显的工作草率马虎行为，教学质量差；

（6）师德师风差，学生有效投诉3次以上；

（7）有违法违规行为。

六、评选办法：

1. 各年级组、大口科室组织本科组教师认真总结一学年各人的德、能、勤、绩与工作表现，结合学生的评教评学情况，对照评选条件进行初评。各科组按分配人数推荐候选人，上报学校评审领导小组。评审领导小组结合候选人平时的师德表现以及教学实绩进行讨论，最后确定优秀教师人选。

2. 评选结果在校内公示3天。

七、表彰奖励：

1. 学校召开优秀教师表彰大会，向各类获奖者颁发荣誉证书；

2. 获奖者在职称考评、职务晋升、推选更高层次先进典型等方面优先。

莒南一中《中学生日常行为规范》实施细则

（2009年9月6日起实施）

《中学生日常行为规范》是国家规范中学生日常行为的法规文件，我们要认真贯彻执行，要以《规范》指导和约束学生的日常行为。现发布我校《〈中学生日常行为规范〉实施细则》，望各班组织学习，望同学们以《规范》和《实施细则》严格约束自己。

一、自尊自爱，注重仪表

1.维护国家荣誉，尊敬国旗、国徽，会唱国歌。举行升旗仪式时要按时到场，要严肃认真，除学校规定不参加升旗仪式的年级外，不参加升旗仪式或不遵守纪律者，一人次扣班级量化分1分；班集体纪律不好，扣班级5分。学会唱国歌，不会唱和应唱不唱者，扣2分。

2.穿戴整洁、朴素大方。学生入校，提倡穿校服，应佩戴校徽胸卡。否则扣1分；戴假校徽、冒充他人签名者，扣3分；染发、烫发，扣3分；化妆、戴首饰，扣1分；男生留长发、女生穿高跟鞋，扣1分，穿戴不整洁，扣1分；穿拖鞋，扣1分。违反规定者限期改正。

3.讲究卫生，按时就餐。养成良好的卫生习惯。随地吐痰、校内边走边吃东西、乱扔废弃物，扣1分。

4.举止文明，校内禁止骑车，提倡校内自行车推行。违者扣2分；说脏话、骂人，扣2分；打架、赌博、涉足未成年人不宜的活动和场所视情况，扣3~5分，并给予相应处分。

5.情趣健康。观看和传播色情、凶杀、暴力、封建迷信的书刊、音像制品扣3~5分：参加迷信活动扣3分。

6.爱惜名誉、抵制不良诱惑。提倡男女同学之间的正常交往。严禁早恋现象；严禁男女生之间的过分亲昵现象。早恋、过分亲昵扣5分，并通知家长教育，给予相应纪律处分。被不良人员诱使，参与打人、敲诈、偷窃、行骗等违纪违法行为，扣5~10分，并给予批评和处分，情节严重的移交司法机关。

7.注意安全。爬校墙、跳护栏，扣3分。私接电源、安装电器、宿舍内加接灯具、点蜡烛、教室宿舍内违规充电等扣5分/人次。

二、诚实守信，礼貌待人

8.平等待人，与人为善。不尊重他人的人格，给他人起绰号者，扣2分。以大欺小，欺侮同学，强迫同学为自己服务者，视情节扣2~4分。

9.尊重教职工。不服从教职工管理，顶撞或威胁教职工者扣2~5分，并给予相应校纪处分。

10.同学之间互相尊重、团结互助、理解宽容。同学之间不要猜疑、嫉妒，不要搞宗派；提倡互相谅解，不结怨，要严于律己，宽以待人。

11.使用礼貌用语。校内外遇见老师要问好，与老师、同学间说话、打电话要用“您好”“请”“谢谢”等文明词语。上、下课时起立向老师致敬。

12.尊重他人隐私权。私拿、私拆他人信件者，扣2分；偷看他人日记、动用他人物品者，扣2分。

13.不干扰他人学习、工作和休息。

14.诚实守信，言行一致。借他人钱物不及时归还者，扣2分；骗人、制造和传播谣言者，扣3分。

三、遵规守纪，勤奋学习

15.按时到校。迟到扣1分/人次，旷课一节扣3分，旷会一次扣2分。没有班主任批条或冒充班主任签名私自外出，上午、下午、晚上最后一节早退者，扣5分/人次。

16.上课专心听讲，勤于思考。课堂和自修纪律乱的班级，发现一次，扣5分。

17.按时完成作业，考试不作弊。违反考场纪律，扣2分；无故不参加考试，扣4分；考试作弊者，按违纪处理规定处理，同时作弊一次扣5分。

18.积极参加生产劳动和社会实践，积极参加学校组织的值周、志愿者等公共活动。不参加集体活动或不遵守活动要求和规定者，扣2--5分。

19.认真值日。教室、宿舍、卫生区不整洁的班级，扣2~4分；学校组织的考试，考场整理达不到要求，扣班级2~5分。维护学校良好秩序，在教室和校园内追逐、打闹、喧哗和在教学区打球、踢球者，一人扣2分。

20. 爱护校舍和公物。在黑板上乱写乱画者，扣1分；在墙壁、课桌、布告栏等处乱写、乱画或涂改者，扣3分；在课桌凳上刻划者，扣5分；在墙壁上拍球印、踩鞋印者，每个印迹扣2分：踢打门窗、损毁开关、门锁等设施和其他破坏公物者，扣5分/人次，并按实际价值赔偿；借图书不还和损毁者，视情况扣2~5分，

21. 遵守教室、宿舍和食堂管理制度。不服从宿舍食堂职工管理者，扣2分：不按时午休和晚休就寝、随便出入寝室、说话、听收音机、洗衣服者，扣2分；在宿舍内打扑克、下棋、打麻将者，每人扣4分；私自换宿舍、换床位者，扣2分；在墙上乱钉钉子、乱扯绳子、乱挂物品、乱 贴字画者，扣1分。未经批准，上课、自习时间在宿舍睡觉，扣2分/次。

22. 正确对待困难和挫折，不自卑，不嫉妒，不偏激，保持心理健康。

四、勤劳俭朴，孝敬父母

24. 生活节俭。校内学生不允许佩带使用移动通信工具，不允许摩托车、汽车等机动车入校，违者扣2分。

25. 学会料理个人生活。住校生宿舍内要叠被子、套被罩，未叠被扣2分/人次，未套被罩扣1分/人次。常洗被单，衣物鞋袜暖瓶洗刷用品等放置整齐。宿舍物品未按要求排放、卫生未打扫或不彻底的，扣1~3分。

26. 生活简朴，不相互攀比、铺张；校内学生严禁私自搞过生日活动。节约水电。浪费水、电者（如人走不关水龙头、不需照明开灯者），扣2分。

27. 经常与父母交流生活、学习，思想等情况，尊重父母意见和教导。学校和班级要加强这方面的教育，并了解家长和学生的沟通情况。

28. 未经家长同意，不得在校外住宿或留宿他人。宿舍科要严管住校 生，杜绝夜不归宿；对住校生搬到校外住要从严控制，并经其家长同意。凡夜不归宿者，扣5分；擅自搬到校外住者，扣5分。

29. 体贴帮助父母长辈，主动承担力所能及的家务劳动。班级要了 解这方面的情况，记入学生成长档案。

30. 对家长有意见，要有礼貌地提出，讲道理，不任性，不耍脾气，不顶撞。发现顶撞家长者，扣2分。

31. 待客热情。年级部和班级要进行礼仪教育，要遵守学校礼仪规 范。

五、严于律己、遵守公德

32. 遵守国家法律，不做法律禁止的事。要按《预防未成年人犯罪法》提出的九条“不做”约束自己，轻微违法者，要给予校纪处分，并扣4~10分。

33. 遵守交通法规。学校、年级和班级要对学生进行遵守交通法规教育。因违反交通规则被交警处罚者，扣5分。

34. 公共场所遵守公共秩序。违者视情节扣1 ~3分。

35. 爱护公用设施、文物古迹，爱护庄稼、花草、树木，爱护有益 动物和生态环境。凡折树枝、花枝、花朵、践踏草坪者，扣2分。损坏公物除赔偿外，要从重处罚。要自觉保护生态环境。

36. 遵守网络道德和安全规定。对进网吧上网的学生，一次扣10分，给予留校察看一年处分；对屡教不改的网迷给予劝退处分。

37. 珍爱生命，不吸烟，不喝酒，不滥用药物，拒绝毒品。吸烟、喝酒者扣5分/人次；严防毒品流入我校；严禁携带管制物品入校。

不参加各种非法组织，不参加非法活动。班主任和任课教师应及时了解情况，并发动学生发现问题、及时报告，坚决制止该类现象发生。

参加非法组织，参与非法活动者扣5~10分，并给予相应处分。

38. 公共场所不喧哗，瞻仰烈士陵园等相关场所保持肃穆。观看演出和比赛，不起哄滋扰，做文明观众。凡在学校集合和升旗仪式上起哄、喧哗者，一人次扣2分。

39. 见义勇为，敢于斗争。见义勇为要讲智慧，力所不及要求助、呼救。要敢于斗争，勇于斗争，更要智斗。

40. 凡违反《规范》要求，又不服从检查和教育者，扣2分，对检查人员无理纠缠，扣4分；辱骂检查人员，给予纪律处分并扣8分；殴打辱骂检查人员情节严重的，移交司法机关。

附：莒南一中学生行为九项规定

一、学生不提倡使用手机，有事与家庭联系可通过老师或利用校内话吧。禁止学生带手机、MP3（MP4）等入校。

二、提倡男女同学之间的正常交往。禁止早恋现象；禁止男女生之间的过分亲昵现象。

三、倡导文明守纪，尊敬师长，团结同学。不准打架骂人；禁止携带管制器械入校；不准与校外不良青年交往；禁止与校外不良青年有联系的打架等严重违纪事件发生。

四、严禁学生吸烟、喝酒。

五、提倡文明上网，节制上网。禁止进营业性网吧、卡拉OK厅等经营性娱乐场所；不准浏览和传播不健康信息（或书刊）。

六、住校生要严格遵守宿舍管理制度。严禁夜不归宿。

七、养成良好的饮食习惯，按时吃好三餐，保证身体健康。禁止在课堂上乱吃东西。

八、仪表端庄，举止文明，提倡穿校服。不准着奇装异服；不准化妆；不准佩戴首饰；不准染发烫发；男生不准留长发、女生不准穿高跟鞋。

九、学生进入校内必须时时佩戴胸卡，胸卡佩戴要规范（外衣左胸部），并配合工作人员检查。不准在卡上乱贴；不准佩戴假卡、借戴别人胸卡。

说明：

本细则的出台，是在2007年9月1日学校刚开始实施新的校园管理制度而出台的校园管理细则《莒南一中班级常规量化考核细则（60条）》的基础上，于2009年9月6日，进一步规范学校管理制度，依照《中学生守则》、《中学生日常行为规范》的细则，完善制订此条例。此条例作为学校校园管理相应项目赋值的依据，从2009年9月6日至今，一直作为校园管理制度实施的纲领性条例，为校园教育教学秩序的根本好转，起到了极其重要的作用，从根本上使教育教学环境得到了改变。

莒南一中班级量化管理量化加分部分实施细则

（2012年9月）

一、目的

为配合校园管理细则的实施，对在学校各类集体和个体活动中，涌现出的好人好事、竞技比赛获得的优胜成绩给予相应的量化加分，连同校园管理检查的扣分一起合并，纳入班级量化管理成绩中。

二、分类

班级量化加分项目分为：好人好事、各种

竞技比赛两类。

三、实施细则

1. 好人好事评分条例

加强精神文明建设，弘扬优良道德风尚，增强集体荣誉感，创造一个和谐的校园气氛，鼓励学生做好事，助人为乐，同时给学生所在班加分，评分办法如下：

凡做了好事一律填写好人好事登记表，报考核办，经审查无误后，于每周星期一统计在该班得分表上。

①拾钱、物交公价值小于80元的按班级管理条例在班内量化加分，价值80元以上的有较大意义及影响的，根据情况加0.5~5分。

②学校安排的义务劳动按劳动量大小加0.5~2分。

③在校外做好事，有充分证明，社会上来信表扬的并有较大影响的每人次加1~5分。

校内、本班同学之间的互相帮助，由本班表扬，学校不再加分，如：补课、捎东西、代买东西、药品、互助衣物、钱等。

本校学生丢失钱物认领时，应由班主任签名、证明无误后、学生再签名领取。

每学期的表彰大会上，对上学期突出的好人好事加以表彰。一般掌握在拾钱物交公价值为80元以上的，助人为乐有一定影响的。

2. 各种比赛加分条例

①宿舍文化、课间操检查级部第1~24名，分别加5，0，-5分。分别各占1/3，被评为文明宿舍的每宿舍加2分，被评为整改宿舍的每宿舍扣1分。

②黑板报、手抄报检查，级部前2名加3分，3~5名加2分，6~8名加1分。

③课外活动每周组织两次且组织形式很好的加2分，少1次扣1分，组织一般的扣0.5分。每多1次加0.2分。

④军训会操及队列广播操比赛，级部第1~24名，分别加5，0，-5分。分别各占1/3。

⑤运动会级部第1~24名，分别加5，0，-5分。分别各占1/3。学校组织的单项体育比赛，若取前8名同②，若取前11名，每段加一个名次计分。

⑥在卫生检查评比中，级部第1~24名，分别加5，0，-5分。分别各占1/3。

⑦参加各种比赛并获奖的：

国家级一等奖每人次加5分，二等奖每人次加4分，三等奖每人次3分；

省级一等奖每人次加4分，二等奖每人次加3分，三等奖每人次2分；

市级一等奖每人次加3分，二等奖每人次加2分，三等奖每人次1分；

县级一等奖每人次加2分，二等奖每人次加1分，三等奖每人次0.5分；

校级一等奖每人次加1分，二等奖每人次加0.5分，三等奖每人次0.2分；

⑧参加县、市、省、全国音体美比赛的，每人次分别加0.5~2分，名次1~2名相当于一等奖，3~5名相当于二等奖，6~8名相当于三等奖，加分同⑦。

莒南一中安全工作“十抓十确保”

（2006 年 2 月）

一抓校园治安，确保学生人身安全。

二抓校外交通管理，确保路途安全。

三抓食堂卫生管理，确保饮食卫生安全。

四抓经常性教育，确保学生安全。

五抓危房改造，确保校舍安全。

六抓楼梯管理，确保学生上下楼安全。

七抓用电管理，确保用电安全。

八抓消防管理，确保防火安全。

九抓“一条例一规则”落实，确保体育课和实验课安全。

十抓“六室”管理，确保学校财产安全。

莒南一中六十周年校庆庆典活动实施方案

（2012 年 9 月）

我校六十周年校庆定于 2012 年 10 月 2 日上午举行。现将校庆工作分工如下：

一、组织领导：

庆典活动由以下人员负责：

县委、县政府领导及有关部门领导

张振群 尤洪平 李玉亮 尚庆海 王洛伟

阚京锡 刘树宇

活动顾问：甄洪祥 邓兰芳 魏本芳 李广振

陈之太 李西修

二、庆典活动筹备工作分为五个组

（一）宣传秘书组：

组　长：刘树宇

副组长：郭洪登 李明玉 卢希军 县教体局领导

成　员：唐坤田 张　驰 林　申 纪凡建

徐　伟

工作任务：

1. 制定校庆活动实施方案

2. 印制发放请柬及邀请函

3. 印制纪念品领取卡

4. 校大门装饰：彩旗，两个大拱门，两个大气球（带条幅）

5. 制作育英教学楼、科技楼竖条幅标语

6. 联系市、县电视台、报社进行新闻宣传报道

7. 落实军乐队及少先队献辞等活动

8. 撰写领导人讲话稿及协调会汇报提纲

9. 制作各种胸卡、领导座次牌、座区牌

10. 安放会场气球及会场彩旗的布置

11. 联系制作纪念品袋，并分装礼品袋；制定校庆指南

12. 落实贺词宣读人员及师生发言人员

13. 接受贺信、贺电、电子邮件

14. 发布文化广场、步行街、院西路口、乐尚购物中心附近广告牌，发布校庆 2 号公告

15. 统计赞助单位并及时报主持人

16. 联系省市有关报纸发布公告及电视台打印字幕，负责学校及两个住宅区的公告发布

17. 分区域落实有关参会人员回执情况

18. 拟定大会议程及会场两边标语和会场后面背景制作

19. 制作车辆用"莒南一中校庆专车"牌及车站接站牌

20. 落实县城有关位置的横幅标语悬挂

21. 编写校庆特刊

22. 做好会议录像、照相工作及庆典活动的后续报道

23. 张贴报到须知和校园平面图

24. 制作六十年校庆专题片

25. 校好校园文化建设

26. 邀请函发放

（二）接待组

组　长：张振群 尤洪平

副组长：李玉亮 尚庆海 王洛伟 阚京锡
刘树宇

成　员：林学珍 孙冰一 韩继庆 郭洪登
女工委全体成员

艺术教师、部分老教师、班主任、
师生礼仪队

具体人员由有关人员确定

工作任务：

1. 训练迎宾员及引导小组人员，要求礼仪队、旗队、军乐队 10 月 2 日早 6 ：30 到校门口迎宾

2. 落实来宾、校友报到地点及相关事宜

3. 车辆：落实接站车辆，搞好接站工作及会议前天与当天车辆调度

4. 落实发放纪念品处：设 3 处，来宾发放纪念品 1 处，校友发放纪念品 2 处，共 9 人

5. 展室及书画展室服务

6. 准备贵宾室、校友见面室、老教师见面室并搞好服务

7. 邀请县领导召开协调会，并向县主要领导汇报

8. 召开校友负责人联席会

9. 召开师生会议，统一思想，统一认识，确保校庆工作圆满进行

（三）安全保卫组

组　长：李玉亮 孙立平

副组长：张　鹏 城东所一人 交警一人

成　员：廉桂锋 孙钦亮 刘常伟 赵桂林 保安人员 门卫人员

工作任务：

1. 召开安全工作会议

2. 联系公安交警

3. 夜间巡逻

4. 校园内及会场和文艺晚会场所安全保卫

5. 机动车辆及自行车管理及维持交通秩序，会议车辆指定排放

6. 检查整改学校安全隐患

（四）会务组

组　长：李玉亮 阚京锡

副组长：许春恒 郭洪登 王广运

成　员：部分班主任、体育教师、办公室人员、教导处人员、校庆办人员

工作任务：

1. 悬挂主席台横幅

2. 主席台桌、凳、台布布置

3. 安排主席台座次

4. 联系音响设备及安放

5. 组织安排来宾、校友、师生入场并维持会场秩序

6. 会场所有人员桌凳摆放

（五）后勤保障组

组　长：李玉亮

副组长：刘树宇

成　员：唐坤田 张　驰 林德联 王国利
张守胜 廉桂锋 林德联 政教处 总务处 保卫科

工作任务：

1. 校园鲜花布置摆放

2. 校庆期间供水、供电、医疗救护

3. 大门口及校园内外所有卫生打扫及保洁

4. 搭建主席台

5. 路灯、喷泉开放

6. 所有来宾食宿联系

7. 经费筹措

（六）文艺晚会筹备组

组　长：王洛伟 王兴堂

副组长：许春恒 刘　梅 刘　宏

成　员：杨　颖 纪凡建 徐伟及音乐组人员

工作任务：

协调市县文广新局策划文艺晚会节目

联系演出及会场安排，尤其是老教师与领导座区安排

保证节目演出的效果

做好剧务人员的安排及就餐安排

以上未尽事宜另行安排，由各组认真负责，有事要及时与有关领导联系，确保万无一失。

德育工作条例

（2010 年 9 月）

总 则

第一条　学校工作必须坚持以德育为首，育人为本，全面贯彻国家的教育方针。

第二条　德育工作的基本着眼点，首先是培养具有优良素质的合格公民，在此基础上，帮助受教育者逐步建立并坚定共产主义信仰，确立共产主义的世界观和人生观。

第三条　德育工作应坚持坚定正确的政治方向，坚持知、情、意、行的统一，既符合社会发展的要求，又符合受教育者自身发展的规律与需要。

第四条　德育工作要坚持"三全"方针，即全员参与、全面渗透、全程管理，并做到德育管理制度化，德育教育系列化，德育科研常化。

领导与队伍

第五条　校长对德育工作负有领导责任，在策划学校工作中，对德育工作作出决策和安排，以确保德育工作在整个学校工作中的地位；学校党支部对德育工作则负有保证和监督责任。

第六条　学校设德育工作领导小组，由学校党支支书记担任组长，其成员由政教处、团委、教导处、总务处、学生会等部门的负责同志和政治学科教研组组长及各级部主任组成。

德育工作领导组对德育工作负有领导、决策和管理的责任。

第七条　学校设政教处。政教处是德育工作的职能部门。政教处主任在校长和德育工作领导组的领导下，具体管理德育工作，发挥政教处的职能作用。

第八条　学校团委在学校党支部的领导下，根据青年学生的特点开展德育活动，发挥共青团员在青年学生中的先锋模范作用。

第九条　各级部主任根据德育工作领导小组和政教处的要求，结合年级特点，具体组织、管理本年级的德育工作。

第十条　文科综合 教研组组长负责组织本教研组教师研究并落实渗透教育，以充分发挥学科教育这一主体德育阵地的作用。

第十一条　班主任是班级德育工作的组织者和领导者，必须掌握《中学德育大纲》《中学生日常行为规范》，以及《爱国主义教育实施纲要》《公民道德建设实施纲要》等有关法

规，掌握德育理论和德育规律，改进德育方法，有成效地开展德育工作。

第十二条　教师必须增强法律意识，坚持既教书又育人，认真钻研教材，挖掘教材中所固有的德育因素，因势利导地进行德育教育；渗透教育是学科教学中进行德育教育的主要形式，教师必须结合所任学科的特点，掌握其规律和方法。

教师要加强自身的品德修养，言传身教，为人师表。

政治学科是学校德育的重要渠道，在传授知识的同时，更要加强对德育的研究，开展德育科研，推进德育工作。

第十三条　职工必须坚持“教育育人、服务育人”的方向，严格执行学校的有关规定，并做到文明上岗，为人师表。

第十四条　确定德育内容的主要依据是：《中学德育大纲》《中学生日常行为规范》《爱国主义教育实施纲要》《公民道德建设实施纲要》。

第十五条　德育内容的安排必须坚持系统性原则、反复教育的原则，逐步深化的原则和阶段重点的原则，以符合学生思想品德形成与发展的规律。

第十六条　德育内容要突出爱国主义教育主旋律，并加强五个方面的重点，即以坚持四项基本原则，坚持社会主义信仰为主要内容的政治教育；以树立集体主义、为人民服务观点为主要内容的思想教育；以贯彻《中学生日常行为规范》为主要内容的基础文明养成教育；以提高抱负水平，改善非智力心理素质为主要内容的个性心理品质教育；以社会美为主要内容的审美教育。

德育途径

第十七条　学科教学是学校德育的主体阵地。要加强对课堂教学这一基本五一节的研究，推进渗透教育；要广泛开展学科教学活动，充分发挥活动的育人功能；要加强对各教学五一节的管理，使受教育者养成良好的习惯，改善非智力心理素质。

第十八条　要加强社区实践教育基地、社区劳动教育基地、社区教育服务基地和法制教育基地等德育阵地的建设，有效地组织好各类德育教育活动。

第十九条　要重视校园文化建设。校园文化建设的重点是校风、教风和学风建设；同时，要努力开活动性课程，以艺术节、体育节、科学节为龙头，带动各类活动的广泛开展。要重视环境的布置与美化，充分发挥环境的育人功能。

第二十条　要重视良好班集体的建设，加强对班级的管理与考核。

第二十一条　要重视校外教育，建立并完善校外教育网络，充分发挥社区教育委员会、家长委员会、家长学校的作用，优化家庭和社会环境。

德育科研

第二十三条　德育工作领导组和政教处加强对德育科研的规划和领导，开展经常性的德育科研活动。

第二十四条　政治教师和班主任是开展德育科研的主体力量，必须通过组织、引导，充分发挥这支队伍的作用。

第二十五条　德育科研要坚持为改善德育、提高实效服务，因此，课题选择必须紧密结合德育工作实际，其研究成果，也必须在实践中得到运用与推广。

附　则

第二十六条　本条例的解释权在校务委员会。

第二十七条　本条例自颁布之日起执行。

莒南一中关于开展师德建设教育月活动的方案

（2014 年 9 月）

为深入学习贯彻党的十八大精神和习近平总书记系列重要讲话精神，深入开展党的群众路线教育实践活动，进一步提高教师的思想政治素质和职业道德素质，建设一支具有崇高职业理想、高尚职业道德和精湛业务能力的教师队伍，学校决定 9 月份在教职工中深入开展师德建设教育月活动。

一、活动主题

深入学习贯彻党的十八大精神和习近平总书记系列重要讲话精神，坚定中国特色社会主义理想信念，大力培育和践行社会主义核心价值观，把立德树人作为教育的根本任务，进一步增强广大教师教书育人的使命感和责任感，为办好人民满意的教育，实现中华民族伟大复兴的中国梦建功立业。

二、活动内容

（一）大力开展师德师风宣传教育。组织广大教职工认真深入学习贯彻《教育法》《教师法》《中小学教师职业道德规范》《教育部关于进一步加强和改进师德建设的意见》，教育部关于印发《中小学教师违反职业道德行为处理办法》的通知。重点学习《临沂市人力资源和社会保障局、临沂市教育局关于进一步加强师德师风建设的意见》（临教办字【2014】13号）精神。充分认识加强师德师风建设工作的重要性和紧迫性，明确师德师风建设的主要任务，采取切实可行措施加强师德师风建设工作。

（二）搞好教师公开承诺活动。新学期开学之际，组织广大教职工签订加强教职工师德承诺书，广大教职工要通过宣传栏、《致家长一封信》等形式向社会、学校、家长作出公开承诺，不强制或变相强制学生购买教辅资料，不以任何形式暗示、推荐、制定学生购买省定目录之外的教辅资料；不组织、参与或通过社会培训机构组织节假日有偿补课，不在社会培训机构中兼职，不动员、组织学生有偿补课。大力营造风清气正的师德师风，树立教育和教师的良好社会形象。

（三）建立健全奖惩制度。通过开展师德演讲比赛、评选表彰优秀教师、优秀教育工作者等评先树优活动，加强师德宣传，树立先进典型以充分发挥榜样的激励、示范、带动作用。在评先树优、职称评聘过程中，对违反教师职业道德，有体罚学生或变相体罚学生、乱办班、乱收费、搞有偿家教、要求学生购买规定以外的教辅读物或其他违反教职工队伍管理有关规定的行为实行一票否决。将教师职业道德置于各项工作首位，建立健全师德考核档案，并与年度奖惩、职称评聘、晋级晋职和评先树优挂钩。每学期结合年度工作考核，采取自评、互评、学生评、家长评，向社会各界问卷测评等方式，对全体教师进行职业道德专项考核，评出优秀、合格、不合格，并将考核结果存入师德档案。设立“师德监督信箱”“师德举办投诉电话”，向家长发放“师德评议卡”或调查问卷，积极鼓励学生家长和社会有关方面对教师职业道德状况进行监督和评议。

（四）联系实际，着力解决教师队伍中存在的十个方面的突出问题。1. 在教育教学活动中有违背党和国家方针政策言行的；2. 在教育教学活动中遇突发事件时，不履行保护学生安全职责的；3. 在教育教学活动和学生管理、评价中不公平公正对待学生，产生明显负面影响的；4. 在招生、考试、考核评价、职务评审、教科研中弄虚作假、营私舞弊的；5. 体罚学生或以侮辱、歧视等方式变相体罚学生，造成学生身心伤害的；6. 对学生实施性骚扰或者与学生发生不正当关系的；7. 索要或者违反规定收受家长、学生财物的；8. 组织或者参与针对学生的营利性活动，或者强制学生订购教辅资料；9. 组织、要求学生参加校内外有偿补课的；10. 其他严重违反职业道德行为应当予以相应处分的。对于教师的失德行为"零容忍"，发现一起、查处一起、发现一人、惩治一人，坚决遏制失德行为蔓延。

三、加强领导，精心组织

要成分认识新时期加强师德建设的重要性，高度重视师德教育月活动，把师德教育活动作为学校组织"围绕中心、服务大局"，全面履行职能的重要工作。加强领导，科学谋划，精心组织，明确职责，认真实施，抓出实效。

档案管理制度

（2014 年）

一、为增强全体教职员工的档案意识，提高学校档案工作水平，更好地为教育教学服务，特制定本细则。

二、档案管理

1. 学校档案工作实行学校办公室主管，各年级组、各处室科配合，文档人员具体负责管理。学校各部门全校教职员工都要有很强的档案意识，各部门负责同志应把档案工作列为重要工作。

2. 学校档案实行集中统一管理和分部门收集的原则。即学校党总支、校长室、副校长室、工会、办公室、教导处、政教、团委、总务财务、校产、勤俭办、基建、计划生育、综合治理等各部门负责收集保管好一学期形成的所有应归档的文件材料，学期结束前移交档案室。学校档案室负责学校各类档案的登记、鉴定、整理、组卷、编目、保管提供利用。

3. 学校档案管理总的要求是：及时齐全归档，规范高质组卷，规范严格保管，优质高效利用。学校档案管理员必须严格执行《档案法》《保密守则》和有关档案工作的规章制度。忠于职守、遵守纪律、秉公办事、优质服务，以高度认真负责的态度做好学校各项档案工作。

三、档案保管

1. 学校全部档案由学校办公室集中统一保管。各部门和个人在平时的收集、保管工作中，不得残缺，更不得占为己有。

2. 做好保密工作，确保档案和档案机密的安全。内部参阅，学习文件材料，会议记录等要加强保管，不得随意堆放在办公桌上，也不得夹起来挂在墙上，私人身边不得携带、保管机密文件，以防失落和泄密。

3. 文档人员要严格执行"慎之又慎、万无一失、警钟长鸣、内外有别"的方针，妥善保管档案，定期检查，加强档案室防盗、防火、防潮、防高温、防虫害、防鼠咬等设施。学校档案室列为重点要害部位，学校保卫科和值班人员要加强防范。

4. 借阅：

（1）本校档案主要为学校行政管理、教育教学、财务后勤以及群团工作服务。原则上不予借出。

（2）本校教职工借阅业务性档案，应征得

管理人员同意。如借阅属机密性档案，须经学校领导批准。

（3）本校教职工借阅档案，原则上在本室查阅，并填写《借阅档案登记簿》和《档案利用效果登记簿》。

（4）外单位人员因工作需要借阅档案，须持所属单位介绍信。注明本人身份和查阅具体内容。有关人员如需摘录、复制有关内容须经学校主管档案的领导批准。

（5）查阅档案不得拆散原案卷或损失，不得涂改内容，以确保档案准确、完整、安全。文档人员在收回借阅档案时，要认真检查，一经发现涂改、损坏、遗失等现象，要立即追查，并报告学校领导严肃处理。

（6）借阅档案者，对档案的有关机密，不得随便乱讲，防止机密泄露。

莒南一中 2013~2014 学年度第二学期工作总结

（2014 年 7 月）

本学期，我校在县委、县政府的正确领导和上级教育主管部门的精心指导下，坚持以十八大、十八届三中全会精神为指导，认真贯彻落实科学发展观，积极开展党的群众路线教育实践活动，坚持以教学为中心，牢固树立质量意识、服务意识，不断优化育人环境，圆满完成了各项工作任务。学校先后获得“山东省心理健康教育先进集体”“临沂市高中教学工作先进学校”“莒南县直先进单位”“平安莒南建设先进单位”“莒南县平安校园建设先进单位”“莒南县计划生育工作先进单位”等荣誉称号，临沂市卫生先进单位通过复评，全国青少年普法教育先进单位的创建已通过省市的验收。现将本学期工作情况总结如下：

一、加强思想政治建设，提高了教干教师的整体素质

一是扎实开展了党的群众路线教育实践活动，按照“照镜子、正衣冠、洗洗澡、治治病”的总要求，深入剖析、整改“四风”方面存在的突出问题，先后组织教干教师到大店省政府旧址、群众教育基地接受先进典型教育，赴县检察院警示基地、县看守所接受廉政警示教育，开展了“学英烈、忆传统、强党性、正党风”等活动，使全校党员、干部进一步提高了思想认识和工作效能，转变了工作作风，为实现学校快速发展提供了坚强的组织保障。

二是努力提高党员干部的整体素质，不断加强作风建设和党风廉政建设，认真学习德廉相关知识，积极开展党员民主评议活动，层层签订党风廉政建设责任书，充分发挥了党员干部的先锋模范作用。同时，做好了党员发展工作，本学期培养发展对象 2 名。

三是认真开展了“承诺、亮诺、践诺、评诺”活动，使全体教职工继续保持强烈的事业心和责任感，进一步强化了爱岗敬业、争先进位、积极进取、永争一流的意识，为办好人民满意的教育做出积极贡献。

四是深入推进“四德”工程建设，在全校教职工中开展了“五爱”（爱我莒南、爱我一中、爱我岗位、爱我家庭、爱心永驻）主题教育实践活动，加强社会公德、职业道德、家庭美德和个人品德教育，提高了教职工的道德素养，营造了干事创业、廉洁从教的浓厚氛围。

五是积极开展双拥共建活动，成立了双拥工作领导小组，召开会议讨论安排双拥工作，并定期检查工作开展情况，建立了双拥工作职

责及优待措施，使双拥工作经常化、制度化，形成了上下齐抓共管的良好局面。

二、加强教育教学管理，管理效益得到进一步提升

（一）狠抓德育工作，提升学生素养。一是利用周一升国旗以及节假日、纪念日等，积极开展国旗下的演讲、征文比赛等教育活动，增强了学生的道德意识。二是继续举办“道德讲堂”活动，通过“身边人讲身边事，身边人讲自己事，身边事教身边人”，激发了学生的学习兴趣，培养了学生健康快乐的道德品行。三是以“四德”工程建设为契机，在全体学生中开展“明德修身、爱心践行”系列主题教育活动，教育引导学生养成高尚的思想品质和良好的道德情操。四是开展了“爱学习、爱劳动、爱祖国”“社会主义核心价值观教育实践活动”等主题团日活动，组织学生祭扫鲁东南烈士陵园，到山东省政府和八路军115师司令部旧址、渊子涯抗日战争纪念碑参观学习，加强爱国教育，弘扬革命精神。五是加强“励志教育”，有效帮助学生以积极的心态、饱满的热情和从容的自信心投入到紧张的学习当中。

（二）加强教学管理，提高教学质量。一是加强教学常规检查力度，对集体备课、教案、作业布批、学段和模块检测等环节及时进行督查和促改，确保了教学常规落到实处。二是继续坚持领导推门听课、领导包班包组等制度，提高了对教学工作的有效指导。三是加强备课组建设，突出课堂教学重要环节，强化作业训练的关键环节，提高了教学管理实效。四是积极开展对先导课、示范课、展评课的研究，切实转变了教学方式，提高了课堂教学效率。五是继续坚持“走出去、请进来”，邀请陈庆军等教育专家来校讲座，组织教干教师赴聊城、日照等地学习先进经验，有效推动了教育教学质量的提高。

2014年高考，我校再创佳绩，高校自主招生过线人数居全市第二位，文理科重点本科进线人数303人，普通本科进线突破900人大关，其中庄力同学取得理科702分的好成绩，位居全县第一、全市第二名，被清华大学录取；周飞宇同学取得文科637分，居全县文科第一名。在高考取得优异成绩的基础上，基础年级扎实推进教学工作，夯实基础，高一、高二统考也取得了令人满意的成绩，学业水平考试合格率在全市位居前列，受到社会各界的广泛好评。

（三）强化教育管理，提高管理效益。一是定期召开校园管理会议，继续深化校园管理的关键节点，深入践行“六个一”活动，加大“三全式”管理力度，加强学生“值周”制度的管理落实，确保了良好的教学秩序。二是加强对学生的教育力度，严格落实《中学生守则》和《中学生日常行为规范》，认真执行校园管理的有关规定，减少和杜绝违规违纪现象的发生。三是加强学生的养成教育，特别是加强了对学困生的教育转化工作，提升了教育管理质量，确保良好学习生活环境的形成。四是坚持量化考评制度，每月评选出“优胜管理班级”，提高了学生的竞争意识和集体荣誉感，创造了浓厚的学习氛围。五是召开学生联合会第十五次代表大会，选举产生了莒南一中第十五届学生会成员，进一步提高了各年级学生组织的凝聚力、向心力和自主管理能力，充分发挥了学生会在学校各项事业中的生力军作用。

（四）深化教研科研，成果丰硕。完善修改了莒南一中课题申报制度和教科研奖励制度，组织多次课题交流座谈会，对未结题的课题进行指导、督促、反馈。积极开展教科研成果进课堂活动，使部分教师的科研成果在全校进行推广和运用。组织承担了临沂市高三英语、政治教学研讨会，发挥教科研的引领作用，营造了良好的教科研氛围。本学期有1项省级课题、5项市级课题结题，6项市、县级课题通过立项；发表论文19篇，其中获国家级一等奖2篇，省

级一等奖4篇；19名教师参加优质课、公开课、基本功等比赛，2人获省级二等奖，7人获市级一等奖，11人获市级二等奖。

（五）夯实学生基础，促进个性发展。继续坚持“文理并重、艺体并举”的办学特色，使学生的个性特长得到充分发挥。在山东省中小学电脑制作活动中，我校有3件作品获省级二等奖，3件作品获省级三等奖。在全县中小学生运动会中，我校代表队获得高中组团体总分第一名；在临沂市中学生篮球比赛中，再次获得全市第二名，并获得参加省赛资格；我校派出8名队员代表临沂市参加全省马拉松比赛，获得团体总分第一名；在全国中学生田径锦标赛中，有4人达到国家二级运动员标准。

三、加强平安和谐校园建设，优化了育人环境

一是举行了春季应急疏散演练、消防灭火演练，使全校师生了解了灾害发生时的应对措施，掌握扑救初期火灾、疏散逃生等方面的知识和技巧，增强了广大师生的安全意识与自护自救技能，切实加强了学校的安全教育工作。

二是认真做好了食品卫生安全工作，认真贯彻执行了《学校卫生工作条例》《传染病防治法》《公共场所卫生管理条例》《食品卫生法》等法律、法规，加强学校小卖部、师生食堂的卫生管理和各种传染病的防治工作，严禁“三无”食品和变质食品进入校园。

三是以创建“零犯罪学校”为契机，建立了学校安全事故处置预案制度，进一步加强安全管理和周边环境整治，严格落实安全责任制和责任追究制，并积极与公安、卫生等部门协助合作，全力抓好平安和谐校园建设工作，杜绝了安全责任事故的发生。

四是落实岗位安全责任制，与各年级、各处室科、班主任、学生层层签订责任书，贯彻“谁主管，谁负责”的原则，做到职责明确，责任到人。

五是积极做好了六五普法宣传工作，组织学生参加第二届“关爱明天、普法先行”青少年法律知识竞赛活动，普及了法律知识，提高了学生的法律意识。

四、行政后勤工作协调推进，成效显著

一是行政办公人员做好了上传下达，较好地完成了各种会议、活动的组织、服务工作，同时认真做好了学校的外宣工作，树立了莒南一中良好的形象。

二是总务后勤人员不断增强服务意识，提高服务水平，后勤保障供应及时，校产管理规范有序；严格财经管理制度，强化收支两条线。加强了校内绿化、美化、亮化工程，完成了大门东透明墙内绿化升级和校内雨水污水管道的分离工作。

三是加大投入改善办学条件，为部分教师更新了教学用笔记本电脑，为高一年级配备了新的课桌椅凳；完成了屏蔽仪的安装工作，对我校的标准化考场设备进行改造，为高考、中考等大型考试的顺利完成提供了可靠的技术保障。

四是认真做好了计划生育和档案管理工作，使工作制度化、经常化。计划生育工作在各级支持下，顺利完成了上半年的妇查和迎查工作。

五是工会充分发挥了在学校工作中的桥梁和纽带作用，组织召开了“庆祝‘三八’妇女节暨巾帼岗位标兵表彰大会”；积极组织老年人参加各项文体活动，在全县驻城老年人门球赛、教体系统老年门球比赛中，我校老年门球队再次获得一等奖。

六是做好了政府助学金的发放工作，解除了部分贫困家庭的学生的后顾之忧，为他们顺利完成学业提供了保障。

在看到成绩的同时，也要清醒地认识到，我们的工作离上级领导和社会各界的期待还有一定的距离，一是有偿家教、违规办班等现象还不同程度的存在，教师职业道德建设有待进

一步强化；二是教育教学理念有待进一步更新，教育教学管理需要不断创新；三是后勤服务意识要继续加强，校产管理制度需要进一步细化。

今后，我们要以更加奋发有为的精神和更加务实的工作作风，扎实推进素质教育，切实提高教育教学质量，推动莒南一中教育事业取得更辉煌的成绩！

莒南一中教师专业技术职务评聘量化计分标准

（2014 年 10 月）

莒南一中教师专业技术职务评聘量化计分标准

序　号	项　目	得分因素	备注	最高得分
1	任职资格	在职在岗担任原职务资格至新任资格每满一年 1 分；取得现专业技术职务资格，每满 1 年得 5 分。担任班主任每满一年加 1 分，评审高级教师最高 5 分，一级教师最高 3 分。		不限
2	教龄	每年 1 分，满 20 年的从第 21 年起每满一年得 2 分；满 25 年的从第 26 年起每满一年得 3 分；满 30 年的从第 31 年起每满一年得 4 分。（民办教师考入师范院校的，公办教师脱产进修的在校学习期间不作教龄）	教龄计算为周年	不限
3	学历	每工作一年：初中 0.5 分；高中 0.6 分；中师 0.8 分；专科 1 分；本科 1.2 分；研究生 1.5 分	分值按学历段分别计算	不限
4	荣誉称号及各种业务成果	1. 教师节表彰的优秀教师、工作者、班主任、三家（教育（体）局、人事（社）局、团委）联合表彰的少先队辅导员、先进工作者；政府表彰的劳模提高一个级别。2. 齐鲁名师、沂蒙名师、莒南名师按相应级别计分。国家级 10 分，省级 8 分，市级 6 分，县级 4 分，校级 2 分。其他降一级别计分。	限两项，除加最高分一个外，再获一个另加 1 分	11 分
5	课堂教学	1. 课堂教学比赛：国家级 10 分；省级一等奖 8 分，二等奖 7 分，三等奖 6 分；市级一等奖 6 分，二等奖 5 分，三等奖 4 分；县级一等奖 3 分，二等奖 2 分，三等奖 1.5 分；校级一等奖 1.5 分，二等奖 1 分，三等奖 0.5 分。示范课、公开课、优质课按相应级别的二等奖计分。2. 教学仪器及课件制作：国家级 6 分；省级一等奖 4 分，二等奖 3 分，三等奖 2 分；市级一等奖 3 分，二等奖 2 分，三等奖 1 分；县级一等奖 1 分。3. 教学能手：省级 8 分，市级 6 分，县级 4 分。市、县级任期之内评选的。教学新秀降一级别计分。	限两项，除加最高分一个外，再获一个另加 1 分	11 分
6	教学成绩奖	市级 4 分，县级 3 分，校级 1 分。	限两项，除加最高分一个外，再获一个另加 1 分	5 分
7	科研成果（科研课题）	1. 结题科研课题：国家级 7 分；省级 5 分；市级 3 分；县级 1 分。2. 结题科研课题获奖：国家级 10 分；省级一等奖 7 分，二等奖 5 分，三等奖 3 分；市级一等奖 4 分，二等奖 3 分，三等奖 2 分；县级一等奖 2 分，二等奖 1 分。主持人得分为原分值的一半，成员得分为原分值的一半除以成员人数。	限两项，除加最高分一个外，再获一个加一分	11 分

续表

序　号	项　目	得分因素	备注	最高得分
8	发表论文、论著及评选论文	1. 发表论文、论著：市级以上刊物发表的与教学有关的论文、论著2000字以上的，国家级4分、省级3分、市级2分。第二作者、合著、论文在2000字以下的分别降一个档次计分。待发表的论文证明、增刊、论文集、以书代刊、习题集、题解、检测等不予承认。2. 评选论文：国家级一等奖2分，二等奖1.8分，三等奖1.5分；省级一等奖1.5分，二等奖1.2分，三等奖1分；市级一等奖1分，二等奖0.8分；县级一等奖0.5分。第二作者、论文奖证明等不得分。	限两篇，除加最高分一篇外，再获一个另加0.5分	4.5分
9	辅导奖及其他单项奖	数理化生计算机奥赛国家级一等奖2分，二等奖1.5分，三等奖1分；省级一等奖1分，二等奖0.7分，三等奖0.5分；市级一等奖0.7分，二等奖0.5分；县级一等奖0.5分。省远程研修优秀学员、优秀研修组长、优秀管理员按省级单项奖1分。其他降一个级别计分。	限一项	2分
10	民主测评	根据工作表现综合评定，最高20分，最低15分。参加测评人员：教职工50人以下的全员参加，50人以上的由评委和部分职工代表参加不能少于50人。（班子评议占40%，职工评议占60%）	超出20分低于15分测评票作废	20分
11	考核量化	3个优秀20分，2个优秀19分，1个优秀18分，合格15分；不合格无聘任资格。离岗人员按15分计算。	近三年量化成绩	20分
12	继续教育	在前一专业任期内和新的专业职务以来，每年平均达到20学分计8分。		8分
13	考勤量化	近一年来，全勤者6分，病事假累计不满10天扣0.5分，每满一个月扣1分，直到扣完为止。旷工每满一天扣1分，直到扣完为止。	6分	

注：1. 教龄截止到2014年12月31日，分数相同者以教龄长者优先。2. 荣誉称号及业务成果：高级职称为一级职称以来至2014年12月31日以前；一级为二级以来至2014年12月31日以前。3. 涂改的证件或存根、复印件等无效，伪造者取消聘任资格。4. 论文、著作及获奖证书不能确定的，有教育体育局相关科室站负责鉴定。5. 岗位和职称资格相符。6. 违反计划生育政策及其他违规违纪行为实行一票否决。

临沂市“三五X”教学策略

（2004年10月）

一、落实“三维目标”

①落实基础知识与基本技能的教育目标；

②落实过程与方法的教育目标；

③落实情感、态度、价值观的教育目标。

二、坚持“五个贯穿始终”

①情感教育贯穿始终。

教育的精髓是爱的教育，爱的教育始于建设和谐课堂，和谐课堂的突出特征是体现着平等和相互尊重，洋溢着爱和智慧。

②文化育人贯穿始终。

建设优秀的学校文化、班级文化、课堂文化、学科文化，充分发挥优秀文化的育人功能，培养学生树立正确的人生观、价值观、世界观，激励学生积极向上、拼搏进取。

③探究体验贯穿始终。

精心研究“探究与体验”的内容、时机、方式、方法，转变教师的教学方式和学生的学习方式，培养学生优秀的思维品质、实事求是的科学态度、锲而不舍的学习精神和良好的意志品质。

④展示交流贯穿始终。

提供学生进行展示与交流的时间和舞台，让学生充分展现自己的观点、方法、“成果”，充分地与同学、老师进行交流，在交流的过程中进行思维碰撞，迸发创新火花，发展创新思维，增强合作意识，提高合作能力，实现自身价值，获得自我激励。

⑤习惯养成贯穿始终。

培养学生良好的学习习惯和行为习惯，重点是养成文明守纪，专心致志、多读勤写、规范书写、善于思考的良好习惯，克服抄袭作业、考试作弊、悠闲学习、袖手学习、低头听课、机械记忆等不良习惯。这是每一节课、每一名教师都必须高度重视并认真解决的问题。

三、精心研究课堂教学“X”环节

研究确定课堂教学的基本环节，选取教学内容和教学方法，应首先明确课堂教学的核心价值所在。课堂教学的核心价值应该是唤醒和激励，促进学生和谐、主动、可持续地发展。

①课堂首先是爱的教育，尊重和热爱生命的教育，是生命体之间情感交流与和谐发展的主要场所。

②课堂应该是学生形成正确人生观、价值观、世界观的主要场所。

③课堂应该是学生习惯养成的主要场所。

④课堂应该是学生学业发展的主要场所。

⑤课堂应该是学生进行思维碰撞、点燃创新火花、放飞心灵与理想的主要场所。

⑥课堂应该是学生自主学习、自主发展的主要场所。

⑦课堂应该是学生学会合作与共享的主要场所。

⑧课堂应该是学生展示自我、感悟自身价值、体验成功的主要场所。

⑨课堂应该是学生发展个性特长的主要场所。

⑩课堂教学应该是体现教育公平、关注学生差异、促进每一个学生发展的教育。

临沂市教学工作评估内容

临教科研字〔2008〕8号

根据临沂市教科研中心的统一要求，每年对全市普通高中进行一次学校教学工作评估，具体评估内容为：

1. 教学资源与条件（40分）：教师办公电脑；教室多媒体；电子备课与管理系统；教学实验设备；学科教学刊物。

2. 校本课程实施水平（40分）：资源（教材）开发；课程设置；课堂教学。

3. 学科课堂教学水平（80分）：学校高效课堂建设意见、活动；市教师教学质量评价方案落实情况；三个年级课堂教学水平；问卷调查学生对班级任课教师课堂教学的满意度。

4. 教师教学教研成绩（65分）：市级及以上公开课、典型发言；市级优秀教学奖；市级及以上优质课评比获奖；公开发表论文；教材、教辅编写出版情况；市级及以上教学荣誉称号（优秀教师、教学能手、特级教师等）。

5. 学生学习成绩与水平（25分）：名生培养（清华、北大录取）；各类竞赛成绩；市级及以上各种奖励、荣誉称号。

6. 学校教学管理水平（40分）：学校工作汇报（材料）；学校发展规划；名师培育；获得市级及以上表彰奖励、荣誉称号；问卷调查学生、教师对学校教学管理工作的满意度。

7. 对外交流水平（10分）：市外联系点学校；交流活动。

《山东省普通中小学学籍管理条例》（节录）

鲁教基字〔2007〕26号

一、总则

第一条　为全面贯彻教育方针，适应实施《义务教育法》的需要，改革和加强学校管理，提高教育质量，特制定本条例。

第二条　学籍管理采取分级负责制。高中学籍由学校和市地教育局（教委）学籍主管部门负责；初中及城市小学学籍由学校和县市区教育局（教委）学籍主管部门负责。

二、新生入学

第三条　新生应按时到校报到，办理入学手续。因特殊情况，不能如期报到，须持有关证明在开学后两周内向学校请假。如开学后两周不到校办理手续，高中学生取消其入学资格。

第四条　新生办理入学手续后，由学校按统编造具名册，上报学籍主管部门备案，即取得学籍。在籍学生须按规定，中学建立。

第五条　新生入学后，如发现有伪造证件、其他学校在籍学生、同级学校已毕业学生等情况之一者，即取消其学籍。

第六条　按照（85）鲁教人字16号文件规定，招生时，中学每班不超过50人。接受正常转学后，中学班额不得超过56人。

三、转学和借读

第七条　在籍学生因家庭住址迁移，准予转学。

第八条　高中学生在县市区内不准转学。本省跨市地、县区转学，须经转出学校及学籍主管部门批准，由学生持家动证明、户籍迁移证明、转学证、市地学籍主管部门，到转入市地学籍主管部门（本市地转学到学校）办理入学手续。

由外省市转入我省，须持家动证明、户籍迁移证明、转学证、省级会考机构出具的毕业会考成绩证明（未实行会考者除外），到转入市地学籍主管部门办理转入手续。

由我省转入外省市，按转入地有关规定办理。

学生转出、转入均须上报省学籍主管部门备案。

第九条　初中学生学区内不准转学。跨学区转学，须由家长向学校提出申请，经学校审查，上级学籍主管部门批准后，持家动证明、户籍迁移证明、学籍档案、学籍主管部门，到转入地学籍主管部门办理转学手续，同意接收后，由转入地学籍主管部门出具《同意转入证明信》。家长持信到转出地学校换取转学证。《同意转入证明信》由转出地存入义务教育档案。

初中对迁入本校服务范围内居住的转学学生必须接受。

学生受处分期间，一般不予办理转学。

第十条　一般高中学生不得转入省、市（地）重点高中；同级重点中学之间，可以办理转学。

第十一条　军人子女、部队转业干部及交地方安置的离退休干部子女，华侨、烈士子女，随迁转学时，应遵照有关规定，妥善安排。

第十二条　学校一般不收借读学生。但学生父母出国工作一年以上或父母双方支援边疆建设者，可准予在其亲属所在地学校借读。夫妇双方从事野外工作或流动性较大的工作者，可准予在其亲属所在地学校借读。夫妇双方从事野外工作或流动性较大的工作者，其子女如需在其临时工作所在地借读，需经所在单位与学校上级学籍主管部门协商解决。

第十三条　凡要求借读的学生，应持父母双方所在单位和原校证明及借读所在地亲属户口簿，到接受学校和学籍主管部门办理借读手续。

第十四条　已在籍学生到外地借读，由原校保留学籍；

学生在哪里学籍注册哪里学校发给毕业证书。

四、休学和退学

第十五条　学生因病需长期治疗，中学学生经县以上医院证明（含县区级医院），学校审查同意，报上级学籍主管部门核准后，准予休学。

第十六条　休学期限一般为一年。学生休学期间，保留学籍。休学期满仍不能复学者，应持规定级别医院证明，续办休学手续。

第十七条　学生休学期满需要复学者，应由本人提出申请，经规定级别医院证明，学校审查核准，报上级学籍主管部门备案后，方可复学。

第十八条　高中学生连续休学两年，仍不能复学者，应予退学；擅自离校一月以上，作自动退学处理。退学学生，由学校发给退学证，报上级学籍主管部门备案。

第十九条　初中学生，除丧失学习能力者外，不准退学。擅自退学或因学校工作失误导致学生退学，按义务教育法有关规定处理。

五、升级、留级、跳级

第二十条　中小学每一学段内升级采取直升式，不实行留级制度。

第二十一条　学生学年末考试如有不及格科目，经补考仍不及格者，可采取留科不留级的办法。

第二十二条　学生成绩优秀、智力超常，经考核实际水平达到高一年级程度者，如本人自愿，家长同意，经学校批准，准予跳级学习，报上级学籍主管部门备案。

六、考核

第二十三条　初中每学期一般只进行期中、期末两次考试。有些科目可根据平时成绩进行评定，不必进行考试。

第二十四条　高中实行毕业会考制度，学生必须按规定参加相应年级的考试和考查。

第二十五条　学生的评语和鉴定，应以《中学生守则》《中学生日常行为规范》和我省制定的《中小学思想品德评定方案》为依据，主要反映学生政治思想、品德、智力、爱好、特点以及参加各项活动的情况。评语和鉴定由班主任在听取各方面意见的基础上写出，力求做到实事求是，准确恰当，肯定成绩，指出缺点，提出改进意见。毕业鉴定要同本人见面。

七、毕业、结业、肄业

第二十六条　学生修业期满，经考核德、智、体等方面均达到合格要求，准予毕业，由学校发给毕业证书。

初中、高中学生的毕业证书，由上级学籍主管部门审定、备案，加盖钢印。

第二十七条　初中学生毕业考试有不及格科目者，准予补考一次；高中毕业班学生如有不及格科目，可补考一次，如仍不及格，可随下一年度相应科目会考一次。经补考后，有下列情况之一者，不能毕业，由学校发给结业证书：

高中：会考成绩有一科不及格者；

初中：语文、数学、外语有一科不及格者；其他科目有两门不及格者。

第二十八条　学生修业一年以上，因故中途退学，由学校发给肄业证书；对自动退学学生，不发给肄业证书。

八、奖励与处分

第二十九条 对德、智、体全面发展或某一方面有突出表现的学生，应予表彰和奖励。凡受到校级（含校级）以上的奖励，要记入档案。

各级“三好学生”和“优秀学生干部”，按省教委有关规定评选，颁发由省教委监制的证书。其他单项表彰和奖励，由各市、地自行决定。

第三十条 学生违反学生守则、学校的有关规章制度和国家法令，学校要与家庭、社会配合进行教育，并可根据情节轻重、态度好坏给以适当处分。高中学生可给警告、严重警告、记过、留校察看、开除学籍处分；初中学生可给警告、严重警告、记过、记大过处分。

第三十一条 给学生处分，由学校批准。其中，留校察看及以上处分，须报上级学籍主管部门备案。记过及以上处分而又未撤销处分的，要记入学籍档案。

第三十二条 对受处分学生，要积极帮助教育。经教育对错误有深刻认识，进步显著的，经学生评议，学校批准，可撤销处分。对已撤销的处分，不记入档案。

第三十三条 学生劳教、少管期满后，年龄在16岁以下，没有受完规定年限的义务教育，可持劳教、少管部门证明，办理复学手续，原学校应予接收。

第三十四条 学生受到奖励或处分及撤销处分，学校应及时通知学生家长。

九、其他

第三十五条 学生非正常死亡，学校应及时报告教育主管部门，并同时报告省教育委员会。

第三十六条 在实施本条例过程中，各地教育行政部门和学校，可以根据实际，制定相应的辅助措施。

第三十七条 本条例自颁布之日起执行。

第三十八条 本条例由山东省教育委员会负责解释。

山东省普通高中政府助学金管理实施办法

（2007年9月6日）

第一章 总 则

第一条 为贯彻落实《山东省人民政府办公厅关于实施普通高中家庭经济困难学生资助政策的意见》（鲁政办发（2007）63号）精神，加强对普通高中政府助学金（以下简称政府助学金）的管理，确保资助工作顺利实施，制定本办法。

第二条 本办法所称普通高中，是指根据国家有关规定批准设立的普通高级中学（含民办学校）。

第三条 政府助学金用于资助普通高中在校生中家庭经济困难的学生。政府助学金的名额，根据普通高中学生人数的一定比例分配，对贫困家庭学生较多的农村普通高中予以适当倾斜。

第四条 政府助学金由各级财政共同出资设立。省级财政拨款的学校政府助学金所需资金由省级财政负担，市及以下普通高中所需资金由省和地方按比例分担。地方财政承担的资金，由市级财政负责统筹落实，并制定市以下具体分担办法。

第二章 资助标准与申请条件

第五条 政府助学金主要资助家庭经济困难学生的生活费用开支，平均资助标准为每生每年1000元，具体分为三档：1档500元，2档1000元，3档1500元。

第六条　政府助学金的基本申请条件：

（一）热爱社会主义祖国，拥护中国共产党的领导；

（二）遵守和，遵守学校规章制度；

（三）诚实守信，道德品质优良；

（四）勤奋学习，积极上进；

（五）家庭经济困难，生活俭朴。具体评选标准由各地确定，对孤儿、残疾学生、长期特困户子女、因病因灾造成家庭特别困难的学生要优先考虑。

第三章　预算下达

第七条　每年6月底之前，省学生资助管理中心根据全省普通高中上年度在校学生数，按照本办法第三条的规定，提出各市和省级财政拨款的学校政府助学金分配的建议方案，报省财政厅、省教育厅。

第八条　每年7月底之前，省财政厅将省级财政拨款的普通高中政府助学金经费预算下达省教育厅，将各市普通高中政府助学金经费预算下达市财政局。每年8月底之前，省教育厅将政府助学金经费预算下达省级财政拨款的普通高中，市以下各级财政、教育部门负责将上级下达的经费预算和本级财政应分担的经费预算下达所属的各普通高中。

第四章　申请与评审

第九条　政府助学金每学年评审一次，实行等额评审，坚持公开、公平、公正原则。

第十条　政府助学金的申请与评审工作由学校组织实施。学生填写《普通高中政府助学金申请表》（见附件1），学校根据本办法和各地制定的政府助学金实施细则，受理学生申请，组织初审，并将初审结果在学校内进行不少于5个工作日的公示。公示无异议后，学校将《普通高中政府助学金受助学生汇总表》（见附件2）报同级教育部门审核、批复。

第五章　发放、管理与监督

第十一条　学校应于学生入学一个月内，将政府助学金发放到受助学生手中。

第十二条　学校应按实际受助学生名单填写《普通高中政府助学金受助学生汇总表》。省属普通高中于每年10月底之前报省学生资助管理中心。各市教育部门填写《普通高中政府助学金统计表》（见附件3），于每年11月底之前报省学生资助管理中心。

第十三条　政府助学金实行学校法人代表负责制，校长是第一责任人，对学校助学工作负主要责任。学校要制定本校政府助学金具体实施办法，设立专门机构和配备专职人员具体负责助学工作。要为每位受助学生分别办理银行储蓄卡，直接将助学金发放到受助学生手中，一律不得以实物或服务等形式，抵顶或扣减政府助学金。为学生办理银行储蓄卡，不得向学生收取卡费或押金等费用，也不得从学生享受的政府助学金中抵扣。普通高中要建立专门档案，将学生申请表、受理结果、资金发放等有关凭证和工作情况分年度建档备查。

第十四条　各级财政、教育部门和各普通高中，要严格执行国家相关财经和本办法的规定，切实加强对政府助学金的管理，确保专款专用、专账核算，并接受审计、纪检监察部门的检查和社会监督。对弄虚作假或挤占、挪用、滞留政府助学金的，将追究直接责任人和相关领导的责任。

第六章　附　则

第十五条　普通高中实行以政府助学金为主，以校内奖学金、学校减免学费等为辅的资助政策体系，鼓励地方政府、行业企业和社会团体设立普通高中学校助学金、奖学金。

第十六条　本办法由省财政厅、省教育厅负责解释，各市可根据本办法制定实施细则，并报省财政厅、省教育厅备案。

第十七条　本办法自发布之日起施行。

山东省人民政府办公厅关于实施普通高中家庭经济困难学生资助政策的意见

鲁政办发〔2007〕63号

各市人民政府，各县（市、区）人民政府，省政府各部门、各直属机构，各大企业，各高等院校：

为全面建立和完善家庭经济困难学生资助政策体系，保障家庭经济困难学生顺利完成学业，经省政府同意，现就继续实施普通高中家庭经济困难学生资助政策提出如下意见：

一、充分认识实施普通高中家庭经济困难学生资助政策的重大意义

我省历来高度重视对家庭经济困难学生的资助工作，近年来采取多种措施，对普通高校、中等职业学校、义务教育阶段中小学校相应建立了较为完善的贫困家庭学生资助制度，有效保障了贫困家庭学生顺利完成学业。但目前我省资助普通高中贫困家庭学生还没有制定统一的办法，各地主要通过政府资助、学校减免、社会救助等方式进行。随着教育事业的快速发展，普通高中贫困家庭学生资助问题愈发突出，资助普通高中家庭经济困难学生成为重要而紧迫的任务。实施普通高中家庭经济困难学生资助政策，有利于减轻农民和城市弱势群体的经济负担，有利于优化教育结构、促进教育公平和社会公平，有利于建立完善家庭经济困难学生资助体系。各地、各有关部门和各学校要统一思想，周密部署，精心组织，确保这项惠民政策顺利实施。

二、主要内容及要求

按照“加大财政投入、经费合理分担、政策导向明确、多元混合资助、各方责任清晰”的原则，实施以政府助学金为主体，以财政投入为主渠道，学校、企事业单位、社会团体及个人积极参与的普通高中家庭经济困难学生资助政策，全面覆盖家庭经济困难学生。

（一）完善政府助学金制度。从2007年秋季开学起，设立普通高中政府助学金，用于资助普通高中在校生中家庭经济困难学生。

1. 资助范围。全省普通高中在校生。

2. 资助标准。平均资助标准为每生每年1000元，具体分为1档500元，2档1000元，3档1500元。

3. 资助比例。政府助学金资助面平均为普通高中在校生的8%，以后年度视情况逐步加大资助比例。鼓励各地加大资助力度，尤其是对家庭经济困难学生较多的农村高中。

4. 经费来源。普通高中政府助学金所需资金，省属学校由省财政负担。市属学校（含民办学校）由省市按比例分担：济南、淄博、东营、烟台、威海5市，省与市分担比例为4 ∶ 6；潍坊、济宁、泰安、日照、莱芜5市，省与市分担比例为6 ∶ 4；枣庄、临沂、德州、聊城、滨州、菏泽6市，省与市分担比例为8 ∶ 2。市与县（市、区）的分担比例由设区市确定。

（二）落实学费减免等政策。高中学校要按照国家有关规定对家庭经济困难的普通高中学生实施学费减免、校内奖助学金等救助政策。

（三）争取社会捐资助学。进一步落实、完善鼓励捐资助学的相关优惠政策，充分发挥教育基金会等非营利组织的作用，积极引导和

鼓励地方政府、企业和社会团体等面向高中设立奖学金、助学金。

三、加强组织领导，确保政策顺利实施

（一）加强组织领导。省教育厅、省财政厅要团结协作、密切配合，制订相关的管理办法，指导、检查、督促各地和省属学校开展工作。各市政府要在整合现有资源的基础上，建立健全相应的工作机制，制订管理办法，切实抓好落实，确保学生资助工作的公平、公正和公开。教育部门要将普通高中家庭经济困难学生资助工作情况纳入办学水平评估指标体系。各学校要把资助家庭经济困难学生作为工作重点，实行校长负责制。

（二）确保资金落实。省财政要足额安排、及时拨付省级应负担的资金，各市要合理确定市与县（市、区）的经费分担比例，确保行政区域内政府应承担资金及时足额拨付。要加强监督管理，确保专款专用；对于挤占挪用资金、弄虚作假套取资金等违法违规行为，要追究责任，严肃处理。

（三）规范收费管理。各地要进一步规范学校收费行为，坚决制止乱收费。要加大对服务性收费和代收费的监督力度，切实减轻学生及家长负担。绝不允许一边加大助学力度，一边擅自提高收费标准、擅自设立收费项目。对教育收费严格执行“收支两条线”，规范支出管理。

（四）加大宣传力度。各级政府和有关部门要高度重视宣传工作，广泛利用多种媒介，通过多种形式进行深入宣传，使党和政府的这项惠民政策家喻户晓、深入人心，使广大学生知晓受助的权利，营造良好的社会氛围。

二〇〇七年九月五日

毕业照

初中毕业照

山東省莒南中學第一級畢業生及全體教職員合影留念
1956.6.6

山东省莒南一中
初三级毕

山东省莒南第一中学第四届毕业生與全体教职员合影
劲、力争上游、多快好省地建设社会主义！

山东莒南一中初四级一班毕业同学与老师合影 1958.7.5.

山東省莒南一中初五級一班毕业同學与老师合影 59.6.

莒南一中初中五级二班毕业师生留影 1959. 6. 10.

莒南一中初中五级三班毕业师留影纪念 195 6. 10.

莒南一中六级一班毕业师生合影留念

莒南一中初中六级二班毕业师生合

莒南一中六级三班毕业留影 60.6.10.

山东省莒南縣一中六级四班师生合影 60.7.12.

莒南一中初中七级一班毕业留影

莒南一中初中七级二班毕业留影

莒南一中初中七级
三班毕业留影
一九六一.七.八.

莒南一中初中七级四班毕业留影 1961,8

莒南一中初中八级一、二班毕业同学留影 1962.7.5.

莒南一中初八级三、四班毕业同学留影 1962.7.5.

莒南一中初九级一班同学毕业留影 63.7.16.

莒南一中初九级二班同学毕业留影 63.7.16.

莒南一中初九级三班同學毕业留影 63.7.16.

莒南一中初九级四班同學毕业留影 63.7.16.

莒南一中初九级五班同学毕业留影 63.7.16.

莒南一中初中十級一班毕业师生合影 64.7.10.

莒南一中初中十級二班毕业师生合影 64.7.10.

莒南一中初中十級三班毕业师生合影 64.7.10.

莒南一中初中十一级一班毕业同学与老师合影 65.7.1.

莒南一中初中十一级二班毕业同学与老师合影 65.7.1.

莒南一中初中十一级三班毕业同学与老师合影 65.7.1.

莒南一中初中十一级四班毕业同学与老师合影 65.7.1.

莒南一中初十五、三师生毕业合影
1972
1.20

莒南一中十七级二班毕业合影

莒南一中十七级四班毕业合影
一九七四年三月廿日

莒南十字路中学初十八级一班毕业留念 75.7.15

莒南十字路中学初十八级二班毕业留影.7.15

莒南十字路中学初十八级五班毕业留念75.7.15

路中学初十九级一班毕业合影
76.7

莒南县十字路中学初中二十级一班毕业合影 七八.六.六

十字路中学初中二十级二班毕业留影 78.6.6

十字路中学初二十级三班毕业合影

十字路中学初二十级四班毕业合影

莒南县十字路中学初廿一级一班毕业师生留影 77.5.10.

莒南县十字路中学初廿一级二班毕业师生合影
79.5.10

莒南县一中初二十二级一班畢业师生合影 八一年五月

莒南一中初二十二级二班畢业师生合影 八一.五月

莒南县一中初二十二级三班畢业师生合影 八一.五月

莒南一中初廿三級一班畢业師生合影留念82.5

莒南一中廿三級二班畢业師生合影留念82.5

莒南一中初二十三級三班畢业留影 八二年五月

莒南一中初二十三級四班畢业師生合影 八二.五

莒南一中初廿五级一班毕业师生留影 1984.5.

莒南一中初廿五级二班毕业师生留影 1984.5

莒南一中初廿五级三班毕业师生留影 1984.5.9

莒南一中初廿六、二班毕业合影 一九八五年五月

莒南一中初廿六 三班毕业合影 一九八四年五月

莒南一中初廿七级一班毕业师生合影 八六.五.四

莒南一中初廿七级二班毕业师生合影 九五年五四

莒南一中初二十八级一班毕业师生留影 87.4.17

莒南一中初二十八级二班毕业师生留影 87.4.21

莒南一中初二十八级三班毕业师生合影 87.4.21

莒南一中初二十八级四班毕业师生合影 87.4.21

莒南一中初八五级一班毕业合影 88.7

莒南一中初八五级四班毕业合影 85.

莒南一中初三十级一班毕业合影 一九八九年五月十六日

莒南一中初三十级二班毕业合影
一九八九年五月十六日

莒南一中初三十级三班毕业合影
一九八八年五月

莒南一中初三十级四班毕业合影
一九八九年五月十六日

莒南一中初31级1班毕业留念

莒南一中初31级2班毕业留念

莒南一中初31级3班毕业留念

莒南一中初31级4班毕业留念

莒南一中初八八级一班毕业师生留影
91、5

莒南一中初八八级二班毕业师生留影
91、5

莒南一中初八八级三班毕业师生留影
91、5

莒南一中初八八级四班毕业师生留影

莒南一中初三十三级一班师生毕业留影 92.5.19
流动红旗

莒南一中初三十三级二班师生毕业留影 92.5.19

莒南一中初三十三级三班师生毕业留影 92.5.19

莒南一中初三十三级四班师生毕业留影92.5.19
先进班集体

莒南一中初三十四级一班师生毕业留影93.5.1

莒南一中初三十四级二班师生毕业留影93.5.1

莒南一中初三十四级三班师生毕业留影93.5.1

莒南一中初三十四级四班师生毕业留影93.5.1

莒南一中初三十五级一班师生毕业留影
94.5.1
94 5.1

莒南一中初三十五级二班师生毕业留影
94.5.1

莒南一中初三十五级三班师生毕业留影
94.5.1

莒南一中初三十五级四班师生毕业留影
94.5.1

莒南一中初三十六级一班毕业师生留影
95.5.1

莒南一中初三十六级二班毕业师生留影
95.5.1

莒南一中初三十六级三班毕业师生留影
95.5.1

莒南一中初三十六级四班毕业师生留影
95.5.1

莒南一中初三十七级一班毕业师生留影
96.5.13

莒南一中初三十七级二班毕业师生留影
96.5.13

莒南一中初三十七级三班毕业师生留影
96.5.13

莒南一中初三十七级四班毕业师生留影
96.5.13

莒南一中初中38级一班毕业师生留影 97.5

莒南一中初中38级二班毕业师生留影 97.5

莒南一中初中38级三班毕业师生留影 97.5

莒南一中初中38级四班毕业师生留影 97.5

莒南一中初九五级一班毕业师生留影 98.5

莒南一中初九五级二班毕业师生留影 98.5

莒南一中初九五级三班毕业师生留影 98.5

莒南一中初九五级四班毕业师生留影 98.5

莒南一中初九五级五班毕业师生留影 98.5

莒南一中初九五级六班毕业师生留影 98.5

高中毕业照

山東省莒南中學第一屆应徵服現役
學生及全体教職員合影紀念 五六年一月

莒南县1958年民兵机砲訓練合影留念

高一级一班毕业留念 1959.7.9.

莒南一中高一二毕业留念 一九五九.七.

高一级三班毕业留念 1959.7.9

山東省莒南县第一中學高一級四班毕业留念 五九年六月六日
冠軍
勤工俭学
冠軍
冠軍

莒南一中高中二级一班毕业合影 一九六0年七月十二日
干劲力争上游多快好

莒南一中高二级二班全体同学毕业留影 六0.六.二三.
鼓足干劲力争上游多快

莒南一中高三级一班毕业同学与老师合影 六一年五月

莒南一中高三级二班毕业同学与老师合影 六一年五月

莒南一中高中四级一班毕业同学留影 1962.7.5.

莒南一中高中四级二班毕业同学留影 1962.7.5.

莒南一中高中四级三班毕业同学留影1962.7.5.

莒南一中高中四级四班毕业同学留影1962.7.5

莒南一中高中五级一班毕业同学留影1963.

莒南一中高中五级二班毕业同学留影1963.

莒南一中高中五级三班毕业同学留影 1963.

莒南一中高中五级四班毕业同学留影 1963.

莒南一中欢送服兵役同學合影留念 64.8.11.

莒南一中高中六级一班毕业师生合影 64.7.10.

莒南一中高中六级二班毕业师生合影 64.7.10.

莒南一中高中六级三班毕业师生合影 64.7.10.

莒南一中高中六级四班毕业师生合影 64.7.10.

莒南一中高中七级一班毕业同學与老师合影 65.7.1

莒南一中高中七级二班毕业同学与老师合影 65.7.1.

莒南一中高中七级三班毕业同学与老师合影 65.7.1.

永远忠于毛主席
高九级一班.1968年

永远忠于毛主席
高九级二班.1968年

莒南一中高十三級二班毕业留影
七四
五

莒南十字路中学高十四级一班毕业留念 75.7.15

莒南十字路中学高十四级二班毕业留念 75.7.15

十字路中学美术班合影 76.7

十字路中学农机二班全体毕业合影

字路中学

十字路中学

十字路中学文艺班全体毕业合影

莒南一中第十六级一班毕业合影

莒南一中高十六级三班
毕业合影
七月十一日

莒南一中高十六级五班毕业合影

莒南一中高十六级六班毕业合影

十字路中学高十七级五班毕业合影

莒南县十字路中学十八级一班毕业师生留影 79.5.10

莒南县十字路中学十八级二班毕业师生留影 79.5.10

莒南县十字路中学七十八级三班毕业师生合影 79.5.10

莒南县十字路中学七十八级四班毕业师生留影 79.5.10.

莒南县十字路中学高十八级五班毕业师生合影 79.5.10

莒南县十字路中学高十八级六班毕业师生合影 79.5.10

莒南一中高十九級一班毕业合影 九八〇年五月十六日

莒南一中高十九級二班毕业合影 九八〇年五月十六日

莒南一中高十九级三班毕业师生合影

莒南一中高十九级四班毕业合影

莒南一中高十九级五班毕业合影 一九八〇年五月十六日

莒南一中高十九级六班毕业合影 一九八〇.五.十六

莒南一中八〇年高中业余进修一班结业留影 80.5.24.

莒南一中八〇年高中业余进修二班结业留影 八〇.五.廿四.

莒南一中高中二十级一班毕业师生合影 八一.五

莒南县一中高二十级二班毕业师生合影 八一.五

莒南县一中高二十级三班毕业师生合影 八一年五月

莒南一中高二十级四班毕业师生合影 八一五月

莒南一中高中二十级五班畢业师生合影 八一、五

莒南县一中高二十级六班畢业师生合影 八一年五月

莒南县一中理科一班畢业师生合影 八二.五月

莒南一中理科二班畢业师生合影 八二.五月

莒南一中文科一班毕业师生合影 八一.五月

莒南县一中文科二班毕业师生合影 八一年五月

莒南一中理科一班畢业師生合影留念 八二年五月

莒南一中文科二班畢业師生合影留念 八二.五

莒南一中高廿一级一班毕业师生留影 1983.5.12.

莒南一中高廿一级二班毕业师生留影 83.5.12.

莒南一中高廿一级三班毕业师生留影 1983.5.12.

莒南一中高廿一级四班毕业师生留影 1983.5.12.

莒南一中高廿一级五班毕业师生留影 1983.5.12.

莒南一中高廿二级一班毕业师生留影 一九八四
文明班

莒南一中高廿二级二班毕业师生留影 一九八四年

莒南一中高廿二级三班毕业师生留影 一九八四、五、

莒南一中高廿二级四班毕业师生留影 一九八四、

莒南一中高廿二级五班毕业师生留影1984

莒南一中高廿二级六班毕业师生留影

莒南一中高廿三.一班毕业合影

莒南一中高廿三、二班毕业合影 一九八五年五月
文明班

莒南一中高廿三、三班毕业合影 一九八五年五月

莒南一中高廿三.四班毕业合影 一九八五年五月

莒南一中高廿三、五班毕业合影 一九八五年五月

莒南一中高廿三.六班毕业合影 一九八五年五月

莒南一中高廿四级一班毕业合影 八六年五月
文明班

莒南一中高廿四级三班毕业合影 八六年五月

莒南一中高廿四级四班毕业合影 八六年五月

莒南一中高廿四级五班毕业合影 八六年五月

莒南一中高廿四级七班毕业合影 八六年五月

莒南一中高八四级一班毕业合影 87、4

莒南一中高八四级二班毕业合影 87、4
莒南

莒南一中高八四级三班毕业合影 87.4

莒南一中高八四级四班毕业合影 87.4

莒南一中高八四级五班毕业合影 87.4

莒南一中高八四级六班毕业合影 87.4

莒南一中高八四级七班同学毕业合影 87.4.

莒南一中高八五级一班毕业合影 88.

莒南一中高八五级二班毕业合影 1988.7

莒南一中高八五级三班毕业合影 88.7

莒南一中高八五级四班毕业合影 88.

南一中高八五级五班毕业合影 88.7

莒南一中高八五级大班毕业合影 88.7

南一中高廿九级一班毕业合影 一九八九年四月

莒南一中高二十七级二班毕业合影 九八九四月

莒南一中高二十七级三班毕业合影 一九八九年四月

莒南一中高二十七级四班毕业合影 一九八九年四月

莒南一中高二十七级五班毕业

莒南一中高廿七级六班毕业合影

莒南一中高廿七级七班毕业合影

莒南一中高二十八级一班毕业师生合影
一九九〇年五月

莒南一中高二十八级二班毕业留影
一九九〇年五月

莒南一中高二十八级三班毕业师生合影
一九八八年五月

莒南一中高二十八级四班毕业师生合影
一九八八年五月

莒南一中高28级5班毕业留念

莒南一中高28级6班毕业留念

莒南一中高二十八级七班毕业留影

莒南一中二十九级一班师生毕业留影 91.5

莒南一中二十九级二班师生毕业留影91.5
91、5

莒南一中二十九级三班师生毕业留影91.5
91、5

莒南一中二十九级四班师生毕业留影 91.5

莒南一中二十九级五班师生毕业留影 91.5
91.5

莒南一中二十九级六班师生毕业留影 91.5

莒南一中二十九级七班师生毕业留影 91.5

莒南一中二十九级八班师生毕业留影 91.5

莒南一中三十级一班师生毕业留影 92.5

莒南一中三十级二班师生毕业留影 92.5

莒南一中三十级三班师生毕业留影 93.5

莒南一中三十级四班师生毕业留影 93.5

莒南一中三十级五班师生毕业留影 92.5

莒南一中三十级六班师生毕业留影 92.5

莒南一中三十级七班师生毕业留影 92.5

莒南一中三十级八班师生毕业留影 92.5

莒南一中三十级九班师生毕业留影 92.5

莒南一中三十级十班师生毕业留影 92.5

莒南一中三十一级一班师生毕业留影 93.5

莒南一中三十一级二班师生毕业留影 93.5

莒南一中三十一级三班师生毕业留影 93.5

莒南一中三十一级四班师生毕业留影 93.5

莒南一中三十一级五班师生毕业留影 93.5

莒南一中三十一级六班师生毕业留影 93.5

莒南一中三十一级七班师生毕业留影 93.5

莒南一中三十一级八班师生毕业留影 93.5

莒南一中三十一级九班师生毕业留影 93.5

莒南一中三十二级十班师生毕业留影 93.5

莒南一中三十一级十一班师生毕业留影 93.5

莒南一中三十二级一班师生毕业留影 94.5

莒南一中三十二级二班师生毕业留影 94.5

莒南一中三十二级三班师生毕业留影 94.5
94.5.1

莒南一中三十二级四班师生毕业留影 94.5
94.5.1

莒南一中三十二级五班师生毕业留影 94.5
94.5.1

莒南一中三十二级六班师生毕业留影 94.5

莒南一中三十二级七班师生毕业留影 94.5

莒南一中三十二级八班师生毕业留影 94.5

莒南一中三十二级九班师生毕业留影 94.5

莒南一中三十二级十班师生毕业留影 94.5

莒南一中三十二级十一班师生毕业留影 94.5
94.5.1

莒南一中三十二级十二班师生毕业留影 94.5
94.5.1

莒南一中三十三级一班师生毕业留影 95.5

莒南一中三十三级二班师生毕业留影 95.5

莒南一中三十三级三班师生毕业留影 95.5

莒南一中三十三级四班师生毕业留影 95.5

莒南一中三十三级五班师生毕业留影 95.5

莒南一中三十二级六班师生毕业留影 95.5

莒南一中三十三级七班师生毕业留影 95.5

莒南一中三十三级八班师生毕业留影 95.5

莒南一中三十三级九班师生毕业留影 95.5

莒南一中三十三级十班师生毕业留影 95.5

莒南一中三十三级十一班师生毕业留影 95.5

莒南一中三十三级十二班师生毕业留影 95.5

莒南一中三十四级一班师生毕业留影 96.6

莒南一中三十四级二班师生毕业留影 96.6

莒南一中三十四级三班师生毕业留影 96.6

莒南一中三十四级四班师生毕业留影 96.6

莒南一中三十四级五班师生毕业留影 96.6

莒南一中三十四级六班师生毕业留影 96.6

莒南一中三十四级七班师生毕业留影 96.6

莒南一中三十四级八班师生毕业留影 96.6

莒南一中三十四级九班师生毕业留影 96.6

莒南一中三十四级十班师生毕业留影 96.6

莒南一中三十四级十一班师生毕业留影 96.6

莒南一中三十四级十二班师生毕业留影 96.6

莒南一中三十四级十三班师生毕业留影 96.6

莒南一中三十四级十四班师生毕业留影 96.6

莒南一中三十五级一班师生毕业留影 97.5

莒南一中三十五级二班师生毕业留影 97.5

莒南一中三十五级三班师生毕业留影 97.5

莒南一中三十五级四班师生毕业留影 97.5

莒南一中三十五级五班师生毕业留影 97.5

莒南一中三十五级七班师生毕业留影 97.5

莒南一中三十五级八班师生毕业留影 97.5

莒南一中三十五级九班师生毕业留影 97.5

莒南一中三十五级十班师生毕业留影 97.5

莒南一中三十五级十一班师生毕业留影 97.5

莒南一中三十五级十二班师生毕业留影 97.5

莒南一中三十五级十三班师生毕业留影 97.5

莒南一中三十五级十四班师生毕业留影 97.5

莒南一中三十六级一班师生毕业留影 98.6

莒南一中三十六级二班师生毕业留影 98.6

莒南一中三十六级三班师生毕业留影 98.6

莒南一中三十六级四班师生毕业留影 98.6

莒南一中三十六级五班师生毕业留影 98.6

莒南一中三十六级六班师生毕业留影 98.6

莒南一中三十六级七班师生毕业留影 98.6

莒南一中三十六级八班师生毕业留影 98.6

莒南一中三十六级九班师生毕业留影 98.6

莒南一中三十六级十班师生毕业留影 98.6

莒南一中三十六级十一班师生毕业留影 98.6

莒南一中三十六级十二班师生毕业留影98.6

莒南一中三十六级十三班师生毕业留影98.6

莒南一中三十六级十四班师生毕业留影98.6

莒南一中三十六级十五班师生毕业留影98.6

莒南一中三十六级十六班师生毕业留影98.6

莒南一中三十六级十七班师生毕业留影98.6

莒南一中三十六级十八班师生毕业留影98.6

莒南一中三十六级十九班师生毕业留影98.6

莒南一中三十六级二十班师生毕业留影98.6

莒南一中三十六级二十一班师生毕业留影98.6.6

莒南一中高三十七级一班师生毕业留影 99.6.1

莒南一中高三十七级二班师生毕业留影 99.6.1

莒南一中高三十七级三班师生毕业留影 99.6.1

莒南一中高三十七级四班师生毕业留影 99.6.1

莒南一中高三十七级五班师生毕业留影 99.6.1

莒南一中高三十七级六班师生毕业留影 99.6.1

莒南一中高三十七级七班师生毕业留影 99.6.1

莒南一中高三十七级八班师生毕业留影 99.6.1

莒南一中高三十七级九班师生毕业留影 99.6.1

莒南一中高三十七级十班师生毕业留影 99.6.1

莒南一中高三十七级十一班师生毕业留影 99.6.1

莒南一中高三十七级十二班师生毕业留影 99.6.1

莒南一中高三十七级十三班师生毕业留影 99.6.1

莒南一中高三十七级十四班师生毕业留影 99.6.1

莒南一中高三十七级十五班师生毕业留影 99.6.1

莒南一中高三十七级十六班师生毕业留影 99.6.1

莒南一中高三十七级十七班师生毕业留影 99.6.1

莒南一中高三十七级十八班师生毕业留影 99.6.1

莒南一中高三十七级十九班师生毕业留影 99.6.1

莒南一中高三十七级二十班师生毕业留影 99.6.1

莒南一中高三十七级二十一班师生毕业留影 99.6.1

莒南一中三十八级一班师生毕业留影 2000.5

莒南一中三十八级二班师生毕业留影 2000.5

莒南一中三十八级三班师生毕业留影 2000.5

莒南一中三十八级四班师生毕业留影 2000.5

莒南一中三十八级五班师生毕业留影 2000.5

莒南一中高三十八级六班师生毕业留影2000.5

莒南一中高三十八级七班师生毕业留影2000.5

莒南一中三十八级八班师生毕业留影 2000.5

莒南一中高三十八级九班师生毕业留影2000.5

莒南一中高三十八级十班师生毕业留影2000.5

莒南一中高三十八级十一班师生毕业留影2000.5

莒南一中高三十八级十二班师生毕业留影2000.5

莒南一中高三十八级十三班师生毕业留影2000.5

莒南一中高三十八级十四班师生毕业留影2000.5

莒南一中高三十八级十五班师生毕业留影2000.5

莒南一中高38级十六班毕业留念 2000、5

莒南一中高38级十七班毕业留念 2000、5

莒南一中高38级十八班毕业留念 2000、5

莒南一中高38级十九班毕业留念 2000、5

莒南一中高38级二十班毕业留念 2000.5

莒南一中高三十八级二十一班师生毕业留影2000.5

莒南一中高三十八级二十二班师生毕业留影2000.5

莒南一中高38级二十三班毕业留念 2000、5

莒南一中三十九级一班师生毕业留影2001.6

莒南一中三十九级二班师生毕业留影2001.6

莒南一中三十九级三班师生毕业留影2001.6

莒南一中三十九级四班师生毕业留影2001.6

莒南一中三十九级五班师生毕业留影2001.6

莒南一中三十九级六班师生毕业留影2001.6

莒南一中三十九级七班师生毕业留影2001.6

莒南一中三十九级八班师生毕业留影2001.6

莒南一中三十九级九班师生毕业留影2001.6

莒南一中三十九级十班师生毕业留影2001.6

莒南一中三十九级十一班师生毕业留影2001.6

莒南一中三十九级十二班师生毕业留影2001.6

莒南一中三十九级十三班师生毕业留影2001.6

莒南一中九八
莒南一中三十九级十四班师生毕业留影2001.6

莒南一中三十九级十五班师生毕业留影2001.6

莒南一中三十九级十六班师生毕业留影2001.6

莒南一中三十九级十七班师生毕业留影2001.6

莒南一中三十九级十八班师生毕业留影 2001.6

莒南一中九八
莒南一中三十九级十九班师生毕业留影2001.6

莒南一中九八
莒南一中三十九级二十班师生毕业留影2001.6

莒南一中九八
莒南一中三十九级二十一班师生毕业留影 2001.6

莒南一中九八级
莒南一中三十九级二十二班师生毕业留影 2001.6

莒南一中四十级一班师生毕业留影 2002.6

莒南一中四十级二班师生毕业留影 2002.6

莒南一中四十级三班师生毕业留影 2002.6

莒南一中四十级四班师生毕业留影 2002.6

莒南一中四十级五班师生毕业留影 2002.6

莒南一中四十级六班师生毕业留影 2002.6

莒南一中四十级七班师生毕业留影 2002.6

莒南一中四十级八班师生毕业留影 2002.6

莒南一中四十级九班师生毕业留影 2002.6

莒南一中四十级十班师生毕业留影 2002.6

莒南一中四十级十一班师生毕业留影 2002.6

莒南一中四十级十二班师生毕业留影 2002.6

莒南一中四十级十三班师生毕业留影 2002.6

莒南一中四十级十四班师生毕业留影 2002.6

莒南一中四十级十五班师生毕业留影 2002.6

莒南一中四十级十六班师生毕业留影 2002.6

莒南一中四十级十七班师生毕业留影 2002.6

莒南一中四十级十八班师生毕业留影 2002.6

莒南一中四十级十九班师生毕业留影 2002.6

莒南一中四十级二十班师生毕业留影 2002.6

莒南一中四十级二十一班师生毕业留影 2002.6

莒南一中四十级二十二班师生毕业留影 2002.6

莒南一中四十一级一班师生毕业留影 2003.5

莒南一中四十一级二班师生毕业留影 2003.5

莒南一中四十一级三班师生毕业留影 2003.5

莒南一中四十一级四班师生毕业留影 2003.5

莒南一中四十一级五班师生毕业留影 2003.5

莒南一中四十一级六班师生毕业留影 2003.5

莒南一中四十一级七班师生毕业留影 2003.5

莒南一中四十一级八班师生毕业留影 2003.5

莒南一中四十一级九班师生毕业留影 2003.5

莒南一中四十一级十班师生毕业留影 2003.5

莒南一中四十一级十一班师生毕业留影 2003.5

莒南一中四十一级十二班师生毕业留影 2003.5

莒南一中四十一级十三班师生毕业留影 2003.5

莒南一中四十一级十四班师生毕业留影 2003.5

莒南一中四十一级十五班师生毕业留影 2003.5

莒南一中四十一级十六班师生毕业留影 2003.5

莒南一中四十一级十七班师生毕业留影 2003.5

莒南一中四十一级十八班师生毕业留影 2003.5

莒南一中四十一级十九班师生毕业留影 2003.5

莒南一中四十一级二十班师生毕业留影 2003.5

莒南一中四十一级二十一班师生毕业留影 2003.5

莒南一中四十一级二十二班师生毕业留影 2003.5

莒南一中四十一级二十三班师生毕业留影 2003.5

莒南一中四十二级一班师生毕业留影 2004.5

莒南一中四十二级二班师生毕业留影 2004.5

莒南一中四十二级三班师生毕业留影 2004.5

莒南一中四十二级四班师生毕业留影 2004.5

莒南一中四十二级五班师生毕业留影 2004.5

莒南一中四十二级六班师生毕业留影 2004.5

莒南一中四十二级七班师生毕业留影 2004.5

莒南一中四十二级八班师生毕业留影 2004.5

莒南一中四十二级九班师生毕业留影 2004.5

莒南一中四十二级十班师生毕业留影 2004.5

莒南一中四十二级十一班师生毕业留影 2004.5

莒南一中四十二级十二班师生毕业留影 2004.5

莒南一中四十二级十三班师生毕业留影 2004.5

莒南一中四十二级十四班师生毕业留影 2004.5

莒南一中四十二级十五班师生毕业留影 2004.5

莒南一中四十二级十六班师生毕业留影 2004.5

莒南一中四十二级十七班师生毕业留影 2004.5

莒南一中四十二级十八班师生毕业留影 2004.5

莒南一中四十二级十九班师生毕业留影 2004.5

莒南一中四十二级二十班师生毕业留影 2004.5

莒南一中四十二级二十一班师生毕业留影 2004.5

莒南一中四十二级二十二班师生毕业留影 2004.5

莒南一中四十二级二十三班师生毕业留影 2004.5

莒南一中四十三级一班师生毕业留影 2005.5

莒南一中四十三级二班师生毕业留影 2005.5

莒南一中四十三级三班师生毕业留影 2005.5

莒南一中四十三级四班师生毕业留影 2005.5

莒南一中四十三级五班师生毕业留影 2005.5

莒南一中四十三级六班师生毕业留影 2005.5

莒南一中四十三级七班师生毕业留影 2005.5

莒南一中四十三级八班师生毕业留影 2005.5

莒南一中四十三级九班师生毕业留影 2005.5

莒南一中四十三级十班师生毕业留影 2005.5

莒南一中四十三级十一班师生毕业留影 2005.5

莒南一中四十三级十二班师生毕业留影 2005.5

莒南一中四十三级十三班师生毕业留影 2005.5

莒南一中四十三级十四班师生毕业留影 2005.5

莒南一中四十三级十五班师生毕业留影 2005.5

莒南一中四十三级十六班师生毕业留影 2005.5

莒南一中四十三级十七班师生毕业留影 2005.5

莒南一中四十三级十八班师生毕业留影 2005.5

莒南一中四十三级十九班师生毕业留影 2005.5

莒南一中四十三级二十班师生毕业留影 2005.5

莒南一中四十三级二十一班师生毕业留影 2005.5
科
技

莒南一中四十三级二十二班师生毕业留影 2005.5
科
技
楼

莒南一中四十三级二十三班师生毕业留影 2005.5

莒南一中四十三级二十四班师生毕业留影 2005.5

莒南一中二00六届一班毕业合影留念
2006.05.17
科技楼

莒南一中二00六届二班毕业合影留念
2006.05.17
科技楼

莒南一中二00六届三班毕业合影留念
2006.05.17
科技楼

莒南一中二00六届四班毕业合影留念 2006. 05. 17

莒南一中二00六届五班毕业合影留念 2006. 05. 17

莒南一中二00六届六班毕业合影留念 2006. 05. 17

莒南一中二00六届七班毕业合影留念
2006.05.17

莒南一中二00六届八班毕业合影留念
2006.05.17

莒南一中二00六届九班毕业合影留念
2006.05.17

莒南一中二00六届十班毕业合影留念
2006.05.17

莒南一中二00六届十一班毕业合影留念
2006.05.17

莒南一中二00六届十二班毕业合影留念
2006.05.17

莒南一中二00六届十三班毕业合影留念
2006.05.17

莒南一中二00六届十四班毕业合影留念
2006.05.17

莒南一中二00六届十五班毕业合影留念
2006.05.17

莒南一中二00六届十六班毕业合影留念
2006. 05. 1

莒南一中二00六届十七班毕业合影留念
2006. 05. 17

莒南一中二00六届十八班毕业合影留念
2006. 05. 1

莒南一中二00六届十九班毕业合影留念
2006. 05. 1

莒南一中二00六届二十班毕业合影留念
2006. 05. 17

莒南一中二00六届二十一班毕业合影留念
2006. 05. 1

莒南一中二00六届二十二班毕业合影留念
2006. 05. 17

莒南一中二00六届二十三班毕业合影留念
2006. 05. 17

莒南一中二00六届二十五班毕业合影留念
2006. 05.

莒南一中二00六届二十六班毕业合影留念
2006.05.17

莒南一中二00七届一班毕业合影留念
2007.05.16

莒南一中二00七届二班毕业合影留念
2007.05.16

莒南一中二00七届三班毕业合影留念
2007. 05. 16
技
楼

莒南一中二00七届四班毕业合影留念
2007. 05. 16
技
楼

莒南一中二00七届五班毕业合影留念
2007. 05. 16
技
楼

莒南一中二00七届六班毕业合影留念
2007.05.16
技
楼

莒南一中二00七届七班毕业合影留念
2007.05.16
技
楼

莒南一中二00七届八班毕业合影留念
2007.05.16
技
楼

莒南一中二00七届九班毕业合影留念
2007.05.16

莒南一中二00七届十班毕业合影留念
2007.05.16

莒南一中二00七届十一班毕业合影留念
2007.05.16

莒南一中二00七届十二班毕业合影留念
2007.05.16

莒南一中二00七届十三班毕业合影留念
2007.05.16

莒南一中二00七届十四班毕业合影留念
2007.05.16

莒南一中二00七届十五班毕业合影留念 2007.05.16

莒南一中二00七届十六班毕业合影留念 2007.05.16

莒南一中二00七届十七班毕业合影留念 2007.05.16

莒南一中二00七届十八班毕业合影留念
2007. 05. 16
楼

莒南一中二00七届十九班毕业合影留念
2007. 05. 16
楼

莒南一中二00七届二十班毕业合影留念
2007. 05. 16
楼

莒南一中二00七届二十一班毕业合影留念
2007. 05. 16
技
楼

莒南一中二00七届二十二班毕业合影留念
2007. 05. 16
技
楼

莒南一中二00七届二十三班毕业合影留念
2007. 05. 16
技
楼

莒南一中二00七届二十四班毕业合影留念
2007. 05. 16

莒南一中二00七届二十五班毕业合影留念
2007. 05. 16

莒南一中二00七届二十六班毕业合影留念
2007. 05. 16

莒南一中二00七届二十八班毕业合影留念
2007.05.16

莒南一中二00八届一班毕业合影留念
2008.5.10

莒南一中二00八届二班毕业合影留念
2008.5.10

莒南一中二00八届三班毕业合影留念
2008.5.10

莒南一中二00八届四班毕业合影留念
2008.5.10

莒南一中二00八届五班毕业合影留念

莒南一中二00八届六班毕业合影留念
2008.5.10

莒南一中二00八届七班毕业合影留念
2008.5.10

莒南一中二00八届八班毕业合影留念
2008.5.10

莒南一中二00八届九班毕业合影留念
2008.5.10
技
楼

莒南一中二00八届十班毕业合影留念
2008.5.10
技
楼

莒南一中二00八届十一班毕业合影留念
2008.5.10
技

莒南一中二00八届十二班毕业合影留念
2008.5.
技
楼

莒南一中二00八届十三班毕业合影留念
2008.5.1

莒南一中二00八届十四班毕业合影留念
2008.5.10
技

莒南一中二00八届十五班毕业合影留念
2008. 5. 1

莒南一中二00八届十六班毕业合影留念
2008. 5. 1

莒南一中二00八届十七班毕业合影留念
2008. 5. 1

莒南一中二00八届十八班毕业合影留念
2008.5.10

莒南一中二00八届十九班毕业合影留念
2008.5.10

莒南一中二00八届二十班毕业合影留念
2008.5.10

莒南一中二00八届二十一班毕业合影留念
2008.5.

莒南一中二00八届二十二班毕业合影留念
2008.5.1

莒南一中二00八届二十三班毕业合影留念
2008.5.1

莒南一中二00八届二十四班毕业合影留念
2008.5.10

莒南一中二00八届二十五班毕业合影留念
2008.5.10

莒南一中二00八届二十六班毕业合影留念
2008.5.10

莒南一中二00八届二十七班毕业合影留念
2008.5.1
楼

莒南一中二00八届二十八班毕业合影留念
2008.5.10
楼

莒南一中二00九届一班毕业合影留念
2009.5.8

莒南一中二00九届二班毕业合影留念
2009.5.8

莒南一中二00九届三班毕业合影留念
2009.5.8

莒南一中二00九届四班毕业合影留念
2009.5.8

莒南一中二00九届五班毕业合影留念

2009.5.8

莒南一中二00九届六班毕业合影留念

2009.5.8

莒南一中二00九届七班毕业合影留念

2009.5.8

莒南一中二00九届八班毕业合影留念
2009.5.8

莒南一中二00九届九班毕业合影留念
2009.5.8

莒南一中二00九届十班毕业合影留念
2009.5.8

莒南一中二00九届十一班毕业合影留念
2009.5.8

莒南一中二00九届十二班毕业合影留念
2009.5.8

莒南一中二00九届十三班毕业合影留念
2009.5.8

莒南一中二00九届十四班毕业合影留念
2009.5.8

莒南一中二00九届十五班毕业合影留念
2009.5.8

莒南一中二00九届十六班毕业合影留念
2009.5.8

莒南一中二00九届十七班毕业合影留念
2009.5.8

莒南一中二00九届十八班毕业合影留念
2009.5.8

莒南一中二00九届十九班毕业合影留念
2009.5.8

莒南一中二00九届二十班毕业合影留念

2009.5.8

莒南一中二00九届二十一班毕业合影留念

2009.5.8

莒南一中二00九届二十二班毕业合影留念

2009.5.8

莒南一中二00九届二十三班毕业合影留念
2009.5.8

莒南一中二00九届二十四班毕业合影留念
2009.5.8

莒南一中二00九届二十五班毕业合影留念
2009.5.8

莒南一中二00九届二十六班毕业合影留念
2009.5.8

莒南一中二00九届二十七班毕业合影留念
2009.5.8

莒南一中二00九届二十八班毕业合影留念
2009.5.8

莒南一中二〇一〇届一班毕业合影留念
2010.5.21

莒南一中二〇一〇届二班毕业合影留念
2010.5.21

莒南一中二〇一〇届三班毕业合影留念
2010.5.2

莒南一中二〇一〇届四班毕业合影留念
2010.5

莒南一中二〇一〇届五班毕业合影留念
2010.5.21

莒南一中二〇一〇届六班毕业合影留念
2010.5.21

莒南一中二〇一〇届七班毕业合影留念
2010.5.

莒南一中二〇一〇届八班毕业合影留念
2010.5.2

莒南一中二〇一〇届九班毕业合影留念
2010.5.21

莒南一中二〇一〇届十班毕业合影留念
2010.5.21

莒南一中二〇一〇届十一班毕业合影留念
2010.5

莒南一中二〇一〇届十二班毕业合影留念
2010.5.21

莒南一中二0一0届十三班毕业合影留念
2010.5.2

莒南一中二0一0届十四班毕业合影留念
2010.5.21

莒南一中二0一0届十五班毕业合影留念
2010.5.21

莒南一中二〇一〇届十六班毕业合影留念
2010.5.21

莒南一中二〇一〇届十七班毕业合影留念
2010.5.21

莒南一中二〇一〇届十八班毕业合影留念
2010.5.2

莒南一中二〇一〇届十九班毕业合影留念
2010.5.

莒南一中二〇一〇届二十班毕业合影留念
2010.5.21

莒南一中二〇一〇届二十一班毕业合影留念
2010.5.2

莒南一中二0一0届二十二班毕业合影留念
2010.5.21

莒南一中二0一0届二十三班毕业合影留念
2010.5.

莒南一中二0一0届二十四班毕业合影留念
2010.5.2

莒南一中二〇一〇届二十五班毕业合影留念
2010.5.21

莒南一中二〇一〇届二十六班毕业合影留念
2010.5.21

莒南一中二〇一一届一班毕业师生合影留念
2011.5.20

莒南一中二0一一届二班毕业师生合影留念
2011.5.20

莒南一中二0一一届三班毕业师生合影留念
2011.5.20

莒南一中二0一一届四班毕业师生合影留念
2011.5.20

莒南一中二0一一届五班毕业师生合影留念 2011.5.20

莒南一中二0一一届六班毕业师生合影留念 2011.5.20

莒南一中二0一一届七班毕业师生合影留念 2011.5.20

莒南一中二0一一届八班毕业师生合影留念 2011.5.20

莒南一中二0一一届九班毕业师生合影留念 2011.5.20

莒南一中二0一一届十班毕业师生合影留念 2011.5.20

莒南一中二0一一届十一班毕业师生合影留念 2011.5.20

莒南一中二0一一届十二班毕业师生合影留念 2011.5.20

莒南一中二0一一届十三班毕业师生合影留念 2011.5.20

莒南一中二0一一届十四班毕业师生合影留念 2011.5.20

莒南一中二0一一届十五班毕业师生合影留念 2011.5.20

莒南一中二0一一届十六班毕业师生合影留念 2011.5.20

莒南一中二0一一届十七班毕业师生合影留念 2011.5.20

莒南一中二0一一届十八班毕业师生合影留念 2011.5.20

莒南一中二0一一届十九班毕业师生合影留念 2011.5.20

莒南一中二0一一届二十班毕业师生合影留念 2011.5.20

莒南一中二0一一届二十一班毕业师生合影留念 2011.5.20

莒南一中二0一一届二十二班毕业师生合影留念 2011.5.20

莒南一中二0一一届二十三班毕业师生合影留念 2011.5.20

莒南一中二0一一届二十四班毕业师生合影留念 2011.5.20

莒南一中二0一一届二十五班毕业师生合影留念 2011.5.20

莒南一中二0一一届二十六班毕业师生合影留念 2011.5.20

莒南一中二0一一届二十七班毕业师生合影留念 2011.5.20

莒南一中二0一二届一班毕业合影留念 2012.5.18

莒南一中二0一二届二班毕业合影留念
2012. 5. 18

莒南一中二0一二届三班毕业合影留念
2012. 5. 18

莒南一中二0一二届四班毕业合影留念
2012. 5. 18

莒南一中二0一二届五班毕业合影留念
2012.5.18

莒南一中二0一二届六班毕业合影留念
2012.5.18

莒南一中二0一二届七班毕业合影留念
2012.5.18

莒南一中二0一二届八班毕业合影留念
2012. 5. 18

莒南一中二0一二届九班毕业合影留念
2012. 5. 18

莒南一中二0一二届十班毕业合影留念
2012. 5. 18

莒南一中二0一二届十一班毕业合影留念
2012. 5. 18

莒南一中二0一二届十二班毕业合影留念
2012. 5. 18

莒南一中二0一二届十三班毕业合影留念
2012. 5. 18

莒南一中二0一二届十四班毕业合影留念
2012. 5. 18

莒南一中二0一二届十五班毕业合影留念
2012. 5. 18

莒南一中二0一二届十六班毕业合影留念
2012. 5. 18

莒南一中二0一二届十七班毕业合影留念
2012. 5. 18

莒南一中二0一二届十八班毕业合影留念
2012. 5. 18

莒南一中二0一二届十九班毕业合影留念
2012. 5. 18

莒南一中二0一二届二十班毕业合影留念
2012. 5. 18

莒南一中二0一二届二十一班毕业合影留念
2012. 5. 18

莒南一中二0一二届二十二班毕业合影留念
2012. 5. 18

莒南一中二0一二届二十三班毕业合影留念 2012.5.18

莒南一中二0一二届二十四班毕业合影留念 2012.5.18

莒南一中二0一二届二十五班毕业合影留念 2012.5.18

莒南一中二0一三届一班毕业合影留念
2013.5.10

莒南一中二0一三届二班毕业合影留念
2013.5.10

莒南一中二0一三届三班毕业合影留念
2013.5.10

莒南一中二〇一三届四班毕业合影留念 2013.5.10

莒南一中二〇一三届五班毕业合影留念 2013.5.10

莒南一中二〇一三届六班毕业合影留念 2013.5.10

莒南一中二0一三届七班毕业合影留念 2013.5.10

莒南一中二0一三届八班毕业合影留念 2013.5.10

莒南一中二0一三届九班毕业合影留念 2013.5.10

莒南一中二〇一三届十班毕业合影留念 2013.5.10

莒南一中二〇一三届十一班毕业合影留念 2013.5.10

莒南一中二〇一三届十二班毕业合影留念 2013.5.10

莒南一中二〇一三届十三班毕业合影留念 2013.5.10

莒南一中二〇一三届十四班毕业合影留念 2013.5.10

莒南一中二〇一三届十五班毕业合影留念 2013.5.10

莒南一中二0一三届十六班毕业合影留念 2013.5.10

莒南一中二0一三届十七班毕业合影留念 2013.5.10

莒南一中二0一三届十八班毕业合影留念 2013.5.10

莒南一中二0一三届十九班毕业合影留念 2013.5.10

莒南一中二0一三届二十班毕业合影留念 2013.5.10

莒南一中二0一三届二十一班毕业合影留念 2013.5.10

莒南一中二〇一三届二十二班毕业合影留念 2013.5.10

莒南一中二〇一三届二十三班毕业合影留念 2013.5.10

莒南一中二〇一三届二十四班毕业合影留念 2013.5.10

莒南一中高三年级教师合影留念 2013.5.10

莒南一中二〇一四届一班毕业合影留念 2014.05.18

莒南一中二〇一四届二班毕业合影留念 2014.05.18

莒南一中二〇一四届三班毕业合影留念 2014.05.18

莒南一中二〇一四届四班毕业合影留念 2014.05.18

莒南一中二〇一四届五班毕业合影留念 2014.05.18

莒南一中二〇一四届六班毕业合影留念
2014.05.18

莒南一中二〇一四届七班毕业合影留念
2014.05.18

莒南一中二〇一四届八班毕业合影留念
2014.05.18

莒南一中二〇一四届九班毕业合影留念 2014.05.18

莒南一中二〇一四届十班毕业合影留念 2014.05.18

莒南一中二〇一四届十一班毕业合影留念 2014.05.18

莒南一中二0一四届十二班毕业合影留念
2014. 05. 18

莒南一中二0一四届十三班毕业合影留念
2014. 05. 18

莒南一中二0一四届十四班毕业合影留念
2014. 05. 18

莒南一中二〇一四届十五班毕业合影留念
2014. 05. 18

莒南一中二〇一四届十六班毕业合影留念
2014. 05. 18

莒南一中二〇一四届十七班毕业合影留念
2014. 05. 18

莒南一中二〇一四届十八班毕业合影留念 2014.05.18

莒南一中二〇一四届十九班毕业合影留念 2014.05.18

莒南一中二〇一四届二十班毕业合影留念 2014.05.18

莒南一中二〇一四届二十一班毕业合影留念 2014.05.18

莒南一中二〇一四届二十二班毕业合影留念 2014.05.18

莒南一中二〇一四届二十三班毕业合影留念 2014.05.18

莒南一中二0一四届二十四班毕业合影留念
2014.05.18

莒南一中二0一四届全体教师合影留念
2014.05.18

后记

数年之前，即有人提议编修校志，系统记录学校发展足迹，以承前启后，鉴古励今，开创未来。但此项工作，实施起来并非易事，一则时间跨度较长，许多亲历者与见证人或迁居他乡或已作古，对建校初期的知情者少之又少；二则经历“文革”十年，校史资料多有阙漏，苦乏考证；三则工程浩繁巨大，学校人力不逮，专业人员又少，故经久未能如愿。

2012 年 10 月，学校为举行建校 60 周年庆典，挖掘与整理了相当数量的档案资料。学校领导经广泛征求意见，决定以此为基础编纂《山东省莒南第一中学志》，以实现历任领导与历届校友久违的夙愿。2013 年 11 月，学校成立了校志编纂委员会。期间，由于资料衔接与人员变动等原因，虽几经波折，但编写人员精诚协作，密切配合，访师问友，奔走求证，历经两年多的时间搜集、整理，几易其稿，《山东省莒南第一中学志》终于付梓面世，实为全校师生与学校发展历程中的一大盛事。

在校志编纂过程中，编写人员秉承尊重历史、求真务实的原则，以客观公正的态度，力求如实记载莒南一中 60 多年艰苦创业、励精图治的发展轨迹，客观反映历届一中人呕心沥血、甘为人梯的职业情怀，为各界人士了解一中、认识一中提供较为详实的参考资料，同时也为学校发展、提升学校的办学品位提供宝贵的历史借鉴。

本志的编修得到了中共莒南县委、县政府和上级主管部门的大力支持，学校同仁与各届校友倾情助力，特别是莒南县史志办的专家不仅提供了编写大纲和指导意见，而且派人参与主持编写，在此一并表示衷心感谢。虽然工作人员竭心尽力，认真编写，但因学校所存资料有限，时间跨度较长，再加水平所限、时间仓促，难免有错漏之处，诚冀专家同仁和广大校友赐教指正，以匡不逮，以备今后修改完善。

编者

2015 年 12 月